Emmanuel Macron

Président de la République française

Liste alphabétique par département de Mesdames et Messieurs les députés à l'Assemblée nationale*

© Assemblée nationale

* Liste établie en juin 2018

AIN

Damien Abad
Les Républicains
Ain

Xavier Breton
Les Républicains
Ain

Charles de la Verpillière
Les Républicains
Ain

Olga Givernet
La République en Marche
Ain

Stéphane Trompille
La République en Marche
Ain

AISNE

Aude Bono-Vandorme
La République en Marche
Aisne

Jean-Louis Bricout
Nouvelle Gauche
Aisne

Marc Delatte
La République en Marche
Aisne

Julien Dive
Les Républicains
Aisne

Jacques Krabal
La République en Marche
Aisne

ALLIER

Jean-Paul Dufrègne
Gauche démocrate et républicaine
Allier

Bénédicte Peyrol
La République en Marche
Allier

Laurence Vanceunebrock-Mialon La République en Marche *Allier*

ALPES-DE-HAUTE-PROVENCE

Delphine Bagarry
La République en Marche
Alpes-de-Haute-Provence

Emmanuelle Fontaine-Domeizel
La République en Marche
Alpes-de-Haute-Provence

ALPES-MARITIMES

Marine Brenier
Les Constructifs : républicains, UDI, indépendants
Alpes-Maritimes

Bernard Brochand
Les Républicains
Alpes-Maritimes

Éric Ciotti
Les Républicains
Alpes-Maritimes

Loïc Dombreval
La République en Marche
Alpes-Maritimes

Éric Pauget
Les Républicains
Alpes-Maritimes

Cédric Roussel
La République en Marche
Alpes-Maritimes

Michèle Tabarot
Les Républicains
Alpes-Maritimes

Laurence Trastour-Isnart
Les Républicains
Alpes-Maritimes

Alexandra Valetta Ardisson
La République en Marche
Alpes-Maritimes

ARDÈCHE

Fabrice Brun
Les Républicains
Ardèche

Hervé Saulignac
Nouvelle Gauche
Ardèche

Michèle Victory
Nouvelle Gauche
Ardèche

ARDENNES

Pierre Cordier
Apparenté au groupe
Les Républicains
Ardennes

Bérengère Poletti
Les Républicains
Ardennes

Jean-Luc Warsmann
Les Constructifs : républicains, UDI, indépendants *Ardennes*

ARIÈGE

Michel Larive
La France insoumise
Ariège

Bénédicte Taurine
La France insoumise
Ariège

AUBE

Valérie Bazin-Malgras
Les Républicains
Aube

Grégory Besson-Moreau
La République en Marche
Aube

Gérard Menuel
Les Républicains
Aube

AUDE

Danièle Hérin
La République en Marche
Aude

Alain Perea
La République en Marche
Aude

Mireille Robert
La République en Marche
Aude

AVEYRON

Anne Blanc
La République en Marche
Aveyron

Stéphane Mazars
La République en Marche
Aveyron

Arnaud Viala
Les Républicains
Aveyron

BAS-RHIN

Laurent Furst
Les Républicains
Bas-Rhin

Antoine Herth
Les Constructifs : républicains, UDI, indépendants
Bas-Rhin

Patrick Hetzel
Les Républicains
Bas-Rhin

Thierry Michels
La République en Marche
Bas-Rhin

Frédéric Reiss
Les Républicains
Bas-Rhin

Bruno Studer
La République en Marche
Bas-Rhin

Vincent Thiébaut
La République en Marche
Bas-Rhin

Sylvain Waserman
Mouvement Démocrate et apparentés *Bas-Rhin*

Martine Wonner
La République en Marche
Bas-Rhin

BOUCHES-DU-RHÔNE

Saïd Ahamada
La République en Marche
Bouches-du-Rhône

Cathy Racon-Bouzon
La République en Marche
Bouches-du-Rhône

Valérie Boyer
Les Républicains
Bouches-du-Rhône

Bernard Deflesselles
Les Républicains
Bouches-du-Rhône

DÉPUTÉS DE L'ASSEMBLÉE NATIONALE

Bouches-du-Rhône, Calvados, Cantal, Charente, Charente-Maritime, Cher, Corrèze, Corse-du-Sud

Pierre Dharréville
Gauche démocrate et républicaine
Bouches-du-Rhône

Éric Diard
Les Républicains
Bouches-du-Rhône

Mohamed Laqhila
Mouvement Démocrate et apparentés
Bouches-du-Rhône

Alexandra Louis
La République en Marche
Bouches-du-Rhône

Jean-Luc Mélenchon
La France insoumise
Bouches-du-Rhône

Monica Michel
La République en Marche
Bouches-du-Rhône

François-Michel Lambert
La République en Marche
Bouches-du-Rhône

Anne-Laurence Petel
La République en Marche
Bouches-du-Rhône

Claire Pitollat
La République en Marche
Bouches-du-Rhône

Bernard Reynès
Les Républicains
Bouches-du-Rhône

Guy Teissier
Les Républicains
Bouches-du-Rhône

Jean-Marc Zulesi
La République en Marche
Bouches-du-Rhône

CALVADOS

Fabrice Le Vigoureux
La République en Marche
Calvados

Laurence Dumont
Nouvelle Gauche
Calvados

Sébastien Leclerc
Les Républicains
Calvados

Christophe Blanchet
La République en Marche
Calvados

Bertrand Bouyx
La République en Marche
Calvados

Alain Tourret
La République en Marche
Calvados

CANTAL

Jean-Yves Bony
Les Républicains
Cantal

Vincent Descoeur
Les Républicains
Cantal

CHARENTE

Jérôme Lambert
Nouvelle Gauche
Charente

Sandra Marsaud
La République en Marche
Charente

Thomas Mesnier
La République en Marche
Charente

Sur les 577 députés de l'Assemblée nationale, la classe d'âge la plus représentée est celle des 50-60 ans avec 179 représentants. Elle devance les 40-50 ans (165).

CHARENTE-MARITIME

Jean-Philippe Ardouin
La République en Marche
Charente-Maritime

Olivier Falorni
Non inscrit
Charente-Maritime

Raphaël Gérard
La République en Marche
Charente-Maritime

Didier Quentin
Les Républicains
Charente-Maritime

Frédérique Tuffnell
La République en Marche
Charente-Maritime

CHER

François Cormier-Bouligeon
La République en Marche
Cher

Nadia Essayan
Mouvement Démocrate et apparentés *Cher*

Loïc Kervran
La République en Marche
Cher

CORRÈZE

Christophe Jerretie
La République en Marche
Corrèze

Frédérique Meunier
Les Républicains
Corrèze

CORSE-DU-SUD

Paul-André Colombani
Non inscrit
Corse-du-Sud

Jean-Jacques Ferrara
Les Républicains
Corse-du-Sud (2A)

Le Bureau composé de 22 membres (le président de l'Assemblée nationale, 6 vice-présidents, 3 questeurs et 12 secrétaires), exerce une compétence générale sur l'organisation et le fonctionnement de l'Assemblée.

CÔTE-D'OR

Yolaine de Courson
La République en Marche
Côte-d'Or

Rémi Delatte
Les Républicains
Côte-d'Or

Fadila Khattabi
La République en Marche
Côte-d'Or

Didier Martin
La République en Marche
Côte-d'Or

Didier Paris
La République en Marche
Côte-d'Or

CÔTES-D'ARMOR

Hervé Berville
La République en Marche
Côtes-d'Armor

Éric Bothorel
La République en Marche
Côtes-d'Armor

Bruno Joncour
Mouvement Démocrate et apparentés
Côtes-d'Armor

Yannick Kerlogot
La République en Marche
Côtes-d'Armor

Marc Le Fur
Les Républicains
Côtes-d'Armor

CREUSE

Jean-Baptiste Moreau
La République en Marche
Creuse

DEUX-SÈVRES

Delphine Batho
Non inscrit
Deux-Sèvres

Guillaume Chiche
La République en Marche
Deux-Sèvres

Jean-Marie Fiévet
La République en Marche
Deux-Sèvres

DORDOGNE

Philippe Chassaing
La République en Marche
Dordogne

Jean-Pierre Cubertafon
Mouvement Démocrate et apparentés
Dordogne

Michel Delpon
La République en Marche
Dordogne

Jacqueline Dubois
La République en Marche
Dordogne

DOUBS

Éric Alauzet
La République en Marche
Doubs

Frédéric Barbier
La République en Marche
Doubs

Fannette Charvier
La République en Marche
Doubs

Annie Genevard
Les Républicains
Doubs

Denis Sommer
La République en Marche
Doubs

DRÔME

Emmanuelle Anthoine
Les Républicains
Drôme

Mireille Clapot
La République en Marche
Drôme

Célia de Lavergne
La République en Marche
Drôme

Alice Thourot
La République en Marche
Drôme

ESSONNE

Laëtitia Romeiro Dias
La République en Marche
Essonne

Amélie De Montchalin
La République en Marche
Essonne

Nicolas Dupont-Aignan
Non inscrit
Essonne

Marie Guévenoux
La République en Marche
Essonne

Franck Marlin
Les Républicains
Essonne

Pierre-Alain Raphan
La République en Marche
Essonne

Robin Reda
Les Républicains
Essonne

Marie-Pierre Rixain
La République en Marche
Essonne

DÉPUTÉS DE L'ASSEMBLÉE NATIONALE

Essonne, Eure, Eure-et-Loir, Finistère, Gard, Gers, Gironde

Manuel Valls
Apparenté au groupe
La République en Marche
Essonne

Cédric Villani
La République en Marche
Essonne

EURE

Séverine Gipson
La République en Marche
Eure

Fabien Gouttefarde
La République en Marche
Eure

Claire O'Petit
La République en Marche
Eure

Bruno Questel
La République en Marche
Eure

Marie Tamarelle-Verhaeghe
La République en Marche
Eure

EURE-ET-LOIR

Guillaume Kasbarian
La République en Marche
Eure-et-Loir

Olivier Marleix
Les Républicains
Eure-et-Loir

Laure de La Raudière
Les Constructifs : républicains, UDI, indépendants
Eure-et-Loir

Philippe Vigier
Les Constructifs : républicains, UDI, indépendants
Eure-et-Loir

FINISTÈRE

Erwan Balanant
Mouvement Démocrate et apparentés
Finistère

Richard Ferrand
La République en Marche
Finistère

Jean-Charles Larsonneur La République en Marche *Finistère*

Sandrine Le Feur
La République en Marche
Finistère

Didier Le Gac
La République en Marche
Finistère

Annaïg Le Meur
La République en Marche
Finistère

Graziella Melchior
La République en Marche
Finistère

Liliana Tanguy
La République en Marche
Finistère

GARD

Philippe Berta
Mouvement Démocrate et apparentés *Gard*

Annie Chapelier
La République en Marche
Gard

Anthony Cellier
La République en Marche
Gard

Gilbert Collard
Non inscrit
Gard

Françoise Dumas
La République en Marche
Gard

Olivier Gaillard
La République en Marche
Gard

GERS

Gisèle Biémouret
Nouvelle Gauche
Gers

Jean-René Cazeneuve
La République en Marche
Gers

GIRONDE

Florent Boudié
La République en Marche
Gironde

Bérangère Couillard
La République en Marche
Gironde

Alain David
Nouvelle Gauche
Gironde

Dominique David
La République en Marche
Gironde

Christelle Dubos
La République en Marche
Gironde

Catherine Fabre
La République en Marche
Gironde

Véronique Hammerer
La République en Marche
Gironde

Sophie Mette
Mouvement Démocrate et apparentés *Gironde*

Sophie Panonacle
La République en Marche
Gironde

Éric Poulliat
La République en Marche
Gironde

Loïc Prud'homme
La France insoumise
Gironde

Benoit Simian
La République en Marche
Gironde

HAUT-RHIN

Olivier Becht
Les Constructifs : républicains, UDI, indépendants *Haut-Rhin*

Jacques Cattin
Les Républicains
Haut-Rhin

Bruno Fuchs
Apparenté au groupe Mouvement Démocrate et apparentés *Haut-Rhin*

Jean-Luc Reitzer
Les Républicains
Haut-Rhin

Raphaël Schellenberger
Les Républicains
Haut-Rhin

Éric Straumann
Les Républicains
Haut-Rhin

HAUTE-CORSE

Jean-Félix Acquaviva
Non inscrit
Haute-Corse (2B)

Michel Castellani
Non inscrit
Haute-Corse (2B)

HAUTE-GARONNE

Joël Aviragnet
Nouvelle Gauche
Haute-Garonne

Pierre Cabaré
La République en Marche
Haute-Garonne

Monique Iborra
La République en Marche
Haute-Garonne

Jean-Luc Lagleize
Mouvement Démocrate et apparentés
Haute-Garonne

Sandrine Mörch
La République en Marche
Haute-Garonne

Sébastien Nadot
La République en Marche
Haute-Garonne

Mickaël Nogal
La République en Marche
Haute-Garonne

Jean-François Portarrieu
La République en Marche
Haute-Garonne

Élisabeth Toutut-Picard
La République en Marche
Haute-Garonne

Corinne Vignon
La République en Marche
Haute-Garonne

HAUTE-LOIRE

Isabelle Valentin
Les Républicains
Haute-Loire

Jean-Pierre Vigier
Les Républicains
Haute-Loire

HAUTE-MARNE

Bérangère Abba
La République en Marche
Haute-Marne

François Cornut-Gentille
Les Républicains
Haute-Marne

HAUTE-SAVOIE

Virginie Duby-Muller
Les Républicains
Haute-Savoie

Frédérique Lardet
La République en Marche
Haute-Savoie

Marion Lenne
La République en Marche
Haute-Savoie

Véronique Riotton
La République en Marche
Haute-Savoie

Xavier Roseren
La République en Marche
Haute-Savoie

Martial Saddier
Les Républicains
Haute-Savoie

HAUTE-SAÔNE

Barbara Bessot Ballot
La République en Marche
Haute-Saône

Christophe Lejeune
La République en Marche
Haute-Saône

HAUTE-VIENNE

Sophie Beaudouin-Hubiere
La République en Marche
Haute-Vienne

Jean-Baptiste Djebbari
La République en Marche
Haute-Vienne

Marie-Ange Magne
La République en Marche
Haute-Vienne

DÉPUTÉS DE L'ASSEMBLÉE NATIONALE

Hautes-Alpes, Hautes-Pyrénées, Hauts-de-Seine, Hérault, Ille-et-Vilaine, Indre

HAUTES-ALPES

Pascale Boyer
La République en Marche
Hautes-Alpes

Joël Giraud
La République en Marche
Hautes-Alpes

HAUTES-PYRÉNÉES

Jeanine Dubié
Non inscrit
Hautes-Pyrénées

Jean-Bernard Sempastous
La République en Marche
Hautes-Pyrénées

HAUTS-DE-SEINE

Gabriel Attal
La République en Marche
Hauts-de-Seine

Jean-Louis Bourlanges
Mouvement Démocrate et apparentés
Hauts-de-Seine

Céline Calvez
La République en Marche
Hauts-de-Seine

Frédérique Dumas
La République en Marche
Hauts-de-Seine

Elsa Faucillon
Gauche démocrate et républicaine
Hauts-de-Seine

Isabelle Florennes
Mouvement Démocrate et apparentés
Hauts-de-Seine

Christine Hennion
La République en Marche
Hauts-de-Seine

Constance Le Grip
Les Républicains
Hauts-de-Seine

Jacques Maire
La République en Marche
Hauts-de-Seine

Jacques Marilossian
La République en Marche
Hauts-de-Seine

Laurianne Rossi
La République en Marche
Hauts-de-Seine

Thierry Solère
Les Constructifs : républicains, UDI, indépendants
Hauts-de-Seine

Adrien Taquet
La République en Marche
Hauts-de-Seine

HÉRAULT

Nicolas Démoulin
La République en Marche
Hérault

Coralie Dubost
La République en Marche
Hérault

Jean-François Eliaou
La République en Marche
Hérault

Christophe Euzet
La République en Marche
Hérault

Philippe Huppé
La République en Marche
Hérault

Emmanuelle Ménard
Non inscrit
Hérault

Patricia Mirallès
La République en Marche
Hérault

Muriel Ressiguier
La France insoumise
Hérault

Patrick Vignal
La République en Marche
Hérault

ILLE-ET-VILAINE

François André
Apparenté au groupe La République en Marche
Ille-et-Vilaine

Florian Bachelier
La République en Marche
Ille-et-Vilaine

Thierry Benoit
Les Constructifs : républicains, UDI, indépendants
Ille-et-Vilaine

Christine Cloarec
La République en Marche
Ille-et-Vilaine

Mustapha Laabid
La République en Marche
Ille-et-Vilaine

Gaël Le Bohec
La République en Marche
Ille-et-Vilaine

Gilles Lurton
Les Républicains
Ille-et-Vilaine

Laurence Maillart-Méhaignerie Apparentée au groupe La République en Marche *Ille-et-Vilaine*

INDRE

Nicolas Forissier
Les Républicains
Indre

François Jolivet
La République en Marche
Indre

INDRE-ET-LOIRE

Sophie Auconie
Les Constructifs : républicains, UDI, indépendants
Indre-et-Loire

Philippe Chalumeau
La République en Marche
Indre-et-Loire

Fabienne Colboc
La République en Marche
Indre-et-Loire

Daniel Labaronne
La République en Marche
Indre-et-Loire

Sabine Thillaye
La République en Marche
Indre-et-Loire

ISÈRE

Caroline Abadie
La République en Marche
Isère

Marie-Noëlle Battistel
Nouvelle Gauche
Isère

Émilie Chalas
La République en Marche
Isère

Jean-Charles Colas-Roy
La République en Marche
Isère

Élodie Jacquier-Laforge
Mouvement Démocrate et apparentés *Isère*

Catherine Kamowski
La République en Marche
Isère

Monique Limon
La République en Marche
Isère

Marjolaine Meynier-Millefert La République en Marche *Isère*

Cendra Motin
La République en Marche
Isère

Olivier Véran
La République en Marche
Isère

JURA

Danielle Brulebois
La République en Marche
Jura

Marie-Christine Dalloz
Les Républicains
Jura

Jean-Marie Sermier
Les Républicains
Jura

LANDES

Lionel Causse
La République en Marche
Landes

Fabien Lainé
Mouvement Démocrate et apparentés
Landes

Boris Vallaud
Nouvelle Gauche
Landes

LOIR-ET-CHER

Marc Fesneau
Mouvement Démocrate et apparentés
Loir-et-Cher

Maurice Leroy
Les Constructifs : républicains, UDI, indépendants
Loir-et-Cher

Guillaume Peltier
Les Républicains
Loir-et-Cher

LOIRE

Julien Borowczyk
La République en Marche
Loire

Dino Cinieri
Les Républicains
Loire

Valéria Faure-Muntian
La République en Marche
Loire

Régis Juanico
Nouvelle Gauche
Loire

Jean-Michel Mis
La République en Marche
Loire

Nathalie Sarles
La République en Marche
Loire

LOIRE-ATLANTIQUE

Aude Amadou
La République en Marche
Loire-Atlantique

Anne-France Brunet
La République en Marche
Loire-Atlantique

Yves Daniel
La République en Marche
Loire-Atlantique

Audrey Dufeu Schubert
La République en Marche
Loire-Atlantique

Sarah El Haïry
Mouvement Démocrate et apparentés
Loire-Atlantique

Sophie Errante
La République en Marche
Loire-Atlantique

DÉPUTÉS DE L'ASSEMBLÉE NATIONALE

Loire-Atlantique, Loiret, Lot, Lot-et-Garonne, Lozère, Maine-et-Loire, Manche, Marne, Mayenne

Yannick Haury
La République en Marche
Loire-Atlantique

Sandrine Josso
La République en Marche
Loire-Atlantique

Valérie Oppelt
La République en Marche
Loire-Atlantique

François de Rugy
La République en Marche
Loire-Atlantique

LOIRET

Jean-Pierre Door
Les Républicains
Loiret

Marianne Dubois
Les Républicains
Loiret

Claude de Ganay
Les Républicains
Loiret

Caroline Janvier
La République en Marche
Loiret

Richard Ramos
Mouvement Démocrate et apparentés
Loiret

Stéphanie Rist
La République en Marche
Loiret

LOT

Aurélien Pradié
Les Républicains
Lot

Huguette Tiegna
La République en Marche
Lot

LOT-ET-GARONNE

Olivier Damaisin
La République en Marche
Lot-et-Garonne

Alexandre Freschi
La République en Marche
Lot-et-Garonne

Michel Lauzzana
La République en Marche
Lot-et-Garonne

LOZÈRE

Pierre Morel-À-L'Huissier
Les Constructifs : républicains, UDI, indépendants
Lozère

MAINE-ET-LOIRE

Philippe Bolo
Mouvement Démocrate et apparentés
Maine-et-Loire

Nicole Dubre-Chirat
La République en Marche
Maine-et-Loire

Stella Dupont
La République en Marche
Maine-et-Loire

Denis Masséglia
La République en Marche
Maine-et-Loire

Matthieu Orphelin
La République en Marche
Maine-et-Loire

Laetitia Saint-Paul
La République en Marche
Maine-et-Loire

Jean-Charles Taugourdeau
Les Républicains
Maine-et-Loire

MANCHE

Grégory Galbadon
La République en Marche
Manche

Philippe Gosselin
Les Républicains
Manche

Sonia Krimi
Apparentée au groupe La République en Marche
Manche

Bertrand Sorre
La République en Marche
Manche

MARNE

Valérie Beauvais
Les Républicains
Marne

Charles de Courson
Les Constructifs : républicains, UDI, indépendants
Marne

Éric Girardin
La République en Marche
Marne

Aina Kuric
La République en Marche
Marne

Lise Magnier
Les Constructifs : républicains, UDI, indépendants
Marne

MAYENNE

Géraldine Bannier
Mouvement Démocrate et apparentés
Mayenne

Yannick Favennec Becot
Les Constructifs : républicains, UDI, indépendants
Mayenne

Guillaume Garot
Nouvelle Gauche
Mayenne

Sur les 577 députés de l'Assemblée nationale, 227 sont des femmes.

MEURTHE-ET-MOSELLE

Thibault Bazin
Les Républicains
Meurthe-et-Moselle

Caroline Fiat
La France insoumise
Meurthe-et-Moselle

Laurent Garcia
Mouvement Démocrate et apparentés *Meurthe-et-Moselle*

Carole Grandjean
La République en Marche
Meurthe-et-Moselle

Xavier Paluszkiewicz
La République en Marche
Meurthe-et-Moselle

Dominique Potier
Nouvelle Gauche
Meurthe-et-Moselle

MEUSE

Émilie Cariou
La République en Marche
Meuse

Bertrand Pancher
Les Constructifs : républicains, UDI, indépendants
Meuse

MORBIHAN

Jean-Michel Jacques
La République en Marche
Morbihan

Nicole Le Peih
La République en Marche
Morbihan

Paul Molac
La République en Marche
Morbihan

Jimmy Pahun
Apparenté au groupe Mouvement Démocrate et apparentés *Morbihan*

Hervé Pellois
La République en Marche
Morbihan

Gwendal Rouillard
La République en Marche
Morbihan

MOSELLE

Christophe Arend
La République en Marche
Moselle

Belkhir Belhaddad
La République en Marche
Moselle

Fabien Di Filippo
Les Républicains
Moselle

Brahim Hammouche
Mouvement Démocrate et apparentés *Moselle*

Richard Lioger
La République en Marche
Moselle

Ludovic Mendes
La République en Marche
Moselle

Isabelle Rauch
La République en Marche
Moselle

Nicole Trisse
La République en Marche
Moselle

Hélène Zannier
La République en Marche
Moselle

NIÈVRE

Perrine Goulet
La République en Marche
Nièvre

Patrice Perrot
La République en Marche
Nièvre

NORD

Ugo Bernalicis
La France insoumise
Nord

Alain Bruneel
Gauche démocrate et républicaine
Nord

Guy Bricout
Les Constructifs : républicains, UDI, indépendants
Nord

Anne-Laure Cattelot
La République en Marche
Nord

Sébastien Chenu
Non inscrit
Nord

Paul Christophe
Les Constructifs : républicains, UDI, indépendants
Nord

Béatrice Descamps
Les Constructifs : républicains, UDI, indépendants
Nord

Jennifer De Temmerman
La République en Marche
Nord

Christophe Di Pompeo
La République en Marche
Nord

Dimitri Houbron
La République en Marche
Nord

Christian Hutin
Apparenté au groupe Nouvelle Gauche
Nord

DÉPUTÉS DE L'ASSEMBLÉE NATIONALE

Nord, Oise, Orne, Paris

Sébastien Huyghe
Les Républicains
Nord

Charlotte Lecocq
La République en Marche
Nord

Vincent Ledoux
Les Constructifs : républicains, UDI, indépendants
Nord

Brigitte Liso
La République en Marche
Nord

Catherine Osson
La République en Marche
Nord

Valérie Petit
La République en Marche
Nord

Laurent Pietraszewski
La République en Marche
Nord

Adrien Quatennens
La France insoumise
Nord

Fabien Roussel
Gauche démocrate et républicaine
Nord

Francis Vercamer
Les Constructifs : républicains, UDI, indépendants
Nord

OISE

Pascal Bois
La République en Marche
Oise

Carole Bureau-Bonnard
La République en Marche
Oise

Olivier Dassault
Les Républicains
Oise

Maxime Minot
Les Républicains
Oise

Agnès Thill
La République en Marche
Oise

Pierre Vatin
Les Républicains
Oise

Éric Woerth
Les Républicains
Oise

ORNE

Jérôme Nury
Les Républicains
Orne

Véronique Louwagie
Les Républicains
Orne

Joaquim Pueyo
Nouvelle Gauche
Orne

PARIS

Laetitia Avia
La République en Marche
Paris

Pierre-Yves Bournazel
Les Constructifs : républicains, UDI, indépendants
Paris

Claude Goasguen
Les Républicains
Paris

Olivia Gregoire
La République en Marche
Paris

Elise Fajgeles
La République en Marche
Paris

Stanislas Guerini
La République en Marche
Paris

Brigitte Kuster
Les Républicains
Paris

Anne-Christine Lang
La République en Marche
Paris

Gilles Le Gendre
La République en Marche
Paris

Delphine O
La République en Marche
Paris

Sylvain Maillard
La République en Marche
Paris

Danièle Obono
La France insoumise
Paris

George Pau-Langevin
Nouvelle Gauche
Paris

Pierre Person
La République en Marche
Paris

Hugues Renson
La République en Marche
Paris

Pacôme Rupin
La République en Marche
Paris

Marielle de Sarnez
Mouvement Démocrate et apparentés
Paris

Buon Tan
La République en Marche
Paris

PAS-DE-CALAIS

Bruno Bilde
Non inscrit
Pas-de-Calais

Brigitte Bourguignon
La République en Marche
Pas-de-Calais

Marguerite Deprez-Audebert
Mouvement Démocrate et apparentés *Pas-de-Calais*

Pierre-Henri Dumont
Les Républicains
Pas-de-Calais

Bruno Duvergé
Mouvement Démocrate et apparentés
Pas-de-Calais

José Evrard
Non inscrit
Pas-de-Calais

Daniel Fasquelle
Les Républicains
Pas-de-Calais

Marine Le Pen
Non inscrit
Pas-de-Calais

Jacqueline Maquet
La République en Marche
Pas-de-Calais

Ludovic Pajot
Non inscrit
Pas-de-Calais

Jean-Pierre Pont
La République en Marche
Pas-de-Calais

Benoit Potterie
La République en Marche
Pas-de-Calais

PUY-DE-DÔME

André Chassaigne
Gauche démocrate et républicaine *Puy-de-Dôme*

Michel Fanget
Mouvement Démocrate et apparentés
Puy-de-Dôme

Christine Pires Beaune
Nouvelle Gauche
Puy-de-Dôme

Valérie Thomas
La République en Marche
Puy-de-Dôme

Laurence Vichnievsky
Mouvement Démocrate et apparentés
Puy-de-Dôme

PYRÉNÉES-ATLANTIQUES

Vincent Bru Mouvement Démocrate et apparentés
Pyrénées-Atlantiques

David Habib
Nouvelle Gauche
Pyrénées-Atlantiques

Jean Lassalle
Non inscrit
Pyrénées-Atlantiques

Florence Lasserre-David
Mouvement Démocrate et apparentés
Pyrénées-Atlantiques

Jean-Paul Mattei
Mouvement Démocrate et apparentés *Pyrénées-Atlantiques*

Josy Poueyto
Mouvement Démocrate et apparentés
Pyrénées-Atlantiques

PYRÉNÉES-ORIENTALES

Louis Aliot
Non inscrit
Pyrénées-Orientales

Sébastien Cazenove
La République en Marche
Pyrénées-Orientales

Laurence Gayte
La République en Marche
Pyrénées-Orientales

Romain Grau
La République en Marche
Pyrénées-Orientales

RHÔNE

Yves Blein
La République en Marche
Rhône

Bruno Bonnell
La République en Marche
Rhône

Blandine Brocard
La République en Marche
Rhône

Anne Brugnera
La République en Marche
Rhône

Danièle Cazarian
La République en Marche
Rhône

Jean-Luc Fugit
La République en Marche
Rhône

Thomas Gassilloud
La République en Marche
Rhône

DÉPUTÉS DE L'ASSEMBLÉE NATIONALE

Rhône, Sarthe, Savoie, Saône-et-Loire, Seine-et-Marne, Seine-Maritime

Cyrille Isaac-Sibille
Mouvement Démocrate et apparentés
Rhône

Hubert Julien-Laferriere
La République en Marche
Rhône

Anissa Khedher
La République en Marche
Rhône

Bernard Perrut
Les Républicains
Rhône

Thomas Rudigoz
La République en Marche
Rhône

Jean-Louis Touraine
La République en Marche
Rhône

Patrice Verchère
Les Républicains
Rhône

SARTHE

Jean-Carles Greller
Les Républicains
Sarthe

Pascale Fontenel-Personne
La République en Marche
Sarthe

Marietta Karamanli
Nouvelle Gauche
Sarthe

Stéphane Le Foll
Nouvelle Gauche
Sarthe

Damien Pichereau
La République en Marche
Sarthe

SAVOIE

Émilie Bonnivard
Les Républicains
Savoie

Typhanie Degois
La République en Marche
Savoie

Patrick Mignola
Mouvement Démocrate et apparentés
Savoie

Vincent Rolland
Les Républicains
Savoie

SAÔNE-ET-LOIRE

Josiane Corneloup
Les Républicains
Saône-et-Loire

Benjamin Dirx
La République en Marche
Saône-et-Loire

Raphaël Gauvain
La République en Marche
Saône-et-Loire

Rémy Rebeyrotte
La République en Marche
Saône-et-Loire

Cécile Untermaier
Nouvelle Gauche
Saône-et-Loire

SEINE-ET-MARNE

Stéphanie Do
La République en Marche
Seine-et-Marne

Olivier Faure
Nouvelle Gauche
Seine-et-Marne

Jean-Michel Fauvergue
La République en Marche
Seine-et-Marne

Christian Jacob
Les Républicains
Seine-et-Marne

Yves Jégo
Les Constructifs : républicains, UDI, indépendants
Seine-et-Marne

Rodrigue Kokouendo
La République en Marche
Seine-et-Marne

Valérie Lacroute
Les Républicains
Seine-et-Marne

Aude Luquet
Mouvement Démocrate et apparentés
Seine-et-Marne

Jean-François Parigi
Les Républicains
Seine-et-Marne

Michèle Peyron
La République en Marche
Seine-et-Marne

Franck Riester
Les Constructifs : républicains, UDI, indépendants
Seine-et-Marne

SEINE-MARITIME

Damien Adam
La République en Marche
Seine-Maritime

Xavier Batut
La République en Marche
Seine-Maritime

Christophe Bouillon
Nouvelle Gauche
Seine-Maritime

Sébastien Jumel
Gauche démocrate et républicaine
Seine-Maritime

Stéphanie Kerbarh
La République en Marche
Seine-Maritime

Agnès Firmin Le Bodo
Les Constructifs : républicains, UDI, indépendants
Seine-Maritime

Jean-Paul Lecoq
Gauche démocrate et républicaine
Seine-Maritime

Sira Sylla
La République en Marche
Seine-Maritime

Annie Vidal
La République en Marche
Seine-Maritime

Hubert Wulfranc
Gauche démocrate et républicaine
Seine-Maritime

SEINE-SAINT-DENIS

Patrice Anato
La République en Marche
Seine-Saint-Denis

Clémentine Autain
La France insoumise
Seine-Saint-Denis

Marie-George Buffet
Gauche démocrate et républicaine
Seine-Saint-Denis

Sylvie Charrière
La République en Marche
Seine-Saint-Denis

Éric Coquerel
La France insoumise
Seine-Saint-Denis

Alexis Corbière
La France insoumise
Seine-Saint-Denis

Bastien Lachaud
La France insoumise
Seine-Saint-Denis

Jean-Christophe Lagarde
Les Constructifs : républicains, UDI, indépendants
Seine-Saint-Denis

Stéphane Peu
Gauche démocrate et républicaine
Seine-Saint-Denis

Alain Ramadier
Les Républicains
Seine-Saint-Denis

Sabine Rubin
La France insoumise
Seine-Saint-Denis

Stéphane Testé
La République en Marche
Seine-Saint-Denis

SOMME

Stéphane Demilly
Les Constructifs : républicains, UDI, indépendants
Somme

Jean-Claude Leclabart
La République en Marche
Somme

Emmanuel Maquet
Apparenté au groupe Les Républicains *Somme*

Barbara Pompili
La République en Marche
Somme

François Ruffin
La France insoumise
Somme

TARN

Philippe Folliot
La République en Marche
Tarn

Jean Terlier
La République en Marche
Tarn

Marie-Christine Verdier-Jouclas
La République en Marche
Tarn

TARN-ET-GARONNE

Sylvia Pinel
Non inscrit
Tarn-et-Garonne

Valérie Rabault
Nouvelle Gauche
Tarn-et-Garonne

TERRITOIRE DE BELFORT

Ian Boucard
Les Républicains
Territoire de Belfort

Michel Zumkeller
Les Constructifs : républicains, UDI, indépendants
Territoire de Belfort

VAL-DE-MARNE

Jean-Jacques Bridey
La République en Marche
Val-de-Marne

Gilles Carrez
Les Républicains
Val-de-Marne

Luc Carvounas
Nouvelle Gauche
Val-de-Marne

Frédéric Descrozaille
La République en Marche
Val-de-Marne

Albane Gaillot
La République en Marche
Val-de-Marne

Guillaume Gouffier-Cha
La République en Marche
Val-de-Marne

DÉPUTÉS DE L'ASSEMBLÉE NATIONALE

Val-de-Marne, Val-d'Oise, Var, Vaucluse, Vendée, Vienne

Michel Herbillon
Les Républicains
Val-de-Marne

Jean François Mbaye
La République en Marche
Val-de-Marne

Mathilde Panot
La France insoumise
Val-de-Marne

Maud Petit
Mouvement Démocrate
et apparentés
Val-de-Marne

Laurent Saint-Martin
La République en Marche
Val-de-Marne

VAL-D'OISE

Dominique Da Silva
La République en Marche
Val-d'Oise

Nathalie Elimas
Mouvement Démocrate
et apparentés
Val-d'Oise

Fiona Lazaar
La République en Marche
Val-d'Oise

Naïma Moutchou
La République en Marche
Val-d'Oise

Zivka Park
La République en Marche
Val-d'Oise

François Pupponi
Nouvelle Gauche
Val-d'Oise

Cécile Rilhac
La République en Marche
Val-d'Oise

Antoine Savignat
Les Républicains
Val-d'Oise

Aurélien Taché
La République en Marche
Val-d'Oise

Guillaume Vuilletet
La République en Marche
Val-d'Oise

VAR

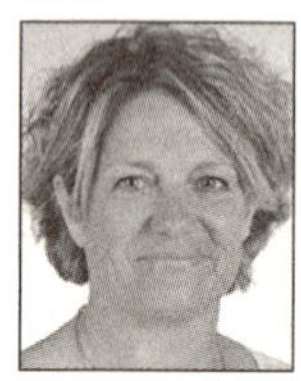

Valérie Gomez-Bassac
La République en Marche
Var

Émilie Guerel
La République en Marche
Var

Geneviève Levy
Les Républicains
Var

Jean-Louis Masson
Les Républicains
Var

Fabien Matras
La République en Marche
Var

Sereine Mauborgne
La République en Marche
Var

Philippe Michel-Kleisbauer
Mouvement Démocrate
et apparentés
Var

Cécile Muschotti
La République en Marche
Var

VAUCLUSE

Julien Aubert
Les Républicains
Vaucluse

Jean-Claude Bouchet
Les Républicains
Vaucluse

Jean-François Cesarini
La République en Marche
Vaucluse

Marie-France Lorho
Non inscrit
Vaucluse

Adrien Morenas
La République en Marche
Vaucluse

VENDÉE

Stéphane Buchou
La République en Marche
Vendée

Patricia Gallerneau
Mouvement Démocrate
et apparentés
Vendée

Pierre Henriet
La République en Marche
Vendée

Philippe Latombe
Mouvement Démocrate et
apparentés
Vendée

Martine Leguille-Balloy
La République en Marche
Vendée

VIENNE

Jean-Michel Clément
Non inscrit
Vienne

Sacha Houlié
La République en Marche
Vienne

Jacques Savatier
La République en Marche
Vienne

Nicolas Turquois
Mouvement Démocrate et apparentés
Vienne

VOSGES

Gérard Cherpion
Les Républicains
Vosges

Jean-Jacques Gaultier
Les Républicains
Vosges

Christophe Naegelen
Les Constructifs : républicains, UDI, indépendants
Vosges

Stéphane Viry
Les Républicains
Vosges

YONNE

Michèle Crouzet
La République en Marche
Yonne

Guillaume Larrivé
Les Républicains
Yonne

André Villiers
Les Constructifs : républicains, UDI, indépendants
Yonne

YVELINES

Didier Baichère
La République en Marche
Yvelines

Jean-Noël Barrot
Mouvement Démocrate et apparentés
Yvelines

Aurore Bergé
La République en Marche
Yvelines

Yaël Braun-Pivet
La République en Marche
Yvelines

Florence Granjus
La République en Marche
Yvelines

Nadia Hai
La République en Marche
Yvelines

Marie Lebec
La République en Marche
Yvelines

Bruno Millienne
Mouvement Démocrate et apparentés
Yvelines

Béatrice Piron
La République en Marche
Yvelines

Natalia Pouzyreff
La République en Marche
Yvelines

Michèle de Vaucouleurs
Mouvement Démocrate et apparentés *Yvelines*

Michel Vialay
Les Républicains
Yvelines

Quinzième législature

Les groupes politiques sont constitués au minimum de 15 députés et jouent un rôle majeur dans le fonctionnement de l'Assemblée nationale. Ainsi :
- les présidents de groupe siègent à la Conférence des présidents ;
- les commissions sont composées en proportion de l'importance numérique des groupes ;
- le temps de parole est distribué en fonction de l'effectif des groupes.

Groupe	Membres	Membres apparentés	Total
La République en Marche	310	2	312
Les Républicains	98	4	102
Mouvement Démocrate et apparentés	41	6	47
Les Constructifs : républicains, UDI, indépendants	32	0	32
Nouvelle Gauche	27	3	30
La France insoumise	17	0	17
Gauche démocrate et républicaine	16	0	16
Total groupes	541	15	556
Non inscrits (NI)	21	0	21
Total des sièges pourvus		577	
Sièges vacants		0	
Total des sièges		577	

DÉPARTEMENTS D'OUTRE-MER

GUADELOUPE

Justine Benin
Apparentée au groupe Mouvement Démocrate et apparentés *Guadeloupe*

Max Mathiasin
Apparenté au groupe Mouvement Démocrate et apparentés *Guadeloupe*

Olivier Serva
La République en Marche
Guadeloupe

Hélène Vainqueur-Christophe
Nouvelle Gauche
Guadeloupe

GUYANE

Lénaïck Adam
La République en Marche
Guyane

Gabriel Serville
Gauche démocrate et républicaine *Guyane*

DÉPUTÉS DE L'ASSEMBLÉE NATIONALE

Martinique, Mayotte, Réunion, Nouvelle-Calédonie, Polynésie française, St-Barthélemy et St-Martin, St-Pierre-et-Miquelon, Wallis-et-Futuna et les Français établis hors de France

MARTINIQUE

Manuéla Kéclard-Mondésir
Gauche démocrate et républicaine *Martinique*

Serge Letchimy
Apparenté au groupe Nouvelle Gauche
Martinique

Josette Manin
Apparentée au groupe Nouvelle Gauche
Martinique

Jean-Philippe Nilor
Gauche démocrate et républicaine
Martinique

MAYOTTE

Ramlati Ali
La République en Marche
Mayotte

Mansour Kamardine
Les Républicains
Mayotte

RÉUNION

Ericka Bareigts
Nouvelle Gauche
Réunion

Nathalie Bassire
Apparentée au groupe Les Républicains
Réunion

Huguette Bello
Gauche démocrate et républicaine
Réunion

David Lorion
Les Républicains
Réunion

Nadia Ramassamy
Apparentée au groupe Les Républicains
Réunion

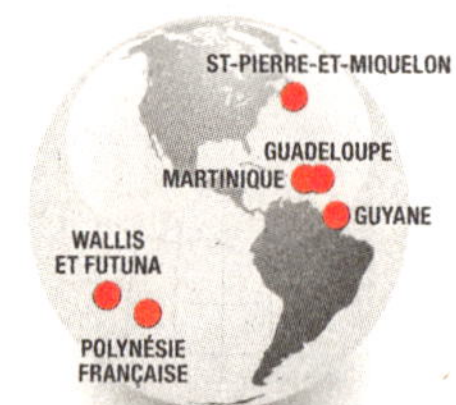

Jean-Hugues Ratenon
La France insoumise
Réunion

Thierry Robert
Mouvement Démocrate et apparentés
Réunion

COLLECTIVITÉS D'OUTRE-MER ET NOUVELLE-CALÉDONIE

NOUVELLE-CALÉDONIE

Philippe Dunoyer
Les Constructifs : républicains, UDI, indépendants *Nouvelle-Calédonie*

Philippe Gomès
Les Constructifs : républicains, UDI, indépendants *Nouvelle-Calédonie*

POLYNÉSIE FRANÇAISE

Moetai Brotherson
Gauche démocrate et républicaine
Polynésie Française (987)

Maina Sage
Les Constructifs : républicains, UDI, indépendants
Polynésie Française

Nicole Sanquer
Les Constructifs : républicains, UDI, indépendants
Polynésie Française

ST-BARTHÉLEMY ET ST-MARTIN

Claire Guion-Firmin
Apparentée au groupe Les Républicains
St-Barthélemy et St-Martin

ST-PIERRE-ET-MIQUELON

Stéphane Claireaux
Apparenté au groupe La République en Marche
St-Pierre-et-Miquelon

WALLIS-ET-FUTUNA

Sylvain Brial
Non inscrit
Wallis et Futuna

FRANÇAIS ÉTABLIS HORS DE FRANCE

Pieyre-Alexandre Anglade
La République en Marche
Hors de France

Samantha Cazebonne
La République en Marche
Hors de France

Paula Forteza
La République en Marche
Hors de France

Anne Genetet
La République en Marche
Hors de France

M'jid El Guerrab
La République en Marche
Hors de France

Meyer Habib
Les Constructifs : républicains, UDI, indépendants
Hors de France

Alexandre Holroyd
La République en Marche
Hors de France

Amal-Amélia Lakrafi
La République en Marche
Hors de France

Roland Lescure
La République en Marche
Hors de France

Frédéric Petit
Mouvement Démocrate et apparentés
Hors de France

Joachim Son-Forget
La République en Marche
Hors de France

Le soleil se lève à
8 h 44
et se couche à
17 h 04

Mardi 1er janvier

Jour de l'An – On fête aussi les Fulgence

« Le vent du jour de l'An souffle moitié de l'an. »

Vermot Régions

JURA / JULES GRÉVY

C'est à Mont-sous-Vaudrey que naquit et mourut Jules Grévy (1807-1891), qui fut le quatrième président de la République française, du 30 janvier 1879 au 2 décembre 1887. Issu d'une famille aux fortes convictions républicaines, il devint tout d'abord avocat et n'embrassa la carrière politique qu'après la révolution de 1848. Il parviendra à la tête de l'État trente ans après avoir proposé un amendement contre l'élection du président de la République au suffrage universel, motivé par le fait qu'il refusait de placer le pouvoir d'une seule personne au-dessus de tout!

Il y a 20 ans, le 1er janvier 1999, l'euro devenait la monnaie unique de 11 pays de l'Union européenne, d'abord sous une forme immatérielle. L'introduction des billets et des pièces en euros n'a eu lieu que le 1er janvier 2002.

Janvier

Nous savons qu'il n'y a pas de Martiens sur Mars, peut-être tout juste des microbes enfouis dans la planète rouge. Mais l'expédition d'humains sur Mars sera la prochaine grande étape de la conquête spatiale. Pourtant, c'est la Lune qui marque cette année 2019, avec un anniversaire. Vous voyez lequel? Il y a cinquante ans, en 1969 (le 21 juillet), un Terrien foulait pour la première fois le sol lunaire. Retraçons au fil des mois les grandes dates de l'exploration spatiale, nonobstant les théories farfelues qui les remettent en cause. Profitons du cinquantenaire pour nous intéresser aux douze marcheurs lunaires. Ces douze hommes (et pas une seule femme!), tels des apôtres, ont porté un message de paix et d'espoir en pleine guerre froide. On se souvient du nom du premier, même si l'on confond parfois son prénom avec celui d'un grand trompettiste! Neil Armstrong (1930-2012 – à ne pas confondre, donc, avec Louis), commandant de la mission Apollo 11, a prononcé cette phrase : « C'est un petit pas pour un homme, un bond de géant pour l'humanité. » Des mots entendus en direct par plus de 450 millions de Terriens, record mondial d'audience à l'époque! Savez-vous que cette première escapade lunaire ne dura que le temps d'un film, soit 2 h 30? Dix ans plus tôt, le 4 janvier 1959, la Lune était survolée pour la première fois par un objet d'origine terrienne (mais sans humains à bord) : la sonde russe Luna 1. Plus près de nous, mais plus loin dans l'espace, le 14 janvier 2005, la sonde européenne Huygens s'est posée sur Titan, un satellite de Saturne. Le mois de janvier est hélas aussi marqué par deux grands drames : l'incendie d'Apollo 1 sur son pas de tir, le 27 janvier 1967, qui tue les trois astronautes à bord; et la spectaculaire explosion de la navette Challenger, qui provoque la mort des sept membres d'équipage, le 28 janvier 1986, juste après le décollage et devant les yeux du monde entier.

SURNOMS
LES ANNÉES FOLLES

Séparées de la Belle Époque par la Première Guerre mondiale, les Années folles durent une décennie et se prolongent jusqu'au krach de 1929. Le surnom donné à cette période montre l'explosion de créativité qui s'y produit, que ce soit dans la musique, avec le jazz, dans l'architecture, avec l'Art déco, ou encore dans la peinture, avec le mouvement dada et le surréalisme.

Mercredi 2 janvier

Saint Basile On fête aussi les Adélard, Macaire, Stéphanie

Le soleil se lève à **8 h 44** et se couche à **17 h 05**

*« Vent en janvier,
pluies en juillet. »*

«Excusez-moi, vous n'auriez pas un escabeau ?»

Noms de villages

Avec ses 122 habitants, cette commune située dans l'Orne occupe à peine 10 km² de terres normandes. Et pourtant, on la connaît bien au-delà des frontières régionales. La raison de cette célébrité ? Le nom de ce village : Bizou ! Un nom qui reste en bouche, et pas baveux pour un sou !

Inventions insolites

La chaussure auto-laçante

La marque Nike est la première à proposer sur le marché des chaussures de sport qui se lacent automatiquement. Un capteur détecte la présence du pied et, lorsque celui-ci est en place, la coque se resserre automatiquement. Des boutons latéraux permettent d'affiner le réglage pour que l'adaptation soit parfaite. Le prix, encore élevé (720 $), pourrait prochainement être à la portée de tous.

L'Info

Ceci n'est pas une blague belge !

Un hôtel qui loue des poissons rouges pour tenir compagnie à ceux qui voyagent seuls ? Pourquoi pas ? Après tout, il existe déjà des hôtels (de luxe) pour chiens et des bars (relaxants) à chats. Cette fois, le concept ne vient pas du Japon comme la plupart des tendances bizarres depuis vingt-cinq ans, mais de Belgique. De Charleroi, plus exactement. L'hôtel Charleroi Airport *propose des poissons rouges à garder pendant une nuit, pour 3,50 euros. Le directeur offre cette option payante aux voyageurs seuls qui ont peur de s'ennuyer. À ceux qui s'indigneraient du triste sort réservé au poisson enfermé dans un petit bocal, le directeur de l'hôtel répond : « Ils ont aussi un grand aquarium dans la salle de ménage, avec un petit abri, de l'oxygène et des plantes. Quand nous pensons que c'est nécessaire, nous les mettons là pour quelques jours. » Ils vont à l'hôtel, en somme.*

De mauvais goût

Le bob

Le « Robert », puisqu'il faut bien appeler l'accessoire par son véritable nom – Bob n'est que le diminutif comique de Robert – est à l'origine le croisement du chapeau mou des pilotes américains pendant la guerre et de ce bon vieux chapeau de pêche. Le concept, pratique dans ces situations, aurait pu rester cantonné à ces niches, voire s'étendre aux chasseurs ou, à la rigueur, aux enfants. Mais, les années 1980, leur tourisme de masse au soleil et leurs goodies publicitaires sont arrivés. Et avec eux des cohortes de bobs moches. Une déferlante qui a ruiné l'image de l'objet. Un temps détourné par les fêtards anglais, le couvre-chef a atteint des sommets de kitch vulgaire quand les rappeurs bling-bling l'ont adopté à la fin du XXe siècle. Depuis, tous les étés, de grands couturiers et leurs mannequins anorexiques tentent de le consacrer comme un accessoire glamour. Au même titre que la chemise Hawaï et le combo sandalettes-chaussettes, sûrement ?

« Si les mouches dansent en janvier, ménage ton foin au grenier. »

EXPRESSIONS IMAGÉES

Avaler des couleuvres

À l'époque où les anguilles de nos rivières constituaient des mets de choix, certains cuisiniers auraient trompé leurs hôtes en leur substituant des serpents, qui pullulaient dans les campagnes et leur ressemblaient une fois découpés en tronçons et préparés en sauce. C'est ainsi que les gourmets se faisaient abuser en avalant des couleuvres à la place des anguilles qu'ils croyaient déguster.

Ça bulle

Pour tous les enfants de France, de Belgique et même d'Europe, les frères Dalton, ennemis jurés du héros au grand cœur Lucky Luke, sont le mal incarné. Mais savent-ils que les Dalton ont réellement existé en Amérique à la fin du XIXe siècle ? La différence est que les « vrais » Dalton étaient nommés Bob, Grat, Bill et Emmett et qu'ils finirent tués par la police lors d'un braquage en 1892. Lucky Luke est plus clément…

OH LE GROS GÂCHIS !

Des douaniers pas doués, mais dépensiers

En 2017, le rapport de la Cour des comptes est cinglant pour nos gabelous. Les Sages pointent des « échecs répétés et coûteux » liés à des « défaillances graves et multiples ». Ainsi, les douaniers de Port-de-Bouc (Bouches-du-Rhône) ont exigé « l'installation d'un four de cuisine et de différents équipements de confort supplémentaires » dans leur nouvelle vedette de surveillance maritime, créant un problème électrique dont la résolution a pris dix-huit mois. Plus désastreux pour les finances, l'achat de nouveaux avions pour lutter contre la pollution en mer, en remplacement des bimoteurs Cessna F406 vieillissants, a coûté 130 millions d'euros pour rien : les sept nouveaux appareils se sont révélés incompatibles avec les équipements de surveillance devant être installés à leur bord. En 2018, aucun n'était encore opérationnel. Même gabegie sur l'eau : aux Antilles, la douane a commandé deux vedettes rendues inutilisables à cause des modifications demandées ! Elles dorment aujourd'hui dans un garage en métropole.

Protocole

Le terme *protocole* a aujourd'hui plusieurs sens, dont le plus courant désigne l'ensemble des règles établies en matière d'étiquette, d'honneurs et de préséance dans les cérémonies officielles. Ces règles couvrent une multitude de sujets, du placement à table à l'ordre d'arrivée à un événement, et même l'ordre de passage des portes ! C'est d'ailleurs le sens premier du mot, qui vient du grec *protos*, qui signifie « premier ». Établir qui passera le premier une porte peut paraître superflu à première vue, mais c'est pourtant dans l'âme même du mot. De plus, imaginez un peu : sans protocole, le passage de chaque encadrement lors des visites officielles surpeuplées deviendrait une véritable cohue ! Et la dernière chose que demande la diplomatie, c'est bien de jouer des coudes…

Vendredi 4 janvier

Saint Odilon On fête aussi les Fata, Oringa

Le soleil se lève à **8 h 43** et se couche à **17 h 07**

« Cadeau de janvier, ingratitude de février. »

YÉ-YÉ

Au panthéon des traductions hasardeuses des chansons anglaises vers la langue de Molière, voici le sous-marin qui change de couleur ! En effet, en traversant la Manche, le *Yellow Submarine* des quatre garçons dans le vent préférés d'Angleterre devient le sous-marin vert, célébré par les Compagnons de la chanson, en 1966. Pourquoi ce groupe de chanteurs quadragénaires à l'époque (et déjà un peu *has been*) a-t-il repeint de vert le sous-marin en traduisant la chanson ? Mais pour le faire rimer avec « mer », pardi !

RétroVermot

Si le sommeil vous gagne en grignotant du pain,
Au milieu des repas si vous vous sentez vieux,
Arrêtez de bâfrer et buvez donc du vin :
Quand on digère mal, il faut manger très peu.
Moralité :
L'apathie vient en mangeant.

Au menu

Feuilletés de filet mignon, oignons, moutarde à l'ancienne et crème fraîche

Pour 6 pers.
20 min de préparation
1 h de cuisson

- 1 kg d'oignons
- 2 filets mignons
- 2 pâtes feuilletées du commerce
- 3 cuil. à soupe de moutarde à l'ancienne
- 4 cuil. à soupe de crème fraîche
- 4 cuil. à soupe d'huile d'olive
- Sel, poivre

Pelez et émincez les oignons.

Dans une cocotte, versez l'huile et ajoutez les oignons, puis faites-les caraméliser une vingtaine de minutes à feu moyen. Sortez les oignons, puis disposez à la place les filets mignons : salez, poivrez et faites dorer sur toutes les faces à feu vif.

Préchauffez le four à 210 °C (th. 7). Étalez les pâtes, puis enduisez-les de moutarde et de crème fraîche. Disposez les oignons en fine couche dessus, déposez un filet au centre de chaque pâte, puis enroulez-les. Déposez chacune des pâtes sur la plaque du four tapissée de papier sulfurisé.

Enfournez pour 35 minutes.

Conseil : servez ces feuilletés coupés en tranches épaisses avec une belle salade verte.

LES DOUZE TRAVAUX D'HERCULE

Le lion de Némée

Hercule n'est pas qu'un grand héros, c'est aussi une catastrophe ambulante. Fils illégitime de Zeus, il est poussé à la folie par Héra, l'épouse du roi des dieux, et ne trouve rien de mieux à faire que de tuer ses propres enfants ! Pour réparer cette bavure, il doit se mettre au service de son pire ennemi, son cousin Eurysthée. Ce dernier lui ordonne d'accomplir non pas un, mais dix exploits ! Malhonnête, il contestera à deux reprises la victoire d'Hercule, lui donnant ainsi deux travaux de plus.

La première épreuve consiste à tuer le lion de Némée, au cuir réputé impénétrable. Hercule, alors âgé d'à peine 16 ans, utilise d'abord des flèches et une massue, sans succès. Il parvient finalement à piéger le fauve dans son antre et à l'étouffer de ses propres bras. Il utilise ensuite les griffes de l'animal pour lui retirer sa peau, dont il se revêt.

« Ce n'est pas parce qu'en hiver, on dit : "fermez la porte, il fait froid dehors", qu'il fait moins froid dehors quand la porte est fermée. »
Pierre Dac

Vermot Régions

AIN / LE PRESBYTÈRE DU CURÉ D'ARS

C'est à Ars-sur-Formans que le curé Jean-Marie Vianney exerça son ministère pendant plus de quarante ans. Le presbytère où il vécut se visite aujourd'hui et témoigne de la vie quotidienne de celui qui fut canonisé en 1925 et nommé « patron de tous les curés de l'univers » par le pape Pie XI. Les façades et toitures du bâtiment, situé juste à côté de la basilique, sont inscrites depuis 1966 aux Monuments historiques. Le site d'Ars reçoit plus d'un demi-million de visiteurs chaque année.

Charade à tiroirs

Mon premier fait feu.
Mon deuxième jardine.
Mon troisième est malade.
Mon quatrième n'est pas d'accord avec ce qui est écrit.
Mon tout est un aviateur français.

ROLAND GARROS. Mon premier est Ro, car Ro tire (Rôtir). Mon deuxième est Land, car Land bine (Lambine). Mon troisième est Ga, car Ga rend (Garant). Mon quatrième est Ros, car Ros biffe (Rosbif).

L'Info

Le « guerrier » était une guerrière

Une épée, une hache, une lance, des flèches pour transpercer les armures, une dague et deux boucliers : l'attirail découvert dans un tombeau viking à Birka, en Suède, a berné les archéologues pendant trois siècles. Convaincues par la présence de ces artefacts virils, des générations d'experts ont assuré que le squelette qui les accompagnait était celui d'un grand chef. Ils se trompaient tous ! Des analyses ADN récentes réalisées sur quelques ossements ont démontré que le défunt était une femme. Il faut avouer que la noble Viking a tout fait pour brouiller les pistes : outre son attirail militaire, un Hnefatafl l'accompagnait pour son voyage vers le Walhalla, le paradis des guerriers valeureux. Ce jeu de stratégie était réservé aux officiers. Pour les spécialistes, non seulement la guerrière de Birka prenait part aux combats, mais il est vraisemblable qu'en plus, elle les planifiait et les dirigeait. De nombreuses légendes scandinaves mentionnent des guerrières comme les Valkyries ou les Skjaldmö, ces femmes combattantes équipées de bouclier, à l'image de Lagertha, héroïne de la série télévisée Vikings. *Mais les preuves matérielles manquent. Et les préjugés sexistes, eux, abondent…*

CONCOURS LÉPINE

Certains objets du quotidien sont si courants, et si ancrés dans nos vies, qu'il nous est difficile d'imaginer que nos aînés aient pu s'en passer si longtemps. Le mouchoir en papier, par exemple, n'est pas une invention très ancienne : c'est un certain monsieur Bleton qui a présenté au concours Lépine de 1901 son invention révolutionnaire. Avant cette date, les mouchoirs étaient en tissu et ne se jetaient pas. Bleton ne gagna pas le premier prix du concours, mais vendit les droits de commercialisation de sa trouvaille à l'entreprise Kimberly-Clark, qui lui trouva un nom : Kleenex. On peut dire que l'inventeur a eu… du nez !

ARABIE SAOUDITE : LES FEMMES AUTORISÉES À CONDUIRE

Épiphanie – On fête aussi les Mélanie, Gaspard, Balthazar, Melchior

Le soleil se lève à **8h43** et se couche à **17h09**

« Pluie aux Rois,
blé jusqu'au toit. »

Un vrai feuilleton

Un peu moins connue en France que d'autres séries américaines, *Des jours et des vies* est pourtant un véritable phénomène outre-Atlantique, avec de nombreux records à son actif. Lancé en 1965 sur la chaîne NBC, celui qui est le deuxième plus ancien feuilleton toujours en production détient notamment le record du nombre d'épisodes pour une série en cours, en ayant passé le 10 janvier 2017 le nombre ahurissant de 13 000 épisodes. Vous pensez que quelqu'un les a tous vus ?

[Excuse my French]

Le « footing », nous serions en France près d'un sur quatre à le pratiquer plus ou moins régulièrement. Mais les Français, pour le coup, semblent plus portés sur la course à pied que sur la linguistique ! En effet, chez nos amis anglophones, personne, mais alors personne, ne pratique le footing. Pourquoi donc ? Tout simplement car ce mot n'existe pas chez eux et est une pure invention franglaise ! Ils sont en revanche adeptes du *running* et n'hésitent pas à aller sortir pour un *jog*. C'est déjà ça !

LES VILLES DE NORMANDIE

X	U	E	Y	A	C	B	F	D	C	X	E	N	S
R	U	E	L	N	L	A	E	A	O	U	S	O	R
F	S	E	E	S	A	A	M	Y	N	E	A	C	O
G	A	E	R	O	U	T	N	E	H	Y	I	N	S
E	R	L	C	V	G	R	N	C	M	A	N	E	I
U	L	U	I	S	E	R	N	E	O	B	H	L	G
X	H	L	O	V	E	A	A	Y	G	C	E	A	T
U	L	O	I	B	R	C	F	N	N	R	R	R	A
E	A	G	N	V	R	P	N	A	V	A	A	T	T
I	Y	N	A	F	U	E	M	A	L	I	E	B	E
S	A	I	N	T	L	O	H	A	T	A	L	C	R
I	N	E	U	O	R	E	R	C	C	U	I	L	T
L	R	R	R	R	L	G	U	T	X	E	O	S	E
S	G	S	A	A	Y	A	N	R	E	B	F	C	E

Solution page 30

Cherchez les villes de Normandie cachées dans la grille. Vous les trouverez horizontalement, verticalement ou diagonalement.

ALENÇON
ARGENTAN
ARROMANCHES
AVRANCHES
BAYEUX
BERNAY
CAEN
CAMEMBERT
CHERBOURG
COUTANCES
DEAUVILLE
ÉTRETAT
ÉVREUX
FALAISE
FÉCAMP
GISORS
GIVERNY
GRANVILLE
HONFLEUR
LE HAVRE
LISIEUX
ROUEN
SAINT-LÔ
SÉES
TROUVILLE

Chiffres étonnants de la science

Mon pote le microbiote

Si vous ne savez pas encore ce qui se cache derrière le nom de « microbiote », il est temps de vous mettre au jus ! Il s'agit de micro-organismes, principalement des bactéries : ils sont peut-être des milliers de milliards à vivre dans notre corps ! Outre les bactéries, il y a aussi des virus et des champignons microscopiques, qui ne provoquent pas de troubles et ont la plupart du temps un effet bénéfique. Nous avons plusieurs microbiotes, dans les intestins, sur la peau, dans la bouche, dans les organes sexuels… L'intestin grêle et le colon accueillent le plus gros. Ce que l'on appelait autrefois la « flore intestinale » pèse facilement deux kilos et ses représentants sont deux à dix fois plus nombreux que nos propres cellules !

« S'il gèle à la Saint-Raymond, l'hiver est encore long. »

QUIZ CHANTEURS

Quel chanteur a interprété « Et maintenant que vais-je faire » en 1962 ?

Gilbert Bécaud

Alors que les techniciens sont en place juste avant le lancement du journal télévisé de 13 heures, le rédacteur en chef s'inquiète : il n'y a personne devant l'écran bleu où doit intervenir la présentatrice météo. Interrogeant à la cantonade les techniciens, l'un d'eux lui répond : « Elle s'est absentée après sa rencontre avec les prévisionnistes de Météo France : elle fait une dépression. »

RECORDS DE PRÉSIDENT

De tous les records atteints par les présidents de notre belle république, celui toujours détenu par Alain Poher est certainement le moins enviable. En effet, si Poher eut l'honneur d'assurer par deux fois l'intérim du rôle le plus élevé de l'État (en sa qualité de président du Sénat), il est aussi le président le plus fugace de l'histoire ! Son premier mandat, déclenché par la démission du général de Gaulle, dura du 28 avril au 20 juin 1969, soit moins de deux mois, et le second, après la mort de Georges Pompidou (qui l'avait battu aux élections), dura du 2 avril au 27 mai 1974. Quand on dit que les politiciens s'accrochent au pouvoir…

Fantaisies sexuelles

Mangez sur moi !

Les Japonais se montrent particulièrement raffinés en matière de sexualité. Ils ont par exemple inventé le *nyotaimori*, qui associe érotisme et gastronomie. Cela consiste à déguster des sushis et des sashimis disposés à même le corps d'une femme entièrement nue. Cela aurait pour effet non seulement d'exciter les convives, mais aussi d'assurer une conservation optimale des délicats mets présentés (ce qui reste à prouver scientifiquement). Une version masculine du *nyotaimori* existe : il s'agit du *nantaimori*. Le terme anglais de *body sushi*, mixte, est plus connu. D'autres variantes sont également possibles. Ainsi, les amateurs de pratiques sadomasochistes peuvent s'essayer au *bondage sushi bar* : la personne qui joue le rôle du « présentoir » est alors entravée par des liens.

MAÎTRES DU POLAR

Michael Connelly

Son inspecteur fétiche a le nom d'un peintre hollandais de la Renaissance : Hieronymus Bosch, Harry Bosch pour ses collègues du LAPD et les dizaines de millions de lecteurs qui suivent depuis un quart de siècle les enquêtes du spécialiste des *cold case*. Hanté par le Viêt Nam et ses échecs amoureux, ce flic à l'ancienne, amateur de jazz et d'alcool fort, est le héros de 25 livres signés Michael Connelly. Maître incontesté du roman noir, l'ex-chroniqueur judiciaire Connelly, lauréat du Pulitzer, compose à travers les enquêtes de Bosch une fresque peu angélique de la Cité des anges. Et depuis *Les Égouts de Los Angeles* en 1992, malgré les nettoyages réguliers de l'inspecteur Bosch, la cité californienne charrie toujours autant de crime et de sang, de vice et de corruption. Adapté au cinéma par Clint Eastwood en 2002, *Créance de sang* ne met pas en scène Harry Bosch, mais Terry McCaleb, un ex-agent du FBI. Les deux hommes se croisent dans *L'Oiseau des ténèbres*, et c'est bien Bosch qui se charge d'enquêter sur la mort de McCaleb dans *Los Angeles River* (2004).

Mardi 8 janvier

Saint Lucien On fête aussi les Gudule, Lucienne, Luciana

Le soleil se lève à 8 h 42 et se couche à 17 h 12

*« À la Sainte-Gudule,
le jour croît mais
le froid ne recule. »*

Molière en vadrouille

Lorsqu'on se rend dans un pays francophone, il est important de savoir que le français parlé dans ce pays n'est pas forcément identique au nôtre. Ainsi, si on vous demande en Belgique si vous « savez » passer le sel, ce n'est pas pour vérifier vos connaissances en termes de passage de sel, mais pour vous demander de le faire. En effet, « savoir » s'utilise aussi dans le sens de « pouvoir » pour nos amis d'outre-Quiévrain. Encore fallait-il le savoir. Ou le pouvoir. C'est malin, nous voilà confus !

Ha! Ha! Ha!

La troisième guerre mondiale est sur le point d'éclater. Tous les pays s'apprêtent à en découdre. En France, l'état-major compte sur son arme secrète : un supercalculateur auquel nos militaires peuvent soumettre des problèmes tactiques particulièrement ardus. Cet ordinateur bénéficie des dernières avancées en intelligence artificielle et reconnaissance vocale. Il a ingurgité des centaines de millions de données : règlements militaires, nature et quantité d'armement par pays, campagnes de Jules César et de Napoléon, grandes batailles de la Seconde Guerre mondiale, guerres coloniales, techniques de guérillas modernes, géographie, économie et politique des cinq continents… et même toute la vie privée des généraux et chefs d'État étrangers. Afin de prendre LA bonne décision, les militaires décident de lui poser LA question : faut-il attaquer ou attendre ? L'ordinateur se met en branle, son écran se couvre de milliers de combinaisons mathématiques, clignote, la machine émet une série de bips pendant une trentaine de secondes avant d'afficher : OUI. Les généraux se regardent, perplexes.
L'un d'entre eux décide d'agir. Il demande :
« Oui quoi ? »
L'ordinateur répond instantanément :
« Oui, mon général ! »

Perles de sportifs

L'expert en géographie

Qui l'a dit ? Mark Draper (footballeur anglais).
« J'aimerais bien jouer dans un club italien. Comme le FC Barcelone, par exemple. »

Santé naturelle

Du ginkgo pour votre cerveau

Des ancêtres du *Ginkgo biloba*, ou « arbre aux 40 écus », vivaient déjà au temps des dinosaures ! Originaire de Chine, cet arbre a été introduit en Europe dès le XVIIIe siècle. Ses nombreux principes actifs (flavonoïdes, acides organiques et lactones spécifiques), agissant en synergie, favorisent la circulation sanguine des artères et veines jusqu'aux capillaires. Cet effet s'oppose à la formation de caillots et renforce le traitement des affections cardiovasculaires. Les bénéfices pour la circulation sanguine se répercutent aussi sur le fonctionnement du cerveau, et notamment sur sa fonction de mémorisation. Utilisation : infusion de feuilles ou gélules.

« Saint-Julien brise la glace ; s'il ne la brise, c'est qu'il l'embrasse. »

PROVERBES PATOIS

Proverbe alsacien

Célébration de l'amitié en Alsace avec le proverbe : *« Geteildi Freid Isch doppelti Freid ; Geteildes Leid Isch halwes Leid »*, qui atteste que quand la joie est partagée, elle est multipliée par deux, et que quand c'est une peine qui est partagée, elle est divisée en deux. Ainsi les uns et les autres sont-ils encouragés à partager avec leurs proches leurs bonheurs et leurs malheurs.

Charade

Mon premier longe la rivière.

Mon deuxième n'est pas très brillant.

Mon troisième est une baie du Japon.

Mon quatrième est la valeur d'un homme averti.

Mon cinquième est un rassemblement de personnes.

Mon sixième crie comme l'âne.

Mon tout est une friandise bien française.

LES BÊTISES DE CAMBRAI (LÉ - BÊTE - ISE - DEUX [Un homme averti en vaut deux] - CAMP - BRAIT)

« C'est souvent comme ça avec le quotient intellectuel. Un vrai "i" mais un faux "Q" ! »
Jacques Faizant

L'Info

QI en berne

Nous devenons de plus en plus idiots, c'est confirmé ! Plusieurs études publiées par la revue Intelligence *indiquent une baisse régulière du QI moyen des Français (et des Européens, en général) ces dernières années. En dix ans seulement, entre 1999 et 2009, il aurait chuté de 3,8 points chez nos concitoyens. Un recul d'autant plus inquiétant que la tendance générale depuis cent cinquante ans a toujours été à la progression. Pour expliquer cette dégringolade, les chercheurs émettent plusieurs hypothèses. Pour les uns, l'explication est sociologique : les nouvelles technologies facilitent tellement notre quotidien que nous perdons l'occasion d'utiliser nos capacités cérébrales. En nous remplaçant pour tout, les machines finissent par nous abêtir. D'autres avancent une raison plus biologique : les personnes avec un QI élevé ont tendance à avoir moins d'enfants et de plus en plus tard. En comparaison, le nombre d'enfants dans les familles moins favorisées intellectuellement resterait égal. De génération en génération, le nombre de personnes à QI élevé serait amoindri. Enfin, dernière hypothèse : l'exposition de plus en plus fréquente à certains polluants et substances chimiques, notamment les perturbateurs endocriniens, pourrait agir sur le développement du cerveau. Conclusion : ce n'est pas près de s'arranger…*

EMOJI

Les emoji (qu'on appelle volontiers « émoticônes » en français) sont aujourd'hui partout autour de nous, et ils sont tellement utilisés qu'on a parfois l'impression qu'ils ont toujours été là. Mais ce n'est bien évidemment pas le cas ! Cependant, certains font remonter la première utilisation d'un emoji à bien avant l'apparition du numérique. Dans un poème de l'Anglais Robert Herrick, imprimé en 1648, on trouve une trace écrite sous la forme :), précédée de *smiling yet* (souriant cependant). Quand on vous dit qu'on n'invente rien…

Jeudi 10 janvier

Saint Guillaume On fête aussi les Billy

Le soleil se lève à 8h41 et se couche à 17h15

« Mieux vaut voir chien enragé que chaud soleil en janvier. »

Il y a 70 ans, le 10 janvier 1949, RCA (Radio Corporation of America) mettait en vente le premier disque vinyle dit « 45 tours », dont le nom correspond à son nombre de rotations par minute.

Les comportements extraordinaires des animaux

Une idée lumineuse

À 2000 m de profondeur, l'obscurité est… comment dire?… totale. Et les rencontres sont plutôt rares. Comment faire alors pour attirer une proie? Les poissons des abysses du genre *Gigantactis* ont trouvé une solution : ils émettent leur propre lumière (on appelle ça la « bioluminescence », souvenez-vous-en pour étaler votre science). Mieux que ça, ils disposent d'un appât lumineux, en réalité l'extrémité d'une longue excroissance partant du haut de la pointe de leur museau. Quelle bestiole hésiterait à tenter de gober cette espèce de luciole, ignorant que c'est elle qui serait avalée en définitive? Aucune, et c'est bien là l'intérêt du stratagème! Heureusement, Marin et Dory, eux, réussissent à y échapper, dans le film *Némo*…

Le plus ponctuel des moyens de transport de la ville restait de loin le carrousel du parc. Pour quelle raison absurde la municipalité ne se décidait-elle pas à étendre la desserte des stations ?

Vermot Régions

CHER / JACQUES CŒUR

C'est à Bourges que Jacques Cœur vit le jour vers 1400. Marchand, il fut le premier à entretenir des relations commerciales avec le Proche-Orient, qu'on appelait alors le « Levant ». Ses succès de négociateur l'amenèrent à être nommé Grand Argentier du royaume de France en 1439 par le roi Charles VII, qui devint également son créancier. Il tomba en disgrâce en 1451, fut emprisonné puis banni, avant de mourir en 1456 sur l'île grecque de Chios. La maison qu'il habitait dans sa ville natale est un chef-d'œuvre de style gothique flamboyant, connu sous le nom de « Palais Jacques Cœur ».

REMARQUABLES

IF D'YVIGNAC

Il n'y a pas si longtemps, c'est dans les cabines téléphoniques que l'on battait des records d'entassement. Celle du charmant petit village d'Yvignac-la-Tour, dans les Côtes-d'Armor, ayant été, comme tant d'autres, supprimée, c'est dans leur vieil if que les habitants se sont empilés. En août 2017, 58 personnes, hommes, femmes et enfants, ont réussi à se loger – devant huissier! – dans le tronc creux, battant ainsi rien moins qu'un record d'Europe! Il faut dire que l'if d'Yvignac est sans doute le plus creux des arbres de France! Toute la partie centrale du tronc a disparu, ce qui ne gêne manifestement pas cet if (*Taxus baccata*) que l'on dit millénaire et qui est, en fait, âgé d'environ 750 ans. Si la paroi de cette chambre végétale est très fine, la sève réussit tout de même à passer pour ravitailler le feuillage, encore dense. Outre son beau record, le village doit aussi à son arbre vénérable son nom, puisque « if » vient d'un mot celte, *ivin*, ou *ywen*, qui a donné le terme anglais *yew*, et qui est aussi à la racine « d'Yvignac ».

M. et Mme Proviste ont
le plaisir de vous annoncer
la naissance de leur fils

ALAIN

Le soleil se lève à **8 h 41** et se couche à **17 h 15**

Vendredi **11 janvier**

Saint Paulin On fête aussi les Salvia, Hortense

« Janvier est le mois où l'on offre ses meilleurs vœux à ses amis. Les autres mois sont ceux où ils ne se réaliseront pas. » Lichtenberg (philosophe allemand)

Noms de villages

Dans le Cantal se trouve une commune dont le nom n'a de cesse de faire rire les vacanciers qui y passent et qui mérite amplement sa place dans cette rubrique : le village de Deux-Verges. Seul problème : avec 55 habitants vivant actuellement à Deux-Verges, n'en manque-t-il pas quelques-unes ?

Les « pourquoi ? » de l'histoire

Pourquoi la ville d'Agloe figure-t-elle sur certaines cartes ?

La ville d'Agloe, dans l'État de New York, a été inventée vers 1930 par Esso pour l'édition de ses cartes, afin de vérifier que celles-ci n'étaient pas plagiées par d'autres éditeurs ! Le nom est né des initiales des auteurs Otto G. Lindberg et Ernest Alpers, qui intentèrent un procès quelques années plus tard, lorsque la ville d'Agloe apparut sur des cartes concurrentes…

Métiers de bouche

Les noms saignants des rues des Halles…

En fonction des métiers de bouche qui s'y exerçaient, les rues du Paris médiéval portaient des noms évocateurs, qu'elles ont conservés depuis : les bouchers occupaient la rue de la Grande Boucherie, mais aussi les bien nommées rues de la Tuerie, de l'Écorcherie, ou bien la rue de l'Iraigne (nom ancien du croc de boucher), ou encore la rue du Pied-de-bœuf. Les graisses animales servaient à la confection du savon, ce qui explique la proximité de la rue de la Savonnerie. Dans les rues voisines, on trouvait des noms dont l'origine se devine aisément : la rue de la Coutellerie, de la Tannerie, de la Mégisserie (les mégissiers sont l'autre appellation des tanneurs), la rue de la Tacherie ou de l'Attacherie où l'on achetait les attaches pour les bêtes et, enfin, la rue Baudroyer où l'on confectionnait semelles et courroies en cuir. On trouvait en outre du sel pour la conservation des viandes rue de la Saulnerie. La rue de l'Abreuvoir permettait quant à elle de conduire les bêtes à la Seine !

Kézako

La réalité virtuelle

Les amateurs d'oxymores ont sûrement déjà noté tout le paradoxe de cette technologie qui prend aujourd'hui de plus en plus de place dans notre quotidien. Mais rassurez-vous, la réalité virtuelle n'a de réel que son nom. En effet, cette technologie très simple consiste en fait (en réalité ?) à présenter un univers fictif à l'utilisateur, avec lequel il peut interagir. De la même manière que nos écrans d'ordinateur et de smartphone le font « à plat », la réalité virtuelle le fait en relief. L'utilisateur de réalité virtuelle, muni d'un casque-écran le coupant du monde « réel », est alors au centre de l'image en 3D, qu'il peut explorer en toutes directions. Un peu comme s'il était « entré dans l'écran ».

Samedi 12 janvier

Sainte Tatiana On fête aussi les Tania, Tanagra, Césarine

Le soleil se lève à **8 h 40** et se couche à **17 h 17**

« Pluie qui dure en janvier suffit pour toute l'année. »

Dans l'hémicycle

Si être président de l'Assemblée nationale peut apparaître comme une position politique confortable, il n'en va pas de même pour l'assise... En effet, le fauteuil du «perchoir», l'estrade qui accueille le président de l'Assemblée, est réputé être le moins confortable de tous les sièges de l'hémicycle! En plus d'être très lourd et d'empêcher presque toute manipulation par une personne seule, son assise est très dure et, pire : le président de l'Assemblée ne peut pas y étendre ses jambes. Difficile de comprendre pourquoi tant de politiciens se battent pour cette place si inconfortable : y aurait-il d'autres avantages à l'occuper ?

Deux messieurs se confient :
– Je n'ai pas eu de relations sexuelles avec ma femme avant notre mariage, et vous ?
– Je ne sais pas, rappelez-moi son nom de jeune fille ?

Solution mots mêlés [p. 24]

X	U	E	Y	A	C	B	F	D	C	X	E	N	S
R	U	E	L	N	L	A	E	A	O	U	S	O	R
F	S	E	E	S	A	A	M	Y	N	E	A	C	O
G	A	E	R	O	U	T	N	E	H	Y	I	N	S
E	R	L	C	V	G	R	N	C	M	A	N	E	I
U	L	U	I	S	E	R	N	E	O	B	H	L	G
X	H	L	O	V	E	A	A	Y	G	C	E	A	T
U	L	O	I	B	R	C	F	N	N	R	R	R	A
E	A	G	N	V	R	P	N	A	V	A	A	T	T
I	Y	N	A	F	U	E	M	A	L	I	E	B	E
S	A	I	N	T	L	O	H	A	T	A	L	C	R
I	N	E	U	O	R	E	R	C	C	U	I	L	T
L	R	R	R	R	L	G	U	T	X	E	O	S	E
S	G	S	A	A	Y	A	N	R	E	B	F	C	E

L'Info

Loup y es-tu ? Presque...

Pour l'Observatoire du loup, c'est presque sûr : en 2020, Canis lupus lupus *arrivera en Bretagne. Selon le dernier décompte effectué par l'organisme, le loup gris commun – c'est son nom courant – est aujourd'hui présent dans 35 départements du sud-est de la France, du Massif central et des Pyrénées, mais aussi dans le massif vosgien et en Lorraine. Certes, c'est encore un peu loin des monts d'Arrée où fut abattu en 1884 le dernier spécimen breton, mais le loup se rapproche, inexorablement. Pourquoi ? Parce que c'est un impératif biologique pour le carnivore : le loup vit en meute, mais chaque groupe commandé par un couple dominant n'est pas extensible à l'infini. D'où la nécessité pour certains individus d'aller vivre ailleurs. Un ailleurs qui peut être encore plus au nord : en 2017, plusieurs traces d'animaux qui présentent 90 % des caractéristiques d'un loup ont été aperçues dans la Somme, l'Aisne et en bordure de l'Oise, à 50 km de Paris. Les loups, ouh, les loups, les loups vont entrer... où ?*

LE GOUVERNEMENT MUSCLE SA LUTTE CONTRE L'ÉVASION FISCALE

Régiments

Créé en 1888, le corps des Chasseurs alpins est réputé dans le monde entier. Les soldats qui en font partie sont des spécialistes de la montagne, aussi à l'aise à pied qu'à skis, et capables de bivouaquer n'importe où et dans n'importe quelles conditions climatiques. Mais ce qu'on sait moins, c'est qu'au sein des Chasseurs alpins, il est interdit de prononcer le nom de certaines couleurs, notamment le «rouge» qui est remplacé par «bleu cerise». Cela vient du temps de Napoléon, qui voulut imposer aux Chasseurs le port d'un pantalon rouge, ce qui souleva une telle indignation que le mot lui-même fut banni à jamais du vocabulaire de ces soldats d'élite de la montagne. Comme quoi on peut être guerrier et avoir sa sensibilité en termes de mode...

Le soleil se lève à **8 h 40** et se couche à **17 h 18**

Dimanche **13 janvier**

Sainte Yvette On fête aussi les Hilaire, Ivette

« Soleil le jour de Saint-Hilaire, fends du bois pour ton hiver. »

EXPRESSIONS IMAGÉES

Avoir des fourmis dans les jambes

Lorsque la circulation du sang dans un membre est perturbée, l'individu ressent des picotements qui pourraient lui faire croire que des petites pattes d'insectes le chatouillent. Cette expression imagée est renforcée par le fait que, pour faire reprendre la circulation et disparaître la sensation, il faut agiter le membre, comme pour chasser les petits parasites.

Problèmes du certificat d'études

Un marchand de fruits et légumes a acheté l'ensemble de sa marchandise à 2 francs le kilo.
Il vend les tomates à 5 francs le kilo. Celles-ci représentent le tiers de la marchandise.
Le quart de sa marchandise sont des pommes vendues à 4 francs le kilo. Le reste est vendu au prix coûtant.
La totalité de sa marchandise lui permet de réaliser un bénéfice de 198 francs.
Quelle quantité de fruits et légumes en kilos a-t-il achetée au départ ?

Réponse : 132 kg

PAS RAGOÛTANT

GRILLONS SUR LE GRIL

Si Londres et New York avaient déjà le leur, Paris a inauguré récemment son premier restaurant aux insectes. Laurent Veyet, son chef, voit plus dans l'entomophagie (la consommation d'insectes) une attitude écoresponsable qu'un phénomène de mode. Les insectes viennent d'une ferme bio toulousaine et sont cuisinés dans des plats salés ou sucrés : pâtes aux ténébrions et brownie aux grillons remportent un franc succès auprès des clients. Les mentalités étaient préparées à ce phénomène car on trouve, depuis plusieurs années déjà, molitors, criquets et autres vers de farine à déguster pour l'apéritif dans la plupart des épiceries fines. Faciles à élever, très riches en protéines, les insectes auraient donc de l'avenir dans nos assiettes !

îles paradisiaques

Fernando de Noronha, le joyau brésilien

Au large du Brésil, cet archipel rocheux baigne dans une eau turquoise aux reflets presque fantastiques. Sa nature exceptionnelle lui vaut le statut de parc naturel et l'inscription au patrimoine mondial de l'UNESCO. Dans ce petit paradis préservé – l'entrée des visiteurs y est contrôlée –, les tortues de mer évoluent paisiblement entre les coraux, croisant ici un banc de barracudas, là une gracieuse raie. Fernando de Noronha est l'un des spots de plongée les plus réputés d'Amérique du Sud. Au petit matin, des dizaines de dauphins rejoignent Baia dos Golfinhos, exécutant un ballet d'une extrême rareté. À quelques encablures, s'étend la somptueuse Baia do Sancho, une langue de sable blond adossée à la jungle verdoyante, considérée comme l'une des plus belles plages du monde. Le point culminant de l'île, Morro do Pico, est le point d'observation idéal pour embrasser du regard cette perle brésilienne.

Lundi 14 janvier

Sainte Nina On fête aussi les Odoric

Le soleil se lève à **8 h 39** *et se couche à* **17 h 19**

MOTS FLÉCHÉS

Fera des fils / Réparation		Procédé d'impression / Transport anglais		Descente d'organe / Avant le départ		Accord		Écrivain autrichien / Reste de feu		Sein ou cœur / Pas nous		Âmes russes
						Émirat / Claires						
Invite à répéter / Extraire l'essence							À l'écart / Se gondolera					
								Voisine de l'iris / Foyer				
Chat		Réunion / Meurtrir								Suit le un / Bandeau		
					Répartition / Service mal fait				Parus / Faute d'impres-sion			
Déteints	Mine		Leurre	Est en tête / Femme de tête							Épaissir	Suivent les faits
							Boisson de pub	Premier pour la star / Courbes				
Répète / Service télématique thématique						Meubler / S'enfonce dans l'eau						
					Accaparée / Comme un gamète							
Bolet		Ferment un passage / Porte bagages										
				Article arabe / Se trouvent			Eut chaud / Invite à répéter				Amidonnée	Prudence est sa mère
Faire monter la tension	Lichen		Pub / Point à l'endroit					On peut les raser sans les toucher / Prise d'angle				
									Contester	Juste comme l'or / Pistolet		
Porte-parole / Léthargie						Vieillir mal / Monnaie d'échange						
							Conduit à sens unique / Usages					
Possédés / Point de départ				Dense				Donne de la voix				
				Éclaircie								

Solution page 38

Mardi 15 janvier

Saint Rémi On fête aussi les Rachel, Racilia, Maur, Mortimer

« S'il gèle à la Saint-Maur, la moitié de l'hiver est dehors. »

Vermot Régions

CORSE / OCHJU

L'ochju, en langue corse, c'est le « mauvais œil ». Il survient notamment quand on fait un compliment sur quelqu'un en oubliant de ponctuer celui-ci par « Diu u benedisca », c'est-à-dire « Que Dieu le bénisse ». La personne peut alors être prise de maux de tête très forts et de nausées qui ne passeront qu'après l'intercession de la « Mimana », comme on dit à Ajaccio, qui va conjurer le sort par l'huile, l'eau et le signe de croix. L'ochju peut aussi survenir quand on a négligé la demande d'une personne dans le besoin ou qu'on a manqué de respect à un de nos semblables.

KRISTIAN

RétroVermot

**Il louchait des deux yeux.
Il était amoureux.
Il déclara sa flamme
d'un ton de mélodrame :
« Madame, je suis FLOU de vous ! »**

100 000 € PAR JOUR : LE SALAIRE DE NEYMAR DÉVOILÉ

VISIONNAIRES

Saviez-vous que la planète Mars avait deux lunes ? Non ? Pourtant, Jonathan Swift, lui, était au courant dès 1735, comme il le prouve dans son célèbre roman *Les Voyages de Gulliver*. Il y parle de « deux étoiles mineures, ou satellites, qui tournent autour de Mars ; la plus intérieure distante de la planète d'exactement trois diamètres, et la plus extérieure de cinq ; la première fait un tour dans l'espace en dix heures, et la seconde en vingt et une heures et demie ». Et en effet, Mars a bien deux satellites naturels, Phobos et Déimos, dont les périodes de révolution respectives sont de 7 et 30 heures. Rien d'incroyable, si ce n'est que ces deux satellites n'ont été découverts que plus de 140 ans après le roman de Swift…

TOXIQUE OU NON ?

Morelle noire

Une encre certes sympathique, mais pas vraiment en odeur de sainteté, permettant de communiquer avec les morts sans passer par le facteur ! C'est l'une des délicates mixtures que l'on prépare, dit-on, avec la morelle noire (*Solanum nigrum*), une annuelle modeste de 50 cm, à fleurs blanches discrètes et petites baies noires, qui s'invite dans les jardins. Elle porte aussi d'autres noms explicites : tue-chien, raisin de loup ou tomate du diable. Car ses petits fruits sont éminemment toxiques, surtout quand ils sont verts. Mais si les mammifères, dont les humains, peuvent mourir de leur ingestion, ce n'est pas le cas des oiseaux, qui les picorent au contraire sans modération et qui disséminent allègrement les graines un peu partout, avec leurs excréments. Habituée des grimoires de magie – ses feuilles permettraient de se rendre instantanément et sans balai au sabbat des sorcières –, la morelle est aussi une plante médicinale aux nombreuses vertus, déjà vantée par Dioscoride (Ier siècle ap. J.-C.) et toujours utilisée.

Mercredi 16 janvier

Saint Marcel On fête aussi les Bérard, Honorat

Le soleil se lève à **8 h 38** et se couche à **17 h 22**

« Janvier sec et sage est un bon présage. »

SURNOMS
LA BELLE ÉPOQUE

Le surnom « La Belle Époque » qualifie la période qui s'étend de la fin du XIXe siècle au début de la Première Guerre mondiale, riche en progrès technologiques et créations artistiques. C'est seulement vers 1940 que naît l'expression, grâce à l'émission de radio « Ah la Belle Époque ! Croquis musical de l'époque 1900 », qui revenait de manière nostalgique sur ce qui semblait avoir été une époque idéale.

C'est pas la crise pour tout le monde !

En ces temps d'austérité, il est toujours intéressant d'avoir des nouvelles de ceux pour qui ça ne va pas trop mal. Ayons une petite pensée pour les actionnaires du CAC 40, par exemple, qui – les pauvres – n'ont empoché en 2016 que la somme record de 55,7 milliards d'euros de dividendes. Ça fait toujours chaud au cœur de voir que nos efforts quotidiens paient (même si c'est surtout les autres qu'ils paient).

Ça, c'est fait... divers

Las Fajitas Connection !

Outre les hamburgers, les Américains sont de gros consommateurs de fajitas, ces galettes de maïs d'origine mexicaine fourrées à la viande. Un succès qui a donné une idée d'escroquerie originale à Gilberto Escamilla, un habitant de Cameron (Texas), et lui a permis d'empocher l'équivalent d'un million de dollars. Pendant neuf ans, l'homme faisait livrer plusieurs fois par semaine des centaines de fajitas pour la cantine de son employeur. Une fois réceptionnés, il emportait les mets chez lui pour les revendre dans son quartier. Avec le temps, il s'était constitué une clientèle de fidèles. L'arnaque a été découverte à cause d'une banale absence pour raison médicale. Quand le livreur de fajitas s'est présenté comme à son habitude, l'employée qui remplaçait Gilberto a pensé à une erreur. Elle lui a expliqué que c'était impossible, car la cantine n'en servait pas. Le livreur a répliqué, en brandissant ses derniers bons de commande, qu'il en livrait pourtant depuis des années. L'enquête a rapidement confondu le filou, les enquêteurs découvrant un réfrigérateur plein à craquer de galettes mexicaines à son domicile. Petit détail qui ne manque pas de piquant : l'indélicat M. Escamilla travaillait pour le Département de Justice des mineurs. Bel exemple à suivre...

RECORDS FOUS DE SPORTIFS

Lorsqu'un sportif, quelle que soit sa discipline, bat un record, ses concurrents directs au moment même du record sont forcément perdants. Mais parfois, ils sont aussi acteurs du record. Ce fut le cas, par exemple, des joueurs de football de la sélection des îles Samoa qui, lors d'un match de qualification pour la coupe du monde de 2002, aidèrent les Australiens qui les affrontaient à battre le record de la plus large victoire en match officiel, avec un stupéfiant 31 à 0 (dont 13 par le seul Archie Thompson) ! On ne vous liste pas les autres buteurs...

Jeudi **17 janvier**

Sainte Roseline On fête aussi les Roselyne, Anthony

« La patience joue contre les offenses exactement le même rôle que les vêtements contre le froid. »
Léonard de Vinci

Rébus
ville française

O I

V E

COURBEVOIE

Maladies imaginaires

Avez-vous déjà entendu parler de la *bicycle face* (littéralement « visage de vélo ») ? Non ? C'est normal ! Cette maladie mise en avant en 1895 dans le très sérieux journal *Springfield Republican* est réputée toucher les femmes qui font du vélo. Ses symptômes sont l'insomnie, les palpitations cardiaques, les maux de tête, mais surtout une expression figée d'effroi censée être définitive. Bien évidemment, rien de tout cela n'est vrai : la maladie n'est qu'une invention d'hommes qui se sentaient menacés par le succès croissant des vélos chez les femmes américaines. Eux étaient, pour le coup, de vrais malades ! ✚

REMAKES REMAKES REMAKES REMAKES

DE BATTRE MON CŒUR S'EST ARRÊTÉ

Certains remakes ont presque éclipsé l'original dont ils se sont inspirés. Parmi eux, *De battre mon cœur s'est arrêté.* Tom (Romain Duris) est un agent immobilier véreux, embourbé dans les affaires louches de son père (Niels Arestrup). Alors qu'il évolue dans ce milieu violent et sans pitié, il fait la rencontre d'un imprésario qui le pousse à revenir à ses premières amours, le piano. Au contact d'une professeure chinoise (Linh-Dan Pham) qui ne parle pas un mot de français, il reviendra progressivement à la vie. En 1978, c'était Harvey Keitel qui incarnait ce personnage torturé, dans *Mélodie pour un tueur* (*Fingers*, en VO), de James Toback. Si la première version très sombre possède une certaine aura auprès des cinéphiles, celle d'Audiard livre une vision plus optimiste qui touchera un grand nombre de spectateurs. Sorti en 2005, le film de Jacques Audiard décroche huit César, dont celui du meilleur film et celui du meilleur réalisateur.

SECRETS D'ÉTAT

Si les films de science-fiction vont parfois un peu loin et semblent manquer de crédibilité ici ou là, parfois c'est la réalité qui paraît invraisemblable. Par exemple, avez-vous entendu parler du projet Stargate ? Révélé par la déclassification de documents de la CIA (Central Intelligence Agency), le projet, qui a duré de 1970 à 1995, avait pour ambition d'étudier les applications pratiques de phénomènes psychiques comme la télépathie ou la « vision à distance ». Des dizaines de personnes dotées de pouvoirs exceptionnels ont ainsi été scrutées, dans l'espoir de pouvoir utiliser leurs pouvoirs dans le domaine civil ou militaire. L'objectif ultime : permettre le voyage astral grâce aux informations récupérées à distance par ces prodiges. Incroyable ? Oui, mais vrai !

Vendredi 18 janvier

Sainte Prisca On fête aussi les Priscilla, Gwendal, Messaline

Le soleil se lève à **8 h 36** *et se couche à* **17 h 25**

« Neige à Sainte-Prisca - Va apporter une belle année que voilà. »

HAUT... EN COULEUR...

D'où vient l'habitude de qualifier quelqu'un qui est très en colère de « vert de rage » ? C'est très simple : à une époque où la médecine croyait encore au fait que les émotions étaient liées au niveau des différents liquides dans le corps, on associait la rage à un trop-plein de bile – qui est verdâtre. C'est ainsi que la colère puis la rage se vêtirent de vert dans le langage populaire.

SLOGANS

Si vous avez suivi l'actualité de ces dernières années, il y a de fortes chances pour que vous ayez entendu ce slogan « Black Lives Matter » (« les vies des Noirs comptent »). *Venu des États-Unis, et apparu sur Internet, ce slogan alertant la population sur le nombre de meurtres de personnes de couleur par la police est depuis devenu le nom d'un mouvement militant antiraciste qui combat en particulier les (nombreuses) violences policières à l'égard des Afro-Américains.*

Meilleures tables de France

Guy Savoy à La Monnaie de Paris

Du homard rôti rehaussé de poivre-pamplemousse, un pigeon grillé au barbecue, une soupe d'artichaut à la truffe noire, le menu du restaurant *Guy Savoy* est une ode à la gastronomie française. Trois étoiles *Michelin*, cinq toques *Gault & Millau*, cette table parisienne n'en finit pas de séduire les palais des fins gourmets. Depuis 2015, le restaurant a troqué sa belle salle du 17e arrondissement pour une superbe vue sur la Seine, à deux pas du Louvre. Le chef étoilé Guy Savoy officie désormais au premier étage de La Monnaie de Paris, institution monétaire en pleine métamorphose. On dîne sur des tables rondes nappées de blanc et entourées d'élégants miroirs, dans lesquels se reflètent d'immenses fenêtres. En 2017, l'établissement arrive en tête du classement de *La Liste*, un algorithme français qui synthétise les avis de plus de 400 sources (guides, magazines et sites participatifs gastronomiques), pour livrer un palmarès « objectif ».

TOURS DU MONDE

De nos jours, avec la généralisation de l'accès au voyage en avion et le développement du tourisme pratiquement partout à la surface du globe, ils sont chaque année plus nombreux à tenter l'expérience d'un tour du monde, et la chose est de moins en moins exceptionnelle. Cependant, certains poussent le concept à l'extrême et leur aventure prend un relief particulier. Mike Horn est de ceux-là. Aventurier suisse et sud-africain, son tour du monde à lui, il l'a fait en suivant l'équateur et sans moyen de transport motorisé ! À pied, à ski, en pirogue, Mike Horn a bravé toutes les difficultés pour boucler en octobre 2000 son tour, « Latitude zéro », en 16 mois de temps. Une telle aventure a beau faire le tour du globe, il faut ne pas tourner rond pour l'entreprendre !

Samedi 19 janvier

Saint Marius On fête aussi les Gabin, Mario, Audifax

« Lorsqu'il tonne au mois de janvier, il tonne tous les autres mois. »

Il y a 100 ans,
le 19 janvier 1919, l'aviateur français Jules Védrines posait volontairement son biplan sur le toit des Galeries Lafayette, situées boulevard Haussmann à Paris.

GÉNÉRATION Z

Pas facile de comprendre le langage des jeunes, parfois… Si jamais votre petit-enfant vous écrit en SMS l'acronyme « JPP », ne pensez pas qu'il fait référence au footballeur Jean-Pierre Papin – un ancêtre dont il n'a sans doute jamais entendu parler. En fait, il s'agit des initiales de « J'en Peux Plus », que les « jeunes » utilisent pour exprimer un ras-le-bol. Par exemple : « Quoi, Papy, t'as encore cassé l'ordinateur ? JPP de toi ! » Attention, l'expression ne fonctionne que sous sa forme écrite, ne tentez pas de glisser un « JPP » à table ou vous passerez pour un « boloss ».

Perles de sportifs

Hein ?

Qui l'a dit ? Michel Platini (consultant football, Canal+) : « Quand ça va pas très bien, ça va toujours pas très bien. »

Ces objets presque disparus

Adieu ma cabine

Aujourd'hui, le plus grand défi pour Superman consisterait moins à sauver la Terre d'une catastrophe qu'à trouver une cabine téléphonique pour enfiler son costume ! Il y a vingt ans, elles étaient 300 000, réparties sur l'ensemble de l'Hexagone. Leur nombre s'est progressivement réduit comme une peau de chagrin, jusqu'au coup de grâce. Celui-ci fut porté fin 2017, quand Orange, l'opérateur historique, a été libéré de son obligation de les maintenir dès lors que les communes concernées étaient couvertes par les réseaux mobiles 3G. Car le responsable de cette extinction de masse, c'est bien évidemment le téléphone mobile, qui a révolutionné notre vie quotidienne depuis qu'il a commencé à l'envahir, dès la fin des années 1990. Les rares cabines encore en place, véritables reliques, ont été détournées de leur vocation première pour servir par exemple… de mini-bibliothèques !

REMARQUABLES
CHÊNE AUX CLOUS DE PÂTISSEAU

À tous les clous l'on gagne ! Du moins si l'on en croit la tradition. Il suffirait de planter un clou dans cet arbre pour voir disparaître les maux dont on souffre. D'aucuns disent que le pouvoir de ce chêne est limité aux « clous », c'est-à-dire aux furoncles, et d'autres affirment qu'il s'étend aussi aux maux de dents et à diverses affections. Les prosélytes se frottent en général la partie malade avec le clou, avant de l'enfoncer au marteau. Ce chêne rouvre (*Quercus petraea*) se trouve en Loire-Atlantique, non loin d'Ancenis, dans la commune de Bonnœuvre, au cœur de la forêt de Saint-Mars-la-Jaille, et il date du XVIIIe siècle. La coutume des arbres à clous vient sans doute de Belgique, où ils sont encore très nombreux. Il s'agit souvent de chênes, mais également de tilleuls. Et les innombrables clous, de tous calibres, plantés dans le bois du chêne de Pâtisseau, et dont beaucoup ont été depuis longtemps absorbés sous l'écorce, n'ont apparemment pas affecté sa santé : il se porte comme un charme !

Dimanche 20 janvier

Saint Sébastien On fête aussi les Bastien, Fabien, Fabienne

Le soleil se lève à **8 h 34** et se couche à **17 h 28**

« S'il gèle à la Saint-Sébastien, l'hiver s'en va ou revient. »

Santé naturelle

Avec l'ortie, miction accomplie !

L'ortie, une plante mal aimée qui nous veut du bien ! Elle prolifère sur les sols argileux et riches en déchets organiques, en Europe et en Amérique du Nord. Ses racines, qui renferment une substance appelée « ß-sitostérol », peuvent aider à réduire les troubles de la miction, qui affectent le quart de la population masculine à partir de la cinquantaine. La prostate grossissant, cela entraîne l'obstruction progressive du canal de l'urètre. La prise de racine d'ortie, seule ou associée aux baies du palmier nain, réduit l'hypertrophie de cette glande.

Utilisation : extrait fluide d'ortie seule ou associée au palmier nain.

Solution mots fléchés [p. 32]

	R		C		P		O		Z		M	
R	A	C	H	A	T		K	O	W	E	I	T
	P	A	R	D	O	N		S	E	U	L	S
D	E	B	O	I	S	E	R		I	X	I	A
	R		M	E	E	T	I	N	G		E	R
M	A	T	O	U		T	R	I		F	U	S
		A			L	E	A	D	E	R		
D	E	L	A	V	E	S			R	O	L	E
	R	E	B	A	T		G	A	R	N	I	R
F	O	R	U	M		P	I	R	A	T	E	E
	D		S	P	H	I	N	C	T	E	R	S
C	E	P	E		A	L		S	U	A		
		O		S	P	O	T		M	U	R	S
S	U	R	V	O	L	T	E	R			A	U
	S	T	E	N	O		R	A	N	C	I	R
I	N	E	R	T	I	E		D	I	O	D	E
	E	U	S		D	R	U		E	L	I	T
Z	E	R	O		E	S	S	A	R	T	E	E

Le Chiffre

4,59 secondes

C'est le laps de temps ridicule qu'il a fallu à SeugBeom Cho pour résoudre un Rubik's Cube. Le jeune Coréen a réalisé cet exploit lors d'un concours international organisé à Chicago, dans l'Illinois. SeugBeom a pulvérisé l'ancien record de près de deux dixièmes de secondes. Rappelons aux ambitieux qui voudraient rivaliser avec l'adolescent qu'à chaque rotation du casse-tête, il y a exactement une chance sur 43 252 003 274 489 856 000 de le résoudre. Plus de 43 trillions de possibilités… Dans le milieu des « speedcuber », comme on appelle les champions du cube infernal inventé en 1974, on estime que le nouveau record n'est pas près de tomber. Nouveau record humain, devrait-on ajouter : en 2016, le robot Sub1 a, lui, bouclé le casse-tête en… 0,887 seconde.

Ça bulle

Si l'on vous dit « Capitaine Haddock », vous pensez immédiatement au héros à la casquette et aux mille jurons de Hergé. Pourtant, le capitaine de BD a un célèbre homonyme, véritable capitaine, qui n'est autre que le premier capitaine du *Titanic*, avant que le paquebot ne soit livré à la White Star Line et à son tragique destin. Gageons que le vrai Haddock était un peu moins porté sur le whisky que le compagnon de Tintin (bien que, dans le cas contraire, il eût pu ne jamais manquer de glaçons !).

RÉFORME DU CODE DU TRAVAIL : LES ROUTIERS SE MOBILISENT

Les « pourquoi ? » de l'histoire

Pourquoi le prix Nobel de mathématiques n'existe-t-il pas ?

L'histoire raconte qu'à l'époque où Alfred Nobel mit en place sa dotation pour récompenser les meilleurs créateurs, le plus brillant mathématicien se trouvait être… l'amant de sa femme. Ne pouvant se résoudre à honorer et récompenser son rival, Nobel aurait donc décidé qu'il n'y aurait pas de prix de mathématiques, mais uniquement paix, littérature, chimie, médecine et physique.

*« Pie dans la ferme,
neige à court terme. »*

Vermot Régions

AISNE / LES PAUPIÈRES DE LA VIERGE

À Englancourt, en 1955, trois enfants âgés de 6, 8 et 9 ans racontent avoir vu dans l'église la statue de la Vierge Marie « cligner de l'œil et battre des paupières ». Les langues se déliant à la suite de leur récit, on apprit que la doyenne du village avait également observé le phénomène, mais n'avait pas voulu en parler, pour ne pas être la risée des autres paroissiens. Dans les jours qui suivirent, des milliers de fidèles vinrent observer le mouvement des paupières de la Vierge, en vain.

INVENTIONS INSOLITES

La poubelle intelligente

Un Japonais a inventé une poubelle intelligente qui vous évite de retrouver des détritus sur le sol si vous n'êtes pas doué au basket ! Munie d'un système de mobilité autonome et capable d'inclinaison, elle est équipée de capteurs de mouvement qui permettent au système de déterminer le point de chute de la boulette de papier que vous jetez négligemment, et donc de la rattraper.

Vermot'roscope

VERSEAU (21 janvier-19 février)

Caractère

Novateur, inspiré, inventif, avant-gardiste, communicatif, indépendant, humaniste, original, anticonformiste, clairvoyant, lucide, idéaliste, sentimental, aérien, adaptable, aventureux, autoritaire, pessimiste, désinvolte, nerveux, angoissé.

Les influx planétaires intéressants

Jupiter, la dynamique, vous impulsera une belle énergie, ce qui vous permettra de pallier les obstacles et autres imprévus occasionnés par Uranus, la tempétueuse. Ainsi, en 2019, vous devrez toujours essayer de voir le verre à moitié plein, et ce, quoi que vous viviez.

Vie sociale et activités

Cette année, les amis seront à l'honneur. Ainsi, beaucoup d'entre vous auront l'occasion d'élargir leur cercle relationnel. De nouvelles connaissances et de nouveaux liens viendront jalonner 2019, pour votre plus grand plaisir. Souvent sollicité, vous devrez répondre présent à de nombreuses invitations. Dynamique et curieux, vous aurez envie d'explorer de nouveaux horizons et serez ouvert à la découverte d'activités aussi inattendues que surprenantes. Pour certains, ce sera l'occasion d'exprimer leur créativité dans des domaines variés.

Amour

En couple, les projets auront la cote. Ce sera donc une période idéale pour concrétiser certaines de vos aspirations. Pour certains natifs, 2019 permettra de donner une dimension sociale à leur relation : vous serez amené à sortir plus souvent. Vous devriez partager de jolis moments ou des activités captivantes à deux.
Célibataire, ce n'est pas cette année que vous ferez une rencontre amoureuse. Les astres vous boudent et vous devrez tout miser sur votre vie amicale si vous désirez passer de bons moments.

Famille

Vous serez à couteaux tirés. Ainsi, l'ambiance ne sera pas des plus épanouissantes. Cependant, cela vous permettra de repenser certaines de vos relations.

Budget

Vous devrez vous attendre à quelques imprévus. Veillez à avoir une bonne gestion de vos finances. Certains chercheront à améliorer leur cadre de vie.

Bien-être

Malgré une belle énergie et un joli enthousiasme, vous ne serez pas à l'abri de moments de stress, de fatigue ou de petits maux chroniques. Plus que les autres années, vous devrez avoir une bonne hygiène de vie pour passer ce cap un peu délicat.

Conseils pour bien vivre 2019

Plus que jamais, vous devrez cultiver la pensée positive. Évitez de vous enfermer dans une vision sombre de la vie et sachez capter la beauté des choses qui vous entourent.

Mardi 22 janvier

Saint Vincent On fête aussi les Anastase

Le soleil se lève à **8h33** *et se couche à* **17h31**

« Pour la Saint-Vincent, l'hiver perd ses dents ou les reprend pour longtemps. »

GRANDES TOURS DU MONDE

LA TOUR EIFFEL, EX-CHAMPIONNE

Elle évoque tout autant la virilité par sa forme phallique, que la féminité avec ses résilles métalliques. Le nom de l'ingénieur Gustave Eiffel est indissociable de cette structure extraordinaire, mais elle a pourtant deux autres pères : Maurice Koechlin et Émile Nouguier. Érigée pour l'Exposition universelle de 1889, elle a échappé à la démolition grâce à sa reconversion… en antenne géante pour la télégraphie sans fil ! Lors de son érection, le défi consistait à bâtir la première tour de 300 m, à une époque où le plus haut bâtiment du monde était l'obélisque de Washington (169 m). Sa hauteur n'a été dépassée qu'en 1930.

Au menu

Saumon et épinards en croûte de parmesan

Pour 4 pers.
20 min de préparation
40 min de cuisson

4 pavés de saumon
3 cuil. à soupe de crème fraîche
200 g d'épinards en branches
10 g de beurre
Sel, poivre du moulin

Pour la pâte à crumble
75 g de farine
90 g de beurre mou (à température ambiante)
4 cuil. à soupe de chapelure
100 g de parmesan

Coupez les pavés de saumon en morceaux, et répartissez-les au fond d'un grand plat à gratin. Ajoutez la crème fraîche, du poivre et mélangez bien.

Dans une poêle, faites fondre le beurre et ajoutez les épinards. Salez et laissez cuire une dizaine de minutes à feu doux.

Pendant ce temps, préchauffez le four à 210 °C (th. 7) et préparez la pâte à crumble : mélangez la farine, le beurre, la chapelure et le parmesan entre vos mains jusqu'à obtenir un mélange sableux.

Disposez les épinards sur le saumon. Saupoudrez de pâte à crumble et enfournez pour 30 minutes.

Conseil : ce plat est délicieux avec une belle salade verte.

SUDOKU

facile

		5	9			1		
				6				2
							3	8
4		3	7	1				
						5		
				8	2	7		
	2	6		5	7			
		8		3				
7					9	2		

Solution page 47

ILS ONT ÉTÉ LEUR PROPRE COBAYE

Un génie qui n'avait pas froid aux yeux

Isaac Newton était un touche-à-tout. S'il est célèbre en raison de la banale chute de pomme qui lui aurait inspiré la théorie de la gravitation universelle, peu de gens savent qu'il s'intéressa aussi à l'optique. Il fut pourtant le premier à démontrer que la lumière blanche résulte du mélange de toutes les couleurs du spectre visible par l'œil. Ce que l'on ignore plus encore, c'est que pour étudier les phénomènes de réfraction de la lumière, Newton s'est un jour enfoncé un poinçon dans l'œil ! Plus exactement entre celui-ci et l'os orbital, « aussi près que possible de l'arrière de l'œil » ! En faisant bouger l'instrument, il remarqua la formation de cercles colorés… Le plus extraordinaire, c'est que l'organe ne fut pas endommagé. Le savant britannique garda bon pied bon œil presque jusqu'à sa mort, en 1727, à l'âge de 84 ans !

« Janvier, aujourd'hui comme avant, montre qu'il a de longues dents. »

Noms de villages

Certains noms de villages sont une véritable invitation au voyage. Dans le cas de la commune de Bezons (prononcez Bézons), l'invitation semble bien aller au-delà du voyage. Pourtant, cette commune du Val d'Oise n'a pas un taux de natalité supérieur aux autres villes de la région... Étrange, non?

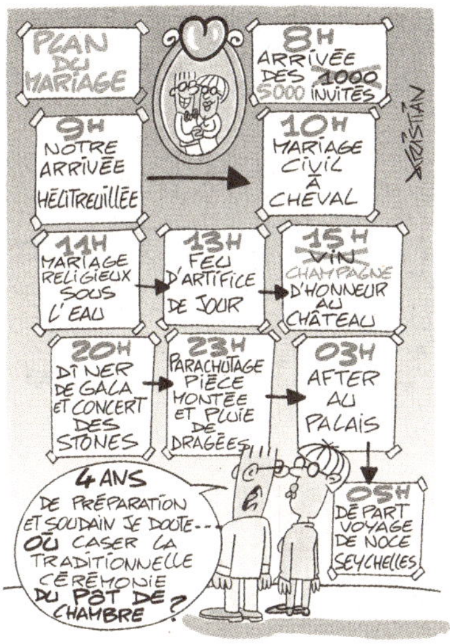

Le Chiffre

43

C'est, en kilos, la quantité d'or récupérée tous les ans dans les eaux usées de la Confédération helvétique, d'après les calculs de l'Institut fédéral des sciences et technologies aquatiques. Les centres de traitement de notre riche voisin collectent ainsi chaque année pour 1,3 million d'euros de métal précieux dans leurs filets. Si les raffineries d'or et les luxueuses horlogeries qui utilisent 70 % du précieux métal ne cherchent pas à trier ces résidus aurifères, c'est à cause du coût que cela représenterait de les extraire du reste des déchets. Comme si l'or ne suffisait pas, les Suisses rejettent également dans leurs égouts trois tonnes d'argent et des dizaines de kilos de métaux rares utilisés dans la fabrication d'objets électroniques high-tech, notamment du secteur médical. Les autorités l'assurent : ces rejets précieux n'engendrent aucun dommage sanitaire ou risque environnemental, car leur niveau de concentration est extrêmement faible. Trop faible pour voir des orpailleurs dans les égouts de Genève.

Molière en vadrouille

De ce côté de nos frontières, quand un lycée est en « blocus », c'est que certains lycéens et professeurs empêchent son bon fonctionnement, généralement pour des raisons politiques. Mais en Belgique, quand des étudiants disent être en « blocus », c'est qu'ils sont dans la période de congé qui précède un examen. « Bloquer », c'est alors étudier sans relâche pendant plusieurs jours d'affilée. Allez, ne bloquez pas là-dessus!

Fantaisies sexuelles

Un café vraiment excitant

Une tradition brésilienne consisterait, pour les femmes particulièrement intéressées par un homme de leur entourage, à faire boire à celui-ci un philtre d'amour qui le mettra infailliblement dans leur lit. Cet aphrodisiaque fait maison est essentiellement à base de café, mais ce n'est pas un café innocent. Pour être efficace, le breuvage doit impérativement être filtré dans un tissu qui d'ordinaire est consacré à d'autres usages. Vous avez deviné de quoi il s'agit? Oui, la femme utilise en guise de filtre l'une de ses petites culottes! Ce sous-vêtement doit bien évidemment avoir été préalablement porté, et ce au moins une journée entière! Aucun doute n'est permis : le café s'est chargé d'arômes propres à susciter chez celui qui le boira un énorme désir sexuel pour celle qui l'a si bien préparé.

« Il fait froid parce qu'on regarde là où il n'y a pas de chaleur. »
Alexandra David-Néel

TOURS DU MONDE

Pour aller d'un point A à un point B, il existe de très nombreuses possibilités. Car, motorisés ou non, les moyens de transport ne manquent pas. Mais certains voyageurs, insensibles aux chants de sirène de la modernité, ne choisissent pas leur moyen de locomotion pour son efficacité, mais préfèrent y mettre un peu de… romantisme. C'est peut-être ce qui explique que deux jeunes Français, Ophélie et Paul-Henri Vanthoutnout, aient choisi en 2009 de faire le tour du monde en solex ! Tombés amoureux de ce vélo motorisé culte des années 60, ils ont eu envie de voir ce qu'il avait dans le ventre. Résultat : 18 000 km parcourus en 14 mois dans 25 pays, et une consommation moyenne de 21 aux 100. Roulez jeunesse !

Vermot Régions

GRAND EST / BIEN ENTOURÉ

La région Grand Est est la première région transfrontalière de France, puisqu'elle compte quatre pays voisins : Belgique, Luxembourg, Allemagne et Suisse.

Un vrai feuilleton

Avec 205 épisodes, 4 téléfilms, des diffusions en continu dans plus d'une vingtaine de pays et des dizaines de millions de téléspectateurs, *La Petite Maison dans la prairie* est l'une des séries télévisées les plus emblématiques. Ce que l'on sait moins, c'est que la série est tirée du livre de la « vraie » Laura Ingalls, intitulé *Pioneer Girl*. Dans cette autobiographie, l'auteure voulait raconter la vie de pionniers américains à une époque tumultueuse. Elle y relate notamment l'histoire d'un homme qui, ayant bu trop de whisky, s'incendie les poumons en allumant un cigare. Étonnamment, on n'a pas vu la scène dans la série !

OH LE GROS GÂCHIS !

Très chères neiges artificielles

En 2011, les finances des stations de ski de la région Rhône-Alpes sont passées au tamis par la Cour des comptes. Dans leur rapport, les experts relèvent que la plupart d'entre elles pratiquent le hors-piste budgétaire. À Courchevel, par exemple, on raffole de la neige artificielle : la station huppée déverse chaque année 350 000 m^3 d'eau transformés en flocons. Coût : 5 millions d'euros pour les 1 000 heures d'utilisation des machines à poudrer chaque saison. À Tignes, les 400 hectares de pistes skiables sont damés par 15, 20, voire 25 engins selon les années. Une excellente nouvelle pour les amateurs de glisse, une moins bonne pour les finances locales. D'après les Sages, quatre dameuses suffiraient amplement pour cette surface. Si l'activité saisonnière de ces communes justifie l'augmentation de leurs charges courantes en hiver, certaines stations atteignent des sommets avec des dépenses générales… vingt fois supérieures à celles de communes similaires ailleurs dans l'Hexagone. Attention, risque d'avalanche de dettes en perspective, avertit la Cour.

Le soleil se lève à **8 h 29** et se couche à **17 h 36**

Vendredi 25 janvier

Conversion de saint Paul – On fête aussi les Artémis, Juvence

« À la Saint-Paul s'entrebattent les vents, celui qui l'emporte dominera l'an. »

Perles de sportifs

Le comptable

Qui l'a dit? Frédéric Jaillant (journaliste football, TF1).
« Cinquante-six cartons jaunes dont cinq rouges. »

CONCOURS LÉPINE

À une époque où les entreprises ne se souciaient pas tant que ça de la recherche et du développement de certains secteurs, on pouvait compter sur quelques inventeurs et ingénieurs indépendants de grand talent pour aller explorer des territoires inconnus de la technique. Le moteur à deux temps, par exemple, n'est pas sorti d'une usine, mais du cerveau d'une paire d'inventeurs français nommés Thiers et Forest, qui présentèrent leur « nouveau procédé pour le changement de vitesse progressif adaptable aux automobiles mais aussi à l'industrie » au concours Lépine de 1910 et remportèrent le premier prix. Inventeurs, ou duettistes à pistons ?

Ha ! Ha ! Ha !

La jeune Monique va se marier prochainement et va consulter son médecin :
« Voilà, Docteur, je ne suis plus vierge et je ne voudrais pas que mon mari s'en aperçoive. Vous connaissez un truc pour remédier à ça ?
– Il n'y a rien de plus facile, mon enfant ! la rassure le médecin. La chirurgie a fait des progrès énormes en quelques années. Je vais pratiquer une greffe avec un petit morceau de votre oreille et je vous prie de croire que votre fiancé n'aura aucun doute à votre sujet. »
La cérémonie a lieu. La nuit de noces aussi. Une quinzaine de jours plus tard, le jeune marié est en train de bavarder avec des amis, un soir, après son travail.
« Et ta jeune femme, ça va ? demande l'un d'eux ?
– Elle va très bien, répond-il. Il n'y a qu'un petit détail qui me chagrine. Chaque fois que je lui dis des mots d'amour, tout bas, à l'oreille gauche, elle lève sa jambe droite et me demande : "Qu'est-ce que tu dis, chéri ?" »

PAS RAGOÛTANT

FÉLIX ET MÉDOR DANS LES ASSIETTES CHINOISES !

Une loi visant à interdire la maltraitance et le commerce de viande de chats et de chiens est à l'étude en Chine depuis les années 2010. Si cette pratique répugne les Occidentaux, Chinois et Coréens consomment depuis toujours ces viandes pour leurs vertus médicinales et aphrodisiaques. Les conditions d'abattage sont parfois cruelles et ont été souvent dénoncées. Certes, les citadins ont renoncé à manger ces viandes, mais la pratique existe encore aujourd'hui dans les villages pauvres où le climat est rigoureux. Et pour les touristes désireux de goûter cette viande controversée, on en trouve encore dans certaines boutiques de la capitale. Cependant, l'augmentation du nombre d'animaux de compagnie en Chine va de pair avec la baisse de leur consommation.

LA SIMPLIFICATION ADMINISTRATIVE

« Plus on se découvre, plus on a froid. »

RétroVermot

Quelle différence y a-t-il entre un vieux général et le vin de champagne ? Le vieux général, sa moustache est grise, tandis que le vin de champagne, ça mousse, ça tache et ça grise.

VISIONNAIRES

Dans son roman *De la Terre à la Lune*, Jules Verne décrit les premiers voyages lunaires de l'homme. Mais s'il n'est pas le premier romancier à rêver de voir poser un pied sur notre satellite naturel préféré, les détails qu'il donne dans son roman écrit en 1865 sont tout simplement hallucinants. Il y parle de capsules d'amerrissage et de lancements de fusées depuis la Floride, soit deux éléments qui s'avéreront parfaitement exacts plus de cent ans après : les fusées américaines de la mission lunaire Apollo sont bien parties de Floride, et les astronautes revenus sur Terre dans des capsules d'amerrissage… Hasard ou voyance ?

L'Info

Le derrière de la santé

Avoir de bonnes fesses est bon pour la santé ! Voilà les conclusions d'une étude publiée dans la revue scientifique Cell Metabolism. *Les bourrelets situés dans ces parties stockeraient le gras, à la manière d'une éponge, et l'empêcheraient de se propager jusqu'aux organes comme les poumons ou le cœur. À l'opposé, la graisse viscérale, présente notamment dans l'abdomen, peut libérer dans le corps des acides gras pouvant provoquer diabète ou cholestérol. À l'origine de cette découverte, les chercheurs de l'université de Tübingen (Allemagne) précisent que cette fonction de « bouclier naturel » n'est pas aussi efficace chez tous les individus. Le phénomène est plus marqué chez les femmes que chez les hommes, notamment quand elles sont en période de préménopause. De même, le « bouclier » serait moins efficace chez les personnes en surpoids qui présentent un niveau de graisse dans le cœur et les poumons déjà trop élevé. Enfin, selon une autre étude, si les femmes noires développent moins de « mauvaise graisse » viscérale que les femmes blanches, elles stockent en moyenne 20 % en moins de gras sous-cutané protecteur.*

Les comportements extraordinaires des animaux

Un dur à cuire

Nous rêvons tous un peu d'immortalité… Le tardigrade lui, semble la vivre au quotidien, rien de moins ! Ce cousin éloigné des insectes et des crustacés, ne mesurant qu'un millimètre, présente des facultés quasi surnaturelles. Il peut survivre à d'intenses radiations, au vide spatial et même à des températures folles : refroidi jusqu'à moins 270 °C ou réchauffé jusqu'à 150 °C ! Il peut aussi subsister des années sans boire ni manger. Son secret ? La cryptobiose : quand la vie est trop compliquée, il se met dans un état proche de la mort, son organisme ne fonctionnant qu'à 0,01 % de ses capacités normales : mieux qu'un téléphone portable !

« Toute médaille à son revers. »

EMOJI

La sélection des emoji qui arrivent sur nos claviers virtuels de téléphone n'est pas faite au hasard ou selon le bon vouloir des entreprises qui fabriquent les téléphones. C'est une association privée à but non lucratif, nommée le Consortium Unicode, qui, entre autres attributions, est chargée de décider des emoji à mettre en circulation. Elle accepte les suggestions proposées par tout un chacun, à partir du moment où celles-ci remplissent une longue liste de critères. Si jamais vous êtes d'humeur créative...

HAUT... EN COULEUR...

Savez-vous de quoi l'on parle lorsqu'on dit que l'on reçoit un «petit bleu»? Il s'agit d'un télégramme! En effet, à partir de 1914, on utilisa du papier bleu pour y imprimer les télégrammes reçus avant de les distribuer. Depuis, d'autres moyens de communication l'ont remplacé, mais l'expression est restée.

Régiments

Lorsqu'on parle des fameux «bérets verts», on pense généralement aux commandos marine français qui arborent cette coiffe si reconnaissable. Mais les membres de cette unité d'élite créée au cours de la Seconde Guerre mondiale ne sont pas les seuls dans le monde à servir sous le béret vert. La Légion étrangère porte aussi un béret vert au repos et en exercice, ainsi que les *Special Forces* de l'armée américaine, les para-commandos belges et les chasseurs ardennais (belges également), de même que les troupes d'infanterie de l'armée suisse. Entre autres faits d'armes, nos bérets verts nationaux, qui sont intervenus sur tous les terrains d'opération ou presque depuis leur création, ont été en charge de la protection du général de Gaulle lors du putsch des généraux de 1961.

TOXIQUE OU NON ?

Arum tacheté

Il ne passe pas inaperçu, avec ses grandes feuilles en pointe de lance, tachetées de brun et aux longs pétioles, sa spathe verdâtre en cornet, enveloppant un spadice dressé rouge violacé somptueux, et ses baies rouge vif, en grappe serrée et érigée! Aussi l'a-t-on gratifié d'une kyrielle de noms gratinés : pied-de-veau, langue de bœuf, pain de crapaud, candélabre du diable, vit de prêtre, raisin de serpent... On lui a aussi fait une réputation d'antidote au venin de serpent et de plante aphrodisiaque, à cause de la forme non équivoque de sa racine. Mais mieux vaut ne pas s'y fier, car c'est un poison assez violent, dont l'ingestion peut être fatale. Ses baies brillantes sont particulièrement dangereuses, car très attirantes. Mais l'arum tacheté (*A. maculatum*) est aussi une espèce bizarre et étrange, qui dispose d'un système de chauffage – eh oui! – pour mieux diffuser un parfum indéfinissable, quelque peu fétide pour un nez humain, mais qui attire par milliers les minuscules petites mouches chargées de sa pollinisation.

Lundi 28 janvier

Saint Thomas d'Aquin On fête aussi les Gentile, Tom

Le soleil se lève à **8h26** et se couche à **17h41**

« Quand Paris s'enrhume, l'Europe prend froid. »
Metternich

QUIZ CHANTEURS

Pour quel pays France Gall a-t-elle disputé et gagné le concours Eurovision de la chanson en 1965 ?

Le Luxembourg

SLOGANS

La fameuse phrase « Hasta la victoria, siempre » (« jusqu'à la victoire, toujours »), *attribuée au révolutionnaire Che Guevara, est-elle en fait une erreur de lecture ? C'est ce qu'avancent des historiens qui sont tombés sur une lettre du Che à Fidel Castro, et sur laquelle on trouve pour la première fois la phrase, devenue ensuite slogan révolutionnaire mondialement connu. En réalité, le Che avait écrit* « Hasta la victoria. Siempre, patria o muerte. » (« Jusqu'à la victoire. Toujours, la patrie ou la mort. ») *Ou quand la ponctuation change l'histoire…*

Métiers de bouche

Histoire de la boucherie

Au Moyen Âge, le statut de boucher était privilégié, organisé au sein d'une corporation très puissante à Paris. Au XIVe siècle, la Grande Boucherie de Paris est créée, contrôlant la quasi-totalité des boucheries de la capitale. En 1587, on instaure la « Communauté des Maîtres bouchers », qui permet à tous les bouchers de la ville de disposer de statuts équivalents à ceux de la Grande Boucherie. À partir du XVIIIe siècle, les habitudes alimentaires changent, la consommation de viande augmente et les étals de boucherie se multiplient. Les maîtres bouchers contrôlent sévèrement les petits détaillants qui, pour faire face à la demande, proposent des morceaux de viande de moindre qualité, mais plus accessibles. Les maîtres bouchers perdent tout monopole en 1791, lors de la Révolution. En 1802, un *numerus clausus* est mis en place pour limiter le développement des boucheries. La corporation des bouchers est désormais sous contrôle de l'État. Napoléon supprime les abattoirs particuliers en 1810 et crée les abattoirs municipaux. En 1830, le corps se divise en deux activités distinctes : d'un côté les chevillards qui s'occupent de l'achat et de l'abattage des bestiaux, de l'autre les détaillants qui se chargent de la vente de la viande. Depuis 1858, la profession est désormais intégralement soumise aux règles générales du commerce et de l'industrie.

Vermot Régions

ESSONNE / LA MAISON CAILLEBOTTE

En vous promenant dans la région de Yerres, ne manquez pas de visiter la maison du peintre impressionniste Gustave Caillebotte (1848-1894). Son potager et son jardin constituent une source d'émerveillement à chaque pas. Cette résidence d'été de l'artiste a été aménagée dans les années 1830 au cœur d'un site choisi pour son profil vallonné et sa richesse végétale. Les allées sinueuses conduisent le visiteur d'aujourd'hui vers de petites constructions d'architectures diverses, les fabriques d'ornementation.

Le soleil se lève à **8 h 25** et se couche à **17 h 42**

Mardi 29 janvier

Saint Gildas On fête aussi les Sulpice

« S'il gèle à la Saint-Sulpice, le printemps sera propice. »

Rébus cuisine

BOUCROQUECHE

CROQUEMBOUCHE

SURNOMS

BERTHE AU GRAND PIED

Berthe de Laon, épouse de Pépin le Bref et mère de Charlemagne, était surnommée « Berthe au grand pied » et non pas « aux grands pieds ». En effet, c'est la particularité d'avoir un pied plus grand que l'autre (ou peut-être bot, selon certains historiens) qui lui a valu son surnom. Le fait d'avoir une ou deux pointures de plus que ses contemporaines n'aurait pas été une différence suffisante pour justifier ce sobriquet.

Solution sudoku [p. 40]

3	8	5	9	2	4	1	7	6
1	9	7	3	6	8	4	5	2
2	6	4	1	7	5	9	3	8
4	5	3	7	1	6	8	2	9
8	7	2	4	9	3	5	6	1
6	1	9	5	8	2	7	4	3
9	2	6	8	5	7	3	1	4
5	4	8	2	3	1	6	9	7
7	3	1	6	4	9	2	8	5

Chiffres étonnants de la science

Le grand fessier et le petit étrier

Notre corps comprend environ 650 muscles. Voilà de quoi redoubler d'ardeur pour sa gymnastique du matin ! Nous nous asseyons sur le plus volumineux d'entre eux, le bien nommé « grand fessier », qui aide aussi à nous tenir debout. Le plus petit est bien caché, au creux de l'oreille moyenne. C'est l'étrier, qui mesure 3 mm. Les plus sollicités sont les mini-muscles des yeux, avec quelque 100 000 mouvements par jour. Pour faire des grimaces, nous disposons de pas moins de 38 muscles faciaux. Nous avons aussi de nombreux muscles lisses dans la paroi des organes, qui, heureusement pour nous, se contractent sans qu'on ait à s'en occuper, ce qui nous laisse du temps pour faire autre chose de nos journées !

Maladies imaginaires

Dès l'Antiquité, le père de la médecine, Hippocrate, décrivait le phénomène dit de « l'utérus vagabond ». Cela consiste tout simplement à considérer l'utérus comme « un animal dans l'animal » et à penser qu'il peut s'échapper du corps de la femme. Pour empêcher cela, les médecins antiques préconisaient de tomber enceinte le plus souvent possible et d'éviter d'éternuer. Heureusement pour les femmes, la médecine a fait quelques progrès depuis !

Les « pourquoi ? » de l'histoire

Pourquoi reçoit-on des cadeaux pour son anniversaire ?

Au Moyen Âge, il était de tradition de donner un banquet pour son anniversaire. Celui qui était célébré était chargé de fournir le lieu et d'organiser la réception, mais demandait à chaque invité d'apporter un élément du repas ! C'est ainsi qu'au fil du temps, la tradition du repas s'étant perdue, les amis offrent des cadeaux à ceux qui fêtent leur anniversaire, à la place des mets.

Mercredi 30 janvier

Sainte Martine On fête aussi les Aleaume

Le soleil se lève à **8 h 23** et se couche à **17 h 44**

« Il vaut mieux aller au moulin qu'au médecin. »

L'Info

Le crime de Van Gogh

En 1889, Vincent Van Gogh a intégré une sauterelle dans l'une de ses toiles. Et pendant cent trente ans, personne ne s'en était aperçu. Nous ne parlons pas là d'un insecte peint et dissimulé, ou d'un vague symbole caché, mais d'une véritable bestiole. Elle a été découverte dans un tableau de la série Les Oliviers *exécutée par Van Gogh à Saint-Rémy-de-Provence en 1889. Détenu par le Nelson-Atkins Museum of Art dans le Missouri, l'œuvre a récemment été examinée à l'aide d'ultraviolets, de rayons X et de microscopes. Les experts ont alors remarqué la carcasse brune de l'insecte ensevelie sous un coup de pinceau du génie. Pour le paléontologue qui a déterminé qu'il s'agissait bien d'une sauterelle, le peintre néerlandais n'avait aucune volonté criminelle : aucun signe de mouvement n'a été retrouvé autour de l'insecte sur la toile, preuve qu'il était déjà mort quand il y est arrivé. À défaut d'être sa victime, cette sauterelle nous livre un témoignage sur la pratique de l'artiste : Van Gogh exécutait ses* Oliviers *à l'extérieur, dans des conditions parfois venteuses. Autour de lui tournoyaient des grains de sable, des pollens, des moucherons, des grillons et des sauterelles. On s'en doutait un peu...*

RétroVermot

« Pour renouveler mon linge de table, j'ai tout acheté en damassé.
– C'est cher, le damassé ! Tu avais donc de l'argent d'amassé ?
– Dame ! Assez. »

GRANDES TOURS DU MONDE

BURJ KHALIFA, LA PLUS HAUTE TOUR

Tant que les projets fous pour la détrôner ne sont pas réalisés, la Burj Khalifa, 828 m, reste la plus haute tour du monde. Elle orne la capitale des Émirats arabes unis, Dubaï. Inaugurée le 4 janvier 2010, cette tour a été conçue par le cabinet d'architecture américain auquel on doit les plus hauts gratte-ciel des États-Unis : la tour Willis à Chicago et le One World Trade Center à New York. La Burj Khalifa est une ville verticale, pouvant accueillir 35 000 personnes. Le dernier de ses deux cents étages se trouve à 621 m du sol, de quoi bénéficier d'une vue imprenable sur la mer... et le désert.

[Excuse my French]

Qui n'a jamais vécu cette scène : vous êtes devant la télévision, les chaînes défilent et rien n'attire votre attention ; bref, vous voilà en plein « zapping ». Mais saviez-vous que ce mot à la consonance anglo-saxonne est pourtant bien de chez nous ? En effet, si vous étiez anglophone, vous pourriez faire du *channel-surfing*, mais de « zapping », point. Les faux anglicismes ? On zappe !

Le soleil se lève à **8 h 22** et se couche à **17 h 46**

Jeudi **31 janvier**

Sainte Marcelle On fête aussi les Marcelline, Marcela

« Janvier, mars, mai, juillet, août, octobre, décembre… Des mois élégants : ils se mettent sur leur trente-et-un. »
Tristan Bernard

Stars en famille

De son mariage avec Jean-Marc Piaton, la baronne-comédienne Charlotte de Turckheim eut trois filles dont l'aînée, Julia, née en 1985, a décidé de suivre les pas de sa mère sur le plan professionnel. Avec déjà une douzaine de films à son actif et la participation à plusieurs séries télévisées, dont *Profilage*, Julia Piaton a commencé sa carrière au même âge que sa mère : à 20 ans !

EXPRESSIONS IMAGÉES

Avoir la main verte

En matière de jardinage, certains individus ont beau s'appliquer à planter, bouturer, repiquer, greffer, biner, rempoter, marcotter, tailler, palisser, tous les végétaux qui passeront entre leurs mains sécheront et mourront. En revanche, pour d'autres personnes, la moindre intervention sur une plante ou un arbre sera couronnée de succès et lui donnera la verdeur de la vie !

Protocole

Si l'ordre de préséance est surtout prévu pour être appliqué pendant les réceptions et événements officiels, on peut parfois faire appel à lui pour des occasions moins traditionnelles. Par exemple, le 11 janvier 2015, lors de la grande manifestation qui suivit les attentats contre la rédaction de *Charlie Hebdo* et l'Hyper Cacher, un grand nombre de personnages officiels français et étrangers avait fait le déplacement, à tel point qu'on dut établir l'ordre de répartition de ces personnalités de haut rang derrière la banderole de tête. C'était sans compter l'ancien président Nicolas Sarkozy, qui joua des coudes avant le départ pour se faufiler à l'avant, juste à côté du président Hollande et des autres chefs d'État dont Angela Merkel, alors que sa place officielle était quelques rangs plus loin. Petit, mais malin !

VIVE LA POSTE !

Nous avons tous, sans exception, connu des déboires plus ou moins importants avec la Poste, que ce soit un simple retard ou la perte d'un colis. Mais cette histoire de 2012 dépasse tout ce que nous avons pu connaître à notre échelle. Cette année-là, sur commande de l'Opéra de Paris, un archet est commandé à une fabricante d'Angers, Claudia Carmona. Celle-ci s'exécute et envoie l'archet, d'une valeur de 3 500 euros, par la Poste. Quelques semaines plus tard, le musicien qui doit l'utiliser demandant quelques retouches, elle reçoit un colis… vide ! Elle signale bien sûr la disparition de l'objet, et la Poste, qui ne parvient pas à mettre la main dessus, dédommage l'expéditeur du colis à hauteur de 50 euros. Quelle générosité ! Plus tard encore, Claudia tombe de sa chaise en voyant l'objet en vente sur un site d'annonces. Le vendeur assure avoir acheté l'archet à la Poste lors d'une vente aux enchères. La classe…

Vendredi 1er février

Sainte Ella On fête aussi les Viridiana, Sibert, Ignace

Le soleil se lève à **8 h 21** et se couche à **17 h 47**

« À la Saint-Ignace, l'eau est de glace. »

Vermot Régions

GIRONDE / LA LAMPROIE À LA BORDELAISE

La lamproie à la bordelaise est un des mets les plus raffinés qui soit. Le poisson est pêché entre février et mars dans l'estuaire de la Gironde, lorsqu'il remonte les courants de la Dordogne près de son confluent avec la Garonne. Découpé en tronçons, son corps, qui ressemble à une anguille, est mijoté avec des poireaux et une sauce épaisse confectionnée avec le sang de l'animal, mélangé à du vin rouge. Seul poisson saigné vivant, la lamproie peut également être préparée en galantine ou en pâté en croûte.

HAUT EN COULEUR

Pourquoi dit-on de quelqu'un d'effrayé qu'il a une « peur bleue » ? Après tout, ne devient-on pas plutôt blanc grisâtre sous le coup de la peur ? En fait, l'expression a une origine médicale : quand on a très peur, la température corporelle diminue, ce qui peut donner aux lèvres et aux ongles une teinte légèrement cyanosée, donc bleue !

Février

Continuons à dérouler le calendrier des grandes dates de l'exploration spatiale. Le 3 février 1966, la sonde soviétique Luna 9 est le premier engin à alunir, c'est-à-dire à se poser sur la Lune… sans s'écraser à sa surface, contrairement à trois précédentes sondes du programme Luna. Le 11 février 1970, Ōsumi est le premier satellite envoyé dans l'espace par le Japon, qui entre alors dans le quatuor des pays lanceurs de satellites, aux côtés de l'URSS, des États-Unis et… de la France (cocoricosmique !). Le 19 février 1986, le premier module de Mir est mis en orbite et le 23 mars 2001, cette station spatiale russe est volontairement détruite, après quinze ans de bons et loyaux services. En revanche, c'est une destruction non programmée et tragique qui a lieu le 1er février 2003 : la navette Columbia et ses sept occupants se désintègrent lors de leur rentrée dans l'atmosphère terrestre. Ce drame marque la fin de l'épopée des navettes spatiales américaines. Il y a dix ans, le 10 février 2009, se produisait pour la première fois un événement rare à 800 km au-dessus de nos têtes : la collision de deux satellites artificiels. Heureusement que la guerre froide était terminée, car les conséquences auraient pu être très fâcheuses : l'accident impliqua en effet un satellite américain et un satellite russe !

Quant au deuxième homme à avoir posé le pied sur la Lune, il s'agit d'Edwin Aldrin (né en 1930), surnommé « Buzz ». C'est de lui que Buzz l'Éclair – héros de la série de longs-métrages animés *Toy Story* – tient son nom ! Bien qu'étant sorti du module d'alunissage quelques minutes à peine après Neil Armstrong, Aldrin est un peu le Raymond Poulidor de l'espace, le « premier des derniers ».

EMOJI

Savez-vous d'où vient le mot « emoji » ? Il s'agit en fait d'une locution japonaise formée de deux mots : *e* désigne une image, et *moji* signifie « lettre ». L'association des deux en « emoji » sert donc à désigner un pictogramme qui représente une expression, un sentiment ou un objet. Si les emoji sont courants au Japon depuis longtemps, il a fallu attendre 2010 pour qu'ils fassent leur apparition sur nos claviers et en chassent les traditionnels « smileys ».

« Chandeleur claire,
hiver derrière ;
Chandeleur trouble,
hiver redouble. »

Les « pourquoi ? » de l'histoire

Pourquoi fait-on des crêpes à la Chandeleur ?

La Chandeleur célèbre la présentation du Christ au Temple, quarante jours après sa naissance. Son nom vient des chandelles qui avaient été utilisées pour la route que suivit la famille de Jésus de Bethléem à Jérusalem. Au ve siècle, le pape Gélase Ier reçut les pèlerins venus à Rome pour la Chandeleur en leur offrant de grandes galettes, les « oublies ». La tradition des crêpes était née.

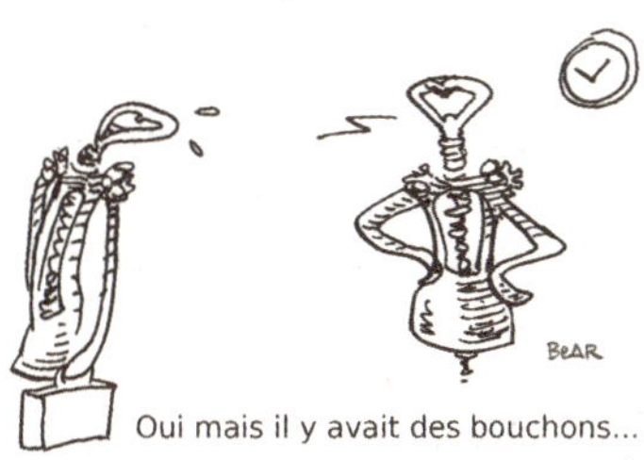

Oui mais il y avait des bouchons...

Ça bulle

Nombreux sont les artistes de bande dessinée qui s'amusent à parsemer leurs ouvrages d'hommages et de références méconnus du profane et qui ne se révèlent qu'aux véritables amateurs et passionnés. Hergé était coutumier du fait, et on trouve souvent des bizarreries dans ses albums qui sont en réalité des clins d'œil ; par exemple ce lama qui lévite, aperçu dans les dernières pages de *Tintin au Tibet*. Il s'agissait en fait d'une réponse, en forme de pied de nez, aux lecteurs qui se plaignaient du manque de réalisme de certains dessins !

Au menu

Crêpes faciles et légères

Pour 4 à 6 pers.
20 min de préparation
2 h de repos
2 à 3 min de cuisson par crêpe

- 150 g de farine
- 150 g de fécule de maïs
- 1 pincée de sel
- 2 œufs entiers
- 1 cuil. à café de sucre en poudre
- 60 g de beurre fondu
- 50 cl de lait
- 10 cl de bière
- Huile neutre pour la cuisson

Mettez la farine, la fécule, le sel, les œufs entiers, le sucre, le beurre et le lait dans un blender. Faites tourner le moteur jusqu'à obtenir un mélange homogène. Versez la bière et faites tourner encore. La pâte obtenue doit avoir une consistance liquide légèrement épaisse.

Laissez reposer 2 heures.

Faites chauffer une poêle antiadhésive avec un peu d'huile sur feu moyen. Faites cuire la première louche de pâte 2 minutes : dès que la pâte commence à prendre, retournez la crêpe et laissez-la dorer 1 minute sur l'autre face.

Conseils : la bière et la fécule donnent à ces crêpes beaucoup de légèreté. La préparation au blender garantit la rapidité de la recette et un résultat sans grumeaux. Vous pouvez ajouter un petit verre de rhum brun qui donne un goût délicieux. Veillez à bien huiler la poêle entre chaque crêpe. Le temps de repos n'est pas nécessaire, mais il est vivement conseillé.

GRANDES TOURS DU MONDE

GRATTE-CIEL À SHENZHEN

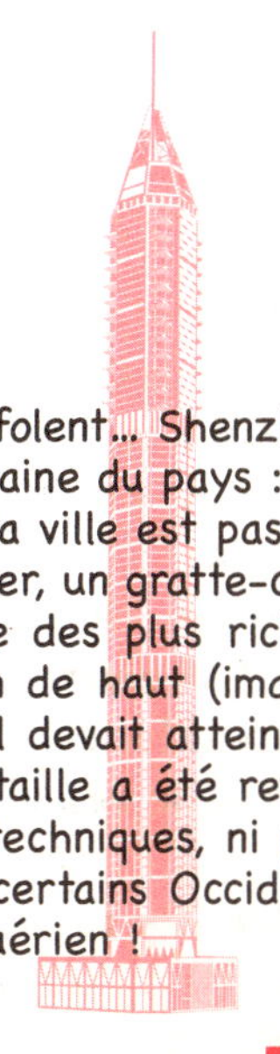

Quand on mesure la Chine, les compteurs s'affolent… Shenzhen est un exemple de l'incroyable croissance urbaine du pays : de quelque 5 000 habitants il y a soixante ans, la ville est passée à plus de 12 millions ! Le Ping An Finance Center, un gratte-ciel, est à la mesure de cette cité devenue l'une des plus riches du pays. Inauguré fin 2016, il mesure 599 m de haut (imaginez deux tours Eiffel empilées). À l'origine, il devait atteindre 666 m et devenir le plus haut de Chine. Sa taille a été revue à la baisse, non pas en raison de difficultés techniques, ni par superstition (« 666 » n'est mal vu que par certains Occidentaux), mais pour ne pas perturber le trafic aérien !

Dimanche 3 février

Saint Blaise On fête aussi les Oscar, Anshaire

Le soleil se lève à **8h18** et se couche à **17h50**

*« Devant Blaise,
tout s'apaise. »*

[Excuse my French]

Ah, une bonne partie de baby-foot à l'arrière des cafés, dans les volutes de fumée et les relents de bière… C'est pour beaucoup d'entre nous des souvenirs de jeunesse qu'on se repasse affectueusement. Ce que nous savons moins, c'est que le terme « baby-foot », malgré ses faux airs, n'est pas du tout anglais ! Aux États-Unis, on dit *foosball*, et au Royaume-Uni, *table-football*. « Baby-foot » est donc un faux anglicisme ! Une telle nouvelle mérite bien une petite partie… et une autre bière !

L'Info

En finir avec la dyslexie

Albert Le Floch et Guy Ropars, deux physiciens de l'université de Rennes 1, viennent de percer les secrets de la dyslexie. Selon ces deux chercheurs, ce trouble est lié à la symétrie trop parfaite des taches de Maxwell (du nom d'un célèbre physicien du XIXe siècle), qui se trouvent dans les yeux. Ces taches sont de formes différentes chez les non-dyslexiques, l'une, celle de l'œil directeur, étant parfaitement ronde, l'autre ressemblant davantage à une patate. Albert Le Floch explique : « Si par exemple vous regardez la lettre "b", votre œil va parfaitement l'imprimer dans une partie de votre cerveau, tandis qu'une image inversée fantôme, donc un "d", sera stockée dans une autre partie. Mais le cerveau ne tiendra pas compte de cette lettre fantôme. » Or, à cause de leurs taches de Maxwell identiques, les personnes dyslexiques n'ont pas d'œil directeur. Chez eux, « l'image fantôme » de la lettre ne s'efface pas et leur cerveau ne sait pas quelle lettre il doit sélectionner. D'où la confusion à la lecture. Les deux Français espèrent que leurs travaux permettront la mise en place rapide de nouveaux traitements contre la dyslexie. Pour rappel, aujourd'hui, 10 % de la population mondiale est atteinte de dyslexie, soit 700 millions de personnes.

RétroVermot

Quand il gèle partout de la cave au grenier,
Quand le feu est absent, quand on a froid aux pieds,
Il faut bien s'amuser, il faut se gondoler,
S'esclaffer et sourire, pouffer et se réjouir.

Moralité :
Le transi se tord.

CONCOURS LÉPINE

Savez-vous en quelle année est apparu le stylo à bille, révolutionnant la vie des gens du monde entier ? Eh bien figurez vous que c'est en 1919 qu'un dénommé Pasquis présenta le premier stylo à bille du monde, à l'occasion du fameux concours Lépine. Plus d'encre qui coule, plus de plumes qui cassent, écrire devenait alors plus facile que jamais et son invention géniale remporta logiquement le premier prix. Pourtant, il fallut attendre trente ans pour que son invention soit reprise par un journaliste hongrois et que les stylos à bille soient produits en série. L'histoire met parfois du temps à s'écrire, quel que soit le stylo…

« *La vraie paresse, c'est de se lever à 6 heures du matin pour avoir plus longtemps à ne rien faire.* »
Tristan Bernard

Perles de sportifs

Pourquoi pas ?

Qui l'a dit ? Franck Ribéry (footballeur français) :
« C'est beau ce stade Vélodrome qui est toujours plein à domicile comme à l'extérieur. »

YÉ-YÉ

Si vous possédiez une radio ou une télévision au cours des années 1980, il y a très peu de chances pour que vous soyez passé à côté de la chanson *Hello* de Lionel Richie, sortie en 1983. Vous n'êtes pas seul, car Mireille Mathieu, elle aussi, a entendu et apprécié cette chanson mythique. Au point d'en faire une reprise traduite plus ou moins littéralement (et avec un talent relatif) l'année suivante. Le titre de cette version française : *Allô*, tout simplement. Mireille Mathieu, fan de Lionel Richie et de téléphonie ?

OH LE GROS GÂCHIS !

Des escaliers en or pour les gradés ?

En 1996, la Cour des comptes s'est intéressée aux « dépenses de prestige » du commissariat de l'armée de terre de Marseille. « La seule décoration des cages d'escalier qui conduisent au bureau du directeur a coûté plus de 4,3 millions de francs », s'étranglent les Sages, qui relèvent aussi la pose d'une moquette de velours, des murs décorés en trompe-l'œil pour évoquer la pierre taillée, des rampes refaites et repeintes en imitation bronze, rehaussées d'un filet doré. Autre bizarrerie : des micro-ordinateurs commandés et livrés à Marseille ont été retrouvés à Metz, dans les bureaux d'un fournisseur du commissariat en région parisienne et au domicile personnel de l'ancien directeur du commissariat de Marseille. Un redéploiement de la logistique, sans doute…

ILS ONT ÉTÉ LEUR PROPRE COBAYE

L'homme qui tomba un peu trop à pic

Le 4 février 1912, Franz Reichelt, né en 1879 et tailleur de profession, s'écrasait au pied de la tour Eiffel. Il venait de sauter du premier étage du monument. Cette chute mortelle ne résultait pas du désespoir d'un amoureux déconfit, mais de la démonstration publique ratée d'une nouvelle invention. L'homme était en effet si convaincu de l'efficacité de sa combinaison-parachute destinée aux aviateurs qu'il ignora les résultats peu concluants des essais menés avec un mannequin et les avertissements de scientifiques auxquels il avait au préalable présenté son produit. La démonstration à la tour Eiffel, autorisée par la préfecture de police, eut lieu devant une foule de curieux, la presse, et même l'objectif d'une caméra. Après quelques secondes d'hésitation, Reichelt se jeta dans le vide et inscrivit son nom dans l'histoire de la chute libre, mais pas comme il l'avait espéré…

DÉPUTÉS : FIN DES EMPLOIS FAMILIAUX ET DÉBUT DES NOTES DE FRAIS ?

Mardi 5 février

Sainte Agathe On fête aussi les Agatha, Avit

Le soleil se lève à **8 h 15** et se couche à **17 h 54**

« Le gel ne brûle pas l'ortie. »

Il y a 150 ans, le 5 février 1869, des Australiens découvraient la plus grosse pépite d'or jamais trouvée (72 kg !), *Welcome Stranger*, qui a été fondue en lingots pour la Banque d'Angleterre.

Vermot Régions

HAUTE-SAVOIE / LE REBLOCHON

Élaboré à partir de lait de vache entier, le reblochon tire son nom du verbe reblocher. *En langue locale, celui-ci signifie « traire une seconde fois ». Autrefois, la première traite était due aux propriétaires des cheptels et la seconde pouvait rester aux fermiers. L'histoire raconte qu'il n'était pas rare que la première traite soit incomplète afin que les exploitants puissent bénéficier ensuite d'un lait de meilleure qualité et riche en crème, avec lequel ils préparaient le fromage.*

LES TYPES DE VESTES

R	B	D	Y	C	C	E	S	P	E	N	C	E	R
T	E	O	O	D	A	G	S	A	V	A	K	A	H
Q	E	C	L	U	D	N	N	U	R	A	C	A	B
U	J	K	A	E	D	O	A	A	E	A	R	L	T
E	U	A	C	R	R	O	C	D	R	R	O	E	S
U	N	P	Q	A	D	Q	U	M	I	U	A	A	U
E	A	A	K	U	J	I	A	N	S	E	H	V	G
D	J	R	J	A	E	G	G	O	E	A	N	I	E
E	A	Y	N	A	N	T	N	A	R	H	B	N	R
P	K	D	D	O	O	J	T	I	N	A	A	O	E
I	U	D	L	N	U	M	E	E	K	S	F	S	B
E	S	E	T	S	B	N	B	E	R	C	R	U	M
E	E	T	T	E	N	I	U	Q	A	S	A	C	O
R	E	E	R	E	Z	A	L	B	N	E	C	H	B

Solution page 61

Cherchez les types de vestes cachés dans la grille. Vous les trouverez horizontalement, verticalement ou diagonalement.

ANORAK
BLAZER
BLOUSON
BOLÉRO
BOMBER
CANADIENNE
CARACO
CARDIGAN
CARMAGNOLE
CASAQUIN
DOUDOUNE
FRAC
HACKING JACKET
HARRINGTON
JAQUETTE
JUSTE

Dans l'hémicycle

Le président de l'Assemblée nationale a plusieurs prérogatives, dont celle d'être le garant du respect des règles de bienséance au sein de l'Assemblée. L'une de ces règles, primordiale, est le respect du temps de parole de chacun. Non seulement pour des raisons d'équité politique, mais aussi pour des raisons pratiques : si chaque intervention dépasse le temps qui lui est alloué, les séances deviennent interminables. Mais comme on ne peut pas toujours compter sur les députés et les membres du gouvernement pour se limiter (particulièrement lors de débats houleux), le président est équipé d'un bouton permettant de couper littéralement la parole à un intervenant qui prendrait trop de libertés. 1, 2, 3, roi du silence !

« À la Sainte-Dorothée, la plus forte neigée. »

Molière en vadrouille

Imaginons : vous êtes en vacances au Burkina Faso, et quand vous demandez comment rejoindre votre destination, on vous répond : « Ah, aller là-bas, c'est caillou ! » Ne pensez pas qu'on vous indique ainsi que la route est recouverte de cailloux. Dans cette partie du monde, quand quelque chose est « caillou », c'est que c'est difficile, compliqué, « dur », comme un caillou ! Mais rassurez-vous, si vous ne le saviez pas, loin de nous l'idée de vous jeter la pierre !

PAS RAGOÛTANT

LE NATTO NIPPON

Si l'on connaît bien les sushis, sashimis et autres yakitoris, voilà un des mets les plus étonnants et méconnus de la cuisine japonaise : le natto – l'haricot de soja fermenté. Ce mets dégage tout d'abord une odeur très forte (due à la fermentation) qui lui vaut le surnom de « munster japonais », et présente ensuite une saveur aigre pourtant moins désagréable que l'odeur ne le laissait présager. Réputé pour ses qualités nutritionnelles et médicinales, le natto se consomme au petit déjeuner. En France, les restaurants *Nakagawa* ou *Toritcho* le proposent comme accompagnement aux clients téméraires de notre belle capitale : avis aux amateurs !

Noms de villages

Membre éminent de l'Association des communes de France aux noms burlesques et chantants, la commune de Trécon n'a pas usurpé sa place au classement des noms de villages les plus insolites. Loin d'être dérangés, les 76 habitants de Trécon sont fiers du nom de leur commune. Il paraît que c'est à ça qu'on les reconnaît !

REMARQUABLES

TILLEUL DE GRANGE-SAUVAGET

Elle vient d'avoir 20 ans, la jolie Marie de Bourgogne, avec son petit nez en trompette, quand, en 1477, elle épouse Maximilien, futur empereur du Saint-Empire romain germanique. Elle connaîtra, raconte-t-on, quelques années de bonheur avant de mourir à 25 ans, d'une chute de cheval. Et c'est à l'occasion de son mariage, selon la tradition, qu'a été planté un tilleul à petites feuilles (*Tilia cordata*) dans ce qui est aujourd'hui la commune de Bracon, dans le Jura, et que l'on appelle le tilleul – ou la « tille » – de Grange-Sauvaget. Légende ou réalité ? En tout cas, des analyses ont montré qu'un âge de 540 ans n'est pas impossible. C'est exceptionnel pour un tilleul, car son bois est tendre et il ne dépasse que rarement quatre siècles. La souche est une extraordinaire sculpture végétale, avec des replis, des bosses, des gibbosités et des excroissances. Elle est, dirait-on, éclatée en son centre, comme si elle avait reçu un missile. Et la ramure est compliquée, avec bien des moignons, qui témoignent de la violence des coups de vent qu'elle a subis.

Jeudi 7 février

Sainte Eugénie On fête aussi les Aodren

Le soleil se lève à **8h12** et se couche à **17h57**

« La véritable amitié ne gèle pas en hiver. »

Un vrai feuilleton

Lorsqu'on parle de série culte, aujourd'hui, *Dallas* est l'un des premiers noms (et génériques) qui viennent en tête. Pourtant, on sait moins que la série au succès mondial a failli non seulement ne pas voir le jour, mais également être annulée au bout de 5 épisodes, faute d'audience. Bien en a pris aux chaînes qui se sont entêtées à programmer la série, car trente-cinq ans après, en 2013, plus de 3,6 millions de téléspectateurs en France ont suivi l'épisode dans lequel meurt l'inimitable héros J.R. Ewing.

Charade

Mon premier est un poisson au corps aplati.

Mon deuxième est une élévation.

Mon troisième se couche de bonne heure.

Mon quatrième agrémente l'aquarium.

Mon cinquième est un métal précieux.

Mon tout est un coureur cycliste français.

RAYMOND POULIDOR (RAIE - MONT - POULE - IDE – OR)

Le Chiffre

11 ans

C'est l'âge auquel Gitanjali Rao a été désignée « meilleure jeune inventrice des États-Unis ». Ce jeune prodige, originaire de Denver, a mis au point un système qui permet de détecter le plomb dans l'eau, plus efficace et plus précis que n'importe quel système existant. La jeune fille a expliqué aux médias américains que l'idée lui était venue après le scandale de l'eau contaminée au plomb dans la ville de Flint, au Michigan : après cette crise sanitaire qui a provoqué le décès de plusieurs personnes et une augmentation vertigineuse du nombre de bébés mort-nés, sa famille s'est mise à tester l'eau de ses robinets. Mais la méthode des bandelettes-test passées sous le jet d'eau produisant des résultats approximatifs, et l'analyse d'un échantillon du liquide par un laboratoire s'avérant longue et coûteuse, Gitanjali s'est mis en tête de trouver une autre solution, à la fois économique, rapide et fiable. Et elle y est parvenue avec l'aide de chercheurs du Discovery Education 3M auxquels elle avait soumis son idée. Baptisée Tethys, du nom de la déesse grecque de l'eau, sa sonde intelligente à base de nanotubes de carbone détecte en temps réel la présence de plomb dans les tuyauteries. Connectée, elle envoie une alerte sur une application mobile si le taux du métal augmente. Plus tard, Gitanjali Rao aimerait devenir généticienne ou épidémiologiste. Avec de telles prédispositions, on lui souhaite surtout de ne pas changer d'avis.

C'est pas la crise pour tout le monde !

Fut un temps où le football était une histoire de sportifs amateurs et passionnés pour qui le jeu était tout. Oui mais voilà, ce temps est depuis bien longtemps révolu. Au cas où une preuve serait nécessaire, le record de la plus grosse transaction de joueur de foot au monde est là pour nous le rappeler : en 2017, ce n'est pas moins de 222 millions d'euros que le PSG a dû débourser afin que le Brésilien Neymar rejoigne ses rangs. Comme le dessine si bien notre ami Faro (cf. 15 janvier), pas étonnant que les autres footballeurs soient en colère !

Vendredi 8 février

Sainte Jaqueline On fête aussi les Jacotte, Jackie, Effie

« Quand il neige dans les montagnes, il fait froid dans les vallées. »

QUIZ CHANTEURS

Quel chanteur a interprété *Hey Joe*, en 1967 ?

Johnny Hallyday

RECORDS DE PRÉSIDENT

Élu en 2017, le président Emmanuel Macron est bien entendu le président français le plus jeune jamais élu, du haut de ses 39 ans. Il est également le plus jeune chef d'État d'une puissance dite démocratique. Mais l'âge ne fait pas tout, car Macron est aussi détenteur d'un record un peu moins glorieux, celui de la baisse de popularité la plus forte et la plus rapide de la Ve République ! En effet, après seulement trois mois d'exercice, le chef de l'État français ne pouvait plus compter que sur 40 % d'opinions favorables dans la population. Un petit pour cent de plus que Jacques Chirac et ses 39 % d'opinions défavorables à la même échéance. On suit désormais sa courbe de popularité pour savoir s'il battra d'autres records…

Régiments

Plus connu par les soldats sous l'appellation « CPA 10 », le Corps parachutiste de l'air n° 10 est le plus ancien régiment de parachutistes français. En 1935, l'État-major français, constatant le talent des Russes pour effectuer des largages de parachutistes et comprenant l'intérêt de la technique en temps de guerre, envoie le capitaine Frédéric Geille – un pilote de chasse – se former en Russie. À son retour, le ministre de l'Air de l'époque, Pierre Cot, signe un décret créant les premières unités d'infanterie de l'air. Et le 8 février 1937, le premier saut en parachute militaire volontaire jusqu'au sol est effectué par neuf officiers et vingt sous-officiers de ces nouvelles unités d'élite parachutistes. Un moment historique, et, peut-on même dire, un véritable saut dans le vide et dans le futur !

Fantaisies sexuelles

Se faire souffler dans le c…

Souffler dans l'orifice anal de son partenaire sexuel masculin est une spécialité gabonaise. On effectue un massage anal à l'homme avant de souffler dans son ouverture ainsi détendue. Ce soufflet gabonais permettrait d'atteindre rapidement l'orgasme, probablement par stimulation du « point P » (correspondant à la prostate). Mais attention à ne pas en abuser ! On rapporte qu'en 2006, un homme serait mort d'un « excès d'orgasmes » consécutif à une nuit d'amour particulièrement torride. Sa partenaire a reconnu lui avoir fait bénéficier à plusieurs reprises de ses talents de « souffleuse ».
Pour ceux et celles qui trouvent que souffler n'est pas jouer, il y a autres techniques adaptées aux deux sexes. Connaissez-vous « la feuille de rose » ou « fleur de rose » ? C'est tout simplement l'équivalent anal du cunnilingus. Sa dénomination plus scientifique est d'ailleurs « l'anulingus ».

Samedi **9 février**

Sainte Apolline On fête aussi les Ansbert, Tyliann

Le soleil se lève à **8 h 09** et se couche à **18 h 01**

« Au milieu de l'hiver, j'apprenais enfin qu'il y avait en moi un été invincible. »
Albert Camus

Il y a 50 ans, le 9 février 1969, le Boeing 747 effectuait son premier vol d'essai. Il demeure le plus gros avion de ligne jusqu'en 2007, date du premier vol commercial de son concurrent européen, l'Airbus A380.

Maladies imaginaires

Et remèdes imaginaires ? Au Moyen Âge, les médecins et soignants en tous genres n'avaient qu'un mot à la bouche : les « humeurs ». En effet, la théorie dominante à l'époque considérait que le corps se partageait en quatre éléments : le feu, la terre, l'air et l'eau, et que la santé dépendait des humeurs associées (bile jaune et bile noire, sang, lymphe). Si un déséquilibre survenait, alors on vous administrait, au choix, des plantes choisies en fonction de leur forme ou de leur couleur proche de « l'humeur », ou bien on vous saignait abondamment ! De quoi être de parfaite humeur, quoi.

TOXIQUE OU NON ?

If

Droit comme un « i » et immuable, il se dresse dans les cimetières depuis la nuit des temps. Ce n'est pas un hasard, puisque c'est un symbole d'éternité. Mais il y a une autre raison, moins philosophique : l'if (*Taxus baccata*) est toxique dans toutes ses parties, notamment dans son écorce, et le planter près des sépultures était un moyen d'empêcher les bêtes sauvages de déterrer les morts. Sa dangerosité est inscrite dans son nom scientifique, puisque *Taxus* a la même racine que « toxique ». Et beaucoup de braves chevaux trop gourmands sont morts pour avoir brouté ses aiguilles. Toutefois, l'arille, c'est-à-dire la partie rouge vif du fruit, très jolie et à la chair un peu sucrée, n'est pas vénéneuse. En revanche, la graine qu'elle contient est un poison violent, mais elle est dure et n'est pas attaquée par les sucs digestifs des mammifères, de sorte que ceux-ci, en consommant le fruit, disséminent l'espèce. Comme souvent, la toxicité a une contrepartie puisque l'on tire de l'if de précieux médicaments contre diverses formes de cancer.

Ha ! Ha ! Ha !

Devant ses élèves de sixième, une professeure de français écrit ses consignes au tableau. Assis au premier rang, le petit Jules s'écrie soudain :
« Madame, vous avez des poils sous le bras ! »
L'enseignante se retourne, fusille l'insolent du regard et, furieuse, l'exclut du cours.
Le lendemain, la professeure pousse le tableau du bras gauche et Jules lance :
« Madame, vous avez aussi des poils sous l'autre bras ! »
Après un passage chez le proviseur, Jules est exclu du collège pour une semaine entière.
Le jour de son retour en classe de français, la professeure, visiblement agacée par la présence de l'insolent, laisse tomber la craie. En la ramassant, elle entend Jules crier :
« Salut tout le monde ! Avec ce que je viens de voir, on se retrouvera après les grandes vacances ! »

« Février trop doux, printemps en courroux. »

EXPRESSIONS IMAGÉES

Avoir la pêche

Pour les bagarreurs, la « pêche » est un fort coup de poing asséné à l'adversaire. Par analogie, celui qui se sent en bonne forme, prêt à combattre tous les soucis de la vie, dit qu'il « a la pêche ». Les boxeurs parlent aussi de « patate » quand ils tapent violemment sur l'adversaire, d'où l'expression similaire « avoir la patate » et son dérivé naturel, « avoir la frite » !

Vermot Régions

ARIÈGE / LA GROTTE DU MAS D'AZIL

Située dans le massif du Plantaurel, la grotte du Mas-d'Azil a été creusée par la rivière Arize. Elle a longtemps été occupée par les premières populations locales, à l'époque préhistorique, et on y a retrouvé de nombreux galets peints et des harpons plats qui constituent la culture appelée Azilien. Aujourd'hui, la grotte se visite, ou plutôt se traverse, en voiture car elle abrite la départementale 119 sur 420 m de longueur.

L'Info

Le cuir de raisin

Alors que la souffrance animale s'invite régulièrement dans les JT de 20 heures, Vegea, une entreprise italienne, vient d'imaginer un moyen pour sauver la peau de millions de bêtes : le cuir de raisin. Fabriqué à partir de la fibre contenue dans les peaux et les pépins du raisin, le matériau mis au point est assez résistant pour pouvoir être utilisé dans la confection ou pour du mobilier. Ce « cuir de raisin » élaboré à partir du marc issu de la production de vin a été primé par la Fondation H & M, célèbre marque de prêt-à-porter. Installée dans un pays qui produit 26 milliards de litres de vin chaque année, soit 18 % de la production mondiale, Vegea rêve de pouvoir recycler 7 milliards de kilos de résidus. Cela permettrait à l'entreprise de fabriquer 3 milliards de mètres carrés de cuir ! Qui s'ajouteraient aux kilomètres carrés de cuir d'ananas, de banane ou de champignons. Ne riez pas, ces cuirs végétaux sont eux aussi très prometteurs, paraît-il.

Métiers de bouche

Saint Barthélémy, patron des bouchers

Le principal saint patron des bouchers charcutiers est saint Barthélémy. Barthélémy n'était pas boucher (alors que Pierre et André, pêcheurs sur les rives de la mer de Galilée, sont ainsi devenus patrons des poissonniers), mais c'est à son martyre qu'il doit probablement ce patronage : apôtre du Christ, il est envoyé pour évangéliser l'Arménie. Là, dans la ville d'Albanopolis, il est mis à mort de manière particulièrement atroce : écorché vif, il est ensuite crucifié et décapité. Dans l'iconographie traditionnelle, saint Barthélémy est représenté avec sa peau dans une main et, parfois, un grand couteau dans l'autre. Le jour de la Saint-Barthélémy est aussi célèbre à cause du massacre à Paris de 3 000 protestants par les catholiques, le 24 août 1572. Une vraie boucherie !

Lundi **11 février**

Notre-Dame de Lourdes – On fête aussi les Héloïse

Le soleil se lève à **8h06** et se couche à **18h04**

« Si jeune savait et vieux pouvait, jamais disette y aurait. »

GÉNÉRATION Z

Quand une jeune personne dit qu'elle a le « seum », cela signfie qu'elle ressent un certain spleen, soit global, soit par rapport à une situation qui provoque de la frustration. On peut par exemple entendre : « Non, Aurélia viendra pas à ma fête, j'ai trop le seum. » Attention, car on peut aussi « mettre le seum », mais c'est un rôle à ne surtout pas prendre : « Mes parents veulent pas que j'aille au concert, ils me mettent trop le seum ». Vous voilà presque bilingues !

INVENTIONS INSOLITES

La valise-chargeur

Quand un train ou un avion a du retard, quoi de plus rageant que de se retrouver à court de batterie sur son smartphone et de ne pas pouvoir patienter en jouant ou en surfant ? Grâce à un génial Sud-Coréen, la valise pourra bientôt faire office de chargeur grâce à l'énergie produite par ses roulettes, qui sera stockée dans des batteries internes et disponible pour tous les appareils portables.

De mauvais goût

Le *dog grooming*

Encore plus flashy que le bodypaint, bienvenue dans le monde merveilleux du « toilettage canin artistique » ou *dog grooming*! Vous trouvez que votre poupoune a le poil un tantinet tristounet? Mettez des couleurs dans sa robe. Rose fuchsia, rouge pompier, bleu fluo ou, plus sobre, noir truffe, la coloration canine cartonne dans les salons de toilettage. Teckel à queue verte, pitbull avec des oreilles orange ou lévrier afghan avec des mèches aux reflets violets, les maîtres peuvent laisser libre cours à toutes leurs envies! En Chine, au Japon ou aux États-Unis, le toilettage artistique est même une « discipline extrême ». L'idée n'est pas simplement de colorer son chien, mais de le transformer en tout et n'importe quoi : panda, maître Yoda, tortue Ninja, tableau de Van Gogh, licorne, citrouille... Les adeptes du genre se retrouvent lors de compétitions de *creative grooming* où sont jugées les « œuvres » réalisées sur/avec un caniche le plus souvent. Colorants alimentaires, produits bio, aucune contrainte pour l'animal... le *creative dog grooming* serait sans danger pour la santé des animaux. C'est plutôt la santé mentale de leurs maîtres qui est inquiétante.

RECORDS FOUS DE SPORTIFS

Le saut en parachute est, en soi, un sport extrême – il n'est qu'à voir la chute mortelle du malheureux Franz Reichelt (cf. 4 février). Et même si de nombreux amateurs franchissent le pas un jour ou l'autre, les sauts effectués à partir d'une grande altitude sont réservés aux sauteurs confirmés. Alors quand il s'agit de sauter de 39 000 m, c'est encore une autre histoire. C'est pourtant l'altitude depuis laquelle a sauté Félix Baumgartner le 15 mars 2012. Après deux heures d'ascension à bord d'une capsule, il s'élança pour la chute libre la plus dingue du monde : 4 min 19 s pendant laquelle il atteignit la vitesse de pointe de 1342 km/h. Littéralement stratosphérique !

« Si le soleil rit à la Sainte-Eulalie, pommes et cidre à la folie. »

Solution mots mêlés [p. 54]

R	B	D	Y	C	C	E	S	P	E	N	C	E	R
T	E	O	O	D	A	G	S	A	V	A	K	A	H
Q	E	C	L	U	D	N	N	U	R	A	C	A	B
U	J	K	A	E	D	O	A	A	E	A	R	L	T
E	U	A	C	R	R	O	C	D	R	R	O	E	S
U	N	P	Q	A	D	O	U	M	I	U	A	A	U
E	A	A	K	U	J	I	A	N	S	E	H	V	G
D	J	R	J	A	E	G	G	O	E	A	N	I	E
E	A	Y	N	A	N	T	N	A	R	H	B	N	R
P	K	D	D	O	O	J	T	I	N	A	A	O	E
I	U	D	L	N	U	M	E	E	K	S	F	S	B
E	S	E	T	S	B	N	B	E	R	C	R	U	M
E	E	T	T	E	N	I	U	Q	A	S	A	C	O
R	E	E	R	E	Z	A	L	B	N	E	C	H	B

Kézako

La réalité augmentée

Contrairement à la réalité virtuelle, la réalité augmentée ne consiste pas à créer et à offrir à l'utilisateur un univers alternatif 100 % virtuel. La réalité augmentée s'appuie sur l'environnement réel et « l'augmente » d'informations digitales. Par exemple, en pointant un appareil doté d'une application de réalité augmentée dédiée vers une route, on peut y voir s'afficher (à travers l'écran, bien sûr) les directions et les itinéraires possibles. Ce sont ces informations données en surimpression de la réalité qui constituent le principe de réalité augmentée, lequel peut s'appliquer à tout : identifier des plantes, trouver le nom des choses, savoir où acheter la même chemise que son voisin etc.

LES DOUZE TRAVAUX D'HERCULE

L'hydre de Lerne

Le perfide Eurysthée, stupéfait par la victoire d'Hercule sur le lion de Némée, lance à son cousin un défi encore plus fou : tuer l'hydre de Lerne, un monstre aux têtes multiples qui hante un marécage et ses environs. Non seulement le sang de l'hydre est empoisonné, mais, dès qu'on coupe l'une de ses têtes, plusieurs repoussent à la place ! Heureusement, Hercule se rend sur les lieux en compagnie de son neveu Iolas, qui est très futé : il a l'idée de brûler l'extrémité des cous sectionnés, ce qui empêche la repousse des têtes. Hercule parvient ainsi à tuer l'hydre, tout en résistant aux attaques d'une sorte de crabe géant que la déesse Héra avait envoyé en renfort. Avant de quitter les lieux, notre héros enduit la pointe de ses flèches du sang de l'hydre (cela lui servira plus tard…). Mais Eurysthée, bien informé, lui refuse la victoire au prétexte qu'il s'est fait aider.

LES ROBOTS BIENTÔT JURIDIQUEMENT RESPONSABLES ?

Les comportements *extraordinaires* des animaux

Regarder devant et derrière en même temps

Les caméléons sont surtout connus pour leur capacité à changer de couleur. Mais ils présentent d'autres caractéristiques étonnantes. Pour observer ce qui se passe autour d'eux, et même derrière eux, nul besoin de tourner la tête ! Leurs yeux sont montés sur des cônes mobiles qui, telles les tourelles d'un navire de guerre, pivotent dans presque tous les sens. On pourrait croire qu'ils louchent et s'en trouvent handicapés, mais pas du tout ! C'est très utile pour regarder dans deux directions différentes et observer sans en avoir l'air… Une proie détectée par cet ingénieux système est ensuite rapidement avalée grâce à un autre gadget corporel qui peut faire des envieux : une langue interminable – aussi grande que l'animal –, élastique et gluante, qui jaillit comme un diable de sa boîte !

Mercredi 13 février

Sainte Béatrice On fête aussi les Jordan, Fulcran

Le soleil se lève à 8 h 02 et se couche à 18 h 07

MOTS FLÉCHÉS

Spectateur / Français		Gratifier / Horticulteur		Ensemble de moitiés / Signature		Ouvrage spirituel		Chauffai		Cassette / Tendu		Voulait retrouver les siens
								Piquant / Part				
Village arabe / Parierai						Enduit						
							Chef arabe / Façonne					La nuit, ils sont tous gris
Tendis / Porte la balle						D'or pour Jason / Page des scoops						
			Bon pour les dents / Petit poisson						Favorable / Éclairai			
Garde-feu / Les Parques					Soupçon / Boyaux						Tonna	
				Retenue / Moqueur						Petite monnaie / Battre		
Manque de mesure	Confiant / Prescription acquisitive					Sortira des choux / Provoqua						
								Cervidé / Oscillation				
Trier / Au point de départ							Parvenu / Souche					
		Réjouissance pascale / Problème urinaire									État du Proche-Orient	
Souffrait du froid / Corrigée									Argile			
						Plaisante / Palmier						
Plutonium / Faire son nid			Épuisant / Garde la chambre						Donnés en troc / Grecque			
					Supprimera							Qualifie une huile
Vieil accord / Prennent l'air				Morceau de tronc						Suit le licencié		
					Cercle							

Solution page 69

Jeudi 14 février

Saint Valentin On fête aussi les Auxence, Cyrille, Maroun

« Ciel clair à la Saint-Valentin annonce plénitude de biens. »

Il y a 30 ans, le 14 février 1989, décédait l'ornithologue américain James Bond, dont le nom a inspiré celui de l'agent secret héros des romans de Ian Fleming (l'écrivain était un passionné d'oiseaux).

Vermot Régions

MAINE-ET-LOIRE / PILLAGE AU PLESSIS-GRAMMOIRE

Les registres paroissiaux du Plessis-Grammoire rapportent que, le 14 février 1652, l'église fut pillée et tous les meubles fracassés par les troupes allemandes et polonaises sous les yeux du curé qui était immobilisé, les armes sur la gorge. Les soldats étaient venus assiéger Angers et continuèrent leurs méfaits les jours suivants dans les paroisses alentour, où de nombreux habitants furent violés, estropiés et tués. Le curé qui raconte ces tristes temps conclut avec foi : « Je crois que c'était un fléau de Dieu pour nos méchancetés. Dieu nous punit quand il lui plaît. »

L'Info

Quoi ma gueule ?

La science est formelle : si les enfants pleurent dès que vous les prenez dans vos bras, c'est parce qu'ils vous trouvent laids. Conduite par une équipe chinoise, une étude publiée dans la revue Frontiers In Psychology *montre en effet que les tout-petits établissent un lien direct entre la « beauté physique » et la confiance qu'ils accordent aux plus grands. Les chercheurs ont analysé la réaction de jeunes enfants et d'adultes auxquels ils ont présenté 200 portraits d'hommes à l'expression neutre. Chaque participant devait noter l'attractivité physique du visage et évaluer le degré de confiance que celui-ci lui inspirait. Résultat : les hommes perçus comme étant les plus « beaux » étaient en général considérés comme étant les plus dignes de confiance par les cobayes, adultes et bambins confondus. Attention, cela ne signifie évidemment pas qu'il existe des critères universels de beauté. D'autant moins que l'expérience a été menée en ne testant que des visages aux traits asiatiques. Simplement, dès le plus jeune âge, nous attribuons instinctivement des qualités comportementales particulières à certaines caractéristiques physiques. En clair, ce n'est pas parce que vous êtes laid que les bébés pleurent dans vos bras, mais parce qu'ils croient que vous l'êtes. Nuance…*

SLOGANS

« No pasarán », traduit « ils ne passeront pas », est un slogan emblématique des partisans de la Seconde République espagnole lors de la guerre civile qui fit rage à partir de 1936. C'est Dolores Ibárruri Gómez, une activiste communiste surnommée La Pasionaria, qui donna au slogan sa célébrité initiale, lorsqu'elle le prononça à la radio dès le premier jour de la guerre civile. Ces deux mots devinrent ensuite un symbole de la lutte contre le fascisme, en Espagne et dans le monde entier.

Vendredi **15 février**

Saint Claude On fête aussi les Georgette, Georgia, Faustin

Le soleil se lève à **7h59** *et se couche à* **18h10**

« Au milieu de février, le jour et la nuit sont pareils. »

Charade de position

Mes première, deuxième, troisième, cinquième et huitième lettres donnent un sentiment de compassion.

Mes quatrième, cinquième, sixième, huitième et neuvième lettres donnent une saison.

Mes quatrième, septième huitième et neuvième lettres donnent le jour précédent.

Mes troisième, cinquième, huitième, neuvième et dixième lettres donnent une troisième personne.

Avec toutes mes lettres, je suis un gâteau français à base de crème d'amandes.

PITHIVIERS (PITIÉ - HIVER - HIER - TIERS)

Noms de villages

Si vous prenez la route qui surplombe la vallée de la Vésubie, dans l'arrière-pays niçois, vous aurez non seulement le plaisir de profiter d'un paysage magnifique, mais aussi celui de traverser la commune de Duranus. L'origine de ce nom insolite est incertaine, mais au cas où, prenez un coussin si vous prévoyez de vous y rendre !

MAÎTRES DU POLAR

Fred Vargas

Désordonné, mais ultra-intuitif, le commissaire Jean-Baptiste Adamsberg a fait son entrée dans le monde des enquêteurs de fiction en 1991 avec *L'Homme aux cercles bleus*, une sombre affaire de cercles dessinés à la craie sur les trottoirs parisiens. Mais ce sont *L'Homme à l'envers* et surtout *Pars vite et reviens tard* qui vont installer le policier sensible chez des millions de lecteurs. Et consacrer Fred Vargas comme l'une des reines du « rompol » en Europe. Truffés de références historiques et de légendes anciennes, les romans de l'ex-archéologue ne sont pas noirs, mais sombres. L'humanité, l'humour, voire la poésie ne sont jamais loin avec Adamsberg, son adjoint Danglard, Mathilde Forestier, sa compagne et la galerie de personnages lunaires qui peuplent l'univers de Vargas. Pourtant, plus on plonge avec le commissaire, plus on découvre son passé, plus la mort semble rôder à ses côtés. Dans *Sous les vents de Neptune et Un lieu incertain*, Adamsberg affronte ses pires démons. Paru en 2017, *Quand sort la recluse* commence par le mettre aux prises avec une araignée tueuse d'octogénaires. Attention commissaire, Vargas tisse sa toile !

Chiffres étonnants de la science

La Planète bleue est plutôt sèche

Tout le monde sait que la Terre s'appelle la Planète bleue à cause des océans qui la recouvrent à 70,8 %, soit une superficie de 361 millions de kilomètres carrés. C'est beaucoup, mais le poids des océans ne représente qu'environ 0,025 % de la masse totale de notre planète. Et même en supposant que son manteau (entre la croûte et le noyau) recèle encore autant d'eau, elle n'en resterait pas moins une planète sèche. Malgré tout, sans océans, pas de vie. Car l'oxygène que nous respirons est produit à 70 % par… le phytoplancton et les algues marines. En comparaison, la forêt d'Amazonie est vraiment un petit joueur !

« Il vaut mieux être marteau qu'enclume. »

SURNOMS

BOUM-BOUM

Le joueur de tennis allemand Boris Becker, né en 1967, fut six fois vainqueur du Grand Chelem entre 1985 et 1996 et deux fois de la coupe Davis en 1988 et 1989. Droitier, il était redouté sur les cours par tous ses adversaires, notamment pour la puissance de ses balles. Il fut le premier à propulser ses services à plus de 200 km/h, ce qui lui valut son surnom de « Boum-Boum ».

Perles de sportifs

Le maître du temps

Qui l'a dit ? Pierre Sled (consultant football, France 2) :
« Grosso modo, ils sont arrivés à dix-sept heures, ils sont repartis à dix-huit heures quinze… Trois heures d'entraînement ! »

EMOJI

Parmi les centaines d'emoji disponibles sur toutes les plateformes combinées, il n'y en a pas qui soient directement sexuels ou salaces. Les usagers doivent donc faire preuve d'imagination lorsqu'ils veulent donner à leurs messages un peu de relief sensuel… Parmi les trouvailles de ces coquins du message, l'une des plus fameuses est l'utilisation de l'emoji « pêche » pour suggérer le fessier. Après tout, pourquoi pas, rien ne les en empêche !

Le Chiffre

1 000 000 000

… de dollars, c'est, d'après un rapport déclassifié du département de la Défense américain révélé par Amnesty International, la valeur monétaire des armements transférés vers l'Irak et le Koweït dont on a perdu la trace. Une disparition aux conséquences potentiellement désastreuses. Selon les documents dévoilés par l'ONG, « le département de la Défense ne dispose pas d'archives précises et actualisées sur le nombre de pièces et la localisation » d'une grande quantité d'équipements censés approvisionner les forces armées irakiennes. Le rapport montre également que l'armée américaine ne sait pas ce qui est stocké dans ses propres entrepôts. Par exemple, elle ne dispose d'aucun enregistrement précis pour des dizaines de milliers de fusils d'assaut et des centaines de blindés Humvee. En 2015, une vérification partielle avait déjà pointé ce dangereux manque d'organisation chez les militaires outre-Atlantique. Plusieurs milliers d'équipements divers n'avaient jamais été inventoriés, car ils étaient stockés à l'extérieur de leurs conteneurs. Quand on sait que le ministère de la Défense de la première puissance militaire au monde est le seul organisme fédéral à n'avoir jamais réalisé d'audit général au cours des vingt-cinq dernières années, il y a peut-être de quoi se poser quelques questions.

VISIONNAIRES

Aujourd'hui, la carte de crédit est entrée dans notre quotidien, et nous n'y prêtons même plus attention. La proportion des paiements en carte a d'ailleurs dépassé celle des paiements en espèces dans de nombreux pays. Mais avant cela, la carte de crédit n'était qu'un fantasme de banquier futuriste. Pourtant, en 1888, dans le roman *Cent ans après ou l'An 2000*, l'écrivain américain Edward Bellamy décrivait une carte qui ressemble étrangement à notre carte de crédit ordinaire. Pourtant, cette invention ne devait pas voir le jour avant une grosse trentaine d'années. Pour les visions, vous payez en liquide ou en carte ?

« Une carrière réussie est une chose merveilleuse, mais on ne peut pas se pelotonner contre elle, la nuit, quand on a froid l'hiver. »
Marilyn Monroe

RétroVermot

Dans sa chambre à l'étage, Madame dit à son fumeur de mari : « Ne montez pas, vous allez me faire des cendres. »

Santé naturelle

Pour vos articulations : l'harpagophyton

Plante sauvage des zones désertiques d'Afrique, l'harpagophytum possède des racines très profondes, formant d'énormes bulbes. Ce sont eux qu'on utilise en pharmacopée, car ils contiennent des iridoïdes, des flavonoïdes et des acides-phénols. L'harpagophyton agit à la façon d'un anti-inflammatoire naturel sans effets secondaires, tout en aidant l'organisme à réduire le taux sanguin d'acide urique, responsable de lésions articulaires.

Utilisation : décoction ou gélules.

Au menu

Quiche à la truite fumée

Pour 4 pers.
30 à 45 min de préparation
30 à 35 min de cuisson

Pour la pâte faite maison (ou 1 pâte à tarte du commerce)
- 300 g de farine
- 1/2 cuil. à café de sel
- 150 g de beurre à température ambiante
- 8 cl d'eau

Pour la garniture
- 1 belle cuil. à soupe de moutarde
- 4 tranches de truite
- 1 échalote
- 4 œufs
- 20 cl de crème fraîche
- 30 g de gruyère râpé
- 7 g de beurre
- Curcuma et poivre

Dans une terrine ou un saladier, mélangez la farine et le sel. Ajoutez le beurre et pétrissez entre vos doigts jusqu'à obtenir une consistance de semoule grossière. Versez l'eau tout doucement et travaillez la pâte jusqu'à obtenir la consistance souhaitée.

Préchauffez le four à 200 °C (th. 6-7). Étalez ou déroulez la pâte et disposez-la dans le moule, piquez-la de quelques coups de fourchette, puis étalez la moutarde au fond. Disposez les tranches de truite (entières ou effilochées).

Pelez et émincez l'échalote. Cassez les œufs. Battez-les avec la crème et le gruyère, puis ajoutez du curcuma et du poivre.

Faites fondre le beurre dans une poêle et faites dorer les petits morceaux d'échalote pendant 1 ou 2 minutes. Ajoutez-les à l'appareil à quiche.

Versez-le sur la pâte et enfournez pour 25 à 30 minutes.

Grandes tours du monde

La tour penchée de Montréal

La tour du stade olympique de Montréal est reliée au toit de ce dernier par des haubans et dispose d'une plateforme panoramique accessible par un funiculaire. C'est une lointaine cousine de la tour de Pise : comme cette dernière, elle penche… Avec une taille de 165 m, elle est même la plus haute tour penchée du monde ! Mais contrairement à l'inclinaison du monument italien, consécutive à un affaissement du sous-sol, celle de la structure québécoise, de 45 degrés en moyenne, est volontaire. En revanche, ses constructeurs n'ont guère maîtrisé leur planning : initialement prévue pour les Jeux olympiques d'été de 1976, la tour n'a été inaugurée qu'en 1987 !

« Un métier bien appris vaut mieux qu'un gros héritage. »

CONCOURS LÉPINE

Dans les années 1910, la liste des lauréats au premier prix du concours Lépine tourne principalement autour du thème de l'aviation. Normal, l'homme était en train de vivre ses premières expériences aériennes concluantes, et le développement technologique aéronautique était au cœur des préoccupations. Parmi ces inventions, des avions, des moteurs, des hélices, mais aussi des accessoires, comme le premier parachute individuel (qui fonctionne...). Indispensable, à une époque où les vols étaient encore au stade expérimental et donc dangereux ! C'est à monsieur Defleber-Derre que l'on doit cette invention, qui remporta même le premier prix du concours, ex-aequo avec un lave-vaisselle. Pourtant, ça ne vole pas si haut !

Vermot Régions

SAGESSE NORMANDE

« Pain tendre, beurre frais, cidre doux et jeune femme, c'est le bonheur de la vie. »

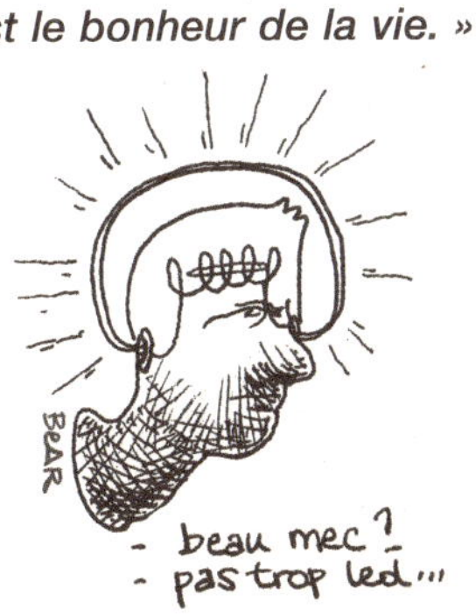

OH LE GROS GÂCHIS !

Baby-foot et mini-taxe

Dans le maquis des taxes inconnues du grand public qui souvent ne rapportent rien, mais occupent du petit personnel, la Cour des comptes a débusqué en 2014 un impôt rescapé de l'époque des bistrots : la taxe « baby-foot ». Cette contribution spéciale a été imaginée par les services fiscaux en 1910 pour imposer les billards. Elle a été étendue, au rythme de leur invention, aux baby-foots, juke-box, flippers et, pour finir, à tous les jeux électroniques installés dans les cafés, les bars-tabacs et les salles d'arcade. Or, cette « taxe sur les appareils automatiques » qui rapportait encore 16 millions d'euros en 1999 n'en rapportait plus que 600 000 quinze ans plus tard. Un peu maigre pour les magistrats de la rue Cambon. Surtout, cette « vignette baby-foot » à 5 euros par appareil revient à 5,44 euros à l'administration pour l'enregistrement et la collecte... Sans compter les frais de gestion ! En 2015, les députés ont décidé d'abroger cette imposition anachronique. *Game over* !

CODE DU TRAVAIL : LE GOUVERNEMENT PRÉSENTE SES ORDONNANCES AUX PARTENAIRES SOCIAUX

Protocole

Quelle utilité réelle a le protocole ? Pour Louis XIV, qui a fait du protocole un véritable art de vivre, il est indispensable au pouvoir. Il dit même dans ses *Mémoires* : « Ceux-là s'abusent lourdement qui s'imaginent que ce ne sont là que des affaires de cérémonie. Les peuples sur qui nous régnons, ne pouvant pénétrer le fond des choses, règlent d'ordinaire leurs jugements sur ce qu'ils voient au-dehors, et c'est le plus souvent sur les préséances et les rangs qu'ils mesurent leur respect et leur obéissance. » En d'autres termes : le peuple étant trop stupide pour comprendre la hiérarchie du pouvoir, il faut la lui rappeler par un protocole clair. Sympa, le Roi-Soleil !

Mardi 19 février

Saint Gabin On fête aussi les Gabia, Philothée, Quodvultdeus

Le soleil se lève à **7 h 52** *et se couche à* **18 h 17**

« Le plus bel hiver du monde ne peut donner que le froid qu'il a ! »
Pierre Dac

SECRETS D'ÉTAT

Au plus fort de la guerre froide, dans les années 50, les États-Unis et la Russie étaient prêts à tout pour se surveiller mutuellement. Bien évidemment, l'un des points de tension centraux était le mur de Berlin, qui servait de frontière entre l'Est et l'Ouest. Il n'est donc pas étonnant qu'autour du mur, les Russes et les Américains aient chacun déployé de nombreuses opérations d'espionnage. Mais ce qu'on apprend dans des documents déclassifiés de la CIA va vous couper le souffle : les Américains ont creusé en 1955 un tunnel de plus de 400 m sous Berlin-Est afin de pouvoir écouter et enregistrer les Russes à leur insu. Pour cela, il a fallu transporter 3 000 tonnes de terre sans faire le moindre bruit, et même prévoir un système de refroidissement des couloirs pour que la neige ne fonde pas à la surface sur le tracé du tunnel, ce qui aurait inévitablement alerté les Soviétiques. C'est ce qui s'appelle une opération souterraine !

Rébus

cuisine

Œufs Œufs
Plat

Œufs sur le plat

Vermot'roscope

POISSONS (19 février-20 mars)

Caractère

Insaisissable, intuitif, sensible, romantique, doux, tendre, adaptable, réservé, calme, compréhensif, sociable, opportuniste, inspiré, créatif, mystérieux, gourmand, ambivalent, multifacettes, hypersensible, irrationnel, hypocondriaque, angoissé, fuyant.

Les influx planétaires intéressants

Jupiter, l'amplificatrice, viendra titiller votre sensibilité en provoquant Neptune, la réceptive. 2019 sera donc une année épuisante pour vous, car vous serez régulièrement sujet à des états d'âme ou à des changements d'humeur.

Vie sociale et activités

Cette année, vous aurez l'occasion de vous rapprocher d'amis que vous avez perdus de vue, à moins que vous ne décidiez de consolider certaines relations déjà existantes. Quoi qu'il en soit, vous donnerez une grande importance à l'amitié et vous serez peut-être plus exigeant vis-à-vis de celles et de ceux qui partagent votre existence. Côté activité, vous serez partagé entre envie de découvrir de nouveaux loisirs ou domaines et une certaine recherche de sécurité, voire de confort. Pris entre deux désirs, deux aspirations, vous aurez peut-être du mal à vous décider quant à vos occupations. Optez pour des activités à la carte que vous pourrez changer au gré de vos humeurs.

Amour

Ce sera une belle année pour rompre avec les habitudes. En couple, n'hésitez pas à sortir et à multiplier les loisirs à deux. Sortez en amoureux. Privilégiez les instants ou les escapades romantiques. Évitez de vous enfermer dans les habitudes et misez sur votre créativité pour pimenter votre vie conjugale.
Célibataire, 2019 sera surtout une période propice aux nouvelles amitiés. Pas de grande histoire d'amour à l'horizon, si ce n'est des flirts ou des attirances.

Famille

Vous réussirez à mieux communiquer avec votre entourage et cela participera à votre épanouissement. C'est une belle année pour recréer du lien là où ce dernier a disparu.

Budget

Vous direz ouf ! Ainsi, en 2019, l'équilibre sera au rendez-vous et vous vivrez mieux. Certains profiteront de cette période pour tirer une situation au clair et consolider les bases de leurs finances.

Bien-être

Vous devrez mener une vie saine et équilibrée si vous ne voulez pas connaître des rappels de la part de votre organisme. Veillez à avoir un bon rythme de vie afin de parvenir à vous ressourcer correctement.

Conseils pour bien vivre 2019

Changez-vous régulièrement les idées en sortant, en vous aérant, en vous baladant ou en ayant des activités libératrices. Sachez rester zen.

« On ne saurait faire d'une buse un épervier. »

Solution mots fléchés [p. 62]

	A		D		S		A		T		T	
E	U	R	O	P	E	E	N		A	C	R	E
	D	O	U	A	R		A	P	P	R	E	T
M	I	S	E	R	A	I		R	A	I	S	
	T	I	R	A	I		T	O	I	S	O	N
T	E	E		F	L	U	O	R		P	R	O
	U	R	N	E		N	U	A	G	E		C
T	R	I	O		V	E	R	T	U		C	T
		S	U	R	E		N	A	I	T	R	A
O	U	T	R	A	N	C	E		D	A	I	M
	S	E	R	I	E	R		N	A	B	A	B
D	U		A	L	L	E	L	U	I	A		U
	C	A	I	L	L	A	I	T		S	I	L
T	A	N	N	E	E		G	A	U	S	S	E
	P	U		U	S	A	N	T		E	R	S
A	I	R	E	R		R	A	I	E	R	A	
	O	I	L		M	E	G	O	T		E	S
P	N	E	U	S		C	E	N	A	C	L	E

Ça bulle

Un petit « selfie » ? Un fan d'Hergé voulait aller plus loin, et écrivit un jour pour demander à son idole de l'intégrer dans une de ses BD. Hergé, généreux, exauça son vœu et fit apparaître un journaliste inspiré des traits du fan en question dans les dernières pages de *Vol 714 pour Sydney*. Sympa, non ?

HAUT… EN COULEUR…

Dans les films policiers, lorsqu'un bandit est recherché d'un peu trop près par la police, on dit qu'il se « met au vert » un bout de temps afin de se faire oublier. Cette expression typiquement citadine du XIXe siècle sous-entend en fait que la campagne, avec sa verdure, est plus propice au repos et au calme que l'agitation de la ville. Attention, à ne pas confondre avec « se remettre un verre » !

Ces objets presque disparus

Un écrin pour bijoux de famille

Les modes passent, y compris en matière de sous-vêtement ! Le slip kangourou, ainsi nommé non pas par allusion à l'impressionnante queue de ce marsupial, mais en raison de sa poche ventrale, connaît des décennies glorieuses avant d'être ringardisé pour longtemps lorsque Thierry Lhermitte exhibe le sien dans *Les Bronzés* en 1978. José Garcia enfoncera le clou dans *La Vérité si je mens!* en 1997. Mais dès 1985, une publicité pour une célèbre marque de jeans, mise en scène dans une laverie automatique, avait remis le caleçon blanc au goût du jour. Il sera détrôné à son tour au début des années 1990 par un sous-vêtement hybride : près du corps comme le slip et rectangulaire comme le caleçon, le boxer, qui tient encore le haut de l'affiche. Et si le slip habille à nouveau des séants masculins, le kangourou semble réservé aux amateurs de vintage, surtout dans sa version léopard. Grrr !

GOUVERNEMENT ET SYNDICATS PRÉPARANT LA RÉFORME DU TRAVAIL

REMARQUABLES

ROBINIER DU SQUARE VIVIANI

Il est courbé, bossu, bosselé et porté par des béquilles – une solide structure de béton. Et un peu malade aussi, dit-on. La pollution parisienne, peut-être, ou simplement la vieillesse… Car il a fêté son 400e anniversaire au tournant de notre XXIe siècle. Il a en effet été semé en 1601, par Jean Robin, herboriste et jardinier d'Henri IV, en face de Notre-Dame, rive gauche, dans ce qui était alors sans doute un petit bout du jardin de l'École de médecine et qui est aujourd'hui le charmant square Viviani, Les graines venaient d'Amérique, de Virginie, via l'Angleterre. Le plus vieil arbre de Paris, car il l'est en effet, est donc un « étranger ». C'est un robinier faux-acacia (*Robinia pseudoacacia*) ; le genre a été dédié à Robin et l'espèce avait d'abord été classée parmi les acacias, car elle porte, comme eux, des feuilles composées et de jolies petites fleurs parfumées, en grappes blanches pendantes. L'arbre du square Viviani a encore donné quelques fleurs au printemps dernier, pour la plus grande joie de ses fans parisiens.

Jeudi 21 février

Saint Pierre-Damien On fête aussi les Pépin

Le soleil se lève à **7 h 48** et se couche à **18 h 20**

« Pour bien manger en Angleterre, il faut prendre le petit-déjeuner aux trois repas. »
Somerset Maugham

SUDOKU
moyen

							9	
1	6					3		
			5		1		4	
		8		3		2	7	
	7		1					6
	1				5	8		
		9					2	
					2			
8	4		7					

Solution page 77

Molière en vadrouille

Le Québécois a généralement beaucoup d'humour. Mais quand on touche à certains sujets, cet humour peut vite disparaître et l'humeur changer plus vite qu'arrive le blizzard. Le hockey est l'un de ces sujets. Ne vous étonnez donc pas lorsque, au cœur de l'été québécois, au moment de commander une bonne glace, on vous répond sèchement : « Ah non, la glace c'est pour le hockey. » En effet, pour nos cousins éloignés, on « skate » sur la glace et on mange des crèmes glacées. Et surtout pas l'inverse.

RétroVermot

Au restaurant :
« Quoi ! Il y a une pipe dans le potage ?
– Ah ! Mon Dieu ! C'est le patron qui va être content ! Il ne savait plus où il l'avait posée. »

Le Chiffre

57

Tous les ans, en France, en moyenne 57 mineurs âgés de moins de 15 ans sont victimes d'homicide, selon les chiffres de l'Observatoire national de la délinquance et des réponses pénales. Dans un tiers des cas, les enfants ont moins d'un an. Dans 72 % des cas, les victimes ont un lien familial avec leur bourreau – ce qui n'est pas le cas lors de crimes d'adultes. L'étude souligne également que « les personnes condamnées pour homicide sur mineurs de moins de 15 ans sont majoritairement des femmes ». C'est la triste réalité pour 227 des condamnations prononcées entre 1996 et 2015, soit dans environ 70 % des affaires présentées devant les tribunaux. Et ce sont souvent des mères qui tuent leur jeune enfant. Si tous les milieux sociaux sont touchés, l'isolement affectif et social est une constante de ces affaires. L'Observatoire rappelle néanmoins que le nombre d'homicides sur les enfants a tendance à baisser – une diminution qui s'expliquerait par la meilleure prise en charge psychologique et médicale des femmes pendant et après la grossesse. D'une manière générale, rappelons que, contrairement à une idée reçue, les homicides volontaires ont diminué en France ces vingt-cinq dernières années. À Paris, on est passé de 256 homicides en 1994 à 90 en 2013, soit une baisse de 65 %.

Les comportements extraordinaires des animaux

La rebelle qui s'est fait la belle

Depuis *La Vache et le Prisonnier* (1959), avec Fernandel, nombre de vaches extraordinaires se dénomment Marguerite… C'est le cas de cette génisse de 3 ans destinée à l'abattoir, en 2015 : pressentant sans doute sa mort imminente, elle réussit à s'échapper, puis à se réfugier dans la cour d'une entreprise voisine. Intervention des gendarmes, piqûres anesthésiantes, Marguerite est l'héroïne du jour ! Les produits injectés rendant sa chair impropre à la consommation, elle est mise en quarantaine, ce qui laisse le temps aux internautes de lancer une pétition pour la sauver. Rachetée à son propriétaire par une ferme pédagogique, Marguerite y coule désormais une retraite paisible.

« Neige à la Sainte-Isabelle fait la fleur plus belle. »

VIVE LA POSTE !

Pour un écrivain, envoyer un manuscrit à un éditeur est toujours un moment particulier, et le lien entre l'auteur et son texte ainsi imprimé et cacheté est fort. Peut-être était-ce parce qu'ils savaient cela que des employés du tri postal bordelais ont tout fait pour sauver un manuscrit adressé à une maison d'édition bordelaise. Le paquet avait été fortement dégradé, et l'adresse était devenue presque illisible. Les employés de la Poste ont alors tout fait pour reconstituer l'enveloppe et retrouver l'adresse. Une fois cela fait, ils ont remis le paquet en circulation, et celui-ci est finalement arrivé à destination, avec cette mention manuscrite des facétieux facteurs (authentique) : « S'il est publié, celui-là, il aura vraiment eu du bol ! » ? Hélas, on ne sait pas encore s'il a, ou non, eu « du bol ».

QUIZ CHANTEURS

Quel artiste a sorti en 1968 un 45 tours intitulé *Mars* ?

Jacques Dutronc

Régiments

Pour les soldats étrangers qui l'intègrent, la Légion étrangère est souvent vue comme une institution prestigieuse, notamment par son code d'honneur, qu'il faut bien sûr connaître par cœur. Le voici :

Art. 1 - Légionnaire, tu es un volontaire, servant la France avec honneur et fidélité.

Art. 2 - Chaque légionnaire est ton frère d'armes, quelles que soient sa nationalité, sa race, sa religion. Tu lui manifestes toujours la solidarité étroite qui doit unir les membres d'une même famille.

Art. 3 - Respectueux des traditions, attaché à tes chefs, la discipline et la camaraderie sont ta force, le courage et la loyauté tes vertus.

Art. 4 - Fier de ton état de légionnaire, tu le montres dans ta tenue toujours élégante, ton comportement toujours digne mais modeste, ton casernement toujours net.

Art. 5 - Soldat d'élite, tu t'entraînes avec rigueur, tu entretiens ton arme comme ton bien le plus précieux, tu as le souci constant de ta forme physique.

Art. 6 - La mission est sacrée, tu l'exécutes jusqu'au bout et, s'il le faut, en opérations, au péril de ta vie.

Art. 7 - Au combat, tu agis sans passion et sans haine, tu respectes les ennemis vaincus, tu n'abandonnes jamais ni tes morts, ni tes blessés, ni tes armes.

Maladies imaginaires

Et remèdes imaginaires, suite ? La suie s'accumule dans votre cheminée et vous ne savez quoi en faire ? Dommage que vous ne viviez pas au Moyen Âge ! En effet, à l'époque, la suie est un remède miracle utilisé à toutes les sauces, très prisé par toutes les classes sociales. Inflammations, engelures et contusions n'étaient pas censées lui résister, et les médecins en usaient et en abusaient. Pas sûr que les patients aient toujours été ravis de sortir noircis sans voir d'amélioration de leur état, mais ils pouvaient au moins se consoler en disant à leurs amis hilares : « C'est le docteur Godefroy qui me suie. »

Samedi 23 février

Saint Lazare On fête aussi les Milburge

Le soleil se lève à **7 h 44** et se couche à **18 h 23**

« Fleur de février va mal au pommier. »

Vermot Régions

ALPES DE HAUTE-PROVENCE / LES CHIFFRES SURPRENANTS DU DÉPARTEMENT

Avec une superficie de 6 925 km², le département des Alpes-de-Haute-Provence est le plus grand de la région Provence-Alpes-Côtes d'Azur. Pourtant, ses arrondissements de Barcelonnette et de Castellane sont les plus petits de France, avec moins de 10 000 habitants chacun, Castellane étant elle-même la plus petite sous-préfecture de France. Deux communes de l'arrondissement de Digne-les-Bains, Archail et Majastres, comptent, quant à elles, moins de 10 habitants.

L'instituteur : « D'où tire-t-on le sucre ? »
Le jeune Calino, vivement : « Du sucrier ! »

Problèmes du certificat d'études

Pour faire des confitures, votre grand-mère utilise 5 kg de prunes. Le lavage et le dénoyautage des fruits leur font perdre 10 % de leur poids. On mélange les fruits avec les 4/5e de leur poids en sucre. La cuisson fait perdre 15 % du poids au mélange total. On met ensuite la confiture dans des pots de 500 g. Combien de pots pleins votre grand-mère peut-elle confectionner ?

Réponse : 13

Métiers de bouche

L'argot à la boucherie !

Le « largonji des louchébems » (« jargon des bouchers ») désigne le langage des bouchers parisiens et lyonnais de la première moitié du XIXe siècle. Le code de ce langage est le suivant : il s'agit de substituer un « l » à la consonne initiale de la première syllabe ou – si le mot commence par un « l » ou une voyelle – de la syllabe suivante et de rétablir, en fin de mot, la consonne initiale avec un suffixe libre (souvent « èm »). Voilà le boucher devenu le louchebèm. Les premières traces écrites de ce jargon datent de 1821 et ne viennent pas d'un boucher, mais d'un forçat de Brest, Ansiaume, qui le mêle dans ses écrits à l'argot du bagne. Aujourd'hui encore, les bouchers se servent du louchébem en communauté. Voici quelques exemples : argot : largomuche – gigot : ligogem – porc : lorpic – cher : lerchem. Certains mots sont même passés dans le langage courant : en douce : en loucedé – à poil : à loilpé – fou : louf – qui a donné « loufoque », mot qui fut popularisé par le grand Pierre Dac, fils de… boucher !

TOURS DU MONDE

Des tours du monde, il en existe autant que de voyageurs : des organisés, des prévus à l'avance, des grands, des petits, des aventureux, des confortables, des aériens, des terrestres, des maritimes, et plein d'autres encore. Mais celui qu'a entrepris le Canadien Jean Béliveau est parfaitement unique. Il partit à pied sur un coup de tête le jour de son 45e anniversaire, en 2000, décidé à faire le tour du monde en marchant. Onze ans plus tard, le 16 octobre 2011, il concluait son incroyable périple après avoir parcouru plus de 75 560 km dans 64 pays. Au cours de son trajet, il vint à bout de 54 paires de chaussures, rencontra 4 prix Nobel de la paix, et n'interrompit que 4 fois sa marche, généralement pour des raisons politiques (par exemple l'entrée en Chine, la traversée du Tibet lui étant refusée). Bref, pas le genre de type avec qui il faut partir en randonnée !

« Saint-Mathias casse la glace, s'il n'y en a pas, il en fera. »

PROVERBES PATOIS

Proverbe nordiste

La sagesse des anciens, dans le nord de la France, dit que « *miux vaut vir' un leu dins l'troupeau, qu'un mos d'février trop biau* ». L'œil averti de celui qui décode la langue ch'ti aura compris qu'il vaut mieux voir un loup dans le troupeau qu'un mois de février trop beau. Autrement dit, une météo clémente en début d'année peut être plus néfaste qu'un prédateur auprès des bêtes.

Ha ! Ha ! Ha !

Afin de rendre son entreprise plus productive, un patron décide d'appliquer des méthodes de management radicales en renvoyant sur-le-champ les fainéants. Il improvise une inspection surprise de son usine pour mettre en œuvre cette décision. Sur place, il constate que tout le monde est bien en train de travailler, sauf un jeune homme qui est appuyé contre le mur, les mains dans les poches.
Le PDG y voit l'opportunité d'envoyer un message clair aux autres salariés sur sa nouvelle philosophie du travail.
Il s'approche du jeune homme et lui demande :
« Combien gagnez-vous par mois ?
– 600 euros. Pourquoi ? » répond l'intéressé, sans comprendre.
Alors, le patron sort 650 euros de son portefeuille et lui dit :
« Voilà votre salaire pour ce mois et votre solde. Maintenant partez, vous êtes viré ! »
Le jeune homme met l'argent dans sa poche et disparaît. Fier de lui, le PDG s'adresse alors aux employés qui ont assisté à la scène :
« Quelqu'un peut me dire ce que faisait ce jeune homme ?
– C'est le livreur de pizza ! » lui répondent en chœur les salariés.

Un vrai feuilleton

Les Américains n'ont pas le monopole des séries-fleuves qui tiennent sur des décennies et traversent les époques. La série anglaise *Docteur Who*, lancée en 1963, détient le record de la série de science-fiction la plus longue de tous les temps, avec plus de 800 épisodes à ce jour. Quant au rôle-titre, ce sont treize acteurs qui se sont passé le flambeau au fil du temps. Il faut dire que le personnage du Docteur Who est censé pouvoir changer d'apparence. Malin !

Santé naturelle

Vitamine C, la panacée !

L'orange est loin d'être le fruit le plus riche en vitamine C : le cynorhodon (fruit de l'églantier), l'acérola, l'argouse, la goyave, le goji, le cassis et le kiwi la surclassent… Les animaux et les plantes ont la capacité, en général, de produire de la vitamine C, mais pas nous ! Il nous manque une enzyme pour la synthétiser. Et on ne peut pas non plus la stocker. C'est pour cela qu'il faut en permanence en consommer. En effet, elle intervient dans de nombreux métabolismes et assure une fonction protectrice globale. La vitamine C sous sa forme naturelle – l'acide L-ascorbique – ne présente aucun inconvénient, mais l'acide ascorbique tout court, synthétique, peut perturber le sommeil.
Utilisation : fruits et légumes frais. Comprimés d'acide L-ascorbique.

Lundi 25 février

Saint Roméo On fête aussi les Gerland, Walburge

Le soleil se lève à 7h41 et se couche à 18h27

« Attendez la nuit pour dire que le jour a été beau. »

SURNOMS CASQUE D'OR

Le surnom « Casque d'or » est facilement compréhensible puisqu'il fait référence à une imposante chevelure blonde. À deux époques différentes, la France a connu au moins deux « Casque d'or » célèbres, très différents l'un de l'autre : l'actrice Simone Signoret, qui interpréta le rôle-titre du film de Jacques Becker, et Jean-Pierre Rives, capitaine et joueur de l'équipe de France de rugby.

Perles de sportifs

Gastronomie montagnarde

Qui l'a dit ? Franck Pedretti (consultant en snowboard, aux JO de Turin, France 2):

« Vu le haut niveau de compétition, on sent bien que les Américains ne sont pas venus en Italie pour manger des paninis. »

LES STATIONS SUISSES SE LANCENT DANS LE SKI LOW-COST...

Les « pourquoi ? » de l'histoire

Pourquoi appelle-t-on « bordels » les maisons closes ?

Par définition, « le plus vieux métier du monde » existe depuis très longtemps ! Et toujours les prostituées ont été tenues à l'écart des centres-villes, obligées de vendre leurs charmes dans les faubourgs. C'est le roi Charles V, au XIVe siècle, qui fit construire les premières maisons de tolérance aux « abords » de Paris, qui devinrent les « bourdeaux », ancêtres de nos « bordels ».

LES PLANS SOCIAUX EN ENTREPRISE

L'Info

Une tombe pour le soldat reconnu

Depuis février 2018, le sergent Claude Fournier, tombé le 4 août 1916 à Verdun, repose enfin en paix. Il aura fallu plus d'un siècle après sa mort pour que le poilu soit découvert, identifié et enterré. Son squelette et ceux de deux autres soldats ont été trouvés lors de travaux entrepris sur le parking du mémorial de Verdun. À leurs côtés, des baïonnettes Rosalie, des godillots et casques, des balles de fusil, une fiole de menthe Ricqlès et une plaque militaire avec un nom : Claude Fournier. Suivi d'une date : 1900. À 400 km de là, en Saône-et-Loire, le maire d'un village entend parler de cette découverte et fait le rapprochement avec un patronyme inscrit sur son monument aux morts. Dans les archives municipales, il retrouve un sergent Claude Fournier « mort pour la France » *en 1916, mais également la trace de son petit-fils qui vit à Cannes. Une analyse ADN permet d'établir avec certitude l'identité du poilu. Mieux encore, l'Institut de recherche criminelle de la gendarmerie nationale est parvenu à dresser un portrait-robot de Claude Fournier, à partir de mesures prises sur son crâne et d'une comparaison de son génome avec celui de son petit-fils. Les restes du soldat désormais connu et décoré de la Croix de guerre ont été inhumés à Douaumont, l'une des neuf communes entièrement détruites pendant la Première Guerre mondiale et jamais reconstruites. Une commune, elle aussi, officiellement déclarée « morte pour la France ». Plus de 300 000 soldats ont perdu la vie au cours de cette terrible boucherie que fut la bataille de Verdun.*

« Nul ne skie assez doucement pour glisser sans laisser de traces. »
Proverbe finnois

Stars en famille

Née en 1983, Lolita Chammah a tourné son premier film à 5 ans en interprétant « Mouche » dans *Une affaire de femmes*, de Claude Chabrol. Cette précocité était peut-être due à sa maman comédienne, Isabelle Huppert, et à son papa producteur, Ronald Chammah. Depuis cette date, Lolita est devenue une boulimique de travail, puisqu'elle totalise déjà une cinquantaine de films !

SLOGANS

Certains slogans politiques conçus par des candidats à une élection prennent parfois un tournant inattendu. C'est le cas du désormais célèbre « Yes, we can » de celui qui était alors candidat aux élections présidentielles américaines de 2008 : Barack Obama. Pour la petite histoire, à la lecture du discours qui contenait la première occurrence du slogan, Obama voulut le supprimer, trouvant qu'il était un peu « niais ». Vu le succès de la formule et son rôle dans son élection, il a bien fait de la garder !

TOXIQUE OU NON ?

Bouleau – sève de bouleau

Boire la sève même d'un bouleau, c'est magique – et c'est très sain. Prélevez cette sève montante en fin d'hiver (février-mars), juste avant le débourrage des bourgeons. Sur le tronc d'un bouleau blanc (*Betula pendula*) d'au moins 50 cm de diamètre, à 50 cm du sol, percez un trou de 3 à 5 cm à l'aide d'une perceuse et d'une mèche de 8 mm de diamètre. Enfoncez dedans l'extrémité d'un tuyau souple de même diamètre, de 80 cm de long. Mettez l'autre bout dans le goulot d'une bouteille en verre posée sur le sol. Le remplissage demande quelques heures et il faut ensuite remplacer la bouteille. Vous pouvez ainsi récolter une vingtaine de litres sur un bouleau. Ensuite, rebouchez le trou avec une cheville taillée dans un rameau du même arbre : la cicatrisation est très rapide et le bouleau n'est pas affecté. La sève est réputée dépurative, reminéralisante et revitalisante ; elle se conserve trois semaines au réfrigérateur. Le goût est particulier, assez agréable. La période de récolte n'excède pas quatre semaines par an.

Chiffres étonnants de la science

Des clins d'œil à la chaîne

Tout sauf paresseuses, nos paupières s'ouvrent et se ferment chacune environ 20 fois par minute, soit plus de 28 000 fois par jour et plus de… 10 millions de clignements par an ! En effet, avant d'être un signe de complicité ou de drague (assez vulgaire au demeurant), le clin d'œil est un réflexe. Son rôle premier consiste à nettoyer et à humidifier la cornée, cette membrane translucide qui protège nos précieux organes de la vue. Le bord de nos paupières n'est pas lisse : il abrite les glandes de Meibomius, qui fabriquent une substance huileuse. Ce lubrifiant empêche l'eau fournie par les glandes lacrymales de s'évaporer trop vite : la cornée de l'œil reste humide et limpide.

PREMIER SALON DE L'AGRICULTURE POUR MACRON

Mercredi **27 février**

Sainte Honorine On fête aussi les Léandre, Galmien

Le soleil se lève à **7h37** *et se couche à* **18h30**

« Gelée à la Sainte-Honorine rend toute la vallée chagrine. »

C'est pas la crise pour tout le monde !

Pour certains, devenir milliardaire est le rêve d'une vie. Et une vie n'est pas de trop pour parvenir à empocher autant d'argent si on n'a pas eu la chance d'hériter. Mais pour certains, le milliard est l'unité qui sert à calculer leur salaire annuel… Par exemple, Jim Simons, le gérant d'un *hedge fund*, un fonds d'investissement américain, a gagné 1,5 milliard d'euros rien que sur l'année 2015. Plus largement, les 25 gérants de *hedge funds* les mieux payés ont, cette année-là, partagé une enveloppe de 13 milliards de dollars. Et vous, ça a été cette année ?

INVENTIONS INSOLITES

La bague de paiement

Après la carte de crédit sans contact et avant le large développement du smartphone de paiement, une société innovante a mis au point la bague de paiement sans contact. Son gros avantage est de ne nécessiter aucun portefeuille, puisqu'elle se porte au doigt. De plus, comme pour tous les moyens de paiement de ce type, la limitation de la dépense est une sécurité, même si on la perd.

Noms de villages

Situé dans le Loir-et-Cher, le village de Bourré est connu… non pas pour l'alcoolisme de ses habitants, mais pour son réseau de carrières de pierre et ses galeries troglodytes. Un patrimoine culturel à consommer avec modération !

VISIONNAIRES

Lorsque John Jacob Astor IV, célèbre descendant de la famille Astor, milliardaire et écrivain, met la touche finale à son roman *A Journey into Other Worlds : A Romance of the Future*, il n'imagine pas qu'il vient d'inventer avant l'heure l'un des objets les plus détestés de l'ère moderne : les radars de vitesse ! En effet, dans cette histoire qui date de 1894, Astor parle d'un petit robot monté sur trépied, capable de prendre en photo les véhicules qui passent devant lui tout en mesurant leur vitesse. Il avait en cela plus de cinquante ans d'avance sur la technologie. Un peu rapide, vous ne trouvez pas ? Allez, monsieur Astor, vos papiers s'il vous plaît !

OURAGANS : PLACE AUX ASSUREURS

PAS RAGOÛTANT

LA CERVELLE DE CHEVAL

Si les Français étaient friands de viande de cheval ou de cervelle il n'y a encore pas si longtemps, la consommation de cervelle de cheval a quand même de quoi étonner. Et pourtant, un restaurateur parisien, Otis Lebert, en propose dans son établissement *Le Taxi jaune*. Si l'idée vous effraie, les croquettes de cervelle équine sont pourtant délicieuses et croustillantes avec leur sauce piquante à souhait. Si les boucheries chevalines de la capitale ferment les unes après les autres, faute de repreneurs, les amateurs font la queue devant *CheZaline*, une boutique du 11ᵉ arrondissement. Comme quoi, quand un mets est passé de mode, il a de grandes chances de redevenir branché !

*« Février et mars
trop chauds mettent
le printemps
au tombeau. »*

RétroVermot

**« Qu'est-ce qui ne va pas ?
- Je me suis disputé avec ma femme, et elle m'a dit qu'elle ne m'adresserait plus la parole de toute la semaine.
- Oh ! Une semaine, c'est vite passé !
- Justement. Aujourd'hui, c'est le dernier jour. »**

EXPRESSIONS IMAGÉES

Avoir la tête dans les nuages

Comme les nuages passent dans le ciel sans se soucier des obstacles terrestres, le rêveur ne se soucie ni de ce qui l'entoure, ni des problématiques quotidiennes de ses contemporains. Il est déconnecté de la réalité, ses pensées perdues quelque part, très haut, où rien ni personne ne peut arrêter leur divagation. Son opposé, l'hyperréaliste, a « la tête sur les épaules ».

Solution sudoku [p. 70]

4	8	5	3	6	7	1	9	2
1	6	7	2	4	9	3	8	5
9	2	3	5	8	1	6	4	7
5	9	8	6	3	4	2	7	1
3	7	4	1	2	8	9	5	6
2	1	6	9	7	5	8	3	4
6	5	9	4	1	3	7	2	8
7	3	1	8	5	2	4	6	9
8	4	2	7	9	6	5	1	3

L'Info

Cathédrale personnelle

Plus de 6 000 m² au sol ! Certes, il n'y a pas de toiture et le dôme et les vitraux ne sont pas encore terminés, mais de l'extérieur, le bâtiment, avec ses tourelles en brique, son énorme rosace, ses escaliers majestueux et ses grilles bleu vif en impose. Comme une cathédrale. Même chose pour l'intérieur : doté d'une crypte et d'un cloître, l'édifice comprend également un patio à colonnes et une vaste nef, éclairée par une immense coupole culminant à plus de 25 m. Une vraie petite cathédrale, on vous dit. Sauf que ce n'en est pas une. La « cathédrale de la foi », comme il la baptise, la « cathédrale de Justo », comme on dit à Mejorada del Campo, une petite ville non loin de Madrid, est l'œuvre d'un homme : Justo Gallego, 94 ans cette année. Depuis 1961, il l'édifie, tout seul, en utilisant des matériaux recyclés. Sans architecte. Ni permis de construire, d'ailleurs. Mais aujourd'hui, à cause de l'âge du dévot bâtisseur, les travaux du temple n'avancent presque plus. Et personne ne se bouscule pour l'aider. La ville est ruinée, l'Église a suffisamment de lieux à entretenir et les Espagnols, comme tous les Européens, sont en pleine crise de la foi. Enfin, pour ne rien arranger, Justo aime un peu trop rappeler qu'il a construit sa cathédrale pour expier les péchés des Républicains pendant la guerre d'Espagne.

Protocole

L'un des aspects centraux des règles du protocole concerne l'ordre de préséance, c'est-à-dire l'ordre hiérarchique selon lequel une personne est placée par rapport à une autre. Ils définissent une place pour chaque titre, du roi au président, en passant par le militaire ou le dignitaire étranger. Ainsi, personne n'est laissé à l'écart de cette grande hiérarchie tournante. La règle générale en la matière est que les grades les plus élevés et les personnes occupant une haute fonction depuis le plus longtemps passent avant les autres. À grade et ancienneté égale, c'est le plus âgé qui a la préséance. Si des aménagements sont envisageables, il est en revanche impossible de déléguer à qui que ce soit un droit de préséance. C'est le porteur du titre uniquement qui doit en profiter (cf. p. 49).

Vendredi 1er mars

Saint Aubin On fête aussi les Albin, Jonathan, Suitbert

Le soleil se lève à 7 h 33 et se couche à 18 h 33

« Taille tôt, taille tard, mais taille en mars. »

Vermot Régions

LOIR-ET-CHER / LA MAISON HANTÉE

La revue bimensuelle L'Écho du merveilleux, *datée du 1er mars 1914, évoque une maison hantée située à Fougères-sur-Bièvre en ces termes : « Depuis deux mois, des faits étranges se répètent matin et soir. La maison tremble, les vitres et les cloisons résonnent de coups violents, les rideaux s'agitent. Un bruit de tonnerre se fait entendre qui se répercute au loin. Tous les Fougérois sont en émoi. Les bruits et les phénomènes se produisent entre 4 heures et 7 heures du matin et vers 8 heures et demie du soir. » Plus d'un siècle après, le mystère a-t-il été résolu ? La maison est-elle toujours hantée ?*

Perles de sportifs

L'humoriste

Qui l'a dit ? Thierry Roland (Football, TF1, lors d'un match de Coupe du monde en Corée) :
« Puisqu'il y a deux Lee sur le terrain, on peut faire une chambre. »

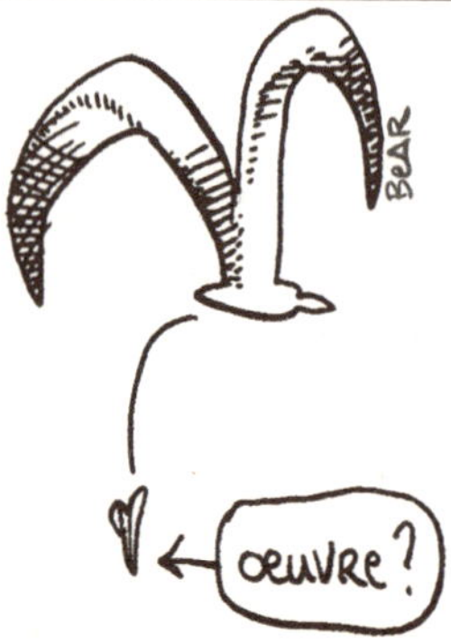

Mars

Par son nom, le mois de mars est très inspirant pour parler de l'exploration du système solaire, d'autant que la première mission humaine vers la planète rouge est en ligne de mire. Mais tournons-nous vers le passé : le 18 mars 1965 marque une étape majeure de l'astronautique, alors encore peu médiatique : il s'agit de l'exploit du cosmonaute Alexeï Leonov. Rappelons à ce propos que la guerre froide a eu des conséquences linguistiques : les Américains ont des « astronautes » et les Russes des « cosmonautes ». Lors d'une mission à bord du vaisseau Voskhod 2, Alexeï Leonov effectue la première sortie extravéhiculaire de l'histoire. En d'autres termes, il est le premier homme à se retrouver dans le vide intersidéral. Cette sortie dura précisément douze minutes, ce qui est à la fois peu et beaucoup lorsqu'il s'agit de l'environnement le plus hostile qui soit pour un Terrien, en dehors du métro à l'heure de pointe. Leonov était vêtu d'une combinaison protectrice mais vraiment peu seyante, qui portait le petit nom de *Berkut*, ce qui signifie « aigle royal », allez savoir pourquoi !

Le 6 mars 1986, alors que la comète de Halley est de retour dans notre voûte céleste après 76 ans d'absence (un rendez-vous régulier, mais à ne pas manquer !), la sonde russe Vega 1 la survole à moins de 9 000 km, puis oriente la sonde européenne Giotto, qui parvient le 13 mars à frôler son noyau : elle passe à 600 km, un cheveu à l'échelle astronomique.

Le troisième homme de la Lune s'appelle Charles Conrad Junior, dit « Pete Conrad » (1930-1999). Il a posé le pied sur notre satellite naturel lors de la mission Apollo 12, du 9 au 20 novembre 1969. Si le programme Apollo avait perduré, Conrad aurait participé à la mission Apollo 20 et serait devenu le premier homme à alunir deux fois. ■

EMOJI

Depuis que la civilisation existe, s'il y a bien une chose qui n'a pas manqué à l'homme, c'est l'inspiration pour voir et trouver des symboles phalliques partout. Les emoji ne font pas exception à la règle et, si pour des raisons évidentes d'accessibilité au grand public la liste des emoji ne comprend pas de pénis, les possibilités de substitution sont nombreuses. Parmi les plus utilisées : l'aubergine, la banane, l'épi de maïs et le cactus (oui, oui). Vous ne verrez plus la moussaka de la même manière !

« Mars est le mois des fous. »

Il y a 70 ans, le 2 mars 1949, des Américains bouclaient en 94 heures le premier vol autour du monde sans escale. Leur avion, un Boeing B-50 baptisé *Lucky Lady II*, a dû être ravitaillé quatre fois en vol.

Charade

Mon premier marque l'effort.

Il est bon d'avoir **mon deuxième** sur la tête.

Mon troisième marque la négation.

Mon quatrième est un but.

Mon cinquième indique une rupture.

Mon sixième est bien coiffé.

Mon septième est un mets fin très apprécié.

Mon tout est un aviateur français.

ANTOINE DE SAINT-EXUPÉRY
(HAN - TOIT - NE - DESSEIN - EX - HUPPE - RIS)

OH LE GROS GÂCHIS !

Une addition de primes chez les banquiers

En 2005, la Cour des comptes s'est amusée à recenser les multiples avantages octroyés aux salariés de la Banque de France. Si l'addition totale se chiffre à plusieurs millions d'euros annuels, l'inventaire dressé par les Sages ne manque pas de poésie. En plus de leur salaire brut, les agents de l'établissement financier bénéficient d'une « allocation spéciale mensuelle », d'une « prime annuelle de bilan », d'une « prime annuelle de productivité » et d'un « complément annuel uniforme », des bonus qui augmentent tout de même leur salaire de 40 %. Les employés avec un enfant profitent d'un généreux supplément familial de 900 % supérieur à celui perçu ailleurs dans la fonction publique. Ajoutons à ce florilège deux petits rabs plus baroques : la prime d'empilage d'or et celle pour « la restauration de l'État républicain ». Rien que ça! Enfin, cerise sur le caviar : la prime de casse-croûte est distribuée en complément de… l'indemnité repas. Pour les Sages, une seule recette : diète générale!

Régiments

L'unité connue sous le nom « 1er régiment de tirailleurs » a été baptisée ainsi en 1994. Avant cela, elle était connue sous celui de « 7e régiment de tirailleurs algériens ». Sa tenue traditionnelle comprend un gilet bleu ciel, un sarouel (pantalon large) bleu ou blanc, et une coiffe reconnaissable entre mille, la « chéchia » rouge. Mais la particularité la plus insolite de ce régiment est la présence en son sein d'un bélier, Messaoud V, qui fait office de mascotte. Formé pendant un an aux usages militaires, le bélier peut obtenir un grade jusqu'à celui de caporal et même recevoir des décorations. L'un des prédécesseurs de Messaoud V, Messaoud III, fut même décoré de la médaille de la défense nationale ! Un volontaire pour la lui accrocher ?

Dimanche 3 mars

Fête des Grands-Mères On fête aussi les Guénolé, Cunégonde

Le soleil se lève à **7h29** et se couche à **18h36**

« S'il gèle à la Saint-Guénolé, au taureau ferme le pré. »

Ça bulle

Si certains métiers sont alimentaires, d'autres sont de vraies vocations. Pour René Goscinny, scénariste culte de séries de BD comme *Astérix*, *Lucky Luke* ou *Le Petit Nicolas*, il était hors de question de faire autre chose. Comme il le raconte, enfant, quand son père lui demandait ce qu'il voulait faire plus tard, il répondait : « un métier rigolo ». Puis il enchaîne : « Et quand j'ai entendu dire que le métier de scénariste était à la portée du premier imbécile venu, j'ai compris que j'avais trouvé ma voie. » C'est lui qui le dit !

Surnoms

Charles le Téméraire

C'est seulement après sa mort que Charles de Valois, duc de Bourgogne (1433-1477), fut surnommé Charles le Téméraire. Ses contemporains, impressionnés par son sens de l'honneur et son caractère impitoyable, l'appelaient de son vivant « le Terrible » ou « le Hardi ». C'est en 1484 qu'il devint « le Téméraire », sous la plume du chroniqueur Thomas Basin, évêque de Lisieux.

Maîtres du polar

Franck Thilliez

Haut-Savoyard installé dans le Pas-de-Calais, informaticien passionné de cinéma devenu écrivain de polar, adulé par les lecteurs et encensé par la critique : Franck Thilliez semble volontairement cultiver les paradoxes. Un atout pour nouer des intrigues complexes et déroutantes qui l'ont consacré comme l'un des meilleurs écrivains français de thriller depuis dix ans. Descriptions méticuleuses et terrifiantes, atmosphère sombre et pesante, l'horreur qui s'enchaîne… Y compris pour son héros, Franck Sharko, commissaire au 36. Passionné de modélisme, flic tenace et solitaire, il est lancé par *Train d'enfer pour Ange rouge*. On le retrouve dévasté par les morts de sa femme et de sa fille dans *Deuils de miel*, le second opus. Lueur d'espoir en 2010, lorsque Sharko rencontre Lucie Henebelle, une enquêtrice de Lille, héroïne de Thilliez dans *La Chambre des morts* (adapté au cinéma). Mais Thilliez accorde peu de répit à ses lecteurs, le réalisme glauque du travail de ses flics aspire tout. Associés pour *Le Syndrome E* et en couple depuis *Gataca*, Franck et Lucie affrontent désormais ensemble les méandres criminels et la noirceur humaine imaginés par leur créateur. Dans *Sharko*, paru en 2017, Thilliez oblige ses deux inspecteurs favoris à enquêter sur un meurtre qu'ils ont commis et maquillé ensemble. Vous avez dit paradoxes ?

BRUXELLES RÉCLAME 250 MILLIONS D'IMPÔTS IMPAYÉS À AMAZON

Records de président

Le Salon de l'agriculture est une occasion unique pour les présidents français de venir à la rencontre de la population, mais chacun le fait à sa manière. Le recordman de présence au Salon est l'inimitable Jacques Chirac, qui s'y rendit tous les ans entre 1972 et 2011, à l'exception de 1979, à cause d'un accident de voiture. Le spécialiste des visites marathons, en revanche, fut François Hollande, qui passa pas moins de 12 heures dans les stands en 2012. Quant au record du plus grand snob de l'agriculture, il est détenu par François Mitterrand, qui ne mit pas les pieds au Salon durant ses deux septennats. Peut « meuh » faire.

> *« Tu es plein de secrets que tu appelles "moi". »*
> *Paul Valéry*

Vermot Régions

CALVADOS / WALT D'ISIGNY-SUR-MER

Grâce au Domesday Book, qu'on peut modestement traduire par « Livre du Jugement dernier », nous connaissons les noms de tous les barons normands qui ont suivi Guillaume le Conquérant outre-Manche lorsqu'il devint roi d'Angleterre. Parmi eux, un certain Monsieur d'Isigny, dont le nom fut progressivement déformé en « Dizni » pour devenir celui de la famille « Disney ». D'une migration à l'autre, ses descendants se sont ensuite retrouvés sur le Nouveau Continent, où naquit un certain Walt Disney !

CONCOURS LÉPINE

Le fer à repasser à vapeur est aujourd'hui devenu un incontournable du trousseau de la ménagère avertie (ou du ménager, d'ailleurs !). Mais si l'objet a vraiment connu un boom à partir des années 1950, son invention, elle, remonte à plus loin que cela. C'est en 1921 qu'un dénommé Caroni a présenté le prototype d'appareil à repasser le linge projetant de la vapeur grâce à un réservoir placé sur l'arrière. L'association de la chaleur et de la vapeur facilitait incroyablement le repassage, et la vie des femmes allait changer à jamais. Mais vous noterez tout de même que l'inventeur est un homme ! Dont acte.

Ça, c'est fait... divers

Élémentaire, mon cher !

« Inspecteur Lestrade de Scotland Yard, j'enquête sur un trafic de faux billets. » Lorsque le policier a agité sa plaque dans leur salle en leur expliquant qu'ils étaient probablement des victimes, les bookmakers de Margate, dans le sud-est de l'Angleterre, n'ont pas hésité à lui ouvrir livres de comptes et coffre-fort. Après vérification, l'inspecteur a d'ailleurs déniché 5 000 livres suspectes qu'il a saisies. Puis, l'agent de Sa Royale Majesté s'est envolé pour la Turquie. Mais pas pour y suivre la piste des faux-monnayeurs : pour s'adonner au farniente dans une station balnéaire de la mer Égée. Un policier nommé Lestrade à Scotland Yard, voyons ? Élémentaire ! Du pur Conan Doyle ! Lestrade est l'un des inspecteurs souvent ridiculisés par Sherlock Holmes, l'un « des meilleurs parmi les pires », selon le célèbre détective. Une pure invention d'auteur. Intrigué par ce patronyme littéraire, l'un des bookmakers a contacté la police pour vérifier. Il n'y avait jamais eu de Lestrade à Scotland Yard. Rapidement démasqué, l'imposteur – un certain Aaron Cowan – a été interpellé sur sa plage en Turquie, puis extradé vers l'Angleterre. Lors de son procès, l'escroc a tenté d'expliquer, en pleurs, qu'il avait été le souffre-douleur d'un gang qui l'obligeait à se faire passer pour Lestrade. Un rôle de victime un peu trop surjoué qui n'a convaincu personne : Aaron Cowan a écopé de cinq ans de prison. Les murs, la réalité…

Le soleil se lève à **7h25** et se couche à **18h39**

« Quand fleurs en mars il y aura, guère de fruits tu ne mangeras. »

Les « pourquoi ? » de l'histoire

Pourquoi représente-t-on les Vikings avec des casques à cornes ?

Cette représentation, complètement erronée, vient d'une interprétation hâtive des sépultures vikings où ont été retrouvés des casques et des cornes. Grâce aux historiens qui ont travaillé sur le sujet, on sait aujourd'hui que ces cornes n'étaient pas des ornements de casque mais des « cornes à boire », autrement dit des gobelets individuels avec lesquels les guerriers étaient inhumés.

HAUT... EN COULEUR...

Il nous arrive à tous de boire un peu plus que de raison (comme les Vikings ?). Dans ce cas-là, on dit alors qu'on est « gris ». Mais pourquoi ? Eh bien, cette expression est une image, qui fait référence au brouillard, la « grisaille » qui trouble la vision quand les verres s'enchaînent d'un peu trop près… Un conseil à ce moment-là : n'attendez pas la rosée pour boire de l'eau !

GRANDES TOURS DU MONDE

LE JOHN HANCOCK CENTER

Il y a 51 ans, la ville américaine de Chicago inaugurait le plus haut gratte-ciel du monde pour l'époque. Le toit du John Hancock Center se trouve en effet à 344 mètres du sol et ses antennes culminent à 457 mètres. Ce bâtiment, qui doit son nom à celui de la compagnie d'assurances ayant financé sa construction, est surnommé affectueusement par les riverains « Big John » en raison de sa silhouette massive. Celle-ci est accentuée par l'austérité de ses façades noires. Il est l'œuvre des architectes et ingénieurs Bruce Graham et Fazlur Rahman Khan, à qui la ville doit aussi un autre de ses bâtiments iconiques, la tour Willis, inaugurée en 1973.

À 82 ANS, ALAIN DELON SOUHAITE VIVRE UNE DERNIÈRE HISTOIRE D'AMOUR

Métiers de bouche

Les amourettes du tripier ne font plus recette !

Dans le jargon tripier, les amourettes désignent les testicules mais aussi la moelle épinière du bœuf, du cochon ou du mouton. Si les changements alimentaires d'après-guerre ont amorcé un certain désamour pour les abats, la crise de la vache folle a précipité les choses. Interdite dans plusieurs pays, la vente des abats est aujourd'hui très réglementée en Europe ; par exemple, la moelle épinière et la cervelle des bovins ont été interdites à la commercialisation en 1996. Désignée comme un « matériel à risque spécifique », la moelle épinière est à nouveau autorisée comme produit destiné à la consommation humaine, si et seulement si l'animal a moins de 12 mois. Le métier de tripier a donc été contraint de se diversifier : langue de bœuf, foie de veau, pieds de porc, ris d'agneau, tripes à la mode de Caen, andouillette AAA… Si certains font la fine bouche ou tournent de l'œil, les amateurs d'amourettes, eux, ne comptent pas rester sur leur faim !

« Les progrès de l'humanité se mesurent aux concessions que la folie des sages fait à la sagesse des fous. »
Jean Jaurès

Il y a 400 ans, le 6 mars 1619, Savinien de Cyrano était baptisé. Il s'agit bien sûr de Cyrano de Bergerac, qui inspira l'œuvre d'Edmond Rostand, adaptée au cinéma par Jean-Paul Rappeneau en 1990.

Chiffres étonnants de la science

Koh-Lanta chez les spermatos

L'un des paramètres les plus aléatoires du corps humain est le nombre de spermatozoïdes de chaque éjaculation : entre 20 et 150 millions ! Cela fait toujours beaucoup et c'est ce qu'il faut pour donner une chance à la vie. Les spermatozoïdes vivent 2 à 5 jours, durant lesquels ils doivent effectuer un incroyable parcours, comparable à leur échelle à six traversées de l'océan Atlantique ! Parmi les rescapés qui ont choisi la bonne trompe (celle où l'ovule est descendu), seul l'un d'entre eux a une chance de remporter l'épreuve. Car à peine pénétré, l'ovule se dote d'une carapace chimique infranchissable.

PRÉNOMS MASCULINS COMMENÇANT PAR O

O	R	E	L	E	I	N	O	O	R	O	O	O	O
O	L	O	F	V	I	O	R	N	R	T	W	M	N
O	R	I	O	N	N	D	O	E	O	E	O	E	A
O	R	E	V	D	O	A	L	R	O	D	I	N	M
O	R	L	V	I	E	I	Y	F	E	V	O	E	H
O	T	M	A	A	E	L	I	R	A	I	L	W	T
J	D	H	O	N	T	R	I	T	B	L	G	O	O
N	H	E	A	N	D	C	C	N	I	O	O	O	O
O	N	O	L	I	D	O	O	V	S	L	T	W	T
H	O	O	E	T	S	E	R	O	L	I	E	T	H
T	R	R	S	W	O	O	P	E	C	V	T	D	O
O	S	C	A	R	R	T	H	Q	M	E	X	O	O
N	O	L	B	M	O	T	E	O	D	R	A	N	T
E	D	I	V	O	O	E	E	O	W	E	O	N	O

Solution page 89

Cherchez les prénoms masculins commençant par la lettre O cachés dans la grille. Vous les trouverez horizontalement, verticalement ou diagonalement.

OANE
OBRYAN
OCÉAN
OCTAVE
OCTAVIEN
ODELIN
ODÉRIC
ODILON
ODIN
ODON
ODRAN
OGIER
OLAF
OLIVER
OLIVIER
OMAR
ORÉLIEN
ORESTE
ORION
ORLANDO
ORMEROD
ORMOND
ORPHÉE
ORSON
ORVILLE
OSCAR
OSWALD
OTHELLO
OTHMAN
OTHON
OTIS
OTTO
OVIDE
OWEN

RétroVermot

« Qu'est-ce qu'on pourrait proposer comme prix pour notre prochain concours ?
— Un séjour d'une semaine à Las Vegas, tous frais payés, ça ne serait pas mal ?
— Oui, et pour le gagnant du deuxième prix ?
— Pareil, un séjour d'une semaine à Las Vegas, mais avec sa femme. »

Jeudi 7 mars

Sainte Félicité On fête aussi les Perpétue, Nathan, Ethan

Le soleil se lève à **7 h 21** *et se couche à* **18 h 42**

« Qui trop se hâte reste en chemin. »

Un vrai feuilleton

Quand France 3 a lancé la série *Plus belle la vie* en 2004, la chaîne ne se doutait certainement pas du succès que remporterait la série. Résultat : plus de 3 000 épisodes, 1 798 acteurs français embauchés pour des grands ou des petits rôles, et plus de 6,8 millions de téléspectateurs pour le record d'audience tous épisodes confondus. Côté intrigue, nous en sommes désormais à 18 mariages célébrés et à 3 naissances. Une bien belle famille !

Molière en vadrouille

Chez nous, Français, lorsqu'on sort du bain, on se sèche généralement avec une serviette. Mais si, en Belgique, vous demandez une serviette depuis la salle de bains, attendez-vous à une grosse surprise. Car pour nos voisins, une serviette est forcément une serviette en papier. Pour vous sécher autre chose que le bout des doigts, c'est d'un « essuie » dont vous aurez besoin. Au moins, le mot renseigne clairement quant à la fonction de l'objet !

Le mari, après le retour des courses chez Darty :
« Pourquoi tu poses le sac sur le radiateur ? »
L'épouse :
« Comme ça, demain, on aura un sac Darty chaud. »

JOURNÉE INTERNATIONALE DES DROITS DES FEMMES

L'Info

CHÂTEAU FORT MODERNE

Après la cathédrale personnelle (voir le 28 février), le château fort des temps modernes! Un fortin en acier blindé avec des meurtrières, mais sans douves, a été installé à Nova Brasilia, l'une des favelas les plus dangereuses de Rio de Janeiro. Située à un carrefour stratégique, la forteresse a été édifiée en moins de trois heures par la police militaire, juste après qu'elle a pris le contrôle de ce coin stratégique pour les trafiquants de drogues. Pourquoi une tour blindée? Eh bien, avant son installation, ce sont des heures qu'il fallait aux forces de l'ordre pour atteindre le quartier, à cause des attaques à l'arme automatique et des embuscades sur le trajet. Pendant cette opération de reconquête, trois policiers et un adolescent ont d'ailleurs perdu la vie. À Rio, policiers et délinquants se mènent une guerre meurtrière : un 2017, le nombre de personnes abattues par la seule police équivalait au nombre total d'homicides en France, toutes causes confondues. La trêve relative observée pendant les JO de 2016 n'a pas duré...

Santé naturelle

Le ginseng indien, pour se sentir bien

Connaissez-vous l'ashwhaganda (*Withania somnifera*) ? Comme la tomate, c'est une solanacée. Son nom signifie « qui a l'odeur d'un cheval » – ce qui laisse préjuger de ses qualités sur l'appareil reproducteur masculin ! Elle est utilisée depuis des millénaires en Inde, d'où son autre appellation de « ginseng indien ». Contenant de nombreux stéroïdes naturels, elle régénère et stimule l'organisme à tout âge. Elle réalise aussi la prouesse d'avoir une action à la fois tonique et calmante, puisqu'elle aide à trouver un sommeil réparateur.
Utilisation : les racines, réduites en poudre, en décoction dans de l'eau additionnée de lait. On en trouve dans les magasins bio.

« *Quand mars mouillera, bien du vin tu auras.* »

Noms de villages

Perchée sur le plateau de Nozeroy dans le Jura, la petite commune de Long-cochon cumule deux originalités. Son nom, bien sûr, qui est assez inhabituel, et surtout celui de ses habitants, qu'on nomme les Couchetards. Des longs cochons qui veillent : les nuits doivent être chaudes dans le coin !

Records fous de sportifs

Faire des pompes est un acte routinier pour beaucoup de gens, et on n'a pas forcément besoin d'être un grand sportif pour en enchaîner quelques-unes. Mais tout dépend du nombre de pompes visées et de la technique utilisée. Le Chinois Xie Guizhong, par exemple, a choisi de faire ses pompes… sur un seul doigt. Il est le détenteur du record en la matière, avec 46 pompes en moins de 30 secondes. Un bien beau record à ne pas pointer du doigt !

Protocole

Lorsqu'un chef d'État reçoit d'autres chefs d'État ou lors de grandes réunions internationales, les règles protocolaires prennent une importance capitale. En effet, si l'ordre de préséance des invités est mal établi ou non respecté, il peut en résulter de graves incidents diplomatiques, au cas où l'un des dirigeants se sentirait insulté par sa place dans l'ordre. Chaque événement et chaque liste d'invités étant uniques, il n'existe pas de liste fixe, mais des règles générales : les responsables des pays hôtes sont bien sûr les premiers, les dirigeants des grandes puissances suivent ensuite dans un ordre qui dépend de leurs responsabilités spécifiques au sein de l'organisation ou de l'événement, puis suivent les dignitaires de nations plus petites. Une dérogation peut être faite en fonction de l'âge et de la durée d'occupation de la fonction desdits dignitaires. Qui a dit casse-tête ?

Fantaisies sexuelles

Vive la fête du pénis !

On vous a déjà parlé en 2018 des origines de cet étrange festival du « pénis de fer », qui se tient tous les ans, depuis la fin des années 1970, dans la ville japonaise de Kawasaki. Le *Kanamara Matsuri* consiste à célébrer la fertilité en honorant l'un de ses symboles les plus forts, le phallus, autrement dit le sexe masculin en érection. À cette occasion, trois statues de phallus géants sont promenées dans les rues, depuis le sanctuaire de Kanayama où elles sont entreposées le reste de l'année. Chacune est exposée sur une structure en bois mobile appelée *mikoshi*. Les nombreux participants aux festivités sont par ailleurs invités à s'amuser à chevaucher un pénis géant (pour obtenir la bienveillance des esprits), ou à acheter toutes sortes de babioles qui rendent hommage à la virilité (porte-clefs à pénis, bougies en érection, nez postiche en forme de phallus, etc.). Une fête qui sert à vider les bourses et qui est, de nos jours, l'occasion de lever des fonds pour la recherche contre le sida.

Samedi 9 mars

Sainte Françoise On fête aussi les Fanny, Alvère, Botolf

Le soleil se lève à **7 h 17** et se couche à **18 h 46**

« Le mariage, au contraire de la fièvre, commence par le chaud et finit par le froid. »
Lichtenberg (philosophe allemand)

Il y a 60 ans, le 9 mars 1959, la poupée Barbie était présentée pour la première fois au public, dans le cadre du Salon du jouet de New York. Son compagnon Ken fut commercialisé deux ans plus tard.

Dans la cage d'un zoo, deux lions contemplent un porte-documents.
« C'était un bon vétérinaire, remarque le premier
– Oui, conclut l'autre, dommage qu'il n'en reste plus… »

GÉNÉRATION Z

Si un jour l'un de vos petits-enfants ou un jeune de vos connaissances vient à vous parler des « bails », ne le reprenez pas en pensant qu'il fait référence à l'immobilier et qu'il oublie que le pluriel de bail est baux. En fait, les « bails » dont il s'agit sont des « plans » au sens très large. Par exemple : « Bon, pour ce soir, c'est quoi les bails ? » voudra dire : « Quels sont les plans pour ce soir ? » Mais cela peut aussi remplacer « histoires » dans certains cas, par exemple : « J'ai entendu que tu t'es disputé avec maman, c'est quoi ces bails ? »

De mauvais goût

Le cac'art

Vous trouvez que l'art contemporain est une escroquerie ? Alors vous allez adorer détester l'art merdique ! Au sens propre du terme, c'est-à-dire confectionnée avec des selles. *Merda d'Artista*, littéralement déféquée en 1961 par l'italien Piero Manzoni, est la première œuvre authentifiée avec des excréments humains dedans. Elle se compose de 90 boîtes de conserve étiquetées et numérotées qui contiennent, en principe, les déjections de l'artiste. Il vous en coûtera au minimum 30 000 euros les 30 grammes pour en vérifier la couleur. De son côté, le Belge Wim Delvoye a imaginé *Cloaca*, un estomac artificiel de douze mètres, qui ingère les aliments, les digère et les expulse sous forme d'étrons. Pour la plus grande joie des amateurs, il existe aujourd'hui dix versions différentes de sa « machine à caca ». Le photographe Andres Serrano prétend, lui, magnifier la matière fécale. Sa série *Shit*, des clichés de fèces animales ou humaines prises de manière artistique, a, selon certains critiques, renouvelé l'art du portrait photo. Des considérations fumeuses à méditer en pets.

Vermot Régions

HAUTE-GARONNE / LA VIERGE NOIRE DE LA DAURADE

La basilique Notre-Dame la Daurade, au cœur de la ville de Toulouse, renferme un trésor adulé des femmes enceintes : la Vierge noire, qui protège les futurs enfants. Elle est habillée d'une robe que l'on change plusieurs fois par an. L'actuelle statue date de 1807, en remplacement de la précédente, du XIVe siècle, qui fut brûlée à la Révolution sur la place du Capitole. Elle-même n'était pas l'originale, connue depuis le Xe siècle, et qui avait été volée. Selon les historiens, la Vierge n'était pas noire à l'origine. Elle est devenue brune avec le temps, puis a continué de noircir.

« Qui bien chante et bien danse fait un métier qui peu avance... »
(... sauf exception)

YÉ-YÉ

Au rang des chanteurs traducteurs littéraux, Hugues Aufray est un récidiviste. Son admiration pour le chanteur américain Bob Dylan l'a conduit à reprendre plusieurs de ses chansons dans un album hommage, mais non sans prendre le soin de les traduire d'abord en français. C'est ainsi qu'on a pu entendre en 1995 des chansons comme *Comme ces pierres qui roulent* ou, plus fort encore : *Knock knock ouvre-toi porte d'or* en lieu et place de *Knocking on heaven's door*. No comment.

CONTENEURS AVEC CADENAS :
PAS SI INVIOLABLES QUE CA !

[Excuse my French]

Entre le nom des choses en anglais et leur équivalent en français, il y a parfois de subtiles différences. Dans le cas de « talkie-walkie », la chose est poussée à l'extrême. En effet, savez-vous comment on dit « talkie-walkie » en anglais ? Eh bien, on dit... « walkie-talkie ». Pourquoi et comment l'inversion a-t-elle eu lieu ? Mystère et boule de gomme, il règne sur le sujet comme un silence radio !

REMARQUABLES
CHÊNE D'ALLOUVILLE

Il serait sorti de terre en 911, l'année de la création du duché de Normandie par Rollon, le chef viking. Du moins, c'est ce que dit la légende. En réalité, ce chêne pédonculé (*Quercus robur*) a sans doute été semé au moins un siècle plus tôt, au temps du preux Charlemagne. Le chêne d'Allouville se trouve dans le pays de Caux, à une cinquantaine de kilomètres du Havre, non dans la campagne mais au centre du village, à deux pas de l'église. Et s'il reverdit chaque année, il en a vu des vertes et des pas mûres ! À la fin du XVIIe siècle, profitant d'une large fissure apparue dans son tronc, le curé y crée une chapelle, dédiée à la Vierge, ce qui vaudra au chêne, un siècle plus tard, sous la Révolution, de passer tout près de finir en cendres. Par la suite, deux chapelles seront aménagées à l'intérieur de la partie la plus ancienne du tronc, et surmontées d'un petit clocher. Malgré ces mésaventures, l'arbre, stoïque, poursuit son destin de chêne et donne chaque année sa glandée.

LES DOUZE TRAVAUX D'HERCULE

La biche aux sabots d'airain

Avec du recul, pour Hercule (admirez la rime !), cette troisième épreuve aura assurément été la plus agréable de toutes. Eurysthée le charge, en effet, de s'emparer d'une gracieuse biche aux sabots d'airain et aux cornes d'or, si rapide que jamais personne n'est parvenu à la capturer. Hercule ne doit surtout pas la tuer, car elle se trouve sous la protection d'Artémis. La déesse chasseresse a d'ailleurs capturé quatre autres biches de même nature pour les atteler à son char. Hercule piste et poursuit l'animal pendant toute une année sur le mont Cérynie avant de réussir à le capturer tandis qu'il franchit une rivière, le Ladon. Une flèche bien ciblée le stoppe sans le blesser. Hercule rapporte la biche à Eurysthée pour prouver sa victoire, mais lui rend sa liberté avant que ce dernier entreprenne d'en faire son dîner.

Lundi 11 mars

Sainte Rosine On fête aussi les Théodora, Sophrone

Le soleil se lève à **7 h 13** et se couche à **18 h 49**

« Comme la lune est variable, pensée de femme est variable. »

SLOGANS

Le slogan « La République ou la mort » figurait en tête de chacun des numéros du journal clandestin Le Père Duchêne, qui fut tiré du 7 mars au 22 mai 1871, soit au cœur de la Commune de Paris. Le slogan fut ensuite repris par la foule des Parisiens insurgés et fleurit sur les murs de la capitale, accompagné de sa variante « La Fraternité ou la mort ». Hélas, pour la plupart des Communards, ce fut la seconde option qui se réalisa lorsque les Versaillais écrasèrent la révolte en massacrant des milliers d'hommes, de femmes et d'enfants…

QUIZ CHANTEURS

Cette rivière est présente dans le titre d'une chanson de Sylvie Vartan de 1968, quel est son nom ?

La Maritza

L'Info

ON A RETROUVÉ LA HUITIÈME MERVEILLE DU MONDE !

Elle est ensevelie, sous l'eau, à une dizaine de mètres de profondeur seulement. Ou plus exactement, elles sont ensevelies, car la merveille en question est constituée des majestueuses terrasses naturelles qui bordent les rives du lac Rotomahana, en Nouvelle-Zélande. Ces Pink and White Terraces *– littéralement « terrasses roses et blanches » –, en maori* Otukapuarangi*, avaient disparu en 1886, après l'éruption du mont Tarawera. À l'époque, leur destruction avait été considérée comme une catastrophe majeure : les terrasses étaient la plus grande attraction touristique de l'hémisphère Sud, voire, pour certains, de l'Empire britannique. Or, les coordonnées du site n'ayant jamais été relevées avec précision, pendant cent trente ans, les géologues ne savaient pas exactement où chercher d'hypothétiques traces des escaliers en minéraux. C'est en se plongeant sur la première cartographie géologique de la Nouvelle-Zélande établie par l'explorateur autrichien Ferdinand von Hochstetter en 1863, que les chercheurs Rex Bunn et Sascha Nolden ont réussi à les localiser. Reste à déblayer les milliers de tonnes de boue et de cendres qui recouvrent la « merveille » avant qu'elle puisse retrouver son titre. La Grande Muraille de Chine, le Machu Picchu ou encore le Taj Mahal, qui se disputent depuis des décennies cette huitième place, sont tranquilles pour un siècle supplémentaire. Au moins…*

PAS RAGOÛTANT

LE METS INOUÏ DES INUITS

Âmes sensibles, s'abstenir ! Si les Inuits, on le sait, chassent la baleine, notamment pour sa graisse et sa peau, on connaît moins le *kiviak*, le mets inuit tout à fait incroyable pour nous autres Français. Pourtant, c'est un plat de fête consommé lors des grandes occasions, pour les mariages ou les anniversaires. Ce plat traditionnel se compose d'oiseaux – des mergules – mis à fermenter pendant de longs mois dans le corps d'un phoque. C'est sûr, les Inuits n'ont pas froid aux yeux !

Cette blague nous est proposée par Robert Berthomé, fidèle lecteur.

Dans la petite station balnéaire de Sion-sur-Mer, en Vendée, le maire de la commune a pris l'arrêté suivant : « Compte tenu des débats houleux régulièrement constatés lors de l'organisation de réunions publiques, le nombre maximum de femmes autorisées à assister à ces réunions ne pourra excéder 10.
En effet, quand ce nombre est atteint, il y a à chaque fois *diffamation*. »

Mardi **12 mars**

Sainte Justine On fête aussi les Maximilien, Finette, Pol

*« À la Sainte-Justine,
toutes les fleurs
s'inclinent. »*

C'est pas la crise pour tout le monde !

Depuis la fusion des deux constructeurs automobiles Renault et Nissan en 1999, c'est l'industriel libano-franco-brésilien Carlos Ghosn qui dirige l'entreprise d'une main de fer. Mais l'homme est intelligent : puisqu'il dirige deux entreprises, il touche deux salaires ! Une peccadille de 7 millions d'euros environ pour Renault, et 8 millions pour Nissan. Nos comptes en banque voient rouge, le sien voit double !

Inventions insolites

Le miroir médical

Un chercheur du Massachusetts a eu l'idée de placer dans un miroir une caméra qui mesure la lumière que votre visage reflète, pour calculer ainsi votre rythme cardiaque pendant que vous vous rasez ou vous coiffez. Il affiche ensuite le résultat en bas de la glace. Ce miroir médical devrait bientôt également pouvoir mesurer le rythme respiratoire et le taux d'oxygène dans le sang.

Solution mots mêlés [p. 83]

O	R	E	L	E	I	N	O	O	R	O	O	O	O
O	L	O	F	V	I	O	R	N	R	T	W	M	N
O	R	I	O	N	N	D	O	E	O	E	O	E	A
O	R	E	V	D	O	A	L	R	O	D	I	N	M
O	R	L	V	I	E	I	Y	F	E	V	O	E	H
O	T	M	A	A	E	L	I	R	A	I	L	W	T
J	D	H	O	N	T	B	I	T	B	L	G	O	O
N	H	E	A	N	D	C	C	N	I	O	O	O	O
O	N	O	L	I	D	O	O	V	S	L	T	W	T
H	O	O	E	T	S	E	R	O	L	I	E	T	H
T	R	R	S	W	O	O	P	E	C	V	T	D	O
O	S	C	A	R	R	T	H	Q	M	E	X	O	O
N	O	L	B	M	O	T	E	O	D	R	A	N	T
E	D	I	V	O	O	E	E	O	W	E	O	N	O

Vermot Régions

PARIS / LE MÉRIDIEN DE GREENWICH

Le méridien 0 était autrefois revendiqué simultanément par les Français et les Anglais, les uns le plaçant à Paris, les autres à Greenwich. À la fin du xviiie siècle, lorsqu'on débattit sur toute une série de standards internationaux, une négociation s'engagea entre les deux pays. Le système métrique, inventé par la France, fut considéré comme universel, contrairement à celui de la Grande-Bretagne et, par concession, le méridien quitta Paris pour venir à Greenwich. Oui mais voilà : si nous avons accepté, dès lors, de considérer que c'est en Angleterre que passe le méridien 0, nos voisins d'outre-Manche n'ont toujours pas adopté le système métrique…

Ils ont été leur propre cobaye

Le chirurgien qui s'opérait tout seul

Le 15 février 1921, le chirurgien américain Evan O'Neill Kane (1861-1932) pratiqua une ablation de l'appendice sur un patient bien particulier, puisqu'il s'agissait de lui-même ! Après avoir fait installer des coussins et un miroir pour bien y voir, puis anesthésié son abdomen, il procéda à l'acte chirurgical en une trentaine de minutes, non sans avoir dû remettre en place ses intestins qui avaient tenté de faire une sortie ! L'opération fut un succès. À tel point que onze ans plus tard (il avait alors 71 ans), il s'opéra à nouveau, cette fois-ci d'une hernie à l'aine. L'opération réussit également, mais, pas de chance, O'Neill Kane mourut peu de temps après d'une pneumonie. Il existe un autre cas d'auto-appendicectomie, réalisée en 1961 par le Russe Leonid Rogozov (1934-2000), qui souffrit d'une crise alors qu'il était le seul médecin d'une expédition en Antarctique !

Saint Rodrigue On fête aussi les Rodéric, Ruya

Le soleil se lève à **7 h 09** et se couche à **18 h 52**

« *Qui se lève tard trouve la soupe froide.* »

Maladies imaginaires

Au rang des maladies fourre-tout, l'hystérie a sa place. En effet, avant que l'on comprenne les mécanismes complexes des comportements hystériques, et leur lien avec des événements traumatiques, l'hystérie était un véritable gouffre médical dans lequel on enfournait avec entrain tout un tas de pathologies différentes, et parfois même des femmes en bonne santé un peu trop virulentes quant à leur sort. Le mot lui-même est un dérivé d'utérus, bien qu'on sache aujourd'hui que l'hystérie peut aussi bien toucher des hommes... Difficile de rester calme en voyant cela.

RétroVermot

Un conférencier s'apprête à parler science, et débute ainsi : « Il y a un siècle, la question que je vais traiter eût semblé incompréhensible à tous ; mais de nos jours, nous sommes tellement avancés que le dernier des idiots me comprendrait. Aucun de vous n'aura donc de peine à suivre ma démonstration. »

Au menu

Rôti de veau au citron et pommes de terre au four

POUR 4 À 6 PERS.
15 MIN DE PRÉPARATION
1 H 45 DE CUISSON

- 2 OIGNONS
- 30 G DE BEURRE
- 1 CUIL. À SOUPE D'HUILE D'OLIVE
- 1 RÔTI DE VEAU DE 1,2 KG
- 1 KG DE POMMES DE TERRE (TYPE CHARLOTTE)
- 20 CL DE VIN BLANC SEC
- 15 CL DE JUS DE CITRON
- 1 BOUQUET GARNI
- SEL, POIVRE

Pelez et émincez les oignons.

Dans une grande cocotte, faites fondre le beurre dans l'huile, puis ajoutez le rôti, salez, poivrez et laissez dorer de tous côtés. Ajoutez les oignons et faites-les dorer quelques minutes.

Versez le vin, le citron, ajoutez le bouquet garni et laissez cuire à feu doux dans la cocotte pendant 1 heure en ajoutant de l'eau si besoin.

Préchauffez le four à 210 °C (th. 7). Pelez les pommes de terre. Installez-les sur la grille du four et enfournez pour 45 minutes de cuisson.

Sortez le rôti de la cocotte et mettez-le dans un plat de service, jetez le bouquet garni, versez la sauce sur le rôti et servez avec les pommes de terre chaudes croustillantes à l'extérieur et très fondantes à l'intérieur.

VIVE LA POSTE !

Bien que ce soit devenu plus rare, il peut toujours arriver qu'une lettre ou un colis postés arrivent à destination avec un peu de retard. Mais ce retard ne dépasse que rarement quelques jours. Pour une Monégasque du nom de Fernande Robéri, les choses ont été un peu plus longues... En effet, lorsque Joseph-Anick Achiardy lui a envoyé son « bon souvenir » depuis le Mercantour en 1937, il ne se doutait certainement pas que sa carte n'arriverait que... soixante-douze ans plus tard ! Vraisemblablement perdue derrière un casier de tri, celle-ci a traîné pendant des décennies avant d'être retrouvée en 2009. Malheureusement, la destinataire était déjà morte depuis quarante ans. C'est donc son fils, neveu de l'auteur de la lettre, qui la reçut, avec les excuses du directeur de la Poste monégasque.

Pas pressés / S'occupe des bouées		Très court / Coup de tête		Espèces roumaines / Pleur		Modère / Porte voix		Dindon		Échassiers / Jugerai		Personnalité
								Tuyau d'échappement				
Astral / Compagnon de Batman								Passager clandestin / Déterrant				
					Construit petit à petit / Rayonnement				Pronom personnel / Palmier			
Suit omicron / Plat espagnol			Marquer des points / Distance chinoise									Le soleil les chauffe
						Sporadique / Écossais						
Internet		Son déficit peut causer un goitre / Petit cétacé					Sucra				Étoufferiez	
			Étoffe grossière / Vise haut									
Décore	Article du Maghreb / Sonnerai			Carte / Galerie des glaces			Berge			Point délicat / Mettrai en ordre		
							Se défendait / Cœur					Peut être unique
Sorte de vièle / Concision						Mémoriaux / Nageur véloce						
								Pas fou quand il est jaune				
Dans le vent / Répulsion			Sport de ballon		Fait le trottoir / Mille-pattes				Boisson d'outre-Manche / Petit vautour			
								Avant les autres / C'est-à-dire				
Suit son cours / Maigre				Premier d'une série / Boisson de pub			Ferez route / Valait moins que le yen					Fait comme la vache
						Au sud de Blois / Note					A du pain sur la planche	
Pays du Maghreb		Blafard						Faufil				
					Tendu							

Solution page 97

Vendredi **15 mars**

Sainte Louise On fête aussi les Lucrèce, Clément-Marie

Le soleil se lève à **7h04** *et se couche à* **18h55**

« La patience vient à bout de tout. »

Problèmes du certificat d'études

La distance Paris-Reims est de 155 km par le rail. Le train de marchandises Paris-Reims démarre de la gare de l'Est à 8 h 30 et roule à la vitesse moyenne de 60 km/h. Un express part de Reims en direction de Paris à 9 h 15 et roule à la vitesse moyenne de 90 km/h.
À quelle heure se croiseront-ils et à quelle distance de Paris ?

Réponses : 9 h 59 / 89 km

VISIONNAIRES

Avec les smartphones qui équipent tout le monde ou presque aujourd'hui, les appels vidéo sont une réalité plus qu'accessible. Mais en 1909, il fallait de l'imagination pour envisager un tel système. C'est ce qui rend fascinante la prévision de l'auteur E.M. Forster dans *La Machine s'arrête*, d'autant plus que Forster décrit son téléphone vidéo avec tant de détails réalistes que l'on se demande s'il n'a pas eu l'occasion de faire un petit voyage dans le temps ! Ou peut-être s'est-il contenté d'un petit tête-à-tête vidéo avec le futur…

L'Info

COMMENT DÉLIER LES LANGUES…

Au fil des années, les classements se succèdent et le même constat s'impose : les Français sont nuls en langues étrangères. Alors les conclusions de cette étude publiée récemment dans le Journal of Psychopharmacology *pourraient intéresser les pédagogues : selon les chercheurs qui ont mené cette étude, la consommation d'une petite quantité d'alcool permettrait d'améliorer son niveau de pratique d'une langue étrangère… Il est vrai que l'on est parfois plus volubile avec un verre dans le nez… Ce test a été mené sur cinquante personnes dont l'allemand est la langue natale, et qui étudient aux Pays-Bas. Les cobayes ont dû parler en néerlandais pendant deux minutes, après avoir bu un verre d'eau pour la moitié du panel, et pour l'autre une quantité d'alcool déterminée en fonction de leur poids. Résultat : les consommateurs d'alcool ont reçu de meilleures notes que les buveurs d'eau, notamment pour la prononciation. Un petit rappel, tout de même : de nombreuses recherches – et peut-être vos propres observations – démontrent, à l'inverse, que plus l'on boit, moins l'on est capable de parler correctement. Même dans sa langue maternelle. Modération !*

Février et mars, période de carnaval…

Les comportements extraordinaires des animaux

Le bang de la crevette

On peut mesurer moins de 5 cm, avoir une mauvaise vue, et néanmoins disposer de talents de super-héros. La crevette pistolet doit son nom à son arme secrète, remarquable d'efficacité. Il s'agit de l'une de ses pinces, d'une taille démesurée : l'équivalent de la moitié de son corps (imaginez-vous avec une main de 80 cm) ! Quand la crevette la fait claquer, de façon très rapide, cela produit une bulle d'air qui explose en dégageant une chaleur de plus de 4 000 degrés et en émettant une détonation de 218 décibels, autant qu'un canon militaire ! La proie est assommée par le choc, voire tuée sur le coup.

Samedi 16 mars

Sainte Bénédicte On fête aussi les Eusébie, Héribert

« La pluie de mars est de l'or pur. »

Ha ! Ha ! Ha !

Quelques jours après les obsèques, la veuve d'un homme richissime se rend chez leur notaire pour prendre connaissance des dispositions prises par son défunt mari concernant sa fortune. Mauvaise surprise : à l'ouverture du document, elle découvre que son époux a légué la moitié de sa fortune à sa secrétaire, une blonde à forte poitrine âgée d'une trentaine d'années.
Folle de rage, la veuve fonce chez le marbrier et exige que celui-ci remplace l'inscription sur la tombe de son mari. L'employé des pompes funèbres lui explique qu'il est impossible de modifier le texte déjà gravé avant de lui préciser :
« On peut néanmoins ajouter un peu de texte en bas, car il reste de la place.
– Très bien ! sourit la veuve. Alors en dessous de "Repose en paix", vous inscrirez : "Avant que je te retrouve !" »

EXPRESSIONS IMAGÉES

Avoir le cœur sur la main

À l'origine, au XVIIe siècle, l'expression se disait « avoir le cœur *dans* la main ». Elle était utilisée pour qualifier quelqu'un d'honnête, de sincère. Le cœur étant, dans l'imaginaire, le siège de tous les sentiments, le montrer aux autres en le plaçant dans sa paume, c'est effectivement faire acte de transparence, de franchise et, depuis la fin du XVIIIe siècle, de générosité.

Les « pourquoi ? » de l'histoire

Pourquoi dit-on « chez ma tante » pour parler du mont-de-piété ?

Le mont-de-piété (en italien *Monte di pietà*, qu'il faudrait traduire par « crédit de charité » pour être exact) est un organisme de prêt sur gage. Il est devenu « chez ma tante » à cause du prince de Joinville, fils de Louis-Philippe, qui n'osa pas avouer qu'il y avait déposé une montre pour couvrir ses dettes de jeux. Il dit à sa mère l'avoir « oubliée chez sa tante ».

îles paradisiaques

Île de Vancouver, une beauté brute

Située en face de la très dynamique ville de Vancouver, l'île du même nom séduit les citadins par son charme virginal et sauvage. Son vaste territoire (l'équivalent des Pays-Bas) reste encore peu habité, à l'exception de la pointe sud où se trouve sa « capitale », la coquette Victoria. L'île est avant tout connue pour être le lieu de migration privilégié des baleines, qui empruntent par centaines les détroits qui l'entourent entre mai et octobre. À cette période, les visiteurs embarquent à bord de petits bateaux côtiers pour assister au ballet magique de ces géants. Dans les forêts et le long des rivières, les pumas, les grizzlys et les saumons complètent cette faune sereine, qui semble préservée de toute influence humaine. Plusieurs sites d'exception comblent les visiteurs, comme le spot de surf de Tofino, dans le parc national de Pacific Rim, ou encore la forêt ancestrale du parc naturel de MacMillan et les glaciers de Strathcona.

Dimanche 17 mars

Saint Patrice On fête aussi les Patrick, Pascalin

Le soleil se lève à **7h00** et se couche à **18h58**

« Quand il fait doux
à la Saint-Patrice,
de leur trou sortent
les écrevisses. »

Perles de sportifs

Charcuterie ou football, il faut choisir !

Qui l'a dit ? Thierry Roland (Football, TF1) :
« En première mi-temps, ça sentait le pâté... Et maintenant, ça sent le boudin. »

Dans l'hémicycle

Pour désigner l'estrade sur laquelle sont installés le bureau et le siège du président de l'Assemblée nationale, on utilise le terme de « perchoir ». Même les politiques entre eux et les journalistes spécialisés ont recours presque systématiquement à ce terme. Pourtant, savent-ils que le mot est à l'origine péjoratif ? Il apparaît pour la première fois dans un livre satirique du XIXe siècle, *L'Assemblée nationale comique*, écrit par Louis Mortimer Ternaux, et dans lequel le président de l'Assemblée est traité de « cacatoès sur son perchoir ». Voilà une métaphore volatile qui expliquerait la tendance qu'ont les députés à se laisser aller à la prise de bec !

Vermot Régions

ARDENNES / PEAUX DE CHÊNES ET PEAUX DE BÊTES

L'industrie du tannage des peaux était autrefois florissante dans les Ardennes, en raison de l'abondance des chênes dont l'écorce en était un élément indispensable. Au printemps, quand monte la sève dans l'arbre, on procédait à l'écorçage ou « pèlerie » des arbres. C'est particulièrement dans les vallées de la Meuse et de la Semoy, ainsi que dans la région bordant la Belgique, que des spécialistes exerçaient leur art avec un tibia de bœuf desséché au bout duquel était fiché un petit tranchant. Celui-ci était destiné à faire des incisions dans l'écorce des arbres, longitudinales d'abord, puis croisées par des sections transversales espacées d'environ 2 m. Peaux de chênes et peaux de bêtes marinaient ensuite ensemble, afin de rendre ces dernières plus souples, plus solides et surtout imputrescibles.

OH LE GROS GÂCHIS !

Très chères retraites

Oubliez les nombreux avantages accordés aux cheminots à travers leur régime de retraite particulier. Si vous voulez être jaloux, la Cour des comptes a débusqué beaucoup mieux dans son rapport 2012 : le microscopique régime de retraite des fonctionnaires de Nouvelle-Calédonie. Ce régime emploie sept salariés pour s'occuper de 8 575 fonctionnaires cotisants et 3 700 pensionnés. L'âge moyen des 175 personnes parties à la retraite en 2010 était de 54,7 ans. Ainsi, « un fonctionnaire calédonien peut prendre sa retraite à partir de l'âge de 50 ans après avoir cotisé trente ans, et même parfois seulement vingt-quatre ans, après prise en compte de l'ensemble des bonifications d'âge et de service ». Résultat : le régime perd 500 000 euros par mois. Si ça peut permettre à quelques-uns de bien profiter de leur hamac...

« La grande leçon de la vie, c'est que, parfois, ce sont les fous qui ont raison. »
Winston Churchill

SURNOMS
LA DAME DE FER

C'est à la tour Eiffel que le surnom de « Dame de fer » fut attribué en premier, grâce à l'élégance de sa silhouette montant vers le ciel, à la féminité de ses courbes et à la légèreté de son allure, malgré le matériau utilisé. Bien des années plus tard, c'est à Margaret Thatcher que le surnom revint, pour des raisons totalement opposées, évoquant sa froideur, sa dureté et sa brutalité.

RétroVermot

« Tu as acheté une nouvelle auto ?
– Oui, je suis entré dans le magasin pour pisser et je n'ai pas osé partir sans rien acheter… »

L'Info

LE MONDE EST FOOT !

Au Royaume-Uni, l'amour du ballon rond fait parfois des miracles. C'est en tout cas ce que pensent les supporters du club de Plymouth Argyle (troisième division) et la famille de Tony Kemp, un « ultra » de 59 ans. Hospitalisé après un AVC, Tony est resté dix-huit heures au bloc opératoire avant de sombrer dans le coma. Les médecins ont averti ses proches qu'ils devaient s'attendre au pire. Sa femme Dana est dès lors restée à son chevet jour et nuit. Deux jours plus tard, alors que Tony devait être débranché, dans une ultime tentative pour le réveiller, l'épouse lui a passé les chants entonnés par ses amis supporters lors des matchs. Et… son mari a ouvert les yeux. Simple coïncidence ? Ou nouvelle voix pour la science ?

Oui, mon chien aussi s'est fait arroser, dernièrement… c'est sans danger, le problème, c'est que ça pousse !

REMAKES
L'HOMME QUI EN SAVAIT TROP

Souvenez-vous, James Stewart et Doris Day aux prises avec des terroristes, en plein Marrakech. *L'homme qui en savait trop* fut, à sa sortie en 1956, l'un des plus grands succès de l'année au box-office américain. De là à faire oublier qu'une première version de cette histoire existe déjà. Le film à suspense d'Alfred Hitchcock est en réalité le remake d'un autre film : *L'homme qui en savait trop…* d'Alfred Hitchcok (1934). La différence entre les deux ? L'un est produit aux États-Unis, l'autre en Angleterre. En 1939, Hitchcock fuit la guerre en Europe et s'installe à Los Angeles. C'est là qu'il débutera sa carrière américaine, qui atteint son apogée dans les années 1950. Pour réaliser son propre remake, Hitchcock fait appel à un scénariste à qui il raconte l'histoire, tout en lui demandant de ne pas visionner le film original. Le second film remporte un grand succès public et Hitchcock dira lui-même : « La première version est l'œuvre d'un amateur de talent et la seconde, celle d'un professionnel. »

Mardi 19 mars

Saint Joseph On fête aussi les Joséphine, Quartille, Landoald

Le soleil se lève à **6h56** *et se couche à* **19h01**

« Qui veut de bons melons les sème pour Saint-Joseph. »

Rébus
ville française

VITRY
SEINE

Vitry-sur-Seine

PAS RAGOÛTANT

LA TARENTULE FRITE

Si vous êtes arachnophobe, passez votre chemin car nous allons ici parler « d'arachnophagie » avec une spécialité cambodgienne : la tarentule frite ! Avec ses huit pattes velues, la tarentule présente un goût délicieux, à mi-chemin entre le poulet et le cabillaud. La consommation de la tarentule serait assez récente, elle daterait de l'époque des Khmers rouges, où la nourriture manquait cruellement. Vous trouverez facilement de la tarentule frite, devenue une attraction touristique, dans les petites échoppes ambulantes de Skuon ou de Phnom Penh.

TOXIQUE OU NON ?

Bryone

Quelle exubérance ! La bryone (*Bryonia dioica*) s'invite dans les jardins sans y être conviée et elle a vite fait de coloniser un treillage en étouffant votre rosier ! Et dans la campagne, elle escalade les haies, avec ses vrilles et ses tiges de plus de 5 m. Elle a du charme, il faut l'avouer, avec ses feuilles lobées, ses fleurs blanches étoilées et ses jolies baies, d'abord vertes, puis orangées, et enfin rouge vif, en grappes, qui aguichent l'œil et éveillent l'appétit – mais c'est là que gît le lièvre, car elles sont éminemment toxiques. Et même le simple contact des feuilles peut provoquer des irritations de la peau. C'est ce qui lui a valu les noms de « vigne du diable » ou de « vigne de serpent », et on l'appelle aussi « navet du diable », à cause de sa grosse racine. Curieusement, depuis l'Antiquité, on dit que la bryone préserve de l'ivresse : il suffirait d'avaler un grand verre de macération de feuilles dans le vinaigre pour pouvoir s'adonner sans conséquence à la dive bouteille. Malheureusement, c'est une réputation surfaite !

Régiments

Plus ancienne unité de l'armée française, le 1er régiment d'infanterie de Sarrebourg est l'héritier moderne de la longue lignée des bandes de Picardie, créées en 1479. Cette histoire en fait le plus ancien régiment du monde encore en activité. Sa devise actuelle, « On ne relève pas Picardie », date de la bataille de Parme en Italie, en 1734, quand on proposa à Charles de Rohan-Rochefort, prince de Montauban, de relever son régiment qui était sur la ligne de feu depuis un long moment. La réponse du prince ne se fit pas attendre : « Monsieur, vous saurez qu'on ne relève pas Picardie ! ». Parmi les personnalités ayant servi sous la bannière du 1er régiment d'infanterie, on compte notamment l'illustre architecte militaire Vauban, qui y fut capitaine de 1651 à 1653.

« Un mot aimable est comme un jour de printemps. »
Proverbe russe

HAUT EN COULEUR

Quand on échoue, on dit souvent qu'on fait « chou blanc », mais pourquoi donc ? L'expression pourrait venir d'une déformation due au patois berrichon, dans lequel un coup se prononce « choup ». Et au jeu de quilles, très populaire au XVIe siècle, on disait de quelqu'un qui ne marquait pas qu'il faisait « coup blanc ». Le coup est devenu chou, et la couleur et le sens sont restés.

Noms de villages

Les usagers de la D130 dans l'Yonne ont parfois la surprise de traverser un village dont le nom fleure bon la gauloiserie (les mauvaises langues iront plus loin, pas nous !). En effet, comment ne pas sourire quand on arrive à Anus, à une vingtaine de kilomètres d'Auxerre ? Mais de là à dire que c'est le trou du cul du monde…

Solution mots fléchés [p. 91]

	R		C		P		O		Z		M	
R	A	C	H	A	T		K	O	W	E	I	T
	P	A	R	D	O	N		S	E	U	L	S
D	E	B	O	I	S	E	R		I	X	I	A
	R		M	E	E	T	I	N	G		E	R
M	A	T	O	U		T	R	I		F	U	S
		A			L	E	A	D	E	R		
D	E	L	A	V	E	S			R	O	L	E
	R	E	B	A	T		G	A	R	N	I	R
F	O	R	U	M		P	I	R	A	T	E	E
	D		S	P	H	I	N	C	T	E	R	S
C	E	P	E		A	L		S	U	A		
		O		S	P	O	T		M	U	R	S
S	U	R	V	O	L	T	E	R			A	U
	S	T	E	N	O		R	A	N	C	I	R
I	N	E	R	T	I	E		D	I	O	D	E
	E	U	S		D	R	U		E	L	I	T
Z	E	R	O		E	S	S	A	R	T	E	E

MAÎTRES DU POLAR

Dan Brown

Selon la légende, c'est à cause d'une intervention policière que Dan Brown serait devenu écrivain. Enseignant à l'université d'Exeter Phillips (Nouvelle-Angleterre), il assiste à l'arrestation par les services secrets d'un étudiant qui, pour rire, avait évoqué dans un mail l'assassinat de Bill Clinton. Impressionné par la capacité de surveillance des agences de renseignements, il se lance dans l'écriture. Cinq ans plus tard, il publie son premier roman, *Forteresse digitale.* Il lui faudra cinq années supplémentaires pour devenir l'un des auteurs de thrillers les plus lus dans le monde, avec son *Da Vinci Code.* Paru en 2004, le best-seller popularise le professeur Langdon, incarné au cinéma par Tom Hanks deux ans plus tard. Expert en symbologie à Harvard et homme séduisant, son « double réussi » selon Brown, Robert Langdon est confronté à des pratiques occultes sanglantes, des sociétés secrètes violentes inspirées par les Illuminati, la franc-maçonnerie, l'Opus Dei, l'*Enfer* de Dante… Véritables courses contre la montre pour sauver le destin de l'humanité, les enquêtes du professeur mettent en scène les monuments et œuvres d'art parmi les plus célèbres du monde. Dans *Origines* publié en 2017, Dan Brown s'empare de l'intelligence artificielle et entraîne son héros claustrophobe dans un jeu de piste haletant. En toile de fond, comme toujours avec Dan Brown, l'affrontement inévitable entre sciences et religions.

AUTORISATION PARENTALE POUR S'INSCRIRE SUR FACEBOOK ?

CONCOURS LÉPINE

Il fallait un peu de courage et beaucoup de connaissances techniques pour oser mettre au point une marmite à fermeture hermétique dont le couvercle est vissé ! Monsieur Chapelar, qui présenta son invention au concours Lépine lors de l'édition de 1926, ne manquait ni de courage ni d'inventivité. C'est sans doute ce qui leur valut, à lui et son invention, de remporter le premier prix du concours. L'histoire ne dit pas combien de marmites il avait fait exploser avant la mise au point de la version finale, mais savoir prendre des risques, c'est aussi ça la petite cuisine de la vie d'inventeur !

Jeudi 21 mars

Sainte Clémence On fête aussi les Endée, Sérapion

Le soleil se lève à **6h52** *et se couche à* **19h04**

*« À mars poudreux,
avril pluvieux. »*

Inventions insolites

La patrouille de pigeons

À Londres, des pigeons munis de capteurs sur le dos ont été entraînés pour survoler la ville et mesurer le taux de pollution de l'air. Les capteurs étaient insérés dans de minuscules sacs à dos qui avaient été enfilés aux pigeons. Pour une fois, le volatile si décrié dans nos villes pour les dégâts qu'il y cause s'est rendu utile pour la science et l'environnement.

Secrets d'État

Et si la mort d'Adolf Hitler dans son bunker de Berlin à la fin de la Seconde Guerre mondiale était une mise en scène ? C'est ce que laisse entendre ce mémo de la CIA déclassifié récemment et révélé au public. Écrite en 1955 par un informateur de l'agence d'espionnage américaine, et validée par le chef de poste, la note affirme qu'Adolf Hitler était encore en vie à l'époque, qu'il se cachait quelque part entre l'Argentine et la Colombie sous le pseudo d'Adolph Schuttlemayer, et qu'il vivait entouré d'anciens dignitaires nazis. Le plus étonnant ? Malgré la présence dans le mémo d'une photo (floue) représentant l'informateur à côté d'Hitler, la CIA décida de ne pas enquêter plus avant sur le sujet.

Vermot'roscope

BÉLIER (21 mars-20 avril)

Caractère

Dynamique, entreprenant, volontaire, passionné, entier, impulsif, créatif, combatif, rapide, curieux, franc, direct, héroïque, conquérant, séducteur, infatigable.

Les influx planétaires intéressants

Uranus vous fera les yeux doux du 1er janvier au 7 mars, distillant une énergie propice aux petits changements de rythme ou d'habitudes. Du 8 au 20 juillet, Mercure, l'intellect et la communicante, vous donnera l'occasion d'améliorer vos échanges avec vos proches.

Vie sociale et activités

2019 sera une année agréable pour vous ouvrir à d'autres horizons, à d'autres activités. Certains natifs auront besoin de changer d'air ou d'environnement. Vous serez ouvert aux rencontres en tout genre et votre curiosité vous incitera à explorer des loisirs aussi captivants que passionnants.

Amour

En couple : pas question de rester enfermé dans vos habitudes ou votre confort de vie. En 2019, vous serez bien décidé à faire la chasse à la monotonie. Ainsi, toutes les occasions de pimenter votre vie conjugale seront les bienvenues. C'est une année favorable à l'épanouissement et à la redécouverte de l'autre. L'année sera propice aux sorties et aux escapades en amoureux.
Célibataire : dès le début de 2019, vous aurez soif d'aventures et de nouvelles rencontres. Débordant de vie, vous direz oui aux sorties et aux invitations.

Famille

Vous aurez tendance à vouloir imposer votre rythme de vie ou votre vision des choses à votre entourage. Conséquence : des tensions et très certainement des conflits de générations. Acceptez que les autres puissent agir ou vivre différemment de vous.

Budget

En 2019, vous verrez votre situation se modifier. Pour certains, vous renflouerez vos comptes et rééquilibrerez votre budget. Pour d'autres, ce sera l'inverse et vous connaîtrez une baisse de vos revenus. Attention aux dépenses hasardeuses et aux rappels de votre banque.

Bien-être

D'un bout à l'autre de l'année, vous pourrez compter sur une belle énergie et un entrain à toute épreuve. Ainsi, malgré quelques moments de fatigue, vous parviendrez à récupérer. Pratiquez un sport qui vous détende et évitez toute forme de stress.

Conseils pour bien vivre 2019

Pour être au top tout au long de l'année, vous devrez apprendre à écouter votre organisme. Évitez de jouer les gros bras et sachez reconnaître vos limites quand il le faudra. Cultivez-vous l'esprit et le corps afin de rester alerte. Donnez libre cours à vos envies et à vos idées. Soyez créatif et restez optimiste.

« Une hirondelle ne fait pas le printemps. »

Vermot Régions

CORSE / LE WHISKY CORSE

Selon certains amateurs éclairés, le whisky corse se classe cinquième au palmarès mondial. Mieux noté que ceux venant d'Irlande, des États-Unis ou même d'Écosse, il se caractérise par ses arômes d'agrumes. La distillation a lieu seulement quelques semaines par an et, avant d'être vendu, il est vieilli dans des fûts de chêne qui ont contenu du vin blanc ou du muscat, ce qui apporte une touche gustative très particulière. Comme les alcools du continent, il est à consommer avec modération !

Fausse Charade

Mon premier joue du banjo.
Mon deuxième est un anaconda.
Mon troisième est un saint.
Mon tout est un chanteur américano-français.

JOE DASSIN (JO – DA – SAINT)

SUDOKU difficile

		4		9			3	6
				8				
	6			3		7	4	9
	1	3					6	2
4								
			4		6		5	
5					9	3	7	
9	8		3					

Solution page 106

Ces objets presque disparus

Adieu les sacs plastiques

Les sacs en plastique offerts en quantité à la caisse des supermarchés ont fait partie de notre vie pendant des décennies. On a peut-être vite eu tendance à les oublier, tant ces objets semblent anodins et tant nous sommes parfois capables de prendre rapidement de nouvelles habitudes (surtout lorsqu'elles nous sont imposées !). Leur solidité, variable, a souvent été mise à rude épreuve, et un grand nombre d'entre eux, bien que normalement à usage unique, ont trouvé une seconde vie, certes moins glamour mais ô combien utile, en étant réemployés comme sacs-poubelles. Hélas, bien trop ont fini dans la nature, polluant notre environnement pour un bon moment : leur temps de décomposition est estimé à… 400 ans ! D'où leur interdiction depuis le 1er juillet 2016. Un petit geste pour chaque client et, pour la planète, un ouf de soulagement !

L'Info

Petites bêtes à bord

Pas totalement désintéressée, CosmétiCar, une entreprise spécialisée dans le nettoyage automobile, a voulu mesurer le niveau de pollution dans l'habitacle d'une voiture. D'après leurs prélèvements, mieux vaut enfiler une combinaison intégrale la prochaine fois que vous montez en voiture ! Il y aurait plus de bactéries à l'intérieur que sur une cuvette de toilettes ! Le volant contient à lui seul 800 bactéries au centimètre carré. Et ce n'est pas beaucoup mieux sur le tableau de bord ou le levier de vitesse. Quant aux poignées de porte, c'est un véritable bouillon de culture ! La surexposition de l'habitacle à la chaleur et à l'humidité favoriserait la multiplication de champignons et de bactéries. Manger et boire dans son véhicule n'arrange rien. Pour l'entreprise, ce « véritable nid de germes potentiellement dangereux pour l'organisme » doit être nettoyé régulièrement. On imagine chez qui…

LES FONCTIONNAIRES REÇUS AU MINISTÈRE

« L'homme qui veut vivre sans soupçon doit bien se garder de faire trahison. »

Protocole

En France, l'ordre de préséance est clairement établi et recense toutes les positions officielles imaginables. La tête de liste revient bien évidemment au président de la République, suivi du Premier ministre, du président du Sénat et du président de l'Assemblée nationale. En 5e position arrivent tous les anciens présidents, dans l'ordre inversement chronologique de leur prise de fonction, suivis par les membres du gouvernement (dans un ordre de préséance spécifique répartissant les ministères), les anciens Premiers ministres, le président du Conseil constitutionnel, etc. Le chef d'état-major des armées passe en 19e position, le maire de Paris en 22e, le président du CSA en 29e, et les présidents d'universités parisiennes et des grandes écoles en 40e. Quand on vous dit qu'ils pensent à tout le monde !

Ça bulle

Si vous avez parcouru une fois dans votre vie les albums d'Astérix, il ne vous aura pas échappé que, chaque fois que le bateau des pirates normands coule, ces derniers y vont de leur petite formule latine. Uderzo et Goscinny étaient-ils des latinistes convaincus ? Pas du tout, et du propre aveu de Goscinny, ces formules étaient trouvées au dernier moment et au hasard dans les pages roses du *Petit Larousse* !

Meilleures tables de France

Mauro Colagreco au Mirazur

Un chef italo-argentin surdoué, une bâtisse splendide encastrée dans la roche, une vue à couper le souffle sur la Méditerranée, des produits ultra-frais… *Mirazur* est une perle rare. Sacré 4e meilleur restaurant du monde par le *50 Best Restaurants 2017* (classement à l'initiative du magazine britannique *Restaurant*), le restaurant du chef Mauro Colagreco régale Menton et sa région de sa cuisine audacieuse. Chaque ingrédient est choisi le jour même, récolté dans l'un des jardins du chef, ou bien acheté au marché de Vintimille – la frontière italienne est toute proche. Haricots beurre, consommé à la camomille, huîtres Gillardeau, le menu explore les trois « univers de Colagreco » : jardins, arrière-pays montagneux et mer Méditerranée. En moins de dix ans d'existence, cette table a su s'imposer dans le paysage très sélect de la haute cuisine, séduisant les palais les plus exigeants – en témoignent les deux étoiles *Michelin* et les quatre toques *Gault & Millau*.

Stars en famille

Acteur et humoriste, José Garcia nous fait rire depuis ses premières apparitions sur les plateaux de Canal+ aux côtés d'Antoine de Caunes. De son mariage avec la réalisatrice Isabelle Pinelli sont nées deux filles, Laurène et Thelma. Elles portent le véritable nom de leur papa, Doval, et sont toutes les deux comédiennes, notamment pour la série *Quadras*, sur M6, réalisée par… leur maman !

Le soleil se lève à
6 h 46
et se couche à
19 h 08

Dimanche 24 mars

Sainte Catherine de Suède On fête aussi les Adhémar

« Brouillard en mars, gelée en mai. »

Molière en vadrouille

Déjà en France, il existe une petite confrontation pour savoir comment désigner un téléphone qu'on peut emporter avec soi : certains diront téléphone portable, d'autres téléphone mobile. Mais si vous regardez les pays francophones, cette confusion augmente encore d'un cran. Car, en Belgique, on préférera « GSM » (Global System for Mobile) et, en Suisse, on dira « Natel », qui est la contraction de « Nationales Autotelefonnetz », mot désignant originellement les téléphones installés dans les voitures.

TOURS DU MONDE

Faire du stop peut s'avérer bien utile en cas de petite panne ou de petit pépin d'organisation. Mais pour certains, plus qu'un plan B, le stop est un véritable art de vivre. Jérémy Marie, un voyageur et écrivain français, a même décidé, en 2007, de se lancer dans un tour du monde en auto-stop. Ayant déjà à son actif un tour de France et un tour d'Europe en stop, on peut dire qu'il était déjà expérimenté dans le domaine. Il ne lui fallut pas moins de 1 980 jours (soit presque 5 ans), et 1 752 véhicules différents (des autos, des bateaux, des avions) pour parcourir les 180 000 km de son périple au cours duquel, en plus, il rencontra sa fiancée. La prochaine fois que vous croiserez un auto-stoppeur, pensez-y, il vient peut-être de plus loin que vous ne pensez !

Santé naturelle

La cannelle contre le diabète

Originaire du Sri Lanka et du sud de l'Inde, le cannelier est un grand arbre tropical de la famille des lauracées (comme le laurier). C'est la partie interne de l'écorce des branches et des rameaux, que l'on fait sécher, qui donne la cannelle, une délicieuse épice qui possède aussi de nombreuses vertus thérapeutiques. Chez les personnes atteintes de diabète de type 2, elle permet une baisse significative du taux de sucre dans le sang. En bonus, elle a des propriétés antioxydantes significatives et une grande richesse en fibres alimentaires, ce qui est bon pour le transit.

Utilisation : en poudre ou en morceaux.

RétroVermot

Quel est le comble de l'envie ?

Être jaloux de sa langue parce qu'elle est logée dans un palais.

Kézako

Le cloud

Les anglophiles auront tout de suite reconnu le mot *cloud*, traduction anglaise de notre « nuage ». Mais cela ne nous dit pas grand-chose de la technologie qui porte son nom. En fait, le « cloud » est un espace de stockage virtuel en ligne qui permet d'enregistrer des contenus (texte, images, vidéos, etc.) et d'y accéder depuis n'importe quel appareil connecté à Internet. Voyez-le en quelque sorte comme une boîte à souvenirs virtuelle, ou comme une mémoire externe : plutôt que d'enregistrer vos contenus numériques sur le disque dur de votre ordinateur, c'est dans le cloud, ce fameux nuage, que vous les envoyez. Ainsi, ils ne prennent pas de place sur vos appareils, ne risquent pas de disparaître en cas de panne et restent accessibles, consultables et modifiables. Avec le cloud, vos données sont sur un petit nuage !

Lundi 25 mars

Annonciation – On fête aussi les Humbert, Dula, Dismas

Le soleil se lève à 6 h 43 et se couche à 19 h 10

« Le papillon blanc annonce le printemps. »

GRANDES TOURS DU MONDE

LA TOUR DE SHANGHAI

Initialement prévue pour l'Exposition universelle de 2010 à Shanghai, cette tour de 632 m de haut n'est achevée qu'en 2015. Les murs de sa façade en verre décrivent une spirale que certains comparent à la silhouette d'un dragon asiatique s'élevant vers le ciel. Ses concepteurs l'ont conçue comme le gratte-ciel le plus écologique de l'époque : elle abrite notamment une dizaine de jardins intérieurs et un réseau de 250 éoliennes. Avec ses voisines immédiates, la Jin Mao Tower (421 m, inaugurée en 1999), et le Shanghai World Financial Center (492 m, inauguré en 2008), elle forme le trio le plus imposant du monde.

QUIZ CHANTEURS

Sous quel pseudo est plus connue la chanteuse Iolanda Gigliotti ?

Dalida

Ha ! Ha ! Ha !

Trois couples souhaitent se marier dans la même église. Parmi eux, il y a un jeune couple, un couple d'âge mûr et un couple de personnes âgées. Les trois couples rencontrent le curé, très traditionaliste, qui leur dit :

« Si vous souhaitez vous marier dans mon église, vous devez vous abstenir d'avoir des rapports sexuels pendant un mois. »

Un mois plus tard, les trois couples retournent voir le prêtre. Il interroge d'abord les plus âgés :

« Avez-vous eu des relations sexuelles pendant le mois écoulé ?

– Non aucun, c'était facile ! répond le couple en chœur.

– Et vous ? demande le curé au couple d'âge mûr.

– C'était dur, mais nous n'avons pas eu de relations sexuelles pendant tout le mois, répondent les quadras.

– Et vous deux ? demande-t-il enfin au jeune couple.

– Nous n'avons pas réussi…, avoue le jeune homme.

– Ah bon ? Expliquez-moi pourquoi ? dit le prêtre, contrarié.

– Eh bien, ma copine avait une boîte de pop-corn dans sa main et elle l'a accidentellement lâchée, elle s'est penchée pour la ramasser et c'est comme ça que… »

Outré, le curé lui lance :

« Sortez ! Et vous n'êtes plus les bienvenus dans mon église !

– C'est aussi ce qu'on nous a dit au supermarché, Monsieur… »

SURNOMS

L'EMPEREUR À LA BARBE FLEURIE

Tout le monde connaît le surnom de Charlemagne, « l'empereur à la barbe fleurie ». Malheureusement, aucune représentation réalisée de son vivant ne le présente… avec une barbe ! C'est bien après sa mort que les chroniqueurs, voulant illustrer la sagesse de celui qui inventa l'école, lui attribuèrent une barbe blanche aux poils bouclés, semblables à des fleurs de cerisier…

« La mauvaise herbe croît plus vite que la bonne. »

PROVERBES PATOIS

Proverbe basque

Le Pays basque regorge de traditions et, naturellement, de sages proverbes qui viennent qualifier la vie quotidienne de son peuple fier et travailleur. Pour expliquer que les affaires n'avancent pas si on ne fait aucun effort, on dira par exemple : « *Ganoragabeen etxean, goizeko salda arratsean* », qu'on peut traduire par : « À la maison des fainéants, la soupe du matin est servie le soir… »

Que dit un Anglais qui cesse de travailler quand sa femme n'est pas là ?
« Je suis en congé de ma lady. »

SLOGANS

La propagation d'un slogan ou d'une formule politique tient à de nombreux facteurs, dont la plupart sont obscurs et mystérieux. Difficile, donc, de dire pourquoi, en 2015, au lendemain des attaques terroristes contre le journal satirique Charlie Hebdo, la foule des internautes et des gens présents dans la rue a fait sienne cette phrase et le visuel qui l'accompagne, créés tous deux par le graphiste Joachim Roncin. Toujours est-il que la formule « Je suis X » fait aujourd'hui partie du langage courant pour exprimer son soutien à des victimes.

Métiers de bouche

Petite histoire de la boulangerie

Les hommes préhistoriques mélangeaient déjà les céréales à de l'eau et mettaient cette bouillie à sécher au soleil. C'est l'invention du four qui fut déterminante chez les Égyptiens puis chez les Grecs. Si Dagobert Ier, en 630, pose les bases réglementaires de la fabrication et du commerce du pain, il faut attendre 1200 pour que Philippe Auguste autorise les boulangers à construire leur four chez eux. C'est au XIIe siècle qu'est apparu le nom de « boulanger » (du picard *boulenc* : « celui qui fabrique le pain rond »). Avant, on parlait de « talmelier » (de « tamiser », pour la farine, ou bien de « taler » pour le pétrissage). À la fin de la période médiévale, la réglementation prend vraiment forme : les boulangers doivent apporter leur pain à la halle les jours de marché et ne peuvent faire que deux types de pain (même poids, même farine et même prix) : l'un de 4 deniers, et l'autre de 2. On décida ensuite que le prix du pain serait indexé sur le prix du blé.

Le Chiffre

100 millions

C'est, en dollars, ce qu'il vous coûtera, ou presque, si vous souhaitez emménager dans la Central Park Tower, inaugurée cette année à New York. Pour le prix, vous aurez droit à un luxueux loft de 740 m², ses quatre chambres, son ascenseur et sa piscine privés, sa terrasse de 20 m² et sa vue exceptionnelle. La tour Nordstrom – c'est sa véritable appellation –, surmontée d'une antenne qui s'élève à 541 m, sera désormais la plus haute des États-Unis. Celle qui propose les appartements les plus chers du pays également – logements qui ne sont pas tous vendus à cause de leur prix extravagant, même pour des milliardaires. Une « crise » dans le logement pour très riches qui ne semble pas bouleverser les plans d'Adrian Smith & Gordon Gill, le cabinet d'architectes à l'origine de ce projet pharaonique. Depuis qu'ils ont conçu le Burj Khalifa (828 m), puis la Jeddah Tower (1 001 m) à Dubaï, ils sont considérés comme les plus grands spécialistes des gratte-ciel. Et les commandes atteignent des sommets ! En matière de grande tour, on n'a pas fini de faire le tour…

« La santé se mesure à l'amour du matin et du printemps. »
Henry David Thoreau

Un vrai feuilleton

Si *Des jours et des vies* détient le record du nombre d'épisodes pour une série toujours en cours de production, le record absolu du nombre d'épisodes est encore, et de loin, attribué à la série américaine *Haine et Passion*, débutée en 1952 et arrêtée en 2009. Les chiffres parlent d'eux-mêmes : 56 saisons, et 15 762 épisodes au total. Qui a dit que les téléspectateurs n'étaient pas fidèles ?

EXPRESSIONS IMAGÉES

Avoir un coup de foudre

L'expression « avoir un coup de foudre » relève à la fois de la brutalité de la foudre qui tombe, inattendue et violente, mais aussi du feu qu'elle provoque. Le même feu que celui de la passion qui dévore deux amoureux après qu'ils se sont rencontrés. Pour se dire victime d'un coup de foudre, il faut donc à la fois que la relation soit passionnelle et qu'elle ait commencé subitement !

Vermot Régions

NORD / ALAIN DECAUX

C'est à Lille que l'académicien Alain Decaux a vu le jour, le 23 juillet 1925. Connu notamment pour ses biographies, il a mis tout son talent pour vulgariser l'histoire dans les médias. C'est sans doute son goût pour les énigmes historiques non résolues qui l'a amené à reconstituer des univers particuliers dans ses émissions de radio dès 1951. Une aventure qui durera jusqu'en 1997 sur France Inter, où les auditeurs aimaient qu'Alain Decaux raconte… Cette présence continue dans les médias ne l'empêchera pas d'être élu à l'Académie française en 1979, ni d'être ministre de François Mitterrand de 1988 à 1991. Après sa mort survenue à l'âge de 90 ans, le 27 mars 2016, c'est le président François Hollande qui prononça son éloge funèbre au cimetière du Père-Lachaise.

TOXIQUE OU NON ?

Grande chélidoine

Sympathique… mais toxique ! Son nom, en latin, signifie « hirondelle » et, de fait, elle fleurit au retour de ces jolis migrateurs. Jadis, on disait que ces oiseaux frottaient de sa sève les yeux de leurs petits, nés aveugles, pour leur donner la vue. D'où vient la légende ? Mystère, d'autant que les hirondelles naissent les yeux ouverts ! La grande chélidoine (*Chelidonium majus*), une annuelle toute simple aux feuilles lobées, pousse un peu partout, dans les friches, sur les décombres, au bord des chemins et dans les coins délaissés de votre jardin. On l'appelle « herbe aux verrues », parce que son suc est utilisé pour résorber ces excroissances cutanées, de même que les cors. Elle ne donne pas vraiment envie de mordre dedans, et heureusement, car sa toxicité n'est pas une plaisanterie, surtout pour le foie. Par ailleurs, les alchimistes, toujours optimistes, au vu de ses jolies fleurs jaunes, de son bouquet d'étamines de même couleur et de sa sève dorée, ont tenté de l'utiliser pour transmuter en or les métaux. Apparemment sans succès.

« S'il gèle à la Saint-Gontran, le blé ne deviendra pas grand. »

C'est pas la crise pour tout le monde !

Une fois n'est pas coutume, cette rubrique va mettre en avant un homme qui limite de lui-même ses prétentions salariales ! Donald Trump, président américain qu'on ne présente plus, a décidé, lors de sa prise de fonction, de réduire son salaire au minimum légal, soit un dollar symbolique. Il faut dire que le pauvre ami avait à l'époque plus de 3,7 milliards de dollars d'actifs. Un beau geste, donc, mais un sacrifice plutôt limité !

Vermot Régions

BOUCHES-DU-RHÔNE / LE PREMIER HYDRAVION

Le 28 mars 1910, Henri Fabre, un Marseillais auquel on doit l'invention de l'hydravion, fit voler son engin au-dessus de l'étang de Berre et s'y posa sans dommage.

Ça, c'est fait… divers

Le hipster était un dealer

Il incarnait à merveille cette nouvelle espèce de « barbus branchés » apparus à l'orée des années 2010 : les hipsters. Sa longue et magnifique barbe rousse lui avait même offert en 2015 une huitième place aux championnats du monde de la plus belle barbe. Le Franco-Israélien Gal Vallerius comptait faire beaucoup mieux lors de l'édition 2017 organisée au Texas. Et ses milliers de fans sur Facebook, Twitter et Instagram attendaient beaucoup de son poil long et lustré. Raté ! En arrivant à la compétition, ce sont les agents du DEA, la brigade des stups américaine, qui ont accueilli leur champion. Rien à voir avec sa forte pilosité au menton : Gal le hipster est soupçonné d'être OxyMonster, un gros dealer en activité sur le darknet, la face obscure d'Internet. D'après l'accusation, l'habitant de Plusquellec (Côtes-d'Armor) était l'un des principaux administrateurs d'un important site de vente de stupéfiants. Opioïdes, cocaïne, ecstasy, amphétamines… un immense supermarché de la drogue virtuel ! L'analyse de son ordinateur portable a confirmé son identité et son rôle de trafiquant. Si les enquêteurs ont pu remonter jusqu'à lui, c'est grâce à sa barbe. Ou plus exactement à cause de sa passion pour sa barbe qu'il exhibait et commentait beaucoup sur les réseaux sociaux. En utilisant les mêmes expressions que pour son business illégal sur Internet. Hipster, mais pas lumière, Gal Vallerius encourt la prison à perpétuité. Parfait pour battre le record de la barbe blanche la plus longue…

EMOJI

Le langage emoji est à deux niveaux de lecture : vous pouvez utiliser les emoji pour ce qu'ils représentent objectivement, ou bien de manière détournée, en laissant libre cours à votre imagination. Ceci est notamment obligatoire pour les représentations coquines, puisqu'il n'existe pas d'emoji cochons (mais il existe bien un emoji cochon). Les plus souvent utilisées pour représenter la poitrine féminine sont la cerise, la pomme ou la poire. Cinq fruits et légumes par jour, on a dit !

Vendredi 29 mars

Sainte Gwladys On fête aussi les Gladys, Archibald, Pasteur

Le soleil se lève à **6h35** et se couche à **19h16**

« Quand l'abricot est en fleur, jour et nuit ont même longueur. »

Charade à tiroirs

Mon premier rend l'âme.

Mon deuxième désigne expressément.

Mon troisième cesse de marcher.

Mon quatrième déforme.

Mon tout est un homme de lettres français, célèbre pour ses contes.

CHARLES PERRAULT. Mon premier est Char, car Char meut (Charmeut). Mon deuxième est Leu, car Leu cite (Leucite). Mon troisième est Per, car Per cale (Percale). Mon quatrième est Ro, car Ro tord (Rotor).

LE VRAI DU FAUX

Solution sudoku [p. 99]

1	2	4	5	9	7	8	3	6
3	7	9	6	8	4	2	1	5
8	6	5	2	3	1	7	4	9
7	1	3	9	5	8	4	6	2
4	5	6	1	2	3	9	8	7
2	9	8	4	7	6	1	5	3
5	4	2	8	6	9	3	7	1
6	3	1	7	4	2	5	9	8
9	8	7	3	1	5	6	2	4

Au menu

Financiers légers au citron

POUR 4 À 6 PERS.
20 MIN DE PRÉPARATION
15 MIN DE CUISSON

3 BLANCS D'ŒUFS
50 G DE BEURRE
90 G DE POUDRE D'AMANDES
90 G DE SUCRE
1/2 SACHET DE LEVURE
1 CITRON, BIO DE PRÉFÉRENCE (LE ZESTE)

Préchauffez le four à 210 °C (th. 7). Cassez les œufs et séparez les blancs des jaunes. Battez les blancs en neige ferme.

Faites fondre le beurre. Mélangez la poudre d'amandes, le beurre, le sucre et la levure. Prélevez les zestes et ajoutez-les dans la pâte.

Versez la pâte dans les moules à financiers et enfournez pour 15 minutes.

Conseils : utilisez des moules à financiers en silicone, le démoulage sera plus facile. À défaut, graissez-les bien au préalable.

Les comportements extraordinaires des animaux

La faim justifie les moyens

L'être humain n'est pas la seule espèce animale à élaborer des stratégies et à utiliser des outils pour se nourrir, loin de là ! Des grands singes comme les chimpanzés manipulent avec expertise des baguettes pour attraper des termites dans leurs galeries. Plus surprenant, des oiseaux font de même ! La corneille de Nouvelle-Calédonie utilise avec son bec une tige pour déloger des larves d'insectes dans des troncs d'arbres. Plus près de vous, n'avez-vous jamais observé une corneille perchée sur un fil aérien faire tomber une noix ou un escargot par terre afin de casser leur coquille et de s'en délecter ?

VISIONNAIRES

1984, le roman de George Orwell, est une référence, en roman d'anticipation, bien sûr, mais pas seulement. En effet, la précision d'Orwell dans la description des mécanismes d'un régime totalitaire et de ses risques fait penser à certains égards à notre société moderne. Notamment, l'évocation des opérations de surveillance à grande échelle de Big Brother fait obligatoirement écho, chez le lecteur contemporain, au scandale de la surveillance de masse de la NSA, révélé en 2013. Ce n'est pas pour rien qu'Orwell est souvent pris en référence par les libertaires et anti-surveillance de tous bords. Espérons tout de même qu'il n'avait pas raison sur tout...

Le soleil se lève à
6h33
et se couche à
19h17

Samedi **30 mars**

Saint Amédée On fête aussi les Amadeus, Amédine, Malon

« Quand mars se déguise en été, avril prend ses habits fourrés. »

Maladies imaginaires

Le « tour de reins », évoquant une douleur dans le bas du dos consécutive à un effort physique ou au transport de charges trop lourdes, est l'un des maux les plus courants. Pourtant, il n'a aucune réalité médicale, car il est évident que les reins ne font pas de tour sur eux-mêmes… Ce terme générique peut désigner une multitude de pathologies, du muscle froissé à la hernie discale. ✚

Noms de villages

Si les naturistes rêvent d'habiter à poil, les habitants de Poil, eux, restent bien habillés toute l'année. En effet, cette commune de la Nièvre n'a pas besoin de se dévêtir pour attirer les curieux de tout poil. Mais ce qui ne fait pas poiler les habitants, c'est le vol répété des panneaux d'entrée et de sortie de la commune. Pour ces derniers, nous conseillons d'enquêter chez les esthéticiennes !

L'Info

Petites bêtes encore

Après les bactéries au volant (voir le 22 mars), le gâteau aux bactéries ! Paul Dawson, professeur en sécurité alimentaire aux États-Unis, a déterminé avec précision le nombre de bactéries qui atterrissent sur un gâteau lorsqu'on souffle les bougies. Les résultats de son expérience ont été publiés par le très sérieux Journal of Food Research *en août 2017. On se demande comment l'idée leur en est venue, mais lui et son équipe ont donc soufflé sur les bougies d'un faux gâteau en polystyrène recouvert d'une feuille d'aluminium et d'un véritable glaçage au sucre. Le glaçage, dilué ensuite dans de l'eau stérilisée, a été examiné au microscope. Résultat : il comportait en moyenne « 1 400 % de bactéries en plus qu'une surface intacte, soit quatorze fois plus ». Inutile d'angoisser la prochaine fois qu'on vous offrira une part de gâteau lors d'un anniversaire : ces bactéries ne sont pas dangereuses. Sauf si le souffleur est malade, bien entendu !*

Chiffres étonnants de la science

Les fourmis sont-elles aussi lourdes que nous ?

Encore des petites bêtes, mais bien visibles par rapport aux bactéries… Les fourmis nous impressionnent toujours par leur organisation, leur entêtement, et surtout par leur nombre. On en recense environ 12 000 espèces dans le monde, contre une seule espèce humaine. Combien d'individus cela fait-il ? Un entomologiste britannique téméraire, C. B. Williams (1889-1981), a mené de savants calculs avant d'aboutir à un résultat qui donne le tournis : il estime que la Terre est peuplée de 10 millions de milliards de fourmis, à comparer aux 7,5 milliards d'êtres humains. Heureusement qu'elles sont minuscules ! Pourtant, chacune pesant de 1 à 5 mg, la masse totale de leur population serait comparable à celle de tous les humains !

Saint Benjamin On fête aussi les Acace, Balbine

Le soleil se lève à **7h31** et se couche à **20h19**

« À la Saint-Benjamin, le mauvais temps prend fin. »

Excuse my French

Si vous êtes parent ou grand-parent d'une famille nombreuse, il y a fort à parier que vous ayez déjà possédé au moins une voiture « break ». Il faut dire que ces voitures allongées sont bien pratiques… Cependant, il faut savoir que le mot « break » est ce qu'on appelle un « franglicisme », c'est-à-dire un anglicisme qui ne correspond pas à la traduction du mot, mais à un détournement. En effet, les anglophones ne disent pas « break », mais *estate car* ou *station wagon*. Vous avez du mal à digérer la nouvelle ? Faites un « break » (pause).

Perles de sportifs

À ta santé !

Qui l'a dit ? Sylvain Wiltord (footballeur français) :
« Je trinque souvent très rarement. »

PAS RAGOÛTANT

IL Y A DE QUOI ÊTRE MÉDUSÉ !

Dans un rapport de 2013, l'ONU déclare que, face à la prolifération des méduses dans les eaux du globe, il deviendrait nécessaire de les chasser pour les consommer. Si les Asiatiques (Chinois et Japonais en tête) considèrent la méduse comme un mets subtil et délicieux, les Occidentaux répugnent encore à manger cette bête visqueuse qui fait crier les baigneurs des plages méditerranéennes et laissent à certains des souvenirs cuisants. La méduse se cuisine avec une sauce vinaigrée et des petits légumes et, une fois cuite, elle présente une chair croquante dont la saveur et la texture rappellent le calamar ou le poulpe. La méduse, comme le ver de farine, serait donc un plat qui a de l'avenir !

REMARQUABLES

ARBRE DE LA LIBERTÉ DE BAYEUX

Le 10 germinal an V (30 mars 1797), à Bayeux, dans la cour de l'évêché, Le Tellier, maire de la ville, et Le Forestier, commissaire du directoire exécutif, plantent un platane, un « arbre de la liberté », devant une foule enthousiaste. Ce type de cérémonie s'est surtout répandu à partir de 1792, au moment des guerres contre l'Autriche, pour marquer la volonté de défendre la patrie et les valeurs de la Révolution. Le platane de Bayeux est l'un des plus anciens arbres de la liberté encore debout. Il a du mérite, car beaucoup d'entre eux ont été tués au vitriol, de nuit, par les contre-révolutionnaires et, en plus grand nombre encore, abattus à la Restauration sur les ordres de Louis XVIII. Avec ses 222 ans, ce platane est encore jeune pour son espèce (*Platanus* x *hispanica*), dont la longévité est couramment de quatre ou cinq siècles. Et à l'été 2017, il a été le support d'un art en liberté, en l'occurrence de projections de vidéomapping à 360°, éminemment spectaculaires, qui l'ont revêtu d'un maelström de couleur et de mouvements.

« Au moment où commence avril, l'esprit doit se montrer subtil. »

Vermot Régions

CALVADOS / LE BON SAINT QUENTIN

Dans la commune du Tourneur, une chapelle dédiée à saint Quentin est un lieu de dévotion toujours en activité. Localement, le saint est réputé guérir les maladies infantiles si on lui apporte un vêtement du malade. C'est ainsi que, derrière l'autel, on trouve des petites brassières, tee-shirts, bonnets et autres culottes déposés par des parents qui invoquent les pouvoirs de saint Quentin.

Ça bulle

Les auteurs de bande dessinée s'inspirent souvent de leurs proches pour les traits de leurs personnages, mais ils ne veulent pas toujours que ça se sache, surtout quand le « modèle » n'est pas vraiment un ami. Pour E. P. Jacobs, c'est son rival en amour, Henri Quittelier, qui a servi de modèle au personnage d'Olrik, ennemi de Blake et Mortimer dans la série du même nom. Afin de ne pas révéler la chose, il prenait soin de couvrir toujours au moins partiellement le visage d'Olrik, avant de finalement céder et dessiner le personnage.

« Et tu jettes pas la peau, c'est plein de vitamines ! »

Avril

Si juillet a l'apanage d'être le mois du premier alunissage d'un être humain (le 21 juillet 1969), avril est tout de même celui de son premier voyage dans l'espace : c'est en effet le 12 avril 1961 que le Russe Youri Gagarine entre dans l'histoire et devient un véritable trésor national. Son vol orbital (pas mieux que ce que fait aujourd'hui le moindre satellite) marque une grande victoire de l'URSS sur les États-Unis dans leur compétition spatiale.

Le mois d'avril résonne d'autres événements cosmiques. La première station spatiale, Saliout 1, ancêtre soviétique de l'ISS, tourne autour de la Terre du 19 avril au 16 octobre 1971. Dix ans plus tard, le 12 avril 1981, la navette américaine *Columbia* effectue son premier vol. Et le 25 avril 1990, c'est le télescope Hubble qui est mis en orbite. L'histoire de l'exploration spatiale connaît alors l'une de ses plus grosses boulettes. Malgré son coût de 2,5 milliards de dollars, Hubble est myope comme une taupe de l'espace ! Une erreur de conception provoque une aberration chromatique… à 2 micromètres près ! Quelques millions de dollars plus tard, Hubble est prêt à scruter l'univers.

En 2001, « l'odyssée de l'espace » n'est pas aussi sophistiquée que celle imaginée par Stanley Kubrick dans les années 1960, mais cette année marque toutefois une nouvelle étape, avec le premier touriste spatial. Le milliardaire américain Dennis Tito s'envoie en l'air le 28 avril et passe une semaine en apesanteur. Coût du ticket : 20 millions de dollars.

Quant à la quatrième place dans la série de nos marcheurs lunaires, elle est occupée par Al Bean (né en 1932), qui participe avec Charles Conrad (à la troisième place) à la mission Apollo 12. Ce Bean n'est pas un fayot, mais un brillant ingénieur et pilote émérite qui, retraité de l'espace, se consacre à sa passion, la peinture.

Les « pourquoi ? » de l'histoire

Pourquoi y a-t-il des exceptions aux années bissextiles ?

Le 366e jour des années bissextiles permet de rattraper le décalage entre notre calendrier et la durée réelle du cycle terrestre. Comme cette durée est précisément de 365,2422 jours et non pas de 365,25 jours, il a été décidé que les années séculaires (1800, 1900, etc.) ne seraient pas bissextiles, bien que divisibles par 4, sauf si elles sont divisibles par 400, comme 2000.

Mardi 2 avril

Sainte Sandrine On fête aussi les Agneflète, Alexandrine, Muse

Le soleil se lève à 7 h 27 et se couche à 20 h 22

« Poisson de mer, santé de fer. »

INVENTIONS INSOLITES

La ceinture GPS

Après avoir programmé votre destination, cette ceinture vous guide et vous indique par des vibrations si vous êtes sur la bonne route. Discrète et silencieuse, elle permet de conserver les mains libres et évite d'avoir sans arrêt besoin de vérifier sa direction. Inventée pour les opérations militaires de nuit, elle pourrait bientôt être utilisée par les personnes malvoyantes.

EXPRESSIONS IMAGÉES

Avoir un poil dans la main

Partant du principe qu'un outil qui frotte sur la peau empêche les poils d'y pousser (ou les arrache), nos anciens ont imaginé que celui qui aurait « un poil dans la main » ne l'utiliserait pas souvent pour travailler. Jusqu'à la Première Guerre mondiale, on disait même « avoir du poil dans la main ». Aujourd'hui, dans l'expression, le poil est unique mais peut être plus ou moins long…

LE MONDE À L'ENVERS

L'Info

Solidarité ancestrale

Il y a 50 000 ans, un Néandertalien, lourdement blessé et devenu sourd avec l'âge, a pu survivre toute la fin de sa vie grâce à l'aide de ses amis. On savait depuis longtemps déjà que Shanidar I, découvert en 1957 lors de fouilles au Kurdistan irakien, avait souffert de nombreuses blessures. De nouvelles recherches, dont les résultats ont été publiés dans PLOS ONE, *suggèrent qu'il avait besoin de la protection de ses pairs pour pouvoir survivre. En effet, sa surdité en faisait une proie facile pour les carnivores, omniprésents dans son environnement, et ses blessures handicapantes le rendaient dépendant des autres membres de son groupe. « Survivre durant le pléistocène n'était pas évident. Les faiblesses de Shanidar I, et notamment sa surdité, renforcent l'idée que ces humains archaïques, les Néandertaliens, avaient les mêmes réflexes de base d'humanité que nous », concluent les auteurs de l'étude. Une solidarité au sein du groupe qui n'a pas empêché l'espèce de disparaître avec l'arrivée de nos ancêtres Cro-Magnon. En s'éteignant, notre vieux cousin* Homo *nous a légué la compassion. C'est bien. Les dernières études génétiques y ajoutent la dépression. C'est moins bien…*

Protocole

L'ordre protocolaire évolue en permanence, au gré des différentes créations et suppressions de postes à responsabilités ; c'est ce qui lui permet de rester à jour et de ne jamais oublier personne. Mais il peut également évoluer sur l'impulsion d'une personnalité qui souhaiterait s'y dégotter une meilleure place… C'est le cas par exemple de Valéry Giscard d'Estaing qui, dès la fin de son mandat présidentiel, en 1981, fit pression sur les services du protocole pour donner une bonne place dans l'ordre de préséance aux anciens présidents dont il était alors le représentant le plus frais. C'est ainsi que les anciens présidents récupérèrent la 5e place de l'ordre protocolaire français, juste derrière le président de l'Assemblée nationale. Quand on est habitué aux honneurs…

Le soleil se lève à **7 h 25** *et se couche à* **20 h 23**

Mercredi **3 avril**

Saint Richard On fête aussi les Nicétas, Sixte, Dick

« Quand avril commence trop doux, il finit le pire de tous. »

Perles de sportifs

Audiodescription

Qui l'a dit? Hervé Mathoux (football, Canal+) :
« Et sur ces images quasiment inaudibles… »

Charade

Mon premier est un article défini.

Mon deuxième est un sommet.

Mon troisième est un troisième.

Mon quatrième a été trompé.

Mon cinquième est un jeune cerf.

Mon sixième n'est pas courageux.

Mon septième indique une absence de gêne.

Mon tout est un lieu de repos à Paris.

LE CIMETIÈRE DU PÈRE-LACHAISE (LE – CIME – TIERS – DUPE – HÈRE – LÂCHE – AISE)

Cette blague nous est proposée par Robert Berthomé.

Madame est au chevet de son mari mourant. Elle s'adresse au médecin qui l'accompagne :
« Docteur, est-ce qu'il souffre ?
– Chère Madame, rassurez-vous, il ne souffre absolument pas, grâce à la morphine.
– C'est curieux, avec ce côté lourdaud qu'il a toujours eu, qu'il puisse avoir une mort fine… »

OH LE GROS GÂCHIS !

Le cancer de la dette publique

Souvenez-vous : en 2002, quelques semaines après sa réélection à l'Élysée, Jacques Chirac annonce le « grand chantier présidentiel » pour les cinq années qui viennent : un « Plan cancer » qui doit faire reculer la maladie, notamment en agissant sur la prévention. En 2009, la Cour des comptes effectue son diagnostic. Et il est mauvais. Très mauvais. À peine un tiers des 70 mesures promises ont été réalisées. Et encore, certaines partiellement : 43 % des femmes ont effectué un dépistage du cancer du sein au lieu des 80 % envisagés. Plus grave, le plan Chirac a « oublié » les cancers professionnels et avec eux 3 à 5 millions de salariés exposés à des agents cancérigènes. Et pour la prévention des cancers imputables à l'alcool – 40 000 morts par an, deuxième cause de mortalité derrière le tabac –, le rapport résume : « L'échec est net. » Enfin, la fameuse ligne téléphonique « Cancer info service » lancée à grand renfort de publicité a coûté 10 millions d'euros pour traiter en trois ans 69 000 appels. En moyenne, les Sages ont calculé qu'une heure d'appel revenait à plus de 800 euros. À la santé de la collectivité !

GRANDES TOURS DU MONDE

LE « DÉCAPSULEUR » DE SHANGHAÏ

Le Centre mondial des finances de Shanghaï, la capitale économique de la Chine, est un gratte-ciel de 492 m. Au moment de son inauguration, en 2008, il acquiert les statuts de plus haut bâtiment du pays et de deuxième plus haut bâtiment du monde (derrière la tour Taipei 101, à Taïwan, 509 m). Son surnom de « décapsuleur » lui vient de l'ouverture en forme de trapèze de plusieurs dizaines de mètres de large et de haut, située à proximité de son sommet. Bien qu'assez esthétique, cet étrange vide a surtout un rôle technique : il permet de soulager la structure du bâtiment d'une partie de la pression exercée par le vent, qui souffle fort à ces hauteurs.

Jeudi 4 avril

Saint Isidore On fête aussi les Aleth, Platon

Le soleil se lève à **7 h 22** *et se couche à* **20 h 25**

« Si les quatre premiers jours d'avril sont venteux, il y en aura pour quarante jours. »

Un vrai feuilleton

Avec ses maillots de bain rouge reconnaissables entre mille, *Alerte à Malibu* est une série culte. Lancée en avril 1989, la série qui a rendu David Hasselhoff si populaire dans le monde entier a surtout le record de la série la plus exportée. Diffusée dans plus de 140 pays, elle permet aussi au bel Hasselhoff de battre le record très officiel de l'homme le plus vu au monde ! Attention à ne pas se noyer en nageant dans le bonheur !

HAUT... EN COULEUR...

Faire une « nuit blanche », c'est entendu, c'est passer toute une nuit sans dormir. Mais d'où nous vient cette expression ? Eh bien, sachez qu'on en trouve la plus ancienne trace écrite dans une lettre de la marquise du Deffand datée du 30 octobre 1771. Un sang-bleu qui passe une nuit blanche ? Voilà un bien étrange mélange !

Régiments

Vous avez sans aucun doute déjà entendu parler de la fameuse Garde suisse, chargée de la protection du pape. Mais connaissez-vous la Garde corse ? Si cette unité militaire papale est aujourd'hui moins connue que son homologue suisse, c'est surtout parce qu'elle a été dissoute en 1664 à la suite d'un incident survenu deux ans plus tôt et qui avait failli provoquer une guerre entre Louis XIV et le pape Alexandre VII. Lors de cet incident, des soldats français qui accompagnaient un ambassadeur du roi à Rome furent pris à partie par des Gardes corses, et une querelle éclata. Prenant de l'ampleur par la propagation de rumeurs, l'affaire dégénéra et causa plus d'une dizaine de morts au total dans les rangs corses et français. Le page d'un duc fut même tué par une balle perdue... Afin de se réconcilier avec Louis XIV, le pape ordonna que la Garde corse soit dissoute, et une pyramide expiatoire fut construite, portant l'inscription suivante : « La nation corse a été déclarée inhabile et incapable de servir le Siège apostolique. » Violent...

Au menu

Chili con carne facile

POUR 4 À 6 PERS.
15 MIN DE PRÉPARATION
35 À 40 MIN DE CUISSON

- 1 BEL OIGNON
- 1 GOUSSE D'AIL
- 400 G DE VIANDE HACHÉE
- 400 G DE HARICOTS ROUGES EN BOÎTE
- 400 G DE TOMATES PELÉES EN BOÎTE
- 2 CUIL. À CAFÉ DE POUDRE DE CHILI
- 1 BELLE PINCÉE DE CUMIN
- HUILE D'OLIVE
- SEL, POIVRE

Pelez l'oignon et émincez-le. Pelez l'ail et hachez-le. Faites chauffer l'huile dans une cocotte ou un faitout et faites fondre l'oignon et l'ail.

Ajoutez la viande hachée, écrasez-la à l'aide d'une cuiller en bois. Versez la poudre de chili, le cumin, du sel et du poivre, puis laissez colorer.

Mettez les haricots préalablement égouttés et les tomates sur la viande. Remuez et faites mijoter à feu très doux pendant une trentaine de minutes.

Conseils : servez le chili avec du riz. Vous pouvez ajouter du maïs avec les haricots ou bien remplacer les tomates concassées par du coulis. Pelez et émincez une carotte, puis ajoutez-la aussi à ce chili. Selon votre goût, adaptez la quantité de poudre de chili. Si votre plat est trop épicé, ajoutez une belle cuillerée à soupe de crème.

« Lune d'avril ne passe pas sans gelée. »

Noms de villages

Si vous passez dans le Morbihan, entre Loyat et Mauron, prenez garde de ne pas tomber dans le vide. Non qu'il y ait des falaises dans le coin, mais à cause du nom du hameau qui se trouve là : Néant-sur-Yvel. Pourtant, les habitants vous le diront : habiter à Néant, ce n'est pas rien !

RECORDS FOUS DE SPORTIFS

Pour (bien) tirer à l'arc, il faut déjà cumuler un nombre certain de qualités : sang-froid, concentration, précision, bonne vue, coordination, force, timing, respiration, etc. Mais pour Nancy Siefker, artiste de cirque américaine, c'est encore plus compliqué… car elle tire avec ses pieds ! Profitant de sa grande souplesse, elle a ainsi établi le record du plus long tir à l'arc effectué avec les pieds, en mettant une flèche dans une cible de 13 cm de diamètre depuis une distance de plus de 6 m.

L'Info

Businessman comme un quadrumane

Si nos ancêtres néandertaliens faisaient preuve de compassion (voir L'Info du 2 avril), les macaques ont, eux, développé le sens du commerce. Ceux du temple d'Uluwatu, à Bali, notamment. Mieux, les singes qui occupent l'enceinte sacrée se transmettent les bases du négoce de génération en génération sur le dos des touristes. Les scientifiques ont en effet constaté que les primates balinais ne se contentent pas de chaparder des objets aux visiteurs pour les échanger contre de la nourriture : ils ne rendent leur butin que s'ils jugent le deal équitable. En clair, un macaque balinais qui vole une paire de lunettes attend plus qu'une poignée de cacahuètes. Il exige un gros fruit juteux pour restituer son larcin. Ce comportement n'a rien d'inné, car on ne le retrouve pas ailleurs sur l'île. Malins, les singes d'Uluwatu ont peu à peu appris à imposer une contribution obligatoire aux flots de touristes qui débarquent dans le coin. Une taxe dont ils estiment eux-mêmes le montant.

CONCOURS LÉPINE

Le concours Lépine est connu pour les inventions qui, après y avoir été présentées et y avoir éventuellement remporté un prix, parviennent à se frayer un chemin sur les étals et dans nos vies quotidiennes. Plus confidentielles restent les inventions dont le principal mérite est leur extravagance. Par exemple, on compte pas moins de trois inventions différentes et indépendantes présentées depuis 2010 ayant pour but de faciliter… le beurrage des biscottes. L'une est un tapis de « tartinage » qui absorbe la pression pour éviter que la biscotte ne se casse, la seconde vise à faire des fils de beurre qui s'étalent plus facilement, et la troisième est un appareil à tartiner tout à fait abouti qui n'a jamais été commercialisé. Il n'y a pas à dire, quand les cerveaux s'y mettent, c'est pas pour beurrer les biscottes !

Samedi 6 avril

Saint Marcellin On fête aussi les Neven

Le soleil se lève à **7h18** et se couche à **20h28**

« Il n'est point d'avril si beau qu'il n'ait de neige à son chapeau. »

Vermot Régions

HAUTE-SAÔNE / LE TUNNEL-CANAL DE SAINT-ALBIN

C'est une curiosité architecturale : le tunnel-canal de Saint-Albin se situe dans un méandre de la rivière Saône, sur les communes de Scey-sur-Saône-et-Saint-Albin et d'Ovanches. Il permet aux bateaux de traverser une colline et d'éviter ainsi Traves et le barrage à aiguilles de Chassey-lès-Scey. Conçu par l'ingénieur Philippe Lacordaire, il fut commencé en 1837, mais achevé en 1880 seulement. Ce tunnel-canal de 681 m de long pour 6,55 m de large est toujours utilisé pour la navigation de plaisance.

RétroVermot

À une jeune actrice excentrique et richement entretenue qui lui disait : « Je ne sais plus quoi faire pour étonner les gens », le comédien Victor Boucher répondit : « Apprends ton rôle ! »

LES TYPES DE SIÈGES

X	M	E	N	A	M	O	T	T	O	S	R	G	D
E	N	D	T	O	R	R	V	Z	C	F	O	B	E
R	N	O	L	S	T	E	O	T	H	D	D	S	T
L	B	N	Y	E	P	U	E	S	V	L	U	B	E
C	P	A	E	A	I	R	B	O	D	E	E	T	R
E	N	K	N	I	U	F	L	I	F	N	S	O	C
S	T	A	C	O	D	T	R	F	K	M	I	R	S
C	C	T	B	A	A	I	U	E	A	I	A	W	I
A	F	A	E	I	L	A	R	R	T	P	H	Q	D
B	T	E	R	U	H	C	Q	E	A	S	C	S	N
E	L	E	G	C	Q	U	C	U	M	U	E	M	I
A	K	E	E	O	I	N	D	I	V	A	N	H	J
U	F	J	R	S	E	N	A	T	L	U	S	Q	C
X	Z	T	E	L	O	I	R	B	A	C	D	J	I

Solution page 121

Cherchez les types de sièges cachés dans la grille. Vous les trouverez horizontalement, verticalement ou diagonalement.

BANC
BANQUETTE
BERGÈRE
CABRIOLET
CANAPÉ
CHAISE
CHAUFFEUSE
CHESTERFIELD
CLIC-CLAC
CRAPAUD
DIVAN
ESCABEAU
INDISCRET
MARQUISE
MÉRIDIENNE
OTTOMANE
SHIKIBUTON
SULTANE
TABOURET
VOLTAIRE
WINDSOR

Chiffres étonnants de la science

Notre organe le plus vaillant

Gros comme environ une fois et demie notre poing, notre muscle cardiaque se contracte en moyenne 70 fois par minute, soit pas moins de 100000 fois par jour et quelque 36,5 millions de fois par an ! Et cela tout au long de notre vie. Sachant qu'en France métropolitaine, l'espérance de vie masculine est de 79,5 ans, et féminine de 85,4 ans, à vos calculettes ! Un cœur de nouveau-né est deux fois plus « pressé » que celui d'un adulte, avec 140 battements par minute. Le record de lenteur est détenu par les plongeurs en apnée, qui peuvent descendre à 20 battements par minute, tout comme l'animal qui a le plus gros cœur du monde et qu'ils sont susceptibles de rencontrer en pratiquant leur activité : la baleine bleue !

« Mieux vaut un instant en avril que tout un long mois en automne. »
Adam Mickiewicz (poète polonais)

PAS RAGOÛTANT

LE LÉZARD SÉCHÉ

En-cas populaire dans les rues de Hong Kong, le lézard séché est croquant et croustillant. On le consomme aussi en soupe ou bien mariné dans de l'alcool. Il aurait des vertus tonifiantes et fortifiantes, renforçant le système immunitaire en cas de rhume ou donnant un bon coup de fouet lors d'un petit coup de pompe. On lui attribue même des vertus amaigrissantes. À bon entendeur…

[Excuse my French]

En France et ailleurs, nombreux sont les vacanciers qui optent pour un séjour au camping. Mais savent-ils que le nom de leur lieu de villégiature est une mauvaise utilisation du mot anglais « camping » ? Eh oui, ce dernier désigne bien l'action de camper, et non l'endroit où on le fait, qui est un *campsite* ou un *campground*. Si maintenant on doit travailler son vocabulaire pendant les vacances…

De mauvais goût

Les affiches électorales

À chaque élection, c'est la même histoire : des affiches, plus déprimantes les unes que les autres, garnissent les panneaux de nos villes et de nos campagnes. Et le pire, c'est que cet « art » de l'affiche politique semble régresser avec le temps et – c'est un comble ! – les progrès de la démocratie. Où sont passés les sublimes murs décorés de propagande par les anciens Romains, comme ceux retrouvés dans les ruines de Pompéi ? Que sont devenues les caricatures placardées sur les portes lors des révolutions des XVIIIe et XIXe siècles ? Comment comprendre qu'il y a plus de qualité graphique dans la propagande réalisée en France ou en Allemagne pendant la Première Guerre mondiale, ou même en URSS, sous la dictature stalinienne, que dans celle imaginée aujourd'hui par les « meilleurs » publicitaires ? Après un dernier souffle créatif pendant les années 1960-1970, l'affiche politique est devenue politiquement correcte et esthétiquement laide. Et lorsqu'un candidat s'essaie à l'originalité en posant avec son chat ou en adoptant un jeu de mots comme slogan, le résultat est encore plus désastreux. Aucune étude n'ayant jamais établi de lien entre affiches électorales et résultats dans les urnes, continuer de nous infliger ces hérésies visuelles ne relève d'aucune véritable nécessité. De là à dire qu'il s'agit de perversité…

Santé naturelle

Plus digestif qu'aphrodisiaque

Le gingembre est une plante originaire d'Asie, facile à cultiver, même chez soi. On utilise son rhizome. Ses principes actifs, les gingérols, responsables de son goût piquant, sont encore plus concentrés dans le gingembre sec. Sa réputation d'aphrodisiaque, peut-être un peu exagérée, a depuis longtemps dépassé les frontières. Ses propriétés anti-nauséeuses et digestives sont moins connues. Il aiderait la sécrétion de la bile et d'enzymes. Il a également de nombreuses propriétés anti-inflammatoires et antioxydantes.

Utilisation : frais ou séché, sous toutes ses formes (peut aussi s'utiliser confit).

LES PRINCIPAUX DIRIGEANTS ÉCONOMIQUES DE LA PLANÈTE RÉUNIS À DAVOS

Lundi 8 avril

Sainte Julie On fête aussi les Constance, Devan

Le soleil se lève à **7h14** et se couche à **20h31**

« Aucune fleur
ne fleurit dix jours,
aucun pouvoir
ne dure dix ans. »
Proverbe sud-coréen

YÉ-YÉ

Traduire une chanson est toujours un exercice difficile, et c'est au traducteur de voir ce qui peut se garder ou ce qui doit changer pour avoir du sens dans la langue de destination. Si ce processus est évidemment complexe, certaines libertés sont tout de même étranges. Ainsi, de la chanson *No milk today* des Herman's Hermits, la reprise française de Frank Alamo *À travers les carreaux* ne retient pas le lait, ni même le sens des paroles. L'inspiration a ses raisons que la raison ignore…

Charade répétitive

Mon premier est une heure avancée.

Mon deuxième est le poids de l'emballage.

Mon troisième est un vilain défaut.

Mon quatrième n'est donc pas tôt.

Mon cinquième est un penchant immoral.

Mon sixième est une malformation héréditaire.

Mon tout est un instrument à cordes.

CITHARE (TARD - TARE - TARE - TARD - TARE - TARE)

L'Info

La tête du prénom

Connaissez-vous l'effet Dorian Gray, du nom du personnage du célèbre roman d'Oscar Wilde ? Il s'agit de l'influence possible des facteurs internes, tels que la perception de soi et la personnalité, sur l'apparence physique. Or, selon des sociologues de l'Université hébraïque de Jérusalem, le phénomène est bien réel si l'on étudie le prénom donné par des parents à leur nouveau-né. D'après les chercheurs, le patronyme choisi agit sur le physique de l'enfant à cause des stéréotypes culturels attachés au prénom. Par exemple, expliquent-ils, « les gens ont tendance à attribuer un visage plus rond à ceux s'appelant Bob qu'à ceux s'appelant Tim ». Or, selon leur étude, un garçon nommé Bob adoptera inconsciemment les stéréotypes de son prénom et aura un visage plus rond. Pour arriver à ce résultat, les chercheurs ont demandé à des cobayes de donner un prénom à un inconnu à partir d'une photo. Résultat : le pourcentage de bons prénoms attribués par les cobayes est supérieur à celui de choix faits au hasard. Les stéréotypes liés au prénom ont modelé le visage qui devient lui-même stéréotypé et entretient à son tour les stéréotypes. Pour certains prénoms, l'influence va bien au-delà du visage. Prenez Kevin, par exemple…

RECORDS DE PRÉSIDENT

On dit que l'âge est souvent gage de sagesse et d'expérience. Dans certains cas, pourtant, il faut savoir raison garder. Robert Mugabe, par exemple, était en 2017 le plus vieux président en exercice au monde, du haut de ses 93 ans, et on se demandait lors de ses apparitions publiques s'il était bien encore en état de tenir le sien (d'État) après trente ans de pouvoir tyrannique exercé sur le Zimbabwe. Ayant été écarté du pouvoir et finalement démissionnaire, il a laissé son titre de plus vieux président à Beji Caid Essebsi, le président tunisien, 92 printemps en 2018. Le pouvoir conserve…

« L'homme et son environnement ne font qu'un. » Proverbe zen

EMOJI

Les emoji sont plus qu'un gadget technologique, ils sont devenus un complément au langage, et parfois même un langage à part entière. Les marques ne s'y sont pas trompées et ont pris le train en marche. C'est ainsi qu'on a vu en 2017 la première commande de pizza par emoji. Il suffisait en effet pour des utilisateurs de Twitter d'adresser un emoji « part de pizza » à la pizzeria *Domino's* pour démarrer le processus de commande. L'histoire ne dit pas si la pizza était payable en emoji dollars.

Maladies imaginaires

Si certaines maladies sont parfaitement imaginaires, d'autres existent en revanche bel et bien, mais ont un nom médicalement erroné. C'est le cas par exemple du « rhume de cerveau ». La rhinite aiguë, de son vrai nom, a pour symptômes le nez qui coule, une inflammation virale des sinus et parfois des yeux. Rien à voir avec le cerveau, mais après tout, pourquoi pas ?

REMARQUABLES

OLIVIER DE ROQUEBRUNE-CAP-MARTIN

Dans le vieux village perché de Roquebrune, aux vieilles maisons et à la vieille église, il y a un très vieux donjon – il date du xe siècle ! Mais à l'époque de sa construction, à deux pas de là, un être vivant avait déjà fêté son premier millénaire. Cet olivier *(Olea europaea)* est en effet âgé de plus de 2000 ans, ce qui fait de lui le plus vieil arbre de France. Il ne dépasse guère 13 m, les oliviers étant naturellement trapus, mais il trahit son âge par son étonnant nœud de racines et ses troncs multiples, qui lui donnent une circonférence totale de 16 m. Il a englobé dans sa souche les cailloux de la pente et le vieux muret de pierres sèches, au bord du chemin pédestre qui mène à Menton, à quelques centaines de mètres de Roquebrune. Et il reverdit joliment chaque année, et donne même de petites olives. La longévité, chez un arbre de cette espèce, dont on connaît des spécimens frisant les 3000 ans, n'est à vrai dire pas étonnante puisqu'il a été donné aux hommes par la déesse grecque Athéna comme symbole d'immortalité.

Ha! Ha! Ha!

Un bel homme athlétique, aux yeux bleus, entre dans une pharmacie, l'air gêné. Il s'approche et demande discrètement à la pharmacienne :

« Excusez-moi, Madame, j'ai un petit problème d'ordre sexuel.

– Qu'est-ce qui vous arrive ?

– Voilà, sachez d'abord que je ne peux pas trop dépenser pour me soigner, je suis au chômage et je n'ai vraiment pas beaucoup d'argent. Mais il me faudrait tout de même quelque chose parce que, depuis trois mois, je suis en érection permanente et cela commence à me gêner sérieusement. Qu'est-ce que vous pouvez faire pour moi ? »

La pharmacienne réfléchit, l'examine, s'approche et lui chuchote à l'oreille :

« Trois mille euros par mois nourri logé, ça vous irait ? »

« Souvent à Saint-Macaire reviennent les giboulées d'hiver. »

Vermot Régions

FINISTÈRE / LA *MEN DOGAN*

Sur la commune de Trégunc, on trouve trois immenses blocs de granit façonnés par l'érosion. Le plus connu est sans doute la **Men dogan*****, littéralement, en français, la « pierre des cocus ». Ses 50 tonnes sont en équilibre sur une arête et n'importe qui peut la faire bouger sans effort (sans pour autant la faire tomber). La tradition veut que si un cocu se présente, il sera dans l'impossibilité de la faire vaciller, contrairement à tous les autres. Les marins avaient autrefois l'habitude de s'y rendre au retour d'un long séjour loin de chez eux, pour vérifier la fidélité de leur épouse...***

Fantaisies sexuelles

Des coups bien placés

Bien qu'axée sur le plaisir féminin, la technique du *kunyaza* peut procurer un plaisir mutuel. Elle consiste pour l'homme à tapoter du bout de son sexe en érection le clitoris et/ou l'entrée du vagin de sa partenaire, jusqu'à ce que cette dernière atteigne l'orgasme. Ce geste sans pénétration est censé accélérer et augmenter la jouissance de la femme. Il peut provoquer chez elle ce que l'on appelle « l'éjaculation féminine » (une sécrétion de liquide). Si l'on parle plus spécifiquement de *kunyaza* dans certains pays d'Afrique noire de la région des Grands Lacs (notamment au Rwanda et au Burundi), cette pratique est utilisée par de nombreux couples partout dans le monde. On emploie aussi une expression, à l'image très explicite, pour la dénommer, « le marteau chuukais », en référence à l'archipel de Chuuk, en Micronésie, où cette pratique semble érigée en sport national.

Rébus

ville française

NOISY ←

NOISY

NOISY

Noisy-le-Grand

Perles de sportifs

Mauvaise haleine

Qui l'a dit ? Pierre Salviac (rugby, France 2) :

« C'est vous dire si cet homme-là sait de quoi il parle, quand il parle avec ses pieds. »

ILS ONT ÉTÉ LEUR PROPRE COBAYE

Le médecin qui mangeait du vomi

La fièvre jaune est ainsi dénommée, car une jaunisse peut faire partie des symptômes de cette maladie mortelle. Convaincu de sa non-contagiosité, l'Américain Stubbins Ffirth (1782-1820) mena à la fin du XVIIIe siècle une thèse de médecine en pratiquant des expériences que d'aucuns qualifieraient aisément d'extrêmes : il s'allongea dans le lit d'un moribond – tout contre ce dernier ! –, il se scarifia l'avant-bras avec une pointe souillée de vomi du malade, et alla même jusqu'à en ingurgiter... Probablement écœuré, mais toujours pas contaminé, Ffirth parvint à mener son étude à son terme. S'il avait raison sur la non-contagiosité de la fièvre jaune, il n'est pas parvenu à déterminer comment elle se propageait. Il a fallu attendre 1901 pour que l'on identifie formellement les coupables : des moustiques !

« S'il gèle à la Saint-Stanislas, on aura deux jours de glace. »

GÉNÉRATION Z

Plus qu'un nouveau mot, le boloss est presque un concept sociologique à lui tout seul. En tout cas, sachez que le but est de ne jamais en être un, même si on est tous un peu le « boloss » de quelqu'un ! Vous l'aurez peut-être deviné, un boloss est un « blaireau », un « abruti », un « naze », un « ringard ». Bref, tout ce qu'il faut pour plaire. Par exemple : « Non mais arrête de faire le boloss, c'est trop la honte là ! »

RECORDS FOUS DE SPORTIFS

Certains records sportifs forcent l'admiration par leur difficulté ou le courage qu'ils nécessitent. D'autres, d'un genre bien différent, sont admirables d'absurdité et d'imagination. Par exemple, le spécialiste des records en tous genres, l'Américain Ashrita Furman, a battu en 2012 un nouveau record. Le principe ? Courir 5 km en palmes tout en jonglant avec des balles. Avouez qu'il faut le trouver !

Ça, c'est fait... divers

Poulpe Connection

Il y a quelques mois, le quotidien mexicain El Diario de Yucatán *s'est penché sur un nouveau secteur investi par le crime organisé : le trafic de poulpes. Depuis 2017, des dizaines de camions et de remorques frigorifiques transportant des poulpes congelés ont été dérobés dans la région. À chaque vol, ce sont 10 à 25 tonnes de céphalopodes qui disparaissent, soit jusqu'à 2,5 millions d'euros de marchandise. Une catastrophe économique pour les éleveurs de poulpes locaux qui en exportent vers l'Europe plus de 2000 tonnes par an. À défaut d'obtenir une protection militaire pour leurs camions entre le Yucatán et les autres régions du Mexique, voyage au cours duquel ont lieu la plupart des pillages, les producteurs peuvent se réjouir de l'ouverture d'une enquête spéciale par la police fédérale. Ce qui, au Mexique, n'est pas forcément évident. Depuis, les Feds ont réussi à mettre la main sur une petite partie des octopodes subtilisés et procédé à une poignée d'arrestations. Mais la Poulpe Connection continue ses ravages. Et personne ne sait où atterrissent les tonnes de mollusques issues de ce trafic. Ni dans quel état !*

VISIONNAIRES

Lorsqu'on évoque le film de Stanley Kubrick, *2001 : l'Odyssée de l'espace*, sorti en 1968 et adapté du roman d'Arthur C. Clarke, un mot vient immédiatement à la bouche : visionnaire. Visionnaire non seulement pour le regard porté par Clarke sur la société et ses évolutions dans un futur proche, mais aussi pour les technologies présentes dans le film alors que, dans la vraie vie, elles n'étaient même pas à l'état de projet à l'époque de la création du film. Parmi ces prédictions technologiques, la tablette électronique qui ressemble à s'y méprendre à nos iPad, la station spatiale internationale ou encore le robot HAL, qui rappelle bien étrangement les assistants virtuels présents sur de nombreux smartphones actuels. Le futur, c'est maintenant !

Vendredi 12 avril

Saint Jules On fête aussi les Zénon

Le soleil se lève à **7h06** et se couche à **20h37**

« Ce qui fait la beauté d'un rosier fait la laideur d'une femme : avoir beaucoup de boutons. » Victor Hugo

INVENTIONS INSOLITES

La pub insecticide

C'est un panneau publicitaire comme on en voit partout en ville, mais pourtant différent. Implanté à Rio, on peut y lire : « Ce panneau d'affichage tue des centaines de moustiques porteurs de Zika chaque jour. » En effet, il diffuse une odeur proche de la transpiration humaine qui attire les moustiques. Une fois entrés dans le panneau, ils ne peuvent plus en ressortir et meurent.

« Non, Captain Fulgo, nous n'allons pas pulvériser ce terrien... nous allons faire notre b.a. et l'aider à traverser dans l'espace piéton... »

Molière en vadrouille

Si au Tchad, quelqu'un souhaite vous « cadonner », ne vous en faites pas, vous ne risquez rien. « Cadonner » est la contraction des mots « cadeaux » et « donner ». Vous l'aurez donc compris, cette personne qui veut vous cadonner veut en fait vous offrir un cadeau ! Heureusement que vous lisez le *Vermot*, sinon vous seriez passé à côté de cette superbe opportunité !

TOXIQUE OU NON ?

Épicéa, sapin – sapinette

Au printemps, l'épicéa (*Picea abies*) et le sapin blanc (*Abies alba*) se couvrent de jolis « boutons » vert clair, qui leur donnent l'air d'être en fleur. Il s'agit en fait de leurs nouvelles pousses, au bon parfum de montagne et de conifère. Capturez donc ces senteurs en préparant une délicieuse « sapinette », une liqueur de sapin. Cueillez environ une centaine de ces bourgeons, de préférence en répartissant votre prélèvement sur différents sujets. Mettez-les dans un grand bocal et ajoutez 1 l d'alcool de fruit (à 40 % vol.) et 200 g de sucre en poudre. Remuez bien et placez le bocal dans un endroit frais et obscur. Laissez reposer pendant deux mois, en agitant le bocal de temps en temps. Il reste ensuite à filtrer et à mettre la liqueur dans une jolie bouteille, en ajoutant un ou deux bourgeons pour la décoration. La sapinette peut être bue bien fraîche, en apéritif. Elle est, dit-on, excellente contre les affections respiratoires et la toux, mais elle est avant tout délicieuse ! Et elle se conserve longtemps.

Les comportements extraordinaires des animaux

Le gastéropode blindé

Parmi les découvertes récentes, il y a celle d'un gastéropode, un genre d'escargot marin, capable de vivre tout près des fumerolles de volcans sous-marins : les « fumeurs noirs ». Là, il résiste à des températures extrêmes (plus de 300 °C) grâce à sa coquille composée de trois couches contenant du sulfure de fer. Cette armure est décourageante pour les prédateurs des abysses. Nos militaires ne vont pas manquer de s'en inspirer... Si vous ne pouvez retenir le nom latin de l'animal, *Crysomallon squamiferum*, mais êtes à l'aise dans la langue de Shakespeare, nous avons trouvé un surnom à ce super-mollusque : *Iron Snail* !

« La vérité est dure comme le diamant et fragile comme la fleur de pêcher. »
Gandhi

C'est pas la crise pour tout le monde !

Pour certains, la fortune est le résultat d'une vie de dur labeur. Pour d'autres, c'est celui de quelques années d'attente. Lorsque Hugh Cavendish Grosvernor est devenu le plus jeune milliardaire d'Angleterre à 25 ans, ce n'est pas en ayant vendu sa dernière idée géniale à une grande entreprise de la Silicon Valley, mais en perdant son père… En effet, Gerald Cavendish Grosvernor, sixième duc de Westminster, lui a fait un dernier cadeau de 20 milliards d'euros dont 120 hectares au cœur de Londres. La loterie, ce n'est pas qu'au PMU, c'est aussi à la maternité !

MAÎTRES DU POLAR

Stieg Larsson

Impossible de passer à côté de *Millénium*, la trilogie suédoise publiée entre 2005 et 2008. À titre posthume, hélas pour son auteur, le journaliste Karl Stig-Erland Larsson, décédé d'un accident cardiaque juste après avoir remis les 3 000 pages de la saga à son éditeur. Mikaël Blomkvist, le héros masculin de *Millénium,* est lui aussi journaliste. Pour sa première enquête, dans *Les Hommes qui n'aimaient pas les femmes*, Blomkvist l'électron libre, grand spécialiste des scandales financiers, se penche à la demande d'un vieillard sur une disparition non élucidée depuis quarante ans. Sous la glace et les secrets d'une riche famille d'industriels suédois, Mikaël déterre bientôt les fantômes de la guerre et des dizaines de cadavres. Au cours de son enquête, il croise Lisbeth Salander. Ou plutôt, Lisbeth accepte de le croiser. Hacker surdouée et tatouée, la jeune fille traîne un lourd passé psychiatrique. Et bien plus encore, comme les fans de la saga nordique le découvrent dans *La Fille qui rêvait d'un bidon d'essence et d'une allumette*, puis *La Reine dans le palais des courants d'air*, les deux autres volumes. En 2015, une nouvelle trilogie *Millénium*, avec une Lisbeth Salander au cœur des intrigues, mais surtout écrite par un nouvel auteur, le journaliste David Lagercrantz, a été lancée. Le dernier opus est attendu pour cette année.

QUIZ CHANTEURS

Avec quel chanteur est mariée la chanteuse Françoise Hardy ?

Jacques Dutronc

Solution mots mêlés [p. 114]

X	M	E	N	A	M	O	T	T	O	S	R	G	D
E	N	D	T	O	R	R	V	Z	C	F	O	B	E
R	N	O	L	S	T	E	O	T	H	D	D	S	T
L	B	N	Y	E	P	U	E	S	V	L	U	B	E
C	P	A	E	A	I	R	B	O	D	E	E	T	R
E	N	K	N	I	U	F	L	I	F	N	S	O	C
S	T	A	C	O	D	T	R	F	K	M	I	R	S
C	C	I	B	A	A	I	U	E	A	I	A	W	I
A	F	A	E	I	L	A	R	R	T	P	H	Q	D
B	T	E	R	U	H	C	Q	E	A	S	C	S	N
E	L	E	G	C	Q	U	C	U	M	U	E	M	I
A	K	E	E	O	I	N	D	I	V	A	N	H	J
U	F	J	R	S	E	N	A	T	L	U	S	Q	C
X	Z	T	E	L	O	I	R	B	A	C	D	J	I

SLOGANS

Depuis des dizaines d'années, les mouvements antisexistes et pour l'égalité homme-femme ont été à l'origine de nombreux slogans célèbres. Le plus connu d'entre eux est sans doute : « Il y a plus inconnu que le soldat inconnu – sa femme. » Cette formule est aussi l'acte de naissance du Mouvement de libération de la femme (MLF), dont les fondatrices, en 1970, allèrent déposer une gerbe de fleurs sous l'Arc de triomphe, accompagnée d'une banderole portant ce fameux slogan. Elles furent arrêtées, mais la phrase (et le combat) était lancée.

Dimanche **14 avril**

Saint Maxime On fête aussi les Ludivine, Donan, Tiburce

Le soleil se lève à **7 h 02** et se couche à **20 h 40**

Rameaux

« En avril, le sureau doit fleurir, sinon le paysan va souffrir. »

SURNOMS
LE FOU CHANTANT

Charles Trenet (1913-2001) est l'auteur de chansons souvent joyeuses, toutes poétiques. C'est à l'occasion de son service militaire à la base d'Istres, en 1936, qu'il commence à participer à des galas, dont celui du cabaret du *Grand Hôtel Noailles* de Marseille. C'est là qu'il est surnommé pour la première fois le « Fou chantant » grâce à ses interprétations mêlées, sur scène, de pitreries.

Noms de villages

Si certains noms sont une invitation, nous vous invitons pour notre part à ne pas prendre trop au sérieux celle que semble lancer le village de Fourqueux dans les Yvelines, à cheval sur la forêt domaniale de Marly-le-Roi. On dit que les hivers n'y sont pas trop rudes pour celles et ceux qui y vivent…

L'Info
Chanter ou conduire, il faut choisir !

Au Canada, la liste des infractions au volant vient de s'allonger d'une nouvelle interdiction : celle de chanter dans sa voiture. Il y a quelques mois, un habitant de Montréal s'est vu infliger un PV pour avoir entonné le refrain de sa chanson préférée alors qu'il circulait dans la ville. Interrogé par la chaîne québécoise TVA, le Montréalais a raconté : « Les policiers m'ont fait arrêter sur le bord de la route, je ne comprenais pas pourquoi. Après, ils ont inspecté mon véhicule et constaté que j'étais seul. Ils m'ont demandé si j'avais crié et j'ai répondu que non. » Le jeune homme a eu beau leur expliquer qu'il interprétait Everybody Dance Now *du groupe C + C Music Factor, les agents l'ont verbalisé pour « cris sur le domaine public ». Montant du PV ? Un peu plus de 100 euros. Remarquez, pour avoir chanté de la dance music commerciale des années 1990 ailleurs que dans sa salle de bains, ce n'est pas cher payé !*

Protocole

La plupart des règles du protocole, si elles peuvent être soumises à modification régulière, sont ancrées et gravées dans le marbre. Mais parfois, le protocole doit s'adapter à la dernière minute et faire preuve d'inventivité pour résoudre des situations problématiques. Ce fut le cas notamment lors d'une visite officielle iranienne à Paris en 1999. Bien évidemment, les services du protocole avaient prévu de servir des boissons non alcoolisées à leurs hôtes musulmans, mais voilà : les Iraniens ne souhaitaient pas seulement rester sobres, mais exigeaient encore qu'aucune goutte d'alcool ne soit servie en leur présence. Impossible pour les Français, qui décidèrent finalement de reporter la visite et de tenir réception hors des horaires des repas pour contourner le problème. Quand il s'agit de boire…

Le soleil se lève à **7 h 00** et se couche à **20 h 41**

Lundi **15 avril**

Saint Paterne On fête aussi les Basilice, César

ALMANACH VERMOT 2019

MOTS FLÉCHÉS

- Exprès
- Coup de fil
- Moyens de transport
- Pente
- Département
- Pied de vigne
- A son revers
- Mouches
- Organe de sécrétion
- Papillon
- Diminuerions
- Aime le plein air
- Lichen
- Mettre à l'épreuve
- Train à grande vitesse
- Roulais
- Huile
- Large ruban ondulé
- Four
- D'un auxiliaire
- Montent sur les planches
- Factice
- Divise
- Exhalaison de gaz
- Suites d'initiales
- Se mettent à table
- Marque de mépris
- Colorais la pilule
- Retour en arrière
- Sans tige
- Proche du fenouil
- Paire
- Porte-parole
- Cap difficile à passer
- Jeu de cartes espagnol
- Formule
- Nom d'emprunt
- Tient le beau rôle
- Quartier de Paris
- Il vaut mieux de pas l'avoir à zéro
- Complication
- Gagnais le tout
- Compositeur français
- Porte la balle
- Club
- Peinture monochrome
- A la vue courte
- Ont du poil au menton
- Ankylosé
- Précède l'entrée
- Esprit maléfique iranien
- Sert à faire des ponctions
- Se pris pour Icare
- Suit omicron
- Endort
- Irrite
- Prennent part aux courses
- Marque l'indifférence
- Langue soudanaise
- Fonction trigonométrique
- Promenades
- Mort
- Commune béarnaise
- Découvrit
- Se dit avant le départ
- Point défaite
- Officier turc
- Déformé
- Noircies

Solution page 130

« Le Parlement comprend l'Assemblée nationale et le Sénat qui, de leur côté, font de leur mieux pour comprendre ce qu'on leur dit. »
Pierre Dac

Métiers de bouche

Les expressions françaises issues de la boulangerie

Vous avez certes du pain sur la planche, mais vous n'aimez pas les planches à pain, vous ne mangez jamais de ce pain-là, à moins qu'elles soient bonnes comme le bon pain. Et quand vous aurez plus de la moitié de votre pain cuit, il faudra songer que le temps passe et que, finalement, la vie n'est pas longue comme un jour sans pain. On vous l'a répété souvent : mieux vaut pain en poche que plume au chapeau, mais ça ne mange pas de pain de vous le répéter encore. Et si vous ne voulez pas que l'on vous ôte le pain de la bouche, vous pouvez toujours gagner votre pain à la sueur de votre front, car un salaire, c'est toujours du pain béni, mais son fruit part vite, comme des petits pains. Et si l'on a parfois l'occasion de manger pour une bouchée de pain, il est toujours préférable de faire son pain !

Vermot Régions

AUBE / LA CITÉ DU VITRAIL

C'est à Troyes, dans une ancienne grange restaurée du centre-ville, que s'est installée la cité du vitrail. Sur 150 m² sont présentés une vingtaine de vitraux du Moyen Âge au XXIe siècle, qui permettent de comprendre à la fois l'évolution des styles et celle des techniques utilisées. À deux pas de la « grange », la chapelle basse de l'Hôtel-Dieu-le-Comte accueille celles et ceux qui veulent approfondir leurs connaissances par des jeux et des ateliers de sensibilisation à l'art du vitrail.

Le taux de radiation est plus élevé à Pôle Emploi qu'à Tchernobyl.

OH LE GROS GÂCHIS !

Un bug à 350 millions aux Finances

En 2006, le ministère de l'Économie et des Finances décide qu'il est temps de mettre à jour le logiciel qui gère la paie de 2,7 millions de fonctionnaires rattachés à quinze ministères et auxquels s'appliquent 1 851 régimes de primes différents. Baptisé « Opérateur national de paie » (ONP), le projet est ambitieux : le nouveau programme informatique doit être créé et déployé en moins de trois ans. Gros bug dix ans plus tard, quand la Cour des comptes sort sa calculette. Dans son rapport, elle note que 346 millions d'euros au total ont été dépensés pour l'opération, dont 151 millions pour l'achat de logiciels, 56 millions versés à des consultants extérieurs ou encore 16 millions d'euros pour… arrêter le projet. Car le logiciel ultraperformant n'est jamais entré en service. Il n'a jamais fonctionné. En 2014, Bercy a donc préféré arrêter les frais. Aux contribuables d'effacer l'ardoise à 350 millions…

Le soleil se lève à
6 h 56
et se couche à
20 h 44

Mercredi **17 avril**

Saint Anicet On fête aussi les Anicette, Marianne

« Le Carême est court pour celui qui a une dette à payer à Pâques. »
Proverbe espagnol

EXPRESSIONS IMAGÉES

Avoir une araignée au plafond

Le « plafond », c'est le sommet du crâne, à l'intérieur ! Et pour qu'une araignée vienne s'y installer, c'est d'abord parce qu'il y a de la place (comprenez que le cerveau n'occupe pas tout l'espace) et ensuite parce que l'endroit est délabré, qu'il n'y a pas beaucoup d'activité… L'expression était employée à l'origine par les prostituées pour évoquer des clients au comportement anormal.

RétroVermot

Le jeune Toto a entendu dire que les livres de classe peuvent contenir certains microbes.
Alors gentiment, pour rassurer son père :
« Sois tranquille… Je ne les ouvre pas. »

Charade à tiroirs

Mon premier est un dévot.
Mon deuxième est dans la lune.
Mon troisième se trouve à la tête.
Mon tout est un fromage normand.

CAMEMBERT. Mon premier est Ca, car Ca prie (Capri). Mon deuxième est Men, car Men songe (Mensonge). Mon troisième est Ber, car Ber gère (Bergère).

L'Info

Un droit acquis

Si, à Montréal, la maréchaussée défend aux conducteurs de chanter (voir L'Info du 14 avril), à Berlin, les piétons sont eux autorisés à péter à proximité d'un agent de police. En appel, un tribunal allemand a en effet considéré infondée l'amende de 900 euros infligée à Christoph S., un Berlinois qui avait pété deux fois près d'une policière lors d'un contrôle. Témoin olfactif, le supérieur de l'agente avait porté plainte parce que « c'était un gaz très malodorant et sa présence était très offensante pour le policier ». De son côté, l'avocat du pétomane expliquait juste avant le verdict : « C'est une chose si le chef d'une unité de police considère que sa collègue a été déshonorée par des flatulences. Mais si les procureurs et la justice vont dans ce sens, il s'agit alors d'une erreur de l'État. » Le juge lui a donné raison, estimant qu'il était impossible de prouver si les pets étaient volontaires. Qu'ils soient puants ou pas.

TOURS DU MONDE

Au registre des voyageurs, aventuriers et explorateurs, le Suisse Bertrand Piccard est un personnage hors du commun. Son père, le célèbre océanologue et recordman de plongée en sous-marin, Jacques Piccard, travaillait dans les années 1960 pour un groupe fabriquant des modules lunaires utilisés lors des missions Apollo, et le jeune Bertrand est rapidement fasciné par tout ce qui vole. En parallèle de ses brillantes études de médecine, il devient champion de voltige en deltaplane et se passionne pour les vols en ballon (son grand-père est le premier humain à avoir atteint la stratosphère en ballon). Cet hyperactif aventurier et inventeur de génie a à son actif un tour du monde en ballon sans escale en 19 jours, et un tour du monde en 16 mois avec le premier projet d'avion solaire, Solar Impulse, qu'il avait mis au point lui-même. Respect !

« Les paroles des grands ne tombent jamais à terre. »

« J'en ai marre de bosser pour des clous ! »

Rébus

Cuisine

Île flottante

Dans l'hémicycle

En politique, il est important de savoir garder sa place. D'autant plus quand on est député. En effet, vous n'êtes pas sans savoir que le placement des députés correspond à leur couleur politique : la droite à droite et la gauche à gauche, et toute erreur de placement peut causer des incidents cocasses. Lors d'une séance nocturne, par exemple, deux députés de gauche ayant bien festoyé lors de l'interruption de séance se sont trompés et se sont assis du mauvais côté de l'hémicycle. À la fin du discours d'un de leurs confrères du même bord politique qu'eux, nos deux compères, c'est normal, applaudissent. L'orateur, heureux, se tourne alors vers le président de séance et lui dit : « Vous voyez, même la droite m'applaudit ! » On lui dit ou pas ?

Îles paradisiaques

Îles vierges britanniques, l'élégance caribéenne

Luxe, calme et volupté règnent sur cette mer caribéenne, émaillée de voiliers fastueux et de paquebots de croisière. Les Caraïbes *british* réservent un séjour agréable, où dominent farniente et parties de golf. D'une île à l'autre, l'archipel offre un visage ensoleillé et luxuriant, où il fait bon flâner. Sur Tortola, la plus grande île, la petite capitale Road Town concentre la majorité des activités portuaires et commerçantes. Au-delà, des villages tropicaux ponctuent le rivage blanchi par le sable fin, tandis que des montagnes verdoyantes hérissent l'intérieur des terres. Au nord, l'île de Virgin Gorda offre un paysage plus aplani, sculpté de rochers de granit et de langues de sable blond. Plus au large, Jost Van Dyke et Anegada sommeillent, attirant principalement les amateurs de plongée, qui viennent nager entre les coraux pour contempler les poissons de récif.

Ces objets presque disparus

Le plus gros tube de nos étés

La surface des écrans de télévision modernes est à la mesure du volume de nos anciens postes cathodiques. Ces derniers avaient commencé à encombrer les foyers au moment où – on y revient encore… – l'homme marchait sur la Lune ! Les amateurs de formes généreuses regrettent probablement la silhouette rassurante de leur ancienne télé, sans parler de la rondeur voluptueuse de son écran. Désormais, les écrans plats sont rois, même si ceux qui disposent d'une surface incurvée cherchent à les détrôner. Quoi qu'il en soit, nous y avons gagné en qualité et confort d'image. C'est encore plus vrai avec les moniteurs de nos ordinateurs. Mais un tel confort visuel ne nous incite pas à modérer notre consommation d'écrans. Déjà que nous marchons de moins en moins, y compris dans nos salons, depuis l'intrusion d'un autre objet révolutionnaire du quotidien : la télécommande.

« Gelée du vendredi saint gèle le pain et le vin. »

PROVERBES PATOIS

Proverbe catalan

Nous connaissons tous le proverbe français : « En avril, ne te découvre pas d'un fil ; en mai, fais ce qu'il te plaît ! » Un proverbe catalan porteur du même sens dit quant à lui : « *Al abril, aigües mil ; al maig, cada dia un raig.* » On peut le traduire par : « En avril, mille averses ; en mai, tous les jours un rayon », qui montre la transition printanière entre pluie et soleil.

REMAKES REMAKES REMAKES REMAKES

SCARFACE

Al Pacino n'est pas le premier à massacrer du gangster, sous les traits de Scarface. Paul Muni, alias Tony Camonte, s'en charge déjà en 1932, sous la direction d'Howard Hawks. À cette époque, l'action se situe à Chicago, pendant la Prohibition, et le personnage principal ne cache pas son inspiration première : Al Capone, ennemi numéro 1 dans l'Amérique des années 1930. Grand classique du cinéma de gangster, le *Scarface* de Hawks sera pourtant éclipsé par la version grand spectacle et sanglante de Brian De Palma en 1983. Transposée à Miami – ville où la criminalité fait rage dans les années 1980 –, l'histoire reste la même : l'ascension d'un petit malfrat (Tony Montana) jusqu'au sommet de la mafia. L'ultra-violence au service d'une cause égoïste et malhonnête, *Scarface* n'en finit pas de fasciner tout en se moquant de la morale.

PAS RAGOÛTANT

LE FROMAGE AUX LARVES DE MOUCHE

Si nos fromages en ont surpris plus d'un, la Sardaigne vous propose du *casu marzu*, un fromage au lait de brebis, fermenté et infesté de larves de mouche. Et si l'on vous donne la traduction de *casu marzu* (« fromage pourri ») en vous servant ce fromage sur un plateau, vous ne serez pas étonné !

GRANDES TOURS DU MONDE

LE SHARD

Semblant surgir de la Tamise, ce gratte-ciel de 309 m de haut, à la structure pointue et aux façades de verre, rompt avec le style traditionnel du vieux centre de Londres. Ses détracteurs le qualifient d'ailleurs « d'épine qui crève le cœur du vieux Londres ». Son observatoire, situé du 68e au 72e étage, offre néanmoins une vue sans équivalent sur la capitale britannique. « L'éclat de verre » (*shard* en anglais) a été conçu par l'Italien Renzo Piano, à qui la France doit notamment le Centre Georges-Pompidou. Pour dessiner ce gratte-ciel, l'architecte s'est inspiré des clochers des églises londoniennes et des mâts des navires du XVIIIe siècle. Construit en moins de deux ans, le Shard a été inauguré le 5 juillet 2012 par le maire de Londres, Boris Johnson, et le Premier ministre du Qatar, dont le soutien financier a permis au chantier d'aboutir malgré la crise de 2008.

Samedi **20 avril**

Sainte Odette On fête aussi les Odiane, Théotime

Le soleil se lève à **6 h 50** et se couche à **20 h 49**

« Avril frais et mai chaud, remplissent les granges jusqu'en haut. »

Ça bulle

Gaston Lagaffe, l'anti-héros gaffeur et fainéant, n'était à l'origine qu'un « bouche-trou » pour les pages du journal *Spirou* dans lequel il apparaissait. Il y est d'ailleurs présenté comme un « sans-emploi » intégré au journal pour une raison et par un recruteur mystérieux. C'est devant le succès remporté par Gaston que Franquin décida d'en faire un personnage à part entière et de construire une série (de 19 albums) autour de lui. Message d'espoir pour les jeunes : parfois la fainéantise mène au succès !

Perles de sportifs

Le sablier fou

Qui l'a dit ? Rémi Garde (football, Canal+) :

« Surtout dans ces dernières minutes, où les minutes s'égrainent et deviennent de plus en plus courtes ! »

SECRETS D'ÉTAT

Dans les attributions de la célèbre agence de renseignement américaine, la CIA, on trouve bien sûr des missions d'écoute et de surveillance basiques, mais aussi d'autres opérations bien plus tordues. On apprend par exemple, dans des documents déclassifiés rendus publics, que, pour lutter contre le chef d'État chinois Mao Zedong, la CIA n'a pas hésité à financer le parti d'opposition, le Kuomintang. Comment ? Tout simplement en mettant à sa disposition tout l'attirail nécessaire au trafic d'opium en grande quantité. Cela alla même jusqu'au prêt d'avions appartenant à Air America pour transporter la drogue et l'argent qui résultait de sa vente. Quand on dit que la politique est l'opium des puissants, ce n'est peut-être pas tout à fait faux, après tout…

L'Info

Autodéfense visuelle

Un vrai traumatisme ! Pas pour Patricia Mulkeen, une habitante de Yarmouth (Massachusetts) âgée de 91 ans, mais pour son cambrioleur, Joseph Parent, 28 ans seulement. Il faut dire que le jeune aigrefin ne s'attendait certainement pas à être surpris par la vieille dame alors qu'il s'affairait dans la salle à manger en pleine nuit pour y dérober quelques babioles. Et encore moins que la nonagénaire soit dans le plus simple appareil. Car c'est armée de sa seule lampe de poche et nue comme un ver, que la vénérable Mme Mulkeen s'est levée après avoir entendu du bruit. Et c'est entièrement dénudée qu'elle s'est bientôt retrouvée nez à nez avec le jeune homme. Estomaqué, celui-ci a lâché les quelques objets dérobés, a bredouillé des excuses, puis s'est enfui dans la cave où les policiers n'ont pas eu de mal à le cueillir. Pour Jack, le mari de Patricia, Joseph n'a pas supporté la vue : « Pour un jeune homme, c'est un sacré choc ! Cela a suffi à le faire défaillir ! » Pas certain que notre héroïne apprécie le compliment…

LA FRANCE N'A PLUS LA COTE AUX US

« Les Pâques pluvieuses sont souvent fromenteuses… et souvent fort menteuses ! »

Vermot Régions

INDRE / LE PÂTÉ DE PÂQUES

Pour confectionner le pâté traditionnel que dégustent les Berrichons à Pâques, mélangez à la main, dans un saladier, 400g de viande hachée de porc et 400g de veau haché. Ajoutez un peu de sel, de poivre, de noix muscade, de thym, de persil, une gousse d'ail hachée et deux échalotes émincées. Complétez par un demi-verre de vin blanc pour lier le tout. Faites cuire 6 œufs durs et préchauffez votre four à 180 °C. Pendant ce temps, étalez une pâte brisée sur une plaque (avec une feuille de papier sulfurisé) et déposez la viande que vous aurez formée en un rectangle compact. Placez les œufs coupés en deux sur la viande et refermez avec une seconde pâte brisée. Badigeonnez de jaune d'œuf et enfournez pendant 1 heure.

HAUT… EN COULEUR…

Être fleur bleue, en français, c'est être romantique à l'excès, sentimental, presque naïf. Cette expression vient de l'allemand du XIXe siècle, où on parlait de *die blaue Blume der Romantik*, la « fleur bleue du romantique ». Ce n'est qu'en passant la frontière qui nous sépare de l'Allemagne que la fleur est devenue naïve. Pauvre fleur…

Vermot'roscope

TAUREAU (21 avril-21 mai)

Caractère

Observateur, rationaliste, terre à terre, concret, organisé, volontaire, déterminé voire buté, résistant, travailleur, sensible, sensuel, bon vivant, épicurien, fidèle, fiable, sincère, ambitieux.

Les influx planétaires intéressants

Dès le 7 mars, Uranus, la maîtresse de la transition, revient faire un tour dans votre signe. Accueillez-la comme il se doit en acceptant de vous remettre en question ou de vous adapter à la période de transition qu'elle démarre. Le duo Saturne-Pluton en Capricorne vous permettra de réfléchir à votre vie et de structurer les modifications que vous désirez entreprendre.

Vie sociale et activités

Vous donnerez une plus grande importance à votre vie amicale et vous aurez besoin d'être entouré de personnes fiables et sincères. Ainsi, vous ferez la chasse aux relations superficielles. Cette année vous verra fuir l'ennui et vous chercherez à consacrer plus de temps à vos différentes activités ou occupations.

Amour

En couple : en quête d'un nouveau souffle, vous laisserez libre cours à votre créativité. Certains natifs profiteront d'un vent de changement pour redynamiser leur relation. Au programme : des sorties, des tête-à-tête en amoureux, du romantisme et davantage d'imprévus.
Célibataire : cette année vous permettra de clore un chapitre de votre vie et de tourner une page. Ainsi, vous aurez la possibilité de vous ouvrir à d'autres sentiments, d'autres émotions. Pour certains, une belle rencontre viendra bousculer leur quotidien.

Famille

Vous aurez tendance à manquer de souplesse et de diplomatie. Têtu et borné, vous camperez trop souvent sur vos positions, ce qui ne facilitera pas la cohésion familiale. Faites preuve de plus d'ouverture d'esprit.

Budget

En 2019, vous aurez envie de faire des économies ou vous préparerez un investissement. Certains investiront dans la pierre et d'autres ouvriront un nouveau PEL. Quoi qu'il en soit, l'argent sera une de vos préoccupations premières.

Bien-être

Malgré le stress occasionnel et une certaine perméabilité aux humeurs de votre entourage, ce sera une très bonne année qui vous trouvera plus résistant. N'ayant aucun mal à vous ressourcer, vous récupérerez bien et serez en pleine forme.

Conseils pour bien vivre 2019

Lâchez prise et surfez sur la vague du changement. Ne montrez aucune résistance, adaptez-vous. Essayez d'aborder les situations avec du recul. Sortez de votre coquille et allez vers les autres. Faites-vous de nouveaux amis. Essayez d'être spontané et plus créatif.

Le soleil se lève à **6 h 47** et se couche à **20 h 52**

« Pluie le jour de Sainte-Oppportune, ni cerises ni prunes. »

INVENTIONS INSOLITES

L'imprimante biologique

Des chercheurs de Caroline du Nord ont mis au point un appareil semblable à une imprimante, sauf que l'objectif est d'aider à la reconstitution de la peau de blessés ou de grands brûlés. Au lieu d'être remplie d'encre, la cartouche comprend des cellules qui sont apposées sur la blessure. Le but n'est pas de remplacer la peau, mais d'accélérer la cicatrisation de la plaie.

Kézako

La data

Data, en anglais, veut littéralement dire « donnée ». Ramené au monde de la technologie, le mot renvoie à toute donnée personnelle ou collectée lors de l'utilisation d'un appareil numérique. Car dans notre monde moderne, tout ce que vous faites est enregistré, intégré, et toutes les données ainsi traitées par les différents services en ligne leur permettent de vous proposer une expérience personnalisée. Ces données ou cette *data*, comme on dit barbarement, ont une grande valeur, car elles permettent de cibler les utilisateurs en fonction de leurs usages. Vous cherchez la recette d'un gâteau au chocolat dans un moteur de recherche ? Ne vous étonnez pas de voir apparaître dans les heures ou les jours qui suivent une publicité pour du chocolat, pour un moule à gâteau ou un four : c'est la *data* que vous laissez derrière vous qui a mis les publicitaires sur la voie. Comme on dit : si un service est gratuit, c'est que c'est vous le produit !

RétroVermot

Au poker :
« Une veine insolente, ce Monsieur Martin !
– Il jouerait maintenant toute la nuit sans arriver à perdre.
– Oui, mais le sommeil finirait bien par le gagner. »

LES FORMATIONS DE PILOTES DE LIGNE COMMENCENT MAINTENANT À PARTIR DU BACCALAURÉAT

Solution mots fléchés [p. 123]

	E		M		V		M		A		R	
E	S	T	O	C	A	D	E		P	N	E	U
	T	A	T	E	R		D	U	P	A	I	S
G	A	L	O	P		L	A	S	A	G	N	E
	F	U	S		F	E	I	N	T	E		R
T	E	S		S	I	G	L	E	S		F	I
	T		A	C	A	U	L	E		D	U	O
A	T	A	V	I	S	M	E		H	O	R	N
	E	N	O	N	C	E		H	E	R	O	S
P	S	E	U	D	O		M	O	R	A	L	
		T	E	E		C	A	M	A	I	E	U
H	A	H	N		B	A	R	B	U	S		N
	M		T	R	O	C	A	R	T		P	I
D	I	V		O	R	T	I	E		B	O	F
	C	O	S	I	N	U	S		P	E	R	I
B	A	L	A	D	E	S		P	E	R	C	A
	L	A	C	E	E		G	A	U	C	H	I
R	E	I	S		S	A	O	U	L	E	E	S

VIVE LA POSTE !

De nos jours, le métier de facteur comporte somme toute assez peu de risque. Ce ne fut pas toujours le cas, lorsque, en plus des bandits et autres problèmes liés au voyage, les postiers à cheval devaient affronter leur hiérarchie. En effet, dès le XVIe siècle, on trouve des ordonnances régissant les devoirs des hommes chargés de délivrer le courrier dans tout le royaume. L'une d'elles stipule clairement que les courriers doivent passer par les grands chemins, et « non par chemins obliques et détournés ». Pour assurer une livraison à temps, on notait la date et l'heure d'arrivée du courrier, et si elles n'étaient pas satisfaisantes par rapport à l'envoi, on retrouvait les responsables et on prélevait une compensation sur leur solde. C'est sûrement pour cela qu'on dit « foncer comme un timbré » !

Le soleil se lève à **6 h 45** et se couche à **20 h 53**

Mardi **23 avril**

Saint Georges On fête aussi les Gorgia, Fortunata, Gordon, Jordi

« S'il pleut pour la Saint-Georges, toutes les cerises lui passent par la gorge. »

Il y a 100 ans, le 23 avril 1919, la durée légale de la journée de travail était officiellement plafonnée à 8 heures, et celle de la semaine de travail à 48 heures.

L'HOMME VIT QUASI AUSSI LONGTEMPS QUE LA FEMME

Un vrai feuilleton

Depuis les années 2000, le continent africain s'est pris de passion pour les *telenovelas*, ces soap opera venus généralement d'Amérique du Sud (Brésil, Colombie, etc.) et dont l'intrigue, sur le modèle des *Dallas* et autres, est plutôt basique mais entraînante. À tel point que la chaîne Novelas TV est la première en part d'audience sur le continent. Comme l'a dit cette ménagère ivoirienne à un journaliste qui l'interrogeait sur le sujet : « Si, quand la *novela* commence, il y a quelque chose sur le feu, alors ça va sentir le brûlé. » Tout est dit.

CONCOURS LÉPINE

Sur les milliers de participants au concours annuel d'invention Lépine, on voit de tout : des innovations techniques, des nouvelles technologies, des gadgets, des inventions destinées au grand public, d'autres à l'industrie, etc. Mais on oublie souvent que le concours avait initialement pour intitulé « exposition des jouets et articles de Paris », et que, par conséquent, nombre de candidats au premier prix y ont soumis des jeux et jouets ! Le Mille Bornes®, par exemple, a été présenté par son créateur Desjardins en 1956, et remporta le premier prix. Depuis, plus de 10 millions de boîtes de Mille Bornes® ont été vendues dans le monde, et la fortune du créateur fut largement assurée. Parfois, le jeu est une affaire très sérieuse !

Au menu

Bavarois aux fraises et aux spéculoos

POUR 6 PERS.
25 MIN DE PRÉPARATION
3 MIN DE CUISSON
3 H DE RÉFRIGÉRATION

- 200 G DE SPÉCULOOS
- 70 G DE BEURRE MOU
- 5 FEUILLES DE GÉLATINE
- 2 CITRONS (LE JUS DE)
- 2 ŒUFS
- 100 G DE SUCRE EN POUDRE
- 50 CL DE CRÈME FLEURETTE
- 60 CL DE COULIS DE FRUITS ROUGES
- 250 G DE FRAISES

Préparez la base : cassez les biscuits en miettes, puis passez-les au mixeur avec le beurre mou. Répartissez le tout dans un moule rond à charnière.

Faites ramollir la gélatine dans de l'eau froide. Pressez les citrons et faites chauffer le jus à feu doux. Faites fondre la gélatine essorée dedans. Cassez les œufs et séparez les blancs des jaunes. Montez les blancs en neige ferme. Battez les jaunes avec le sucre jusqu'à ce que le mélange mousse. Montez la crème en chantilly, puis incorporez-la aux jaunes d'œufs, versez le jus de citron tiède, 40 cl de coulis de fruits rouges et ajoutez enfin les blancs en neige. Versez la préparation sur la génoise. Réservez au frais pendant 3 heures.

Lavez et équeutez les fraises. Démoulez le bavarois et servez-le avec les 20 cl de coulis restant et les fraises.

Conseils : la gélatine doit tremper dans de l'eau froide pour ramollir sans fondre. C'est ensuite dans le liquide chaud qu'elle se disperse. En refroidissant, la préparation se fige doucement grâce à son action. On peut aussi utiliser de l'agar-agar, un gélifiant d'origine végétale.

Mercredi 24 avril

Saint Fidèle On fête aussi les Fidélia, Mellitus

Le soleil se lève à **6h43** *et se couche à* **20h55**

« Avril et mai font la farine toute l'année. »

EXPRESSIONS IMAGÉES

Avoir une tête de pioche

La pioche était utilisée par les bagnards pour casser les cailloux sur les chantiers où ils étaient envoyés. L'outil, en acier, était jugé très solide et dur, puisque c'est lui qui permettait de fendre la pierre. Par assimilation à cette résistance, les entêtés se sont vus qualifiés de « têtes de pioches », car rien ne pouvait entrer dans leur tête ni les faire changer d'avis.

Charade

Mon premier est un petit cervidé.

Mon deuxième est de bonne heure.

Mon troisième est une arme contondante.

Mon tout est un personnage de fiction français, maître du crime masqué.

FANTÔMAS (FAON - TÔT - MASSE)

C'est pas la crise pour tout le monde !

Normalement, les membres d'un gouvernement prennent office non pour l'argent, mais par sens du devoir et par volonté de servir leur pays. Mais selon où l'on se trouve, cette bonne volonté peut aussi s'accompagner d'un sympathique salaire ! À Singapour, par exemple, le chef du gouvernement, Lee Hsien Loong, ne touche pas moins de 1,3 million d'euros annuels (alors que le salaire médian du pays est de 1 630 euros). Et encore a-t-il tenu sa parole de campagne électorale de baisser sa rémunération de plus de 30 % ! Heureusement, il lui reste les primes…

Le Chiffre

500 millions

C'est le nombre d'ordinateurs dans le monde qui sont utilisés, malgré eux, pour créer de la monnaie virtuelle, comme le bitcoin par exemple. Cet argent seulement utilisé en ligne, parfois pour des transactions illégales, est fabriqué par des programmes spéciaux appelés les « logiciels de minage ». Or, afin d'accélérer les calculs nécessaires à la production, ces logiciels sont installés sur des dizaines de millions d'ordinateurs à travers le monde, à l'insu de leurs propriétaires, par de nombreux sites. À part un ralentissement de son système, difficile de s'apercevoir de ce détournement informatique. Parmi les sites ayant recours au minage sauvage, on retrouve bien évidemment en tête les sites de streaming ou de téléchargement illégal, les sites pornographiques, mais aussi certains sites américains de chaînes télévisées ou d'actualité qui utilisent ce procédé pour augmenter leurs revenus. Si le concept du « minage » n'est pas forcément mauvais en soi, comme pour toutes les technologies, on peut l'utiliser d'une bonne manière. Ou d'une mauvaise manière. Comme lorsqu'on squatte un PC en douce, sans l'avoir gentiment demandé.

Les comportements extraordinaires des animaux

Des pots de colle au plafond

Lorsqu'on vit sous un climat extrême, la conservation des réserves de nourriture est une question cruciale pour la survie. Des fourmis des régions désertiques ont trouvé un moyen original de le faire : certaines se transforment en véritable garde-manger ! Ce sont les fourmis pot-de-miel, gardant en réserve dans leur abdomen, gonflé à bloc, du miellat de pucerons. Suspendues au plafond de galeries de la fourmilière, elles restent ainsi à la disposition de leurs congénères. Celles-ci viennent réclamer leur dose quotidienne de nourriture, qu'elles leur régurgitent à la demande, comme des distributeurs de confiseries gratuites.

Jeudi 25 avril

Saint Marc On fête aussi les Marcia, Clarence, Ermin, Héribald

« À la Saint-Marc, les dernières semences en terre. »

Il y a 300 ans, le 25 avril 1719, était publiée la première édition de *Robinson Crusoé*, roman de l'écrivain britannique Daniel Defoe (1660-1731), inspiré de la vie du marin écossais Alexandre Selkirk (1676-1721).

Vermot Régions

ARDÈCHE / LE TRAIN, C'EST FINI

Le département de l'Ardèche est aujourd'hui le seul en France à n'être desservi par aucun train de la SNCF. Il faut nécessairement prendre un autocar depuis les gares de la vallée du Rhône (de la Drôme notamment) pour atteindre Annonay et les autres communes du département. Paradoxalement, c'est dans l'Ardèche que circule un des plus beaux trains touristiques, le « Mastrou », qui relie Lamastre à Tournon-sur-Rhône via les gorges du Doux.

Molière en vadrouille

Ah ! la Belgique et ses fameuses friteries familiales, où les frites crépitent dans la graisse… Si vous passez par la Belgique, l'arrêt dans un de ces établissements typiques est bien sûr de rigueur. Mais attention à ne pas commettre d'impair : si, pour accompagner vos frites, vous souhaitez commander un hamburger, adaptez votre commande aux habitudes de vos hôtes et demandez plutôt un « Bicky ». Le résultat sera le même et vous brillerez par votre capacité d'adaptation (avant de briller plus tard à cause du gras de frites que vous aurez sur le nez) !

Ha ! Ha ! Ha !

Un jour, en marchant dans le centre-ville, Pierre croise Thierry, son vieux copain de lycée.
« Tiens, Thierry ! Depuis tout ce temps ! Comment tu vas, mon vieux ? »
L'autre hésite et lui répond :
« Pas très bien…
– Ah bon ! Qu'est-ce qui t'arrive ? l'interroge Pierre.
– Eh bien, dit Thierry, je viens de faire faillite et je dois encore nourrir ma famille, je ne sais pas ce que je vais faire.
– Ça aurait pu être pire », lui répond calmement Pierre.
Un mois plus tard, les deux copains se croisent de nouveau.
« Alors comment ça va maintenant ? demande Pierre.
– Très mal, dit Thierry. Notre maison a brûlé la nuit dernière.
– Ça aurait pu être pire, » répond Pierre, toujours aussi tranquillement.
Un mois plus tard, nouvelle rencontre.
« Alors, ça va mieux ? interroge Pierre.
– Oh ! se lamente Thierry. Les choses ne font qu'empirer : ma femme m'a quitté ! »
Pierre lance alors sa formule habituelle : « Ça aurait pu être pire. » Mais, cette fois, Thierry réagit :
« Attends une minute ! Nous nous sommes rencontrés trois fois ces derniers mois et à chaque fois que je t'ai raconté la dernière catastrophe dans ma vie, tu t'es contenté de dire "ça aurait pu être pire". Franchement, tu pourrais m'expliquer en quoi ça aurait pu être pire ?
– Ça aurait pu être pire, ça aurait pu m'arriver. »

Vendredi **26 avril**

Sainte Alida On fête aussi les Alda, Aldona, Espérance

Le soleil se lève à **6h39** *et se couche à* **20h58**

« D'une vérité vaut mieux que haine cachée. »

Problèmes du certificat d'études

Une fermière vend d'abord le quart, puis le tiers des poulets qu'elle a apportés au marché. Elle a alors vendu 14 poulets. Combien lui en reste-t-il à vendre ? Et quelle somme aura-t-elle reçue lorsqu'elle les aura tous vendus, sachant que, dans la première vente, elle les cède à 350 F pièce, à la deuxième vente à 400 F l'un et à la troisième vente à 375 F chacun ?

Réponses : 10 poulets / 9 050 F

Noms de villages

Si à la question « où vas-tu en vacances ? », un camarade vous répond qu'il va au Fion, ne le prenez pas au pied de la lettre et ne lui demandez rien de plus sur sa vie personnelle. À votre décharge, il est vrai que les évocations grivoises qui viennent à l'évocation du nom du hameau Le Fion, sis en Haute-Savoie, ne sont pas sans… fondement !

VISIONNAIRES

Vous êtes-vous déjà amusé à essayer de deviner à quoi ressemblera notre futur ? Pour l'auteur de science-fiction Isaac Asimov, ce petit jeu n'en était pas un, puisqu'en plus d'en faire son métier, l'homme était particulièrement précis dans ses prédictions. Parmi celles qu'il a formulées dès les années 1960, on trouve des technologies devenues depuis bien réelles, comme les navettes d'exploration sur Mars, l'existence de robots « pas très communs ni performants, mais qui sont bien là », la téléphonie mobile, les appels vidéo, les machines à espresso portatives, les connexions sans fil, les voitures autonomes ou même Internet tel que nous le connaissons. La liste est si longue que des fans sont persuadés qu'Asimov venait du futur !

REMARQUABLES
CHÊNE DE MONTRAVAIL

Quel âge a-t-il ? Est-il le plus vieux chêne de France ? À la vérité, mieux vaut ne pas le savoir. En effet, pour connaître avec précision l'âge d'un arbre, on doit compter ses cernes de croissance, et il faut donc qu'il soit mort. Le chêne de Montravail, à Pessines, en Charente-Maritime, n'est pas très grand. Il ne dépasse guère 11 m. En revanche, il impressionne par sa circonférence de plus de 8 m, avec un tronc tourmenté, bosselé, boursouflé, craquelé et creusé. Autrefois, on y avait même, dit-on, aménagé une petite « salle à manger ». Et certains racontaient que les chats y tenaient leur sabbat, les nuits de pleine lune – pure calomnie, n'en doutons pas, à l'encontre des matous, qui préfèrent se chauffer placidement au soleil sur ses grosses branches. Ce chêne pédonculé (*Quercus robur*) a perdu une bonne partie de sa ramure. Il a été endommagé par les tempêtes, notamment par celle de 1999, mais il donne toujours une belle impression de vigueur. C'est la star du « circuit des chênes », une jolie promenade pédestre à faire en Saintonge.

« Avril fait la fleur,
mai en a l'honneur. »
Proverbe espagnol

Les « pourquoi ? » de l'histoire

Pourquoi y a-t-il 52 cartes dans un jeu ?

Les 52 cartes que compte un jeu correspondent aux 52 semaines que compte une année. De même, il y a 4 couleurs comme il y a 4 saisons, et 12 figures (valets, dames et rois) comme il y a 12 mois dans l'année. Cette proximité entre le jeu et le calendrier explique pourquoi ces cartes sont d'excellents supports pour celles et ceux qui prétendent y lire l'avenir.

Stars en famille

Marilou, née en 1983, vient élargir la famille Berry, où les artistes ne manquent pas. Si la jeune femme a choisi de marcher dans les pas de sa mère Josiane Balasko en devenant actrice et réalisatrice, elle a sans doute hérité également des dons artistiques de son père le sculpteur Philippe Berry, ou de ceux de son oncle, le comédien Richard Berry… lui-même père de l'actrice Joséphine Berry.

Métiers de bouche

Mais à quel saint se vouer ?

On entend souvent dire que saint Honoré est le patron des pâtissiers car un célèbre gâteau porte son nom. Il n'en est rien ! Le saint patron des pâtissiers n'est autre que saint Michel et ce sont les boulangers qui choisirent Honoré, au XVe siècle, après s'être longtemps recommandés à Lazare. Honoré, né au VIe siècle, aurait dit à sa nourrice, alors qu'elle préparait le pain, qu'il deviendrait évêque ; moqueuse, elle lui aurait répondu : « Quand ma pelle aura des feuilles ». Miracle ! des feuilles auraient instantanément poussé sur le bois de l'ustensile. Ce qui est certain, c'est qu'Honoré devint évêque d'Amiens. En 1204, des Picards construisirent à Paris une petite chapelle en son honneur, qui donna son nom au faubourg et à la rue où la recette du fameux gâteau fut créée.

LES DOUZE TRAVAUX D'HERCULE

Le sanglier d'Érymanthe

Une nouvelle fois, Hercule doit combattre et vaincre une créature monstrueuse. Eurysthée l'envoie chasser le sanglier, mais pas l'une des bêtes à groin dont se régalent les personnages d'*Astérix* ! Non, il s'agit là d'un gigantesque animal qui terrorise les habitants de la montagne d'Érymanthe. Hercule poursuit le sanglier pendant des mois. Chemin faisant, notre infatigable héros prend le temps de combattre les Centaures, ces êtres mi-hommes mi-chevaux. Après avoir déboisé la montagne (un héros grec n'en est pas à ça près !), Hercule creuse un piège dans le sol, dans lequel l'animal finit par tomber. Eurysthée, pris de panique en voyant le sanglier vivant que lui rapporte Hercule, et persuadé que ce dernier le lâchera sur lui, se cache alors dans un tonneau.

Dimanche 28 avril

Sainte Valérie On fête aussi les Vital, Valéria, Chanel

Le soleil se lève à **6 h 36** et se couche à **21 h 01**

« À la Sainte-Valérie, souvent le soleil luit. »

Il y a 50 ans, le 28 avril 1969, le général de Gaulle annonçait sa démission à la suite de l'échec du référendum sur la régionalisation et la réforme du Sénat (le « non » l'avait emporté à 53,71 %).

EMOJI

En 2015, une véritable révolution s'est produite dans le monde des emoji. En effet, c'est cette année-là que les plateformes ont commencé à proposer du choix dans la couleur de peau des personnages emoji. Alors qu'ils étaient tous jaunes auparavant, l'utilisateur peut désormais choisir entre plusieurs teintes d'une palette de couleurs de peau et de cheveux censée représenter les différentes possibilités. Maintenant, les emoji pourront vraiment dire qu'ils en voient de toutes les couleurs !

À CHACUN SA CAMERA SPORT

SURNOMS

LA GOULUE

Louise Weber (1866-1929) était une danseuse du *Moulin Rouge*, sujet favori du peintre Toulouse-Lautrec. Elle devait son surnom de « La Goulue » à son appétit et à ses formes rondes. Le journaliste Octave Mirbeau disait qu'elle « répand autour d'elle l'ordure à pleine bouche quand elle ne mange pas. Quand elle mange, le mot ordurier qui sort alterne avec la bouchée qui entre ».

APRÈS LES OURAGANS, LES POLITICIENS VISITENT SOUVENT LES SINISTRÉS

Deux copains sont partis chasser. Un lièvre surgissant à un moment, les deux hommes épaulent leur fusil et tirent tous les deux en même temps. Mais ils le ratent !
En revanche, ils atteignent une vache qui se trouvait derrière la ligne de tir.
« C'est toi ou c'est moi qui l'ai touchée !, demande le premier.
– Aucune importance, dit l'autre, comme tu m'as invité, je te la laisse : en plus, c'est toi qui as la gibecière ! »

SLOGANS

De la guerre civile américaine qui déchira le pays de 1861 à 1865, un slogan célèbre est resté et est aujourd'hui encore cité en référence de la vision du camp nordiste : « Free soil, free speech, free men » *(« Terres libres, expression libre, hommes libres »). Ce slogan est celui du* Free Soil Party, *un parti de démocrates dissidents anti-esclavage et aux idées sociales très en avance sur leur temps. Bien que le parti ait été dissous en 1854, les idées du* Free Soil Party *et ce slogan restent emblématiques de cette période trouble de l'histoire américaine.*

« Il est plus difficile d'accorder les philosophes que les horloges. »

Maladies imaginaires

Fatigué, alourdi, asthénique ? Faites attention, vous êtes peut-être atteint de flémingite aiguë. Dans ce cas, hélas, aucun remède n'existe pour soulager votre mal, puisque celui-ci… n'existe pas. Car ce terme ironique désigne une maladie, particulièrement courante chez les adolescents, consistant à avoir la flemme de s'atteler à toute activité. Fausse maladie, mais vraie bonne excuse ! ✚

RétroVermot

« Dis-moi, Pâques, c'est du masculin ou du féminin ?
– C'est du masculin au singulier, Lulu chérie, et du féminin au pluriel. »
Lulu réfléchit et prononce :
« Ah, c'est pour ça qu'on dit un "Pâques beau". »

Ils ont dit

Mohammed Ali

« Qui a la même vision du monde à vingt ans qu'à cinquante a perdu trente ans de sa vie. »

Régiments

Si la plupart des devises militaires sont tournées vers la mission ou mettent en avant les valeurs et devoirs des membres d'une unité, certaines autres moins conventionnelles trouvent leur origine dans la vie et l'histoire des régiments. « Et roule Albert ! », par exemple, est la devise pour le moins étonnante de la 7e compagnie du 2e bataillon du 2e régiment d'infanterie coloniale – aujourd'hui connue sous l'appellation de 2e régiment d'infanterie de marine (2e RIMa) – en Algérie. Elle fait référence au chien Albert, mascotte de la compagnie, embarqué en fraude depuis la Bretagne, et qui accompagnait ses maîtres sur le terrain à la fin des années 1950.

Santé naturelle

Un pépin qui soigne la gorge

L'extrait de pépin de pamplemousse (à ne pas confondre avec l'huile essentielle de pamplemousse) est un antibiotique naturel qui n'a pas d'effets secondaires indésirables. C'est un scientifique d'origine serbe émigré aux États-Unis, le Dr Jacob Harich, qui, dans les années 1980-1990, a effectué des travaux sur ces pépins après avoir constaté que, dans le compost de son jardin, ceux-ci restaient intacts, insensibles aux attaques bactériennes.
Utilisation : une quinzaine de gouttes à avaler diluées dans de l'eau. En cas d'angine, on peut l'utiliser en gargarismes (attention, il doit s'agir de l'espèce *Citrus paradisi*).

L'Info

L'âge de ses artères

Oubliez les crèmes antirides, les cures de jouvence, les liftings et même les pactes avec le diable en échange de la jeunesse éternelle : vieillir est inévitable. C'est même mathématique, prouvé par A + B. « Que ce soit logiquement, théoriquement ou mathématiquement, il n'y a aucune porte de sortie », assurent deux biologistes de l'université d'Arizona dont les travaux sur le sujet ont récemment été publiés dans PNAS, *la revue concurrente de* Science. *Selon leur étude, au-delà des aspects visibles du vieillissement sur lesquels on peut tenter d'agir, ce qui se passe à l'intérieur de notre organisme demeure invariable. Les cheveux grisonnent à cause du déclin inéluctable des mélanocytes, les rides se creusent au rythme où les cellules produisant du collagène disparaissent… Et réparer l'ADN n'y changera rien ! Au contraire, ces manipulations risquent même d'aggraver les choses, comme l'explique Paul Nelson, l'un des coauteurs de l'étude : « Si vous vous débarrassez des cellules déficientes, cela permet aux cellules cancéreuses de proliférer. Et si vous vous débarrassez de ces cellules cancéreuses, les cellules déficientes vont s'accumuler. » Mathématique, on vous dit !*

Mardi **30 avril**

Saint Robert On fête aussi les Robin, Aphrodise, Eutrope

Le soleil se lève à **6 h 32** et se couche à **21 h 04**

« La pluie, le jour de Saint-Robert, de bon vin remplira ton verre. »

TOXIQUE OU NON ?

Pissenlit – vin de pissenlit

Il est bien méprisé, le pissenlit (*Taraxacum officinale*). À cause de son nom, peut-être, qui évoque une fonction quelque peu prosaïque. Et pourtant, quand ses fleurs tapissent toute une prairie, on dirait que le soleil est descendu sur la terre. Eh bien, mettez ce soleil en bouteilles ! Dans une marmite, versez 10 litres d'eau bouillie et refroidie, sur 3 kg de fleurs de pissenlits fraîches et débarrassées du « vert ». Ajoutez les zestes (sans le blanc) de 2 citrons et de 2 oranges, ainsi que 300 g de raisins de Corinthe. Portez à ébullition et laissez frémir 1 heure. Filtrez dans un seau alimentaire ou une marmite en inox et ajoutez au jus 2,5 kg de sucre brun bio, le jus des citrons et des oranges et 2 cuillerées à café de levure de vin. Brassez. Couvrez et laissez fermenter dans un endroit frais environ 3 semaines, jusqu'à ce qu'il n'y ait plus de bulles. Ensuite, filtrez et mettez en bouteilles sans les boucher. Après 5 semaines, filtrez à nouveau et mettez dans des bouteilles à bouchon mécanique. Le vin est prêt au bout de 6 mois.

Vermot Régions

CHARENTE / LES INITIALES DU COGNAC

Eau-de-vie très appréciée depuis le XVIIe siècle, le cognac est aujourd'hui vendu à plusieurs étapes de maturation. C'est cela qu'indiquent les initiales que l'on peut voir sur les bouteilles : « VS » signifie qu'il a deux ans d'âge, « VSOP » quatre ans et « XO » qu'il atteint les six ans de vieillissement. Mais quel que soit son âge, consommez-le avec modération !

Chiffres étonnants de la science #12

Un million de milliards de milliards !

Sous un ciel d'été, qu'il est doux de rêvasser en contemplant la voûte céleste… À l'œil nu, donc sans instrument d'optique, mais avec beaucoup de concentration et de patience, on pourrait y dénombrer jusqu'à 3 000 étoiles. Mais combien y en a-t-il vraiment dans ce que l'on appelle « l'univers observable » ? À partir d'extraordinaires clichés pris par le télescope spatial Hubble, les astronomes, habitués aux nombres qui donnent le vertige, avancent le chiffre de 10^{23} (10 suivi de 23 zéros, soit un million de milliards de milliards !). Et même si un million d'entre elles meurent chaque jour, ça fait encore du monde ! Nos savants, toujours prudents, précisent tout de même « environ ».

QUIZ CHANTEURS

Avec quelle artiste célèbre l'acteur Jacques Charrier formait-il un couple dans les années 1960 ?

Brigitte Bardot

« Au premier jour de mai, blanche gelée tue les fruits de l'année. »

GRANDES TOURS DU MONDE

L'EMPIRE STATE BUILDING

Inauguré le 1er mai 1931 par le président des États-Unis en personne (Herbert Hoover), ce gratte-ciel new-yorkais de 381 m décroche alors le titre de bâtiment le plus haut du monde. L'Empire State dépasse de 61 m son rival et proche voisin, le Chrysler Building. Il culmine même à 443 m à compter de 1952, après l'ajout d'une antenne à son sommet. Conçu dans un style Art déco, l'Empire State Building est le premier gratte-ciel à compter plus de cent étages – 102 exactement. Devenu l'un des symboles de New York, il bénéficie d'une popularité mondiale depuis qu'il a servi de faire-valoir dans le film *King Kong* (1933) et ses différents remakes.

Rébus

ville française

7

Sète

Mai

Le 30 mai est la date anniversaire de la création de l'Esa, l'agence spatiale européenne (*European Space Agency*), fondée en 1975. Cette merveille coûte cher : son budget est le troisième du genre, derrière ceux de la Nasa et de l'agence russe.

Mai est aussi un mois important de l'exploration spatiale outre-Atlantique, avec le premier vol dans l'espace d'un Américain. L'heureux élu se nomme Alan Shepard (1923-1998). Son vol mémorable a lieu le 5 mai 1961, moins d'un mois après l'exploit de Youri Gagarine. Toutefois, contrairement à son concurrent soviétique, Shepard ne fait pas le tour complet de la planète (c'est pourquoi l'on parle de vol « suborbital »). Ce sera finalement John Glenn qui aura ce privilège, en février 1962. Shepard et Glenn font tous deux partie du fameux projet Mercury, dont la création est relatée dans le film culte *L'Étoffe des héros* (Philip Kaufman, 1983).

Le glorieux Alan Shepard n'en reste pas à son exploit suborbital. Dix ans après ce « saut de puce », il décolle pour la Lune dans le cadre de la mission Apollo 14. Il est d'ailleurs le seul des sept membres de la mission Mercury à aller si loin dans l'espace. Il est le cinquième homme à fouler le sol de notre satellite naturel, le 5 et le 6 février 1971. L'un des clichés les plus célèbres le met en scène en train de jouer au golf sur le sol lunaire. Ce geste est avant tout symbolique, car il s'agit d'une promesse faite à son père. En réalité, Shepard joue deux balles : la première échoue dans un cratère voisin, tant la combinaison et les conditions gravitationnelles, si différentes de celles de la Terre, rendent ses gestes maladroits. Mais il s'adapte vite : la seconde serait quant à elle partie… à des kilomètres !

Les « pourquoi ? » de l'histoire

Pourquoi le 1er mai est-il férié ?

Même si ce n'est qu'en 1947 que le 1er mai devint férié en France, l'origine de la date remonte à 1886 quand, à Chicago, 400 000 salariés descendirent dans la rue pour revendiquer la journée de travail de 8 heures. La répression policière fit plusieurs morts et, les années suivantes, les manifestants défilèrent en souvenir avec une églantine à la boutonnière, devenue du muguet.

Jeudi 2 mai

Saint Boris On fête aussi les Antonin, Athanase, Flamine

Le soleil se lève à **6 h 29** *et se couche à* **21 h 07**

« La vie est une rose dont chaque pétale est une illusion et chaque épine une réalité. »
Alfred de Musset

Il y a 500 ans, le 2 mai 1519, Léonard de Vinci rendait son dernier souffle au château du Clos-Lucé, en Touraine. Le génie italien, auquel on doit notamment *La Joconde*, était âgé de 67 ans.

Charade

Mon premier suit l'eau.
Mon deuxième est sans effet.
Mon troisième est sans valeur.
On allume le feu dans **mon quatrième**.
Mon cinquième est un coup.
Mon sixième est comme il faut.
Mon tout est une épreuve d'endurance française.

LES 24 HEURES DU MANS (LÉ - VAIN - TOC - ÂTRE - HEURT - DÛMENT)

Le Chiffre

80 secondes

C'est la durée du vol commercial le plus court au monde. Assurée depuis cinquante ans par la compagnie aérienne Loganair, cette liaison ultrarapide concerne les îles Westray et Papa Westray dans l'archipel des Orcades, au nord de l'Écosse. Totalement isolées, les deux îles comptent trop peu d'habitants pour que la construction d'un pont les reliant l'une à l'autre soit rentable. Leurs huit cents résidents et quelques dizaines de touristes courageux ont donc le privilège de pouvoir parcourir les 2,7 km qui séparent les deux cailloux par les airs. Un voyage qui coûte environ 25 euros l'aller et dure moins d'une minute trente. Ce qui consacre aussi la seconde de vol entre Westray et Papa Westray comme la plus chère de l'aviation commerciale dans le monde !

OH LE GROS GÂCHIS !

Mauvais plan pour les élèves

En 1987, la Cour de comptes s'attardait sur l'un des plus beaux plantages de ces quarante dernières années : le fameux plan « Informatique pour tous » lancé deux ans plus tôt par Laurent Fabius, alors Premier ministre. Son objectif était de permettre aux 11 millions d'élèves du pays de s'initier à l'informatique, tout en soutenant les industriels français, Thomson notamment, à travers les commandes publiques. Un programme très ambitieux chiffré par les Sages à 1 790 millions de francs, dont les ¾ pour le matériel et les logiciels. Pour un résultat plus que médiocre : ordinateurs souvent inadaptés aux établissements, logiciels reçus plusieurs mois après voire jamais, formation des enseignants inexistante… Pire : les magistrats soulignent que 50 % des élèves sondés ont émis une opinion très négative à propos du dispositif. En 1989, Thomson abandonne la micro-informatique. Définitivement obsolètes, ses MO 5 et autres TO 7 installés dans les écoles passeront à la poubelle.

« Qui n'a pas semé à la Sainte-Croix, au lieu d'un grain en mettra trois. »

[Excuse my French]

Si cet été vous décidez de parcourir les routes du monde en camping-car, prenez garde à la façon dont vous présenterez le véhicule à vos rencontres anglophones. Car le mot « camping-car » n'a pas de sens dans la langue de Shakespeare : les Américains vous féliciteront plutôt pour votre *RV* (prononcez *arvii*, abréviation de *recreative vehicle*), et les Anglais pour votre *camper van*. En cas de doute, proposez-leur plutôt l'apéro, ça, c'est universel !

Ça bulle

Malgré son air juvénile qui semble inaltérable, Spirou a fêté en 2018 ses 80 ans ! Le petit personnage a été créé à partir d'un modèle tout à fait réel, à la différence qu'il n'était pas groom, mais mousse sur le paquebot *Île-de-France*. Le costume, en revanche, est fidèle à l'original, car les mousses de sonnerie, chargés d'apporter les messages et les cigarettes à l'équipage et aux clients, étaient tout de rouge vêtus.

Métiers de bouche

La macabre amitié du pâtissier et du barbier de la rue des Marmousets

En 1387, deux magasins étaient installés côte à côte sur l'île de la Cité, dans la rue des Marmousets (aujourd'hui rue Chanoinesse) : une pâtisserie et l'échoppe d'un barbier. Non loin de là, des chanoines logeaient des étudiants étrangers. Certains disparaissaient mystérieusement, probables victimes des truands qui pullulaient en cette période de disette. La misère n'empêchait pas le pâtissier d'écouler comme des petits pains de délicieux pâtés en croûte. Un chien dont le maître avait disparu passa plusieurs nuits à hurler devant la maison du barbier et éveilla les soupçons d'un enquêteur. Ce qu'il découvrit est effroyable : les étudiants qui entraient chez le barbier étaient égorgés par ce dernier, puis glissés par une trappe dans la cave commune aux deux boutiques où ils étaient ensuite cuisinés par le pâtissier ! Les sinistres amis finirent sur le bûcher, les deux boutiques furent rasées et l'endroit maudit demeura inoccupé pendant plus d'un siècle.

Chiffres étonnants de la science

Le cerveau se construit toute la vie

Au 28e jour de grossesse, quand les premières cellules nerveuses, ou neurones, se forment, l'embryon humain a la taille d'un grain de riz. Cinq mois plus tard, le fœtus compte 90 milliards de neurones ! Chacun se connecte avec environ 25 000 autres : ça fait un sacré réseau ! Mais seuls les circuits utiles sont conservés et beaucoup de neurones finissent par disparaître. Un cerveau adulte n'en compte plus qu'environ 14 milliards. À 20 ans, nous en perdons chaque jour 10 000 ; à 40 ans, 50 000… Pas de panique ! On sait désormais que, jusqu'à la fin de la vie, notre cerveau se dote de nouveaux neurones et modifie ses circuits. C'est ce qu'on appelle la neuroplasticité !

Saint Sylvain On fête aussi les Florian, Enéour

Le soleil se lève à 6 h 25 et se couche à 21 h 09

« Quand le merle chante en mai, avril est fini ! »

Il y a 40 ans, le 4 mai 1979, Margaret Thatcher, la « Dame de fer », devenait la première femme à occuper le poste de Premier ministre du Royaume-Uni. Elle allait rester plus de onze ans au pouvoir.

Les comportements extraordinaires des animaux

Des paons fétichistes

Dans les années 2000, les gérants d'une station-service du sud-ouest de l'Angleterre ont reçu plusieurs printemps d'affilée la visite d'un paon. Ce bel oiseau venait draguer l'une de leurs pompes à essence ! De l'avis d'ornithologues, il était séduit par les couleurs vives de l'appareil, mais aussi par ses bruits qui, si on n'est pas trop exigeant, peuvent évoquer les cris d'une femelle à la période des amours. Toujours est-il que ce paon faisait partie d'une famille de myopes, puisque l'un de ses frères se pavanait devant un chat, tandis que l'autre tentait (en vain) de séduire un réverbère !

Vermot Régions

EURE / LA MAISON DE MONET

Dans cette maison de Giverny, le peintre impressionniste Claude Monet a vécu et travaillé de 1883 à 1926. C'est au cœur des jardins paysagers qui se visitent aujourd'hui qu'il a été inspiré pour de nombreux tableaux, dont les célébrissimes nymphéas que vous retrouverez peut-être au détour d'une allée si vos pas vous mènent à Giverny. Le printemps est évidemment la meilleure saison pour vous y rendre, notamment le mois de mai où toutes les fleurs sont écloses.

REMARQUABLES

IF D'ESTRY

Début août 1944. Opération Bluecoat. Au cours de la bataille de Normandie, la Seconde Armée britannique attaque la 9e *Panzerdivision* Hohenstaufen à Estry, commune du Calvados, à une vingtaine de kilomètres de Vire. La 15e *Scottish Borderers* réussira à chasser les Allemands le 13 août. Auparavant, des centaines de bombardiers ont préparé l'assaut. Dans le village, détruit à 80 %, l'église a été touchée, mais pas le joyau du lieu qui se trouve pourtant à deux pas, en l'occurrence un if énorme, dont la vaste ramure abrite les tombes du cimetière. Selon l'association les Amis de l'if, il aurait 1500 ou 1600 ans, ce qui est fort possible si l'on considère son tronc impressionnant, de près de 12 m de circonférence. Il est creux, comme le sont souvent les vieux sujets de cette espèce (*Taxus baccata*), et deux fortes branches horizontales encadrent l'entrée de sa chambre intérieure. Bien avant la guerre de 39-45, il a peut-être été impliqué dans d'autres conflits puisqu'autrefois, on prélevait les branches des ifs pour en faire des arcs et des arquebuses.

*« Au mois de mai
la chaleur fait de
tout l'an la beauté. »*

Un vrai feuilleton

Lorsque la série *Dynasty* a été lancée en 1981 pour contrer le succès grandissant de la série concurrente *Dallas*, c'était avec l'idée de mettre en scène des personnages de la classe moyenne américaine, la fameuse *middle class*. Mais, dès les premiers tests sur les téléspectateurs, il fut mis en évidence que ceux-ci avaient besoin de s'évader de leur quotidien. Les personnages de la classe moyenne furent supprimés, et remplacés par des ultra-riches bling-bling. Résultat : 220 épisodes à succès et des décennies à l'antenne.

Noms de villages

Les paysages des Vosges sont parfois une véritable claque visuelle. Mais pour le hameau de La Baffe, situé juste à l'est d'Épinal, l'expression prend un tournant plus littéral. Il paraît que ses habitants (qui s'appellent par ailleurs bizarrement les Argentois) ont le cœur sur la main, mais prenez garde quand même à ne pas prendre les deux sur la joue si vous y passez.

LES CÉRÉALES ET PSEUDO-CÉRÉALES

E	S	E	F	B	L	E	N	I	O	V	A	A	A
Q	L	E	N	O	A	Z	L	H	C	O	M	M	E
U	A	L	G	G	N	I	G	E	L	H	A	N	Z
I	M	G	I	R	R	R	H	H	U	R	I	I	M
N	I	I	Z	M	O	A	C	M	A	S	Z	A	I
A	D	E	L	S	R	O	I	N	A	E	I	O	L
O	O	S	X	L	N	A	T	N	P	S	Z	N	L
I	N	G	A	I	E	E	L	E	S	A	A	I	E
X	N	E	H	R	O	T	A	P	A	M	N	U	L
C	I	C	R	S	R	U	C	H	I	E	I	Q	G
H	E	O	I	G	T	A	Q	X	M	S	E	F	E
A	R	N	C	R	O	G	S	O	R	B	T	F	I
I	T	E	E	T	R	I	T	I	C	A	L	E	S
E	E	R	G	O	E	F	F	O	N	I	O	T	S

Solution page 150

Cherchez les céréales et pseudo-céréales cachées dans la grille. Vous les trouverez horizontalement, verticalement ou diagonalement.

ALPISTE
AMARANTE
AMIDONNIER
AVOINE
BLÉ
CHIA
COIX
ECHINOCHLOA
ÉLEUSINE
ENGRAIN
ÉPEAUTRE
FONIO
LARMILLE
MAÏS
MILLET
ORGE
QUINOA
RIZ
SARRASIN
SEIGLE
SÉSAME
SORGHO
TEFF
TÉOSINTE
TRITICALE
ZIZANIE

Santé naturelle

Une herbe multivitaminée

Originaire de l'ouest de l'Asie, la luzerne ou alfalfa est une herbe vivace, appelée aussi grand trèfle à cause de ses feuilles à trois folioles. Elle contient toutes les vitamines connues, les huit acides aminés nécessaires à l'organisme humain et de nombreux principes actifs. Ses acides gras essentiels aident à lutter contre l'excès de cholestérol. La luzerne est présente dans toutes les régions tempérées du globe jusqu'à 2000 m d'altitude. Réputée pour sa faculté d'enrichir les sols, elle a des racines pouvant s'enfouir à plus de 2 m de profondeur.
Utilisation : en salade, en graines germées ou sous forme d'extrait.

« Quand il pleut
les premiers jours
de mai, Madame,
tes coings sont perdus. »

INVENTIONS INSOLITES

L'imperméable purificateur

Imaginé par deux étudiants danois, Raincatch est un imperméable qui récupère l'eau de pluie au niveau du col pour la transformer, à travers des filtres cachés dans la doublure, en eau potable. Elle est ensuite consommable directement grâce à des tubes situés près de la bouche. Bien sûr, Raincatch n'est pas destiné aux promeneurs parisiens, mais plutôt aux randonneurs de l'extrême !

HAUT EN COULEUR

Pourquoi dit-on d'un couteau ou d'une épée que ce sont des « armes blanches » ? En effet, leur lame est métallique, pas blanche ! L'origine de cette expression est à chercher dans le sens de « blanc » tel qu'on l'entendait en français ancien (autour du XIe siècle), c'est- à-dire comme synonyme de « brillant ». Le nom de la fameuse épée du roi Arthur, Excalibur, vient d'ailleurs de *caliburn*, qui signifie « acier blanc ». Voilà de quoi briller en société !

Perles de sportifs

Petit imprécis de médecine

Qui l'a dit ? Michel Hidalgo (ex-sélectionneur de l'équipe de France, consultant football) : « Hamann, c'est un joueur qui a deux poumons ! Non, pas deux, car c'est le cas de tout le monde, mais plutôt trois ! »

L'Info

Chaud, très chaud…

Un peu comme celle de Richter, l'échelle de Scoville permet de mesurer, sérieusement, la force d'un piment. Le système a été inventé en 1912 par le pharmacologue du même nom. Depuis 2013, le record était détenu par le Carolina Reaper, un piment atteignant entre 1,5 et 2,2 millions d'unités Scoville. Mais un petit nouveau vient de le pulvériser en grimpant à… 3,18 millions d'unités ! Nom de cette bombe : le Pepper X. Pour bien vous rendre compte de la puissance de cette variété, il faut savoir que les piments ont habituellement une force comprise entre 10 000 et 20 000 unités Scoville. Le Pepper X est, lui, trois fois plus fort que le piment le plus fort commercialisé jusqu'ici. Son créateur préfère avertir les éventuels amateurs : ce piment est si piquant que le consommer seul est dangereux et fortement déconseillé.

CONCOURS LÉPINE

En observant attentivement la liste des lauréats du concours Lépine, on peut distinguer de grandes tendances thématiques pour chaque décennie : dans les années 1910, l'aviation était au cœur des préoccupations des inventeurs ; dans les années 1920 (après la Grande Guerre), place aux prothèses et innovations médicales. Mais à partir des années 1930, on remarque que c'est l'électroménager qui va occuper le centre de la scène pendant un moment. Défilent alors les fours électriques (1928), les tondeuses à gazon (1930), les cafetières (1932), les phonographes électromagnétiques (1936), les autocuiseurs (1952), et bien d'autres encore… C'est tous les hommes : plutôt que d'aider aux tâches ménagères, ils préfèrent inventer des machines qui en éliminent la nécessité. L'inventeur est-il un féministe qui s'ignore ?

Le soleil se lève à **6 h 21** et se couche à **21 h 14**

Mardi 7 mai

Sainte Gisèle On fête aussi les Domitille, Flavia, Marie-Louise

« Mai frileux, an langoureux ; mai fleuri, an réjoui ; mai venteux, an douteux. »

Vermot Régions

CORSE / LA TÊTE DE MAURE

Selon les auteurs, plusieurs raisons peuvent expliquer la présence d'une tête de Maure sur le drapeau corse. L'une d'elles veut qu'à l'époque où le peuple insulaire combattait les Sarrasins, il était d'usage de décapiter ses ennemis. Ainsi, les têtes coupées des envahisseurs plantées sur des piques et arborées par les Corses constituaient les meilleurs repoussoirs pour ceux qui voulaient leur succéder… Autre hypothèse, celle qui rapproche le drapeau corse de celui de la Sardaigne, où figurent quatre têtes de Maures. Le drapeau à une tête de Maure serait apparu pour la première fois en 1573, lors de l'établissement de la carte des possessions du roi d'Espagne Philippe II.

« Tu te souviens ? Au début, tu me disais que tu m'aimais »

Au menu

Tarte aux griottes

POUR 4 À 6 PERS.
15 À 30 MIN DE PRÉPARATION (POUR UNE PÂTE MAISON)
25 À 30 MIN DE CUISSON
30 MIN DE REPOS (POUR LA PÂTE MAISON)

POUR LA PÂTE FAITE MAISON (OU 1 PÂTE À TARTE DU COMMERCE)
- 300 G DE FARINE
- 3 CUIL. À SOUPE DE SUCRE
- 1/2 CUIL. À CAFÉ DE SEL
- 150 G DE BEURRE À TEMPÉRATURE AMBIANTE
- 8 CL DE LAIT

POUR LA GARNITURE
- 500 G DE GRIOTTES DÉNOYAUTÉES AU SIROP
- 1 CUIL. À SOUPE DE CANNELLE
- 1 SACHET DE SUCRE VANILLÉ

Dans une terrine ou un saladier, mélangez la farine, le sucre et le sel. Ajoutez le beurre et pétrissez entre vos doigts jusqu'à obtenir une consistance de semoule grossière. Versez le lait tout doucement et travaillez la pâte jusqu'à ce qu'elle ait la consistance souhaitée. Laissez reposer 30 minutes au frais.

Préchauffez le four à 180 °C (th. 6). Étalez la pâte et disposez-la dans votre moule à tarte.

Égouttez les griottes et disposez-les sur le fond de tarte. Saupoudrez de cannelle et de sucre vanillé.

Enfournez pour 25 à 30 minutes.

C'est l'histoire d'un type qui n'a pas eu de chance. Sa première femme est partie, la seconde est restée.

Protocole

Les règles du protocole sont nombreuses et prennent en compte un nombre incalculable de scénarios. Parmi les plus classiques, on trouve notamment les visites de personnalités étrangères, qui sont classées selon une hiérarchie précise. En haut de celle-ci se trouve la visite d'État, exclusivement réservée aux chefs d'État, rois et reines. D'une durée de trois jours, elle comprend obligatoirement : l'accueil par un ministre (au moins) et la Garde républicaine. Les Champs-Élysées se parent des drapeaux du pays visiteur et le programme comprend une soirée à l'Opéra, ainsi qu'un dîner à l'Élysée. Les visiteurs officiels sont également reçus par le Premier ministre et l'un des présidents du Parlement. Vient ensuite la visite officielle, plus courte et allégée, et enfin la visite privée, dont les règles protocolaires sont réduites au minimum.

« À la Saint-Boniface, mai pluvieux nous fait face. »

Je tiens toujours ma femme par la main. Car si je la lâche, elle fait du shopping !

SURNOMS

LA GROSSE BERTHA

La « Grosse Bertha » était un canon utilisé par l'armée allemande lors de la Première Guerre mondiale. Sorti des usines Krupp, où la tradition voulait qu'on donne le nom d'un membre de la famille à chaque nouveau modèle, le M 42 devint ainsi la « grosse Bertha » en l'honneur de la petite-fille d'Alfred Krupp, sans allusion au poids de la jeune femme, âgée de 28 ans en 1914 !

SLOGANS

Les mouvements sociaux tiennent parfois leurs slogans les plus connus de sources inhabituelles. Le fameux aphorisme « Il est interdit d'interdire », par exemple, qui marqua la contestation de Mai 68, n'est autre qu'un bon mot créé à l'origine par l'humoriste et cinéaste Jean Yanne, et repris par des étudiants séduits par la formule. Il faut bien dire qu'entre l'humour et la politique, il n'y a parfois qu'un pas…

EMOJI

Même si on en trouve des exemplaires plus anciens disséminés isolément dans des ouvrages imprimés, on considère que le véritable début de l'utilisation des emoji à grande échelle a commencé avec Scott Falhamm, professeur à l'université de Carnegie Mellon, aux États-Unis. En effet, ce professeur avait pour habitude de gratifier les messages drôles circulant sur le forum de l'université de cet emoji basique : :-). En reprenant cet usage, les étudiants l'ont ainsi répandu et démocratisé.

De mauvais goût

Décoration de jardin

Grosses grenouilles souriantes, chérubins au pénis-fontaine, flamants roses et bien sûr gnomes poussant une charrette ou ronflant sous des champignons : les ornements de jardin sont censés embellir le gazon des maisons individuelles. Ils ont plutôt tendance à lui conférer une touche de kitsch, un brin mauvais goût. Inventée par les anciens Romains pour rendre hommage à leurs divinités, la pratique, artistique au départ, a été revisitée par la bourgeoisie anglaise au milieu du XVIIIe siècle. Des statues d'animaux sauvages, des faunes et autres créatures fantastiques sont venus célébrer la nature primordiale dans les parcs et jardins des plus riches. Les nains en céramique sont apparus en Allemagne à la même période, pour les mêmes raisons. Dans les années 1920, les copies en plâtre vont commencer à fleurir outre-Atlantique. Là encore, il s'agit de rendre un hommage à la beauté de la nature, mais avec un budget réduit et sur une surface de 50 m². Dans les décennies qui suivent, l'industrie du plastique va hisser les ornements de jardin au sommet des horreurs paysagères aux États-Unis, en Grande-Bretagne, en Autriche et en France. Alors que la mode semblait s'éteindre à la fin du XXe siècle, ces dernières années ont vu quelques-unes de ces décorattions douteuses coloniser les intérieurs. Aujourd'hui, le nain de jardin se décline en tabouret, en savon ou en bougie.

Le soleil se lève à **6 h 18** et se couche à **21 h 17**

Jeudi 9 mai

Saint Pacôme On fête aussi les Paciane

« Bien peu vaut le blé si mai ne le quitte pas en épi. »

Il y a 70 ans, le 9 mai 1949, le prince Rainier III de Monaco prenait la succession de son grand-père Louis II. Il régna pendant près de cinquante-six ans sur la principauté, jusqu'à sa mort, le 6 avril 2005.

Maladies imaginaires

Il y a de nombreuses raisons pour voir apparaître une maladie imaginaire. Dans le cas de la maladie K, le mensonge a eu pour but de sauver des juifs des mains des nazis. Alors que les SS cherchaient des familles qui avaient trouvé refuge dans l'hôpital des Frères de Saint-Jean-de-Dieu à Rome, les médecins et les religieux ont expliqué que l'aile du bâtiment en question abritait les patients atteints de la terrible maladie K, plus contagieuse et terrible que la peste, ce qui suffit à convaincre les soldats de faire demi-tour aussi sec. Courageux, mais pas téméraires...

L'Info

Plus près de toi mon Dieu !

Pour se droguer en toute tranquillité, faut-il se convertir au rastafarisme ? C'est ce qu'on peut imaginer, en Italie... Un tribunal de Bari, dans le sud de la Péninsule, a relaxé un fumeur de joint au motif que les 50 grammes de cannabis trouvés en sa possession étaient destinés à un usage religieux et méditatif. Alors que le procureur réclamait une peine d'emprisonnement, l'avocat du rasta a plaidé la relaxe pour son client qui « fume en écoutant de la musique reggae dans sa salle de méditation ». Un argument un brin fumeux repris par le juge qui, pour justifier sa décision, a déclaré : « Les rastafariens sont les adeptes d'un mouvement religieux dont les fidèles utilisent la marijuana pour la méditation. » En 2004 déjà, la Cour de cassation italienne déclarait que les adeptes du rastafarisme, religion syncrétique née en Jamaïque dans les années 1930 et popularisée en Occident par Bob Marley, utilisaient la marijuana « non seulement comme une herbe médicinale, mais aussi comme une herbe méditative et, en tant que telle, comme un porteur possible de l'état psychophysique nécessaire à la contemplation et à la prière ». Apparemment, de l'autre côté des Alpes, on fume autant chez les magistrats que chez les rastas...

Régiments

Les membres de la très célèbre Garde suisse, plus vieille armée encore en exercice, dont la mission est la protection du souverain pontife, font leur serment d'entrée dans l'unité le 6 mai. Savez-vous pourquoi ? Il s'agit en fait d'un hommage au 6 mai 1527, jour pendant lequel 147 gardes suisses (aussi appelés « mercenaires de Dieu ») périrent en défendant l'escalier menant au tombeau de saint Pierre face aux lansquenets de Charles Quint, alors que 42 autres assuraient la fuite du pape Clément VII. Dès l'année suivante, il fut décidé que le jour de cette action mémorable serait célébré et choisi pour faire prêter serment aux nouvelles recrues.

Vendredi 10 mai

Sainte Solange On fête aussi les Gordien, Philadelphie, Job

Le soleil se lève à **6h16** *et se couche à* **21h18**

« C'est là où il y a le plus d'épines que se trouvent les plus belles roses. »

TOURS DU MONDE

Si ceux qui veulent voyager vite préfèrent l'avion, les adeptes du train, eux, ont quelque chose de plus romantique, mais sont aussi patients. En effet, en France, ce moyen de transport met parfois les nerfs des usagers à rude épreuve, avec des retards à répétition. Mais imaginez un peu aller plus loin et devoir faire un tour du monde en sautant de train en train ! Impossible ? Pas pour Philippe Mélul, qui parcourut 62 000 km dans 101 trains, dont les mythiques Transsibérien, Orient-Express ou Indian Pacific, et boucla un tour du monde en un an. Son métier l'y prédestinait peut-être, puisqu'il était directeur des ventes à la SNCF ! Depuis son étonnant périple ferroviaire, Philippe Mélul a changé de métier et ouvert une agence de voyages avec sa femme, rencontrée dans un train argentin. La belle vie, qui coule comme sur des rails !

RétroVermot

Quelle est la différence entre la tour Eiffel et un petit garçon malpropre ? La tour Eiffel est colossale, alors que le petit garçon malpropre est sale au col.

LA FIN DES APPELS SURTAXÉS VERS L'ADMINISTRATION

Molière en vadrouille

Dans certaines régions d'Afrique, le caïman est un animal puissant, presque mythique, qui a une aura certaine. Mais en Côte d'Ivoire, lorsqu'on dit de quelqu'un qu'il «caïmante», ce n'est pas en référence à sa dangerosité ou au fait qu'il se comporte comme un prédateur. Non, «caïmanter» veut dire «travailler beaucoup». Oui, mais si on caïmante et que notre chef n'est pas content, peut-on alors pleurer des larmes de crocodile?

îles paradisiaques

Archipel des Seychelles, le rêve éveillé

Avec leurs eaux turquoise et leurs plages blondes frangées de cocotiers, les Seychelles incarnent le farniente balnéaire dans le monde entier. Cet archipel d'une centaine d'îles baigne dans l'océan Indien, sous un soleil imperturbable. Si les trois plus grandes îles, Mahé, Praslin et La Digue, concentrent la majorité des activités, les autres sites méritent aussi que l'on s'y attarde. Il y a mille façons de goûter à l'expérience seychelloise, le temps d'une sieste dans un hamac oscillant à l'ombre, à l'occasion d'un séjour dans une maison sur pilotis, ou pendant une session de plongée entre les récifs coralliens. Les sites granitiques, comme l'anse Source d'argent et l'anse Intendance, réservent une baignade dans une eau chaude et limpide, tandis que la jungle luxuriante abrite de gigantesques tortues terrestres et des milliers d'oiseaux. Réserve naturelle sublime, les Seychelles restent incontournables.

Charade alphabétique

Mon premier est le groupe de vitamines qui comprennent l'acide folique.

Mon deuxième est une manière d'être.

On casse **mes troisièmes** pour faire une omelette.

Mon quatrième porte la culotte.

Mon cinquième est pilote de ligne.

Mon tout est un port militaire français.

BREST - (B, AIR, ŒUFS, ESSE, TÉ)

Le soleil se lève à **6h15** et se couche à **21h19**

Samedi **11 mai**

Sainte Estelle On fête aussi les Stella, Ansfrid, Mamert

« Le plus souvent, on cherche son bonheur comme on cherche ses lunettes : quand on les a sur le nez. »

YÉ-YÉ

Dans les années 1960, il était courant pour des chanteurs français de chanter des traductions hasardeuses de chansons anglo-saxonnes et de les faire passer pour originales. Mais maintenant que certaines versions originales ont fait plusieurs fois le tour de la planète, leurs traductions paraissent bien pâles. Ainsi en est-il de « Ces bottes sont faites pour marcher », d'Eileen, reprenant Nancy Sinatra en rimes pauvres et faciles dont par exemple : « Tout le monde sait que tu me trompes souvent, alors méfie-toi, je t'avertis maintenant. » Un délice !

Un médecin dit à son patient :
« Il vous reste deux mois à vivre.
– Très bien, je prends juillet-août. »

Kézako

Le deep web

Aussi appelé plus mystérieusement « dark web », le deep web est la face cachée d'Internet. Ce que nous voyons tous les jours est juste la pointe de l'iceberg : il s'agit (plus ou moins) des sites qui sont référencés sur les moteurs de recherche et accessibles à tous. Le deep web, ce sont tous les sites qui échappent à ce référencement. Pour y accéder, il faut un navigateur spécial qui utilise un processus spécifique, anonyme et intraçable, et il faut surtout savoir où l'on va. Car si le deep web est bien pratique pour communiquer sans se faire prendre, cela peut servir aussi bien aux activistes et opposants à des régimes autoritaires qu'à des criminels en tout genre. C'est ainsi qu'on y trouve de tout : sites de vente d'armes ou de drogues, annonces de tueurs à gages et autres réjouissances côtoient les réseaux cryptés utilisés par des personnes bienveillantes.

VISIONNAIRES

Trouver des prédictions sur les technologies du futur dans un film ou un roman de science-fiction, c'est assez classique et peu surprenant. Mais les oracles se cachent parfois dans des supports plus inattendus. Le jeu *Super Mario*, dont le héros est ce petit plombier en salopette rouge, a donné naissance à une adaptation cinématographique sortie en 1993, intitulée *Super Mario Bros*. Le film en lui-même est, soyons honnêtes, assez mauvais. Mais il contient une scène pour le moins déconcertante : lors d'un plan montrant les paysages new-yorkais, on peut apercevoir deux tours en feu s'effondrer. Il s'agit des tours jumelles du World Trade Center, détruites lors de l'attentat du 11 septembre 2001, plus de huit ans après. Bizarre, vous avez dit bizarre ?

Dimanche 12 mai

Saint Achille On fête aussi les Ismérie, Imelda, Pancrace

Le soleil se lève à 6 h 13 et se couche à 21 h 21

« S'il tonne en mai,
la vache aura du lait. »

GÉNÉRATION Z

Vous avez demandé à l'un de vos petits-enfants comment se passait sa semaine et il vous a répondu « OKLM » ? Ne paniquez pas ! Vous n'êtes pas face à un acronyme, mais à un vrai mot qui se lit « Okaélème », et qui veut dire « posé », « tranquille ». Par exemple : « On est allés en vacances chez John, c'était OKLM ». OKLM s'écrit toujours en majuscules. Variante développée : « Au plus grand des calmes. »

Ha ! Ha ! Ha !

Vers la fin de la Première Guerre mondiale, trois généraux, un Anglais, un Américain et un Français, passent leurs troupes en revue. Alors que les trois gradés s'approchent d'une compagnie de soldats britanniques, leur général flanque un énorme coup de poing dans le ventre de l'un d'entre eux. Ce dernier ne bronche pas. Le général anglais lui demande :

« Soldat, as-tu eu mal ?

– Non

– Pourquoi ?

– Parce que je suis fier de servir dans l'armée de sa Majesté. »

Un peu plus, loin, devant un bataillon de soldats américains, leur général met un violent coup de poing à l'un d'entre eux avant de lui demander :

« Soldat, as-tu eu mal ?

– Non

– Pourquoi ?

– Parce que je suis fier de servir dans l'armée des États-Unis. »

Arrivé devant un groupe de poilus, le général français attrape le fusil à baïonnette de l'un d'entre eux et lui plante brutalement la pointe dans la chaussure. Il demande :

« Soldat, as-tu eu mal ?

– Non

– Pourquoi ?

– Parce que je chausse du 40 et qu'au magasin d'habillement, on m'a donné du 45... »

ILS ONT ÉTÉ LEUR PROPRE COBAYE

Celui qui n'avait pas peur de se pendre

Médecin légiste de profession, le Roumain Nicolae Minovici (1868-1941) se posait sur la pendaison des questions qui n'ont jamais effleuré l'esprit de la plupart d'entre nous (sauf bien sûr « pendaison rime-t-il vraiment avec bandaison » ?). Soucieux de comprendre ce que ressentait un pendu avant de mourir, il appliqua l'adage selon lequel « on n'est jamais mieux servi que par soi-même » en menant sur son propre corps une douzaine d'expériences de quelques secondes. Tantôt il se retrouvait au-dessus du sol avec un nœud lâche autour du cou ; tantôt avec un nœud plus serré, mais les pieds restant en contact avec le sol. Des assistants de confiance étaient chargés de mettre un terme à chaque essai avant qu'il ne tourne à la catastrophe. Les résultats de ces travaux stupéfiants sont même compilés dans un ouvrage de référence, *Étude sur la pendaison* (1904). Âmes sensibles s'abstenir !

Solution mots mêlés [p. 143]

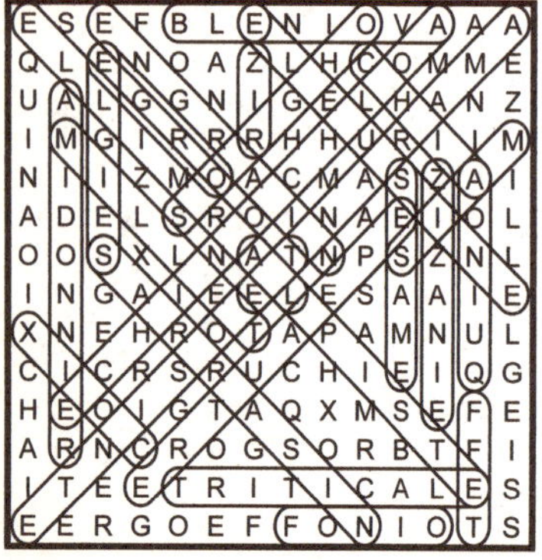

*« Rosée du soir
et fraîcheur de mai
appellent du vin
et beaucoup de foin. »*

Vermot Régions

GARD / ALPHONSE DAUDET

L'auteur des Lettres de mon moulin, *du* Petit Chose *ou encore de* Tartarin de Tarascon, *Alphonse Daudet, est né à Nîmes le 13 mai 1840. Son père était tisserand et sa mère héritière d'une riche famille de négociants en soie. Rien ne le prédisposait à devenir écrivain. Après avoir rejoint son frère à Paris à l'âge de 17 ans, il y mène une vie de bohème qui le conduira à contracter une grave syphilis. Il retourne dans le Sud sur les conseils de son médecin et se lance dans la littérature, où il connaît un franc succès populaire jusqu'à sa mort, en 1897.*

EXPRESSIONS IMAGÉES

Casser sa pipe

Née pendant les guerres napoléoniennes, l'expression est due aux médecins militaires qui devaient amputer les soldats sans disposer d'anesthésiants. On plaçait alors entre les dents du patient une pipe en terre cuite qu'il devait serrer pour éviter de hurler de douleur. S'il cassait sa pipe, c'est parce qu'il l'avait laissée tomber en desserrant les dents dans un dernier souffle…

QUIZ CHANTEURS

Dans quel groupe a commencé à chanter Eddy Mitchell au début des années 1960 ?

Les Chaussettes Noires

L'Info

En roue libre…

Pendant un an, les habitants du quartier Celleneuve, à Montpellier, ont vécu un véritable calvaire. À une quinzaine de reprises au moins, les pneus de plusieurs véhicules stationnés ont été soigneusement crevés pendant la nuit. Excédés par ces actes de vandalisme et pour prendre en flagrant délit les auteurs supposés du méfait, vraisemblablement un groupe de jeunes du coin, les riverains ont installé quelques caméras de surveillance. Une initiative qui leur a permis de mettre un visage sur le délinquant : celui d'un homme vivant non loin de là et âgé de… 75 ans. Abasourdis, les habitants décident de « planquer » pour surprendre le retraité. Après plusieurs nuits passées dehors, des riverains tombent enfin sur le vieil homme. Ils l'encerclent, mais le septuagénaire résiste, il les tient à distance à l'aide du poinçon utilisé pour trouer les pneumatiques. Appelés à la rescousse, les policiers doivent sortir leurs armes pour interpeller le « serial-perceur ». En guise d'explication, le vieil homme a dit que, percuté par une berline de marque étrangère l'année précédente, il se vengeait en crevant les pneus de toutes celles qui se garaient à côté de chez lui. Gonflé, le papy !

Les « pourquoi ? » de l'histoire

Pourquoi les adeptes de la Réforme s'appellent-ils les « protestants » ?

Lorsque le Saint-Empire romain germanique existait, la Diète était l'assemblée des souverains confédérés. Son rôle, entre autres, était de régler les différends qui pouvaient survenir au sein de l'Empire. En 1529, les adeptes de la Réforme luthérienne vinrent défendre leur foi en protestant à la Diète contre Charles Quint, qui leur était opposé. Le nom de « protestants » leur resta.

Mardi 14 mai

Saint Matthias On fête aussi les Pancrace, Érembert, Djamila, Aglaé

Le soleil se lève à **6 h 10** *et se couche à* **21 h 23**

MOTS FLÉCHÉS

Fait feu / Capitale de la Roumanie		Danse de La Goulue / Enseigne		Allégea		Affaiblissais / Deviendront		Rabattre		On l'a à l'œil / Gagée		Prend le large
								Chef d'État arabe				
Ajouter de l'écorce de chêne / Suidé				Moyen de transport				Rangée / Mets en œuvre				
				Bouquets							Destructive	
Mail-coach / Ville normande					Exécutées / Romaine							
				Mettra en terre / Bateau de sauvetage								
Note de musique / Étouffa			Enflamme / Soutient la mine							Vieux oui / Reproduisais		
						Marteau de charpentier		Thymus / Riposterions				Longe
Cru	Tumeur du testicule	Tombe des nues / Sport motorisé tout-terrain							Vêtu			
			Élève / Se met dans l'urne						Bugle / Hommes de loi			
Marquent un temps / Calendrier liturgique							Précède le moi / Nous rendrons					
				Créa un froid / Agrémenter							Servent à marquer des points	
Faux anis / Instrument d'appel						Ferme / Possessif						
			Retient / Toilette									Confession
Sommeil profond / Stylique					Parfum / Sodium					Prédicat honorifique / Mise en tête		
						Bêtes / Hors de portée					Voltampère	
Arroser		Fait des pâtés					Vierge					
					Outil de tailleur							

Solution page 159

« À la sainte Denise s'arrête la bise. »

Rébus
villes française

3

Troyes

PAS RAGOÛTANT

SERVIR DE COBAYE OU SERVIR DU COBAYE !

Bien souvent malmené dans nos laboratoires, le petit animal domestique de certains de nos concitoyens n'a pas une vie facile partout. Au Pérou, il est consommé pour sa viande. Riche en protéines et pauvre en cholestérol, la viande du cochon d'Inde porte le nom de *cuy* sur les tables péruviennes : vous êtes prévenu !

OH LE GROS GÂCHIS !

Double dose

L'histoire de l'abattoir public de Basse-Terre, en Guadeloupe, révélée par la chambre régionale des comptes en 2011, vaut son pesant de noix de coco. La Guadeloupe continentale compte deux abattoirs publics : un au nord, à Grande-Terre ; l'autre plus au sud, à Basse-Terre. Ce dernier, situé à Baillif, a vu ses activités suspendues à partir de 2004 pour non-respect des règles d'hygiène. Mais, plutôt que d'effectuer les améliorations nécessaires, le syndicat mixte responsable de l'établissement a décidé de faire construire un nouvel abattoir à 10 km de là. Pourquoi pas ? Sauf que 7 ans et 7 millions d'euros dépensés plus tard, le nouvel abattoir ne montrait aucun signe d'activité. Et ce n'est même pas une bonne nouvelle pour les végétariens : la non-activité des deux abattoirs de Basse-Terre a favorisé les opérations d'abattage clandestin, augmentant ainsi les risques sanitaires pour la population. Double dose, on vous dit...

TOXIQUE OU NON ?

Muguet

Il cache bien son jeu, le joli muguet du mois de mai – « le gai, le muguet coquet », comme dit Francis Carco. C'est le héraut du printemps, la fleur d'Apollon qui l'aurait, dit-on, fait naître sous les pieds des muses, et c'est bien sûr aussi le porte-bonheur incontournable du 1er mai. Toutefois, si le soleil printanier vous donne une forte soif et que vous avalez d'un trait l'eau du vase où a trempé un bouquet de muguet, vous n'aurez pas que du bonheur. Vous risquez même d'y rester ! En effet, cette plante vivace (*Convallaria majalis*), éminemment gracieuse et délicate, est toxique dans toutes ses parties et peut être à l'origine de graves chutes de tension et d'arrêts cardiaques. Ses jolies baies rouges sont particulièrement dangereuses, car elles attirent les jeunes enfants, mais ses feuilles et ses blanches clochettes sont également empoisonnées. Remarquons que le muguet a des griffes – on appelle ainsi ses souches tubéreuses hérissées. On peut y voir un indice dissimulé et sournois de sa nocivité !

Jeudi 16 mai

Saint Honoré On fête aussi les Germier, Brendan

Le soleil se lève à **6 h 08** et se couche à **21 h 26**

« Petite pluie de mai rend tout le monde gai. »

Vermot Régions

OISE / LA TRANS'OISE

Projet départemental commencé il y a plus de dix ans, la Trans'Oise est une voie de circulation longue de 240 km et ouverte exclusivement aux modes de déplacement non motorisés. Reliant 70 communes dont les principales villes du département (Beauvais, Clermont, Creil, Chantilly, Senlis, Compiègne, Noyon), c'est un lieu de promenade exceptionnel pour les piétons et les cyclistes.

RétroVermot

À Besançon, par suspicion, aux élections, c'est l'abstention.

Moralité : Dans le Doubs, abstiens-toi.

L'Info

Concours de bêtes

À la différence de 97 % des espèces de volatiles dotées d'un cloaque, les canards, comme les cygnes ou les autruches, ont un pénis, un organe qui « pousse » au printemps et se rétracte le reste du temps. Or, en observant le comportement de deux espèces de palmipèdes, les fuligules à tête noire et les érismatures rousses, des chercheurs américains ont découvert que la rivalité entre mâles influençait bigrement la taille de leur organe. Pour leur étude, publiée dans la revue The Auk : Ornithological Advances, *les ornithologues ont placé des mâles seuls avec une femelle ou, au contraire, dans des mares avec d'autres canards. Résultat : les fuligules, espèce paisible et monogame, développent des pénis jusqu'à deux fois plus longs en présence de concurrents. Chez les érismatures, espèce plus volage, le concours de quéquette atteint des records : les plus virils se dotent d'un sexe pouvant atteindre… 18 cm, soit plus que le corps de leur propriétaire. Des dimensions si impressionnantes que, arrivés à maturité sexuelle, les jeunes mâles attendent trois, voire quatre saisons avant de développer un pénis de compétition. La première année, ils préfèrent même se contenter d'une minuscule virgule pénienne de 2 cm…*

LES PÉAGES D'AUTOROUTE TOUJOURS PLUS CHERS

RECORDS DE PRÉSIDENT

Pour beaucoup d'hommes politiques, arriver au poste de président de la République française est l'aboutissement suprême. Le rôle est tellement épuisant que les anciens présidents, pour la plupart, profitent d'une retraite bien méritée après leur passage à l'Élysée. Pour Valéry Giscard d'Estaing, c'est un peu différent, car il est le seul président dont la carrière politique a duré plus longtemps après la fin de son mandat qu'avant son élection. Il s'est en effet écoulé vingt-trois ans entre sa défaite contre François Mitterrand, en 1981, et la perte de son dernier mandat local, celui de président du Conseil régional d'Auvergne, en 2004. Quand on est fait pour ça…

« Que tu sois faible ou très fort, à la Saint-Pascal purge ton corps. »

Noms de villages

Lorsqu'on est attaché à une terre, à une région, il peut sembler qu'elle fasse partie de nous-mêmes. Dans le cas de Monteton, village du Lot-et-Garonne, le fait prend une autre dimension. Une proposition de devise : « Monteton, une commune à la pointe ».

Inventions insolites

La file d'attente mobile

On vous a parlé en 2018 de ces files d'attente interminables, fréquentes devant les boutiques ou restaurants japonais, et des chaises « intelligentes » inventées par Nissan. Utilisant le logiciel ProPilot des voitures autonomes, celles-ci forment une file d'attente et avancent toutes seules. Le principe est simple : à votre arrivée devant un magasin et pour attendre votre tour, vous vous asseyez sur la première chaise vide. Quand la file avance d'une place, l'ensemble des chaises se déplace et la chaise libérée vient se placer à la fin de la file.

Maîtres du polar

Claude Izner

Il n'y a pas une, mais deux Claude Izner. Plutôt, il y a deux sœurs, Liliane Korb et Laurence Korb, qui font vivre ensemble sous ce même nom les *Enquêtes de Victor Legris*. La première est férue d'histoire, la seconde de cinéma, toutes les deux sont parisiennes et bouquinistes. Comme leur héros, Victor Legris, libraire d'une trentaine d'années dans le Paris de la Belle Époque. Un passionné d'ouvrages anciens qui se trouve mêlé à des affaires criminelles qui défraient la chronique. Avec le détective amateur et gouailleur, on arpente la capitale des impressionnistes, ses quartiers populos. *La Disparue du Père-Lachaise, Le Secret des Enfants-Rouges, Le Talisman de la Villette, La Momie de la Butte-Aux-Cailles*… Les titres de ces nouveaux mystères de Paris parlent d'eux-mêmes. L'époque bouillonnante, magistralement restituée par Izner, offre un formidable terrain de jeu à Legris et à ses compagnons, dont les aventures percutent souvent la grande histoire. En 2016, héros de douze romans, Victor Legris a passé la main à Jérémy Nelson, jeune pianiste américain en quête de ses origines dans le Paris des Années folles. Au programme : jazz et cadavres.

Santé naturelle

Potagère et méconnue, mais efficace !

La corète potagère est une plante buissonnante, dont les feuilles donnent, une fois moulues, une épice de couleur verte. Elle est très appréciée en Afrique du Nord et au Moyen-Orient, sous le nom de *mioukhia*, et en Asie sous celui de *shimatsumaso*. Son intérêt vient notamment de son exceptionnelle teneur en magnésium (600 mg pour 100 g) et en calcium (2 g pour 100 g). Associés, ces deux éléments sont nécessaires à l'ossification et à la régulation des métabolismes des glucides et des graisses. La corète potagère est aussi efficace contre la cystite.

Utilisation : quasiment inconnue en France, la poudre de corète peut être trouvée dans des épiceries exotiques.

Samedi **18 mai**

Saint Éric On fête aussi les Eris, Genséric, Juliette, Gens, Potamon

Le soleil se lève à **6 h 05** *et se couche à* **21 h 29**

« Bon fermier à Sainte-Juliette doit vendre ses poulettes. »

Ça bulle

La bande dessinée est une passion, mais c'est aussi un terrain de jeu illimité pour les collectionneurs, et donc un vrai business. La preuve en est ce record battu en 2014 par une planche originale d'Hergé vendue 2,65 millions d'euros lors d'une vente aux enchères organisée à Paris. La deuxième place du classement des ventes les plus impressionnantes est également détenue par Hergé, avec la couverture originale de *Tintin en Amérique*. On peut parler d'une bulle spéculative ?

Un vrai feuilleton

Ah, la culture française et son rayonnement, la philosophie des Lumières, la langue de Molière et… Ah pardon, on nous dit dans l'oreillette que le record de la série française la plus exportée de tous les temps est attribué à *Sous le soleil*, la série culte de la fin des années 1990. Difficile d'enchaîner sur le rayonnement culturel, on va plutôt rallumer la télévision !

Meilleures tables de France

Alain Passard à l'Arpège

On ne présente plus Alain Passard, chef prodigieux qui multiplie les étoiles et les toques dès qu'il passe derrière les fourneaux. Depuis l'ouverture de son propre établissement à Paris, en 1986, il a rapidement décroché, puis conservé, ses trois étoiles *Michelin* et ses cinq toques *Gault & Millau*. Voilà maintenant trente ans que les assiettes de l'*Arpège* rivalisent de subtilité « légumière », selon les propres termes du chef. Fines ravioles potagères, rubans de céleri-rave, jardinière arlequin, voici quelques-uns des mets, toujours saisonniers, que l'on retrouve à la carte. Ce talent pour sublimer les produits frais est reconnu mondialement, par le classement des *50 Best* d'une part – l'*Arpège* est 12e en 2017 – et par celui de *La Liste* – l'autre grand palmarès international, qui place l'établissement au 25e rang sur mille restaurants.
À cette virtuosité culinaire s'ajoute le cadre du restaurant, dont le charme Art déco fait toujours mouche, plus de trente ans après son inauguration.

Protocole

Si le protocole d'État impressionne toujours le quidam par son faste et la précision de ses règles, il a tendance à se simplifier depuis que la France, devenue république, étale son pouvoir avec moins d'ostentation qu'à l'époque des rois de droit divin. Mais la complexité des règles protocolaires peut surtout dépendre du bon vouloir du locataire du palais de l'Élysée. Le général de Gaulle, par exemple, était attaché à certaines règles protocolaires aujourd'hui abolies et qui peuvent sembler superflues. Lui qui affirmait que le protocole était « l'expression de l'ordre dans la République » exigeait qu'à chacun de ses départs pour l'étranger ou des retours de visites officielles, l'ensemble des membres principaux du gouvernement soient présents. Imaginez un peu devoir accueillir votre patron à chaque retour de vacances !

« Craignez le petit Yvonnet, c'est le pire de tous quand il s'y met. »

Problèmes du certificat d'études

Un appareil d'arrosage de jardin est mis en marche à 8 h 15. Le compteur d'eau marque alors 342,7 m³. À 9 h 30, il indique 343,825 m³. Quel est le débit d'arrosage par minute ? Par heure ? Sachant que le mètre cube d'eau de la ville coûte 9,50 F, à combien reviendrait l'arrosage si l'appareil fonctionne de 8 h 15 à 11 heures ? Combien de temps faudrait-il pour répandre, avec un arrosoir à main de 1,2 dl, la même quantité d'eau si, pour pomper l'eau du puits, la transporter et la répandre, il faut 8 minutes par arrosoir ? Calculez la valeur de la main-d'œuvre à raison de 120 F l'heure.

Réponses : 15 l/min et 900 l/h / 24 F / 27 h 36 min / 3 312 F

Perles de sportifs

Mutant

Qui l'a dit ? Pierre Albaladejo (commentateur rugby, France 2) :
« Il a des yeux au bout des godasses. »

L'Info

En piste

Si les canards s'intéressent à la taille de leur sexe (voir L'Info du 16 mai), c'est une tout autre longueur qui vient d'être mesurée chez leurs lointains ancêtres sauropodes : celle de la plus grande piste empruntée par des dinosaures découverte à ce jour. Et, cocorico – ou coincoin si vous préférez –, ce chemin tracé il y a 150 millions d'années est situé à Plagne, dans l'Ain. D'après les calculs du Laboratoire de géologie de Lyon, le passage s'étend sur 155 m de long. Composée de 110 pas successifs, la piste préhistorique s'est formée à une période au cours de laquelle la région était recouverte par une mer peu profonde et parsemée d'îles dont la végétation servait de nourriture aux mastodontes du Jurassique. Pour les paléontologues, vu la dimension de chaque empreinte (plus de 1 m) et celle des enjambées (2,80 m en moyenne), l'animal devait mesurer au moins 35 m de long pour un poids de 35 à 40 tonnes. Inconnu jusqu'ici, ce dinosaure a logiquement été baptisé Brontopodus plagnensis.

CONCOURS LÉPINE

Quel plaisir de partir de la boulangerie en sentant la douce chaleur du pain à peine sorti du four... Mais encore faut-il tomber juste pour avoir le droit de goûter à ce plaisir ! Car le boulanger, fort heureusement pour lui, ne vous attend pas pour extraire sa production du four. Alors, pour tous les amateurs de pain chaud impatients, l'inventeur Jean-Louis Hecht a la solution : un automate révolutionnaire, capable de cuire et de distribuer des baguettes chaudes tout juste cuites, 24 heures sur 24 et 7 jours sur 7 ! Il faut croire que le jury du concours Lépine n'est pas allergique au gluten, car Jean-Louis Hecht et son invention ont remporté le premier prix de l'édition 2014 ! Pas sûr que lui et son boulanger soient toujours « amis à mie » !

Lundi 20 mai

Saint Bernardin On fête aussi les Outrille, Austrégésille, Therezien

Le soleil se lève à **6 h 03** *et se couche à* **21 h 31**

« S'il pleut à la Saint-Bernardin, tu peux dire adieu à ton vin. »

EXPRESSIONS IMAGÉES

Couper les cheveux en quatre

Couper en quatre un cheveu, même court, ne paraît pas une épreuve insurmontable. Pour comprendre l'origine de l'expression, il faut remonter à sa forme ancienne, au XVIIe siècle, où il s'agissait de « fendre » un cheveu en quatre! On comprend alors que le challenge relevait d'une méticulosité maladive ou d'une recherche de la perfection impossible à assouvir.

Charade à tiroirs

Mon premier donne un choc.

Mon deuxième prépare la viande.

Mon troisième montrera la couleur de son argent.

Mon quatrième vient au monde.

Mon tout est un auteur-compositeur-interprète et guitariste français.

HUGUES AUFRAY. Mon premier est U, car U percute (Uppercut). Mon deuxième est Gue, car Gue larde (Guelarde). Mon troisième est Paiera, car Au paiera (Opéra). Mon quatrième est Fray, car Fray naît (Frénaie).

Les comportements extraordinaires des animaux

Les amours épiques du porc-épic

Comment se faire aimer quand on est couvert de plus de 30 000 piquants, pouvant mesurer chacun jusqu'à 30 cm? Le porc-épic mâle met en œuvre la parade nuptiale la plus odorante et « torrentielle » qui soit. Après avoir tenté de frotter son museau pointu contre celui de sa dulcinée, il inonde cette dernière d'un geyser… d'urine! La femelle est ainsi rapidement mise au parfum. Si elle est séduite, elle se tourne pour présenter son postérieur dénué de piquants; sinon, elle s'enfuit. Saviez-vous qu'outre ses rapports amoureux épiques, ce rongeur a pour particularité de consommer, je vous le donne en mille, des aiguilles de pin!

REMAKES REMAKES REMAKES REMAKES

L'ARMÉE DES DOUZE SINGES

Course contre la montre haletante, construite de flash-back et de rêves éveillés, ce film de Terry Gilliam raconte les pérégrinations de James Cole (Bruce Willis), un prisonnier renvoyé dans le passé par des scientifiques pour découvrir l'origine d'un virus qui a éradiqué 99 % de la population mondiale. Au cours de ses voyages, il tombe amoureux d'une psychiatre (Madeleine Stowe), qui l'aide à surmonter ses troubles – il est notamment hanté par un souvenir d'enfance. C'est Universal Studios qui commande ce film à Gilliam, après avoir racheté les droits du court-métrage *La Jetée* (1962), réalisé par le Français Chris Marker. Point de virus dans la version des années 1960, mais une Troisième Guerre mondiale qui oblige les survivants à se cacher dans les souterrains de Paris. La trame générale est identique – le héros se déplace dans le temps –, mais l'histoire se concentre sur son souvenir d'enfance. La réalisation expérimentale de Marker (le court-métrage est un montage de photographies en noir et blanc) deviendra quelque trente-cinq ans plus tard un classique populaire de la science-fiction.

Mardi **21 mai**

Saint Constantin On fête aussi les Second

« Un brin de menthe, l'amour augmente. Un bouquet de menthe, l'amour vous tente. »

RECORDS FOUS DE SPORTIFS

Le 100 mètres est une distance mythique qui fait rêver bien des athlètes. Mais pour tous ceux qui savent que le record d'Usain Bolt est inaccessible, il reste encore la possibilité de marquer l'histoire du « 100 mètres alternatif ». Le concept est de courir un 100 mètres pour le moins spécial. L'Allemand Christopher Irmscher a par exemple couru le 100 mètres en palmes, masque et tuba le plus rapide au monde, en 14,82 secondes, et sa compatriote Julia Plecher celui du 100 mètres en talons aiguille en un peu moins de 15 secondes. Quand on n'a pas de jambes, on a de l'imagination !

Solution mots fléchés [p. 152]

	A		C		A		A		R		C	
B	U	C	A	R	E	S	T		E	M	I	R
	T	A	N		R	E	R		F	I	L	E
P	O	R	C		A	R	O	M	E	S		S
	D	R	A	G		O	P	E	R	E	E	S
C	A	E	N		I	N	H	U	M	E	R	A
	F	A		A	T	T	I	S	E		O	C
F	E	U	T	R	A		A		R	I	S	
			E	C	L	A	I	R		M	I	S
O	S	E		H	I	S	S	E		I	V	E
	A	N	N	E	E	S		A	L	T	E	R
O	R	D	O		N	E	I	G	E	A		R
	C	U	M	I	N		R	I	G	I	D	E
C	O	R		M	E	M	O	R	I	S	E	
	C	O	M	A		A	N	I	S		S	A
D	E	S	I	G	N		S	O	T	S		V
	L		S	E	A	U		N	E	U	V	E
F	E	T	E	R		T	A	S	S	E	A	U

L'Info

Deal de haut vol

Tandis que dinosaures et canards font de l'arithmétique, les pigeons dealent. Enfin, certains d'entre-eux. Il y a quelques mois, le quotidien koweïtien** Al-Raï **expliquait en effet que la police locale avait interpellé un pigeon en provenance d'Irak qui s'adonnait au trafic de drogue. Équipé d'un petit sac à dos aux couleurs de son plumage, l'oiseau transportait 200 pilules d'ecstasy. Mais, informés par leurs homologues colombiens que la technique des pigeons voyageurs et dealeurs avait de plus en plus la cote chez les narcotrafiquants latino-américains, les gabelous de l'Émirat veillaient au grain. Placé aux arrêts, le columbidé n'aurait pas ouvert le bec.

C'est pas la crise pour tout le monde !

Tous ceux qui habitent dans une grande ville le savent bien : l'espace se fait rare et coûte cher, très cher. C'est particulièrement vrai à Bombay, où la densité de population est élevée. C'est pourtant là que la 22e fortune mondiale, Mukesh Ambani, a fait construire ce qui est à ce jour la résidence privée la plus chère au monde. 27 étages, 173 m de hauteur, 37 000 m² (autant que le château de Versailles), 29 chambres, 3 piscines, une salle de cinéma et 600 employés présents quotidiennement. Valeur estimée du tout : entre 1 et 2 milliards de dollars. La fourchette (en argent) est large !

Les « pourquoi ? » de l'histoire

Pourquoi le cimetière de l'Est parisien s'appelle-t-il le « Père-Lachaise » ?

Ouvert le 21 mai 1804, le cimetière de l'Est parisien est couramment appelé le « Père-Lachaise » en référence au jésuite François d'Aix de La Chaise (1624-1709), confesseur de Louis XIV. Celui-ci venait fréquemment se reposer dans le couvent qui existait autrefois en ce lieu, et notamment dans son parc dont certains arbres subsistent et qui sont donc plus que trois fois centenaires.

Mercredi 22 mai

Saint Émile On fête aussi les Rita, Quitterie

Le soleil se lève à **6h01** et se couche à **21h34**

« La rose n'a d'épines que pour qui veut la cueillir. »
Proverbe chinois

EMOJI

À première vue, on pourrait croire que les emoji, du fait de leur simplicité, ne permettent d'exprimer que des idées simples. Pourtant, ce n'est pas tout à fait vrai. La preuve en est cette traduction de la Bible réalisée en 2016 en emoji. Seul un quart des mots a été remplacé pour ne pas altérer de manière excessive le sens des écritures. Le total fait un peu moins de 3300 pages et coûte seulement 2,99 dollars dans sa version numérique. Affaire à saisir!

SLOGANS

« Sous les pavés, la plage! » C'est sûrement le slogan le plus fameux de la révolte populaire de Mai 68, et il reste encore aujourd'hui emblématique de ces temps troubles et emplis d'espoir pour toute une génération. Un bon coup dû au hasard? Pas du tout. Comme le dit son créateur, Bernard Cousin, le slogan a été longuement pensé pour inciter le chaland à retirer les pavés. Après la proposition originale « Il y a de l'herbe sous les pavés », qui fut écartée pour une possible confusion avec la marijuana, la version définitive fut acceptée. La suite, on la connaît.

Vermot'roscope

GÉMEAUX (22 mai-21 juin)

Caractère

Communicatif, curieux, ouvert d'esprit, observateur, inventif, intelligent, opportuniste, adaptable, vif, rapide, bon vivant, pétri d'humour, intuitif, cérébral, changeant, caméléon, surprenant, insaisissable, aérien, désinvolte, ambigu, infantile, nerveux, voire angoissé…

Les influx planétaires intéressants

Jupiter en Sagittaire, votre signe opposé, mettra l'accent sur les associations et les relations de tout ordre. Profitez de l'année pour booster votre vie amoureuse ou pour élargir votre cercle amical. Jupiter et Neptune en désaccord augmenteront votre émotivité, ainsi que votre sensibilité à votre environnement.

Vie sociale et activités

Très sensible à la critique, vous aurez besoin de vous entourer de personnes sincères et positives. 2019 sera donc l'année idéale pour faire le tri dans vos relations. Certains seront d'ailleurs en quête d'amitiés plus légères et plus fantaisistes. Votre soif de nouveauté vous incitera à vous ouvrir à d'autres loisirs, d'autres activités. Conséquence : vous aurez tendance à vous disperser tellement vous aurez d'occupations diverses.

Amour

Belle année qui vous permettra de consolider les liens qui vous unissent à votre moitié. Si vous êtes en concubinage, vous aurez envie d'officialiser votre relation. Pour certains, la préparation d'un mariage pourrait bien occuper tout le premier semestre. Si vous traversez une période de crise, vous prendrez des décisions radicales. Attention la rupture est proche.
Célibataire, extraverti et spontané, vous n'aurez aucun mal à aller vers les autres. Souvent sollicité, vous serez amené à sortir plus. Certains, lors d'une invitation, feront une très belle rencontre. Soyez observateur et réceptif à l'amour.

Famille

D'un bout à l'autre de 2019, véritable courant d'air, vous entretiendrez des relations à la carte. Attention, car votre entourage vous le fera remarquer.

Budget

Bien que rigoureux, vous n'échapperez pas à quelques imprévus. Faites vos comptes régulièrement, ciblez bien vos dépenses et vous vous en sortirez facilement.

Bien-être

Les autres auront un impact certain sur votre moral. Vous devrez donc vous entourer en conséquence, en évitant les personnes négatives qui auront tendance à vous plomber le moral.

Conseil pour bien vivre 2019

Fuyez les situations floues et les relations complexes. Misez sur la simplicité et préservez-vous des conflits, des tensions ou des jeux de pouvoir. Redécouvrez le monde à travers vos yeux d'enfant, émerveillez-vous.

« Sème tes haricots à la Saint-Didier ; pour un, tu en auras un millier. »

QUIZ CHANTEURS

Quel chanteur a connu le succès grâce à la chanson *The Fool* en 1971 ?

Gilbert Montagné

Dans l'hémicycle

Le palais Bourbon, monument dans lequel siège l'Assemblée nationale depuis 1798 sous ses différentes appellations (Conseil des Cinq-Cents, Corps législatif, Chambre des députés, puis Assemblée nationale), est un édifice particulier. Par son histoire, bien sûr, mais aussi par les rites et coutumes qui l'animent. L'une d'entre elles est officiellement connue sous le nom de « Service du verre d'eau » et consiste, comme son nom l'indique, à servir des verres d'eau aux orateurs à la bouche sèche. Des fonctionnaires sont dédiés à ce service et doivent s'assurer que personne ne manque de salive. Il n'y a pas de sot métier de la République, et il faut savoir parfois... se mouiller !

Vermot Régions

PARIS / L'ÉPITAPHE

L'abbé Louis Barbier de La Rivière, aumônier, conseiller et ami de Gaston d'Orléans, frère de Louis XIII, mort à Paris en 1670, avait promis cent écus à celui qui ferait son épitaphe. Comme il n'eut pas une vie aussi exemplaire qu'on aurait pu l'imaginer, il ne fut pas épargné par l'auteur de son hommage funèbre :

« Ci-gît un très grand personnage,
Qui fut d'un illustre lignage,
Qui posséda mille vertus,
Qui ne trompa jamais, qui fut toujours fort sage...
Je n'en dirai pas d'avantage,
C'est trop mentir pour cent écus. »

Métiers de bouche

L'histoire de la poissonnerie se raconte dans le nom des rues de Paris

Nombreuses sont les rues de Paris à tenir leur nom de l'univers de la poissonnerie. Si la rue de la Poissonnerie-des-Halles a disparu au cours du remaniement du quartier des Halles, d'autres sont toujours les témoins de l'histoire : l'impasse de la Poissonnerie, dans le 4e arrondissement, qui tient son nom de la poissonnerie du marché de Sainte-Catherine par exemple. On citera surtout la rue des Poissonniers, dans le 18e arrondissement, le boulevard Poissonnière, à cheval sur le 2e et le 9e, et la rue du Faubourg-Poissonnière, qui sépare le 9e et le 10e. Ces rues tiennent leur nom du « chemin des Poissonniers », route reliant les ports du nord de la France aux Halles de Paris, empruntée de nuit par les chasse-marée, ces véhicules apportant poissons et crustacés jusqu'en 1848, date de l'inauguration de la ligne ferroviaire reliant Boulogne-sur-Mer à Paris. La création du boulevard Barbès en 1867 change le plan d'origine, mais on devine encore le tracé du chemin sur nos plans de Paris.

Vendredi **24 mai**

Saint Donatien On fête aussi les Angèle, Zoël, Maël, Servilio

Le soleil se lève à **5 h 58** *et se couche à* **21 h 36**

« Après la Sainte-Angèle, le jardinier ne craint plus le gel. »

SECRETS D'ÉTAT

Décidément, les États-Unis ont une manière toute particulière de mener leur *War on drugs* (guerre à la drogue), déclarée par le président de l'époque, Ronald Reagan. Car si son gouvernement se vantait d'une tolérance 0, dans les faits, c'était une tout autre histoire... Le même Reagan n'a par exemple pas été gêné de financer les Contras, force d'opposition aux Sandinistes du Nicaragua, en leur facilitant le trafic et l'import de cocaïne en Amérique. Et tant pis si des milliers de personnes ont été entraînées dans l'enfer de la drogue, notamment du crack, un dérivé de la cocaïne. Notons tout de même que les principaux responsables de l'affaire ont été protégés par l'administration et jamais punis. Il y a d'ailleurs fort à parier que certains d'entre eux ont toujours un rôle politique majeur...

SUDOKU

facile

			3					
	7	1			6			
8		5			2			3
	9	7	4		3			
				7	8	5		
				9				4
2							4	
	3			5				9
			1			7		

Solution page 168

REMARQUABLES

CHÂTAIGNIER DE PIANELLO

On l'appelle arbre à pain ! Mais ce n'est pas celui des Antilles, qui donne des fruits farineux si gros qu'il faut se garder de passer dessous si l'on ne veut pas risquer d'être assommé. Il s'agit d'un bon vieux châtaignier, et ses fruits donnent aussi une farine, dont on peut faire du pain, des gâteaux, des crêpes et bien d'autres délices. Il pousse à Pianello, en Haute-Corse, au nord-est de l'île, dans une région sauvage et belle, la Castagniccia – ce nom dérivant évidemment de « châtaignier ». Il a été planté, ou il est sorti d'un semis spontané, il y a peut-être 900 ans, à l'époque, fort agitée en Méditerranée, où la Corse était sous la domination de Pise, l'Italienne. Ce n'est pas un géant, puisqu'il mesure une douzaine de mètres, mais il donne une impression de puissance par sa base énorme, moussue et bosselée, d'où partent de jeunes branches vigoureuses. Et ce vénérable roi de la montagne a une cour nombreuse, puisqu'il trône au milieu d'une superbe et vaste châtaigneraie, comptant de nombreux sujets eux-mêmes multiséculaires.

LES DOUZE TRAVAUX D'HERCULE

Les écuries d'Augias

Mais qui est donc Augias, dont le nom est indissociable des écuries qu'Hercule est chargé par Eurysthée de nettoyer ? C'est le roi de l'Élide, et l'un des Argonautes (ceux qui partirent avec Jason à la recherche de la Toison d'or). Quant aux écuries, elles abritent 3 000 bêtes et n'ont pas été nettoyées depuis trente ans... bonjour l'odeur ! Pour mener à bien sa mission, Hercule trouve une solution à la hauteur de l'ampleur de la tâche : il détourne les eaux d'un fleuve ! Augias, qui a beaucoup de défauts, mais pas celui d'être avare, propose à Hercule de le récompenser pour son exploit, d'autant plus que ce dernier n'a mis qu'une journée à tout récurer. Hercule a bien mérité son salaire, mais il a tort de l'accepter, car Eurysthée invalide pour cette raison ce travail, et le charge d'une mission supplémentaire.

« Quand la Saint-Urbain est passée, le vigneron est rassuré. »

Vermot Régions

LOIRE-ATLANTIQUE / LES MACHINES DE L'ÎLE

C'est sur le site des anciens chantiers navals de Nantes que le projet a vu le jour il y a une douzaine d'années, celui de construire d'incroyables machines en s'inspirant à la fois de Léonard de Vinci et de Jules Verne. L'éléphant fut le premier animal-machine à surprendre les visiteurs, ainsi que le « Carrousel des mondes marins » et la galerie des machines, véritable bestiaire où on peut voir notamment une araignée et une fourmi géantes... En 2022, le dernier projet en cours, « L'Arbre aux hérons », devrait voir le jour et augmenter les collections.

Au menu

Terrine d'asperges

POUR 4 À 6 PERS.
20 MIN DE PRÉPARATION
12 MIN DE CUISSON

5 ŒUFS
1 BOCAL D'ASPERGES VERTES (200 G POIDS NET ÉGOUTTÉ)
1 SACHET DE GELÉE DE MADÈRE
150 G DE MAYONNAISE LÉGÈRE

Faites bouillir une casserole d'eau et faites cuire les œufs 10 minutes. Laissez-les tiédir, puis écalez-les.

Égouttez les asperges. Diluez le sachet de gelée de madère dans 17 cl d'eau (la gelée doit être concentrée pour le maintien de la terrine). Portez à ébullition le mélange, puis ôtez du feu et laissez tiédir.

Dans le bol d'un mixeur, réunissez les asperges, les œufs durs, la mayonnaise et la gelée tiède. Mixez jusqu'à obtenir une pâte lisse et homogène.

Versez dans une terrine ou le moule de votre choix et laissez prendre au réfrigérateur pendant 4 heures au moins.

Conseils : une recette à préparer à l'avance et à servir en entrée ou avec une salade de mâche et quelques copeaux de parmesan, pour un repas léger et savoureux.

Pour démouler facilement la terrine, plongez le moule dans de l'eau chaude quelques secondes.

RétroVermot

On se demande parfois à quoi pouvaient jouer Adam et Ève. Il est facile de deviner qu'ils jouaient à un jeu de cartes, puisqu'ils ont fait l'Abel.

« J'ai connu une dame qui avait l'air très souple, mais qui se déplaçait très difficilement.
– Ça doit être ça qu'on appelle une "fausse alerte" ! »

Ces objets presque disparus

Le martinet n'est plus ce qu'il était

Ceux qui l'ont connu pensaient l'avoir oublié, tandis que les autres seront surpris d'apprendre qu'un tel objet a eu sa place dans de nombreux foyers jusque dans les années 1980. Avec son manche en bois et ses lanières de cuir, le martinet était destiné aux enfants turbulents. Le plus souvent, heureusement, il suffisait de l'évoquer, voire de le brandir en imitant le père Fouettard, pour persuader les plus récalcitrants de se calmer. Vers 1990, les Inconnus lui rendent un hommage caustique dans une parodie d'émission de télé-achat, en faisant la démonstration du « martifouet » et de sa version sophistiquée, le « martifouet piquant » ! Et s'il a désormais disparu du quotidien de la plupart des Français, le martinet continue d'être utilisé, mais dans le cadre de relations entre adultes consentants, ce qui est une autre histoire...

Dimanche 26 mai

Fête des Mères – On fête aussi les Béranger, Bérangère, Éleuthère, Godon

Le soleil se lève à **5 h 56** *et se couche à* **21 h 39**

« Soleil à la Saint-Bérengère présage d'un bel été et hiver. »

RétroVermot

Au restaurant :
« Voici l'addition pour ces messieurs-dames. Pliez-la en huit avant de la leur présenter.
- Pourquoi en huit, patron ?
- Pour que vous ayez le temps de vous éloigner de la table avant qu'ils ne l'aient dépliée. »

Fantaisies sexuelles

Les femmes qui aiment les homos

Le *yaoi* : derrière ce terme se cache un genre narratif original, qui trouve ses origines au pays du Soleil-Levant et se décline sur toutes sortes de supports : illustrations, mangas, romans, jeux vidéo, séries télévisées… Le *yaoi* met en scène des relations sentimentales et sexuelles entre des jeunes hommes, les *bishōnen*. Jusque-là, rien d'extrêmement original, mais la particularité réside dans le fait que ces œuvres sont à destination non pas des homosexuels, mais des femmes hétérosexuelles (et sont généralement écrites par des femmes hétéros elles aussi). On parle aussi de *boy's love*. Attention ! Il ne faut pas confondre ce style narratif avec le *men's love*, ou *bara*, dont les œuvres font elles aussi état d'amours masculines, mais cette fois-ci à destination des homosexuels. Il existe aussi un équivalent féminin du *yaoi* : c'est le *yuri*.

Charade répétitive

Mon premier est un gaz du dos.
Mon deuxième est un gaz du dos.
Mon troisième est un gaz du dos.
Mon quatrième est un gaz du dos.
Mon cinquième est un gaz du dos.
Mon sixième est un gaz du dos.
Mon tout est apprécié sur les pancakes.

SIROP D'ÉRABLE (SIX ROTS DES RÂBLES).

Ça, c'est fait… divers

Lettre compte trop…

Big shame*! Allan Simmons, l'un des champions les plus vénérés du Royaume-Uni, était un tricheur. Cet Écossais âgé de 60 ans, chroniqueur pour* The Times, *auteur de nombreux ouvrages pour Harper & Collins et surtout joueur professionnel honoré de plusieurs titres, a été pris la main dans le sac, celui des lettres au Scrabble. À un moment où sa mimine aurait dû se trouver sur sa réglette à manipuler ses jetons – ou dans sa poche à la rigueur –, elle farfouillait discrètement dans le sac de pioche : le « champion » intervertissait en douce certaines lettres. Pris en flagrant délit en pleine compétition, Allan Simmons a été déchu de tous ses titres par l'Association of British Scrabble Players après une enquête qui a secoué un milieu jusqu'ici épargné par les tricheries, magouilles et autres cas de dopage. Et dire que c'est un joueur débutant qui a découvert la tricherie. La honte. En cinq lettres.*

« Mai fait le haricot, pourvu qu'il le trouve sarclé. »

Noms de villages

Amis lecteurs et lectrices phobiques du voyage, si vous passez en Dordogne sur la D704 après Lanouaille, fermez les yeux. Car le nom même du village d'Angoisse qui arrive est tout sauf rassurant. On vous rassure, la ville n'est pas financée par une marque d'antidépresseurs et ses quelque 600 habitants gardent le sourire !

HAUT EN COULEUR

L'expression « broyer du noir » peut être rapprochée de « se faire de la bile », sur le plan de l'étymologie comme du sens. Toutes les deux font référence à la « bile noire » de la médecine antique, sécrétée lors de la digestion et soupçonnée d'influencer notre humeur. La sécrétion de la bile favorisant le broyage des aliments, elle pouvait aussi générer des pensées sombres, selon les médecins d'antan.

VISIONNAIRES

Quand un auteur de science-fiction invente dans une de ses œuvres une technologie qui devient ensuite réalité, c'est assez impressionnant. Mais quand un seul et même livre contient des dizaines de prédictions qui se sont ensuite avérées exactes, la chose devient un peu troublante… Un exemple : dans *Tous à Zanzibar*, écrit en 1968, l'écrivain britannique John Brunner aligne les oracles. Parmi eux, on trouve notamment l'anticipation de la télévision à la demande, de la retransmission TV par satellite, des imprimantes laser, des voitures électriques, mais aussi des prévisions sociales telles que la décrépitude de Detroit, la création d'une union économique entre les pays qui ressemble fort à l'Union européenne, ou la dépénalisation du cannabis. Pour connaître le futur, rien de mieux que de lire des livres du passé !

TOURS DU MONDE

Il y a des histoires si folles qu'on a du mal à y croire. Et pourtant, soyez sûr que tout ce qui va suivre est parfaitement authentique, foi de *Vermot* ! Si, pour certains, le skateboard est un hobby, pour d'autres, c'est un sacerdoce. Pour Kevin Connolly, c'est encore autre chose. Cet Américain a entrepris à 22 ans de faire un tour du monde en skate ! Incroyable ? Attendez un peu. Car Kevin a une petite particularité : il est né sans jambes. Cela ne l'a pas empêché de devenir un champion de skate reconnu dans le milieu pro et même de gagner une deuxième place en ski au X Games, la grand-messe des sports extrêmes aux États-Unis. Rien que ça ? Pas tout à fait, car l'homme est aussi photographe et a rapporté de ses voyages une puissante série de clichés qui ont fait le tour du monde à leur tour. Kevin le prouve : pas besoin de grandes jambes pour aller loin !

Mardi 28 mai

Saint Germain On fête aussi les Lanfranc, Guillemette

Le soleil se lève à **5 h 55** *et se couche à* **21 h 41**

« Le père Noël ne fait jamais de réveillon dans sa maison, car il rentre au mois de mai ; ce n'est plus la saison. »
Francis Blanche

Un petit garçon voit un arc-en-ciel :
« Oh ! s'écrie-t-il, c'est la boîte de couleurs du bon Dieu ! »

Molière en vadrouille

Si l'Afrique n'a pas une grande tradition de fabrication de fromages, on a su, dans certains pays, tirer profit du savoir hérité de la présence occidentale. C'est pour cela qu'on peut entendre, dans certains coins du Sénégal, dire de quelqu'un qu'il « camembère ». Ce mot, qui n'est autre qu'une conjugaison du verbe « camembérer », signifie que la personne visée a des petits problèmes d'odeur de pieds. Dis, Gérard, ça ne te dérange pas de garder tes chaussures jusqu'au plateau de fromages ?

PROVERBES PATOIS

Proverbe beaujolais

Au pays du Beaujolais, les dictons liés à la bonne chère sont nombreux, car c'est une région où l'art de la table est essentiel. Il faut croire qu'on sait ne point en abuser, car un proverbe rappelle à celui qui boit trop que « c'est toujours le dernier pot qui fiche le gorgosson », c'est-à-dire que le verre qu'on veut être le dernier provoque toujours des aigreurs d'estomac.

GRANDES TOURS DU MONDE

LE ONE WORLD TRADE CENTER

En mai 2015, la ville de New York inaugure un gratte-ciel de 546 m de haut juste à côté de l'emplacement des défuntes tours du World Trade Center, aujourd'hui occupé par les bassins de deux fontaines. Initialement baptisée *Freedom Tower*, cette tour conçue par l'architecte Daniel Libeskind doit symboliser la capacité du peuple américain à se relever après les événements tragiques de 2001. Le 14 juin 2012, le président américain Barack Obama, en visite sur le chantier, avait écrit ces mots sur une poutre qui fut ensuite intégrée dans la structure : « Nous nous souvenons, nous reconstruisons, nous revenons plus fort. »

MAÎTRES DU POLAR

Henning Mankell

Gendre d'Ingmar Bergman, le suédois Henning Mankel est décédé d'un cancer en 2015, à l'âge de 67 ans. Pendant vingt-cinq ans, cet auteur, par ailleurs passionné de théâtre, a donné vie à l'un des plus célèbres commissaires de fiction du Grand Nord : Kurt Wallander, policier désabusé en poste à Ystad, petite ville de Scanie, au sud de la Suède. Depuis *Meurtriers sans visage* en 1991, ses enquêtes, adaptées en série télévisée par la BBC, immergent des millions de lecteurs sous la surface lisse de la société suédoise, des eaux troubles où grouillent la violence et le crime. Wallander et son équipe sont souvent confrontés à des situations alambiquées et à une horreur sauvage qui tranchent avec la beauté tranquille de la région d'Ystad. Mankell rapporte avec infiniment de précision leur travail d'enquête, mais aussi les réflexions d'un commissaire de plus en dépressif. Anéanti, Wallander démissionne d'ailleurs dans *L'Homme qui souriait*, paru en 1994. Heureusement pour ses fans, le policier se ravise après l'assassinat d'un vieil ami. Cinq autres romans suivront. Dans *Avant le gel* et *L'Homme inquiet*, ses deux dernières enquêtes, Wallander compose avec une nouvelle héroïne : Linda, sa propre fille, flic comme lui. Et aujourd'hui orpheline de Mankell, comme nous.

« La pluie de mai fait pousser les enfants. »

Vermot Régions

VAR / LE VAR SANS LE VAR

Exception de la géographie française, le département du Var porte le nom d'un cours d'eau qui ne coule pas sur son territoire. Ou plutôt qui n'y coule plus ! Car, lorsque nos ancêtres de la Révolution ont créé les départements, l'arrondissement de Grasse, où coule le fleuve Var, faisait partie du territoire. Mais, en 1860, il fut rattaché au comté de Nice, qui venait d'être annexé par la France, pour créer un nouveau département, les Alpes-Maritimes, où coule aujourd'hui le Var.

Perles de sportifs

Parler avec le regard

Qui l'a dit ? Grégoire Margotton (en parlant des journalistes qui l'entourent) :
« C'est bien de vous avoir tous avec vos yeux. »

L'Info

C'est de la bombe !

Grosse frayeur à Bretten, en Allemagne, lorsqu'un habitant âgé de quatre-vingts ans a alerté les forces de l'ordre pour leur expliquer qu'une grosse bombe avait été déposée dans son jardin. Arrivés sur place, les agents ont tout de suite établi un périmètre de sécurité avant de s'approcher de l'explosif. Sauf qu'après trois minutes d'examen, les policiers se sont aperçus que l'engin infernal était en réalité une énorme courgette. Longue de 40 cm et pesant plus de 5 kg, la cucurbitacée « ressemblait vraiment à une bombe », précise le communiqué de la police. Probablement jeté au-dessus de la haie du jardin, l'imposant légume a finalement été déplacé sans trop de difficulté par un artificier improvisé : l'octogénaire lui-même.

Ha ! Ha ! Ha !

Après sa mort, un fonctionnaire se retrouve au paradis. Une fois sur place, il se met en tête de retrouver ses collègues déjà au ciel. Mais il a beau chercher, il n'en trouve aucun. Étonné, il décide d'aller demander à saint Pierre. Celui-ci consulte les anges qui, après avoir vérifié, lui confirment qu'il n'y a pas de trace de fonctionnaire. Déçu, l'homme décide donc d'aller voir si ses collègues sont aux Enfers. Mais, une fois sur place, le diable l'informe qu'il n'y a pas de fonctionnaires chez lui ! Dépité, l'homme se tourne vers Dieu pour obtenir une explication :
« Désolé de vous déranger, Seigneur, mais j'ai beau chercher mes ex-collègues, ils ne sont ni au paradis ni en enfer.
– Étrange… lui répond Dieu. Mais dis-moi, quel était ton métier ?
– Fonctionnaire ! dit l'homme
– Ah ! Il fallait le dire tout de suite ! s'exclame Dieu. Ils sont tous à la machine à café ! »

Jeudi 30 mai

Ascension – On fête aussi les Ferdinand, Yanna, Lorraine

Le soleil se lève à **5 h 53** et se couche à **21 h 43**

« Maï 68. On disait non à la consommation et c'est devenu dix fois pire. »
Cabu

Stars en famille

Grâce aux origines norvégiennes de sa mère, l'actrice française Isabelle Nanty s'est révélée être la cousine de Kristofer Hivju, un des héros de la série anglo-saxonne *Game Of Thrones*. Elle l'a affirmé elle-même dans une interview à *Télé Star* : Kristofer est « le fils de la fille de la cousine de ma mère norvégienne ». On ne leur connaît pas encore de projet de tournage en commun !

Maladies imaginaires

Au Moyen Âge, une croyance très répandue était que le fœtus humain était, pendant la gestation, mi-homme mi-bête, et qu'il fallait « bien » agir pour faire pencher la balance du côté humain. Parmi les recommandations : ne pas parler de cerise, de fraise ou de vin, ne pas manger d'aliments trop salés ni de fromage ou se frotter le ventre avec des fruits. L'important, c'est que ça fonctionne...

Solution sudoku [p. 162]

9	2	4	3	1	5	8	6	7
3	7	1	9	8	6	4	5	2
8	6	5	7	4	2	9	1	3
5	9	7	4	6	3	2	8	1
1	4	3	2	7	8	5	9	6
6	8	2	5	9	1	3	7	4
2	1	9	8	3	7	6	4	5
7	3	8	6	5	4	1	2	9
4	5	6	1	2	9	7	3	8

Régiments

Là où les devises militaires sont la plupart du temps très sérieuses et orientées vers des valeurs bien guerrières, d'autres, au contraire, mettent en avant l'humour et la légèreté qui peuvent régner dans les rangs quand la mission s'achève. C'est le cas par exemple de la devise « Bien faire et laisser braire » de la 555e compagnie muletière, ou de celle « Trom Xua Snoc » de la 2e compagnie du 8e régiment parachutiste d'infanterie de marine (8e RPIMa) de Castres. Pour cette seconde, il faut faire un petit effort de lecture pour faire honneur à la créativité des soldats. Vous avez trouvé ? Non, rangez ce dictionnaire français-vietnamien, il ne s'agit pas d'une langue étrangère : il suffit de lire doublement à l'envers pour voir apparaître la véritable intention de la devise : « Mort aux cons ! »

VIVE LA POSTE !

La Poste n'est pas qu'un service essentiel dans la vie des Français, c'est aussi et surtout une part entière de notre patrimoine culturel et historique. Pas étonnant, donc, que de nombreuses mesures soient mises en place pour la préserver. Parmi ces mesures, l'une d'entre elles est des plus singulières. En effet, dans la liste des objets qu'il est interdit de transporter en avion, hormis les traditionnels explosifs et objets dangereux dont on comprend parfaitement pourquoi ils y figurent, on trouve une ligne plus étrange. Car, tenez-vous bien, il est également prohibé de transporter son courrier postal par avion en France. C'est tout simplement pour éviter de facto une concurrence déloyale aux services postaux. Attention, lors de votre prochain voyage, de bien cacher cette carte postale cachetée que vous avez oublié de poster sur place, pour ne pas finir au cachot !

« Pluie de Sainte-Pétronille change le raisin en grappille. »

INVENTIONS INSOLITES

Le décapsuleur dénonceur

Totalement inutile, comme un certain nombre d'objets connectés, ce décapsuleur envoie automatiquement un message à vos amis via Messenger quand vous ouvrez une bouteille. Il utilise pour cela votre smartphone, qui doit être à proximité. Malheureusement, il ne précise pas dans son message le nombre de bouteilles restantes s'il prenait à vos amis l'envie de venir trinquer avec vous !

SURNOMS

LA GUÊPE

C'est l'escrimeuse Laura Flessel que le monde du sport a surnommée « La Guêpe ». Quintuple médaillée olympique et porte-drapeau de l'équipe de France lors des cérémonies d'ouverture des JO de Londres, elle totalise six titres de championne du monde et un titre européen. Laura Flessel est connue pour sa façon de « piquer » ses adversaires au pied avec son épée, d'où son surnom.

TOXIQUE OU NON ?

Vératre blanc

Dans les alpages, avec sa tige dressée dépassant 1 m et ses grandes feuilles un peu retombantes, il ressemble beaucoup à la gentiane jaune, que l'on utilise pour faire des liqueurs, ce qui pourrait entraîner des confusions désastreuses. Mais il en diffère par ses fleurs, blanches ou verdâtres et non jaunes, en épi dressé. Le vératre blanc (*Veratrum album*) est toxique du sommet à la racine, celle-ci étant particulièrement vénéneuse. Le suc a été utilisé comme narcotique puissant – tellement puissant, paraît-il, que l'on ne revient pas toujours du sommeil qu'il provoque. L'ingestion se traduit par des brûlures, des vomissements, des convulsions, des pertes de connaissance et même par la mort – entre autres ! En montagne, on remarque que la gentiane pousse souvent à côté du vératre. Ce pourrait être là un stratagème, de la part de la première, pour éviter d'être dévorée par les herbivores, échaudés par la saveur âcre du second. Quelle rusée, cette gentiane !... à moins que ce ne soit qu'une simple adaptation naturelle ?

« EN FAIT, J'ÉTAIS PLUTÔT VENU POUR M'OCCUPER DE VOTRE FUITE D'EAU ! »

Chiffres étonnants de la science

Que de tétines !

On reconnaît les mammifères à leurs poils et à leurs mamelles. Même la baleine bleue, le plus gros de tous (jusqu'à 30 m et 170 tonnes), allaite son baleineau (de 4 tonnes) et conserve quelques poils bien cachés. Le plus petit est une chauve-souris : la kitti à nez de porc, ou « chauve-souris bourdon », avec 3 cm et 2 grammes à peine ! Les mammifères allaitent tous leurs petits, mais ne se reproduisent pas de la même manière. Les « placentaires » (environ 5 100 espèces, dont la nôtre) mettent au monde des bébés déjà bien formés. Chez les marsupiaux (270 espèces, dont les kangourous), les embryons se développent dans une poche du ventre maternel. Quant aux monotrèmes (5 espèces, dont l'incroyable ornithorynque), ils pondent des œufs !

Samedi 1er juin

Saint Justin On fête aussi les Justinien, Renan, Pamphile

Le soleil se lève à 5 h 52 et se couche à 21 h 45

« Qui regarde à l'extérieur rêve. Qui regarde à l'intérieur s'éveille. »
Carl Gustav Jung

Ça bulle

Pour un auteur, le moment des dédicaces est parfois difficile. Mais pour un dessinateur de BD, le difficile peut carrément se transformer en mission impossible. Florence Cestac raconte par exemple qu'au festival d'Angoulême, un fan lui a demandé de dessiner une bétonneuse sur l'un de ses albums. Surprise, la dessinatrice a évité la chose en dessinant un tas de boue et une flèche venant du bord de l'album avec la légende « bétonneuse ». Belle créativité !

HAUT EN COULEUR

Être « lanterne rouge », c'est être le dernier d'une course sportive et, plus largement, de tout classement. Cette expression vient de la véritable lanterne rouge qu'on avait l'habitude d'accrocher sur le dernier wagon d'un convoi ferroviaire pour en signaler la fin. La lanterne est partie, l'expression est restée.

Juin

Mesdames, souvenez-vous du 16 juin 1963, car c'est ce jour-là que, pour la première fois de l'histoire, une femme s'est envolée pour l'espace. La Russe Valentina Terechkova a multiplié les records : non seulement, elle est la première humaine de l'espace (deux ans après Youri Gagarine), mais aussi la plus jeune cosmonaute de l'histoire (elle a à peine 26 ans lors de sa mission) et la seule femme à avoir effectué un séjour seule dans l'espace (3 jours complets). « La mouette » – tel est son nom de mission – effectue 48 tours de la Terre (sans vomir). Son séjour spatial dure plus longtemps que la somme de tous les vols américains de l'époque : en ce qui concerne la propagande, c'est un grand succès pour l'URSS ! Il faut toutefois attendre dix-neuf ans avant qu'une autre femme se rende dans l'espace. Encore une fois, c'est une Soviétique. Svetlana Savitskaïa décolle le 19 août 1982. Elle sera aussi la première à prendre le frais en effectuant une sortie extravéhiculaire, le 17 juillet 1984.
Le 24 juin 1982 est une date importante pour la France : Jean-Loup Chrétien est notre premier compatriote de l'espace. Il est même le premier Européen de l'Ouest à contempler la Terre de si haut ! Vingt-cinq ans plus tard, le 2 juin 2017, un autre Français, Thomas Pesquet, rejoint le plancher des vaches après plus de six mois à bord de l'ISS. Il est aussi le premier Français de l'espace 2.0 : utilisateur régulier des outils modernes de communication, il parvient à éveiller la curiosité d'une nouvelle génération.
Le sixième Terrien sur la Lune est « Ed » Mitchell (1930-2016), de son vrai nom Edgar. Tandis que son coéquipier de la mission Apollo 14, Alan Shepard, joue au golf, lui s'essaie… au lancer de javelot sur la Lune ! On lui doit une citation inspirante : « Nous sommes partis sur la Lune en tant que techniciens, nous en sommes revenus humanistes. »

SLOGANS

On pense souvent que le slogan « CRS = SS » est né dans la rue en 1968. C'est faux ! C'est en 1948, lors du matage violent d'une grève de mineurs par les toutes nouvelles compagnies républicaines de sécurité, que naquit la formule : on ne reconnaissait que trop les anciens ennemis dans ces nouveaux soldats du maintien de l'ordre. Les grévistes de 68 n'ont fait que reprendre en masse la formule, en lui donnant sa popularité actuelle.

« Quéquette en juin, layette en mars. »
Pierre Desproges

M. et Mme Ade ont la joie de vous annoncer la naissance de leur fils

JÉRÉMIE

Santé naturelle

L'hamamélis contre les varices

L'hamamélis est un arbre rustique à croissance lente, que l'on trouve principalement en Amérique du Nord. Il produit des graines comestibles. Les tanins de ses feuilles et de son écorce ont des propriétés antioxydantes et une action vasoconstrictrice sur les capillaires (petits vaisseaux sanguins), tonifiant ainsi le système veineux et soignant les varices. Les substances actives de l'hamamélis ont également des vertus antidouleur et hémostatiques (qui stoppent l'écoulement du sang).
Utilisation : en teinture ou en gélules, éventuellement en association avec le marronnier d'Inde et le cyprès.

Ça, c'est fait... divers

Perdu de vue

C'est le quotidien Ouest France *qui a révélé cette affaire pour le moins insolite. En vacances à Perros-Guirec, dans les Côtes-d'Armor, un touriste allemand s'est soudainement volatilisé alors qu'il empruntait le sentier des douaniers de Ploumanac'h avec sa femme. Après l'avoir cherché en vain une partie de l'après-midi sur ce chemin de randonnée qui serpente le long de la côte de Granit rose, l'épouse paniquée a alerté les forces de l'ordre afin que des recherches puissent être entamées avant la tombée de la nuit. Les autorités ont immédiatement déclenché un important dispositif composé d'une quinzaine de gendarmes, d'une équipe cynophile et d'un hélicoptère. Pour rien. Vers 18 heures, alors que l'homme restait introuvable et que certains enquêteurs envisageaient déjà le pire, à savoir la chute mortelle du septuagénaire depuis les rochers, sa moitié a reçu un appel de celui-ci. En fait de disparition inexpliquée, son époux, pris d'une soudaine envie, s'était éloigné du sentier pour se soulager. Sa vessie vidée, il a tranquillement repris sa ballade jusqu'à Perros-Guirec. Arrivé sur place, il a emprunté un téléphone pour demander à son épouse où elle était passée!*

Vermot Régions

FINISTÈRE / LE TEMPLE DRUIDIQUE D'OUESSANT

Voici ce qu'on pouvait lire dans le Guide pittoresque du voyageur en France *daté de 1838 : « L'amiral Thévenard a découvert dans l'île d'Ouessant les vestiges d'un édifice considérable que la tradition du pays désigne comme un temple druidique. Ces ruines, situées sur un terrain plat, à cinquante pas de la mer, consistent en un carré long, dirigé du nord-est au sud-est et formé de murailles de cinq pieds d'épaisseur ; le grand côté a 300 pieds de long et le petit 150. » Malheureusement, il en reste bien peu aujourd'hui, car il semble que ce temple ait très tôt servi de carrière pour fournir la pierre nécessaire à la construction du château d'Ouessant.*

RétroVermot

Le travail le plus facile pour un artiste-peintre, c'est le portrait de la reine Cléopâtre puisque, pour l'exécuter, il n'y a aucun nez fort à faire.

Lundi 3 juin

Saint Kévin On fête aussi les Morand

Le soleil se lève à **5 h 50** et se couche à **21 h 47**

« Le temps qu'il fait en juin le trois sera le temps de tout le mois. »

Charade

On passe le fil dans **mon premier.**

Mon deuxième est la femelle du cerf.

Mon troisième est présent dans les maisons pendant les fêtes de fin d'année.

Mon tout est un fromage au lait de chèvre, à pâte molle.

CHABICHOU (CHAS - BICHE - HOUX)

Records fous de sportifs

C'est un dilemme auquel tous les parents du monde doivent faire face : que proposer comme activité à son enfant ? Du sport ? De la musique ? Et pourquoi pas les deux ? Eh oui, ainsi, il pourra peut-être un jour s'attaquer au record – détenu actuellement par Christian Adam – des 60 km parcourus à l'envers sur un vélo tout en jouant du violon. Sportif, musicien, recordman et un petit peu fou : serait-il l'homme idéal ?

Allez, quoi, soyez sympa... fermez les yeux sur mon âge, ou sinon je l'achète sur Internet !

De mauvais goût

Marchés aux chiens

Nous l'avons vu (voir le 25 janvier), ce n'est guère ragoûtant pour nous autres, Occidentaux, de manger nos amis à quatre pattes. Mais dans plusieurs pays du Sud-Est asiatique, consommer du chien est une tradition millénaire et l'animal, réputé pour ses vertus médicinales, est cuisiné à toutes les sauces. Sur les marchés de certaines régions en Chine, les éleveurs de *rou gou* (chiens de boucherie) vous proposent d'emporter leur « viande » vivante ou, si vous préférez, de l'assommer, puis de la dépecer sur place. Mets raffiné, Médor – ou ce pauvre Milou – reste un plat cher : deux fois le prix du porc, ma bonne dame ! Chaque année, lors du « Festival de la gastronomie » de Yulin, dans le sud du pays, dix à quinze mille chiens sont battus à mort et écorchés vifs, car, selon certaines croyances, plus un animal aura souffert pour mourir, meilleure sera sa chair. Les fins gourmets apprécieront... Mais au fait, quelle est la saveur du chien ? C'est un peu comme pour tous animaux comestibles : la viande des gros chiens est plus forte que celle des chiots ou des petits chiens, plus délicats et tendres. Et, comme le cochon, on peut préparer Tobby mariné, en pâté ou en saucisse. Une question de goût...

Protocole

Dans la liste des présidents français, certains étaient plus enclins que d'autres à respecter les règles strictes du protocole. Jacques Chirac, à cet égard, fait figure de mauvais élève. Dès le soir de son élection, il dérogea aux règles qui voulaient qu'il rentre dans sa voiture après avoir salué les anciens combattants. Au lieu de cela, le président fraîchement élu décida de traverser la place et de prendre son premier bain de foule du septennat. Mais ce n'est pas tout : alors que le protocole établissait que l'accueil du président sur le perron devait être réservé aux chefs d'État, Chirac allait accueillir en bas des marches de l'entrée même les Premiers ministres ! Il n'y a pas de petite révolution...

Mardi 4 juin

Sainte Clotilde On fête aussi les Klotilda, Bréaca, Quirin

« Les larmes qui coulent sont amères, mais plus amères encore sont celles qui ne coulent pas. »
Proverbe gaélique

CONCOURS LÉPINE

Tout au long de son histoire, le concours Lépine a vu sacrer des inventions facilitant la vie de personnes atteintes de handicaps, les aveugles en particulier. On dénombre en effet pas moins de 6 premiers prix attribués dans l'histoire à des inventions visant à faciliter la vie des malvoyants : d'un nouveau procédé d'impression du Braille en 1904 jusqu'à un convertisseur Braille de poche en 2010 en passant par les machines à écrire ou à copier spéciales (1920/1954), les guides spéciaux (1980), ou encore les traceurs en relief (1988). Le perfectionnement des fauteuils électriques est aussi au cœur des préoccupations des inventeurs depuis plus récemment, et pas moins de trois prototypes ont été sacrés Grand Prix du concours, en 1994, 1998 et 2006. Peut-on alors dire que les inventeurs enlèvent une belle « Lépine » du pied des personnes handicapées ?

Un vrai feuilleton

Apparue en 1989, la série *Les Simpson* est un ovni dans le monde de la série en dessin animé. Complètement trash, ses personnages sont poussés à l'extrême, et les scénarios tous plus rocambolesques les uns que les autres. Mais cela plaît, et la série est désormais la plus longue sitcom animée encore en diffusion, avec plus de 500 épisodes pour presque 30 saisons ! Et elle détient aussi le record du nombre de « guest-stars », avec plus de 500 célébrités invitées à prêter leur voix.

REMARQUABLES
CHÊNE À L'IMAGE D'HALATTE

Les Gaulois, on le sait, vénéraient le chêne, auquel ils attribuaient des pouvoirs surnaturels. Ils accrochaient sur son tronc des objets divers, des ornements et des vêtements à caractère votif. Le christianisme a récupéré cette tradition en déclarant sacrés de vieux arbres et en les consacrant à un saint ou à la Vierge. C'est ainsi que, dans la forêt d'Halatte, dans l'Oise, près de Senlis, autrefois partie de la forêt de Cuise, des âmes pieuses ont placé une statuette de la Vierge dans le creux d'un chêne. Et au XVIIe siècle, l'ecclésiastique Adrien Bourdoise a noté : « Le bruit s'étant répandu à Liancourt [autre commune de l'Oise] qu'il y avait une image de la Vierge dans un chêne dans la forêt de Senlis, l'on accourait de toutes parts, à cause qu'on disait qu'il s'y était fait des miracles. » Ainsi, le « chêne à l'image » s'est taillé une réputation. L'arbre d'aujourd'hui, un superbe sujet (*Quercus robur*) de 24 m, n'est sans doute pas celui du XVIIe siècle, mais il a bel et bien sa petite statuette et il est toujours dévotement visité.

Perles de sportifs

Ils sont forts ces footballeurs !

Qui l'a dit ? Laurent Paganelli (Football, Canal+) :
« Il avait anticipé le coup avant ! Oui, oui... Il anticipe avant ! »

Le soleil se lève à **5 h 49** *et se couche à* **21 h 49**

« Une femme qu'on aime est toute une famille. »
Victor Hugo

Chiffres étonnants de la science

Comment fait-on de vieux os ?

Alors que le corps d'un adulte comprend 206 os, celui d'un nouveau-né en compte 350 ! Mais où passent donc tous ces éléments de notre squelette qui disparaissent pendant que nous grandissons ? Tout simplement, ils se soudent les uns aux autres. Par exemple, les 5 vertèbres du bas de la colonne vertébrale se combinent pour former le sacrum : 1 seul gros os ! Vers 20 à 25 ans, la plupart des adultes ont leur quota de 206 os durs, mais certains vivent encore sans problème avec une vertèbre de plus ou de moins que la normale.

LES TOTOS

E	L	L	E	B		L	I	K	E	S	E	E	R
R	Q	U	I	P	O	S	E	P	I	C	D	L	D
T	F	U	E	R	T		A	P	Q	N	E	L	E
U	R	R	I	O	V		X	U	E	E	T	I	L
E	R	R	I	A	N	T	E	L		E	X		L
S	R	A	N	P	O	I		V	D	D	C	E	S
	I	T	S	X	P	M	A	R	E	I	R	D	P
E	E	N	E		A	N		L	P	E	G	E	E
R	D	I	G	L	T	M	L	S		R	O	A	R
	N	K	P	A	A	I	A	T	S	P	E	V	D
I		E	I	L		T	N	I	K	I	E	O	
U	M	L	P	I	F	R	I	E	M	V	E	E	C
Q	O	E	R	E	P	E		M	O	N	E	R	E
P	C	F	R	I	P	X	E	E	C	I	P	R	E

Solution page 180

Cherchez les mots contenant la syllabe « POU » cachés dans la grille ci-dessus. La syllabe « POU » est représentée par l'image d'un pou dans la grille.

AMAMPOULE
COMPOUND
DÉPOUILLE
ÉPOUMONER
ÉPOUVANTAIL
ÉPOUVANTER
ÉPOUX
FRIPOUILLE
LAMPOURDE
PAPOU
PATAPOUF
PICPOUL
POUBELLE
POUDRE
POULAIN
POULET
POULIE
POULPE
POUPÉE
POURPRE
POURRIR
POUSSIÈRE
POUTRE
POUVOIR
QUIPOU
RASPOUTINE
SAUPOUDRER
SINGAPOUR
SPOUTNIK

VISIONNAIRES

Pour de nombreux Français, commander une pizza par Internet est aujourd'hui un geste du quotidien. On ne compte d'ailleurs plus les sites ou applications dédiés à la commande et à la livraison de nourriture. Mais dans les débuts du Web, dans les années 1990, la chose était encore impensable ! Cette impossibilité n'a pas empêché le film *Traque sur Internet* d'inclure une scène dans laquelle l'héroïne commande une pizza en se rendant sur un site Internet, une grande première. Le futur sera gastronomique (et fainéant) ou ne sera pas !

Rébus

cuisine

FOIE **FOIE**

Foie gras

« À la Saint-Claude, regarde ton seau, tu ne le verras pas plus haut. »

EMOJI

C'est assez courant de voir des jeunes s'amuser à remplacer un maximum de mots dans leurs messages par des emoji. Mais ce jeu n'est pas réservé aux enfants de la génération dite « Y », et parfois, certaines institutions plus traditionnelles s'y prêtent aussi. *The Guardian*, par exemple, célèbre journal américain, a décidé en janvier 2015 de traduire en direct et en intégralité le discours de vœux de Barack Obama en émoticônes !

YÉ-YÉ

Qui aujourd'hui ne connaît pas *Hit the road, Jack* !, rendue célébrissime par Ray Charles ? Pas de chance pour Richard Anthony qui n'avait sûrement pas prévu un tel succès mondial de la version originale, quand il a sorti en 1961 une version française traduite à la va-vite, dans laquelle on peut notamment entendre : « Tais-toi tu mens, tu n'es qu'un coureur / Avec elle j't'ai vu, c'était pas ta sœur. » Mention spéciale au clip, à voir sans faute !

Ça, c'est fait... divers

Voyageur clandestin

Pendant plusieurs mois, des ordinateurs portables, bijoux, parfums de luxe et divers objets de valeurs rangés dans des bagages placés en soute s'évaporaient pendant le trajet en bus entre la gare routière de la porte Maillot, à Paris, et l'aéroport de Beauvais, d'où partent de nombreux vols à bas coût. Plusieurs plaintes de voyageurs avaient été enregistrées, mais ni la police ni la compagnie de cars effectuant la liaison ne parvenaient à expliquer le phénomène. C'est un chauffeur vigilant qui a percé l'énigme : alors qu'il observait les voyageurs déposant leurs bagages dans la soute de sa navette, il a aperçu de curieux mouvements à l'intérieur d'une grosse valise marron. Les policiers ont attendu l'arrivée du bus à l'aéroport pour interpeller le propriétaire du bagage vivant et... son occupant : recroquevillé dans la valise placée en soute, ce dernier s'en extirpait pendant le trajet afin de dépouiller les autres bagages. L'homme, pas très grand on s'en doute, regagnait ensuite sa cachette avant l'arrivée à Beauvais, où son complice, passager du bus, récupérait le colis ni vu ni connu. Pour réussir ses larcins, l'individu enfermé avait bricolé un dispositif lui permettant d'ouvrir et de fermer la valise depuis l'intérieur. Cet ingénieux système ne suffira pas à le faire sortir de l'endroit où lui et son acolyte ont été enfermés pour plusieurs mois. Au moins, il ne souffrira pas trop de l'exiguïté des lieux...

Les « pourquoi ? » de l'histoire

Pourquoi dit-on « faire sa toilette » ?

Même s'il existait des baignoires à son époque, le roi Louis XIV préférait se nettoyer avec un linge sec ou imbibé de vinaigre. Le visage et le corps n'étaient ainsi jamais trempés complètement dans l'eau, mais frottés avec ce linge de toile qui devint vite « la toilette ». Le terme nous est resté, tant pour désigner le « gant de toilette » que pour former l'expression « faire sa toilette ».

Le soleil se lève à **5 h 48** et se couche à **21 h 50**

« Juin froid et pluvieux, tout l'an sera grincheux. »

Noms de villages

À Berck, aussi parfois appelée Berck-sur-Mer, il n'y a de peu ragoûtant que le nom. En effet, cette station balnéaire du Nord possède plus de charmes que son patronyme ne le laisse supposer. Peut-être que votre enfant, devant son assiette, ne critique pas vos raviolis, mais propose tout simplement une nouvelle destination de vacances : pensez-y !

Charade à tiroirs

Mon premier bricole.
Mon deuxième ajoute de l'alcool à son vin.
Mon troisième se plaint à tout propos.
Mon quatrième crie comme un cerf.
Mon tout est un chanteur français.

CLAUDE FRANÇOIS. Mon premier est Clau, car Clau visse (Clovisse ou Clovis). Mon deuxième est De, car De vine. Mon troisième est Fran, car Fran geint (Frangin). Mon quatrième est Çoi, car Çoi rée (Soirée).

GRANDES TOURS DU MONDE

TROIS TOURS VRILLÉES

Inauguré en 2005, le Turning Torso, à Malmö, en Suède, fait office de précurseur : cet immeuble de 190 m se compose de 9 cubes de 5 étages, chacun étant décalé par rapport au précédent pour que l'ensemble forme une spirale à 90 degrés ! Il a été conçu par l'architecte espagnol Santiago Calavatra. À Dubaï, la tour Cayan, inaugurée en 2013, se démarque de ses voisines non pas par sa taille (306 m), mais par sa structure, qui, des fondations au sommet, forme aussi une vrille, chaque étage étant décalé de 1,2 degré par rapport au précédent. Mais c'est la tour Shanghai, en Chine, achevée en 2015, qui détient le titre de plus haute tour du monde en spirale, avec 632 m.

Au menu

Cheesecake à la pêche

Une recette très simple, sans cuisson, qui se prépare à l'avance et fait toujours un très bel effet avec ses 3 couches : la pâte, la préparation au fromage onctueuse et la garniture de fruits !

POUR 6 PERS.
20 MIN DE PRÉPARATION

POUR LA PÂTE
250 G DE BISCUITS TYPE BISCUITS À THÉ
100 G DE BEURRE SALÉ À TEMPÉRATURE AMBIANTE
30 G DE SUCRE EN POUDRE

POUR LA COUCHE FROMAGÈRE
250 G DE MASCARPONE
100 G DE FROMAGE BLANC
70 G DE SUCRE GLACE

POUR LES FRUITS
5 BELLES PÊCHES (BIO DE PRÉFÉRENCE)

Préparez la pâte : cassez les biscuits le plus finement possible. Au mixeur, réduisez en poudre les biscuits. Ajoutez le beurre mou et le sucre, puis mixez encore. Disposez la pâte au fond d'un moule à charnière. Placez au frais le temps de préparer la suite.

Dans un saladier, mélangez le mascarpone, le fromage blanc et le sucre glace. Versez cette préparation sur la pâte et placez au frais jusqu'au moment de servir.

À la dernière minute, lavez les pêches, coupez-les en deux, ôtez le noyau, puis coupez les fruits en rondelles fines. Disposez les pêches joliment sur le fromage et servez sans attendre.

Conseils : pour cette recette, vous pouvez bien sûr utiliser du beurre doux, mais la petite pointe de sel est délicieuse. Du fromage blanc à 0 % sera le bienvenu si vous souhaitez alléger cette préparation délectable, mais assez riche. Vous pouvez troquer les pêches contre les fruits de votre choix.

Samedi 8 juin

Saint Médard On fête aussi les Godard

*« S'il pleut le jour
de la Saint-Médard,
si tu n'as pas de vin,
tu auras du lard. »*

[Excuse my French]

Amateurs et amatrices d'armes, vous avez peut-être déjà passé un week-end au « ball-trap » (le seul genre de bal où l'on ne danse pas avant de tirer). Si, lors de vos vacances en Angleterre, vous souhaitez réitérer l'expérience, ne vous risquez pas à demander où se trouve le « ball-trap » le plus proche, car vous demanderiez alors le chemin pour un « piège à balle »… En effet, nos voisins d'outre-Manche n'utilisent pas ce faux anglicisme et disent plutôt *clay pigeon shooting*. De plus, au moment de lancer, on dit bien *pull*, et non « poule » !

Ils ont dit

Bernard Blier

« L'expérience est un peigne que vous donne la vie quand vous êtes devenu chauve. »

Problèmes du certificat d'études

Deux enfants fêtent ensemble un âge cumulé de 19 ans. Dans un an, l'âge de l'un sera le double de l'âge de l'autre. Quels sont les âges de chacun d'eux ?

Réponses : 13 et 6

Les comportements extraordinaires des animaux

Toutou dépiste tout !

Un projet original baptisé « Kdog », lancé par l'Institut Curie, pourrait révolutionner le dépistage précoce du cancer du sein. Fini les désagréables et coûteuses mammographies et IRM, place aux chiens renifleurs ! Pendant six mois, des chiens sont entraînés à détecter des composés odorants dégagés par des tumeurs cancéreuses. Ils sont ensuite amenés à renifler des compresses mises en contact avec le sein des personnes soumises au dépistage. Étant donné les résultats 100 % positifs des premiers essais, le projet devrait rapidement passer en phase d'application, puis concerner le dépistage d'autres cancers. Le chien est vraiment le meilleur ami de l'homme.

Ha ! Ha ! Ha !

Alors qu'il se promène dans la campagne, un ventriloque arrive près d'une ferme. Histoire de s'amuser un peu tout en travaillant sa technique, il va voir le paysan en lui affirmant que ses animaux parlent. Le paysan le regarde, hausse les épaules et lui lance :
« C'est ça et moi je peux m'envoler… »
Le ventriloque demande alors à une poule qui passe à côté d'eux comment elle va. Tout en picorant, le volatile répond :
« Oh Monsieur ! Tout irait bien si ce paysan ne me prenait pas tous mes œufs et que je pouvais avoir des poussins ! »
Estomaqué, le paysan regarde sa poule. Le ventriloque s'approche alors d'une vache et lui demande si elle se sent bien ici. Tout en continuant à brouter, le ruminant répond :
« Oui, sauf que le paysan me prend tout mon lait et que je ne peux pas avoir de veaux ! »
Stupéfait, le paysan regarde sa vache. Le ventriloque lui dit :
« Alors vous me croyez maintenant ! Vous avez entendu, ils parlent, vos animaux ! Tiens, je vais aller demander à la chèvre là-bas si… »
Le paysan l'interrompt aussitôt :
« Non, celle-là, ce n'est pas la peine, elle ment tout le temps ! »

Dimanche **9 juin**

Pentecôte – On fête aussi les Diane, Félicien, Éphrem, José, Josette

Le soleil se lève à **5 h 47** *et se couche à* **21 h 52**

« À la Pentecôte, fraises on goûte. À la Trinité, fraises au panier. »

BÉBÉ MÉDICAMENT…

C'est pas la crise pour tout le monde !

Quand on trouve ses numéros porte-bonheur et qu'ils fonctionnent, mieux vaut les garder ! Un Parisien peut en témoigner, puisqu'il a gagné deux fois au loto à vingt-deux ans d'intervalle avec la même combinaison de numéros ! La première fois, il a remporté environ 10 000 euros, et la seconde, en 2013, les gains ont substantiellement crû jusqu'à 22 millions d'euros. Les chances qu'un tel évènement se produise étaient d'environ une sur 1,7 milliard ! Il en faudrait des nouilles pour faire le tour du séant de ce monsieur…

EXPRESSIONS IMAGÉES

Découvrir le pot aux roses

Le « pot », c'est celui où les femmes cachaient hier leurs onguents, notamment le « rose » qui servait à donner un joli teint. « Découvrir le pot aux roses », c'est donc se rendre compte que la couleur du visage que l'on croyait naturelle n'était en fait due qu'à un subterfuge, celui du maquillage ! Dans l'esprit des inventeurs de l'expression, le fard serait donc une tromperie…

L'Info

Château de sable

*On connaissait déjà l'*Ice Hotel, *« hôtel de glace » qui apparaît pendant l'hiver dans les pays nordiques, au Canada, mais aussi en France, à l'instar du* Village Igloo Blacksheep *de La Plagne, en Savoie. Eh bien, les professionnels du tourisme et autres as du marketing des loisirs ont imaginé son pendant estival : le* Sand Hostel *ou « auberge de sable ». Le premier a poussé sur une plage de la Gold Coast, en Australie. Vingt-quatre tonnes de sable et trois semaines de travail ont été nécessaires pour édifier le bâtiment doté d'un bar, d'un dortoir pour 8 personnes et d'une chambre double privée. Imaginé par Jon Dowding, chef décorateur du dernier* Mad Max, *le* Sand Hostel *a été bâti par Dennis Massoud, ou «* Sandman *», comme on le surnomme, l'un des meilleurs champions de la sculpture sur sable. Et son œuvre est à l'image de ses autres réalisations : fascinante et très – très– éphémère. L'an passé, l'hôtel a ouvert ses portes pour deux nuits seulement !*

Régiments

Un zouave, c'est entendu, c'est un pitre, quelqu'un qui fait n'importe quoi. Si cette définition est valable dans une salle de classe, ce n'est pas vraiment le cas quand on parle du 3e régiment de zouaves. Les « zouaves » sont des unités d'infanterie légère emblématiques du Second Empire qui ont existé de 1852 à 1962. Constituée de soldats « indigènes », l'unité des zouaves tient son nom de l'arabe *zwawa*, désignant une confédération de tribus dans laquelle furent faits les premiers recrutements. Vêtu d'un uniforme très reconnaissable composé d'un sarouel rouge, d'une veste bleue et d'un chapeau traditionnel rouge également, le 3e régiment de zouaves est, avec les régiments de tirailleurs algériens, parmi les plus décorés de toute l'armée française ! Faire le « zouave » et être récompensé ? Ne faites pas lire ceci aux enfants !

VERS UNE INDEMNISATION DES DÉMISSIONNAIRES AYANT UN PROJET PROFESSIONNEL ?

« Prépare autant de tonneaux qu'en juin il y aura de jours beaux. »

TOXIQUE OU NON ?

Ortie – jus d'ortie

« J'aime l'araignée et j'aime l'ortie, Parce qu'on les hait ; Et que rien n'exauce et que tout châtie Leur morne souhait. » C'est Victor Hugo qui parle, mais aujourd'hui, il ne dirait sans doute plus la même chose, au moins pour la seconde. Car l'ortie brûlante (*Urtica urens*) et la grande ortie (*U. dioica*) sont devenues l'or vert des jardiniers, qui en préparent un purin fertilisant. Et on les mange aussi en salade et en soupe. Mais découvrez le jus d'ortie : c'est bon, un peu amer mais pas trop, plein de vitamines et, dit-on, tonique et dépuratif. Le jus permet de prendre le meilleur de la plante, sans rien détruire par la chaleur d'une eau bouillante et sans avoir à mâcher les fibres. C'est tout simple : cueillez de jeunes pousses d'ortie, lavez-les, mettez-les dans un extracteur à jus et recueillez la précieuse boisson. Dégustez tel quel ou frais. Tout de même, n'en buvez pas des litres. Commencez doucement – laissez votre organisme s'y accoutumer. Pour adoucir ce jus, vous pouvez ajouter un peu d'orange ou de mandarine.

INVENTIONS INSOLITES

Le souvenir olfactif

C'est l'idée d'une Allemande, une jeune fille de Bavière, que de proposer aux citadins nostalgiques de la campagne une canette qui en restitue « l'authentique odeur », comme l'indique l'étiquette. Après un premier parfum qui évoque l'étable et la bouse de vache, la créatrice envisage d'étoffer sa collection avec d'autres odeurs comme « paille », « cheval » ou « engrais ».

Vermot Régions

CHARENTE-MARITIME / ROYAN, LABORATOIRE D'URBANISME

Détruite à plus de 80 % pendant la Seconde Guerre mondiale, la ville de Royan a été classée par le gouvernement « laboratoire d'urbanisme et d'architecture moderne » en 1949, comme Dunkerque, Toulon, Le Havre, Saint-Dié et Calais. Les plus grands architectes de l'époque, dont Le Corbusier et Oscar Niemeyer, participèrent alors à la reconstruction en utilisant les techniques les plus innovantes. C'est ainsi que la cité balnéaire est dotée aujourd'hui d'une architecture caractéristique, mélange de style classique Art déco 1930, d'influence brésilienne et de régionalisme saintongeais.

RétroVermot

L'instituteur :
« Où fut signé le traité qui mit fin à la guerre de Trente Ans ? »
L'élève :
« Au bas de la page. »

Mardi 11 juin

Saint Barnabé On fête aussi les Barney, Yolande

Le soleil se lève à **5 h 47** *et se couche à* **21 h 53**

« À la Saint-Barnabé, fauche ton pré. »

Maladies imaginaires

Lors de la Coupe du monde de football de 2014, les fans de foot chinois étaient bien embêtés : à cause du décalage horaire, impossible de suivre les matchs en direct. On a alors vu à Pékin une augmentation inhabituelle du nombre d'arrêts de travail délivrés pour grippe, insuffisance respiratoire ou fatigue chronique. Bien évidemment, les « épidémies » ont pris fin juste après le tournoi. Il y a de ces hasards… ✚

Molière en vadrouille

Nos « cousins » québécois ont le chic pour inventer des expressions imagées. La preuve en est l'expression « parler à travers son chapeau », traduction littérale de son équivalent anglais (*talking through one's hat*), qui veut dire que quelqu'un s'exprime sur un ton docte sur un sujet qu'il ne connaît que peu ou pas du tout. Par chez nous, on dirait plutôt « à tort et à travers ».

Solution mots mêlés [p. 174]

Métiers de bouche

Le bougnat, un garçon de café à Paris

Les Auvergnats de Paris forment, à partir de 1850, la communauté provinciale immigrée la plus importante de la capitale. La crise agricole et le développement du chemin de fer ont provoqué un fort exode rural du Massif central vers Paris. Pour subsister, ceux qu'on appelle les bougnats acceptent les tâches les plus difficiles : porteurs d'eau, charbonniers… Peu à peu, les couples prennent la gestion des commerces « vins et charbons » : l'épouse tient le débit de boissons, tandis que le mari livre bois et charbon. Très soudés, les bougnats s'entraident et les enfants reprennent le commerce de leurs parents. Quand les affaires vont bien, certaines familles se lancent dans un service d'hôtellerie et de restauration. Le règne bougnat atteint son apogée dans la première moitié du XXe siècle. Aujourd'hui encore, la communauté est toujours active : on compte 500 000 descendants de bougnats en Île-de-France, possédant 6 000 établissements, parmi lesquels on peut citer le *Café de Flore* ou *Les Deux Magots*.

Fantaisies sexuelles

Quand les petites lèvres deviennent grandes

Une tradition originaire du Rwanda, le *gukuna*, consiste pour les femmes à étirer très progressivement, dès l'âge de 11 ou 12 ans, les petites lèvres de leur vulve en les massant avec un mélange de graisse et de plantes. Ainsi rallongées, les petites lèvres finissent par dépasser les grandes. Cette modification de la géométrie des organes sexuels est censée permettre à la femme de connaître une plus grande jouissance sexuelle et une éjaculation plus marquée (eh oui, l'éjaculation n'est pas uniquement masculine !). Cela serait d'autant plus efficace lorsqu'elle pratique avec son partenaire le *kunyaza*, dont nous avons déjà parlé dans ces pages et qui consiste à tapoter du bout du pénis en érection le clitoris, les lèvres et l'entrée du vagin. Toutefois, bien que non mutilante, cette technique qui vise à modifier le corps est remise en question par de plus en plus de femmes.

*« Pluie de Saint-Guy,
c'est tout l'an qui rit. »*

SLOGANS

Depuis la fin des années 1980 et sans discontinuer, l'association militante Act Up, issue de la communauté homosexuelle, a beaucoup œuvré dans la lutte contre le VIH. Célébrée en 2017 dans le film 120 battements par minute (qui a reçu entre autres distinctions le prix du Jury à Cannes et le César du meilleur film), elle a réussi à marquer les esprits du grand public grâce à ses slogans célèbres, dont le plus connu « Silence = Mort ». Ce slogan a vu le jour dans les rues parisiennes lors de la Gay Pride de juin 1989 et est depuis devenu emblématique d'Act Up et de son combat contre le sida.

TOUS CONTAMINÉS !

Perles de sportifs

Non, il ne faut pas !

Qui l'a dit ? Abdeslam Ouaddou (footballeur du Stade rennais) :

« Il ne faut pas brûler la peau de l'ours avant de l'avoir vendue. »

L'Info

La pizza classée

« L'art du pizzaïolo napolitain » appartient désormais au patrimoine immatériel de l'humanité. L'Unesco a en effet décidé de classer ce « savoir-faire culinaire » et la gestuelle qui l'accompagne parmi les trésors culturels. Il rejoint la fauconnerie, la rumba cubaine, l'opéra tibétain, le fest-noz breton, le régime crétois et plus de trois cents autres « formes d'expression culturelles » à travers le monde qui nécessitent d'être sauvegardées. En quoi l'élaboration d'une pizza napolitaine peut-elle être considérée comme un art à préserver ? Dans son dossier de candidature, soutenue par une pétition mondiale signée par deux millions de personnes, l'Italie expliquait qu'au-delà de la gestuelle spectaculaire des pizzaïolos qui font valser la pâte dans les airs, la préparation, qui remonte au XVIe siècle, mêle chansons, sourires et technique. La prochaine fois, en avalant votre pizza, songez donc un instant à la beauté du spectacle. Elle n'en sera que meilleure. Surtout si c'est une pizza industrielle décongelée…

îles paradisiaques

Archipel d'Hawaï, les îles de feu

Du fond de l'océan Pacifique, des volcans majestueux ont jailli, modelant avec violence et fracas un paysage aussi somptueux qu'escarpé. 137 îles composent l'archipel américain, mais la plupart sont inhabitées et difficiles d'accès. Pour découvrir la vie hawaïenne, on accoste sur Oahu, où vibre la capitale Honolulu, avant de grimper sur les pentes du volcan Koolau, dont les éruptions continuent de façonner l'île. Même décor sur Kauai, dont la beauté sauvage attire de nombreux tournages de cinéma, comme ceux de *Jurassic Park* ou de *Godzilla*. Sur Maui, la deuxième plus grande île, on se prélasse sur des plages de sable blond et l'on arpente les reliefs abrupts et rougeoyants du parc national de Haleakala. Les voyageurs en quête de sérénité rejoindront l'île de Lanai, où l'on ne croise ni feux de circulation, ni centres commerciaux, mais seulement quelques cyclistes émerveillés.

Jeudi 13 juin

Saint Antoine de Padoue On fête aussi les Antonia, Anthony, Rambert

Le soleil se lève à **5 h 46** et se couche à **21 h 54**

« Saint-Antoine ouvre le derrière des poules. »

Stars en famille

Sarah Biasini, comédienne que l'on voit beaucoup au théâtre depuis une dizaine d'années, est issue d'une impressionnante lignée d'artistes. Fille de Romy Schneider, elle a donc pour grand-mère la comédienne allemande Magda Schneider et pour grand-père l'acteur autrichien Wolf Albach-Retty, lui-même fils de Rosa Retty, qui fut la star du théâtre de Vienne à la fin du XIXe siècle.

SURNOMS

L'INCORRUPTIBLE

C'est en 1791 que le surnom « l'Incorruptible » fut attribué à Maximilien Robespierre (1758-1794). Député du tiers état aux États généraux de 1789, il deviendra ensuite un des principaux acteurs de la révolution française. Il met une remarquable détermination dans tous ses combats et ne tolère aucune concession, si bien qu'il hérite vite du surnom d'incorruptible.

MAÎTRES DU POLAR

Jean-Christophe Grangé

Pas de flic récurrent dans les romans signés Grangé, l'un des rares écrivains français dans le domaine du thriller à s'être fait un nom aux États-Unis. Avec *Le Vol des cigognes*, son premier roman publié en 1994, l'ex-grand reporter n'installe pas un héros, mais une ambiance, un type d'intrigue et des thèmes qui deviendront sa marque de fabrique. Ce « style Grangé » lui apporte la consécration avec son deuxième livre, le best-seller *Les Rivières pourpres*, une sanglante histoire d'eugénisme dans une vallée des Alpes, adaptée au cinéma par Mathieu Kassovitz. Hyperrythmés, les thrillers de JCG offrent de fréquentes incursions dans le paranormal. Pourtant, ce sont peut-être ses descriptions réalistes et terrifiantes de la violence humaine qui en font un maître du genre. Après le succès de sa trilogie sur « le Mal primitif », Jean-Christophe Grangé a choisi les fantômes de la Françafrique comme terreau fertile pour *Lontano*, publié en 2015, et pour sa suite *Congo requiem*, parue un an plus tard.

LES AGRICULTEURS ONT L'IMPRESSION D'ÊTRE LES MAL-AIMÉS DE BRUXELLES

BAC PHILO...

RECORDS DE PRÉSIDENT

Pour le définir, nous dirons simplement que Donald Trump est un président… pas comme les autres. C'est en tout cas le premier président américain depuis cent cinquante ans à ne pas posséder d'animal de compagnie. Depuis Andrew Johnson en 1869, tous les locataires de la Maison-Blanche ont eu au moins un animal. La plupart avaient des chiens et des chats, mais on trouve aussi une hyène (Roosevelt, qui avait aussi six chiens, six oiseaux et onze chevaux), un hippopotame (Coolidge), deux chèvres (Lincoln) et des alligators (Hoover). George W. Bush était même l'heureux propriétaire d'une vache nommée Ofelia. Comme le disait Harry Truman : « Pour avoir un ami à Washington, prenez un chien ».

Vendredi **14 juin**

Saint Élisée On fête aussi les Rufin, Ludivine, Méthode

« À la Saint-Rufin, plein de cerises dans le jardin. »

Il y a 100 ans, le 14 et le 15 juin 1919, les aviateurs britanniques John Alcock et Arthur Whitten Brown effectuaient le premier vol transatlantique sans escale, entre le Canada et l'Irlande.

Vermot Régions

MAYENNE / AMBROISE PARÉ

C'est vers 1510 que naquit au Bourg-Hersent, village d'autrefois devenu rue de Laval aujourd'hui, le chirurgien Ambroise Paré. Son nom est universellement connu et reconnu grâce aux nombreux instruments et procédés qu'il inventa pour opérer nos ancêtres. Son génie créatif répondait à un besoin de son époque, où se développa l'usage des armes à feu : les nouvelles blessures que celles-ci produisirent par rapport aux armes blanches utilisées auparavant nécessitèrent de cautériser les plaies avec de nouvelles méthodes.

Un mec bourré sonne chez un couple à 3 heures de matin. Le mari finit par dire :
« C'est qui ?
– Descends, il faut que tu me pousses !
– Comment ça, il faut que je te pousse ? Ça va pas, non ?! J'te connais pas et en plus t'es bourré… !
– Si, si descends, il faut que tu me pousses… !
La femme finit par dire à son mari :
« Écoute, il est en panne, va le pousser ! »
Le mari arrive en bas et se met à gueuler :
« Où qu't'es, connard ?!
– Là, sur la balançoire… »

Kézako

La montre connectée

Vous en avez sûrement déjà entendu parler, tant ce nouvel accessoire est devenu populaire depuis les premiers modèles mis sur le marché il y a quelques années. Mais qu'est-ce que c'est exactement ? Déjà, rassurez-vous, « connectée » ne veut pas dire qu'il s'agit d'une montre filaire. Sinon, bonjour le budget rallonge ! En fait, ce petit bijou de technologie est connecté à Internet, ce qui lui permet à la fois de recevoir des données (météo, heure, navigation Internet), et d'en collecter sur l'utilisateur (position GPS, mouvements, rythme cardiaque, calories brûlées sur un temps donné, etc.). Grâce à toutes ces données, la montre devient un véritable assistant du quotidien qui permet de tout quantifier. Ah ! on oubliait : la montre connectée donne aussi l'heure. Incroyable, non ?

LES DOUZE TRAVAUX D'HERCULE

Les oiseaux du lac Stymphale

Hercule doit cette fois-ci exterminer des oiseaux aussi nombreux que des étourneaux, mais bien plus monstrueux. En l'occurrence, ils ont le bec et les serres crochus, durs comme de l'acier et acérés, et des plumes métalliques servant de projectiles. Comble de l'abject, ils se nourrissent de chair humaine. Il faut dire qu'ils ont été dressés par le dieu de la guerre en personne : Arès (ou Mars pour les Romains). Finalement, c'est à l'aide de cymbales d'airain (un métal décidément très en vogue à l'époque), qui lui sont fournies par la déesse Athéna, qu'Hercule s'en sort. Épouvantés par le bruit de l'instrument, les oiseaux s'enfuient de la forêt où ils se cachaient, et sortent à découvert au-dessus du lac. Notre héros n'a plus qu'à leur décocher des flèches… qu'il avait préalablement empoisonnées avec le sang de l'hydre de Lerne !

Samedi 15 juin

Sainte Germaine

On fête aussi les Germina, Lothaire, Landelin

Le soleil se lève à **5 h 46** *et se couche à* **21 h 55**

MOTS FLÉCHÉS

Manager / Emboîte		Nouer / Change de décor		Guide / Drame japonais		Salle de repas / État allemand		État africain		Coulé / Attachée au palais		Angoisser
								Députés				
Bois dur / Ne peut attendre								Dessert / Os				
				Fonde / Marque le but							Lanterne	
Allais sans but / Sucre simple							Tresse / État européen					
			Modérateur / Tête de turcs						Botte / Point commun			
Vert autour du trou		Rigole / Lit de rivière				Éléments d'une chaîne / Charentaise						
					Ligne de séparation / Lésions					Pièce de vingt et un ronds / Mystique hindou		
Proche / Pimenter				Semblable / Porte des bottes				Négliges	A son âge / Possessif			
						Presque rien / Chlore					Promulguais	A dépassé la DDM
Couvre-feu	Qui a deux côtés égaux		Pile / Provoquant									
							Paresseux		Berceau de Zeus / Porte plumes			
Poisson d'eau douce		Phase du sommeil / Asiatique				Relatif à un col / Peut être de secours						
				Donc / Employée						Petit cube / Céréale		
Enfila / Ici								Équipe / Dépression				
					Aspirera / Artère							Lie
Lieu de repos / Sortie							Excès					
			Essor						Point cardinal			

Solution page 190

Le soleil se lève à **5 h 46** et se couche à **21 h 56**

Dimanche **16 juin**

Fête des Pères – On fête aussi les Jean-François Régis, Aurélien, Cyr

« Un père vaut plus qu'une centaine d'instituteurs. »
Georges Herbert

RétroVermot

« Tu es malade ?
- Non, pourquoi ?
- J'ai cru... Puisque je viens de te voir sortir de l'hôpital.
- Et alors ! Si tu me voyais sortir du cimetière, est-ce que tu croirais que je suis mort ? »

GÉNÉRATION Z

Si un jeune vous annonce qu'il a l'intention de mettre le « zbeul » quelque part, alors il y a du grabuge dans l'air. « Zbeul » désigne en effet le désordre provoqué, le bazar, voire le chaos. Par exemple : « J'ai mis trop le zbeul dans ma chambre, maintenant je dois ranger, j'ai trop le seum, mes parents sont trop des boloss. » Pour ces deux derniers mots, référez-vous aux brèves correspondantes dans la même rubrique. Eh oui, le parler « jeune », ça s'apprend étape par étape.

L'Info

Parc à thème

Nos amis transalpins ont décidément de quoi se réjouir : leur pizza est désormais considérée comme un trésor de l'humanité (voir L'Info du 12 juin*) et Ducati – l'une des marques de gros cubes les plus mythiques au monde – va ouvrir cette année un parc d'attractions entièrement consacré au culte de ses belles mécaniques. Musée relatant l'histoire du constructeur né à Bologne en 1926, exposition interactive de ses célèbres bolides bicylindres en « V », simulation de grands prix en réalité virtuelle, espace dédié aux enfants et même grande roue, le Ducati World espère miser sur la cote d'amour dont jouit la marque auprès de ses clients depuis les années 1970. Pour témoigner leur amour inconditionnel des iconiques 750 GT, 900 SS et autres Monster, les aficionados peuvent donc programmer un week-end du côté de Ravenne, en Émilie-Romagne. Les autres aussi : avec Venise et Florence, Ravenne, capitale mondiale de la mosaïque, est l'une des plus belles villes d'Italie.*

PAS RAGOÛTANT

LES ŒUFS DE 100 ANS

Si les Chinois ont inventé la poudre, la boussole ou encore l'imprimerie, on leur doit aussi les « œufs de cent ans » ou *pidan* en mandarin... Bien que cette invention soit moins connue, elle mérite quand même d'être évoquée : conservés pendant plusieurs semaines dans un mélange de cendre, de chaux et d'aromates, ces étranges œufs sont vert foncé à l'intérieur, brun orangé à l'extérieur et dégagent une forte odeur d'ammoniaque et de soufre. Pas étonnant qu'ils aient gagné un tel surnom car, en les apercevant pour la première fois, un voyageur se serait écrié : « Mais ces œufs sont pourris, ils ont au moins 100 ans ! » Les Occidentaux, soucieux de la chaîne du froid et de la fraîcheur des œufs, ne sont sûrement pas encore prêts à se régaler de *pidan* !

Lundi 17 juin

Saint Hervé On fête aussi les Harvey, Rainier

Le soleil se lève à **5 h 46** et se couche à **21 h 56**

« Du soleil à la Saint-Hervé fait présager d'un bel été. »

Un mec demande à son copain :
« Pourquoi t'as divorcé, toi ?
– Elle était intellectuellement trop gamine. Elle arrivait toujours par-derrière dans mon bain pour me couler tous mes canards. »

Les « pourquoi ? » de l'histoire

Pourquoi Emmanuel de Grouchy est-il le seul maréchal à ne pas avoir de rue à Paris ?

Tous les maréchaux d'Empire ont un boulevard, une avenue ou au moins une rue à Paris, sauf Grouchy. Lui qui avait toujours été exemplaire préféra terminer son dîner ce 17 juin 1815 plutôt que de remettre son armée en marche. C'est ainsi que ses 33 000 hommes n'arrivèrent pas à temps pour participer à Waterloo… Napoléon Ier lui reprocha toute sa vie d'être responsable de la défaite.

Noms de villages

Depuis le 1er janvier 2017, les habitants de l'ancienne commune de Vizos font partie d'une nouvelle municipalité qui a pris le nom du village voisin, légèrement plus grand, et avec lequel Vizos a été fusionné. Pourtant, ils se seraient certainement passés de ce changement, puisqu'ils habitent désormais à Saligos ! Ah, ces arrangements géopolitiques : un vrai truc de salauds.

Vermot Régions

DOUBS / LA RIVIÈRE APÉRO

À Pontarlier, on produit un alcool d'anis très apprécié des connaisseurs. En 1901, alors qu'un incendie menaçait la distillerie, un ouvrier ouvrit les vannes pour vidanger les cuves et faire disparaître tout l'alcool avant que les flammes ne menacent le bâtiment et ne provoquent une explosion monumentale. Le précieux apéritif s'écoula ainsi jusque dans le Doubs, où certains habitants vinrent le boire, notamment, comme le rapporte l'anecdote, les militaires de la caserne en bordure de rivière. L'histoire ne dit pas si les poissons, quant à eux, ont survécu !

OH LE GROS GÂCHIS !

Le mirage Paris Plages

Organisé depuis 2002 à l'initiative de Bertrand Delanoë et conservé par Anne Hidalgo, Paris Plages se veut un évènement « populaire ». Et il l'est indéniablement. Mais, sous le sable et les transats, la chambre régionale des comptes d'Île-de-France a débusqué des perles comptables qui coûtent très cher aux finances de la ville. Dans leur rapport confidentiel, les magistrats notent : « Les évaluations financières diffusées à la presse et au conseil de Paris ne correspondent [...] ni aux dépenses réalisées par les directions pour l'organisation de l'opération ni au montant des partenariats obtenus. » Au lieu de 1,5 million d'euros annoncé par la ville, l'organisation de Paris Plages aurait coûté… 4,8 millions d'euros. Trois fois plus ! Selon les magistrats, la mairie « oublierait » par exemple d'intégrer le coût de l'intervention de son personnel dans Paris Plages. Surtout, les autorités de la capitale multiplieraient les arrangements avec les sponsors afin d'afficher un budget allégé. Par exemple, en rattachant leurs prestations sur le budget d'une opération passée. Magique !

« Pluie de Sainte-Léonce, pour trente jours s'annonce. »

QUIZ CHANTEURS

Qui souffrait de « maladie d'amour » en 1973 ?

Michel Sardou

Charade de position

Je suis un mot de neuf lettres.

Avec **mes première, deuxième, quatrième, cinquième, huitième et neuvième** lettres, je suis une camarade.

Avec **mes quatrième, cinquième, sixième, septième et neuvième** lettres, je suis un traquenard.

Mes **première, deuxième, quatrième, cinquième et neuvième** lettres donnent une reproduction fidèle.

Sans **mes première, deuxième, quatrième, sixième et septième** lettres, je suis une cavité pratiquée dans le sous-sol destinée à extraire des minerais.

Avec **toutes mes lettres,** je suis une ville française située dans le département de l'Oise.

COMPIÈGNE (COPINE - PIÈGE - COPIE - MINE)

CONCOURS LÉPINE

Être lauréat du Grand Prix du concours Lépine ne suffit pas à assurer le succès d'une invention. En effet, si le prix va bien évidemment avec une certaine notoriété et une exposition médiatique importante, celle-ci peut rapidement retomber si un industriel ne décide pas d'aider l'inventeur à produire en série. À l'inverse, en jouant bien, l'inventeur peut faire de sa trouvaille un produit à succès sous son nom propre, et conserver ainsi tous les bénéfices de l'invention. C'est ce qui s'est produit avec le lauréat du Grand Prix de l'édition 1931, qui présenta une moulinette presse-purée garantissant une purée lisse sans grumeaux. Si le nom de l'inventeur en question, monsieur Mantelet, vous est inconnu, celui de son invention le sera moins : Moulinex. Eh oui, ce presse-purée récompensé marqua la naissance de la célèbre marque d'électroménager française. On devine les premiers mots du gagnant : « Purée, je ne m'y attendais pas ! »

Dans l'hémicycle

Les députés ne sont pas que des législateurs professionnels, ce sont aussi des humains comme les autres, et à ce titre, ils sont soumis aux mêmes variations émotionnelles que nous autres plébéiens. Dès lors, peut-on vraiment en vouloir à Henri Emmanuelli, alors député PS des Landes, de s'être emporté – le 7 juin 2011, pendant une intervention du Premier ministre de l'époque, François Fillon – sur la réforme fiscale ? Sa réaction, instinctive, fut de dresser un doigt en direction de l'orateur, doigt dont nous n'aurons pas besoin de préciser que c'était le majeur... Il n'était pas le premier, loin de là, et on compte également parmi les adeptes du doigt et du bras d'honneur dans l'hémicycle Noël Mamère, député écologiste. Mais pour deux pris sur vidéo, combien ont échappé aux cadreurs ? Reprendrez-vous un peu d'honneur, Messieurs les Députés ? Oh, juste un doigt !

Mercredi **19 juin**

Saint Romuald On fête aussi les Lambert, Dieudonné, Déodat, Gervais

Le soleil se lève à **5 h 46** *et se couche à* **21 h 57**

« C'est aujourd'hui la Saint-Lambert : qui quitte sa place la perd. »

Il y a 200 ans, le 19 juin 1819, le Savannah était le premier bateau à vapeur à traverser l'océan Atlantique, entre le port de Savannah, aux États-Unis, et celui de Liverpool, en Grande-Bretagne.

L'Info

Parité parfaite

Depuis 2018, les joueuses de l'équipe de football norvégienne perçoivent exactement le même salaire que leurs homologues masculins. Les deux équipes reçoivent désormais chacune collectivement l'équivalent de 650 000 euros environ. Pour obtenir ce nouveau partage équitable qui permet aux joueuses de doubler leurs émoluments, les hommes ont dû consentir à une baisse sensible des leurs. Pas un problème pour le capitaine de l'équipe masculine Stefan Johansen pour qui c'était « la bonne chose à faire », car « les femmes ont autant d'importance que nous ». À vrai dire, d'un point de vue strictement sportif, les Norvégiennes ont un peu plus d'importance que leurs homologues dans l'univers du football : l'équipe nationale féminine a remporté une Coupe du monde, deux championnats d'Europe des nations et un titre olympique. Les femmes s'installent souvent dans le top dix du classement FIFA quand les hommes, qui n'ont pas assisté à une phase finale de Coupe du monde depuis leur huitième de finale (perdu) en 1998, accrochent péniblement une cinquantième position !

LE SERVICE NATIONAL S'ADAPTE AU MONDE ACTUEL

EMOJI

Si on n'est pas soi-même utilisateur d'emoji, il peut être difficile de comprendre l'engouement que ces petites images suscitent. Pourtant, les chiffres sont sans appel et démontrent à quel point ils sont universellement plébiscités. Ce sont en effet plus de 6 milliards d'emoji qui sont envoyés chaque jour sur la planète, soit un par habitant environ ! Et on estime qu'environ 4,6 % des messages envoyés toutes plateformes confondues contiennent au moins un emoji. Et vous, vous vous y mettez quand ?

REMAKES REMAKES REMAKES REMAKES

OCEAN'S ELEVEN

Avant George Clooney, il y avait… Frank Sinatra ! En effet, cette histoire de braquage réalisée par Steven Soderbergh en 2001 n'est autre qu'un remake de *L'Inconnu de Las Vegas*, mettant en scène plusieurs stars du Rat Pack, dont Sinatra, Dean Martin et Sammy Davis Jr. En 1960, les personnages de Lewis Milestone sont des vétérans de la Seconde Guerre mondiale, qui décident de braquer cinq casinos de Las Vegas. Quarante ans plus tard, il est toujours question de cambriolage flamboyant et de brochette de stars : Clooney (Danny Ocean) s'entoure notamment de Brad Pitt, Matt Damon, Julia Roberts et Andy Garcia pour monter le coup du siècle. Dans cette nouvelle version, on recroise quelques acteurs de l'original, notamment Angie Dickinson, qui jouait la femme de Danny Ocean.

« Pluie d'orage à la Saint-Silvère, beaucoup de vin dans le verre. »

Ça bulle

La bande dessinée est parfois considérée par les écrivains et intellectuels comme un mode d'expression mineur. Mais il existe des œuvres qui sont là pour mettre tout le monde d'accord et contrer cette idée reçue. C'est le cas de *Maus*, d'Art Spiegelman, qui remporta en 1992 le très prestigieux prix Pulitzer qui récompense habituellement des journalistes ou écrivains. Une belle reconnaissance pour le 9e art.

HAUT... EN COULEUR...

Pourquoi dit-on d'un noble que c'est un « sang bleu » ? Aurait-il un sang d'une couleur différente du nôtre ? Pas du tout, l'expression tient son origine dans l'habitude qu'avaient les nobles médiévaux de tout faire pour conserver la peau la plus blanche possible (le soleil étant réservé aux roturiers qui travaillaient dehors). Ainsi livides, leurs veines ressortaient à travers la peau diaphane, révélant le fameux « sang bleu ». Un peu d'écran total Marie-Chantal ?

« DOCTEUR, JE PERDS LA MÉMOIRE.
– PAYEZ MAINTENANT !
– JE SUIS AUSSI SCHIZOPHRÈNE...
– PAYEZ LE DOUBLE !! »

SECRETS D'ÉTAT

Si, un jour, vous êtes fait prisonnier par les Américains, rassurez-vous, votre détention devrait se dérouler selon les règles internationales en vigueur. À moins que vous ne soyez détenu dans une prison secrète de la CIA. Là, votre sort serait bien moins rose... Installées, selon les sources, en Europe de l'Est, au Maroc ou en Afghanistan, les prisons de ce système carcéral d'un genre nouveau permettent à l'armée américaine de détenir des criminels supposés sans avoir à s'encombrer de broutilles telles que le droit international ou le respect des droits de l'homme. Au programme, selon Amnesty International : détention arbitraire, privation, torture et même élimination de suspects et témoins gênants. Digne d'un film de science-fiction, mais malheureusement bien réel !

Au menu

Rôti de porc à la sauge et aux petits oignons

POUR 6 PERS.
15 MIN DE PRÉPARATION
1 H DE REPOS
3 H DE CUISSON

- 1 CUIL. À SOUPE DE GROS SEL
- 1 CUIL. À SOUPE DE SUCRE
- 1 RÔTI DE PORC
- 3 TOURS DE MOULIN À POIVRE
- 6 OIGNONS
- 1 CUIL. À CAFÉ D'HUILE NEUTRE
- 10 FEUILLES DE SAUGE

Versez le sel et le sucre sur la viande et imprégnez de ce mélange toutes les faces du rôti avant de laisser macérer 1 heure.

Essuyez la viande, puis saupoudrez-la de poivre. Pelez et émincez les oignons.

Versez l'huile dans une cocotte en fonte ovale, placez-y la viande, disposez les oignons et les feuilles de sauge, couvrez et enfournez dans le four froid, puis allumez-le à 150 °C (th. 5). Laissez cuire 3 heures en retournant le rôti plusieurs fois pendant la cuisson et en ajoutant un peu d'eau si le jus caramélise trop vite.

Servez le rôti avec les oignons confits et la sauce à part.

Conseils : une viande est tendre grâce à une cuisson lente et progressive. Si vous êtes pressé(e), raccourcissez l'étape de la marinade. Mais ne la supprimez pas, la viande serait moins goûteuse.

Saint Rodolphe
On fête aussi les Rudolf, Gino, Meven

Le soleil se lève à **5 h 46** et se couche à **21 h 57**

ÉTÉ

« La vie sans musique est tout simplement une erreur, une fatigue, un exil. »
Nietzsche

INVENTIONS INSOLITES

La bougie connectée

Quoi de plus indispensable que de rentrer chez soi après le travail et d'être accueilli par des bougies déjà allumées partout dans la maison ? Avec la bougie connectée LuDela, c'est maintenant possible, puisque vous la commandez depuis votre smartphone à partir de n'importe où. Autre avantage : si vous oubliez de l'éteindre avant de partir, vous pourrez également le faire à distance.

TOURS DU MONDE

Qui n'a jamais eu la pénible surprise de voir apparaître un tracteur sur une étroite route de campagne et de devoir suivre l'engin sur des kilomètres à une vitesse de limace ? La prochaine fois, peut-être que l'histoire de Christian Hurault vous donnera un peu de patience : cet agriculteur de l'Anjou a décidé en 2001 de faire le tour du monde en tracteur ! Au volant de son Valtra de 80 CV, il a parcouru plus de 35 000 kilomètres en 11 mois à une vitesse moyenne de 25 km/h. C'est le premier à réussir un exploit de ce genre, établissant donc le record du tour du monde en tracteur. L'histoire ne dit pas combien de coups de klaxon excédés le pauvre a dû subir, mais on imagine que c'est à peu près autant que les milliers de litres qu'a dû engloutir son moteur !

Vermot Régions

PROVERBE

« Pour le week-end, nous avons voulu faire les châteaux de la Loire. Malheureusement, ils étaient déjà faits. » Francis Blanche.

REMARQUABLES

PLATANE DE L'AIGLE

Bravo ! Il a gagné le prix du jury de l'Arbre de l'année 2016 (organisé par l'ONF et le magazine *Terre sauvage*). Mais n'aurait-il pas triché, ce platane (*Platanicus* x *hispanica*) ? Il est certes superbe, plus de trois fois centenaire et ô combien majestueux. Mais si l'on s'approche un peu, on constate qu'il est fait de deux troncs accolés ! Il a donc fait la course en tandem, contre d'autres arbres qui concouraient en solo. Un seul arbre en deux personnes, c'est le mystère de la dualité, sis sur la commune de L'Aigle, en Normandie. Le prix a été remis à la gare Montparnasse, mais le platane, pour sa part, est resté dans son clos, non loin de la Risle, la belle rivière, aux eaux de laquelle il doit sans doute sa bonne santé, puisque cette espèce aime les sols plutôt humides. S'il n'est pas le plus haut ni le plus gros de France (avec ses 23 m, pour 7 m de circonférence), il se distingue par une superbe ramure, harmonieuse et très étalée, à la fraîcheur de laquelle, en été, se donnent des fêtes et des concerts.

Solution mots fléchés [p. 184]

	I		L		E		M		K		F	
E	M	M	A	N	C	H	E		E	L	U	S
	P	I	C	O	L	E	S		N	U	I	T
U	R	G	E		A	S	S	E	Y	E		R
	E	R	R	A	I	S		N	A	T	T	E
O	S	E		F	R	E	I	N		T	A	S
	A		R	I	E		T	U	N	E	R	S
G	R	E	E	N		R	A	I	E		D	E
	I	C	I		T	E	L			F	E	R
C	O	R	S	E	R		I	O	T	A		
		I		P	A	C	E	M	A	K	E	R
L	I	N	C	E	U	L		E		I	D	A
	S		R	E	M		U	T	E	R	I	N
L	O	T	E		A	I	N	S	I		C	C
	C	H	A	U	S	S	A		D	O	T	E
C	E	A	N	S		S	U	C	E	R	A	
	L	I	T	E	A	U		O	R	G	I	E
N	E	E		E	V	E	I	L		E	S	T

« La musique donne une âme à nos cœurs et des ailes à nos pensées. »
Platon

Molière en vadrouille

Si vous êtes au Québec et que vous vous endormez paisiblement sur le canapé, on vous dira peut-être : « Alors, on cogne des clous ? » Ne vous inquiétez pas, vos talents de bricoleur ne seront pas sollicités, l'expression désigne le fait de somnoler en position assise. En effet, dans ces cas-là, notre tête tombe sous l'effet du sommeil, donnant l'impression d'un marteau qui cherche à frapper des clous. En voilà une expression à dormir debout, même assis !

Le Chiffre

7000

C'est le nombre de nouveau-nés qui meurent chaque jour dans le monde, selon l'Unicef. Ce chiffre représente 46 % des enfants décédés avant d'avoir atteint leur cinquième anniversaire. D'après l'organisation internationale, si la proportion de morts intervenues durant les 28 premiers jours de vie est en augmentation, le nombre total de décès n'a, lui, jamais été aussi bas : il s'élevait à 5,6 millions en 2016 contre près de 9,9 millions en 2000. Cinq pays comptabilisent à eux seuls la moitié des décès enregistrés : l'Inde (24 %), le Pakistan (10 %), le Nigeria (9 %), la République démocratique du Congo (4 %) et l'Éthiopie (3 %).

Vermot'roscope

CANCER (22 juin-22 juillet)

Caractère

Calme, réservé, sensible, sentimental, émotif, aimable, doux, aimant, protecteur, attaché à ses racines et à la famille, serviable, imaginatif, attachant, têtu, attentiste, lunatique, compliqué, mélancolique, rêveur, infantile.

Les influx planétaires intéressants

Saturne et Pluton dans votre signe opposé vous permettront de faire du tri dans vos relations. 2019 sera parfaite pour vous interroger sur votre cercle relationnel. Neptune et Uranus viendront piquer votre curiosité. Ainsi, vous serez pris d'une soif de découverte.

Vie sociale et activités

Ce sera une période idyllique pour les projets en tous genres et les initiatives diverses. Osez et bougez, voici vos maîtres mots en 2019. Vous aurez donc l'occasion de repousser vos limites, de sortir des sentiers battus et cela sera source de nouvelles expériences ainsi que de nouvelles émotions. Pour certains, durant toute l'année, vous serez partagé entre l'envie de couper les ponts avec certaines personnes, faire de nouvelles rencontres et consolider certains liens. Ces choix seront de vrais casse-tête.

Amour

L'année sera parfaite pour tous les natifs qui désirent bousculer leurs habitudes ou qui souhaitent redéfinir leur vie sentimentale. En couple, deux possibilités : soit vous aurez l'occasion de renforcer les liens qui vous unissent, soit vous aurez envie d'autre chose et vous prendrez de grandes décisions. Pour certains, les changements viendront de leur partenaire, alors soyez à l'écoute de ses attentes.
Célibataire, vous serez à un des grands carrefours de votre vie. Ainsi, cette année, les astres vous mettront face à un choix : continuer à avancer seul ou emprunter le même chemin qu'une personne au charme magnétique. Que déciderez-vous ?

Famille

En bon signe d'eau, la famille sera votre port d'attache, votre source de bien-être. Vous ne pourrez pas vous passer de vos proches qui seront pour vous une vraie bouffée d'oxygène.

Budget

Vous ne connaîtrez pas de grandes difficultés et saurez parfaitement gérer vos finances. Le printemps donnera lieu à une dépense liée à un voyage.

Bien-être

Vous serez très sensible à votre environnement. Influençable, vous devrez veiller à fuir les situations complexes et les personnes moroses.

Conseils pour bien vivre 2019

Sortez et acceptez les invitations que l'on vous proposera. Changez-vous les idées en pratiquant une activité sportive régulière. Liez de nouvelles amitiés qui vous permettront de vous ouvrir à d'autres horizons et à d'autres sensibilités.

« Avant la Saint-Jean, pluie bénite ; après la Saint-Jean, pluie maudite. »

Un vrai feuilleton

Tous les Américains qui ont allumé une télévision durant les années 1970/1980 ont forcément été exposés à au moins un épisode de la série *M*A*S*H*. En effet, cette série culte avait tout pour plaire, et le public américain la suivait assidûment. À tel point que le dernier épisode, diffusé en 1983, est devenu le programme de télévision le plus regardé de tous les temps dans le pays, avec 106 millions de personnes devant leur écran en même temps !

EXPRESSIONS IMAGÉES

Décrocher la Lune

Le satellite de la Terre est à la fois lointain et proche, mais chacun sait que ce n'est pas simplement en tendant le bras qu'il va « décrocher la Lune ». Pourtant, en poussant à l'extrême ses efforts, l'individu motivé peut réussir à franchir cette distance mystérieuse et « prendre la Lune avec les dents », comme on disait autrefois, c'est-à-dire réussir une prouesse.

Vermot Régions

CORSE / L'ŒIL DE SAINTE LUCIE

Lucie était la fille d'une famille noble qui obtint à force de prières, au ve siècle, la guérison de sa mère atteinte d'une maladie incurable. Parce qu'elle avait réussi, elle s'arracha les yeux et les jeta à la mer pour ne pas être détournée de sa foi par les hommes. Mais la Vierge Marie eut connaissance de ce sacrifice et lui rendit la vue en lui donnant des yeux encore plus beaux et plus lumineux qu'auparavant, littéralement : Ochji belli e lucenti. *Depuis cette époque, le coquillage « turbo rugueux » est surnommé « œil de sainte Lucie » en raison de son opercule qui rappelle un globe oculaire. Les ramasser et les conserver sur soi favorise la chance et, surtout, éloigne le mauvais œil.*

Métiers de bouche

Histoire du commerce du vin

Les Grecs transmirent la technique vinicole aux Romains. La conquête de la Gaule par ces derniers leur permit de découvrir la barrique en bois cerclée de fer (invention gauloise) et d'écouler leur production vers des provinces consommatrices comme l'Armorique, dans des amphores bouchées avec un morceau de liège. C'est à l'essor du christianisme que l'on doit l'expansion de la vigne à l'époque médiévale : les viticulteurs, des moines la plupart du temps, produisent des vins clairs et légers, le rouge apparaissant vers la fin du Moyen Âge. Charlemagne développe la viticulture et les abbayes s'implantent sur les terres adaptées. Les rois offrent leur protection à leurs crus préférés et le goût du vin s'étend au peuple qui s'abreuve de « piquette » : à l'époque, mieux vaut boire du vin que de l'eau insalubre… La généralisation du bouchon et de la bouteille à la fin du XVIIe siècle, le développement du chemin de fer et les découvertes de Pasteur au XIXe siècle achèveront de faciliter le commerce du vin.

*« À la Saint-Jean,
qui voit une pomme
en voit cent. »*

RétroVermot

Il n'y a rien de plus dangereux que de prendre un bain de soleil, puisque prendre un bain de soleil, c'est s'exposer au plus grand des astres.

RECORDS FOUS DE SPORTIFS

Pour les sportifs habitués aux efforts courts, un match de football de 90 minutes est déjà d'une longueur presque insoutenable, d'autant qu'il faut y ajouter le temps additionnel éventuel. Mais dans le cas du match de foot le plus long de l'histoire sportive, les choses prennent une tout autre dimension ! Sur la pelouse du stade anglais St Mary's Stadium, 36 joueurs se sont relayés pour un match fou de 102 heures ! Score final : 910 à 725, soit un total de 1635 buts marqués, afin de recueillir des fonds pour une association caritative !

SUDOKU

moyen

		5						4
3					8			
	6		2			7	9	
	9	4				6		5
			3			1		
	2			6	5			
								9
	1					8		
6			8					7

Solution page 199

ILS ONT ÉTÉ LEUR PROPRE COBAYE

Celui qui s'envoya en l'air... sans jamais retoucher terre

Au XVIe siècle, le riche Chinois Wan Hu – dont on ne sait s'il a véritablement existé – ambitionnait d'être le premier homme à fouler le sol de la Lune. En observant des fusées d'artifice (une invention chinoise, faut-il le rappeler ?), l'idée lui vint de décoller en utilisant leur force de propulsion. Wan Hu n'avait assurément pas conscience de la distance qui sépare la Terre de la Lune ! Il se serait installé sur une chaise en osier à laquelle étaient arrimés une quarantaine de projectiles, que ses assistants allumèrent avant de s'empresser de filer. S'ensuivit un grand « boum ! » et un nuage de fumée. En revanche, on ne revit jamais Wan Hu, plus probablement expédié au royaume des morts que dans celui des Sélénites... Les astronomes ont rendu hommage à ce précurseur malheureux en baptisant de son nom un cratère situé sur la face cachée de la Lune.

VIVE LA POSTE !

En période de siège, tout devient compliqué, et il faut trouver des astuces pour assurer la continuité de tous les services logistiques de la ville assiégée. Pour le courrier, par exemple, les choses peuvent être diaboliquement corsées, tant il est facile pour l'ennemi d'intercepter les postiers qui tentent de sortir. Au cours du siège de Paris en 1871, les Parisiens ont mis au point un système ingénieux pour recevoir et envoyer du courrier. Ce système consistait à enfermer le courrier dans une boule de métal, puis à l'immerger dans la Seine en amont, d'attendre qu'elle roule sur le fond du fleuve dans le sens du courant, et de la récupérer ensuite à l'endroit voulu. Tellement ingénieux que pas une seule de ces boules ne parvint à destination avant la fin du siège ! Leur contenu fut récupéré au fil du temps, tout le long de la Seine, jusqu'en 1980.

Mardi **25 juin**

Saint Prosper On fête aussi les Éléonore, Aliénor, Léonora

Le soleil se lève à **5 h 48** *et se couche à* **21 h 58**

« Après la Saint-Jean,
si le coucou chante,
l'année sera rude
et méchante. »

Il y a 10 ans, le 25 juin 2009, le monde apprenait avec stupeur la mort du « roi de la pop », Michael Jackson, à l'âge de 50 ans, des suites d'une surconsommation de médicaments.

OH LE GROS GÂCHIS !

L'or de rien du tout

Entre 2004 et 2009, la Banque de France a cédé un cinquième de son stock de métal fin, soit 589 tonnes. Selon ses calculs, elle a récupéré en contrepartie 4,67 milliards d'euros. Un montant colossal qui n'a pas impressionné la Cour des comptes dans son rapport de 2011. Car, pour les Sages, la vente aurait pu rapporter beaucoup, beaucoup plus, si l'établissement ne s'était pas précipité. En effet, entre 2004 et 2011, le prix moyen de l'once d'or s'est envolé, passant de 409,72 dollars à 1 384,21 dollars. Si l'établissement public avait patienté un tout petit peu, la valeur de ses réserves en or aurait atteint 19,4 milliards d'euros à la fin 2010, quand celle des réinvestissements en devises après la vente des 589 tonnes, décidée par Nicolas Sarkozy, alors ministre de l'Économie, s'élevait à seulement 9,2 milliards d'euros ! Et hop, moins 10 milliards d'euros pour les caisses de l'État !

C'est pas la crise pour tout le monde !

Chaque année, au bord du lac de Côme, près de Milan, s'organise un évènement prestigieux qui regroupe les amateurs de voitures d'exception. En 2017, le constructeur britannique Rolls-Royce en a profité pour présenter ce qui est à ce jour la voiture neuve la plus chère du monde : la Sweptail. Prix de la trottinette : 11,4 millions d'euros. Un acheteur a craqué, mais souhaite rester anonyme. C'est sûr que discrétion et voiture à 11 millions vont souvent ensemble…

Protocole

Le problème des règles de protocole, c'est qu'il en existe dans chaque pays et chaque organisation. Pas facile, donc, de faire coïncider les différentes contraintes lors de visites de chefs d'État dans d'autres pays que le leur. Pour les Américains, c'est la sécurité qui prime, et les règles des pays hôtes doivent s'adapter à leurs exigences. Lors d'une récente visite au Sénat français de l'ex-candidate à la présidence américaine Hillary Clinton, la sécurité fut supervisée par les services du commandement militaire du palais du Luxembourg qui abrite le Sénat, à l'exception d'une petite chose : l'ouverture de la portière. Les services secrets américains avaient précisé qu'elle ne pourrait être assurée que par leurs soins, et furent intransigeants sur le sujet. Pourquoi cette exigence ? Mystère…

« Quand l'hirondelle vole à terre, adieu la poussière. »

PROVERBES PATOIS

Proverbe breton

« Digant mignoun eo gwell kaout dour, evit gwin digant eun treitour » est un proverbe breton qui montre que l'amitié est plus forte que tout. Il faut en effet comprendre qu'il « vaut mieux boire l'eau d'un ami que le vin d'un traître ». Celui qui préférerait s'enivrer avec un ennemi plutôt que célébrer l'amitié à l'eau ne vaudrait pas grand-chose aux yeux de son entourage.

Deux vieux discutent. L'un dit à l'autre :
« Comment tu vas ?
– Comme un nouveau-né !
– Vraiment ?
– Oui ! Pas de cheveux, pas de dents et des couche-culottes ! »

Maladies imaginaires

Avez-vous déjà entendu parler de l'expérience de Rosenhan ? Menée en 1973 par un psychologue américain, elle avait pour but de démontrer l'inaptitude des hôpitaux psychiatriques américains en y faisant admettre des dizaines de faux malades qui jouent la comédie, et en faisant déclarer sains des vrais malades. Le titre de l'étude est glaçant, compte tenu du sujet : « Être sain dans des lieux malsains. » Ambiance !

L'Info

Découvrez le caniveau !

Après avoir observé des bulles indiquant la présence de vie, des biologistes du CNRS ont décidé de se plonger dans l'eau peu ragoûtante des caniveaux parisiens. Et surprise, dans leurs éprouvettes remplies d'eau saumâtre prélevée dans tous les arrondissements de la capitale, les chercheurs ont découvert une grande diversité écologique. Au total, les biologistes ont identifié près de 6 900 espèces d'eucaryotes, organismes dont les cellules sont dotées de noyaux, contrairement aux bactéries. La majorité se compose de microalgues, mais on trouve aussi des amibes, des éponges, des champignons et même des mollusques ! Si le biotope varie d'un caniveau à l'autre, certaines espèces souvent présentes sont connues pour jouer un rôle dans la décomposition de la matière organique. Pour les scientifiques, cela suggère que ce bouillon de culture urbain fonctionnerait comme une « microstation d'épuration ». Ce qui ne veut pas dire que l'eau qui coule sur le bord des trottoirs parisiens est nettoyée de toutes ses bactéries, parasites et autres agents pathogènes particulièrement dangereux pour la santé.

GRANDES TOURS DU MONDE

DES TOURS VENUES D'AILLEURS ?

Située à Seattle, aux États-Unis, la Space Needle est une tour de 185 m au look futuriste : son sommet est occupé par une structure circulaire évoquant une soucoupe volante. Normal, elle a été construite pour l'Exposition universelle de 1962, dont le thème était « L'homme dans l'ère spatiale » ! Dix ans plus tard, on inaugurait le pont routier slovaque SNP, qui franchit le Danube à Bratislava. Ce viaduc à haubans est le plus long du monde à être conçu avec un seul pylône. Ce dernier atteint 85 m de haut et comporte à son sommet une structure similaire à celle de la Space Needle, qui abrite tout comme elle un restaurant, le bien nommé « UFO » (*Unidentified Flying Object* en anglais, soit un OVNI !).

Jeudi **27 juin**

Saint Fernand On fête aussi les Ariald, Crescent

Le soleil se lève à **5 h 48** et se couche à **21 h 58**

« Bon soleil de juin n'a jamais ruiné personne. »

SURNOMS
LA MÔME PIAF

Dès 1935, Édith Gassion devint « La Môme Piaf ». À mi-chemin entre le « poulbot », cet enfant de Montmartre livré à lui-même, et le petit oiseau qui trotte sur les pavés parisiens, l'histoire d'Édith Piaf est indissociable de sa frêle silhouette et de ses débuts comme chanteuse des rues. Et c'est ainsi que son surnom colla à tout jamais à la chanteuse, jusqu'à devenir le titre d'un film.

VISIONNAIRES

De nos jours, la téléréalité est absolument partout. Pour s'en convaincre, il suffit d'allumer une télévision à n'importe quelle heure du jour et de la nuit. Ce genre de programme n'étonne plus personne, mais en 1998, à l'époque où est sorti le film *The Truman Show*, avec Jim Carrey dans le rôle principal, le concept était encore inconnu du grand public. Il faudra attendre encore quelques années pour que la téléréalité ne trouve sa place sur les téléviseurs du monde entier, et que les questions soulevées par le film aient un écho dans la réalité. Morale de l'histoire : souriez, vous serez filmés !

Rébus
ville française

Lundi Mardi Mercredi
Aujourd'hui

Hyères

Ha! Ha! Ha!

Cindy et Samantha, des jumelles blondes, ont juré à leur oncle qui passe toutes ses vacances à Ibiza de l'inhumer en mer, au large de l'île, à sa mort. Lorsqu'il décède, les deux sœurs respectent sa volonté : elles louent une barque, y installent le corps de l'oncle enfermé dans un sac funéraire et se dirigent, à la rame, vers le large. Au bout d'un moment, Samantha demande à sa sœur :
« Penses-tu que nous sommes assez loin ? »
Cindy sort de l'embarcation et s'aperçoit que l'eau lui arrive au genou :
« Non, Samantha, pas encore… »
Les deux sœurs rament un peu plus loin et Samantha demande :
« Penses-tu que nous sommes assez loin maintenant ? »
Cindy sort à nouveau de la barque et dit presque immédiatement :
« Non, Samantha, ce n'est pas encore assez, l'eau n'arrive qu'à ma poitrine. »
Les jumelles rament encore et encore jusqu'au moment où Cindy saute dans l'eau avant de disparaître. Une minute, puis deux, puis trois passent. Samantha commence sérieusement à s'inquiéter quand sa jumelle refait enfin surface. Tout essoufflée, Cindy lance à sa sœur :
« C'est bon ! C'est assez profond ! Passe-moi la pelle ! »

MICRO-AGRESSION

Vendredi **28 juin**

Sainte Irénée On fête aussi les Eigil, Irina

> *« Le jour de la Sainte-Irénée, c'est l'un des plus beaux de l'année. »*

Vermot Régions

HAUTE-MARNE / LE PAYS DES LETTRES ?

Avec l'écrivain et philosophe des Lumières Denis Diderot né à Langres en 1713, Ernest Flammarion, fondateur des éditions qui portent son nom, né à Val-de-Meuse en 1846, l'éditeur Albin Michel né à Bourmont en 1873, l'écrivain Marcel Arland né en 1899 à Varennes-sur-Amance et le poète Bernard Dimey, né en 1931 à Nogent-en-Bassigny, le département de la Haute-Marne semble propice à donner le jour à un certain nombre d'acteurs de la littérature...

Régiments

Des dragons en parachute ? À première vue, cela peut étonner, mais rassurez-vous, les « dragons » de nos armées, que l'on trouve notamment au sein du 13e régiment de dragons parachutistes, ne crachent pas vraiment du feu (ou en tout cas par le canon, pas par la bouche !). Cette appellation vient du temps de la création de ce régiment durant l'Ancien Régime, et elle désignait l'infanterie montée. Au fil de l'évolution technique et des conflits, le 13e RD a évolué, devenant une unité blindée en 1936, puis parachutiste en 1952 et faisant même office de bureau de renseignement dans les années 1960. Leurs membres, coiffés du béret rouge des parachutistes et présents sur tous les terrains d'opération, ont pour devise : « Au-delà du possible. » Leur mission : s'approcher au plus près de cibles sensibles et collecter un maximum d'informations. Attention, derrière vous !

Il y a 100 ans, le 28 juin 1919, la France et ses alliés signaient à Versailles le traité définissant les sanctions contre l'Allemagne et annonçant la création de la Société des Nations (SDN), ancêtre de l'ONU.

Ces objets presque disparus

À dada sur mon bidet !

Banal meuble de salle de bains, le bidet a longtemps joui d'une réputation sulfureuse, surtout depuis que les GI, qui l'ont découvert en 1939-1945 dans les maisons closes, ont fait savoir au monde entier comment les Français se lavaient le derrière. Car non, à l'origine, le bidet n'était pas destiné au lavage des pieds, comme on a pu le raconter à certains dans leur prime enfance, mais bel et bien à celui des parties du corps injustement qualifiées de « honteuses ». De nos jours, le bidet semble passé de mode, et c'est bien dommage ! Car, outre ses vertus avérées pour les soins et l'hygiène de notre séant, il s'avère aussi utile pour bien d'autres usages du quotidien, comme les lessives à la main. La baignoire offre une plus grande contenance, mais elle ne peut pas être chevauchée... Quant au lavabo, il est beaucoup trop haut pour nos popotins !

Samedi 29 juin

Saint Pierre et Saint Paul

Le soleil se lève à **5 h 49** et se couche à **21 h 58**

« Jamais le soleil ne voit l'ombre. »
Léonard de Vinci.

LES PARCS NATURELS

PAS RAGOÛTANT

UN ŒUF AVEC TES PÂTES ? NON, UN ŒUF AVEC DES PATTES !

Décidément, l'Asie nous propose des mets étranges, à base d'œufs… Ceux que nous consommons chez nous ne sont pas fécondés, mais aux Philippines, le *balut*, aussi appelé « œuf avec des pattes », contient un fœtus de canard de 18 jours, avec plumes, bec et os… Les enfants, à table !

Noms de villages

Pour sa renommée, cette commune du Jura ne peut pas compter sur sa taille, puisqu'avec ses 16 habitants, elle est l'une des plus petites d'Europe. En revanche, elle peut miser sur son nom, pour le moins original, et qui sonne comme une célébration de l'anatomie féminine : Vulvoz. Sans commentaire !

L'Info

Le bonheur d'un seul ne fait pas celui des autres…

Si le Nigeria ne brille pas spécialement en matière économique, et démocratique, certains de ses dirigeants tiennent manifestement à vouloir faire parler d'eux à tout prix, particulièrement le gouverneur de l'État d'Imo, dans le sud-est du pays. Ce proche du président Buhari multiplie les initiatives pour les moins extravagantes. Après avoir fait ériger en 2015 l'un des plus grands sapins de Noël illuminés du monde pour 1,5 million d'euros, dans un pays où la moitié de la population n'a pas l'électricité, célébré ses leaders africains favoris à travers des statues monumentales à 1 million d'euros pièce en 2017, le gouverneur Okorocha a créé un « ministère du Bonheur » ! Cette nouvelle lubie, aussi inutile que dispendieuse, ne transporte pas de joie les contribuables de la région, qui préféreraient sans doute que cet argent soit consacré, par exemple, à faire baisser la mortalité infantile (voir Le Chiffre *du 22 juin). Un avis dont n'a cure le potentat local : histoire de montrer à tous que ses décisions décriées ont une cohérence politique, il a nommé comme ministre du Bonheur Ogechi Ololo. Un gage de sérieux au pays d'Ubu : Madame Ololo s'était déjà occupée des décorations du sapin de Noël géant.*

Santé naturelle

Le curcuma, poudre jaune de jouvence

Le curcuma est une plante d'Asie tropicale cousine du gingembre. Certaines variétés aux belles fleurs roses sont cultivées comme plantes ornementales. C'est le rhizome réduit en poudre qui donne l'épice curcuma, que l'on dénomme aussi « safran des Indes ». Sa belle couleur naturelle jaune orangé colore agréablement les aliments. Des études récentes s'intéressent à ses propriétés pour prévenir les affections neurodégénératives, comme la maladie d'Alzheimer (qui est peu répandue en Inde). Ses principes actifs anti-inflammatoires, agissant comme une espèce de cortisone naturelle, préviendraient la dégénérescence cellulaire.
Utilisation : épice en poudre.

Le soleil se lève à
5 h 50
et se couche à
21 h 57

Dimanche 30 juin

Saint Martial
On fête aussi les Sloane, Adolphe, Othon

« Je sais nager juste assez pour me retenir d'aller sauver les autres. »
Jules Renard

INVENTIONS INSOLITES

La chemise parfumée

Très répandues au Japon, les chemises parfumées devraient sans doute envahir prochainement le marché européen. Des microcapsules enfermées dans les fibres du tissu libèrent une douce odeur quand votre partenaire vous serre dans ses bras. Idéal pour un câlin en fin de journée dans les effluves de rose ! Selon le fabricant, les capsules résistent à une dizaine de lavages.

QUIZ CHANTEURS

Chez quel personnage féminin dont le prénom commence par « L » Michel Delpech allait-il dépenser son argent de poche dans les machines à sous ?

Laurette

Chiffres étonnants de la science

Le Soleil se dépense sans compter

En voilà un qui n'a pas besoin de régime amaigrissant et qui dépense une énergie folle ! Le Soleil perd chaque seconde de l'ordre de 4 millions de tonnes de sa masse ! C'est le résultat de l'activité de notre étoile, la « fusion nucléaire » : à une température de 15 millions de degrés, deux noyaux d'atomes légers (d'hydrogène) s'unissent pour former un noyau plus lourd (d'hélium). Cette opération, 3 à 4 fois plus puissante que la fission de nos centrales nucléaires, dégage d'énormes quantités d'énergie sous forme de chaleur. Sur Terre, à ce jour, la seule application de la fusion nucléaire est d'ordre militaire, avec l'effroyable bombe H. Une chaleur qui fait froid dans le dos !

Perles de sportifs

La tête à Toto

Qui l'a dit ? Charles Biétry (football, Canal+) :
« Quatre fois ils ont marqué zéro but. »

Solution sudoku [p. 193]

9	7	5	6	1	3	2	8	4
3	4	2	9	7	8	5	6	1
8	6	1	2	5	4	7	9	3
7	9	4	1	8	2	6	3	5
5	8	6	3	9	7	1	4	2
1	2	3	4	6	5	9	7	8
2	5	8	7	4	6	3	1	9
4	1	7	5	3	9	8	2	6
6	3	9	8	2	1	4	5	7

TOXIQUE OU NON ?

Menthe – thé solaire

La menthe est mise à toutes les sauces ! Toutefois, le meilleur moyen d'en apprécier la saveur délicate et rafraîchissante, toute la finesse, c'est peut-être le « thé solaire ». La préparation est toute simple : dans un grand pot en verre, mettez deux poignées de feuilles de menthe que vous aurez froissées entre vos doigts. Ajoutez de l'eau et laissez en plein soleil pendant une journée. Filtrez et mettez au réfrigérateur pour boire le soir ou le lendemain. Vous pouvez éventuellement sucrer légèrement, avec un peu de miel. La menthe sauvage, ou menthe odorante (*Mentha suaveolens*), que l'on trouve communément dans nos campagnes, à la saveur un peu rustique, convient fort bien pour cette préparation. Mais vous pouvez aussi utiliser la menthe verte (*M. spicata*), la menthe poivrée (*M.* x *piperata*) ou même la menthe pouliot (*M. pulegium*). Le thé solaire est une boisson désaltérante, sans le goût un peu dur, légèrement amer, de l'infusion ; c'est une bonne méthode de préparation pour de nombreuses plantes à tisane, utilisées fraîches.

Lundi 1er juillet

Saint Thierry On fête aussi les Servan, Esther, Aaron, Goulven

Le soleil se lève à **5 h 51** et se couche à **21 h 57**

« À la Saint-Thierry,
au champ jour et nuit. »

[Excuse my French]

Aujourd'hui, la « basket » n'est plus l'apanage des jeunes, et elle a trouvé sa place sur tous les pieds. Venue des États-Unis, elle avait dans les années 1950-1960 un côté cool, fun et « bat ». Difficile pourtant de savoir pourquoi elle a pris ce nom dans notre langue, puisque ni les Anglais ni les Américains ne l'appellent ainsi, et lui préfèrent *sneakers, trainers* ou encore *tennis shoes.* Peut-être parce que les Français sont plus des adeptes du pied au panier ?

« Le problème, avec un petit piano, c'est qu'on ne peut pas bien jouer les silences... »

Juillet

On a marché sur la Lune, titre le dix-septième album des aventures de Tintin en 1954. Hergé est en avance de quinze ans sur son temps ! Il faut en effet attendre le 21 juillet 1969 pour que la Lune reçoive enfin la visite officielle d'un être humain. Pour expliquer le choix de Neil Armstrong plutôt que de Buzz Aldrin comme premier ambassadeur de l'humanité, plusieurs raisons ont été avancées, de la plus pragmatique (c'est lui qui se trouvait du côté du hublot de sortie !) à la plus métaphysique : Armstrong étant entré à la Nasa comme civil et non pas comme militaire, les Américains lançaient ainsi au monde un message de paix, crucial en pleine guerre froide.

Pourtant, c'est aussi la personnalité d'Armstrong, alors considéré comme « de la trempe d'un Lindbergh », qui a fait pencher la balance en sa faveur. Toujours est-il que Buzz Aldrin en fut assez contrarié (beaucoup l'auraient été à moins…). Pour se venger, il ne prit aucune photo flatteuse de son coéquipier (le seul cliché le montre de dos). Eh oui, les photos cultes du premier astronaute sur la Lune, à côté du drapeau américain ou avec le reflet du LEM (module lunaire Apollo) dans la visière du casque, mettent en scène Aldrin, y compris la fameuse trace de pas !

C'est aussi en juillet que le septième marcheur de la Lune foula le sol de notre satellite naturel. Il s'agit de David Scott (né en 1932), qui participa à la mission Apollo 15, du 26 juillet au 7 août 1971. Scott est le premier astronaute à ne pas avoir aussi la casquette de pilote d'essai. Il est en revanche le premier à piloter le « rover », une espèce de jeep lunaire. Et le premier prof de physique de l'espace : dans une vidéo prise par son coéquipier, il montre qu'en l'absence d'atmosphère, la gravité agit pareillement sur tous les corps, en laissant tomber un marteau et une plume, qui touchent le sol… en même temps !

RétroVermot

« Alors, entendu, cher Monsieur, à samedi : il y aura chez moi des gens distingués et intelligents !
- Oh ! Mais je ne viendrai pas pour les gens distingués et intelligents : je viendrai surtout pour vous ! »

Vermot Régions

HAUT-RHIN/LA SOUPE AUX CERISES

Dessert délicieux et très typique, la soupe aux cerises se réalise facilement. Commencez par faire fondre 50 g de beurre dans une casserole, puis ajoutez une cuillèrée à soupe de farine et un litre d'eau tiède en fouettant bien. Plongez dans la préparation 450 g de cerises dénoyautées et, si le cœur vous en dit, ajoutez un verre de kirsch. Pendant que vous laissez mijoter 30 minutes, faites frire des croûtons de pain dans du beurre, que vous placerez au fond des assiettes avant d'y servir la soupe.

« La reconnaissance est la seule dette qu'un débiteur aime à voir s'accroître. »

SLOGANS

Il ne faut pas faire preuve d'un modernisme mal venu en pensant que le slogan de rue est une invention du XXe siècle. En effet, la rue et ses murs offrent un espace de contestation au peuple depuis bien longtemps ! La preuve en est ce slogan, « Le peuple contre les gros », qui apparut dans les mois précédant la révolution de 1789 et fleurit sur les murs de Paris et d'ailleurs, ainsi que dans les journaux prorévolutionnaires. Ces « gros » étaient les aristocrates et proches du roi dont la ventripotence était prise comme une insulte par le peuple mourant de faim.

Fausse charade

Mon premier est surnommé l'hagard.

Mon deuxième est un désert de dunes.

Mon troisième est en or.

Mon tout dessert le nord de la France

LA GARE DU NORD (L'HAGARD – DUNE – OR)

OH LE GROS GÂCHIS !

Des cacahuètes pour les paillotes

En 2015, la Cour des comptes s'est penchée sur la gestion de quinze communes balnéaires du Languedoc-Roussillon. Dans leur rapport, les Sages s'attardent en particulier sur les attributions des concessions de plage, souvent opaques, voire ouvertement clientélistes, comme au Grau-du-Roi où plusieurs emplacements ont été attribués à des proches de la municipalité. Les experts constatent également que, dans ces communes, de nombreuses paillotes ont développé des activités non autorisées (vente de vêtements, organisation de mariages, discothèques, massages…) sans que les autorités locales y trouvent rien à redire. Une clémence d'autant moins admissible que les contributions versées par ces « buvettes », parfois extrêmement rentables pour leurs concessionnaires, sont modestes au regard des sommes dépensées par ces stations balnéaires pour entretenir les plages qui les accueillent.

LES INSECTES S'INVITENT SUR NOS TABLES...

Meilleures tables de France

Alain Ducasse au Plaza Athénée

Dîner au *Plaza Athénée*, à Paris, c'est embrasser un univers de faste et d'élégance, imaginé comme un « écrin » par les designers Patrick Jouin et Sanjit Manku. Depuis qu'il a fait peau neuve en 2016, le restaurant de ce palace séduit autant les regards que les palais. Sacré 13e meilleur restaurant du monde par le *50 Best* 2017, 4e selon *La Liste*, auréolé de trois étoiles *Michelin* et de 4 toques *Gault & Millau*, l'établissement concentre toutes les attentions. Le chef Alain Ducasse a inséré le concept de « naturalité » dans sa carte, privilégiant la qualité des produits et le respect de la saisonnalité. En revenant à une consommation raisonnée, Ducasse met en valeur le produit brut et transcende le goût. Dirigée par le chef Romain Meder, cette cuisine opte pour un « trio poisson, légumes et céréales » sain et savoureux, rehaussé d'algues ou d'agrumes qui surprennent les papilles et illuminent les assiettes.

Mercredi 3 juillet

Saint Thomas On fête aussi les Thomasine, Anatole

Le soleil se lève à **5 h 52** *et se couche à* **21 h 57**

« À la Saint-Anatole, confiture dans la casserole. »

EMOJI

Le problème avec les emoji utilisés de manière détournée pour leur connotation sexuelle, c'est que l'objet et son sens symbolique se confondent parfois… C'est le cas par exemple de l'emoji aubergine qui, à force d'être utilisé pour représenter le pénis, subit quelques restrictions d'usage : le réseau Instagram a notamment empêché la recherche à partir de cet emoji, car les contenus que la recherche rapportait étaient souvent à caractère pornographique. Félicitations à la première aubergine interdite aux moins de 18 ans de l'histoire !

GÉNÉRATION Z

Pas de panique si, lors du prochain dîner familial, l'un des adolescents présents à table vous lance un « ton gratin, c'est le feu mamie ! » Cette jeune personne n'est pas en train de vous annoncer que la cuisine brûle, mais que votre gratin est fameux. « C'est le feu » sert en effet à qualifier tout ce qui est bon, bien, super. Variante bilingue : « C'est le *fire.* » Autre langue, même signification.

L'Info

MAUDE SANS HAROLD

Comme l'héroïne de la comédie romantique culte des années 1970 réalisée par Hal Ashby, une sexagénaire de Slough, dans la banlieue de Londres, s'invite systématiquement aux enterrements qui ont lieu au cimetière local. Même quand elle ne connaît pas le défunt. Mais, à la différence de Marjorie Chardin, dite « Maude », délicieuse septuagénaire de fiction qui se délecte des obsèques pour leur beauté, l'habitante de Slough s'incruste pour un motif plus trivial : participer aux buffets après les cérémonies pour manger gratuitement, voire pour remplir ses tupperwares et les rapporter chez elle. « En tant que catholique, elle est convaincue de devoir assister à un maximum de cérémonies », a récemment expliqué le prêtre du coin au Daily Mirror, *reconnaissant qu'il ne pouvait pas lui interdire de venir. Une opinion pas vraiment partagée par plusieurs familles de défunts, qui considèrent que la pique-assiette profite de la tristesse des gens. L'intéressée, elle, ne voit pas où est le problème : « Ce sont mes affaires. Je dois y aller. C'est là où je dois être. » La faim justifie les moyens…*

IL FAIT TROP CHAUD POUR TRAVAILLER !

CONCOURS LÉPINE

Parmi les centaines, et même les milliers, d'inventions présentées au concours Lépine, on voit de tout, mais surtout du n'importe quoi. Cependant, arrivé à un certain stade d'écrémage, les gadgets et autres inventions farfelues laissent généralement la place à des inventions plus sérieuses. Mais ce n'est pas toujours le cas et on voit parfois se glisser parmi les lauréats des initiatives pour le moins farfelues. Par exemple, en 1964, un certain Lasserre a présenté et remporté le Grand Prix avec son invention, le « Somnidor ». Ce dernier est une machine qui est censée provoquer le sommeil chez toute personne qui l'utilise, en mêlant images et sons. Une espèce de télévision portative dédiée à l'hypnose personnelle, en somme. Voilà ce qu'on appelle une invention à dormir debout !

Le soleil se lève à **5 h 53** et se couche à **21 h 56**

Jeudi 4 juillet

Saint Florent On fête aussi les Berthe, Déotille

> *« Le silence est un bijou précieux rarement porté par les femmes. »*
> *Les Inconnus*

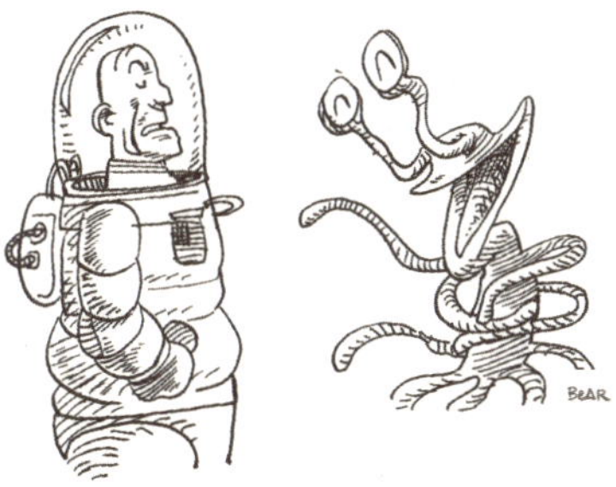

« D'accord, ma combi est vintage... mais même le nouveau modèle n'a que DEUX bras !!! »

De mauvais goût

Les concours de goinfres

Jadis, simples jeux de foire destinés à célébrer les récoltes en rigolant un bon coup, les concours de mangeurs sont devenus de véritables compétitions professionnelles. Records du monde, champions, diffusions télé, supporters en folie… ces orgies de nourriture sponsorisées se veulent un « sport de notre temps ». Propagés aux États-Unis dans les années 1970-1980, les concours de gros goinfres prospèrent désormais un peu partout dans le monde. Pastèque, aile de poulet, glace, tarte à la crème, mayonnaise, cassoulet, hamburger, œuf, piment, nems ou même caviar, il y en a pour tous les goûts et tous les estomacs. L'épreuve reine reste le concours du plus gros mangeur de hot-dog organisé à New York, tous les 4 juillet, jour de la fête nationale américaine. Ce rendez-vous incontournable des meilleurs *gurgitators* de la planète est diffusé et commenté en direct sur la chaîne sportive ESPN, bave dégoulinante en haute définition et déboîtement de mâchoire au ralenti inclus. Vous verrez, dans quelques années, à l'instar de la téléréalité, les concours de goinfres seront plébiscités par les jeunes. « Tu veux faire quoi plus tard chéri ? Bouffeur pro ! »

Tours du monde

La production automobile française est aujourd'hui effrénée, et il devient difficile de suivre tous les nouveaux modèles qui sortent chaque année et tombent ensuite dans l'oubli. Pour certains véhicules anciens, en revanche, la mémoire est vivace, à tel point que certains d'entre eux sont désormais au panthéon de la mémoire populaire. C'est le cas par exemple de la camionnette Citroën HY de 1969, plus communément appelée « nez de cochon » en raison de la forme de sa calandre. C'est cette voiture culte qu'ont choisie deux Lorrains, Yann et Géraldine, pour faire un tour du monde. Ils l'avaient bien sûr aménagée pour l'occasion : plancher, lit, table, « salle de bains » portative, etc. Ce qui est sûr, c'est qu'avec le camion, baptisé Hachille, Yann et Géraldine sont copains comme cochons !

GRANDES TOURS DU MONDE

LA TOUR DES MILLE ET UN MÈTRES… ?!

Cette année 2019 doit être marquée par l'inauguration de la première tour dépassant 1 000 m de haut. Si c'est bien le cas, il s'agira de la tour Jeddah, en Arabie saoudite, conçue par les architectes auxquels on doit déjà la Burj Khalifa, à Dubaï. Initialement prévue pour mesurer 1 600 m, elle a été revue à la baisse pour des raisons budgétaires et techniques : 1 001 m, ce qui permet toutefois de franchir le cap du kilomètre et de rendre hommage aux contes arabes des *Mille et Une Nuits*. Mais ce projet titanesque sera peut-être devancé par celui de la Dubaï Creek Tower, imaginée par l'architecte espagnol Santiago Calatrava pour l'Exposition universelle de 2020…

« Petite pluie de juillet
ensoleillé emplit caves
et greniers. »

Perles de sportifs

Les experts

Qui l'a dit ? Henri Sannier (Cyclisme, France 2) :
« Cioni fait des petits coucous au public, il est content d'être toujours là apparemment ? »
Réponse de Laurent Jalabert :
« Non Henri, il appelle sa voiture pour boire… »

Protocole

Si le protocole est un excellent moyen pour faire preuve de respect et de déférence envers ses visiteurs, ce peut aussi, à l'inverse, être un moyen d'exprimer un désaccord. Par exemple, les règles en la matière stipulent très clairement que les présidents et chefs d'État étrangers reçus à l'Assemblée nationale doivent en rencontrer le président. Aussi le président chinois Jiang Zemin fut-il surpris lorsque, au cours de sa visite d'État, il fut reçu non pas par le président de l'Assemblée, mais par le directeur de cabinet de ce dernier ! Ce n'était pas là une erreur, mais un moyen détourné pour le pouvoir français de faire comprendre à Jiang Zemin que les manquements aux droits de l'homme commis dans son pays étaient inacceptables. Pas sûr que le message soit passé clairement, mais mieux vaut peu que rien…

Vermot Régions

EURE/L'ABBAYE DE BONPORT

C'est sur la commune de Pont-de-l'Arche que se trouve l'abbaye de Bonport. L'histoire raconte que Richard Cœur de Lion serait ici tombé dans la Seine au cours d'une partie de chasse en 1189. Affolé par sa chute dans l'eau et la perspective de se noyer, il aurait juré à Dieu de construire l'abbaye s'il arrivait à « bon port » sur la rive du fleuve. Quelques mois plus tard, effectivement, les moines cisterciens commencèrent à bâtir le premier bâtiment à l'endroit où le cheval du roi avait retrouvé la terre ferme.

REMARQUABLES

BUIS DE MAUCOMBLE

Le buis trompe son monde ! Vous voyez un sujet de quelques mètres à l'ombre d'autres arbres aux fûts élancés, et vous le donnez pour plus jeune que ses voisins les chênes ou les châtaigniers. En réalité, il est souvent beaucoup plus vieux. Car il prend son temps. Sa croissance est très lente, et c'est d'ailleurs ce qui donne à son bois une exceptionnelle dureté. Mais avec le buis (*Buxus sempervirens*) de Maucomble, joli village normand à deux pas de la forêt d'Eawy, il n'est guère possible de se méprendre. C'est évidemment un très vieux sujet et même, sans doute, le plus vieux buis de France. C'est un cône impressionnant (et régulièrement taillé), de 7 m de haut et de 33 m de circonférence, avec des troncs multiples qui forment un extraordinaire enchevêtrement. Il déborde largement sur le mur de l'église, qui date du XIIIe siècle et qui est donc un peu plus vieille que lui, auquel on attribue environ 550 ans. Il a été planté dans le cimetière de la paroisse, puisque jadis le buis, toujours vert, était un arbre funéraire.

« Pour qui a le cœur vaste, une cabane est aussi spacieuse que l'univers. »
Hong Zicheng (philosophe chinois)

HAUT EN COULEUR

Que veut-on dire lorsqu'on dit de quelqu'un qu'il en « dit des bleues » ? Cette expression, synonyme de « raconter des sornettes », nous vient des contes de la Bibliothèque bleue, qui étaient très populaires aux XVIIe, XVIIIe et XIXe siècles. Les romans qu'on associe à cette collection composée principalement de petites brochures à la couverture bleue étaient remplis d'aventures fantastiques de sorcières, de revenants, et c'est ce côté fantastique qui nous est parvenu par cette expression.

QUIZ CHANTEURS

Quelle chanteuse française remporta le concours Eurovision en 1977 ?

Marie Myriam

SURNOMS
MONSIEUR HON-HON

Camille Desmoulins (1760-1794) est connu pour être un acteur important de la Révolution française. Avocat de formation et journaliste, il maniait très bien la plume, mais souffrait d'un terrible bégaiement et était un bien piètre tribun. C'est son épouse Lucile elle-même qui l'appelait « Monsieur Hon-Hon » à cause de ce défaut, surnom qui fut bientôt connu de tous et lui resta.

L'OCCITAN

U	S	T	R	A	L	E	M	A	G	R	A	G	F
V	A	A	M	A	L	O	V	I	J	H	A	A	P
L	E	T	R	A	R	U	R	E	N	U	N	A	L
E	F	I	S	D	S	E	Q	O	A	T	S	E	T
N	R	L	R	O	N	G	F	U	A	S	R	O	E
T	I	I	A	I	G	A	I	U	E	A	R	S	G
I	O	P	T	B	N	N	M	R	T	T	C	E	O
L	A	R	A	O	U	A	A	U	O	L	A	R	N
H	V	U	R	P	N	T	A	R	U	L	B	I	E
M	L	J	I	A	A	S	A	S	F	A	E	A	L
F	O	L	I	L	S	G	S	B	L	R	C	T	A
U	P	R	C	I	O	I	A	E	A	S	A	V	A
B	A	S	O	N	O	G	T	I	A	N	Q	U	T
P	E	M	R	E	N	T	E	M	P	E	R	I	A

Solution page 212

Cherchez les mots de langue d'oc cachés dans la grille ci-dessus. Vous les trouverez horizontalement, verticalement ou diagonalement.

ALUQUETA (allumette)
BALET (perron)
CABÈCA (chouette)
ÈRME (lande)
ÈRSA (vague de la mer)
ESCLATA (gerçure)
ESCLUSSI (éclipse)
FANTAUMA (fantôme)
FLABUTA (flûte)
FONHA (bouderie)
FRANGOSTA (framboise)
GARGAMÈLA (gorge)
GIROLÈTA (girouette)
GONÈLA (robe)
LENTILH (tache de rousseur)
MANAIRA (hache)
MANDRA (renard)
MASCA (sorcière)
MOISSAU (moustique)
NIÈRA (puce)
NOGA (noix)
OLIU (olivier)
ORJÒU (cruche)
OSTAU (maison)
PAPAGAI (perroquet)
PASSERAT (moineau)
POLVA (poudre)
RITON (canard)
SAUTARÈL (sauterelle)
SUJA (suie)
TABAN (bourdon)
TEMPÈRI (tempête)
TORRA (chenille)
TORTORA (tourterelle)
TUFÈRA (pomme de terre)
USTRA (huître)
VEIRINA (vitrail)
VOLAM (faucille)

Noms de villages

Si certains noms de villages originaux sont dus au hasard, ce n'est pas le cas de Bouc Étourdi, dans les Yvelines. Selon la légende, ce hameau tient son nom d'un bouc qui, étourdi ou aveuglé par le désir, prit une chienne pour une chèvre et lui fit ce que les boucs font. On félicite les habitants de n'avoir pas opté pour « Chienne meurtrie » au moment du baptême de leur hameau !

Dimanche 7 juillet

Saint Raoul On fête aussi les Panthène, Edelburge, Willibald, Teï

Le soleil se lève à **5 h 55** et se couche à **21 h 55**

« Qui veut de bons poireaux doit semer en juillet. »

C'est pas la crise pour tout le monde !

Avec sa bonne bouille et sa bonhomie toujours constante, Stromae peut passer pour un gentil poupon chanteur, bien sympathique. Mais il ne faut pas oublier que, même belge, une star est une star, et que grâce à son album *Racine carrée*, la tournée qui a suivi et les produits dérivés, ce sont pas moins de 10 millions d'euros qu'il a engrangés en une année ! Multipliez cela par quelques années, et cela peut constituer un bon petit matelas. *Business is business*, une fois !

PROVERBES PATOIS

Proverbe jurassien

Dans le Jura, quand il pleut lorsqu'on se réveille, il est d'usage de dire d'un ton optimiste : « *Les pieudges di maitïn et les dainses de véyes fennes ne durant pon longtemps.* » La météorologie populaire a en effet constaté que les pluies du matin, comme les danses des femmes plus âgées, ne durent pas longtemps... Autrement dit : « Pluie du matin n'arrête pas le pèlerin ! »

L'Info

Tout corps soluble plongé...

Si certaines s'invitent aux funérailles pour manger (voir L'Info du 3 juillet), d'autres envisagent ces cérémonies sous une forme liquide. Après la crémation, voici l'aquamation, technique funéraire qui consiste à plonger un défunt dans un bain de soude caustique pour lui offrir une dissolution rapide. La méthode proposée par Qico Inc., une compagnie de « crémation durable », sera autorisée par le gouverneur de Californie dans un an, exactement à partir du 1er juillet 2020. Le procédé est assez simple : on immerge le corps dans une solution d'hydroxyde de potassium et d'eau chauffée à près de 100 °C, et on attend qu'il se dissolve. Cela prend quatre heures environ. Ensuite, les proches récupèrent la poudre de calcium restante, issue des os, qu'ils peuvent disperser à davantage d'endroits que les cendres de l'incinération, soumises à de nombreuses restrictions pour des raisons environnementales. Déjà employée pour les cadavres d'animaux, cette pratique funéraire écolo permet d'éliminer des bactéries susceptibles de résister aux très hautes températures. Ses promoteurs en sont convaincus : d'ici quinze ou vingt ans, la crémation par les flammes sera remplacée par la dissolution dans l'eau. Outre-Atlantique peut-être, car, à ce jour, la pratique reste illégale en France, comme dans la plupart des pays du monde.

LE CONTRÔLE DES CHÔMEURS SE PRÉCISE...

PAS RAGOÛTANT

DANS LE COCHON, TOUT EST BON (ET DANS LA TRUIE AUSSI !)

L'utérus de truie est un mets consommé en Chine et aux Philippines. Le plus souvent, on le déguste farci de viande de porc émincée, de légumes et de diverses épices... Dit comme ça, c'est peu appétissant, mais le résultat après une longue cuisson et un bon assaisonnement est à mi-chemin entre l'andouillette et les tripes à la mode de Caen.

Le soleil se lève à **5 h 56** et se couche à **21 h 54**

Lundi **8 juillet**

Saint Thibaut On fête aussi les Edgar, Aquila, Kilian, Landrade

« La vérité est comme le soleil : elle fait tout voir et ne se laisse pas regarder. » Victor Hugo

Molière en vadrouille

Pour un Français en voyage en Belgique ou en Suisse, il est parfois étrange d'entendre septante, octante et nonante à la place de nos soixante-dix, quatre-vingts, quatre-vingt-dix. Cela est dû à notre héritage : au Moyen Âge en « France », on comptait par paquets de vingt, alors que d'autres peuples voisins avaient un système de compte en 10. D'où les gradations différentes qui en résultent.

Un type se confie chez son psy :
« Docteur, ma femme se prend pour moi…
– Faites-la venir !
– Bah, je suis là, docteur ! »

Un vrai feuilleton

Tout le monde se souvient de Lassie, le « chien fidèle » de la série. Ce que l'on sait moins, c'est ce que cache le rôle. Le propriétaire de Pal, premier chien à interpréter le rôle, ne parvenant pas à le dresser, a engagé un dresseur qui a gardé le chien en échange de factures impayées et a largement profité de son succès. Par la suite, Pal eut de nombreux chiots, dont neuf lui succédèrent à l'écran. Le succès fut tel que Lassie est l'un des trois chiens à posséder une étoile sur le Walk of Fame, à Hollywood.

Dans l'hémicycle

Il y a des anecdotes qui sont moins avouables que d'autres et qui ont un retentissement historique pour le moins particulier, mais il ne faut pas pour autant se priver de les raconter. C'est pourquoi sur son propre site, l'Assemblée nationale rapporte que le buste d'Adolf Hitler a trôné par trois fois sur le bureau du perchoir, l'estrade réservée au président. La première fois en juillet 1940, alors que le chef nazi s'exprime à la radio depuis le Palais Bourbon (redécoré aux couleurs du IIIe Reich pour l'occasion), puis par deux fois lors de cérémonies commémoratives qui ont eu lieu la même année. On espère que les services de nettoyage du Palais Bourbon ont un bon désinfectant…

MAÎTRES DU POLAR

Patricia Cornwell

Pour les amateurs de polars, difficile de passer à côté du phénomène Cornwell et de ses 100 millions de livres vendus, dont six millions en France. Chroniqueuse judiciaire, puis informaticienne à l'institut médico-légal de Richmond en Virginie, l'Américaine Patricia Cornwell s'est lancée dans le polar en 1990. D'abord refusé par plusieurs éditeurs, *Postmortem*, son premier roman, met en scène Kay Scarpetta, une femme médecin légiste. Cornwell et son héroïne font mouche auprès des amateurs de suspense : *Postmortem* remporte cinq des plus prestigieux prix de littérature policière, notamment l'Edgar Allan Poe Award. Dès lors, les déboires et enquêtes de Scarpetta, souvent inspirés par un fait divers, vont se succéder au rythme effréné d'un best-seller annuel. Ou presque. Souvent associée à Pete Marino, un flic macho, la légiste se rapproche peu à peu de Benton Wesley, un profileur du FBI qu'elle finit par épouser. Pour le vingt-cinquième titre de la série, Patricia Cornwell a annoncé une énorme surprise à ses lecteurs. Cette fois, Scarpetta ne sera pas confrontée à un tueur en série (*Mordoc*, *Combustion*, *Vent de glace*…), à une secte satanique (*Morts en eaux troubles*) ou à un cyber-assassin (*Chaos*) : on la retrouvera à la Maison-Blanche, impliquée dans la sécurité nationale.

Mardi 9 juillet

Sainte Amandine On fête aussi les Hermine, Andrée, Iphigénie

Le soleil se lève à **5 h 57** et se couche à **21 h 54**

« Juillet, orage de nuit : peu de mal, mais que de bruit ! »

Rébus

cuisine

CRÈME

Crème renversée

Vermot Régions

VAUCLUSE/LE CHÂTEAU DES ÉVÊQUES DE CAVAILLON

Les ruines de l'ancien château des évêques de Cavaillon surplombent aujourd'hui Fontaine-de-Vaucluse. La forteresse aurait été édifiée avant l'an mil par les moines de Saint-Victor pour protéger le tombeau de Saint-Véran, lieu de pèlerinage important. En 1253, le château est mentionné comme propriété de l'évêque de Cavaillon, seigneur du lieu, puis échoit à la famille Sagnet avant d'être détruit au XVIe siècle par les soldats du baron des Adrets. Perchées sur l'immense piton rocheux qui cerne la résurgence de la Sorgue, ces ruines imposantes sont aujourd'hui un site touristique incontournable de la région.

Santé naturelle

Mieux que le thé, pour digérer et dormir

Le rooibos (« buisson rougeâtre » en afrikaans) est une plante provenant exclusivement de la région du Cap, en Afrique du Sud. Les essais de culture dans d'autres lieux n'ont rien donné jusqu'ici. Ses feuilles, préalablement légèrement fermentées et découpées en fines lanières, sont consommées en infusion. Tonique, mais sans contenir d'excitant, riche en antioxydants, le rooibos trouve de plus en plus d'adeptes dans les pays occidentaux. Il faciliterait la digestion et le sommeil.

Utilisation : vendu comme le thé en vrac ou en sachet (en magasins bio et grandes surfaces). On peut l'additionner de lait et de sucre.

Ha ! Ha ! Ha !

Une start-up a installé dans un aéroport une balance dotée d'une intelligence artificielle. Lorsqu'une personne habillée l'utilise, la machine donne son poids exact, sans les vêtements donc, mais aussi sa taille, son sexe et même son prénom. En attendant son vol, un couple décide de tester la machine. L'homme monte sur la balance qui, après un long bip, annonce :

« Vous pesez 78 kg, vous mesurez 1,80 m, vous êtes un homme et vous vous prénommez Jean-Jacques.

– Incroyable ! s'écrie l'homme. C'est exactement ça ! »

La femme monte à son tour sur la balance qui, après un long bip, annonce :

« Vous pesez 57 kg, vous mesurez 1,69 m, vous êtes une femme et vous vous prénommez Murielle. »

Cette fois encore, la balance a tout bon. Histoire de voir s'il peut tromper la machine, l'homme propose à sa femme de refaire le test une fois leurs vêtements échangés. Après un tour aux sanitaires, le couple se présente à nouveau devant la machine. L'homme, habillé en femme, monte le premier. Après un long bip, la machine annonce :

« Vous pesez 78 kg, vous mesurez 1,80 m, vous êtes un homme, vous vous prénommez Jean-Jacques et, avec vos âneries, vous venez de rater votre avion. »

Mercredi 10 juillet

Saint Ulrich On fête aussi les Canut, Rufine

*« Pluie du dix juillet,
mouille sept fois du
moissonneur le bonnet. »*

Inventions insolites

Le double porte-cigarette

Alors que tout le monde sait aujourd'hui que fumer peut nuire gravement à la santé, en 1955, un inventeur de talent imagina un porte-cigarette à double branche pour fumer en amoureux la même cigarette. Peu pratique, inesthétique et encombrant, l'objet ne rencontra pas le succès escompté. Il faut dire que les porte-cigarette, même individuels, n'ont jamais eu une cote démesurée…

Noms de villages

Au cœur de la Somme se trouve un village de 123 habitants et dont le nom n'a de cesse de faire rire les touristes et passants. Pourtant, ceux et celles qui vivent à Bresle jurent qu'ils n'en sont pas. On les croit volontiers !

Régiments

Les régiments de ceux qu'on appelle les « tirailleurs sénégalais », créés en 1857, sont en fait composés d'une pluralité de nationalités, mais la prédominance de Sénégalais en leur sein a fait passer ce nom à la postérité. Si ces régiments ont été souvent sacrifiés lors de missions impossibles ou envoyés en première ligne par poignées, ils bénéficièrent à la fin du XIXe siècle d'un privilège unique dans l'armée française : les femmes et familles des tirailleurs étaient à l'époque admises dans les lieux de garnison et les campements. Les supérieurs estimaient que cette mesure avait un effet positif sur le moral des troupes et sur l'organisation logistique (les femmes prenant en charge les tâches ménagères et la préparation des repas). Quatre mains ou plus pour une seule solde, l'armée française manque parfois d'élégance, mais jamais d'idées…

L'Info

Routiers hi-tech

Après les voitures, les camions. Tesla, la start-up américaine qui bouscule le secteur de la construction automobile depuis quinze ans avec ses modèles 100 % électriques, a lancé en 2019 la production de ses premiers Semi Truck, un poids lourd 100 % électrique. L'autonomie de ce monstre au design soigné et futuriste est annoncée à 800 km. Côté fiche technique, le semi-remorque est muni de quatre moteurs, de quatre roues motrices et, bien sûr, comme tous les modèles de la marque, d'un mode de conduite autonome. Elon Musk, le vibrionnant P.-D.G. de Tesla, annonce que son Semi Truck est garanti pour durer 1,6 million de kilomètres. C'est quarante fois le tour de la Terre ! L'entrepreneur ayant néanmoins tendance à s'emballer parfois un peu vite et à ne pas vraiment respecter les délais qu'il annonce, il n'est pas certain que d'autres constructeurs ne viennent pas rouler sur ses plates-bandes : la start-up Nikola Motor a déjà présenté le One, un semi-remorque high-tech capable de tracter 35 tonnes et doté d'une autonomie de près de 2000 km. De leurs côtés, les géants Daimler et Volkswagen ont prévu d'investir plusieurs milliards dans le secteur du camion 100 % électrique et autonome pendant ces cinq années. Grosse révolution en vue chez les routiers !

« Clin d'oeil benoît vaut mieux que regard soupçonneux. »

YÉ-YÉ

Quitte à traduire une chanson de l'anglais au français de façon hasardeuse, autant le faire à fond. Le chanteur belge des années 1980 Plastic Bertrand n'a pas hésité une seconde, et sa reprise de *Money, Money, Money* du groupe disco ABBA vaut le détour : intitulée « Mon nez, mon nez, mon nez » (appréciez la créativité), elle commence ainsi : « Qu'est-ce t'as Pinocchio dans la poche/C'est pas un morceau de brioche. » Et continue : « Je sais pas si t'iras en enfer, en attendant t'as vu ton blair ? » Le génie prend les formes les plus mystérieuses...

RétroVermot

C'est peut-être vrai que, quand le vin est tiré, il faut le boire. Mais ce qui est peut-être encore plus vrai, c'est que, quand le vin est tiré d'autre chose que du raisin, il ne faut pas le boire.

Au menu
Pissaladière

Pour 4 pers.

15 à 30 min de préparation

1 h de repos (pour une pâte à tarte maison)

35 min de cuisson

Pour la pâte faite maison (ou 1 pâte à pizza du commerce) :
- 250 g de farine
- 1/2 cuil. à café de sel
- 1 sachet de levure boulangère
- 15 cl d'eau froide
- 1 cuil. à café d'huile d'olive

Pour la garniture :
- 1 kg d'oignons jaunes
- 15 g de sucre
- 10 filets d'anchois
- 10 olives noires
- 1 cuil. à soupe d'herbes de Provence
- 4 cuil. à soupe d'huile d'olive
- Poivre

Dans le bol d'un robot (ou dans un grand récipient), mettez la farine, le sel et la levure. Mélangez, puis versez l'eau et pétrissez 5 minutes jusqu'à obtenir une boule. Ajoutez l'huile d'olive et pétrissez encore 5 minutes. Laissez lever en couvrant d'un film alimentaire 1 heure à température ambiante.

Pelez et émincez les oignons. Faites revenir l'huile d'olive dans une poêle, ajoutez les oignons et le sucre, puis faites dorer à feu doux. Poivrez et ajoutez un peu d'herbes de Provence.

Préchauffez le four à 240 °C (th. 8). Étalez la pâte à pizza sur du papier sulfurisé (environ 30 cm de diamètre). Disposez les oignons en fine couche dessus, déposez les anchois, les olives et enfournez pour 15 minutes.

Les comportements extraordinaires des animaux
Exploit homologué de chaton

Légendes tenaces ou faits avérés ? Régulièrement, des témoignages rapportent des histoires de chats parcourant des distances considérables pour retrouver leur foyer d'origine. En 2014, le chaton Cookie quitte sa Normandie natale avec sa maîtresse, pour séjourner quelque temps dans les Alpes-Maritimes (l'autre bout de la France, en quelque sorte). Mais il disparaît. Les recherches entreprises restent vaines et sa maîtresse finit par rentrer seule chez elle. Un an et demi plus tard, elle reçoit l'appel du vétérinaire d'un village voisin : Cookie est revenu ! Dans un état physique lamentable, certes, mais identifié par sa puce électronique, et vite retapé.

*« Qu'on soit fumiste
ou dramaturge,
en juillet, il faut
qu'on se purge. »*

Maladies imaginaires

En 1936, un psychiatre américain très impliqué du nom de Walter Freeman avait la ferme intention de guérir l'une de ses patientes, une mère de famille atteinte de « surcharge émotionnelle ». Sa méthode : la lobotomie, soit la section de nerfs dans le lobe frontal. Après cette première (un échec), il persista dans sa voie, faisant au final plus de 3 500 lobotomies sur des patients parfois parfaitement sains, avant d'être privé d'exercer après la mort de plusieurs de ses sujets. Un homme charmant... ✚

Vermot Régions

PYRÉNÉES-ORIENTALES/ L'ANCHOÏADE DE COLLIOURE

Capitale de l'anchois, Collioure décline ce petit poisson sous de multiples formes. L'anchoïade est une entrée qui est également souvent servie en apéritif. Vous pouvez l'acheter déjà préparée ou bien la faire vous-même. Pour cela, levez les filets de 200 g d'anchois dessalés. Puis pilez-les dans un mortier avec 2 gousses d'ail, 1 cuillerée de vinaigre et un peu de poivre. Progressivement, ajoutez par filet 15 cl d'huile d'olive pour obtenir une pâte facile à tartiner. Il ne vous reste plus qu'à déguster votre anchoïade sur des tartines de pain grillé.

TOXIQUE OU NON ?

Mélisse – infusion

C'est Louis XIV qui a donné des lettres de patente aux Carmes pour leur « eau de mélisse », un élixir diffusé alors en bouteilles cachetées de cire et que les dames de la cour prenaient pour dissiper leurs vapeurs. Toutefois, cette « eau » contenait certes de la mélisse, mais aussi beaucoup d'autres « herbes ». Or, cette vigoureuse plante vivace (*Melissa officinalis*), qui pousse volontiers dans les jardins et que l'on trouve couramment à l'état sauvage, avec ses feuilles gaufrées et dentées au parfum caractéristique, donne aussi par elle-même une très bonne eau – en l'occurrence une infusion. Pour qu'elle soit encore plus rafraîchissante, émincez finement un citron entier, ajoutez un peu d'orange et mettez-les à infuser 10 minutes dans l'eau bouillante avec une grosse poignée de feuilles de mélisse. Réservez au réfrigérateur et désaltérez-vous d'eau à la mélisse bien fraîche par les après-midi caniculaires. Si vous voulez la sucrer, préférez le miel et, pour varier le goût, ajoutez des feuilles de menthe à l'infusion.

Fantaisies sexuelles

Les *love hotels* sont faits pour ça

Au Japon, les *love hotels* disposent de chambres spécialement conçues pour les parties de jambes en l'air et équipées en accessoires érotiques : *sex toys*, miroirs au plafond, ustensiles SM, chaînes TV et DVD pornographiques... Le nombre et la sophistication des divertissements proposés dépendent évidemment du prix payé. Et les chambres se louent à l'heure ou à la nuit. Contrairement à ce que l'on pourrait penser, ce type d'hôtel n'abrite pas uniquement les amours secrètes de couples adultères. Des couples légitimes peuvent aussi y avoir recours pour profiter d'un peu d'intimité. En effet, au Japon, les logements sont particulièrement petits et mal insonorisés. Difficile dans ces conditions pour un jeune couple de « s'éclater au lit ». Depuis quelques années, le phénomène se développe : on trouve désormais des *love hotels* dans d'autres pays, par exemple au Brésil.

Samedi 13 juillet

Saint Henri et Saint Joël On fête aussi les Enrique, Clélia

Le soleil se lève à **6 h 00** *et se couche à* **21 h 51**

« Qui veut bon navet le sème en juillet. »

Ça bulle

Si les dessinateurs de BD célèbres sont parfois des stars, leur notoriété est souvent moindre par rapport aux chanteurs et chanteuses à la mode. Goscinny et Uderzo, venus un jour dédicacer le dernier album d'*Astérix* au Printemps à Paris, se désespéraient de voir une salle vide : pas un seul lecteur ne se présente. Alors que les deux auteurs se demandent ce qu'il se passe, un bruit de foule finit par se faire entendre à l'étage inférieur : Sheila, la chanteuse, y dédicace son dernier 33 tours. Sans potion, Astérix ne faisait pas le poids…

Un journaliste de CNN interroge un vieux juif qui vient prier deux fois par jour devant le mur des Lamentations.
« Vous priez pour quoi ?
– Pour la paix entre les pays, pour la paix entre les juifs et les musulmans, pour que mes enfants vivent enfin un jour dans le bonheur et la sérénité…
– Et après cinquante ans de prières, qu'est-ce que vous ressentez ?
– J'ai l'impression de parler à un mur. »

Solution mots mêlés [p. 205]

U	S	T	R	A	L	E	M	A	G	R	A	G	F
V	A	A	M	A	L	O	V	I	J	H	A	A	P
L	E	T	R	A	R	U	R	E	N	U	N	A	L
E	F	I	S	D	S	E	Q	O	A	T	S	E	T
N	R	L	R	O	N	G	F	U	A	S	R	O	E
T	I	I	A	I	G	A	I	U	E	A	R	S	G
I	O	P	T	B	N	N	M	R	I	T	C	E	O
L	A	R	A	O	U	A	A	U	O	L	A	R	N
H	V	U	R	P	N	T	A	R	U	L	B	I	E
M	L	J	I	A	A	S	A	S	F	A	E	A	L
F	O	L	I	L	S	G	S	B	I	R	C	T	A
U	P	R	C	I	O	I	A	E	A	S	A	V	A
B	A	S	O	N	O	G	T	I	A	N	Q	U	T
P	E	M	R	E	N	T	E	M	P	E	R	I	A

Ça, c'est fait… divers

Very bad buzz

La quête de célébrité, souvent éphémère, engendrée par les réseaux sociaux provoque des excès en tout genre, surtout chez les plus jeunes. « C'est en faisant n'importe quoi qu'on devient n'importe qui ! » proclame Rémi Gaillard, l'un des plus célèbres youtubers français. Si lui est certainement devenu quelqu'un aux yeux de millions de fans en filmant ses pitreries déguisées en caméra cachée, pour d'autres, le désir de clics et de gloire s'est terminé en cauchemar : en juin 2017, la jeune Américaine Monalisa Perez a abattu son compagnon d'une balle alors qu'ils tournaient une vidéo destinée à faire décoller l'audience de leur chaîne YouTube. Pedro lui avait demandé de lui tirer dessus à travers un livre, estimant que celui-ci serait assez épais pour arrêter la balle. Après avoir installé deux caméras dans la pièce pour filmer sa performance et placé sa compagne à 50 cm de la cible, le jeune homme lui a donc demandé de faire feu. Mais le livre n'a rien stoppé du tout et, lorsqu'ils sont arrivés sur place, les services d'urgence n'ont pas réussi à réanimer Pedro. Il était père d'une petite fille de trois ans. Et il ne connaîtra jamais son deuxième enfant, né deux mois après sa mort stupide.

SURNOMS

NAPOLÉON LE PETIT

Le surnom « Napoléon le Petit » ne qualifie pas Napoléon Ier, malgré les rumeurs sur la petite taille de l'Empereur. D'ailleurs celui-ci mesurait vraisemblablement 1,70 m, ce qui n'était pas une petite taille pour l'époque. « Napoléon le Petit » est le surnom péjoratif donné à Napoléon III par Victor Hugo, qui avait été contraint à l'exil et voulait ainsi se venger par un pamphlet assassin.

Dimanche **14 juillet**

Fête nationale – On fête aussi les Camille de Lellis, Cameron

> *« Si l'on veut faire un geste symbolique, il ne faut pas brûler le drapeau, mais le laver. »*
> *Norman Thomas*

Il y a 100 ans, le 14 juillet 1919, naissait Lino Ventura (mort en 1987). Cet acteur populaire était apprécié autant pour ses prestations comiques, comme dans *Les Tontons flingueurs* (1963), que dramatiques, comme dans *Garde à vue* (1981).

Métiers de bouche

Quand deux métiers de bouche s'associent pour créer une petite merveille

Sans la viticulture bordelaise, le canelé n'aurait jamais vu le jour ! En effet, une des étapes de la vinification est le « collage », qui sert à agglomérer les particules en suspension pour mieux les éliminer ; et autrefois, on filtrait le vin en cuve avec du banc d'œuf monté en neige. Le personnel des châteaux séparait les blancs des jaunes, montait les blancs et donnait les jaunes à des religieuses, qui s'en servaient pour confectionner des gâteaux destinés aux malheureux des environs. La recette des braves nonnes évolua et donna naissance au canelé d'aujourd'hui. Les pâtissiers bordelais ajoutèrent rhum et vanille à la religieuse recette, ces deux produits en provenance des îles transitant naturellement par Bordeaux. Une question reste en suspens : doit-on écrire canelé ou cannelé ? En 1985, les pâtissiers de la région formèrent la « Confrérie du canelé de Bordeaux ». Néanmoins, l'orthographe « cannnnnelé » aurait pu sembler la plus appropriée en référence à la forme du moule en cuivre !

HAUT... EN COULEUR...

L'expression « montrer patte blanche » a été popularisée au XVIIe siècle par les écrits de Jean de La Fontaine, qui l'introduisit dans *Le Loup, la Chèvre et le Chevreau*. La « patte blanche » en question est le code appris à un chevreau par sa mère : lorsque quelqu'un frappe, le chevreau doit la prier de montrer sa patte. Si elle est blanche, alors il s'agit de la chèvre. Si elle est noire, il faut refermer bien vite, car c'est le loup qui attend !

Chiffres étonnants de la science

Avez-vous vos 8 heures 15 quotidiennes ?

Nous passons en moyenne 118 jours par an dans les bras de Morphée, ce qui représente… un tiers de notre vie ! Mais plus on vieillit, moins on dort : les nouveau-nés roupillent 12 à 18 heures par jour, les 3 à 5 ans entre 11 et 13 heures ; les 5 à 12 ans, 10 à 11 heures ; les ados, 8,5 à 10 heures. Quant aux adultes, s'ils ont besoin grosso modo de 8 h 15 de sommeil (de 7,5 à 9 heures selon les profils), ils dorment en moyenne 7 h 45 par nuit. Il y a pire : depuis les années 1990, la durée moyenne du sommeil des adolescents s'est écourtée de 50 minutes et celle des adultes de 18 minutes. La faute à notre mode de vie stressé et ultra-connecté ! Il est temps de tout débrancher et d'aller se coucher !

Lundi 15 juillet

Saint Donald On fête aussi les Vladimir

Le soleil se lève à **6 h 02** et se couche à **21 h 49**

MOTS FLÉCHÉS

Caustique / Voiler		Ville de l'île de Maurice / Tas		Marché / Forte tête		Attendu / Femme argentine		Ruines		Récipient / Lord		Essence
								Peut être d'apparat				
Sommaire / Livrée								Retenue / Prend l'air				
				Botte	Gâter / Éclaircit							
Masque une fuite / Fréquenter						Ravit / Coup de baguettes						
							Suit omicron / Chômer			Début d'épitaphe		Fange
Repère		Relatif à des prélèvements / Demanderez de l'aide										
						Erbium			Proche / Examiner			
Évite la répétition	Verdirent		Couples		Demeurez / Petite madame					Suit le courant / Monta		
						Procédé d'impression		Fait un tour ou deux / A du talent				Réserve
Évêque de Troyes / Ballon				Attaquer / Glacées							Lavais	
							Fait marcher / Sucrées					
Plateau / Céréale					Flanquait / Prirent de la graisse							
			Mise en boîte / Suit le licencié							C'est nickel / Exprime l'approximation		
Éprouves		Surveillée / Solide						Espèce / Peina				
									Écorce de chêne / Petite quantité			
Désert / Bourre			Annonce l'addition			Melon						
							Protection					

Solution page 220

Mardi 16 juillet

« Être en vacances, c'est n'avoir rien à faire et avoir toute la journée pour le faire. »
Robert Orben

EXPRESSIONS IMAGÉES

Donner un coup d'épée dans l'eau

L'expression ne vient pas, comme on pourrait le croire, de l'impossibilité de couper un liquide. Elle fait référence à la réflexion de la lumière sur la surface de l'eau, qui rend difficilement perceptible la place et la distance de ce qui y est immergé. Ainsi, il est quasiment impossible d'attraper un poisson avec une épée, car on vise toujours à côté, et tous nos efforts deviennent vains.

Vermot Régions

INDRE-ET-LOIRE/LE PAYS DES CHÂTEAUX

C'est parce que la Loire était autrefois une zone frontalière entre les Français au nord et les Anglais au sud que se construisirent de nombreuses forteresses pendant la guerre de Cent Ans, de 1337 à 1453. Au fil du temps, la paix revenue, les grands seigneurs et les rois de France continuèrent à fréquenter les bords de Loire, non plus pour des raisons guerrières mais pour la beauté des paysages, et les forteresses devinrent des châteaux de plaisance.

L'Info

MON (TROP BEL) ŒIL !

La Chine vient d'inaugurer l'une des bibliothèques les plus spectaculaires du monde, et probablement l'une des plus belles aussi. Installée dans le quartier culturel de Tianjin, la grande ville portuaire au nord-est du pays, la bibliothèque a été conçue par l'agence néerlandaise MVRDV. Toute l'architecture du bâtiment a été pensée pour que l'édifice ait la forme d'un globe oculaire en trois dimensions. D'une surface de 37 200 m² et pouvant accueillir 4 000 personnes par jour, l'édifice dispose de cinq étages avec des salles de lecture, de réunions et des espaces informatiques. L'auditorium, conçu comme un œil central et imposant, offre un panorama à 360 degrés de l'intérieur du bâtiment. Enfin, l'essentiel : pour les livres, des étagères immenses, sur lesquelles on peut également s'asseoir, serpentent du sol au plafond. Elles peuvent abriter 1,2 million d'ouvrages. Petit bémol : il n'y a aujourd'hui que 200 000 véritables livres sur ces étagères. Pour tenir la date de livraison impérative, le concepteur batave a dû installer des trompe-l'œil aux étages les plus élevés ! Alors, bel œil ou coquille vide, la bibliothèque futuriste de Tianjin ?

PARTOUT… LA FIN DU DIESEL

CONCOURS LÉPINE

Le problème, quand on veut faire du feu partout et en toutes circonstances, est d'avoir sous la main un briquet en bon état de fonctionnement. Imaginez un peu le bivouac gâché par un briquet qui n'a plus de gaz… C'est avec ces déconvenues en tête qu'en 2002, un inventeur astucieux a présenté au concours Lépine le tout premier briquet solaire, qui fonctionne, comme son nom l'indique, à l'énergie solaire. Bon, la notice n'explique pas comment faire du feu la nuit et les jours de pluie, mais nous n'allons pas lui jeter la pierre (à feu !). Vous ne serez pas étonné d'apprendre que l'inventeur à l'origine de cette géniale trouvaille n'a, hélas, pas été récompensé par le jury. Il avait pourtant tout pour faire des étincelles !

Mercredi 17 juillet

Sainte Charlotte On fête aussi les Carla, Caroline, Marceline

Le soleil se lève à **6 h 04** et se couche à **21 h 47**

« Juillet sans orage,
famine au village. »

VISION-NAIRES

Les portes automatiques à détection de mouvement sont aujourd'hui tout autour de nous. Magasins, immeubles de bureau… nombreux sont les bâtiments qui permettent au visiteur d'entrer et de sortir sans avoir à lever le petit doigt. Mais en 1899, lorsque l'auteur H.G. Wells a écrit son roman de science-fiction futuriste *Quand le dormeur s'éveillera*, les portes automatiques étaient encore très loin d'exister. En effet, les premières installations de portes à détection de mouvement ne se sont pas faites avant les années 1960 ! C'est bien cela qui rend la prédiction d'H.G. Wells parfaitement stupéfiante…

Charade

Ma première plaît aux canards.

Ma deuxième bat le trottoir.

Mon troisième naît le premier janvier.

Il vaut mieux avoir **mon quatrième** sur la tête.

Mon cinquième introduit une négation.

Mon sixième transporte les touristes.

Mon septième a des sentiments pour autrui.

Mon tout est un cuisinier français, le roi des chefs et le chef des rois.

MARIE-ANTOINE CARÊME
(MARE - HIE - AN - TOIT - NE -
CAR - AIME)

ILS ONT ÉTÉ LEUR PROPRE COBAYE

L'homme le plus freiné du monde

Dans les années 1950, l'Américain John Paul Stapp, docteur en biophysique et colonel de l'armée de l'air, étudia les effets sur le corps d'accélérations et de décélérations intenses. Pour cela, il construisit des machines qu'il testa sur lui-même, notamment le Gee Whiz, une sorte de caisson à roulettes équipé de roquettes ! Le 10 septembre 1954, à l'âge de 44 ans, Stapp fit une entrée fracassante dans l'histoire en subissant une décélération de 46,2 g pendant 0,9 seconde, un record encore jamais battu. S'il en garda quelques séquelles visuelles, Stapp vécut encore longtemps : il est mort il y a vingt ans, à l'âge de 89 ans. Ses travaux ont permis d'améliorer la sécurité des avions et des automobiles. Il contribua notamment à la création d'un objet du quotidien qui permet chaque année de diminuer de 40 % le nombre de tués sur les routes : la ceinture de sécurité !

LES DOUZE TRAVAUX D'HERCULE

Le taureau de Crète

Face à un Hercule qui ne cesse de révéler ses incroyables talents de demi-dieu, Eurysthée doit faire preuve de beaucoup d'imagination. Pour la septième épreuve, il enjoint à son cousin de mater un taureau considéré comme indomptable. Cette bête avait été donnée par Poséidon, le dieu de la mer, à Minos, le roi de Crète. Ce dernier devait en faire le sacrifice mais, charmé par l'animal, il le garda pour lui. Poséidon, en colère, rendit l'animal fou et le laisse depuis dévaster l'île. Hercule parvient à maîtriser le bovidé en le saisissant par les cornes et en l'attirant dans un filet. Il le ramène vivant à Eurysthée. Ce dernier, aussi terrifié que vexé, fait relâcher le taureau dans la plaine de Marathon. Hercule doit une nouvelle fois affronter l'animal ! Mais pour mettre un terme à cette folle entreprise, il le met à mort, devenant ainsi le premier des matamores.

« L'oisiveté de la jeunesse prépare les tourments de la vieillesse. »

[Excuse my French]

Ces dernières années, difficile d'allumer la télévision sans tomber sur une émission de « relooking ». Ce concept venu d'outre-Atlantique fait fureur, et les téléspectateurs en redemandent. Ils feraient mieux de se demander comment le *makeover* est devenu *relooking* en traversant l'Atlantique, et pourquoi le français s'est senti obligé d'offrir un *relooking* à un mot anglais en en inventant un autre qui n'existe pas dans la langue de Shakespeare !

Ils ont dit

Clint Eastwood

« Dieu vous a donné un cerveau, faites de votre mieux avec. »

Kézako

Le robot informaticien

Vous n'êtes pas très à l'aise avec un ordinateur ? Pas de problème, ça arrive à tout le monde. Et si, plutôt que de prendre des heures et des heures de cours, vous laissiez à un robot le soin de faire ce travail qui ne vous réussit pas ? Il ne s'agit pas de science-fiction, et cette option est déjà disponible pour le grand public. Alexa, par exemple, le robot domestique commercialisé par Amazon, est un concentré de technologie qui a l'avantage de fonctionner par reconnaissance vocale. Plutôt que de manier souris et clavier, l'utilisateur n'a plus qu'à demander à ce petit cylindre technologique de faire une recherche sur Internet, de lancer une chanson ou encore d'envoyer un mail. Seule faille ? Même si c'est simple, il faut encore la paramétrer… jusqu'à ce qu'ils sortent un robot pour le faire à votre place !

Maîtres du polar

Pierre Lemaître

C'est le plus petit flic de la littérature policière : le commandant Camille Verhoeven de la Brigade criminelle mesure tout juste 1 m 47 ! Mais le personnage imaginé par le virtuose Pierre Lemaître, prix Goncourt 2013 pour *Au revoir là-haut*, son sublime roman picaresque, est un grand enquêteur. Policier à l'esprit affûté et personnage haut en couleur, Verhoeven aime son travail, les livres et sa femme, Irène. Un policier un peu trop heureux que son créateur maltraite dès *Travail soigné*, sa première enquête : le tueur, un copycat qui reproduit avec précision les meurtres les plus abominables de la littérature, vient faucher le bonheur du flic en assassinant son épouse enceinte. On retrouve un Verhoeven brisé dans *Alex*, une course contre la montre sanglante pour sauver une jeune femme qu'un psychopathe s'est juré de faire disparaître, puis dans *Sacrifices*, le dernier opus de la série paru en 2012. Pour le petit commandant, l'histoire semble se répéter : Anne, sa nouvelle compagne, est sauvagement agressée. Déterminé à se venger, Camille se lance dans une chasse à l'homme ébouriffante. Attention, apparences trompeuses…

Records de président

Au registre des records détenus par les présidents de la République, celui de la longévité au poste de François Mitterrand est aujourd'hui définitivement imbattable. En effet, du haut de ses quatorze années de pouvoir, « Tonton » regarde en rigolant ces chefs éphémères qui, grâce aux nouvelles lois sur le sujet, se battent pour, au mieux, deux quinquennats ! Pas sûr que la politique, c'était mieux avant, mais, en tout cas, c'était plus long !

Le soleil se lève à **6 h 07** et se couche à **21 h 45**

« À la Saint-Arsène, mets au sec tes graines. »

Molière en vadrouille

Si, en Suisse, quelqu'un s'approche de vous et vous demande : « À quelle heure vit-on ? », ce n'est pas pour avoir votre vision sur l'état du monde ! Cette personne cherche simplement à savoir l'heure qu'il est. Finalement, le vrai problème n'est pas l'expression, mais le fait qu'un Suisse vienne vous demander l'heure. Avouez que c'est quand même un comble !

Ça, c'est fait... divers

Tatouage mortel

Le tatouage, il y a bien longtemps réservé aux seuls marins et bagnards, est devenu presque banal en Occident, les États-Unis ayant lancé cette pratique mariant aspiration esthétique et/ou signification personnelle. C'est justement l'interprétation d'un message tatoué qui a posé un sérieux cas de conscience à une équipe de médecins du Jackson Memorial Hospital de Miami, comme l'a révélé en novembre 2017 le New England Journal of Medicine. *Arrivé inconscient à l'hôpital et sans aucun papier d'identité sur lui, un patient portait pour seul signe distinctif un tatouage indiquant « Ne Pas Réanimer », avec le mot « Pas » souligné et accompagné de sa signature. Dans un premier temps, les médecins ont choisi de ne pas respecter le message et de placer l'inconnu en soins intensifs. En effet, en 2002, confrontés au même message, ils avaient décidé de réanimer un patient, car son dossier médical ne mentionnait aucune interdiction. Une fois réveillé, l'homme leur avait confirmé que son tatouage ne devait pas être pris au sérieux : c'était juste le résultat d'un pari perdu lors d'une soirée alcoolisée lorsqu'il était plus jeune ! Mais, avec ce nouveau patient, aucun dossier médical ! Aussi, le service d'éthique de l'hôpital a finalement conseillé aux médecins de prendre le tatouage en considération, comme s'il s'agissait d'une attestation « Ne Pas Réanimer ». Les médecins ont donc arrêté la réanimation et le patient est décédé peu de temps après. L'homme venait d'être identifié. Un ordre de ne pas le réanimer figurait bien dans son dossier médical. Heureusement...*

PAS RAGOÛTANT

A CUP OF TEA ?

Sur les hauts plateaux tibétains, le thé réchauffe le voyageur. Mais ne vous attendez pas à un thé sucré, citronné ou au lait. Non, il s'agit d'un thé traditionnel à base de beurre de dri (femelle du yak) fondu ; un thé salé au goût étrange de beurre rance, servi parfois avec de la farine d'orge grillé.

Vermot Régions

ISÈRE/LE PREMIER MAILLOT JAUNE

C'est dans l'Isère que fut remis le premier maillot jaune de l'histoire du Tour de France, le 19 juillet 1919, au départ de la onzième étape, reliant Grenoble à Genève. Le coureur qui eut cet honneur s'appelait Eugène Christophe (1885-1970), un Parisien surnommé « Le vieux Gaulois » à cause des longues moustaches qu'il arborait au début de sa carrière. Il ne remporta malheureusement jamais le Tour de France.

Samedi 20 juillet

Sainte Marina On fête aussi les Élie, Marine, Léon-Ignace, Vulmer

« De juillet chaud vient un automne, pendant lequel souvent il tonne. »

RétroVermot

En classe :
« Votre devoir sur le lait ne fait que dix lignes, alors que celui de vos camarades est de deux pages !
– J'ai fait le mien sur le lait concentré, M'sieur... »

VIVE LA POSTE !

L'emblème des services postaux allemands est un cor, et plus précisément un cor postal. Mais savez-vous quel est le rapport entre poste et cor, qui fait qu'un service de courrier moderne ait choisi ce dernier pour le représenter ? Il faut remonter au XIIe siècle, au moment où la corporation des bouchers allemands a lancé le premier service de poste international appelé « poste Metzger » (*Metzger* signifiant « boucher » en allemand). Les coursiers de ce service avaient pour habitude d'annoncer leur arrivée dans les villes en sonnant un grand cor. C'est ainsi qu'en se modernisant, la Deutsche Post a décidé de conserver ce logo qui est un hommage à ses racines historiques. Cependant, heureusement pour les usagers allemands, les postiers ont définitivement rangé le cor !

Les « pourquoi ? » de l'histoire

Pourquoi y a-t-il un cheval cabré sur le logo Ferrari ?

Lorsque Enzo Ferrari a créé sa marque automobile, il a voulu rendre hommage au pilote de chasse italien Francesco Baracca, héros de l'aviation abattu en 1918. Sur le fuselage de son appareil figurait le *Cavallino Rampante*, un cheval cabré qui provient du blason de la famille Baracca. C'est la mère du pilote qui a remis l'emblème au constructeur, pour qu'il en fasse son logo.

REMARQUABLES

ORME DE SAINT-GERVAIS

Attendez-moi sous l'orme ! Autrement dit : vous pouvez toujours courir pour que je vous paie ce que je vous dois... Car cette expression du XVIIe siècle se réfère à une coutume médiévale, les débiteurs payant jadis leurs créanciers sous la ramure d'un orme de justice – qui servait à garantir l'honnêteté de la transaction. Mais celui de Saint-Gervais, à Paris, se rapporte aussi à une autre tradition, puisqu'on plantait cette espèce (*Ulmus minor*) devant une église consacrée à un martyr, peut-être parce que la sève de cet arbre a une nuance rougeâtre qui évoque le sang. Cette église, à deux pas de la Seine et de l'île de la Cité, date du XVIe siècle, mais la présence d'un orme à cet endroit est attestée depuis le XIIIe siècle, près d'une basilique plus ancienne, et figure sur de vieilles gravures et plans. L'orme actuel, devant la façade, est un superbe spécimen, malgré une cicatrice étrange due à la foudre, mais il n'a été planté qu'en 1935. Il a succédé à un vieux sujet, détruit pendant la Commune de Paris.

Dimanche 21 juillet

Saint Victor On fête aussi les Trifin, Hector, Néot

Le soleil se lève à 6 h 00 et se couche à 21 h 43

« Quand il pleut à la Saint-Victor, la récolte n'est pas d'or. »

Il y a 65 ans, le 21 juillet 1954 à Genève se scellait le sort de l'Indochine, avec des accords qui mettaient fin à la guerre menée par la France sur ce territoire et partageaient le Vietnam en deux États – qui seraient bientôt le théâtre d'une nouvelle guerre.

Un médecin est en consultation avec un patient d'un certain âge. Il lui demande :

« Ça va, vous arrivez bien à uriner ?

– Oui, tous les matins à 7 h…

– Très bien. Et pour le reste, la grosse commission ?

– Tous les matins à 8 h.

– C'est parfait. Dans ce cas, tout va bien.

– Non, parce que je ne me réveille jamais avant 9 h. »

Solution mots fléchés [p. 214]

	I		C		A		P		D		R	
E	N	N	U	A	G	E	R		E	P	E	E
	C	U	R	S	I	V	E		T	A	C	T
F	I	E	E			A	V	A	R	I	E	R
	S	E	P	I	A		U	S	U	R	P	E
V	I	S	I	T	E	R		P	I		T	
	V		P	A	R	A	F	I	S	C	A	L
D	E	C	E	L	E		E	R		I	C	I
		R		I		E	T	E	S		L	E
I	B	I	D	E	M		E		C	L	E	
	L	E	U		M	O	R	D	R	E		R
A	E	R	O	N	E	F		O	U	V	R	E
	M	E	S	A		F	O	U	T	A	I	T
R	I	Z		P	O	S	T	E	E		N	I
	R		E	P	I	E	E		R	A	C	E
R	E	S	S	E	N	T	E	S		T	A	N
	N	U		E	T		S	U	C	R	I	N
S	T	R	A	S	S	E		A	L	E	S	E

REMAKES REMAKES REMAKES REMAKES

POUR UNE POIGNÉE DE DOLLARS

Le regard perçant de Clint Eastwood, dit « L'Étranger », une rivalité mortelle entre deux gangs et une ville mexicaine aussi aride qu'étouffante, voici les ingrédients de *Pour une poignée de dollars* (*Per un pugno di dollari*, en VO), premier volet de la *Trilogie du dollar* de Sergio Leone. Tourné en 1964, ce western spaghetti est un remake du *Garde du corps* (*Yōjimbō*) d'Akira Kurosawa, sorti trois ans plus tôt. Sergio Leone racontera plus tard qu'il a eu l'idée du film après avoir visionné celui de Kurosawa, qu'il jugea « mineur » mais dont il reprendra le thème de l'étranger au cœur d'un conflit de famille. Malgré une réception critique assez mauvaise lors de sa sortie, *Pour une poignée de dollars* connut un succès public considérable – notamment après la sortie du troisième volet *Le Bon, la Brute et le Truand*, qui lui valut d'être diffusé, entre autres, au Japon. Kurosawa, après une longue bataille judiciaire, obtint les droits d'exploitation du film dans son pays.

SECRETS D'ÉTAT

Dans les stratégies de politique internationale, il y a la partie émergée de l'iceberg : rencontres officielles, visites, traités commerciaux, négociations diplomatiques, et le reste, ce qui est invisible pour le grand public. Parmi ces stratégies de l'ombre, entre les commandos secrets et les manipulations, on trouve parfois des choses bien étranges. Par exemple, cette histoire qui semble tirée d'une comédie mal ficelée, mais qui est bien réelle : en 2003, peu avant l'invasion de l'Irak, les États-Unis cherchaient désespérément des moyens de décrédibiliser le leader irakien Saddam Hussein aux yeux de son propre peuple. Pour cela, la CIA a monté une opération consistant à recruter un sosie du dictateur et à le faire tourner dans un film porno gay. Étonnamment, la démarche n'a pas abouti. On se demande vraiment pourquoi.

Le soleil se lève à 6 h 11 et se couche à 21 h 42

Lundi 22 juillet

Sainte Marie-Madeleine On fête aussi les Magda, Madelon

« S'il pleut à la Sainte-Madeleine, on voit pourrir noix et châtaignes. »

SLOGANS

Un slogan peut-il passer du champ de la philosophie à celui de la politique ? Il faut croire que oui… Regardons par exemple le slogan « Le savoir est pouvoir », que l'on voit fleurir un peu partout lors de contestations sociales liées à l'éducation (mais pas seulement). Loin d'avoir été mise au point en manifestation, la phrase a vu le jour dans les carnets du célèbre philosophe du XVIe siècle Francis Bacon, sous sa forme latine « Scientia potentia est ». Cinq siècles n'effacent pas une vérité !

Perles de sportifs

La tête dans le bitume

Qui l'a dit ? Bernard Thévenet (consultant cyclisme, France 2) : « Ce sont des routes assez sinueuses : il y a beaucoup de lignes droites. »

Ça, c'est fait… divers

Profession : chirurgien-tatoueur

Tatouage et hôpital toujours (voir le 19 juillet), mais cette fois chez nos voisins anglais. Une affaire où le médecin n'a, lui, pas beaucoup de conscience et où les tatoués n'ont absolument rien demandé. Un chirurgien de Birmingham a en effet été condamné par un tribunal après de sinistres aveux : il a reconnu avoir gravé ses initiales sur le foie de deux patients qu'il opérait pour une transplantation. Simon Bramhall a inscrit ses initiales « SB » sur l'organe des deux malades sous anesthésie, sans leur consentement, en se servant d'un laser au gaz argon. Les deux lettres ont été découvertes lors d'une opération de suivi réalisée par un autre praticien sur l'une des deux victimes. Qualifiés d'affaire « sans précédent dans le droit pénal britannique » par le procureur, les agissements du docteur Simon Bramhall ont d'autant plus choqué outre-Manche que celui-ci les a accomplis en présence de collègues ! Et qu'ils ont eu lieu dans l'un des hôpitaux les plus réputés du pays. C'est ici que la jeune Pakistanaise grièvement blessée par les talibans, Malala Yousafzai, prix Nobel de la Paix 2014, a été soignée. Nom du prestigieux établissement : Hôpital Queen Mary. Oh my God !

Au menu

Verrines de mousse de framboises et fruits frais

POUR 6 PERS.

20 MIN DE PRÉPARATION

1 H DE RÉFRIGÉRATION

500 G DE FRAMBOISES
50 G DE SUCRE
1 CITRON BIO DE PRÉFÉRENCE (ZESTE ET JUS)
10 CL DE CRÈME FLEURETTE
4 KIWIS
250 G DE FRAISES
1 PETIT BOUQUET DE MENTHE

Rincez les framboises et mixez-les avec le sucre et le jus du citron.

Montez la crème en chantilly. Incorporez la chantilly dans la purée de framboises. Ajoutez les zestes de citron et placez au frais 1 heure.

Pendant ce temps, épluchez les kiwis, lavez les fraises et émincez la chair des fruits.

Versez la mousse dans des verrines et garnissez de fruits frais et de quelques feuilles de menthe.

Mardi 23 juillet

Sainte Brigitte On fête aussi les Ézéchiel, Sev

Le soleil se lève à **6 h 11** et se couche à **21 h 41**

« Les nuages de la Sainte-Brigitte par le soleil sont chassés vite. »

Ça bulle

Aujourd'hui, la bande dessinée à destination des jeunes apparaît comme un divertissement parfaitement adapté. Mais ce ne fut pas toujours le cas, et à partir de 1949, la bande dessinée, considérée comme infantile et vectrice de violence, fut placée sur la liste des publications « présentant un danger pour la jeunesse », donc contrôlées et soumises à une possibilité de censure. Heureusement, ce n'est plus le cas aujourd'hui, et la BD jeunesse est désormais un mode d'expression tout à fait légitime.

Santé naturelle

Baies de goji : le plein d'énergie

Le goji, ou lyciet de Chine, est une plante de la famille des solanacées, comme la tomate, qui se cultive aussi facilement. Elle produit des baies rouges aux multiples vertus médicinales, que les Anglo-Saxons surnomment « baies de loup » (*wolfberries*), car elles amélioreraient la vision nocturne. Les Chinois les utilisent traditionnellement pour renforcer l'activité du foie et la vision (qui sont liées en médecine traditionnelle chinoise). Les baies de goji contiennent beaucoup de vitamine C et ont une action antioxydante.

Utilisation : manger quotidiennement quelques baies de goji.

Vermot'roscope

LION (23 juillet-23 août)

Caractère

Enflammé, flamboyant, passionné, charismatique, généreux, sociable, mondain, séducteur, déterminé, volontaire, observateur, créatif, affairiste, ambitieux, dynamique, autoritaire, susceptible, égocentrique, colérique.

Les influx planétaires intéressants

Jupiter, planète de la chance et de la joie, vous accompagnera une grande partie de 2019. Ainsi, tous les ingrédients seront réunis pour que vous trouviez votre équilibre. Du 8 au 20 juillet, puis du 12 au 29 août, Mercure vous donnera l'occasion d'ouvrir votre esprit et votre cœur.

Vie sociale et activités

2019 sera une année parfaite pour vous fixer de nouveaux objectifs, pour relever de nouveaux défis ou pour vous ouvrir à d'autres horizons, voire d'autres sensibilités. Votre cercle relationnel sera en pleine expansion et vous prendrez plaisir à accepter les invitations ou les sorties que l'on vous proposera.

D'autres auront envie de réunir autour d'eux les personnes qu'ils apprécient. Ainsi, leur sens de l'hospitalité sera plus développé.

Amour

Très belle année qui vous verra vous épanouir dans votre relation. La douceur, le partage, l'harmonie et les projets seront au rendez-vous. Vous profiterez de chaque instant passé aux côtés de votre moitié et prendrez ce privilège comme un cadeau de la vie. Multipliez les projets à deux. Soyez le moteur de votre couple.

Célibataire, spontané et extraverti, vous n'aurez aucun mal à aller vers les autres. Ainsi, il n'est pas impossible que certains d'entre vous fassent une belle rencontre dans le courant de l'année.

Famille

Année positive et constructive qui vous permettra de vous rapprocher de vos enfants ou de vos parents. Les échanges, l'écoute et la bonne humeur seront au programme.

Budget

Beaucoup auront l'occasion d'améliorer leur situation. Vous reprendrez vos finances en main ou vous vous fixerez des priorités en termes de dépenses. Aucun achat ne sera fait au hasard.

Bien-être

D'un bout à l'autre de l'année, vous devriez être en pleine possession de vos moyens. Dynamique, vif et entreprenant, vous déborderez d'énergie. Optimiste, vous saurez prendre la vie comme elle vient.

Conseils pour bien vivre 2019

Ouvrez-vous à la nouveauté. Tentez de nouvelles choses et osez. Sans mettre à mal votre capital vitalité, dépassez vos limites. Soyez dans le partage et la bonne humeur. Croquez la vie à pleines dents et savourez chaque instant avec intensité. Montrez-vous créatif et inventif. Exprimez vos sentiments et vos émotions.

« Le mois de jouer est le premier mois des vacances. Après vient le mois doux, puis le mois de s'étendre. » Pef

INVENTIONS INSOLITES

Le harnais sentimental

Pour faire passer plus de sentiments dans les messages électroniques, des Japonais ont eu l'idée géniale (?) d'inventer un harnais connecté. Il suffit de le mettre sur son torse pour ressentir des émotions envoyées par voie électronique. Ainsi, votre correspondant peut vous serrer dans ses bras ou vous faire des frissons dans le dos… même s'il est à des milliers de kilomètres.

Adam dit à Dieu :
« Pourquoi tu as fait à Ève des jambes aussi longues ?
– C'est pour que tu l'aimes !
– Et pourquoi elle a des yeux bleus ?
– C'est également pour que tu l'aimes !
– Et pourquoi tu l'as faite aussi bête ?
– Ça, c'est pour qu'elle t'aime… »

SUDOKU

difficile

							9	7
6	3	7						
					1			8
	2		6					
	7			5				9
				4		1	8	
		8		3	6			
	6	5		8		7	2	
		4						

Solution page 230

Vermot Régions

HAUTS-DE-SEINE/LE MONT-VALÉRIEN

Situé sur les hauteurs des communes de Suresnes, de Nanterre et de Rueil-Malmaison, à l'ouest de Paris, le Mont-Valérien est aujourd'hui le symbole des martyrs de la Résistance. C'est en effet dans une clairière aux abords du fort, construit ici au XIXe siècle, que furent fusillés plus de mille résistants sous l'occupation allemande. Dès 1945, un monument aux Morts de la Seconde Guerre mondiale y fut érigé, prolongé par le mémorial du général de Gaulle, créé en 1960. Il faudra cependant attendre l'an 2000 pour qu'une épitaphe complète l'hommage « aux résistants et aux otages fusillés au Mont-Valérien par les troupes nazies 1940-1944 et à tous ceux qui n'ont pas été identifiés ».

Ces objets presque disparus

Êtes-vous tissus ou papiers ?

Le mouchoir en tissu est encore utilisé par d'irréductibles Français, mais la majorité l'a déjà remplacé par son équivalent jetable en papier. Pas très écologique, mais beaucoup plus hygiénique ! C'est l'entreprise américaine Kimberly-Clark qui a créé vers 1920 la marque Kleenex, introduite en France quarante ans plus tard. Le succès fut tel que kleenex est devenu un nom commun, comme « Frigidaire » ou « Scotch ». Mais le mouchoir en tissu n'a peut-être pas dit son tout dernier mot. Souvenons-nous qu'il a longtemps joué un rôle dans le langage amoureux : en laissant tomber le sien (non utilisé et délicatement brodé) devant un homme, une femme signifiait son intérêt, et plus si affinités. C'est sûr qu'avec un mouchoir en papier, on perdrait en subtilité… Et faire un nœud à votre kleenex pour vous souvenir de quelque chose, vous avez déjà essayé ?

Jeudi 25 juillet

Saint Jacques On fête aussi les Valentine, Gwengalon

Le soleil se lève à **6 h 14** *et se couche à* **21 h 39**

« Si Saint-Jacques est serein, l'hiver sera dur et chagrin. »

RECORDS FOUS DE SPORTIFS

Vous avez le vertige ? Alors, cette brève n'est définitivement pas pour vous ! En effet, nous allons parler du record totalement fou détenu par Andy Lewis depuis 2014 : celui de la plus haute traversée sur un fil de funambule posé entre deux montgolfières, lesquelles étaient postées à 1300 m d'altitude. Lewis avait pour seule sécurité un parachute dont il n'a pas eu à se servir, sauf une fois la traversée effectuée, lorsqu'il a sauté dans le vide. Pour rentrer plus vite ?

Rébus

ville française

50 1

Saint-Quentin

Les comportements extraordinaires des animaux

Attrape-moi si tu peux !

Détourner l'attention fait partie des secrets des plus grands magiciens. Lorsqu'il s'agit d'un public attentif, ce n'est pas évident, mais cela reste du spectacle. En revanche, si un prédateur menace vos petits, pas question de se louper. Les gravelots et les pluviers l'ont compris. Ces oiseaux des bords de mer, qui nichent à même le sol, pondent des œufs mouchetés, faciles à confondre avec le gravier. Mais si un prédateur malin parvient tout de même à les identifier, l'oiseau adulte feint d'être blessé, l'aile écartée et le sautillement peu assuré. Une fois qu'il a capté l'attention du prédateur, il l'éloigne suffisamment du nid, avant de prendre son envol. Bien joué !

L'Info

ESSAYEZ LE YOGA N'IMPORTE QUOI !

Discipline d'origine indienne en plein boom en France, le yoga est devenu un business rentable. Alléchés par ce marché du bien-être fortement compétitif mais encore peu réglementé, des adeptes proposent ainsi des méthodes de yoga pour le moins « originales ». Ainsi, les amis des bêtes peuvent s'adonner au yoga à dos de cheval, au « cat yoga » avec son chat ou même au « goat yoga », où le félin domestique est remplacé par une petite chèvre. Pour les gens allergiques aux poils et/ou à l'odeur de bouc, il existe du yoga en ski de fond ou du « yoga aérien », suspendu dans un hamac. Petit dernier, notre préféré : le « yoga beer », qui cartonnerait déjà aux États-Unis et en Allemagne. Qu'est-ce que le « yoga beer » ? Simplement des leçons de yoga avec une bouteille de bière décapsulée. Lors des exercices d'équilibre, il faut se tenir droit avec une bouteille de bière sur la tête, et pendant la classique « salutation au soleil », il faut penser à sa bière et non au soleil. En revanche, pour éviter les remontées gazeuses et limiter la consommation d'alcool, le professeur de yoga vous annonce quand vous pouvez boire. Apparemment, attendre que sa bière se réchauffe sans pouvoir la siroter déstresse…

« Si pour la Sainte-Anne il pleut, trente jours seront pluvieux. »

RétroVermot

« Ma pauvre amie ! Je viens d'apprendre la mort de votre cher mari !... Il n'a pas souffert trop longtemps ?
– Oh non ! Nous n'étions ensemble que depuis sept ans. »

EMOJI

Tous les ans, le très célèbre et sérieux *Oxford Dictionary* élit un « mot de l'année » qui est censé représenter les évènements écoulés dans l'année qui se termine. En 2015, grande première, après « selfie » et « vapoter » en 2013 et 2014, le dictionnaire anglais a choisi de couronner... un emoji ! C'est le visage avec larmes de joie qui a été choisi pour être mot de l'année 2015. L'avantage, c'est qu'il a déjà l'attitude adéquate pour aller récupérer son illustre prix !

VISIONNAIRES

Si parfois un livre ou un film de science-fiction futuriste parvient à anticiper un développement technologique de grande ampleur, par exemple la voiture électrique, les auteurs poussent parfois leur imagination dans la conception de technologies bien plus précises et donc, forcément, difficiles à prévoir. C'est le cas notamment de Ray Bradbury, spécialiste américain de l'anticipation. Parmi toutes les prévisions vérifiées que Bradbury a faites, on trouve notamment l'écouteur intra-auriculaire, ce genre d'écouteur qui se glisse à l'intérieur de l'oreille, donnant profondeur au son tout en permettant d'isoler le bruit extérieur. Rappelons à toutes fins utiles que les premiers modèles d'écouteurs intra-auriculaires n'ont vu le jour qu'en 2001. Fallait-il avoir du nez pour se mettre la puce à l'oreille !

Métiers de bouche

L'art du service du vin

Présenter la bouteille de vin face au client permet à celui-ci de lire les informations de l'étiquette et de s'assurer qu'on lui sert bien ce qu'il a commandé. La capsule métallique doit être découpée sous la bague afin d'éviter le contact du vin avec le métal lors du service. La bouteille est ouverte à l'aide d'un tire-bouchon sur un guéridon, afin de ne pas déranger les clients. Le sommelier goûte le vin, ou le fait goûter au client avant de le servir, afin de s'assurer que le vin ne présente pas de défaut (goût de bouchon par exemple) et qu'il est bien conforme à ses désirs. Lors du service, la bouteille doit être inclinée tout en laissant voir l'étiquette. Puis la bouteille est remontée à vitesse constante pour éviter de faire tomber des gouttes. Le coup de main consiste à faire tourner la bouteille tout en la remontant. Le sommelier essuie alors le goulot de la bouteille avec un liteau pour ôter les gouttes qui pourraient couler et tacher l'étiquette ou la nappe.

Samedi **27 juillet**

Sainte Nathalie On fête aussi les Natacha, Natalia, Liliane

Le soleil se lève à **6 h 16** *et se couche à* **21 h 36**

« Le Canada a deux saisons : l'hiver et le mois de juillet. »
Robert Hollier (écrivain canadien)

SURNOMS
LES TROIS GLORIEUSES

La deuxième révolution française fut extrêmement rapide, puisqu'elle ne dura que du 27 au 29 juillet 1830. Elle conduisit à la chute du roi Charles X, qui voulait supprimer le droit de presse, c'est-à-dire la liberté d'expression. Cette victoire du peuple en trois jours donna naissance au surnom « Trois Glorieuses », célébré par le tableau de Delacroix, *La Liberté guidant le peuple*.

Noms de villages

La lecture même de certains noms de destinations touristiques peut mettre le voyageur à l'aise et le faire se sentir le bienvenu. À l'inverse, certains autres font office de repoussoirs. Pourtant, les hôteliers et aubergistes du village de Vatan, dans l'Indre, vous en conjurent : ne vous fiez pas à ce nom, et restez un peu…

Régiments

Si l'on vous dit 8e régiment de transmission, vous penserez certainement technologies d'écoute militaire, satellites, paraboles, interceptions et autres formes d'utilisation des gadgets hautement avancés de l'armée française. Et ce sera vrai, mais incomplet. Car le 8e régiment de transmissions, fusionné en 2014 avec la Direction interarmées des réseaux d'infrastructures des systèmes d'information d'Île de France, a également quelques techniques plus surprenantes dans son sac… En effet, à ce jour, si la spécialité de l'unité reste les techniques de communication numériques, elle compte malgré tout en son sein une centaine de… pigeons voyageurs. C'est davantage pour maintenir la tradition que le général de Gaulle a voulu conserver le dernier colombier militaire, mais les volatiles, entraînés et sélectionnés selon des critères très précis, les mêmes qui les ont rendus aptes aux opérations pendant les guerres précédentes, seraient capables de parer à toute éventualité : les pigeons permettent d'envoyer un message rapidement (jusqu'à 120 km/h) en cas de coupure des lignes de communication !

GRANDES TOURS DU MONDE
LA PERLE DE L'ORIENT

Si la silhouette de cette tour de 468 m, située à Shanghaï et inaugurée en 1994, évoque aux yeux des Occidentaux un bilboquet géant, ses concepteurs ont cherché à symboliser un vers du poète chinois Pai Liuyi, qui comparait les notes de musique à « de grosses et petites perles tombant sur un plateau de jade ». Chacune des « perles » abrite des locaux techniques ou touristiques. La première, qui mesure 50 m de diamètre, se trouve à 100 m du sol. Elle est suivie de cinq plus petites, puis d'une autre, géante, à 250 m du sol, qui contient un restaurant panoramique tournant. La plus haute, à 350 m du sol, porte bien son nom : la Space Capsule !

« À la Saint-Nazaire,
la pluie ne dure guère. »

Perles de sportifs

DJ Platon

Qui l'a dit ? Shaquille O'Neal (basketteur américain, après qu'un journaliste lui a demandé s'il était allé au Parthénon lors de son séjour en Grèce) : « Comment voulez-vous que je me souvienne du nom de toutes les boîtes de nuit dans lesquelles je suis allé… »

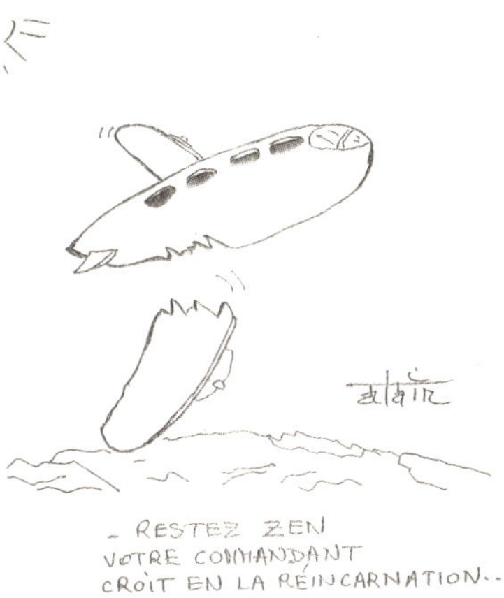

Ha ! Ha ! Ha !

Deux amis se croisent par hasard dans la rue.
« Salut ! Quoi de neuf ? Tu vas bien ?
– Pas très bien non ! Mon mariage est annulé !
– Quoi ? Mais tu ne devais pas te marier dans deux mois avec ta fiancée ?
– Si, mais mon mariage est annulé. C'est terminé !
– Mais pourquoi donc ?
– Écoute, franchement, toi, tu épouserais quelqu'un de prétentieux et méchant, qui en plus n'a pas un rond ?
– Je ne crois pas. Non ! Non !
– Eh bien, tu vois, elle est comme toi ! »

Vermot Régions

OISE/L'HIPPODROME DE CHANTILLY

Même sans être turfiste, nous avons tous entendu parler des courses de chevaux à Chantilly. C'est dans cet hippodrome, en service depuis 1834, que se déroulent notamment les prix du Jockey-Club et de Diane. D'une superficie de 65 hectares, en bordure de la forêt de Chantilly, l'hippodrome a failli fermer en 1994 à la suite de difficultés financières. Heureusement, grâce à une forte mobilisation et à l'investissement de plusieurs dizaines de millions d'euros pour des travaux de rénovation, il continue aujourd'hui à être un phare des sports hippiques.

PAS RAGOÛTANT

LA PANSE DE BREBIS FARCIE

Si les Écossais se moquent de nous car l'on mange des escargots, on pourrait leur parler de leur plat traditionnel qui n'a rien à envier à une assiette de gastéropodes. Le haggis est un plat préparé à partir d'abats de mouton (poumons, foie, cœur), d'oignons, d'avoine, de graisse de rognons de mouton, d'épices et de sel. Traditionnellement, cette préparation est cuite dans une panse de mouton, remplacée de plus en plus souvent par un boyau synthétique.

Lundi 29 juillet

Sainte Marthe On fête aussi les Leu, Loup, Olave

Le soleil se lève à **6 h 19** et se couche à **21 h 33**

« On n'a jamais autant besoin de vacances que lorsqu'on en revient. »
Ann Landers
(écrivaine américaine)

Problèmes du certificat d'études

J'ai dépensé les 7/8e de ce que je possédais, plus la moitié du reste, et il me reste 15 francs. Quelle somme avais-je ?

Réponse : 240 F

Les « pourquoi ? » de l'histoire

Pourquoi parle-t-on des « rois fainéants » ?

L'histoire nomme « rois fainéants » les derniers mérovingiens, qui se sont contentés de gérer les affaires courantes pendant que d'autres seigneurs combattaient pour conquérir de nouvelles terres ou stopper les envahisseurs. Parmi eux, Charles Martel, qui arrêta l'invasion arabe à Poitiers en 732 et dont le fils, Pépin le Bref, fondera la dynastie des capétiens succédant aux mérovingiens.

C'est pas la crise pour tout le monde !

Certains chanteurs sont littéralement des bêtes de scène, et passent leur vie en tournée. C'est le cas de Madonna qui, au cours de sa longue carrière, a fait tellement de concerts qu'on estime les revenus accumulés pour les seuls concerts live à 1,31 milliard de dollars ! À un prix moyen de 50-100 euros la place, imaginez un peu combien de personnes sur Terre on déjà vu la « Madone » sur scène…

Le Chiffre

Une sur trois

C'est le nombre d'espèces de mammifères en péril en France métropolitaine d'après le dernier relevé de l'Union internationale pour la conservation de la nature (UICN) et du Muséum national d'histoire naturelle. Depuis le premier état des lieux en 2009, la situation s'est fortement dégradée. Sur les 125 espèces examinées (103 continentales et 22 marines), 17 sont désormais classées comme « menacées » et 24 sont considérées comme « quasi menacées », ce qui signifie qu'elles sont proches du seuil critique. Au total, 33 % des espèces terrestres et 32 % des espèces marines sont aujourd'hui considérées en péril. Ces taux étaient respectivement de 23 % et de 25 % il y a dix ans. Putois, lapin de garenne, certaines musaraignes ou des chauves-souris, comme la pipistrelle commune, figurent désormais sur la liste rouge des animaux menacés de disparition. Pour le vison d'Europe, la situation est désespérée : sa population est estimée à moins de 250 individus. Si la plupart de ces espèces sont des « victimes collatérales de l'intensification des pratiques agricoles », certaines, comme les chauves-souris, subissent aussi les conséquences de mesures pour lutter contre le changement climatique ! La rénovation et l'isolation des bâtiments entraînent par exemple la disparition des abris qu'elles affectionnent. Les grands carnivores (ours, loup et lynx) restent classés « menacés », et ce « en raison de leurs effectifs réduits, même si la population des deux premiers est en augmentation », selon l'UICN. Quant aux mammifères marins, leur sort n'est guère encourageant : le cachalot est considéré comme « vulnérable » et le phoque veau-marin comme « quasi menacé ». Deux (petits) motifs d'espoir : la loutre d'Europe et le bouquetin des Alpes voient leurs effectifs augmenter. Très légèrement…

Mardi **30 juillet**

Sainte Juliette On fête aussi les Abdallah, Abdoulaye

*« À la Sainte-Juliette,
l'été est en fête. »*

Maladies imaginaires

Au XVIe siècle, alors que la mortalité infantile était de presque 50 %, certains médecins et théologiens ont œuvré pour la démocratisation de l'accouchement par césarienne. Pas pour faire baisser le taux de mortalité infantile et maternelle, non, puisque cette pratique combinée au manque d'hygiène entraînait presque toujours la mort de la mère et du bébé. Mais pour s'attaquer à un mal bien plus grand que la mort : la damnation ! En effet, si le bébé devait mourir à la naissance, la césarienne permettrait de le baptiser directement in utero et de lui éviter ainsi d'aller en enfer. Fallait y penser ! ✚

QUIZ CHANTEURS

Complétez le titre de cette chanson de Mike Brant : « Laisse-moi… »

T'aimer

Chiffres étonnants de la science #13

Aussi vieilles que les dinosaures, mais toujours là !

La planète compte à ce jour plus de 230 000 espèces de plantes à fleurs, essentielles à la survie de l'espèce humaine, puisque qui dit « fleurs » dit « fruits ». On n'est pas près de les avoir tous goûtés ! Les premières plantes terrestres sont apparues il y a plus de 400 millions d'années, mais il leur a fallu très longtemps pour inventer les fleurs. On pensait d'abord que les premières remontaient au crétacé, il y a tout de même 140 millions d'années, mais en 2017 on a trouvé en Suisse des grains de pollen de plantes à fleurs dans des roches datant du trias moyen (-245 millions d'années). D'un coup, les fleurs étaient 100 millions d'années plus anciennes : c'est ce qu'on appelle un sacré coup de vieux !

TOXIQUE OU NON ?

Sureau noir – jus de sureau

En Suède, l'été est parfois très chaud. Pour se rafraîchir, on boit du jus de sureau. C'est parfumé, délicieux et très simple à préparer. Mais ne confondez pas les sureaux. Le bon, c'est le noir (*Sambucus nigra*), largement répandu dans nos forêts, qui atteint de 6 à 8 m et qui donne de belles inflorescences blanches, aplaties. Il y a aussi le sureau rouge (*S. racemosa*), plus petit, à inflorescences verdâtres, et le sureau hièble (*S. ebulus*), à inflorescences blanches lui aussi, mais nettement plus petit et herbacé. La distinction est donc facile. Cueillez une vingtaine de belles inflorescences de sureau noir. Mettez-les dans un saladier avec deux citrons coupés en tranches fines. Ajoutez 100 g de cassonade bio et une cuillerée à soupe de miel. Versez 1 litre d'eau bouillante. Couvrez et laissez reposer 24 heures. Passez le liquide à la passoire, en exprimant éventuellement le jus d'un citron. Passez une seconde fois, au chinois. Cette boisson parfumée se conserve trois jours au réfrigérateur. On peut aussi la congeler.

Le soleil se lève à **6 h 32** *et se couche à* **21 h 31**

« Au jour de Saint-Ignace, moissonne quelque temps qu'il fasse. »

Stars en famille

Vous souvenez-vous de la série *Mannix*, multidiffusée sur nos petits écrans depuis la fin des années 1960 ? Le héros est interprété par Mike Connors, de son vrai nom Krekor Ohanian. Sa famille, d'origine arménienne, est également celle du chanteur Charles Aznavour, né Shahnourh Varinag Aznavourian, et les deux superstars sont donc cousines entre elles !

EXPRESSIONS IMAGÉES

En faire un fromage

Transformer un élément basique, comme le lait, en un produit élaboré et varié, comme le fromage, relève d'un processus long et complexe. Comme pour tout produit alimentaire travaillé par étapes, décrire la fabrication du fromage peut donc s'avérer une opération longue et fastidieuse. Ainsi, en partant de quelque chose de peu important, on peut arriver à toute une affaire !

Solution sudoku [p. 223]

1	8	2	4	6	5	3	9	7
6	3	7	8	2	9	4	1	5
5	4	9	3	7	1	2	6	8
4	2	1	6	9	8	5	7	3
8	7	3	1	5	2	6	4	9
9	5	6	7	4	3	1	8	2
7	1	8	2	3	6	9	5	4
3	6	5	9	8	4	7	2	1
2	9	4	5	1	7	8	3	6

OH LE GROS GÂCHIS !

Mauvaise descente

Afin de participer à la reconversion industrielle d'une région sinistrée, la commune d'Amnéville a construit sur un ancien crassier une piste de ski intérieure. Elle a été inaugurée en 2005, après plus de 20 millions d'euros dépensés pour les travaux. Idée originale sur le papier, le Snow Hall est un gouffre financier dans la réalité, selon le rapport 2015 de la Cour des comptes. D'après les experts, la piste lorraine affichait 4,7 millions d'euros de pertes entre 2009 et 2014. Un déficit « masqué », car « le budget est voté chaque année sur la base de prévisions insincères ». Une gestion erratique d'autant plus problématique que la fréquentation du Snow Hall ne cesse de décliner : elle est passée de 105 600 à 96 260 visiteurs par an entre 2009 et 2016. Loin des 150 000 visiteurs indispensables pour l'équilibre. Conclusion des Sages : il faut fermer la piste. Les autorités lui ont laissé jusqu'en 2020.

îles paradisiaques

Archipel des Whitsunday, les belles coralliennes

Le superbe archipel des Whitsunday se love au cœur de la Grande Barrière de corail, le long des côtes du Queensland, en Australie. Sa situation géographique en fait le paradis des plongeurs, qui, en quelques coups de palmes, découvrent un univers d'une richesse époustouflante, classé au patrimoine mondial de l'UNESCO. Laisser le sable blanc de la plage de Whitehaven s'écouler entre ses doigts de pied, piquer une tête dans des eaux turquoise de Daydream Island, s'offrir un survol de la Grande Barrière en hélicoptère, s'essayer au golf sur Dent Island… Les choix sont infinis et les Whitsunday n'en finissent pas de surprendre le voyageur curieux. Quant à ceux qui recherchent un séjour luxueux, direction les îles d'Hamilton et de Lindeman, célèbres pour leurs hôtels *resort* de très haut standing, qui attirent d'immenses voiliers immaculés, dont le ballet somptueux anime la baie.

« Au mois d'août, il fait bon aller chercher salade et ciboule. »

SURNOMS
PÉPIN LE BREF

Fils de Charles Martel et père de Charlemagne, Pépin III est le fondateur de la dynastie des Carolingiens. Il fut surnommé « le Bref » non pas parce qu'il parlait peu ou qu'il avait un tic de langage, mais en raison de sa petite taille. On disait à l'époque de quelqu'un de petit qu'il était « court » ou « bref », et c'est ainsi qu'on retrouve Pépin nommé dans les textes *« Pipinus Brevis »*.

Noms de villages

À côté de Grenoble, dans l'Isère, se trouve un charmant village artisanal avec vue sur les montagnes environnantes. Mais sa particularité la plus originale, qui en fait une attraction touristique fameuse, reste encore son nom : La Tronche. Pourtant, les habitants le jurent : à La Tronche, on garde toujours le sourire.

Août

En août, l'histoire de la conquête spatiale concerne d'abord les étonnantes sondes *Voyager*. Le 20 août 1977, *Voyager 2* quitte le sol terrestre pour toujours. Depuis plus de quarante ans, cette sonde fait rêver, avec ses magnifiques photos de Jupiter, de Saturne, d'Uranus et de la bleue Neptune, qu'elle est la première à survoler. Le 25 août 2012, sa sœur quasi jumelle, *Voyager 1*, franchit quant à elle un cap impressionnant : ce petit engin est le premier objet d'origine terrestre à quitter le système solaire et à s'aventurer dans le milieu interstellaire. Les signaux radio qu'elle émet mettent alors 17 heures à nous parvenir…
C'est le 5 août 2011 que la sonde américaine *Juno* a décollé. Au plus près de Jupiter, elle nous a envoyé d'extraordinaires clichés de la plus grosse planète du système solaire. La date du 6 août 2012 mérite elle aussi de rester dans les annales de l'exploration spatiale : depuis ce jour-là, le robot à roulettes *Curiosity* explore Mars dans le but de déterminer si la planète rouge a pu accueillir une quelconque forme de vie, faute de petits hommes verts dont on sait aujourd'hui qu'il ne faut pas les chercher sur Mars.
Quant au huitième Terrien à avoir foulé le sol lunaire, il s'agit de James Irwin (1930-1991), qui participe en 1971 à la mission Apollo 15 aux côtés de David Scott et Alfred Worden, ce dernier restant en orbite. Ces trois astronautes seront exclus des vols spatiaux par la Nasa à la suite d'un obscur trafic : ils avaient emporté une centaine d'enveloppes prétimbrées destinées à être revendues par la suite comme objets collectors. Le plus grave était de ne pas avoir demandé l'autorisation d'emporter ce surplus de poids ! Eh oui, dans l'aérospatiale, on ne rigole pas avec le poids à transporter.

EMOJI

Loin d'être de petits dessins numériques inoffensifs, les emoji peuvent au contraire en dévoiler beaucoup sur la personne qui les envoie. En effet, il a été prouvé dans une étude datant de 2016 que, selon leurs personnalités, les gens étaient naturellement portés sur des emoji différents. Ainsi, les personnes qui s'estiment agréables et sympathiques utilisent plus d'emoji heureux, alors que ceux qui accordent moins d'importance au regard des gens envoient davantage les emoji « tristes »… Dis-moi quel emoji tu envoies, je te dirai qui tu es !

Le soleil se lève à 6 h 24 et se couche à 21 h 28

« Le plus grand voyageur n'est pas celui qui a fait dix fois le tour du monde, mais celui qui a fait une seule fois le tour de lui-même. »
Gandhi

RétroVermot

Au restaurant :
« C'est du cheval... mais le cheval, Monsieur, se digère mieux que le bœuf.
– Ça dépend des morceaux : vous me donnez les crins ! »

Charade répétitive

Stupide est **mon premier** qui s'est éteint jeune.

Idiot est **mon deuxième** qui n'a pas fait de vieux os.

Niais est **mon troisième** qui a perdu la vie alors qu'il n'était qu'un adolescent.

Bête est **mon quatrième** qui a succombé en pleine jeunesse.

Balourd est **mon cinquième** qui a péri avant d'avoir vécu pleinement sa vie.

Imbécile est **mon sixième** qui a expiré avant d'avoir pleinement vécu sa vie.

Mon tout est une saucisse fumée française.

SAUCISSE DE MORTEAU (SOTS SIX DE MORT TÔT)

L'Info

Papier de luxe !

Comparé au tarif moyen pratiqué par la concurrence, le mouchoir en papier de «panda» est un produit très onéreux ! À environ 6 euros la boîte de 100, c'est cinq fois plus cher que les autres marques. C'est même excessif si l'on considère qu'il s'agit d'un produit ultra jetable destiné à un usage unique. Et cela apparaît encore plus prohibitif quand on apprend que, destiné à soulager nos nez encombrés, il est fabriqué avec... du caca ! Évidemment, pas n'importe quel excrément non plus ! À ce prix-là, le mouchoir commercialisé par Qianwei Fengsheng, une entreprise papetière chinoise, est réalisé avec des crottes de panda. Les 10 kg d'excréments générés chaque jour par l'ursidé sont riches en fibres, car l'animal se nourrit exclusivement de tiges de bambous. Et celles-ci sont naturellement évacuées par le panda après digestion. D'où l'idée de les récupérer et de surfer sur la pandamania mondiale. Chaque semaine, plusieurs tonnes de déjections sont donc collectées dans trois réserves de pandas avant d'être bouillies, pasteurisées et transformées en papier. Vu l'engouement des Français pour son petit panda, le zoo de Beauval devrait envisager la vente de mouchoirs en papier composés avec les fèces du mignon pour remplir ses caisses.

LES DOUZE TRAVAUX D'HERCULE

Les juments de Diomède

Dans cette huitième épreuve, Hercule se retrouve face aux juments appartenant à un certain Diomède, qui ont pour particularités non seulement de cracher du feu et des flammes, tels des dragons, mais aussi de se délecter de chair humaine (et notamment de celle d'Adbère, malheureux compagnon d'Hercule). Notre intrépide héros réussit à tromper les bêtes et leur maître en donnant ce dernier en pâture aux premières – l'histoire ne dit pas si l'affreux Diomède était digeste... Ensuite, il muselle les quadrupèdes et les emmène jusqu'à Eurysthée. Après avoir fait constater son exploit, il relâche les juments sur le mont Olympe, où ces dernières, toujours muselées et ne pouvant donc plus se nourrir, ont vite fait d'être à leur tour dévorées par d'autres bêtes tout aussi étranges et fascinantes.

« Brumes d'août font passer les châtaignes. »

Perles de sportifs

Élémentaire !

Qui l'a dit ? Guy Roux (consultant football, Canal+) :
« Un petit qui saute va toujours moins haut qu'un grand qui saute. »

RECORDS DE PRÉSIDENT

Être président n'est pas de tout repos, c'est un boulot à temps plus que plein. Difficile, donc, d'intercaler quelques jours de vacances avec un agenda de président. Donald Trump, lui, a un peu moins de difficultés que les autres à poser des jours de congé. C'est ainsi qu'il est devenu le nouveau recordman des vacances, avec 53 jours *off* en à peine 28 semaines de pouvoir, soit plus de trois fois plus que Barack Obama sur la période. Avec ce record, Trump en bat un autre : celui du plus grand nombre de parties de golf jouées : 33 en 6 mois. Nul ne sait ce que sera l'Amérique post-Trump, mais une chose est sûre : son swing en sortira grandi !

OH LE GROS GÂCHIS !

Des avions renifleurs de vent

Cette affaire appartient désormais au patrimoine national des grandes escroqueries à l'argent public. Révélée au public par le *Canard enchaîné* en 1983, l'affaire dite des avions renifleurs avait été éventée deux ans plus tôt dans un rapport de la Cour des comptes. Les Sages fustigeaient notamment le coût faramineux d'une opération qui n'était soumise à aucune des procédures habituelles de contrôle. Et pour cause, l'arnaque était si magistrale que ses initiateurs, un aristocrate désargenté et un inventeur italien, avaient obtenu qu'elle soit classée secret-défense. Pour mémoire, entre 1976 et 1979, les deux complices ont convaincu les dirigeants d'Elf, alors entreprise publique, qu'ils avaient mis au point une technologie pour repérer les nappes de pétrole depuis un avion. Miraculeuse, leur invention a englouti des montagnes d'argent avant que la supercherie éclate : l'ingénieur italien peignait lui-même les gisements censés être « reniflés » avant de les incruster dans son appareil. Montant total de l'arnaque d'après la Cour des comptes : 790 millions de francs.

Donald Trump, Vladimir Poutine et le pape François, accompagnés d'un petit gamin originaire d'un pays très pauvre, sont dans un avion. Mais, victime d'une grave avarie, l'appareil va s'écraser et il faut l'évacuer d'urgence. Problème, il n'y a que trois parachutes à bord. Trump déclare :
« Le plus grand président du plus grand pays au monde doit survivre. »
Et il attrape aussitôt un parachute et saute de l'avion.
Immédiatement, Poutine s'écrie :
« Le grand dirigeant de la grande Russie ne peut pas mourir. »
Il attrape à son tour un parachute avant de sauter. En bon chrétien, le pape François regarde le petit garçon qui pleure à chaudes larmes.
« Ne t'inquiète pas, mon petit ! Tu peux arrêter de pleurer, le dernier parachute est pour toi !
– Merci, Monsieur, répond le gamin en sanglotant, mais, si je pleure, c'est à cause du monsieur aux cheveux orange : il a sauté avec mon sac à doudous. »

Le soleil se lève à **6 h 27** *et se couche à* **21 h 25**

« La nostalgie, c'est comme les coups de soleil : ça fait pas mal pendant, ça fait mal le soir. »
Pierre Desproges

[Excuse my French]

Dans la liste des divertissements venus tout droit des Amériques, le « flipper », ce jeu de bar mythique, se pose là. Pourtant, peu de jeunes Français ayant passé de nombreuses heures sur ces machines savent qu'en réalité, le mot « flipper » est un faux anglicisme. Car, en anglais, on dira plutôt *pinball machine.* Ça y est, ça fait « tilt » ?

Les « pourquoi ? » de l'histoire

Pourquoi dit-on « allô » au téléphone ?

L'invention du mot « allô » date, évidemment, de la même époque que l'invention du téléphone ! En 1876, Graham Bell avait inventé le récepteur téléphonique en devançant de peu Thomas Edison qui travaillait sur le même projet. Ce dernier améliora le système en créant le microphone. Pour faire ses premiers essais, Edison prononçait seulement le mot « *hello* », devenu « allô ».

LES FRIANDISES FRANÇAISES

A	U	A	E	D	N	O	S	S	I	L	A	C	B
V	N	B	E	R	G	A	M	O	T	E	A	A	E
E	N	G	O	X	N	G	K	N	Z	C	B	T	C
Y	C	O	E	U	A	C	K	C	H	E	T	W	A
E	G	A	R	L	L	S	O	O	L	E	S	K	N
E	N	F	L	U	I	E	U	U	N	F	M	O	G
N	S	I	O	G	O	Q	T	G	S	O	I	Q	I
I	E	S	L	R	N	T	U	T	E	S	C	N	T
N	S	U	A	U	E	O	Z	E	E	N	I	O	O
I	I	E	Q	C	C	S	R	T	T	L	P	N	C
C	T	B	G	U	S	S	T	R	Q	Y	O	Z	F
H	E	G	O	E	H	I	U	I	A	E	Q	I	A
E	B	C	E	Y	N	C	O	M	N	M	K	W	V
U	Z	T	T	E	U	Z	N	B	C	E	D	U	C

Solution page 240

Cherchez les noms de friandises françaises cachées dans la grille ci-dessus. Vous les trouverez horizontalement, verticalement ou diagonalement.

ANGÉLIQUE	CALISSON	GALLIEN
BABELUTTE	CHUQUE	MARRON GLACÉ
BERGAMOTE	COCON	MUSCULINE
BÊTISE	COTIGNAC	NÉGUS
BOIS CASSÉ	COUCOUGNETTE	NINICHE
BOULET	COUSSIN	NOISETTINE
CACHOU	FORESTINE	TOURON
		VIOLETTE

CONCOURS LÉPINE

Le concours Lépine est un grand concours d'inventions qui se tient tous les ans depuis 1901, vous le savez. Mais connaissez-vous l'histoire de sa création ? Louis Lépine était en fait préfet de police de Paris et avait à faire face à une recrudescence de ventes à la sauvette de jeux et de jouets dans les rues de Paris. En effet, les artisans ayant du mal à s'opposer à la concurrence européenne – notamment allemande – devaient trouver de nouveaux moyens d'écouler leur production. Pour faire cesser les troubles à l'ordre public engendrés par les ventes clandestines, le préfet Lépine décida d'organiser un grand concours de jeux et de jouets pour relancer le succès de la production française. Son idée : offrir un dépôt de brevet pour toute inscription afin d'empêcher le plagiat. Instantanément, 370 candidats affluerent alors, avec plus de 700 inventions : la légende du concours Lépine était née.

« À la Saint-Abel, faites vos confitures de mirabelles. »

EXPRESSIONS IMAGÉES

Être lessivé

Les lavandières d'autrefois faisaient subir au linge une longue série d'épreuves pour le nettoyer. Elles le savonnaient d'abord vigoureusement, puis le battaient pour en extraire la saleté, avant de le rincer à grande eau et de le tordre puissamment juste avant le séchage. Un individu qui aurait subi le même traitement en serait sorti totalement vidé de substance, épuisé.

RECORDS FOUS DE SPORTIFS

Peut-on être sportif et recordman du monde après 100 ans ? C'est ce qu'affirmait sans faillir le célèbre Robert Marchand, qui a battu à 105 ans le record du monde de l'heure à vélo sur piste pour une personne de son âge, avec une distance parcourue de 22,547 km. Une moyenne tout à fait honorable, eût-il été moitié moins âgé ! Si le talent n'attend pas le nombre des années, celui-ci ne l'empêche pas non plus ! Robert Marchand a tout de même pris sa retraite l'année suivante…

L'Info

Quignon qui mousse

Recyclage toujours ! Après le caca de panda (voir l'Info du 2 août), les croûtons de pain ! Au Royaume-Uni, l'association de lutte contre le gaspillage alimentaire, Feedback, produit, en association avec la brasserie Wold Top, une bière à partir d'invendus de pain. Le breuvage, baptisé Toast Ale*, est composé de bouts de pain de mie rassis récupérés dans les usines du Yorkshire (nord de l'Angleterre). Avant, tout était jeté, désormais ce pain remplace une partie du malt nécessaire à la fabrication de la bière, en plus de l'eau, du houblon et des levures. En 2017, plus de dix tonnes de pain avaient déjà été utilisées outre-Manche pour produire plus de 300 000 bières. À tous les biérophiles qui râleraient contre ce brassage hérétique et ce breuvage pour bobos, Feedback rappelle que les anciens Babyloniens ont justement inventé la bière afin d'utiliser du pain et des grains qui, sinon, auraient été perdus. En Europe, près de la moitié du pain produit finit à la poubelle. En outre, sachant qu'il faut 1 000 litres d'eau pour produire 1 kg de farine, chaque baguette de pain jetée à la poubelle correspond à une baignoire entière. Autant qu'elle devienne un demi !*

Chiffres étonnants de la science

Ça circule et ça va loin !

Notre corps contient en moyenne 4,7 litres de sang, soit environ 7 % de notre poids total. Mais le sang n'est pas statique, il circule à travers un réseau de vaisseaux qui, mis bout à bout, mesureraient 100 000 km de long ! Ils ont pour mission d'irriguer l'organisme afin de distribuer son oxygène et d'éliminer ses déchets. Les vaisseaux les plus petits, appelés « capillaires », sont plus fins qu'un cheveu. Ils constituent 98 % de notre système circulatoire. Quant au cœur, qui est chargé d'activer la circulation, il pompe, chaque jour, l'équivalent de 7 500 à 8 000 litres du précieux fluide !

Mardi 6 août

Transfiguration – On fête aussi les Octavien, Dahud

Le soleil se lève à 6 h 30 et se couche à 21 h 22

« Le secret du succès est de faire de ta vocation tes vacances. »
Mark Twain

Vermot Régions

HAUTES-ALPES/LUC ALPHAND

Né à Briançon le 6 août 1965, Luc Alphand s'est d'abord fait connaître en ski, discipline où il a excellé et remporté de nombreux prix. En 1997, il décide de prendre sa retraite de skieur et se lance dans le sport automobile, et il gagnera le rallye Paris-Dakar en 2006. Sportif insatiable, il s'est lancé en 2011 dans le nautisme en participant à la Transat Jacques-Vabre. Fierté des Hautes-Alpes, Luc Alphand est un véritable « touche-à-tout » du sport.

MAÎTRES DU POLAR

Jean-Claude Izzo

Décédé prématurément en 2000, l'écrivain engagé Jean-Claude Izzo a marqué la littérature policière avec son Fabio Montale, ex-petit malfrat marseillais devenu flic de quartier, un homme sensible, amateur de poésie, de jazz, de whisky et de jolies femmes. Découvert en 1995 avec *Total Khéops,* ce fils d'immigré doit composer avec une ennemie et une alliée de taille : la cité phocéenne elle-même. Ses investigations des quartiers nord aux ruelles du Panier, des quais du Vieux Port aux calanques les plus reculées, permettent à Izzo de brosser un portrait sensuel, tantôt lumineux tantôt sombre, de Marseille, sa ville natale. Dans *Chourmo*, deuxième tome de la série, Montale reprend du service après avoir démissionné pour s'occuper du meurtre de l'enfant de sa cousine. En toile de fond : le chômage, la drogue, le racisme et la corruption qui rongent les quartiers populaires. Publiée en 1998, *Solea* marque la fin de la trilogie. Cette fois, Fabio Montale doit faire face à un adversaire de taille : la mafia marseillaise. Autour de lui, les cadavres s'accumulent rapidement. La descente aux enfers peut commencer…

INVENTIONS INSOLITES

Le faux trou de balle

On ne sait pas trop ce qui a poussé un jour un graphiste à inventer l'autocollant imitant le trou que produit une arme à feu dans une tôle. Ces petits stickers en vente dans les papeteries et magasins de farces et attrapes permettent de faire croire, par exemple, que votre voiture a été la cible de terroristes ou que votre réfrigérateur a été attaqué à l'arme à feu.

GRANDES TOURS DU MONDE

LA PLUS GRANDE HORLOGE DU MONDE

Ce sont des millions de pèlerins musulmans qu'accueille chaque année la ville de La Mecque, en Arabie Saoudite. Entre 2002 et 2012, un luxueux complexe y a été construit, à destination des plus fortunés d'entre eux. Il se compose de sept gratte-ciel. Mais une tour domine les autres en culminant à 601 m (l'équivalent de deux tours Eiffel). Comportant 120 étages, elle est surmontée d'une antenne de 93 m de haut, chapeautée par un croissant doré de 23 m de large. Autre signe distinctif : son horloge géante évoquant celle de la tour londonienne abritant Big Ben. Ses cadrans mesurent 46 m de diamètre, soit six fois plus que ceux de la tour-horloge britannique !

Mercredi 7 août

Saint Gaëtan On fête aussi les Gaétane, Levan

« *En août, quiconque dormira sur midi s'en repentira.* »

Ça bulle

Vous êtes-vous déjà demandé pourquoi Hergé avait choisi ce pseudo ? Pour vous aider, son vrai nom est Georges Rémi. Vous avez trouvé ? Il s'agit en fait des initiales de son vrai nom qui, une fois inversées, donnent « RG », soit en phonétique « Hergé ». C'est durant ses années chez les scouts belges que l'auteur a développé le goût pour les énigmes et les messages codés, et c'est d'ailleurs dans des revues scoutes qu'il a publié ses premiers dessins. Toujours prêt !

HAUT... EN COULEUR...

Savez-vous ce qu'est un « avaleur de pois gris » ? Il s'agit (selon Molière lui-même) d'une personne qui est très vorace, et qui dévore tout ce qui passe devant lui sans distinction. Cette expression fait référence aux charlatans qui, devant le public et pour gagner quelque menue monnaie, avalaient une grande quantité de pois gris. Mieux vaut cela que des couleuvres !

REMARQUABLES

L'ÉLÉPHANTE DE SAINT-CRÉPIN

Drôle de nom, car un pachyderme n'a rien de la forme élancée que l'on attend d'un arbre. Mais précisément, ce genévrier thuriféraire (*Juniperis thurifera*) est une énorme masse végétale ligneuse, à la peau plissée comme celle d'une éléphante qui serait venue se coucher dans la montagne de Saint-Crépin, dans le massif des Écrins. Et elle n'est pas seule. Il y a avec elle tout un troupeau de genévriers, dont beaucoup sont pluricentenaires. L'éléphante, quant à elle, que l'on appelle aussi la Mère, est sans doute millénaire. Le nom de l'espèce, thuriféraire, signifie « porte-encens », parce que le bois exhale une odeur prenante, proche de celle de l'encens. Ce genévrier de l'ouest de la Méditerranée est rare en France. Contrairement aux autres résineux, il se régénère, ce qui explique sa grande longévité, d'autant qu'il résiste bien au froid. Les formes torturées et improbables des troncs font de l'excursion sur le sentier des thuriféraires de Saint-Crépin une balade dans un univers de sculptures végétales étranges, féeriques et fantastiques.

Santé naturelle

Détox au chou !

Les choux (blanc, rouge ou vert, frisé, chou-fleur, de Bruxelles…) sont d'origine européenne et apprécient les sols calcaires. Ils ont tous la capacité de purifier l'organisme de ses produits toxiques et de renforcer son immunité. Même cuits, ils apportent des quantités appréciables de vitamine C. Ils soulagent les maux d'estomac, les colites et les troubles du colon.

Utilisation : le chou est plus digeste et efficace consommé cru ou fermenté (choucroute crue vendue en magasin bio). Chou blanc râpé fin en salade à la japonaise (avec une sauce sucrée-salée : vinaigre de riz ou de cidre, du sucre et du sel).

Jeudi 8 août

Saint Dominique On fête aussi les Liébaut, Cyriaque, Cyrus

Le soleil se lève à **6 h 32** et se couche à **21 h 18**

« L'école de la vie n'a pas de vacances. »

RétroVermot

« On touche combien, pour le gros lot ?
- Dix millions.
- Oui, ça pourrait aller. Et c'est quand, le tirage ?
- Mercredi prochain.
- Mercredi ? Ah ! Ça ne va pas, alors... Il me faut l'argent pour ce soir. »

Un vrai feuilleton

La série *Friends*, popularisée dans les années 1990 et 2000, a fédéré de nombreux téléspectateurs dans le monde entier. Le succès de la série était tel qu'elle détient le record du plus gros salaire pour des actrices d'une série télévisée : les trois actrices principales, Jennifer Aniston, Courtney Cox et Lisa Kudrow, touchaient pour la dernière saison la somme d'un million de dollars par épisode. Être bonnes amies, ça paie !

Les comportements extraordinaires des animaux

Un papa poule chez les crapauds

Le partage des tâches, chez les crapauds accoucheurs, on peut dire que c'est du concret ! Leur accouplement a lieu de nuit, non pas dans l'eau, mais sur la terre ferme. La femelle pond un chapelet d'œufs que son partenaire l'aide à évacuer (d'où le nom bien choisi de cette espèce). Le mâle s'empresse alors de les féconder en les arrosant de… ce qu'il faut pour cela. Ensuite, contrairement à la plupart des espèces animales, il ne se désintéresse pas de sa progéniture. Au contraire, il enroule les œufs autour de ses pattes arrière et en prend soin jusqu'à leur éclosion. Un même mâle peut s'occuper ainsi de la couvée de 3 ou 4 femelles. Messieurs, prenez modèle !

Ha ! Ha ! Ha !

Un type prend un taxi. En arrivant au feu rouge, le chauffeur le grille. Le type dit alors :
« Mais vous êtes fou ? Vous avez grillé le feu rouge ?
– Ne vous inquiétez pas, mon frère fait toujours la même chose !»
Le taxi grille un deuxième feu rouge à plus de 60 km/h.
« Mais vous savez à quelle vitesse vous avez grillé le feu rouge, là ? Vous êtes complètement malade, vous !
– Ne vous inquiétez pas, mon frère fait toujours pareil… ! »
Le taxi crame un troisième, puis un quatrième feu rouge, comme une flèche. Le taxi arrive à un nouveau carrefour et stoppe au feu vert…
« Attendez, lui dit le type, vous avez grillé tous les feux rouges depuis tout à l'heure, et là, vous vous arrêtez au vert ? Non mais on peut savoir pourquoi ?
– Je me méfie, mon frère arrive peut-être dans l'autre sens ! »

De mauvais goût

Les cartes postales humoristiques

On le sait, les smartphone, les SMS, les courriels et les réseaux sociaux ont porté un coup fatal aux cartes postales, particulièrement à toutes celles qui étaient expédiées pendant les vacances d'été. Si les clichés pris avec nos téléphones peuvent bien immortaliser des monuments et des paysages autrefois imprimés par millions sur les petits rectangles cartonnés, nous risquons de perdre à jamais une poésie propre à ce support : celle des cartes postales humoristiques, sublimes concentrés de gauloiseries qui ensoleillèrent des dizaines de millions d'échanges épistolaires au XXe siècle ! Ces cartes postales arborant une pin-up plus ou moins dénudée, un pochtron joyeux ou un cocu ridicule, un singe en salopette ou un âne qui parle disparaissent peu à peu des tourniquets dans les magasins de souvenirs. Avec elles, c'est une forme de franchouillardise, à l'esprit mal placé, souvent vaseuse et rarement de bon goût qui s'éteint. Terminé le subtil : « En Normandie, quand y'à d'la moule, on a la frite » ! Fini l'explicite : « Moi j'emballe à Cancale ! » Oublié le prometteur : « Au soleil de Toutoulon ! » Aujourd'hui, la carte postale souvenir se veut chic. Son esthétique est tellement sage et lisse qu'elle en deviendrait presque comique !

Le soleil se lève à **6 h 34** et se couche à **21 h 17**

Vendredi **9 août**

Saint Amour On fête aussi les Herlé, Ruben

« Quand il pleut au mois d'août, les truffes sont au bout. »

Noms de villages

Encore un patronyme communal qui entre dans la catégorie « délicatesse corporelle ». Les Croûtes, dans l'Aube, a en effet tout pour attirer le visiteur en goguette, en particulier un nom qui ne manque pas de croustillant : « Chérie, je vais manger du pâté aux Croûtes ! »

Molière en vadrouille

Attention, si vous avez des amis suisses, à faire en sorte de bien les comprendre ! Par exemple, réfléchissez à deux fois avant de les inviter à « dîner », car ils se présenteront alors chez vous à l'heure du déjeuner. Eh oui, en Suisse, on déjeune le matin, on dîne à midi et on soupe le soir. « Vous êtes déjà là ? »

Perles de sportifs

Plouf plouf

Qui l'a dit ? Thierry Gilardi (football, Canal+) :
« Comment on fait pour choisir cinq volontaires ? »

Au menu

Crudités à la marocaine

Durant la réfrigération, le plat prend toute sa saveur, les crudités marinent et s'imprègnent des épices.

POUR 4 PERS.

20 MIN DE PRÉPARATION

3 TOMATES
1 CONCOMBRE
3 POIVRONS
1 BRIN DE PERSIL
1 CITRON
1 CUIL. À CAFÉ DE RAS-EL-HANOUT
1 FILET D'HUILE D'OLIVE VIERGE EXTRA
SEL, POIVRE DU MOULIN

Lavez les tomates, le concombre et les poivrons. Ôtez les graines et les membranes blanches des poivrons. Taillez les légumes en petits dés. Hachez le persil.

Dans le plat de service, réunissez les crudités, pressez le citron, ajoutez les épices, puis versez l'huile. Mélangez délicatement, salez et poivrez à votre goût et placez au frais jusqu'au moment de servir.

L'Info

Balance ton poing

En voilà avec lesquelles certains n'auraient pas eu un « comportement inadéquat », comme on dit parfois en matière de harcèlement, sauf à risquer de recevoir une bonne beigne des intéressées : les femmes du Néolithique. Car il y a 7 000 ans, les femmes qui vivaient en Europe centrale avaient des bras très costauds, plus puissants que ceux des athlètes de haut niveau, selon une étude de l'université de Cambridge publiée dans la revue Sciences Advances. *Les scientifiques ont comparé l'humérus et le tibia de championnes d'aviron et d'étudiantes de Cambridge aux os de femmes qui vivaient au Néolithique. Résultat : si la force osseuse des tibias est similaire chez les femmes préhistoriques et les championnes d'aviron, l'humérus de nos lointaines aïeules était jusqu'à 16 % plus puissant que celui des rameuses, et près de 30 % plus puissant que celui des étudiantes. Pour les chercheurs de Cambridge, ce surdéveloppement encore très marqué à l'âge du bronze (- 4 300 à - 3 500 ans av. J.-C.) s'explique par la dureté des travaux agricoles à l'époque, notamment le broyage des graines de céréales avec des meules de pierre. Les mouvements répétitifs des bras nécessaires à ce travail auraient eu des effets similaires à des séances intensives, et quotidiennes, de rameur.*

Samedi 10 août

Saint Laurent On fête aussi les Lorenzo, Laura, Philomène

Le soleil se lève à **6 h 35** et se couche à **21 h 15**

« Pour la Saint-Laurent, tout fruit est bon pour les dents. »

SURNOMS
LE PÈRE DES PEUPLES

« Père des Nations », « Grand Guide des Peuples », « Père des Peuples », les surnoms ne manquent pas pour qualifier Joseph Staline, qui dirigea l'URSS pendant près de trente ans. Toutes sont liées au culte de la personnalité mis en place à l'époque, qui assimile Staline à la nation soviétique, mais aussi à toutes les autres nations du monde grâce à sa victoire sur le nazisme en 1944.

Problèmes du certificat d'études

Une montre retarde de 3 minutes en 5 jours. On la met à l'heure à 11 heures le dimanche. Quelle heure sera-t-il à la montre lorsque, le mardi suivant, il sera de nouveau 11 heures ?

Réponses : 10 h 58

Solution mots mêlés [p. 234]

A	U	A	E	D	N	O	S	S	I	L	A	C	B
V	N	B	E	R	G	A	M	O	T	E	A	A	E
E	N	G	O	X	N	G	K	N	Z	C	B	T	C
Y	C	O	E	U	A	C	K	C	H	E	T	W	A
E	G	A	R	L	L	S	O	O	L	E	S	K	N
E	N	F	L	U	I	E	U	U	N	F	M	O	G
N	S	I	O	G	O	O	T	G	S	O	I	Q	I
I	E	S	L	R	N	T	U	T	E	S	C	N	T
N	S	U	A	U	E	O	Z	E	E	N	I	O	O
I	I	E	Q	C	C	S	R	T	T	L	P	N	C
C	T	B	G	U	S	S	T	R	Q	Y	O	Z	F
H	E	G	O	E	H	I	U	I	A	E	Q	I	A
E	B	C	E	Y	N	C	O	M	N	M	K	W	V
U	Z	T	T	E	U	Z	N	B	C	E	D	U	C

TOXIQUE OU NON ?
Achillée millefeuille – thé solaire d'achillée

Les tisanes, c'est bon pour la santé, mais pas toujours pour les papilles gustatives ! Ainsi, les « sommités fleuries » de l'achillée millefeuille donnent des infusions, certes toniques et digestives, mais plutôt amères. Or, il existe un bon moyen de profiter de son arôme délicat en évitant l'âcreté, c'est le thé solaire ! Placez les inflorescences dans un pot en verre, rempli d'eau, que vous laissez quelques heures au soleil. Ce procédé n'extrait que les substances les plus volatiles de la plante, et la boisson obtenue est délicieuse, tiède ou fraîche. L'achillée n'a peut-être pas mille feuilles – en réalité des folioles –, mais elle en a tout de même beaucoup, ce qui lui donne son aspect léger et aérien. Cette vivace (*Achillea millefolium*), grande et belle, a des tiges robustes et une odeur agréable, un peu camphrée. En été, elle donne de très petites fleurs, d'aspect compliqué, regroupées en larges inflorescences blanches. Vous la trouverez dans les prés et les bois, en toutes régions.

MANIFESTATION DE FONCTIONNAIRES

Vermot Régions
LOIRE-ATLANTIQUE/LA BIGUENÉE

La biguenée, spécialité nantaise, est une sorte de crêpe très épaisse dans laquelle se cachent de fines tranches de lard. Pour la préparer, mélangez 125 g de farine de sarrasin avec 20 cl de lait, 2 œufs, 50 g de beurre fondu et une pincée de sel, puis laissez reposer 2 heures. Pendant ce temps-là, faites rissoler dans une poêle 8 tranches fines de poitrine fumée et, lorsqu'elles sont bien grillées, égouttez-les sur des feuilles d'essuie-tout. Lorsque la pâte est bien reposée, versez-en une louche dans la poêle et attendez qu'elle prenne pour déposer dessus 2 tranches de lard grillé. Puis recouvrez d'une louche de pâte. Retournez quelques instants plus tard et faites cuire de l'autre côté. La biguenée peut se servir avec une sauce élaborée avec 20 cl de crème fraîche, 1 cuillerée à soupe de moutarde, le jus d'un demi-citron, du sel et du poivre, que l'on fait chauffer à feu doux.

Dimanche 11 août

Sainte Claire On fête aussi les Clara, Suzanne, Gilberte, Géry

« À la Sainte-Claire, s'il éclaire et tonne, c'est signe d'un bel automne. »

Il y a 20 ans, le 11 août 1999, eut lieu la dernière éclipse totale de Soleil du XXe siècle observable en France, dans des conditions météorologiques malheureusement assez défavorables.

Régiments

Créé en 1941, le SAS (Special Air Service) est une unité prestigieuse des forces spéciales de l'armée britannique. C'est le lieutenant anglais David Stirling qui posa les bases de sa création, combinant techniques commando, sauts en parachute et sabotages. Au cours de la Seconde Guerre mondiale, cette nouvelle unité se distingua par son efficacité, notamment sur le front africain, où elle infligea de nombreux dégâts aux installations allemandes. Sa réputation s'installa tellement rapidement qu'en 1942, Hitler lui-même écrivit à ses généraux : « Les troupes SAS prisonnières seront remises immédiatement à l'unité de la Gestapo la plus proche. Ces hommes sont très dangereux. La présence de troupes SAS dans n'importe quel secteur doit être immédiatement signalée. Elles seront exterminées sans pitié. » Faire peur à Hitler, voilà un sacré motif de fierté !

« Salut, ça vous dirait de faire avec moi un tour de 4,83 kg équivalents CO_2 ? »

SLOGANS

Certains slogans de rue deviennent des messages politiques lorsque des leaders de pensée les récupèrent. Pour d'autres, c'est l'inverse qui se produit. Ainsi, le très fameux slogan « La terre appartient à ceux qui la travaillent », dont la création est attribuée au révolutionnaire mexicain du début du XXe siècle Emiliano Zapata, est depuis devenu un symbole des luttes paysannes, et fleurit non pas sur les murs, mais dans les champs. Viva Zapata !

Îles paradisiaques

Îles Lofoten, les confettis glacés

Voguez au-delà du cercle polaire, dans les eaux norvégiennes, pour découvrir les magnifiques îles Lofoten. Point de cocotiers ici, mais des icebergs et des fjords immaculés, ponctués de charmants villages aux couleurs éclatantes. Les eaux paisibles de l'archipel regorgent de poissons, qui attirent les pêcheurs, mais aussi les aigles de mer – leurs vols planés sont un spectacle inoubliable. En hiver, on embarque sur un bateau pour longer les falaises et pénétrer dans les fjords. L'été, les voyageurs arpentent le mont Hoven, sur l'île de Gomsoy. Ou peut-être se laissent-ils hypnotiser par le soleil de minuit, allongés sur l'une des plages blanches de Vestvagoy. Dans le village de Henningsvaer, que l'on surnomme « la Venise des Lofoten » en référence à ses multiples îlots, on admire les cabanes sur pilotis, qui se reflètent dans le bleu sombre du fjord. En arrière-plan, les montagnes enneigées plongent à pic dans les eaux, dessinant un panorama à couper le souffle.

Lundi 12 août

Sainte Clarisse On fête aussi les Gianna, Jannick, Clarisse

Le soleil se lève à **6 h 38** *et se couche à* **21 h 12**

MOTS FLÉCHÉS

Demi-tours équestres / Divise la pièce		Vases sacrés / Gaz radioactif		Répétées / Inutile		Tient chaud		Tombe en miettes		Voisin du saumon / Profite du soleil		Rangement
								Ravissement / Livre anglaise				
Manquai / Variété de jade						Trancher le mot / Ne souffrirai pas						
							A crié comme l'éléphant / Séjourne à la montagne					
Proche / Région								Avancé / Éruption cutanée				Comprimer
				Score / Nuance musicale								
Montent sur les planches		Menace / Plante vivace								N'admet pas de réplique / Voit rouge		
			Sombre / Soutiens						Petit siège		Fermerons	
Royaume africain	Petite classe / Plein d'entrain			Fasses rage / Ne va pas loin								
					Formule / Parée							
Ville de Nouvelle-Calédonie / Tour de bras							Va loin / Fait grand bruit			Infinitif / Reste au bord		
				Archaïque								Anéantirai
Protégeai / Timbré						Causent / On en fait des réserves						
				Porte la rame / Essai						Sur l'ardoise / Tentai		
Équipée	Gâta / Sucra							Boudin / Ancêtre du Sievert				
						Chou / Veto anglais						
Fort / Chef d'orchestre					Entrée en scène				Joue sur les mots			
							Abîmé					

Solution page 249

Le soleil se lève à **6 h 39** et se couche à **21 h 10**

Mardi 13 août

Saint Hippolyte
On fête aussi les Athanasie, Radegonde, Kolbe

« S'il pleut le jour de Sainte-Radegonde, misère abonde sur le monde. »

Maladies imaginaires

Au Moyen Âge, on pensait que prier des saints précis pouvait éviter certaines maladies. La spécialité de saint Fiacre, par exemple, était les hémorroïdes, et on racontait que des moines atteints de la chose, après s'être assis sur le rocher de Saint-Fiacre, furent libérés de leur sort. Ne pas lui adresser suffisamment de prières était donc s'exposer au risque d'avoir des hémorroïdes. Une maladie bien connue à l'époque, qu'on traitait… en brûlant la zone au fer rouge. Cela valait le coup de prier… +

— CHÉRIE, NOUS SOMMES SAUVÉS !

L'Info

Pot de départ = pas de départ !

C'est probablement le motif d'annulation d'un convoi le plus gonflé de l'année ! Une histoire vraie arrivée en Belgique et racontée par La Libre Belgique. *En raison de la petite fête donnée pour le départ à la retraite d'un cheminot, la Société nationale des chemins de fer d'outre-Quiévrain, la SNCB, a dû annuler un train à destination du Luxembourg. La compagnie a aussi dû retarder le suivant d'une bonne demi-heure pour la même raison. Trop occupée par les agapes organisées pour leur collègue à l'atelier de Forest ou trop alcoolisée, une grande partie du personnel chargé de la maintenance ne s'est pas présentée à son poste pour préparer la motrice et vérifier les wagons du train qui devait quitter la gare centrale de Bruxelles à 14 h 37 en direction du Luxembourg. Rapidement éventée par un salarié manifestement plus zélé que ses collègues – ou peut-être pas invité à la sauterie ? – et bientôt relayée par la plupart des médias belges, l'affaire a obligé la SNCB à ouvrir une enquête pour identifier précisément l'origine du désagrément. Le champagne devait être trop bon…*

MACRON SUR TOUS LES FRONTS

GÉNÉRATION Z

La prochaine fois que vous voyez votre petit-fils ou un jeune adolescent de votre entourage, épatez-le en lui demandant comment va sa « gow ». Ce mot à la prononciation complexe est en effet l'équivalent de « meuf », dans le sens de « petite copine ». Il est familier, mais pas trop, et vous assurera sans aucun doute le titre de grand-parent le plus *in* de la famille.

VISIONNAIRES

La scène est aujourd'hui ô combien classique : si un interlocuteur ne décroche pas son téléphone, qu'il soit fixe ou mobile, la personne qui appelle sera invitée à laisser un message sur la boîte vocale du destinataire. Mais avant l'apparition des répondeurs, pas d'échappatoire : si cela ne répond pas, cela ne répond pas ! C'est peut-être après avoir été agacé par des appels qui n'aboutissent pas qu'en 1923, l'écrivain britannique H.G. Wells a mis au point dans son célèbre roman *M. Barnstaple chez les hommes-dieux* la première boîte vocale de fiction. La réalité, comme souvent, a mis plus de temps à s'intéresser à la chose et surtout à proposer des solutions viables. Vous avez demandé le futur. Laissez un message après le bip !

Mercredi 14 août

Saint Évrard On fête aussi les Alfred, Assunta

Le soleil se lève à **6 h 41** et se couche à **21 h 08**

« À la Saint-Évrard, au plus tard, fais battre la gerbe. »

Vermot Régions

MANCHE/UN PAYS DE CHOUANNERIE

On pense souvent, à tort, que les Chouans sévissaient exclusivement en Vendée. Pourtant, le sud du département de la Manche fut également le théâtre d'affrontements qui opposèrent républicains et royalistes pendant la Révolution. Dès 1793, les Chouans tenaient garnison à Saint-James, à Avranches, à Coutances et dans le Cotentin. Jusqu'en 1800, on dénombre pas moins de 17 batailles importantes qui eurent lieu dans la Manche.

LES APPLE STORE SE MULTIPLIENT...

C'est pas la crise pour tout le monde !

Acteur à Hollywood, ce n'est pas franchement le métier le moins payé du monde. Si l'on s'y prend bien, un film à succès peut suffire à vous mettre à l'abri pour longtemps. La preuve en est avec le record du plus gros cachet, détenu par Bruce Willis pour son rôle dans le film *Sixième Sens* : 100 millions de dollars. Oui, vous avez bien lu, un dixième de milliard. Heureusement, le film est bon !

Métiers de bouche

Biérologue ou zythologue : késako ?

Si l'on connaît tous l'œnologie, la science du vin, la biérologie (ou zythologie, du grec ancien *zythos* : la bière) nous est, quant à elle, moins familière. Celle-ci consiste à étudier la bière d'un point de vue historique, technique et gustatif. Outre la connaissance des étapes de fabrication de la bière, de ses propriétés en fonction de son origine géographique et de ses ingrédients, le biérologue, à l'instar du sommelier, propose les bons accords mets et bières, conseille les professionnels des métiers de bouche et guide également les consommateurs dans le choix d'une bière en fonction de leurs goûts (il existe aujourd'hui 320 bières différentes sur le marché). Si cette profession est de plus en plus répandue, il n'y a pas encore véritablement de formation officielle, le métier s'acquiert donc surtout avec l'expérience. Proposé au Canada, en Belgique et depuis 2007 en France à l'université de La Rochelle, le diplôme de biérologue permet cependant d'accéder à une certaine reconnaissance dans la profession.

Protocole

Selon Laurent Bellini, ex-responsable du protocole au secrétariat des Anciens Combattants, « le protocole met en scène une pièce interprétée par des acteurs qui n'ont jamais répété leur rôle ». Délicat… C'est pour cela que, parfois, l'un des acteurs commet une bourde plus ou moins grave. En 2014, lors de la visite d'une délégation de chefs d'État nord-africains à Paris, c'est un général qui accompagnait le président égyptien controversé Al-Sissi qui tint le rôle de l'acteur perdu. Sorti de la voiture en même temps que son président, le militaire le suivit de près pendant qu'il s'approchait de François Hollande pour le saluer, et ce malgré les tentatives de gardes français pour l'en empêcher discrètement. Car le protocole est clair : seul le chef d'État doit s'avancer vers le chef d'État qui le reçoit. Amusés, les deux présidents ont même abordé l'incident au début de leur rencontre. Ça aurait pu être plus grave…

« Pluie de l'Assomption, huit jours de mouillon. »

Il y a 250 ans, le 15 août 1769, naissait celui qui allait devenir l'empereur des Français en 1804, un certain Napoléon Bonaparte.

Ils ont dit

Albert Einstein

« Une vie tranquille et modeste apporte plus de joie que la recherche du succès qui implique une agitation permanente ».

[Excuse my French]

Lors de grandes occasions formelles, l'usage recommande de porter un « smoking », le vêtement masculin le plus raffiné. Nul doute que les hommes de goût qui aiment à l'arborer n'ignorent pas que « smoking » ne veut pourtant pas dire autre chose que « fumant »… Car oui, « smoking » est un faux anglicisme, et le mot anglais qui sert à désigner ce costume de luxe est *tuxedo* (aux États-Unis) ou *dinner jacket* (en Angleterre). Voilà qui devrait alimenter les conversations lors de votre prochaine soirée de gala !

OH LE GROS GÂCHIS !

Inspecteurs de rien

En 2011, la Cour des comptes a déniché un statut particulièrement avantageux pour ses heureux bénéficiaires et parfaitement inutile pour la collectivité : le statut d'inspecteurs de l'académie de Paris. Créé en 1810, ce corps a vu ses effectifs tripler en vingt ans alors que, depuis quarante ans, les établissements scolaires sont contrôlés par les inspecteurs d'académie. Dans leur rapport, les magistrats dénoncent des nominations « politiques » pour des postes sans mission, payés environ 4 500 euros par mois, et laissant leurs titulaires libres d'exercer diverses occupations privées ou politiques, voire des activités de conseil rémunérées. Nommés par le président de la République et certains ministres, ces inspecteurs n'ont besoin d'aucun diplôme ni d'aucune expérience pédagogique. Ce qui n'est pas un problème puisqu'ils n'inspectent jamais personne. Un an après le rapport, le placard un peu trop doré en temps de disette budgétaire a été démantelé.

ILS ONT ÉTÉ LEUR PROPRE COBAYE

Celui qui se croyait à l'épreuve des balles

En 1915, tandis que le monde était plongé dans le chaos de la Grande Guerre, des hommes et des femmes s'activaient pour améliorer le matériel militaire. Certains espéraient en profiter pour faire fortune. L'Américain Percy Terry s'était ainsi mis en tête de concevoir une pommade ayant la propriété de « blinder » la peau contre les balles. Convaincu d'avoir enfin trouvé la bonne formule et après en avoir appliqué de nombreuses couches sur son visage pendant plusieurs semaines, il testa son invention… en se tirant une balle dans la tête. Le projectile lui traversa la joue, sans autre dégât (si l'on peut dire). Pensant que cela prouvait l'efficacité de sa crème, Percy se tira à nouveau dessus, cette fois-ci avec un fusil de chasse. La preuve fut alors faite de son échec, car il mourut dans la journée.

Vendredi 16 août

Saint Armel On fête aussi les Roch, Arzhel, Aël

Le soleil se lève à **6 h 44** *et se couche à* **21 h 04**

« De Saint-Roch la grande chaleur, prépare du vin la couleur. »

Il y a 50 ans, du 15 au 18 août 1969, se tenait dans l'État de New York, aux États-Unis, le mythique festival pop de Woodstock, événement phare du mouvement hippie.

Charade alphabétique

Mon premier est le nom du dessinateur du personnage de Broussaille.

Mon deuxième fait les trottoirs.

Mon troisième porte la bavette.

Mon quatrième est une interjection utilisée d'où vient mon tout.

Mon cinquième désaltère.

Avec **mon sixième,** on prend de l'avance.

Mon tout est une sauce provençale.

PISTOU (PÉ, HIE, ESSE, TÉ, EAU, HUE)

L'Info

Désolé pour l'avance !

Si nos voisins belges ne voient pas de problème à annuler un train à cause d'un pot de départ (voir l'Info du 13 août), les Japonais sont, eux, très à cheval sur les horaires. Une exactitude qui frôle le ridicule quand une compagnie ferroviaire se confond en excuses publiques à cause d'un train parti… 20 secondes en avance ! Le train reliant Tokyo à sa grande banlieue nord étant parti de la gare de Minami-Nagareyama à 9 h 44 et 20 secondes au lieu des 9 h 44 et 40 secondes prévus, la compagnie Tsukuba Express a publié un communiqué dans lequel elle déclare : « Nous sommes profondément désolés pour l'énorme gêne occasionnée auprès de nos usagers. » Précision utile : aucun passager ne s'est plaint de l'incident et aucun n'a raté le train ! Réputées pour leur ponctualité, les sociétés de transports ferroviaires nippones sont également connues pour la longueur des excuses adressées aux voyageurs par le chef de bord d'un train quand, exceptionnellement, celui-ci arrive avec un très léger retard : ses excuses durent en général plus longtemps que le retard du train lui-même !

SNCF : 47 MILLIARDS DE DETTE

Tours du monde

Faire le tour du monde, au-delà de l'agrément ou de l'aventure, peut être un excellent moyen de promouvoir de nouveaux modes de transport en frappant un grand coup : qui peut le plus peut le moins, dit-on, et un véhicule qui est capable de faire le tour du monde sans encombre mérite d'être considéré comme fiable. Le projet PlanetSolar avait pour mission (réussie) de boucler le premier tour du monde en bateau à énergie solaire. Parti le 27 septembre 2010 de Monaco, le catamaran solaire a parcouru le monde d'est en ouest en 585 jours. Seule petite contrainte : l'équipage avait besoin de données météo fiables afin de prévoir le temps d'ensoleillement disponible – mais heureusement, ils en connaissaient un rayon… de soleil ! Ce fut un succès, et le bateau continue depuis de sillonner les mers pour promouvoir l'énergie solaire.

Le soleil se lève à 6 h 45 et se couche à 21 h 03

Samedi 17 août

Saint Hyacinthe On fête aussi les Carloman, Gulian, Alypius

« À la Saint-Hyacinthe, sème sans crainte. »

RétroVermot

« Tiens ! Un nœud à votre mouchoir, pourquoi cela ?

- C'est ma femme qui l'a fait pour que je n'oublie pas de mettre sa lettre à la poste.

- Et vous l'avez mise ?

- Pas du tout, elle a oublié de me la donner. »

EXPRESSIONS IMAGÉES

Être au septième ciel

Les astronomes de l'Antiquité imaginaient l'univers comme une série de sphères concentriques. À la surface de chacune se trouvait une planète comme la Lune, Mercure ou le Soleil. Pour ces observateurs, il y avait au total sept sphères, appelées « ciels », la dernière correspondant à la planète Saturne. Au-delà du septième ciel était le firmament, c'est-à-dire l'espace divin.

REMARQUABLES

ARBORETUM DE LA VALLÉE-AUX-LOUPS

Il n'y a pas de loup... mais il y en a eu jadis, au temps où la ville de Châtenay-Malabry n'existait pas encore et où toute la zone était couverte de forêts – il y a d'ailleurs une rue du « loup pendu » juste à côté, au Plessis-Robinson. Peut-être le réintroduira-t-on un jour... En attendant, outre quelques moutons, il y a toujours des arbres, beaucoup, et des beaux ! L'arboretum, dont l'accès est gratuit, n'a été créé qu'en 1986, mais sur un site d'une richesse végétale exceptionnelle puisqu'il s'agissait du domaine des pépinières de la famille Croux, « marchands d'arbres » depuis 1679. Il comprend des sujets centenaires et une grande diversité botanique, avec de nombreuses espèces rares, plantées depuis le XVIIIe siècle. Le cèdre bleu pleureur de l'Atlas (*Cedrus atlantica Glauca*) est unique au monde : c'est en effet une mutation, dont les graines ne reproduisent pas le caractère pleureur. Avec sa ramure largement déployée, il a un charme romantique, comme il sied dans ce lieu voisin de la maison et du parc de Chateaubriand.

Laissez-moi vous dire que votre façon de tricoter est IN-SU-PPOR-TABLE !!!

CONCOURS LÉPINE

Au rang des lauréats du concours Lépine, certains inventeurs font office de légendes. Claude Dumas, par exemple, est un nom qui, pour les connaisseurs, est à jamais associé à celui du préfet Lépine, créateur du concours. En effet, tenez-vous bien : Dumas a présenté pas moins de 192 inventions au concours, et a remporté un prix ou une récompense pour 94 d'entre elles. Cet hyperactif bourguignon, né en 1942, a une petite préférence pour les inventions mobilières, et il compte notamment parmi ses plus célèbres trouvailles l'escalier en colimaçon rétractable, la « Telescotable », une table télescopique qui peut accueillir jusqu'à 18 couverts pour un encombrement minimum, le lit berceur automatique ou encore le parasol ventilateur. Nul doute que celui qu'on appelle le « professeur Tournesol français » a encore de belles inventions devant lui !

Dimanche 18 août

Sainte Hélène On fête aussi les Helena, Hellen, Lana

Le soleil se lève à **6 h 46** et se couche à **21 h 01**

« En août comme en vendanges, il n'y a ni fêtes ni dimanches. »

Rébus cuisine

DAUBŒUFBE

Bœuf en daube

Vermot Régions

VIENNE/LE DIABLE DE LOUDUN

Dans les années 1630, Urbain Grandier, curé de la ville de Loudun, est accusé par le cardinal de Richelieu d'avoir pactisé avec le diable. Il s'agissait en fait d'une violente réponse contre ce prêtre catholique libertin et tolérant, voire proche des protestants, qui avait également publié un pamphlet contre Richelieu. Urbain Grandier fut soumis à la question et condamné au bûcher le 18 août 1634. Six mille personnes de la ville et des environs assistèrent à son supplice, sur la place du Marché.

SECRETS D'ÉTAT

La révélation de secrets d'État est toujours délicate, car, lorsqu'elle se fait hors de contrôle, elle peut déstabiliser un gouvernement ou perturber les relations entre des nations. C'est pourquoi ces secrets le restent la plupart du temps, hormis les affaires qui se voient déclassifiées au bout d'un certain temps et révélées au public. Mais parfois, c'est le chef de l'État lui-même qui, par maladresse, lève le voile sur des informations sensibles. L'ancien président François Hollande s'est notamment illustré en révélant à deux journalistes qui le suivaient qu'il avait autorisé des opérations « homo » (l'abréviation d'homicide) à l'étranger. Or, cette information est classée secret défense. Oups ! Le titre du livre écrit par les deux journalistes qui avaient révélé cela ? *Un président ne devrait pas dire ça.* On n'aurait pas pu trouver mieux !

Ha! Ha! Ha!

Un matin, alors qu'un homme marié se rase tranquillement dans sa salle de bains, Jérémy, le jeune gars qui s'occupe de tondre les pelouses dans le quartier, entre dans la pièce pour soulager sa vessie. L'autre ne peut s'empêcher de jeter un coup d'œil furtif et il est impressionné, car Jérémy est particulièrement bien doté. À la fois admiratif et jaloux, il demande à Jérémy s'il a un secret.

« Écoute, lui répond celui-ci, tous les soirs, avant de me mettre au lit, je frappe cinq fois mon pénis vigoureusement contre la table de nuit. Ça l'allonge, ça le fortifie et ça impressionne les femmes ! »

Pressé de pouvoir mettre en pratique une méthode aussi simple, le mari décide de l'appliquer le soir même. Juste avant de se glisser sous les draps pour rejoindre son épouse, il tape cinq fois son sexe sur sa table de nuit. À ce moment, sa femme à moitié endormie demande :

« Jérémy ? C'est toi ? »

Le soleil se lève à
6 h 48
et se couche à
20 h 59

Lundi **19 août**

Saint Jean-Eudes On fête aussi les Eudora, Guerric

ALMANACH VERMOT 2019

« Il y a souvent plus de choses naufragées au fond d'une âme qu'au fond de la mer. »
Victor Hugo

Vermot Régions

LANDES/LE GRAND INCENDIE DE 1949

Peu entretenue pendant la Seconde Guerre mondiale, la forêt des Landes était en mauvais état, avec notamment des sous-bois envahis d'une végétation dense, quand éclata, le 19 août 1949, l'un des plus terribles feux de forêt jamais observés en Europe. Après trois étés de canicule et en raison de vents violents, les flammes ont dévoré en quelques heures 50 000 hectares de pins et de landes dans un triangle entre Cestas, Le Barp et Mios. On déplora également 82 victimes parmi les pompiers, militaires et bénévoles venus combattre le feu. Aujourd'hui, deux monuments le long de la RN10 commémorent ce drame.

L'Info

À vue d'astres

Découvert en 2014 sur une épave au large d'Oman, un disque de bronze remonterait aux années 1495 à 1500, époque où les explorateurs espagnols et portugais commençaient à parcourir les océans à la recherche de nouvelles routes commerciales et de nouveaux territoires. Ce sont des scanners du mystérieux objet de 17,5 cm de diamètre, réalisés récemment, qui ont révélé les petites gravures et déterminé qu'il s'agissait bien d'un astrolabe nautique, le plus ancien découvert à ce jour. L'instrument de navigation porte également l'emblème personnel du roi Manuel Ier du Portugal, arrivé sur le trône en octobre 1495. L'épave dans laquelle a été découvert l'astrolabe – du grec astrolabos, *« instrument pour prendre la hauteur des astres » – est celle du* Nau Esméralda. *Ce navire faisait partie de la seconde expédition de Vasco de Gama en Inde en 1502-1503. Son capitaine, Vicente Sodré, était l'oncle maternel du grand navigateur portugais. L'embarcation a sombré au large d'Oman en 1503, emportant avec elle le capitaine et son équipage. La faute à une énorme tempête impossible à éviter. Même avec un astrolabe.*

Dans l'hémicycle

La technologie est censée pouvoir apporter des solutions qui simplifient la vie, non seulement des citoyens lambda, mais aussi de ceux qui participent à la vie publique. C'est ainsi, par exemple que les députés sont équipés de boîtiers électroniques afin de pouvoir voter et pour que les votes sur un texte soient comptabilisés facilement et sans erreur. Pourtant, c'est encore et toujours le vote à main levée qui est majoritairement utilisé, même si le vote dit « par scrutin public ordinaire » à l'aide des boîtiers est parfois appliqué. Deux autres méthodes de vote sont possibles : le scrutin public à la tribune, lors duquel chaque votant monte à la tribune pour donner publiquement son vote, et le scrutin secret où les députés votent anonymement.

Solution mots fléchés [p. 242]

	C		P		R		E		F		E	
P	A	R	A	V	E	N	T		R	A	P	T
	R	A	T	A	I		E	L	I	D	E	R
J	A	D	E	I	T	E		B	A	R	R	I
	C	O	N	N	E	X	E		B	E	L	
Z	O	N	E		R	E	S	U	L	T	A	T
	L		S	P	E	C	T	R	E		N	A
T	E	S		P	E	R	I	T		E		S
		C	P		S	E	V	I	S	S	E	S
M	A	R	O	C		R	E	C	E	T	T	E
	N	O	U	M	E	A		A	L		E	R
L	I	F	T		V	I	E	I	L	L	I	
	M	U	R	A	I		C	R	E	E	N	T
F	E	L	E		T	O	L	E	T		D	U
		A	L	T	E	R	A		T	O	R	E
V	O	I	L	E	E		T	R	E	S	O	R
	T	R	E	S		N	E	E		A	N	A
M	A	E	S	T	R	O		M	O	I	S	I

ouais... c'est la dernière fois que je te demande si j'ai une tête à être au bout du rouleau...

« S'il pleut en août, grande prospérité partout, mais des malades itou. »

HAUT… EN COULEUR…

« Être pris sans vert », c'est être pris « au dépourvu, pas préparé ». L'expression tient son origine dans un jeu que jouaient les nobles français du XVIIIe siècle : tous les participants devaient avoir constamment sur eux au moins une feuille verte, cueillie du jour. Si l'un des joueurs était pris « sans vert », il devait payer une amende qui irait dans une caisse servant à payer une grande fête à laquelle tous les joueurs étaient conviés. « Dis, t'as pas une feuille ? »

SLOGANS

Les slogans les plus efficaces et qui deviennent les plus populaires ne sont pas forcément les plus compliqués, au contraire. Pour preuve, le succès du mythique « Pain, Paix, Liberté ! », slogan du Front populaire lors des élections de 1936 – qui allaient profondément changer la vie des travailleurs. Simple, efficace et clair, il a permis de renforcer l'adhésion des petits travailleurs aux revendications du Front populaire et a garanti son succès.

MAÎTRES DU POLAR

George Pelecanos

D'origine grecque, George Pelecanos a entamé sa carrière d'auteur de romans noirs il y a trente-cinq ans. À l'instar d'un James Ellroy disséquant au scalpel les turpitudes et bas-fonds de Los Angeles, Pelecanos ausculte le délitement criminel de sa ville natale, Washington. Avec un sens du détail et une musicalité à couper le souffle ! Pas de grands ni même de petits flics dans ses polars, mais des privés, plus ou moins professionnels. Le premier, Nick Stefanos, un dur à cuire d'origine grecque, apparaît dans *Liquidations*, publié en 1992. Quatre ans et trois affaires sur fond de *eighties* plus tard, Stefanos s'efface – sans disparaître – pour céder sa place au duo Dimitri Karras et Marcus Clay, héros de la série « D.C. Quartet », dont le génial *King Suckerman*, paru en 1997. En 2001, dans *Blanc comme neige*, Derek Strange et Terry Quinn, deux anciens flics, un Noir et un Blanc, composent une nouvelle équipe immergée dans le Washington sous tension des années 1960-1970. Retour au XXIe siècle avec le vétéran d'Irak, Spero Lucas, le nouveau privé imaginé par l'écrivain pour *Une balade dans la nuit* et *Le Double Portrait* paru en 2014. Attention : on devient très vite accro au monde de Pelecanos.

GRANDES TOURS DU MONDE

LA TOUR WILLIS

Ce gratte-ciel de 442 m de haut est inauguré en 1973, la même année que les défuntes tours jumelles du World Trade Center. Il se trouve à Chicago, l'un des principaux centres industriels des États-Unis. Initialement dénommé « tour Sears », il est rebaptisé en 1999 du nom de la compagnie d'assurances qui l'a racheté. Son architecture est fondée sur 9 modules, sortes de tubes verticaux carrés de 69 m de côté chacun et qui s'élèvent à des hauteurs différentes. Cela lui confère une silhouette originale, mais aussi une meilleure résistance au vent ! Ce bâtiment est resté le plus haut du monde jusqu'en 1998, date de l'inauguration des tours Petronas, en Malaisie (452 m).

« Qui ne sait rien,
de rien ne doute. »

Perles de sportifs

Surnaturel

Qui l'a dit ? Vincent Guérin (ex-footballeur français) :
« Je crois que j'ai deux pieds. J'ai cette faculté depuis tout petit. »

EMOJI

S'ils permettent à des personnes tout à fait normales de préciser leur pensée ou d'illustrer un message, les emoji peuvent aussi avoir un rôle très important auprès de personnes souffrant de troubles de la communication comme l'autisme, par exemple. En 2016, une étude a été menée pour démontrer l'utilité des emoji dans l'expression des personnes atteintes d'autisme, et les résultats sont sans appel : avec l'image en complément des mots, des patients isolés parviennent à mieux communiquer, plus longtemps et avec plus d'interlocuteurs. Pas si « gadget » que ça !

Ces objets presque disparus

Adieu les cartes routières

Peu à peu, le papier cède sa place au numérique. Même nos itinéraires sont concernés, avec la disparition progressive de la carte routière dite « en accordéon », un format créé par Michelin en 1910. Déplier une telle carte, c'était une chose. La replier correctement relevait de la prouesse, surtout dans un espace aussi exigu que l'habitacle d'une voiture. Cela laissait perplexes beaucoup d'entre nous de découvrir ainsi la complexité d'un objet d'apparence si banale. Mais les jeunes générations n'ont plus à s'énerver en manipulant cet origami de la route, ni à y chercher désespérément des destinations minuscules. Affichées sur les écrans de nos GPS et smartphones, les cartes sont désormais virtuelles et peuvent être agrandies à volonté. On peut tout de même regretter que l'être humain perde une compétence qui le distinguait des autres espèces : plier une carte routière.

Au menu

Crumble de fruits rouges

Pour 4 à 6 pers.
15 min de préparation
25 min de cuisson

500 g de mélange de fruits rouges (framboises, cassis, myrtilles…)

Pour la pâte
100 g de farine
60 g de poudre d'amandes
70 g de sucre
100 g de beurre mou
1 filet de miel
1 pincée de sel
1 pincée de cannelle

Préchauffez le four à 180 °C (th. 6). Disposez les fruits dans un plat à four.

Préparez la pâte à crumble : dans un saladier, mélangez la farine, la poudre d'amandes et le sucre. Ajoutez le beurre, le filet de miel, le sel et la cannelle. Travaillez la pâte jusqu'à obtenir une consistance sableuse.

Répartissez la pâte sur les fruits et enfournez pour 25 minutes.

Conseil : pour cette recette, vous pouvez bien sûr utiliser des fruits frais, mais la cuisson du crumble permet d'employer aussi un mélange de fruits rouges surgelés.

Jeudi 22 août

Saint Fabrice On fête aussi les Symphorien

Le soleil se lève à **6 h 52** *et se couche à* **20 h 53**

« Pluie violente
à la Saint-Christophe
peut mener
à la catastrophe. »

PAS RAGOÛTANT

LE POISSON-PÉNIS

Nul besoin de vous faire un dessin pour vous expliquer pourquoi ce drôle d'animal s'appelle ainsi. De couleur rose à brun foncé, on le trouve encore tout frétillant sur les marchés aux poissons coréens ou chinois. Ce poisson, dont le nom scientifique est *Urechis unicinctus*, est en réalité un ver marin évoluant à 100 m de profondeur.

Molière en vadrouille

De notre point de vue, les francophones ont parfois de bien drôles de coutumes. Par exemple, si vous allez en Suisse, en entrant dans un magasin, on pourra vous dire « adieu » en guise de « bonjour », et au Québec, si on vous dira bien « bonjour », ce sera à la place « d'au revoir » alors que vous partez… De quoi avoir envie de rester chez soi !

SUDOKU

très difficile

3	8		5			7		
4	6				8		2	
		7	4					
					5		3	
		2	3		9	6		
6			7					
1			8				7	6
					3	1		
		5					8	3

Solution page 259

Ça, c'est fait… divers

Conduire comme un manche !

Tout commence par un banal accrochage entre deux véhicules un soir, vers 20 heures, rue de Navarin, à Brest. Au volant de sa Mercedes, l'automobiliste responsable du choc prend la fuite, comme cela arrive hélas trop souvent. Mais sa victime a eu le temps de repérer le modèle et elle en donne une description précise aux policiers après les avoir appelés pour signaler le chauffard. Une patrouille ne tarde pas à retrouver la voiture en circulation à quelques rues. Les agents interpellent illico le conducteur qui affiche une alcoolémie supérieure à un gramme par litre de sang. Ce n'est évidemment pas cette infraction qui a stupéfié les policiers et explique cette brève. Outre son ivresse, l'individu, un demandeur d'asile russe de 37 ans, circulait sans assurance, sans permis, mais surtout, amputé d'une jambe, il avait bricolé un système rudimentaire pour pouvoir conduire sa Mercedes : un manche à balai coupé à la « bonne » hauteur lui permettait d'appuyer sur l'accélérateur. Pour sa défense, l'intéressé a expliqué qu'il n'avait pas eu le temps de faire valider en France son permis de conduire obtenu en Russie. Parce qu'ils donnent des permis de conduire avec un balai, chez Poutine ?

Santé naturelle

Un blond qui nettoie le côlon

Le psyllium blond, ou « plantain des Indes », est une herbacée cultivée sur le continent indien et aux États-Unis. C'est sa graine, contenant des substances lubrifiantes, qui est précieuse dans le traitement des désordres intestinaux. Au contact de l'eau, ces substances « mucilagineuses » multiplient jusqu'à 200 fois leur poids initial et gonflent sans durcir dans les intestins, stimulant et régularisant le transit. Utile aussi bien pour les diarrhéiques que pour les constipés chroniques, le psyllium effectue un nettoyage profond du côlon.

Utilisation : poudre bio vendue en sachet ou en gélules. Boire beaucoup. En cas de problèmes digestifs graves, demander un avis médical.

*« À la Sainte-Rose,
pour le travailleur pas
de pause. »*

INVENTIONS INSOLITES

La robe purificatrice

Des chercheurs anglais ont mis au point une robe qui purifie l'air. Par l'action du soleil sur les matériaux qui la composent, elle permet de réduire de 65 % le dioxyde d'azote et le monoxyde de carbone dans son environnement. Ce n'est encore qu'un prototype, mais elle pourrait avoir un impact écologique non négligeable sur l'atmosphère, si elle était produite à grande échelle.

C'est pas la crise pour tout le monde !

Jouer au loto, c'est courant. Gagner au loto, ça l'est moins. Gagner deux fois au loto, c'est franchement improbable, et gagner deux fois avec exactement la même grille, là, on frôle l'impossible… Et pourtant, un habitant de la Côte-d'Or a remporté en 2016 un jackpot de 61 millions d'euros qu'il s'est partagé avec lui-même, puisqu'oubliant qu'il avait déjà joué, il a rejoué les mêmes numéros dans un autre bureau de tabac ! Gagner une fois c'est bien, mais deux fois, ça a du panache !

EXPRESSIONS IMAGÉES

Fumer comme un pompier

Ce n'est pas à la tabagie du pompier que cette expression fait référence, mais à ses vêtements au retour d'une intervention. En effet, avant l'invention des tissus ignifugés, les pompiers étaient vêtus de combinaisons de coton ou de laine que l'on aspergeait d'eau avant de les envoyer au feu. En sortant, l'évaporation de l'eau donnait l'impression qu'ils fumaient de tout leur corps.

Les comportements extraordinaires des animaux

Touche pas à mon petit pote !

On ne compte plus les vidéos amateurs qui repoussent toujours plus loin les limites de la compréhension du comportement animal. L'une d'elles, datant de 2015, met en scène une lionne s'approchant d'un renardeau mal en point, sur un chemin de terre. Arrivent papa lion et les trois lionceaux, comme dans un conte. Sauf que papa lion ferait bien son affaire du renardeau. C'est alors que la lionne, inexplicablement – à moins que ce ne soit simplement pour contrarier son mâle –, défend avec force le petit animal. Le lion, devant tant de véhémence, finit par renoncer à sa pitance, ce qui laisse le temps au renard en difficulté de se sauver. Tout est bien qui finit bien !

YÉ-YÉ

Étant à moitié américain, ce n'est pas un hasard si Joe Dassin avait une certaine adoration pour la chanson anglo-saxonne et une vraie volonté de partager cette adoration avec son public français (plus nombreux qu'outre-Atlantique). Mais sa version française la plus étonnante reste sûrement *Si tu penses à moi* dont la mélodie n'est autre que celle de *No Woman No Cry* de Bob Marley ! Les paroles, en revanche, n'ont pas de rapport avec l'original, à moins que la mention des « brouillards du Nord » nous ait échappé…

Saint Barthélemy On fête aussi les Argan, Nathanaël

Le soleil se lève à 6 h 55 et se couche à 20 h 49

« Gertrude amène les cigognes, Barthélemy vide leur nid. »

Ça bulle

Idéfix, tout le monde connaît : c'est le petit chien qui accompagne Astérix et Obélix les Gaulois dans toutes leurs aventures. Mais savez-vous d'où vient son nom ? Un concours fut organisé auprès des lecteurs du journal *Pilote* pour choisir le nom de la petite bête. Parmi les propositions finalistes, on vit notamment Patracourcix, Papeurdurix, Trépetix, Paindépix ou Toutousanprix, mais c'est Idéfix qui sut convaincre les auteurs, persuadés que le nom collait bien au caractère tenace du chien.

Protocole

D'un pays à l'autre, et surtout d'un continent à l'autre, certaines règles de protocole s'exportent mal, c'est-à-dire qu'elles ne sont pas forcément comprises par des visiteurs lointains. L'un des exemples les plus amusants en est une histoire que l'on raconte dans les salons, et qui se déroule à Buckingham Palace. La reine d'Angleterre et sa famille recevaient à leur table l'empereur du Japon avec sa suite. Après l'entrée, l'empereur remercia ses hôtes et but le contenu du petit bol qu'un serveur lui avait apporté et qui n'était autre que le rince-doigts ! Pour ne pas le gêner, et en dépit des règles du protocole, la reine but à son tour son rince-doigts, et le reste des invités avec. Comme quoi, on ne boit pas que des grands crus aux tables royales !

Vermot'roscope

VIERGE (24 août – 23 septembre)

Caractère

Posé, réfléchi, ancré, logique, méticuleux, précis, perfectionniste, discipliné, volontaire, serviable, disponible, travailleur, dévoué, idéaliste, fiable, prudent, cérébral, critique, entier, calculateur, réservé, timide, distant, maniaque, nerveux, angoissé.

Les influx planétaires intéressants

Si Saturne et Pluton sont de votre côté une grande partie de l'année, Jupiter, elle, jouera contre vous et occasionnera des excès, de la fatigue et même un peu de morosité.

Vie sociale et activités

Vous profiterez de cette année pour confirmer votre investissement dans un projet, un loisir ou une action en cours. Vous consoliderez les bases de votre quotidien. Certains donneront même la priorité aux habitudes. Moins social, moins ouvert sur l'extérieur, vous aurez besoin de vaquer à vos activités ou à vos occupations personnelles et vous accorderez beaucoup moins de temps à vos amis ou à vos proches.

Amour

Très belle année qui vous verra vous rapprocher de votre moitié. Ainsi, de très beaux moments sont à prévoir. Vous saisirez toutes les occasions de consolider le lien qui vous unit. Vous serez plus proche de celle ou de celui que vous aimez. Le partage, la douceur et la confiance régneront. Certains seront amenés à parler projets à court terme, et d'autres sur du long terme. Quoi qu'il en soit, en 2019, vous élargissez vos horizons et donnez une nouvelle impulsion à votre vie conjugale.

Célibataire, ce sera une année parfaite pour faire le point sur votre situation. Profitez-en pour tourner une page douloureuse de votre vie et, plutôt que de vous replier sur vous-même, essayez d'envisager la vie autrement. Il est temps d'entamer un nouveau chapitre de votre existence.

Famille

L'ambiance sera plus difficile avec vos proches. Vous aurez du mal à vous comprendre et l'écart générationnel se creusera un peu plus chaque jour. Faites preuve d'ouverture d'esprit et ne vous montrez pas trop critique.

Budget

Vous maîtriserez parfaitement votre situation financière et cela vous permettra de faire face à toutes vos obligations personnelles. Certains profiteront de l'année pour améliorer leur cadre de vie.

Bien-être

Si vous pouvez compter sur une superbe résistance et une grande facilité à vous ressourcer, vous devrez faire un véritable travail sur vous pour faire preuve d'optimisme.

Conseils pour bien vivre 2019

Évitez de tomber dans des habitudes trop sclérosantes. Soyez constructif, créatif, inventif et exprimez vos talents en gardant confiance en vous.

« Beau temps pour la Saint-Louis, plusieurs jours sans pluie. »

Problèmes du certificat d'études

Une année qui n'est pas bissextile commence un jeudi. Quel jour de la semaine seront les 14 juillet, 1er octobre, et 11 novembre de cette année, et le 1er janvier de l'année suivante ?

Réponse : Un vendredi!

Vermot Régions

LOZÈRE/LE DÉPARTEMENT LE PLUS ÉLEVÉ DE FRANCE

Bien qu'il n'y ait pas de véritables hautes montagnes dans le département de la Lozère, celui-ci revendique le titre de département français à l'altitude la plus élevée. En effet, les plateaux qui composent sa géographie descendent rarement en dessous de 1 000 m, alors qu'il existe des écarts très importants entre les vallées et les sommets, dans les Alpes notamment. En tenant compte du rapport superficie/altitude moyenne, la Lozère pourrait donc bien être le département le plus élevé de France.

Chiffres étonnants de la science

Soignez vos vieux neurones !

Notre organisme est un impitoyable Terminator éliminant à tour de bras les cellules défectueuses ou vieillies. Chez l'adulte, 2 000 cellules meurent chaque seconde, soit 173 millions par jour et 300 milliards par an ! Impressionnant, mais pas de quoi s'inquiéter : nous en avons en tout 100 000 milliards ! Il en existe plus de 200 types. Parmi celles qui se renouvellent, certaines vivent très peu de temps (5 jours pour celles de l'estomac, 3 ou 4 semaines pour celles de la peau), d'autres un peu plus longtemps (120 jours pour un globule rouge), d'autres encore plus (quinze ans pour celles des muscles respiratoires). Le record est détenu par certains neurones, qui ont… notre âge !

Métiers de bouche

De l'œnologie à l'eaunologie : quand l'eau se transforme en vin

Si vous trouvez l'eau insipide, vous serez surpris d'apprendre l'existence de l'eaunologie ! L'idée est née chez Colette, avec la création du premier *water-bar* (bar à eaux) de la capitale, où 80 eaux différentes sont proposées à la dégustation. Le terme « eaunologie » a été inventé en 2006 par le service marketing de l'entreprise Badoit. Dans une offre pléthorique, chaque marque met en avant un goût particulier ou des vertus digestives, rénales, stimulantes ou amaigrissantes. L'eaunologie nous apprend par exemple que l'eau plate rince le palais, tandis que l'eau gazeuse prolonge le goût des mets. Ou bien que les eaux qui contiennent beaucoup de calcium sont plus sucrées au niveau du palais, alors que celles qui sont riches en magnésium ont un goût plus amer et métallique. Le sodium, quant à lui, apporte une touche de fraîcheur en bouche. Et si l'on ajoute que la température idéale de dégustation de l'eau est la même que pour le bordeaux (entre 15 et 18 °C), on finirait presque par nous convaincre que l'eau peut se changer en vin !

Lundi 26 août

Sainte Natacha On fête aussi les Eulade, Césaire, Herluin

Le soleil se lève à **6 h 58** et se couche à **20 h 45**

« La plage est une étendue de sable où les enfants font des pâtés et où les mères font des boulettes. » Georges-Armand Masson

RétroVermot

Aimant trop la salade de pissenlit, ce Maure était malade, il est allé au lit !

Moralité : Maure-alité !

« C'EST SUPER NUL ! »

Maladies imaginaires

Une maladie virtuelle peut-elle se propager comme une maladie réelle ? C'est ce qu'il faut déduire de l'histoire de l'épidémie du sang contaminé qui a ravagé la population… d'un jeu vidéo. Apparue en 2005 dans le monde immersif du jeu en ligne *World of Warcraft*, la progression de la maladie et son développement ont été étrangement similaires à ceux d'une véritable épidémie. Résultat : des milliers de personnages tués, et une épidémie qui dépassa les possibilités de contrôle des développeurs… À tel point que les scientifiques s'intéressent encore aujourd'hui à la question de la propagation des virus virtuels.

L'Info

Le bon prénom ?

*Chaque année, l'*Officiel des prénoms *publié par First Éditions révèle les préférences des parents pour baptiser leurs enfants à venir. Pour établir ce classement, Stéphanie Rapoport, l'auteur du livre, croise les données de l'Insee et les statistiques en provenance des grandes villes. Cette année comme en 2018, les prénoms courts (avec deux syllabes) devraient toujours avoir la cote, avec une prédilection pour les prénoms en « a » chez les petites filles, l'émergence des prénoms en « ia » (Mia, Olivia, Julia…) et un goût prononcé pour le rétro (Adèle, Jeanne…). Chez les garçons, les prénoms issus de l'Ancien Testament (Raphaël, Nathan, Adam, Gabriel…) sont en vogue, alors que les prénoms en « o » comme Enzo, Léo ou Mathéo sont en déclin. Il existe cependant des différences selon les régions. Si, depuis plusieurs années, Louise est sur la première marche du podium pour les filles qui naissent à Paris, Toulouse ou Nice, à Marseille comme à Lyon, c'est Lina qui occupe la première place. De même, les parents nantais se distinguent en faisant entrer dans le top dix deux prénoms féminins rares ailleurs en France : Rose et Camille. À noter : l'auteur a supprimé deux prénoms de son* Officiel *: Djihad et… Isis !*

LA SNCF MET EN VENTE SES IMMEUBLES

VISIONNAIRES

Les films d'anticipation ne s'intéressent pas qu'aux possibilités d'évolution technologique, parfois, la science-fiction s'intéresse à des thématiques plus sociales. C'est le cas par exemple du film américain *The Man*, sorti en 1972 et dans lequel le public a pu voir pour la première fois un président des États-Unis noir de peau. Certes, de notre point de vue moderne, la chose est entendue depuis que Barack Obama a passé huit ans à la Maison-Blanche, mais à l'époque, au sortir d'une longue période de tension raciale et de ségrégation, la prévision faite par le scénariste Rod sterling était loin d'être évidente.

Mardi 27 août

Sainte Monique On fête aussi les Mona, Guérin

« *Ail le soir, oignon le matin est le malheur du médecin.* »

SURNOMS
LE PÈRE LA VICTOIRE

Georges Clemenceau (1841-1929) était connu comme un impénitent va-t-en-guerre. Bien que dans l'opposition, il fut appelé à la tête du gouvernement en novembre 1917 par son vieil ennemi, le président Raymond Poincaré. Un an plus tard était signé l'armistice, et cette victoire de la France valut le surnom de « Père la Victoire » à celui qui était appelé auparavant « Le Tigre ».

INVENTIONS INSOLITES

La barboteuse serpillière

Oui, certains ont osé : ajouter des franges nettoyantes à la barboteuse des enfants qui commencent à se mouvoir, pour que leurs déplacements aient une action nettoyante ! Sous prétexte d'augmenter l'amortissement des chocs et le confort de bébé sur le parquet, ces géniaux créatifs ont tout simplement transformé la progéniture de nombreux couples en serpillière vivante !

M. et Mme Zalcol
Viticulteurs
vous annoncent la naissance
de leur fils

VINCENT

REMAKES REMAKES REMAKES REMAKES
LA MOUCHE

En 1986, David Cronenberg terrorise les spectateurs des salles obscures, en mettant en scène la mutation monstrueuse de Jeff Goldblum, malheureux scientifique dépassé par sa propre invention. *La Mouche*, petit bijou de science-fiction, reçoit un accueil critique et public plus large que prévu, qui le propulse au rang de film culte. Le film original, *La Mouche noire*, de Kurt Neumann, tourné en 1958, n'a pas atteint pas ces sommets, mais demeure l'un des grands succès commerciaux de la Fox à la fin des années 1960. La thématique fantastique, ainsi que la présence de l'un des grands acteurs d'épouvante de l'époque, Vincent Price (dans un second rôle), propulse le film tout en haut du box-office américain, si bien que deux suites seront tournées. Jusqu'au passage du bulldozer Cronenberg, qui éclipsera toutes ces versions antérieures.

Kézako

L'impression 3D

L'impression en deux dimensions, ça, vous savez ce que c'est. Il faut dire que les procédés d'impression sur papier ne datent pas d'hier, et même nos imprimantes laser ont perdu de leur aspect innovant. Mais aujourd'hui, encore plus fort, les imprimantes se font 3D et permettent non plus d'imprimer du texte et des images sur une feuille, mais de créer des objets en relief à partir d'un schéma numérique. Le procédé est très simple : un fil de matériau (généralement du plastique) est chauffé et passe à travers une buse, puis il est déposé sur la zone d'impression. La machine « imprime » l'objet du bas vers le haut, couche après couche, selon le plan qui lui a été fourni au départ. Une fois l'impression terminée il reste à l'imprimeur à enlever l'excédent de matière, et voilà un objet bien réel créé à partir de rien. Parmi les impressions 3D les plus étonnantes, on trouve : une guitare électrique, une pizza (réellement comestible), une Aston Martin DB4, et même des prothèses médicales.

Le soleil se lève à **7h01** et se couche à **20h41**

« Pluie à la Saint-Augustin rend le sort des noix incertain. »

Un vrai feuilleton

Dans le paysage audiovisuel français, il y a des succès qui ne s'expliquent pas, et qui, bien des années après les diffusions initiales, ne s'estompent pas. La série *Columbo*, par exemple, est un OVNI pour les analystes. Née en 1968 et arrivée en France en 1972, la série regroupe encore aujourd'hui une moyenne d'un million de téléspectateurs par épisode. Si le comédien qui l'interprète est mort en 2011, son personnage, lui, a encore de beaux jours devant lui !

QUIZ CHANTEURS

Quel chanteur remerciait le « petit Jésus » d'avoir bien mangé et bien bu en 1971 ?

Patrick Topaloff

Rébus
ville française

MESNIL

MESNIL

Le Blanc-Mesnil

Fantaisies sexuelles

Si c'est dur à deux, essayez à trois !

« Triade », « trouple », « ménage à trois » ou « couple à trois »... les expressions sont nombreuses pour désigner ce qui fait encore exception, mais dont on parle de plus en plus : le trio amoureux et sexuel. Le premier mariage entre un homme et deux femmes a été célébré de manière très officielle en 2012 à Rio de Janeiro, au Brésil. Un deuxième trouple a été uni devant notaire en 2015, toujours au Brésil. Il s'agissait cette fois-ci de trois femmes. Un troisième, constitué de trois hommes, a célébré ses noces en Colombie en 2017, un an après la légalisation du mariage homosexuel dans le pays. Comme le dit le membre d'un trouple français interviewé par le magazine *Elle* en 2013, « la première fois qu'on a avoué à nos amis que nous vivions en ménage à trois, on a eu l'impression de faire un deuxième coming out » !

TOXIQUE OU NON ?

Colchique

« Le pré est vénéneux mais joli en automne Les vaches y paissant Lentement s'empoisonnent. » C'est Guillaume Apollinaire qui parle, et il évoque la fleur qui étoile les prairies « à la fin de l'été », comme dit la chanson, c'est-à-dire le colchique. C'est vrai qu'il est joli, avec sa corolle mauve ou rose, éclairée de jaune en son centre. Quant à vénéneux, il l'est, et même violemment. Sa toxicité lui a valu les doux noms de tue-chien et de tue-loup, mais il peut occire aussi les vaches et les humains. La description des symptômes, en cas d'ingestion, est éloquente : graves suffocations par gonflement de l'estomac et déchirure des entrailles ! On peut craindre une issue fatale pour une dose relativement faible. Avec une telle carte de visite, il n'est pas surprenant que le colchique ait fait le bonheur des magiciennes. C'est d'ailleurs à la première d'entre elles, la puissante Médée, qui habitait la Colchide, en Grèce, qu'il doit son nom. Il serait né de quelques gouttes d'une potion de rajeunissement que la sorcière a laissé tomber.

« *Qui aime la jeunesse aime la mer.* »
Tennessee Williams.

Noms de villages

Dans la catégorie « noms de communes originaux », en voici un sur la thématique physiologique. Ongles est une commune regroupant huit hameaux dans les Alpes de Haute-Provence, au pied de la montagne de la Lure. Oserait-on dire que ses habitants sont comme les doigts de la main ? Ou qu'il y traîne une population anormalement élevée de rongeurs ? On vous laisse choisir la blague !

Les « pourquoi ? » de l'histoire

Pourquoi appelle-t-on les soldats de 1914 les « poilus » ?

En argot, le mot « poilu » désigne quelqu'un de courageux, en écho à sa virilité. Le linguiste Albert Dauzat affirme même : « C'est l'homme qui a du poil au bon endroit, pas dans la main ! » À ces considérations symboliques s'ajoute la réalité du terrain pour les soldats qui, dans les tranchées, étaient souvent contraints de se laisser pousser la barbe, faute de pouvoir se raser.

Solution sudoku [p. 252]

3	8	1	5	9	2	7	6	4
4	6	9	1	7	8	3	2	5
5	2	7	4	3	6	8	9	1
9	1	8	2	6	5	4	3	7
7	5	2	3	4	9	6	1	8
6	3	4	7	8	1	2	5	9
1	9	3	8	2	4	5	7	6
8	7	6	9	5	3	1	4	2
2	4	5	6	1	7	9	8	3

PAS RAGOÛTANT

POUR VOUS FAIRE AVALER DES COULEUVRES !

L'ophiophagie, du grec *ophis* (le serpent), se pratique dans plusieurs pays du monde, notamment en Asie, au Viêt Nam particulièrement. On y consomme surtout des couleuvres d'eau, mais aussi de la viande de cobra, beaucoup plus difficile à trouver étant donné le danger que constitue le venin mortel de l'animal. Et si vous faites un tour à Hô-Chi-Minh-Ville, vous pourrez commander, pour accompagner votre cobra royal, une soupe de scorpions !

LE SERVICE NATIONAL UNIVERSEL

Ha! Ha! Ha!

Un Américain, un Russe et un Français discutent des prouesses techniques de leur pays au bar d'un grand hôtel.
L'Américain dit :
« Chez nous, nous construisons des gratte-ciel de cent cinquante étages… »
Le Russe dit :
« Chez nous, nous construisons des ponts sans piliers de plusieurs kilomètres de long… »
Le Français, embarrassé par tant de prouesses, déclare :
« Nous, les Français, lorsque nous sommes en érection, sept corbeaux peuvent se percher sur notre sexe ! »
Le lendemain matin, au petit déjeuner, chacun fait amende honorable de ses déclarations exagérées de la veille.
L'Américain dit :
« Nos gratte-ciel atteignent quatre-vingts étages, ce qui est déjà beaucoup ! »
Le Russe :
« Lorsque nous faisons des ponts de plusieurs kilomètres, quelques piliers sont bien évidemment indispensables ! »
À son tour, le Français prétend rétablir la vérité :
« J'ai exagéré aussi, car le septième corbeau a une patte dans le vide… »

Vendredi 30 août

Saint Fiacre On fête aussi les Fantine, Edern, Juvénal

Le soleil se lève à **7 h 03** et se couche à **20 h 37**

« Soleil rouge en août, c'est de la pluie partout. »

Vermot Régions

HAUTE-CORSE/ CAPU TAFUNATU

Montagne du département de la Haute-Corse, le Capu Tafunatu culmine à 2 335 m d'altitude. Son nom peut se traduire par « tête trouée », car son sommet est percé d'un trou de 35 m de largeur sur 10 m de hauteur. Selon le naturaliste Buffon, ce serait un des sommets du continent englouti de l'Atlantide…

Stars en famille

Dans la famille Lamy, je voudrais les deux sœurs et leurs enfants ! Toutes deux filles de Michel et Michèle Lamy, Alexandra et Audrey Lamy sont comédienne et humoriste. La première a donné naissance à Chloé Jouannet, la seconde à Léo Sabatier. Le papa de Chloé, Thomas Jouannet, est lui-même un acteur suisse, et celui de Léo, Thomas Sabatier, un spécialiste des réseaux sociaux.

RECORDS FOUS DE SPORTIFS

Faire des roulades, c'est à la portée de plus ou moins tout le monde. L'exercice est tellement basique qu'il est proposé à toutes les sauces ou presque dans les cours de gymnastique pour enfants. Mais parfois, la roulade est un art. Notamment pour ce jeune Britannique de 14 ans qui a battu en 2013 le record du plus grand nombre de roulades en une minute. Tenez-vous bien, il est parvenu à en accomplir 75, soit plus d'une par seconde ! À moins que les juges ne se soient fait rouler…

Un Français, un Anglais et un Allemand sont au restaurant. L'Anglais dit :
« Le type, là-bas, on dirait Jésus… Je vais lui demander. »
Il s'approche et dit :
« Vous ressemblez à Jésus.
– Mais je suis Jésus, répond l'homme.
– Oh, dites donc, Jésus, j'ai un mal de tête… Vous pourriez faire quelque chose ? »
Jésus pose sa main sur le front de l'Anglais et le mal de tête disparaît. Il raconte ça à ses amis et l'Allemand se présente devant Jésus.
« Dites donc, Jésus, vous pourriez faire quelque chose pour mon tour de reins. »
Jésus pose sa main sur le dos de l'Allemand et la douleur disparaît. Jésus se dirige alors vers le Français.
« Et toi, tu n'as rien à me demander ?
– Ne me touchez pas, dit le Français, je suis en arrêt maladie ! »

L'Info

Cogiter comme un pigeon !

Ces oiseaux ne cesseront jamais de nous étonner ! Après les pigeons dealers (voir l'Info du 21 mai), les pigeons penseurs ! Selon une étude publiée il y a quelques mois dans Current Biology, *le volatile le plus détesté des Parisiens, ce « rat volant » comme disent certains, sait faire la distinction entre les concepts abstraits du temps et de l'espace. Pour Edward Wasserman, professeur de psychologie expérimentale à l'université d'Iowa et principal auteur de cette étude, la capacité cognitive de ces oiseaux est très proche de celle des grands singes et des humains. Pour cette expérience, les pigeons devaient choisir entre quatre symboles visuels pour indiquer si une ligne qu'ils voyaient sur un écran était longue ou courte et si elle apparaissait brièvement ou longtemps. Les bonnes réponses étaient récompensées par de la nourriture. En faisant varier la taille et la durée d'apparition des lignes de manière aléatoire, les chercheurs se sont aperçus que les oiseaux étaient capables de déterminer que les lignes qui apparaissaient plus longtemps étaient également les plus longues. Des résultats similaires ont été constatés lors de tests menés avec des humains et des singes. Sauf que les pigeons n'ayant pas, comme nous et les primates, de cortex pariétal pour traiter les informations abstraites d'espace et de temps, ils doivent utiliser une autre partie de leur cerveau. La fameuse « cervelle d'oiseau », peut-être ?*

Samedi 31 août

Saint Aristide On fête aussi les Aidan, Aricie, Zaïdane

« Les maisons de retraite, c'est comme les colonies de vacances, sauf qu'il n'y a pas de rentrée des classes. »
Patrick Timsit

PROVERBES PATOIS

Proverbe lotois

Force est de constater que les proverbes les plus classiques sont déclinés dans les langues régionales, comme le montre cette expression de Villesèque, dans le Lot : « *Lon nou prend pas lay mouscos ambé dé binagré, ni may lébrés ambé un tambour.* » qui signifie « qu'on ne prend pas de mouches avec du vinaigre, ni des lièvres avec un tambour ».

Cette blague nous est proposée par Michel Bucher, fidèle lecteur.
Ce petit garçon de cannibale n'a pas de bonnes notes à l'école. C'est pourquoi il n 'ose pas entrer dans sa case. Son père, le voyant hésiter, lui crie : « Approche, je ne vais pas te manger ! »

Charade

Mon premier n'est pas beau.
Mon deuxième est un genre cinématographique pour ceux qui ont l'estomac bien accroché.
Mon troisième est très personnel.
Mon quatrième se paye.
Mon cinquième est matière à pantoufle.
Mon sixième a son linge.
Mon tout est un lieu de vues splendides et impressionnantes du sud-est de la France.

LES GORGES DU VERCORS (LAID - GORE - JE - DÛ - VAIR - CORPS)

Régiments

Connaissez-vous les « Spetsnaz » ? Cette unité de forces spéciales russe, l'une des plus prestigieuses du monde, a un seul mot d'ordre : l'efficacité absolue dans sa mission, par tous les moyens disponibles. Spécialisés dans les missions à très haut risque ou fort enjeu politique, les Spetsnaz sont formés à toutes formes de combat : mains nues, armes blanches, lancers, armes à feu, et aux techniques de survie les plus extrêmes. Ils sont également rompus à des techniques de torture et d'interrogatoire, ainsi que de sabotage et d'infiltration. Bref, ils savent à peu près tout faire ! La légende raconte que, pour s'endurcir, les nouveaux membres des Spetsnaz doivent se casser eux-mêmes volontairement un os sans émettre le moindre cri pour prouver leur résistance à la douleur. Des types sympas, en somme…

VIVE LA POSTE !

Être facteur, c'est avant tout une mission de service public : les lettres qui sont confiées aux bons soins postaux ont parfois une importance cruciale et rien ne doit les empêcher d'arriver à destination. Mais pour certains, la mission se transforme en larcin… Gabriel March Granados, un postier espagnol qui exerçait dans les années 1970, est de ceux-là. Plutôt que de distribuer le courrier, il ouvrait systématiquement toutes les enveloppes qui lui tombaient sous la main pour en tirer les valeurs qui s'y trouvaient parfois. À seulement 22 ans, on considère qu'il avait « oublié » de distribuer plus de 42 000 lettres. Si le délit est exceptionnel, la peine qui fut prononcée à l'encontre du facteur indélicat l'est aussi : 385 912 années de prison. On espère qu'il reçoit du courrier pour passer le temps…

Dimanche 1er septembre

Saint Gilles On fête aussi les Douceline, Josué

Le soleil se lève à **7 h 06** *et se couche à* **20 h 33**

« Septembre se nomme le mai de l'automne. »

[Excuse my French]

À l'heure de la mondialisation, les anglicismes fleurissent dans les bureaux et autres open spaces. L'un deux, « *deadline* », sert à désigner une limite de temps pour un projet. Si le mot existe bel et bien en anglais et désigne la même chose, son origine, elle, est tout autre. La « *deadline* » désignait en effet la ligne sur un champ de bataille à partir de laquelle tout ennemi serait abattu à vue. Belle métaphore du monde du travail, n'est-il pas ?

Ils ont dit

Rihanna

« Dans la vie, on ne regrette pas ce qu'on n'a pas fait. »

Il y a 10 ans, le 1er septembre 2009 était le premier jour de l'interdiction progressive de la vente des ampoules à incandescence, qui allait devenir totale en 2012.

Septembre

Comment est-il possible qu'on acclame le fait qu'un engin lancé dans l'espace s'écrase au sol ? C'est ce qui s'est passé le 13 septembre 1959 : il faut dire que la sonde spatiale dont les ingénieurs applaudissent le crash a heurté non pas le sol terrestre, mais celui de la Lune ! Cet engin soviétique, dénommé Luna 2, est le premier à entrer en contact avec notre satellite naturel.

Trois ans plus tard, le 29 septembre 1962, le Canada devient le troisième pays lanceur de satellites, après l'URSS et les États-Unis, avec son Alouette 1.

Le 11 septembre 1985 marque une autre étape de l'histoire de l'exploration spatiale : l'approche d'une comète en pleine course. Il s'agit en l'occurrence d'une sonde européo-américaine qui survole la comète Giacobini-Zinner, avant de flirter l'année suivante avec la plus célèbre de toutes : la comète de Halley. À l'origine destinée à étudier les vents solaires, la sonde a été rebaptisée en cours de mission. De « ISEE » (« SE » fait référence au couple Soleil-Terre, *Sun-Earth* en anglais) elle devient « ICE » (avec C pour comète). Ce second nom est bien plus parlant, puisque *ice* signifie « glace » et que cette matière constitue le noyau des comètes.

C'est John Young (1930-2018) qui occupe la neuvième place sur la liste des douze hommes ayant marché sur la Lune. Commandant de la mission Apollo 16 en 1972, il s'était déjà approché à moins de 15 kilomètres de la Lune en mai 1969 grâce à Apollo 10, sorte de répétition générale de la mission la plus célèbre, Apollo 11. John Young ne s'arrête pas à son exploit lunaire : il pilote le premier vol en orbite d'une navette spatiale, le 12 avril 1981. Il s'agit de *Columbia*, aux commandes de laquelle il effectue aussi son dernier séjour dans l'espace en 1983, à l'âge de 53 ans. ■

GRANDES TOURS DU MONDE

LES TOURS PETRONAS

Depuis 1998, ces deux tours jumelles dominent du haut de leurs 452 m Kuala Lumpur, la capitale de la Malaisie. Elles ont été popularisées l'année suivante en servant de décor au film d'action *Haute Voltige*, avec Sean Connery et Catherine Zeta-Jones. Ces gratte-ciel, conçus par l'architecte américain César Pelli et construits pour le groupe pétrolier malaisien Petronas, sont reliés à 170 m du sol par une passerelle métallique à deux niveaux : le SkyBridge. Il y a tout juste dix ans, le 1er septembre 2009, le sportif de l'extrême Alain Robert, surnommé le « Spiderman français », parvenait au sommet de l'une des deux tours après l'avoir escaladée à mains nues !

Le soleil se lève à
7 h 08
et se couche à
20 h 31

Lundi **2 septembre**

Sainte Ingrid On fête aussi les Ingeborg

« Celui qui ouvre une école ferme une prison. »
Victor Hugo

RétroVermot

« Vous prétendez que votre machine fait le vide absolu ? Comment le savez-vous ?
– Dès que j'ai commencé à la faire marcher, tous les locataires ont donné congé au propriétaire. »

Protocole

Le protocole, pour qu'un événement officiel se déroule sans accroc, doit être absolument infaillible, c'est-à-dire qu'il prévoie tout le monde et toutes les situations. C'est pourquoi les membres des services du protocole travaillent d'arrache-pied pour contacter les invités, organiser leur venue et tout préparer au mieux. Mais parfois, cela ne suffit pas. Lors d'un dîner tenu à la mairie par le maire de Paris de l'époque, Jean Tiberi, en l'honneur du maire de Moscou, les invités s'apprêtent à passer à table. Mais, surprise, on s'aperçoit que la comtesse de Paris – personnage de haut rang – est présente, alors qu'aucune réponse n'avait été reçue de sa part. Ni une, ni deux, on négocie avec la personne assise à la droite de Jean Tiberi pour qu'elle se décale et que la comtesse prenne la place qui lui est due. Un jeu de chaises musicales aurait pourtant suffi !

Ça bulle

Imaginé par l'auteur Henri Vernes au début des années 1950, le héros Bob Morane est devenu la référence du genre « aventurier de BD mystérieux » et son succès a depuis longtemps dépassé les rêves de son créateur. Bob Morane s'est vu en effet consacrer pas moins de 222 romans, plusieurs films et un dessin animé, et surtout 83 albums de bande dessinée, devenus cultes. Le groupe Indochine lui a même dédié une chanson intitulée *L'Aventurier*, qui a ancré encore davantage le personnage dans la culture populaire.

OH LE GROS GÂCHIS !

Dépenses périphériques

En 2017, la chambre régionale des comptes d'Ile-de-France s'est penchée sur les finances du Blanc-Mesnil, en Seine-Saint-Denis. Et, entre les 140 000 euros dépensés chaque année en abonnements au PSG pour une trentaine de privilégiés « mal identifiés », les milliers de bouteilles d'alcool achetées pour un « usage indéterminé », les agents ou élus qui utilisent leur téléphone professionnel surtout à des fins personnelles ou les attributions fréquentes de « primes sans base légale », les Blancs-Mesnilois sont gâtés en matière de gabegie ! Et le pire, pour les 53 000 habitants, c'est que ces petits avantages ne motivent même pas les troupes. Au contraire ! D'après la chambre régionale des comptes, dans cette commune, le temps de travail est « largement inférieur à la durée annuelle légale » et l'absentéisme pour maladie a augmenté de 25 % entre 2011 et 2015 ! Pas très étonnant pour une ville qui « n'est pas en mesure d'identifier précisément la composition de ses effectifs ».

« À la Saint-Grégoire, il faut tailler la vigne pour boire. »

Noms de villages

En Loire-Atlantique, près de la Baule et Noirmoutier, se situe une petite station balnéaire qui a un penchant particulier pour la hiérarchie. Pourquoi? Eh bien, la réponse se trouve dans son nom : Saint-Michel-Chef-Chef. Les gendarmes rêvent d'y finir leur carrière, paraît-il!

Santé naturelle

Mangez du soja!

Glycine max, plus connue sous le nom de soja, est une plante grimpante oléagineuse. Médicalement, ce sont ses germes, si prisés des Asiatiques, qui présentent un intérêt. En effet, les germes de soja contiennent de nombreux principes actifs, notamment des isoflavones. Ces substances agissent comme des œstrogènes, les hormones sexuelles féminines. Cela fait du soja un allié précieux contre la ménopause. Ses autres principes actifs, comme l'arginine, donnent de bons résultats contre le « mauvais cholestérol », ainsi que pour le maintien de la densité osseuse.

Utilisation : gélules et comprimés. Germes de soja à consommer crus.

Chiffres étonnants de la science #13

Tous au poil!

Faire peau neuve, pas si facile (voir ci-dessous). La surface de notre enveloppe corporelle est comprise entre 1,5 et 2 m² et pèse 2 à 3 kg! Elle est irriguée par de minuscules réseaux de capillaires (jusqu'à 1 m de vaisseaux sanguins par centimètre carré). Un million de poils y croissent de 0,2 mm par jour. Les cheveux, plus rapides, poussent quotidiennement de 0,35 mm, soit 12,8 cm par an, et ont une espérance de vie de 5 ans. Le cuir chevelu en compte 100 000 à 150 000, avec une densité de 150 à 200 par centimètre carré. Si vous en perdez 40 à 50 par jour, pas de panique, vous êtes dans la moyenne!

Le Chiffre

80 %

C'est le pourcentage de « peau neuve » qui a été reconstituée sur un jeune patient, atteint d'une maladie rare. Admis dans un état critique par un hôpital allemand il y a quatre ans, l'enfant était considéré par les médecins comme condamné, au vu des dégâts provoqués par la maladie héréditaire dont il était atteint depuis sa naissance. Appelée épidermolyse bulleuse jonctionnelle (EBJ), cette maladie provoque la formation de cloques entre l'épiderme et le derme, et une desquamation au moindre contact. Plus de 40 % des malades meurent avant l'âge de 15 ans. Le jeune garçon avait « perdu son épiderme » sur presque les deux tiers de la surface de son corps avant l'intervention de Michele de Luca, spécialiste international de la médecine régénérative. Le professeur italien et son équipe ont prélevé des cellules de peau sur une partie du corps non abîmée; ils y ont inséré une forme non mutée du gène responsable de la maladie, puis ils ont placé ces cellules génétiquement modifiées en culture in vitro. Cette peau reconstituée a progressivement été greffée sur le patient pour atteindre 80 % de son corps après de multiples opérations. Deux ans après être sorti de l'hôpital, le jeune Allemand pouvait étudier normalement, sortir avec des amis, jouer au football, tout cela sans antidouleurs. Il a fait peau neuve…

Mercredi 4 septembre

Sainte Rosalie On fête aussi les Iris, Hermione, Moïse

« Se taire en classe, c'est respecter le sommeil des autres. »
Anonyme

Charade alphabétique

Mon premier déploie ses couleurs.

Mon deuxième n'est pas rapide.

Mon troisième garnit la viande.

Mon tout est un peintre français postimpressionniste, chef de file de l'École de Pont-Aven.

PAUL GAUGUIN. Mon premier est Paul, car Paul hisse (Police). Mon deuxième est Gau, car Gau est lent (Goéland). Mon troisième est Guin, car Guin barde (Guimbarde).

Vermot Régions

ALLIER / LES 10 JUMEAUX DE LAVAULT

À la rentrée 2016, quelle ne fut pas la surprise de la professeure des écoles de Lavault-Sainte-Anne d'accueillir dans sa classe 10 jumeaux! Au total, ces 5 paires de frères et sœurs représentent la moitié de l'effectif de la classe et 10 % de celui de l'école. Un record qui est simplement lié au hasard de la présence de nombreux jumeaux dans une même tranche d'âge. Et un challenge pour leur maîtresse : ne pas les confondre!

CONCOURS LÉPINE

Parmi les inventions présentées et récompensées à divers niveaux au concours Lépine, on constate que les inventeurs se penchent sur un problème commun à presque tous les humains : la difficulté à se réveiller en général, et plus encore la difficulté à se réveiller de bonne humeur ! C'est sans doute parce que nous sommes tous un peu ronchons le matin que, dès 1932, on a vu dans la liste des lauréats une machine à café à filtre faisant également réveille-matin et pouvant parler ! Rebelote en 2015, avec le « réveil olfactif », présenté par un jeune Nantais, qui propose de se réveiller grâce à son odeur préférée : croissant chaud, café, pêche, et même l'odeur de l'argent (oui, oui !). Heureusement, l'inventeur a prévu une alarme annexe pour les dormeurs au nez bouché ! Il faut avoir du flair...

Au menu

Côtes de porc marinées et courgettes au cumin

POUR 4 PERS.
20 MIN DE PRÉPARATION
1 H DE MARINADE
20 MIN DE CUISSON

- 1 GOUSSE D'AIL
- 3 CITRONS
- 6 COURGETTES
- 4 CÔTES DE PORC
- 4 CUIL. À SOUPE D'HUILE D'OLIVE
- 1 CUIL. À CAFÉ DE CUMIN EN POUDRE
- SEL, POIVRE

Pelez l'ail, piquez-le sur une fourchette et frottez-en un plat. Pressez les citrons dans le plat. Versez 2 cuillerées à soupe d'huile, salez, poivrez et mélangez bien. Déposez la viande dans la marinade et laissez reposer 1 heure au frais.

Pelez les courgettes, puis râpez-les à l'aide d'une râpe à gros trous ou émincez-les très finement. Vous pouvez également les trancher en rondelles très fines.

Dans une cocotte, un wok ou une poêle, faites chauffer 2 cuillerées à soupe d'huile, puis ajoutez les courgettes. Salez, poivrez et ajoutez le cumin. Laissez fondre à feu doux.

Pendant ce temps, sortez la viande du réfrigérateur, faites chauffer une poêle à feu vif et saisissez la viande préalablement égouttée. Laissez cuire à cœur ,puis servez avec les courgettes.

Conseil : la viande est délicieuse quand elle a mariné dans le citron. Ses saveurs se mêlent très bien à celle du cumin !

Jeudi 5 septembre

Sainte Raïssa On fête aussi les Iraïs, Bertin, Raïa

Le soleil se lève à **7h12** *et se couche à* **20h25**

« En septembre, si tu es prudent, achète grains et vêtements. »

Les « pourquoi ? » de l'histoire

Pourquoi conduit-on à droite en France ?

Autrefois, tout le monde circulait à gauche sur une route. Les porteurs d'épées étant droitiers et leur arme placée à gauche, ils évitaient ainsi qu'elles s'entrechoquent quand ils se croisaient. De même, les batailles commençaient toujours par la gauche, jusqu'à ce que Napoléon Ier décide d'attaquer par la droite. Fort de son succès, il imposa qu'on circule à droite sur les routes.

VISIONNAIRES

John Burdon Sanderson Haldane était un généticien britannique né en 1892. Multi-spécialiste, l'homme était à la pointe en physiologie, génétique, biologie de l'évolution et mathématiques.. Rien que ça ! Pas étonnant donc qu'en 1923, quand il tint une conférence, un public nombreux se soit massé pour l'écouter. Le thème de la conférence ? La prévision des évolutions technologiques dans des domaines variés. Parmi les « prophéties » faites par le scientifique et qui se sont réalisées, on compte la mise au point d'organismes génétiquement modifiés, la procréation assistée et, plus précisément, la fécondation in vitro ou encore l'ectogenèse.

LES LYCÉENS PRÉPARENT LE BAC

Ha ! Ha ! Ha !

Un soir très tard, un homme en costume entre dans un bar, s'installe au comptoir et commande une limonade et un whisky. Les deux verres sont à peine posés sur le comptoir qu'une petite souris sort de l'une des poches, saute sur le comptoir et siffle le verre de whisky d'une traite avant de retourner dans la poche. L'homme au costume, tout en continuant à siroter sa limonade, commande un autre whisky. Intrigué, le patron le lui apporte et, le verre à peine posé, la petite souris sort de la poche, saute sur le comptoir, siffle le whisky d'une traite avant de retourner dans la poche. Alors que l'homme en costume lui demande un troisième whisky, le patron lui demande :

« Monsieur, désolé de vous importuner, mais je n'ai jamais vu une chose pareille ! Comment votre petite souris peut-elle boire trois verres de whisky, comme ça, cul sec ? »

Et l'autre lui répond tranquillement :

« Oh ça c'est rien ! Il lui en faut au moins cinq quand il a perdu au poker. Mais ne vous inquiétez pas, ce soir, c'est moi qui conduis… »

REMARQUABLES

ARBORETUM D'HARCOURT

Bernard le Danois a-t-il planté des arbres ? Toujours est-il que c'est à ce compagnon du chef viking Rollon, du xe siècle, que la maison d'Harcourt, l'une des plus vieilles de France, attribue ses origines et celles de son domaine, sis en Normandie, non loin de Brionne. On peut y voir un beau château, mi-médiéval et mi-classique, et une collection d'arbres exceptionnelle. Cet arboretum est sans doute le plus ancien de France, puisqu'il a été créé en 1833 par la Société royale d'agriculture et par François Michaux, botaniste et grand voyageur, qui a ramené beaucoup de plantes d'Amérique du Nord. C'est pourquoi le domaine comprend de nombreuses et vénérables espèces d'outre-Atlantique, mais on y voit aussi des arbres européens, en particulier deux hêtres tortillards (*Fagus salvatica* groupe *Tortuosa*), appelés aussi « faux de Verzy ». Plantés par Maurice de Vilmorin au début du xxe siècle, ils se tortillent en effet en une étonnante danse frénétique immobile, comme s'ils étaient chatouillés par des elfes malicieux.

Vendredi 6 septembre

Saint Bertrand On fête aussi les Ève, Évelyne, Bee, Onésiphore

« À la Saint-Onésiphore, la sève s'endort. »

EMOJI

La liste des emoji est bien évidemment réduite par le lent processus d'intégration de nouveaux emoji, et il n'est donc pas possible de tout exprimer en emoji. Enfin, pas encore… Car des chercheurs de tous bords, en informatique, communication et linguistique, ont monté un projet visant à regrouper suffisamment d'emoji pour en faire un langage visuel universel, permettant de dépasser la barrière de la langue dans bien des cas. Utile pour demander les toilettes lors de votre prochain voyage !

Molière en vadrouille

À un ami qui fait face à une situation difficile, on dira de tenir bon, de ne pas lâcher l'affaire. Dans la même situation, au Québec, on dira plutôt de ne pas « lâcher la patate ». Cette expression imagée à souhait vient du cajun et s'est installée au XXe siècle dans le français parlé sur le continent américain, de la Louisiane au Québec.

RUGBY

Dans deux semaines débute la Coupe de monde de rugby à XV. Le rugby, comme tous les sports d'équipe, est fait d'une infinité d'émotions mélangées, entre la frustration et la tristesse des perdants et le triomphe des gagnants. Lors des matchs de Coupe du monde, ces émotions sont bien évidemment décuplées en raison de l'enjeu et de l'espoir des fans de tout un pays qui pèsent sur les épaules des joueurs. Lorsqu'une grande victoire arrive, elle est donc d'autant plus importante, et encore plus quand c'est un record. Difficile donc d'imaginer la joie des Anglais et le désespoir des Néerlandais au sortir de ce match d'anthologie de 1999, lors duquel le XV de la Rose a écrasé les Pays-Bas par 110 à 0. Même pour des gaillards habitués à prendre des chocs, ça a dû être rude !

Le Chiffre

12 554

C'est le nombre total d'espèces microbiennes différentes qui ont été détectées à bord de l'ISS, la station spatiale internationale, selon une étude dont les résultats ont été publiés par le Washington Post. *Pendant un an, les astronautes ont prélevé des échantillons dans une quinzaine de lieux différents (ordinateurs, téléphones, portes, ventilations…). En les analysant, les scientifiques ont pu déterminer qu'entre 1 036 et 4 294 espèces de bactéries colonisaient la zone de prélèvement. Si la quantité de micro-organismes découverts à 400 km au-dessus de nos têtes n'a pas surpris les chercheurs, leur assemblage est plus étonnant : la composition de la communauté microbienne sur l'ISS est similaire à celle qu'on trouve dans une maison. Pourtant, avant de partir dans l'espace, tout l'équipement est stérilisé et les humains sont donc le seul moyen de transport pour des bactéries. On pouvait donc s'attendre à un résultat plus proche du microbiome de l'homme que de celui de son appartement. Espèces d'origine extra-terrestres, mutations ou « pollutions » involontaires, aucune piste n'est écartée pour expliquer le phénomène.*

Samedi 7 septembre

Sainte Reine On fête aussi les Cloud, Régine, Gina

Le soleil se lève à 7h15 et se couche à 20h21

« À la Sainte-Reine, sème tes graines. »

SLOGANS

De la lutte des jeunes Américains contre la boucherie que fut la guerre du Viêt Nam, nous reste aujourd'hui cette formule célébrissime : « Faites l'amour, pas la guerre. » Sa création est généralement attribuée à Gershon Legman, jeune universitaire à l'époque. Immédiatement reprise sur les banderoles des mouvements antimilitaristes américains et dans le monde entier, la formule est passée à la postérité, notamment du fait de ses nombreuses apparitions dans des chansons populaires (dont celles de John Lennon, de Bob Marley et, plus près de nous, de Francis Lalanne).

CHANSONS D'ÉDITH PIAF

E	S	N	O	L	F	N	O	L	F	O	U	L	E
N	I	L	L	V	G	F	A	X	P	I	V	T	S
L	I	R	H	E	N	X	K	A	U	Y	T	Y	L
W	N	A	A	Y	G	C	R	F	X	E	E	R	A
E	M	I	R	M	M	I	R	B	R	D	Y	R	V
L	O	E	O	F	S	N	O	G	A	A	E	M	D
L	H	T	T	T	E	U	E	N	Y	I	E	I	T
I	O	N	N	R	L	R	E	Q	N	Z	M	B	A
T	M	A	O	E	O	R	I	N	R	A	X	R	M
S	M	L	V	S	E	A	O	O	N	L	I	A	A
A	E	A	E	S	N	S	T	C	T	D	O	R	N
B	R	U	B	G	I	A	H	P	N	S	B	L	E
D	W	O	E	R	U	E	H	H	Q	A	I	S	G
I	W	G	P	Q	S	D	B	C	L	O	S	H	E

Solution page 274

Cherchez les mots qui manquent dans les titres de chansons d'Édith Piaf. Ils sont cachés dans la grille ci-dessus. Vous les trouverez horizontalement, verticalement ou diagonalement.

Les _ _ _ _ _ _ d'un jour
Johnny tu n'es pas un _ _ _ _ _ _
_ _ _ _ _ _ dans ma rue
Le diable de la _ _ _ _ _ _
_ _ _ _ _ _ du crime
Pour qu'elle soit jolie ma _ _ _ _ _
Je hais les _ _ _ _ _ _
Les _ _ _ _ _ _ du bal
La _ _ _ _ _ _
La _ _ _ _ _ _ du pauvre Jean
La belle _ _ _ _ _ _ d'amour
Un _ _ _ _ _ _ comme les autres
_ _ _ _ _ _ à l'amour
Mon _ _ _ _ _ _

Mon _ _ _ _ _ _ à moi
La P'tite _ _ _ _ _ _
Le _ _ _ _ _ _ de Paris
L'homme à la _ _ _ _ _ _
Sous le ciel de _ _ _ _ _ _
Le _ _ _ _ _ _ de la tour
_ _ _ _ _ _ juillet
Un _ _ _ _ _ _ courait dans la rue
Non, je ne _ _ _ _ _ _ rien
La vie en _ _ _ _ _ _
_ _ _ _ _ _ du pavé
La _ _ _ _ _ _ de l'amour
C'est d'la faute à tes _ _ _ _ _ _

Rébus

cuisine

Pomme de terre
Pomme de terre
Pomme de terre
Pomme de terre
Pomme de terre
Pomme de terre
Pomme de terre

Pâté aux pommes de terre

HAUT EN COULEUR

Outre l'animal, savez-vous ce qu'est un « éléphant blanc » ? Selon l'expression commune, il s'agit d'un projet d'envergure, souvent prestigieux, mais qui s'avère finalement plus coûteux que prévu, et dans la conception et dans l'entretien. Cela vient du fait qu'en Inde, offrir un éléphant blanc était un très beau geste, mais qui pouvait coûter cher à celui qui recevait le cadeau ! Tant qu'on n'y voit pas des éléphants roses !

« Écoute les conseils de tous et prends celui qui te convient. »

GÉNÉRATION Z

Vous êtes amateur de brocante ? Nous aussi ! Mais ne vous y méprenez pas si un jour un jeune de votre entourage vous annonce qu'il « va chiner », surtout s'il vous dit ça le soir. Car il ne s'agit pas ici de chercher des meubles parmi les vieilleries un dimanche matin pluvieux, mais de séduire. « Chiner » est, dans le langage de la nouvelle génération, l'équivalent de « draguer », « flirter ». Chercher l'amour ou une commode Louis XV, quelle différence ?

Vermot Régions

CÔTE-D'OR / UN NOM COLORÉ

La Côte-d'Or fait partie des rares départements français à ne pas tirer son nom d'un cours d'eau ou d'une montagne. C'est en hommage à la teinte dorée que les vignes donnent aux paysages de la côte beaunoise à l'automne que l'avocat André-Rémy Arnoult, député de l'Assemblée nationale en 1790, proposa ce nom qui fut retenu pour le département.

Les comportements extraordinaires des animaux

Un oiseau jardinier qui assure

Il n'a pas grand-chose pour séduire, mais il se démène pour y arriver ! Le jardinier satiné (*Ptilonorhynchus violaceus*), un petit oiseau australien au plumage bleu foncé plutôt discret, séduit sa femelle en lui préparant une suite digne du Carlton ! Sur un socle, il dresse des brindilles de façon à construire une espèce d'ogive qu'il badigeonne de jus de baies bleues et de salive, en utilisant comme pinceau un copeau d'écorce. Il s'attaque ensuite à l'entrée de cette chambre nuptiale originale, qu'il décore de plumes, de coquillages, de petits morceaux de verre et même de bouchons ou tout autre objet… de couleur bleue. Assurément la couleur de l'amour dans cette espèce !

De mauvais goût

Les cartes Crados

« Parents ! Si vous ne réagissez pas immédiatement et énergiquement contre cette pollution des esprits, ne vous étonnez pas si vos enfants partent à la dérive et finissent à la cocaïne. » Le propos, plus qu'alarmiste, est signé Jacques-Yves Cousteau en 1989. L'objet de son courroux et de celui d'une armée d'éducateurs, politiques et parents à l'époque : les cartes Crados qui envahissent alors les cours de récré. Ces images à collectionner représentent des personnages grotesques prénommés Honoré Vapété, Sébastien Purin, Valérie la Carie, Laetitia Pudébras… Si « l'homme au bonnet rouge » est un peu excessif quant aux conséquences sociétales de l'humour « pipi-caca-vomi » des familles Dégueulos, Gravos ou Déchiros, ces cartes assument un mauvais goût qui tranche radicalement avec l'esthétique sage des images Panini et consorts. Créées par Art Spiegelman, futur Pulitzer, les *Garbage Pail Kids* (« enfants des poubelles »), nom américain des Crados, sont les parodies d'un jouet qui rencontre un énorme succès à cette époque : les *Cabbage Patch Kids* (« les enfants-choux »), des poupées en tissu baptisées Patoufs en France. Or, ces poupons joufflus et gonflés au marketing rose bonbon présentent bizarrement une ressemblance avec Chucky, la poupée possédée et tueuse. Une « pollution des esprits », lancée exactement la même année au cinéma, un peu plus angoissante et trash qu'une image « Pascal Troudeballe ».

Lundi 9 septembre

Saint Alain On fête aussi les Omer, Alana, Alan, Gorgon

Le soleil se lève à 7h18 et se couche à 20h17

« La rentrée littéraire est une maladie française qu'il ne faut surtout pas soigner. »
Frédéric Beigbeder

YÉ-YÉ

Le succès de la chanson With a *Little Help from My Friends* a été bien servi par des interprètes de grand talent, dont les Beatles, qui l'ont écrite, et Joe Cocker, qui l'a reprise en 1968. Plus discrète est la version traduite sortie par Sacha Distel et Véronique Sanson en 1967, dont le titre est une traduction littérale : *Avec un petit coup de main des copains*. Le découpage syllabique adapté à l'anglais donne au refrain un côté poussif et peu musical en français, bref, un succès !

SISYPHE REVISITED

Problèmes du certificat d'études

À la piscine, l'entrée au tarif enfant est à 4 francs et le tarif adulte à 6 francs. Il est entré aujourd'hui 256 personnes et la recette s'élève à 1248 francs.
Quel est le nombre d'entrées de chaque sorte ?

Réponse : 144 enfants et 112 adultes.

L'Info

Bonne, la truffe parisienne ?

S'il y a bien longtemps déjà que les « fameux » champignons de Paris ne se cultivent plus dans les anciennes carrières de la capitale, des chercheurs du Muséum national d'histoire naturelle ont eu l'an passé la surprise de découvrir une truffe noire sur le toit végétalisé d'un hôtel, à proximité de la tour Eiffel. Elle était enfouie à 15 cm de profondeur, au pied d'un charme. Comment ce spécimen de Tuber brumale*, une espèce comestible mais peu consommée, qui pousse d'ordinaire dans le Périgord, a-t-il atterri là ? Quelles sont les conditions « micro-locales » qui lui ont permis de se développer ? Impossible de répondre pour l'instant. Mais le « fruit » va être examiné sous tous ses globes, plis, filaments et spores pour résoudre le mystère. Évolution de la biodiversité liée au changement climatique, mutation des écosystèmes urbains, impact environnemental des toitures végétalisées... on devrait tout savoir dans quelques mois. Sauf l'essentiel : la saveur de la truffe parisienne. Personne n'a pensé à la goûter avant de l'émincer !*

LA CONTREFAÇON DANS L'HORLOGERIE

Meilleures tables de France

Yannick Alléno au Pavillon Ledoyen

En investissant en 2014 les cuisines de ce restaurant parisien mythique, le chef Yannick Alléno a réussi le pari de sublimer un lieu de traditions, tout en imposant une cuisine moderne et innovante. Car, si la salle du restaurant est classée monument historique – son enfilade de baies vitrées la rend exceptionnelle –, les inventions culinaires de M. Alléno sont tout aussi fascinantes. Au *Pavillon Ledoyen*, on ne parle pas de sauces mais « d'extractions », les mets sont « architecturés » et les « bouillités », bouillons de crudités, se dégustent en mise en bouche. Foie gras de canard confit aux algues, noix de Saint-Jacques à l'extraction de maïs, agneau de lait en sauce truffée, le menu est aussi séduisant qu'inattendu. Une inventivité qui place le restaurant de Yannick Alléno au rang de 31e meilleur restaurant mondial, selon le *50 Best* 2017, et lui accorde trois étoiles *Michelin* et cinq toques *Gault & Millau*.

« À la Sainte-Inès, travaille sans cesse. »

Perles de sportifs

Préfixe

Qui l'a dit ? Frédéric Déhu, ancien international de football : « Vous m'avez posé une question, vous pourriez avoir l'indécence de m'écouter ! » Pourquoi, ca va être si intéressant que ça ?

SURNOMS
LES PÉTROLEUSES

Avant de devenir le titre d'un film de Christian-Jaque avec Brigitte Bardot et Claudia Cardinale, « pétroleuses » est le surnom donné aux femmes qui combattirent lors de la Commune de Paris, en 1871. On les retrouve dans les récits de l'époque et sur les gravures où elles sont figurées, munies de bouteilles remplies de pétrole qu'elles lançaient sur les façades ou dans les caves.

TOXIQUE OU NON ?
Fusain

On l'appelle « bonnet d'évêque », parce que son fruit, rose corail, ressemble non pas à une mitre, mais au curieux bonnet que portaient les prélats dans la vie quotidienne. Toutefois, le couvre-chef se faisant rare, ce nom pittoresque se perd. D'ailleurs, ce fruit est plus complexe qu'un simple bonnet : il finit par s'ouvrir et laisse apparaître sa graine, d'un superbe rouge orangé. C'est là ce qui fait toute la valeur décorative du fusain (*Euonymus europaeus*), parce que l'arbuste se couvre d'une belle profusion de ces jolies baies qui persistent longtemps en hiver, puisque les oiseaux ne les mangent pas... Et ils sont à vrai dire bien avisés, car elles sont hautement toxiques, de même que les fleurs verdâtres, les feuilles dentées et l'écorce. Les accidents ne sont pas rares, car les enfants se laissent tenter par ces « bonbons roses ». Et ils sont d'autant plus graves que les effets ne se font sentir qu'une dizaine d'heures après l'ingestion. Moralité : pas de fusain au jardin si l'on a de jeunes enfants à la maison !

VERSEMENT DES ALLOCATIONS DE RENTRÉE SCOLAIRE

Régiments

En France, pour faire partie d'un commando, unité d'élite spécialisée dans les missions les plus délicates et dangereuses, les soldats doivent passer une batterie de tests et, surtout, réussir le fameux STAC, un stage de 9 semaines qui doit déterminer si, oui ou non, ils ont les aptitudes requises pour rejoindre une unité commando. Au programme de ces festivités qui se tiennent à Lorient, une pression physique et psychologique constante et des épreuves particulièrement rudes. Comme la « cuve », épreuve qui consiste à aller chercher un mannequin situé à 4 m de profondeur dans une eau trouble à 7° C. Ou encore le « coxage », qui consiste en un enlèvement de la recrue qui doit s'échapper en un temps donné, tout en récupérant des informations sur « l'ennemi ». Facile !

Mercredi 11 septembre

Saint Adelphe On fête aussi les Bodon, Patient

Le soleil se lève à **7 h 20** et se couche à **20 h 12**

« Comme 1914 a marqué l'entrée dans le XXe siècle, le 11 septembre 2001 a marqué l'entrée dans le XXIe siècle. »
Jean-François Deniau

EXPRESSIONS IMAGÉES

Jeter l'argent par les fenêtres

Hier, comme encore parfois aujourd'hui, des musiciens passent dans nos rues en espérant que les habitants généreux leur envoient une petite pièce. Quelques esprits chagrins imaginent que cet argent va être mal utilisé et donc qu'il est dépensé inutilement. Pour eux, la charité est égale au gaspillage et ils n'aiment donc pas « jeter l'argent par les fenêtres ».

Un vrai feuilleton

Pour ce qui touche au nom des séries télévisées, l'exception française est parfois bien surprenante, et les traductions bien éloignées du titre original. Par exemple, notre *Croisière s'amuse* est un *love boat* (bateau de l'amour) en anglais, les *Drôles de dames* sont les *Charlie's angels* (les anges de Charlie), et *Shérif fais moi peur* « traduit » *The Dukes of Hazzard* (les Duke de Hazzard). La globalisation a ses raisons…

Ha! Ha! Ha!

Étienne a 36 ans. Bel homme, il rêve de se marier. Pourtant, il est toujours célibataire. Un jour, son ami Pierre lui avoue son étonnement :
« Étienne, tu as tout pour toi ! Franchement, je ne comprends pas pourquoi tu n'arrives pas à te trouver une femme ? »
L'autre lui répond :
« Tu sais, j'en ai rencontré plusieurs avec lesquelles j'aurais aimé me marier ! Mais, dès que je les présente à mes parents, les choses tournent mal. Ma mère ne les aime pas. »
Pierre lui dit alors :
« J'ai la solution parfaite pour toi : trouve une femme qui ressemble le plus possible à ta mère ! »
Quelques mois plus tard, les deux amis se rencontrent à nouveau.
« Alors, dit Pierre. Tu as réussi à te trouver une épouse ?
– J'ai cherché longtemps, répond Étienne, mais j'ai bien fini par trouver la femme parfaite, semblable en tout point à ma mère. Et tu avais entièrement raison : ma mère l'adorait.
– Eh bien, tout va bien alors ? » s'exclame l'autre.
Alors, Étienne lui lance, dépité :
« Elle, c'est mon père qui ne la supportait pas… »

GRANDES TOURS DU MONDE

GRANDES TOURS DISPARUES

Nous avons tous en mémoire les images de la destruction à New York, le 11 septembre 2001, des tours jumelles du World Trade Center. Ou plutôt, tours « quasi jumelles » : la tour Nord dépassait de 109 m la tour Sud en raison de son antenne. Chacune comportait 110 étages. Dix ans plus tôt, une autre géante avait disparu : la tour de transmission de Radio Varsovie, en Pologne, qui mesurait 646 m, ce qui en faisait à l'époque la plus haute jamais conçue. Inaugurée en 1973, comme les deux tours new-yorkaises, elle s'effondra le 8 août 1991. Dans ce cas précis, il ne s'agissait pas d'une attaque terroriste, mais d'une bête erreur pendant des travaux d'entretien.

« Septembre nous produit les plus délectables des fruits. »

Il y a 40 ans, le 12 septembre 1979, les Français découvraient sur les écrans un film de SF d'un nouveau genre, *Alien*, de Ridley Scott : « Dans l'espace, personne ne vous entend crier. »

Inventions insolites

Les collants poilus

À deux reprises, en 2010 et en 2013, des marques de mode ont tenté d'imposer sur le marché un nouveau type de collants pour femmes : les collants poilus. Par leur motif, ils transforment d'élégantes jambes épilées en membres rustiques ! Le succès, curieusement, n'a pas été au rendez-vous. Le plus curieux n'est peut-être pas l'idée originale, mais la double tentative de mise sur le marché…

L'Info

Eau bén… hic !

Réputé pour ses « vins jaunes », Château-Chalon, dans le Jura, est également classé parmi les plus beaux villages de France. Chaque année, des milliers de touristes visitent l'adorable cité médiévale perchée, les vestiges de son château fort, son puits du XVe, ses maisons du XVIe siècle ou son église Saint-Pierre. Un édifice qui a connu en septembre 2017 une affluence record quand son bénitier s'est soudain rempli d'eau-de-vie. Quand le phénomène a-t-il débuté exactement ? Personne sur place, y compris le curé, ne peut répondre. Car, sacrilège, aucun des habitués ne s'était aperçu de la transmutation miraculeuse. Ce sont des touristes, étonnés par cette curiosité locale, qui ont fini par leur mettre la puce à l'oreille. Après avoir trempé leurs doigts dans le breuvage, plusieurs visiteurs ont en effet voulu connaître l'origine de ce qu'ils croyaient être une tradition dans le village viticole. Mais, à l'office du tourisme, personne n'en avait jamais entendu parler. Une fois averti, le maire a demandé à la femme d'un vigneron de la commune d'aller vérifier le contenu des bénitiers : il s'agissait bien d'eau-de-vie. Décision a été prise de les vider sur-le-champ. Deux litres d'alcool ont été récupérés ! Plaisanterie ou volonté divine ? Le maire a décidé de ne pas porter plainte. Le mystère des bénitiers alcoolisés reste entier.

Records de président

Parmi les records détenus par les présidents français, celui de la coquetterie se partage entre François Hollande et Emmanuel Macron. Si le premier avait mis la barre haut en rémunérant un coiffeur personnel et à temps plein pour la modique somme de 9 895 euros par mois – ce qui avait fait scandale en 2015 –, le second a allègrement enjambé cette barre pour établir son propre record : 26 000 euros de maquillage dépensés pour les trois premiers mois de son mandat. Enfin un peu de changement pour les électeurs : en guise de poudre aux yeux, les politiques leur jettent maintenant du fard à paupières !

Vendredi 13 septembre

Saint Aimé On fête aussi les Farid, Darrell, Lidoire

« Septembre humide, pas de tonneau vide. »

RétroVermot

On demande à Toto si son professeur est content de lui :

« Oh! oui, répond-il fièrement. Il m'a dit que, si je continuais comme ça, l'année prochaine, je serais le doyen de la classe. »

[Excuse my French]

Dans nos belles contrées, lorsqu'on va assister à une partie de foot entre deux équipes, on dit qu'on va à un « match ». Ce mot est un faux anglicisme, car un *match*, en anglais, n'est rien d'autre qu'une correspondance entre deux choses. En effet, une rencontre sportive se dira tout simplement *game*. Ah, ces Français qui ne font rien comme tout le monde, même quand il s'agit de parler anglais !

Solution mots mêlés [p. 268]

Fantaisies sexuelles

Ils en ont dans la culotte

Les Japonais, qui sont tout à la fois champions en excentricités sexuelles (à nos yeux d'Occidentaux) et adeptes de nouvelles technologies, commercialisent des slips contenant des microcapsules de phéromones destinées à susciter le désir sexuel chez les personnes du sexe opposé. Ces phéromones sont libérées lors de la marche sous l'effet… des forces de frottement. On trouve aussi au pays du Soleil-Levant des distributeurs de petites culottes préalablement portées par des jeunes filles. Alors que cette pratique en choquerait plus d'un chez nous, cela semble parfaitement légal là-bas, de même que le commerce des lolicons, des mangas ou des dessins animés érotiques, voire pornographiques mettant en scène de très jeunes femmes ou même des fillettes. Autres lieux, autres mœurs…

Métiers de bouche

C'est une affaire de goût !

Métier « de bouche » au sens littéral, celui de goûteur était à l'origine un métier à risque. Les infortunés ne faisaient pas de vieux os, puisqu'ils consommaient, afin de détecter l'éventuelle présence de poison, un petit morceau de chaque plat que l'on servait aux pharaons, empereurs et autres monarques. Archaïque comme méthode ? Pas tant que ça puisqu'aujourd'hui encore, Vladimir Poutine ou l'ancien président américain, Barack Obama, employaient un goûteur pour tester les plats avant qu'on les leur serve. Si la vocation première du goûteur était de repérer la présence de poison ou un mets impropre à la consommation, le métier vise désormais à l'élaboration de produits qui aient bon goût. Rares sont les entreprises de l'industrie agroalimentaire qui peuvent se passer de ces spécialistes chargés de déterminer les propriétés organoleptiques d'un produit en vue de son amélioration ou de sa sélection : eau, vin, café, produits laitiers, confiseries… les goûteurs d'aujourd'hui ne s'empoisonnent plus la vie !

Le soleil se lève à **7 h 25** et se couche à **20 h 06**

Samedi **14 septembre**

La Sainte Croix – On fête aussi les Corneille, Cornaline, Materne

« À la Sainte-Croix,
cueille les pommes
et gaule les noix. »

C'est pas la crise pour tout le monde !

Nous ne vous étonnerons pas en vous disant que les trois acteurs les mieux payés du monde, en 2017, étaient américains, tant la machine hollywoodienne n'a pas d'égal dans le monde. Au sommet de ce classement figure Mark Wahlberg avec une rémunération de 68 millions de dollars, suivi de près par Dwayne Johnson avec 65 millions. La troisième marche du podium revient à Vin Diesel avec « seulement » 54,5 millions. Ça fait combien en SMIC ?

RUGBY

L'équipe de la sélection nationale néo-zélandaise de rugby à XV est connue et redoutée dans le monde entier, et pas uniquement par les fans inconditionnels de rugby. Pour preuve, demandez autour de vous qui sont les « All Blacks », et vous trouverez peu de gens qui ne sauront pas répondre. Ce que beaucoup ignorent, en revanche, c'est la possibilité que ce nom, que l'on pense lié à leur tenue entièrement noire, soit dû à une faute de frappe d'un journaliste du début du XXe siècle voulant dire que les joueurs imposants du XV néo-zélandais étaient *all backs* (comprenez « tous des arrières »). Un « l » de trop, et les All Blacks se voyaient affublés d'un nom qui leur va finalement très bien !

Charade alphabétique

Je suis un mot de dix lettres.

Mes deuxième, troisième, quatrième et dixième lettres, permettent de se protéger ou d'attaquer.

Sans mes première, quatrième, cinquième, sixième, neuvième et dixième lettres, je cours à travers Florence.

Mes cinq dernières lettres donnent une eau-de-vie.

Avec mes première, cinquième, sixième et dixième lettres, je suis une sorte de prison.

Avec toutes mes lettres, je suis une chanson révolutionnaire.

CARMAGNOLE (ARME - ARNO - GNÔLE - CAGE)

MAÎTRES DU POLAR

Thierry Jonquet

Engagé à l'extrême gauche depuis l'adolescence, l'ancien ergothérapeute Thierry Jonquet nous a laissé des romans noirs qui sont aussi des satires politiques et sociales. Mais derrière ce désespoir du réel, l'auteur décortique en virtuose les motivations de tueurs en série et/ou de monstres ordinaires. Son premier livre, *Mémoire en cage*, publié en 1982, raconte, lui, l'histoire d'une vengeance machiavélique qui commence par la découverte de trois corps carbonisés dans un hôpital. *Le Bal des débris* met en scène une ahurissante tentative de vol de diamants dans un service gériatrique, avec pour héros Frédo, un aide-soignant. *Mygale* est tel un huis clos, oppressant, diabolique, entre des personnages a priori sans aucun rapport. C'est avec ce roman, adapté au cinéma par Pedro Almodóvar sous le titre *La Piel que habito*, que Jonquet rejoint la « Série noire » chez Gallimard. Suivront notamment *Les Orpailleurs* et *Moloch*, deux polars très sombres qui se situent à Paris, autour d'une équipe de flics et de deux femmes juristes. Dans *Ils sont votre épouvante et vous êtes leur crainte*, son dernier roman, publié en 2006, trois ans avant son décès prématuré, Jonquet s'emparait d'une actualité brûlante : l'emprise des intégristes sur certaines banlieues à la dérive. Une poudrière prête à exploser à la face du lecteur.

« L'hirondelle en septembre abandonne le ciel refroidi de l'automne. »

Vermot Régions

ILLE-ET-VILAINE / LE BEURRE DE LA PRÉVALAYE

Dans son ouvrage intitulé Promenade…, *Pierre-Louis de Rigaud Vaudreuil écrit ceci en 1821 : « Dans tout ce que j'ai parcouru de la Bretagne, je n'ai point aperçu qu'on fît aucune espèce de fromage. C'est la seule province du royaume ce me semble qui soit dans ce cas […], Les Bretons ne s'occupent que du beurre. » Si l'affirmation sur le fromage est quelque peu erronée, celle sur le beurre est prouvée, notamment par le beurre de la Prévalaye, spécialité rennaise connue depuis trois siècles.*

Il y a 20 ans, le 15 septembre 1999, sortait en salle *Eyes Wide Shut*, dernier film de Stanley Kubrick, mort le 7 mars précédent. Nicole Kidman et Tom Cruise, alors en couple à la ville, y jouaient un couple en crise.

L'Info

Quand Breton rime avec vigneron !

Voilà des décennies que la Bretagne n'avait pas connu ça ! En septembre 2017, l'association des vignerons de Garo a vendangé sa première récolte de raisins destinée à faire du vin rouge. Un vin rouge 100 % breton, donc. Et c'est un événement, même si ces vignerons produisent déjà un chenin blanc depuis quatorze ans. En effet, si du vin rouge avait déjà été produit dans le Finistère dant les années 1950, personne n'avait réessayé depuis. Cette fois, c'est à Saint-Suliac, en Ille-et-Vilaine, sur les « côteaux » du mont Garo, au sud de Saint-Malo, que 400 pieds de vigne ont été plantés. Et, après trois ans d'attente, le rondo – un cépage robuste très utilisé en Europe de l'Est – a été particulièrement généreux. Environ 250 kg de raisins ont été vendangés, ce qui, d'après le maître de chai de nos vignerons bretons, devrait permettre de produire 160 à 170 litres d'un vin rouge tournant autour de 12,8 degrés d'alcool. Exactement comme le chouchen. Prometteur…

ILS ONT ÉTÉ LEUR PROPRE COBAYE

L'homme qui mangeait de tout et n'importe quoi

Né en 1889, comme la tour Eiffel, l'Allemand Frederik Hoelzel souffrit très jeune de troubles gastro-intestinaux. Soupçonnant un lien avec l'alimentation (belle intuition !), il se mit à avaler des matières non comestibles pour en tester les effets sur son transit. Dans les années 1920, il rencontra Anton J. Carlson, un médecin-chercheur à l'université de Chicago, et devint rapidement son cobaye attitré. C'est donc dans un cadre scientifique qu'il continua d'ingurgiter quantité de substances non alimentaires (y compris des pépites d'or !). Avec ce régime peu orthodoxe, Hoelzel n'a pas réussi à soigner ses troubles digestifs, mais il ne les a pas aggravés non plus, ni même réduit son espérance de vie (il est mort en 1963 à 73 ans). Et ses expériences ont contribué à des découvertes notables, comme le lien entre réduction des apports caloriques et augmentation de la longévité !

Rendu / Touche		Bonnet de prêtre / Quitta la file		Amortit / Vanta		Proche du sol		Vérifié		Instrument de musique / Sein		Comptent
						Étiola / Répétée						
Liaison dangereuse / Arrange une rupture								Épaissis / Moyen de défense				
							Porte des chatons / Vertèbre					
Donc légal / Tombe sans se faire mal									Atome ionisé / Égyptien			
				Ficelle / Axe							Couler	
Berceau de Zeus	Porte la balle / Tient longtemps				Ancienne cité drapière / Colonie							Barbecue
			Réservé aux femmes / Ouvert							Laisse béton / Déshy-drata		
Va droit au but		On y met la bavette						Possessif / Se met en boule				
							Fut dans l'eau					
Impres-sionner		Première femme de Jacob / Cage à poules				Apparence / Jeu de cartes						
							Frôlait		Risquer		Cultivé	
Décodés / Pied de vigne				Crier comme la caille / Intermédiaire								
			Cordon littoral		Virtuose / Niais							
Conduite	Preuves d'innocence / Premier service							Peut être plate / Branché				Ex
						On le prend sans le tenir / Tantale				Protection / Marche		
En tête / Dirigeable									Compris			
								Impatience				

Solution page 283

Mardi **17 septembre**

Saint Renaud On fête aussi les Hildegarde, Ronald, Réginald

Le soleil se lève à **7h29** *et se couche à* **20h00**

« Orages de septembre, neiges de décembre. »

Maladies imaginaires

Connaissez-vous la « maladie du lundi » ? Non, on ne parle pas ici de blues du lundi matin, mais d'une maladie qui touchait au XIXe siècle les ouvriers produisant de la dynamite. Tous les lundis, ces derniers étaient atteints de maux de tête insupportables. On mit plusieurs mois avant de découvrir que c'était la nitroglycérine qui causait une dilatation des artères et provoquait ces symptômes. Elle n'apparaissait que le lundi, car les autres jours de la semaine, sauf le dimanche, les ouvriers développaient une accoutumance qui évitait les maux de tête. Solution proposée : travailler 7 jours sur 7. Génial !

QUIZ CHANTEURS

Complétez le titre de cette chanson de Mort Schuman sortie en 1977 : *Un été de…*

Porcelaine

SECRETS D'ÉTAT

Quand on est président de la République, il est primordial d'être bien informé. C'est à cela, entre autres choses, que servent les services de renseignement qui abreuvent directement le chef de l'État des dernières informations sensibles. Mais pour certains, cela n'est encore pas assez. François Mitterrand, par exemple, a déployé un réseau d'écoutes clandestines surnommé « les bretelles du président », par lequel il faisait écouter des opposants, mais aussi des journalistes et des personnalités médiatiques dont Edwy Plenel et Jean-Edern Hallier. Révélée en 1993 par *Le Canard enchaîné*, l'affaire aboutit finalement à une condamnation de sept collaborateurs de l'ancien président, et sa responsabilité fut reconnue à demi-mot par la cour. Pour une fois qu'un président écoute ses concitoyens !

MAÏ 68 :
ILS REMETTENT ÇA 50 ANS PLUS TARD !

REMAKES REMAKES REMAKES REMAKES

LES CHORISTES

Immense succès populaire avec plus de huit millions d'entrées, *Les Choristes* (2004) de Christophe Barratier raconte l'histoire d'une chorale formée dans une austère maison d'éducation. Les jeunes pensionnaires, brimés quotidiennement par un directeur aux méthodes rigides, se réfugient dans la musique, grâce à l'intervention d'un pion mélomane bienveillant (Gérard Jugnot). Le film remportera plusieurs récompenses, notamment le César de la meilleure musique et l'Oscar du meilleur film en langue étrangère. Soixante ans auparavant, Jean Dréville racontait déjà cette ode à l'humanité dans *La Cage aux rossignols*. À sa sortie en 1945, le film original rencontra également un certain succès populaire. La version de 2004 conserve en grande partie le scénario, les dialogues et les prénoms des personnages, ce qui pose la question de l'intérêt de cette reprise – si ce n'est la modernisation de son casting.

Mercredi **18 septembre**

Sainte Nadège On fête aussi les Ariana, Ariane, Nadine

« Il faut juger à froid et agir à chaud. »
Paul Valéry

PAS RAGOÛTANT

LE CAVIAR MEXICAIN

Au Mexique, il existe une espèce de fourmi géante réputée agressive : la *Liometopum*. Les « escamoles », les œufs de ces fourmis géantes, sont ramassés dans les racines d'agave par des agriculteurs courageux. On les fait frire dans du beurre avec des épices. Puis on les roule dans une galette de blé avant de les déguster. Si la consistance de ces larves est celle du fromage blanc, elles ont plutôt le goût du beurre à la noisette, un véritable « caviar d'insecte ».

Noms de villages

Dans la Haute-Vienne se cache un petit hameau qui tient son nom de la rivière qui y passe : la Branlette. Les mauvaises langues disent que le nombre d'habitants du hameau est en baisse constante depuis son baptême, les autres qu'on n'est jamais mieux servi que par soi-même.

L'Info

Le plus vieux des crus

Si l'avenir du vin produit en Bretagne demeure encore inconnu (cf. L'Info du 15 septembre), le passé du vin, lui, est désormais mieux connu. Selon une étude menée par les universités de Pennsylvanie (États-Unis) et de Toronto (Canada), les premières traces de vinification datent d'environ 8 000 ans, en Géorgie. Des résidus de vin ont en effet été identifiés à l'intérieur de plusieurs jarres datant du Néolithique découvertes au sud de Tbilissi, la capitale géorgienne. On pensait jusqu'ici que le plus vieux vin du monde était iranien et avait 5 000 ans. Cette découverte démontre qu'à l'âge de pierre, les hommes qui vivaient dans le Caucase connaissaient déjà cette boisson. En revanche, difficile de connaître la couleur exacte du breuvage à l'époque, même si certains résidus suggèrent qu'il s'agissait de vin blanc plutôt que rouge. Et impossible bien sûr de savoir si le vénérable élixir géorgien avait, ou pas, meilleur goût que le « château breton » nouveau !

OH LE GROS GÂCHIS !

Bouillabaisse familiale

Dans son rapport 2012, le coût faramineux du dossier médical informatisé des hôpitaux marseillais, alors en chantier depuis six ans, fait particulièrement tiquer la Cour des comptes. Confiée en 2005 à un prestataire qui n'est jamais intervenu sur ce type de mission, l'opération affiche déjà des frais de 14 millions d'euros, alors qu'elle a été reportée… à huit reprises ! Petit détail : la conduite de l'appel d'offres a été confiée à un agent dont le conjoint était salarié de la société qui a remporté le marché. Ce salarié ayant été recruté un mois seulement avant le lancement de l'appel d'offres, « cette situation entretient un doute, au moins en apparence, sur le respect des principes fondamentaux de la transparence », relèvent sobrement les Sages. Sur les 20 millions de gâchis engendrés par cette informatisation calamiteuse, ils n'ont en revanche aucun doute…

Jeudi 19 septembre

Sainte Émilie On fête aussi les Emilia, Javier, Janvier

Le soleil se lève à 7 h 32 et se couche à 19 h 55

« Qui sème à la Saint-Janvier, de l'an récolte le premier. »

Rébus

ville française

BOIS
AULNAY

Aulnay-sous-Bois

VIVE LA POSTE !

Avec le scandale de la surveillance généralisée de la NSA mis au jour ces dernières années, il est désormais évident pour tout le monde que les gouvernants aiment bien savoir ce que se disent leurs administrés. Pourtant, la tendance est loin d'être récente. Déjà au XVIIe siècle, le roi Louis XIV avait fait installer rue des Déchargeurs, dans le même bâtiment que celui qui abritait les services postaux parisiens, un cabinet noir dont la mission était très simple : identifier les correspondances potentiellement intéressantes, les ouvrir, puis en faire le rapport au roi. Ainsi, tout ce qui passait par les malles-poste était soumis au contrôle du gouvernement qui pouvait s'assurer que personne n'ourdissait contre lui.

SAUVONS NOS ARBRES

Dans l'hémicycle

L'Assemblée nationale est un lieu éminemment sérieux, notamment parce qu'il s'y décide du futur du peuple français et des législations qui le régissent. Pourtant, quand l'occasion s'y prête, les députés savent parfois mettre un peu de fun dans leur quotidien. Ce fut le cas notamment lors d'une séance portant sur la législation relative au permis de conduire, et pendant laquelle le truculent député Jean Lassalle (également candidat à la présidentielle de 2017) a fait rire aux larmes ses collègues de tous bords en racontant ses mésaventures pour repasser l'examen du permis de conduire dont il avait été privé – car un député sans chauffeur, dit-il, perd ses points très vite ! Un véritable parcours du combattant raconté avec un accent et un humour tels qu'il est difficile d'y résister. Si vous pouvez mettre la main sur la vidéo de cette intervention, ne vous privez pas : bon moment assuré !

LES DOUZE TRAVAUX D'HERCULE

La ceinture d'Hippolyte

Plus que quatre ! Eurysthée ordonne à Hercule de lui rapporter la ceinture en or d'Hippolyte, la reine des Amazones. Ces femmes-guerrières, qui montent à cheval et tirent à l'arc, sont d'ordinaire sans pitié avec les hommes. Mais Hippolyte tombe sous le charme d'Hercule. La déesse Héra, toujours prête à contrarier les plans de ce dernier, descend sur Terre et se fond parmi les Amazones pour les avertir qu'une menace pèse sur leur reine. S'ensuit une bataille au cours de laquelle Hippolyte reçoit une flèche mortelle... tirée par Hercule en personne. Le héros revient vers Eurysthée avec la ceinture convoitée, mais le cœur brisé. Dans une autre version, Hercule tue volontairement Hippolyte, qu'il soupçonne de trahison. Dans une autre encore, il l'enlève et la remet comme épouse à son ami Thésée. Dans tous les cas, hélas, son histoire d'amour finit mal.

« Gelée blanche de la Saint-Eustache grossit le raisin qui tache. »

Perles de sportifs

No border

Qui l'a dit? Steve Lomas, joueur irlandais:
« L'Allemagne est une équipe très difficile à jouer. Elle joue toujours avec onze internationaux ! »
Les autres équipes non ?

Vermot Régions

CORSE-DU-SUD / SARTÈNE

Quand on visite Sartène, ce qui marque le plus, c'est sans doute le contraste entre la minéralité de la ville et l'opulence végétale des alentours. Depuis la place de l'église part une multitude de ruelles qui s'enfoncent entre les maisons, entre les pierres, qui serpentent et qui aboutissent sur un panorama abrupt dominant la vallée verdoyante. À Sartène, on a l'impression que la cité veut nous garder captif, alors il faut en profiter pour en explorer chaque méandre, se poser à la terrasse d'un café, discuter avec ses voisins et se laisser aller à l'air du temps.

Santé naturelle

Il n'y a que l'ail qui m'aille

L'ail est une plante vivace à bulbe universellement connue pour ses incroyables propriétés. En 1762 à Marseille, pendant la Grande Peste, quatre voleurs ont été graciés pour avoir révélé le secret de leur survie : une préparation à base d'ail, appelée depuis le « vinaigre des 4 voleurs ». L'ail contient de nombreux composés soufrés, des vitamines et des minéraux. Ses principes actifs purifient le sang et provoquent une vasodilatation des capillaires sanguins, ce qui permet de combattre l'hypertension. Sa capacité à faire fuir les vampires est beaucoup moins sûre que son efficacité en tant que vermifuge : une gousse en suppo, fini les vers intestinaux !
Utilisation : gousses à consommer crues et cuites.

REMARQUABLES

ARBORETUM DE LA FOUX

Au temps du rhinocéros laineux et de l'auroch, le mont Aigoual (1565 m), à cheval sur le Gard et la Lozère, était couvert de chênes-lièges et de hêtres. Mais cette forêt a peu à peu été détruite par l'activité humaine, pour ne laisser que des landes de bruyères, ce qui a favorisé l'érosion. Le reboisement, à la fin du XIXe siècle, est impulsé par le botaniste Georges Fabre, qui fait planter beaucoup d'espèces et crée un certain nombre d'arboretums, dont celui de la Foux. Situé sur la commune de Lanuéjols et aménagé au début du XXe siècle, il compte d'extraordinaires conifères, venus des quatre coins du monde. Ses vedettes touristiques, deux sapins de Vancouver, atteints par un parasite sournois, ont été abattus en 2013 parce qu'ils menaçaient d'être renversés par le premier coup de vent. Plantés en 1906, ces arbres ont poussé l'un près de l'autre, en jumeaux, se soutenant mutuellement pour atteindre les cieux. Quand ils sont tombés, ils culminaient l'un et l'autre à 63 m et étaient les plus grands arbres de France.

Samedi 21 septembre

Saint Matthieu On fête aussi les Mathé, Déborah

Le soleil se lève à 7 h 35 et se couche à 19 h 51

« Quand vient Saint-Matthieu, à l'été on dit "adieu". »

Ça bulle

Né en 1959, Astérix le Gaulois est le personnage de bande dessinée francophone le plus connu au monde. En effet, les ventes cumulées des albums de ses aventures s'élèvent à plus de 350 millions de par le monde. Il est talonné par Lucky Luke, avec 300 millions, et Tintin suit en troisième position avec ses très honorables 250 millions d'exemplaires écoulés.

HAUT EN COULEUR

Pourquoi dit-on de quelqu'un de pas net, de louche, de pas clair, qu'il n'est pas « blanc-bleu » ? Cela viendrait peut-être de l'habitude qu'avaient les peintres autrefois de mélanger une pointe de bleu dans le blanc pour le rendre éclatant. Quelqu'un de « pas blanc-bleu » est donc quelqu'un de pas « clair » dans le sens littéral. Et si c'est un bleu qui montre patte blanche, comment on fait ?

L'Info

Bourrique pédagogique

Autrefois, dans les écoles de France et de Navarre, on affublait les cancres d'un bonnet d'âne. Aujourd'hui, à Uffholtz, en Alsace, on motive les mêmes, et tous les écoliers en général, avec un âne. Ce petit village du Haut-Rhin a mis en place un « Âne-Bus » ou Esel-Bus en alsacien. Le principe est simple : comme dans un pédibus classique, les enfants vont en groupe à l'école, encadrés par les adultes, en suivant un circuit prédéterminé. Mais ils sont accompagnés par trois ânesses et un ânon. Totalement bénévole, la démarche a pour objectif d'encourager les enfants à rejoindre leurs classes à pied tous les jours. Pour l'association Aux Âneries à l'origine du projet, c'est aussi un moyen de promouvoir « les capacités d'un fabuleux animal dans notre monde actuel ». L'âne, symbole de l'ignorance têtue, un « fabuleux animal » ? Les temps changent décidément ! À noter : la commune d'Uffholtz devait être prédestinée pour ce service, puisque le sobriquet donné à ses habitants est... « les ânes » !

Les comportements extraordinaires des animaux

La politique de l'enfant unique

L'instinct maternel des animaux n'est plus à prouver et va même dans certains cas jusqu'à élever les petits d'autres espèces. Mais l'inverse existe aussi : des femelles privilégiant un seul petit et sacrifiant l'autre. C'est notamment le cas chez les pandas géants : les mères ne s'occupent que d'un seul de leurs rares oursons. On retrouve un comportement apparenté chez l'aigle noir d'Afrique, qui ne pond en général qu'un ou deux œufs. Après l'éclosion, le plus fort des oisillons se débarrasse de l'autre sans que la mère intervienne. Ne les blâmons pas ! Il ne s'agit pas de cruauté, mais plus probablement d'une manière d'augmenter les chances de survie du rescapé, donc de l'espèce.

« Semis de Saint-Maurice, récolte à ton caprice. »

RétroVermot

Il paraît que, si nous tenons debout, c'est grâce à la loi de la gravitation. Mais alors, comment est-ce que les gens faisaient avant que cette loi ne soit votée ?

PROVERBES PATOIS

Proverbe occitan

« *Voler èsser a l'autar e a las campanas* » est un proverbe occitan très imagé faisant référence à l'église, qu'il convient de traduire littéralement par « Vouloir être à l'autel et aux cloches ». Autrement dit, on ne peut pas être à deux endroits à la fois en même temps ni faire deux choses simultanément, comme le rappelle le proverbe français « Courir deux lièvres à la fois ».

Solution mots fléchés [p. 277]

	D		C		F		B		R		P	
P	E	D	A	L	E		A	N	E	M	I	A
	V	E	L	O	U	R	S		L	I	A	I
R	E	B	O	U	T	E		A	U	L	N	E
	N	O	T	A	R	I	A	L		I	O	N
N	U	I	T		A	T	T	I	F	E		T
		T	E	E		E	L	B	E	U	F	
I	D	A		S	E	R	A	I	L		L	B
	U		E	S	S	E	S		L	E	U	R
P	R	E	C	I	S	E		N	A	G	E	A
	A		L	E	A		D	E	H	O	R	S
E	B	L	O	U	I	R		I		U		E
	L	U	S		M	A	R	G	O	T	E	R
C	E	P		T		M	A	E	S	T	R	O
		A	L	I	B	I	S		E	A	U	
M	A	N	I	E	E		A	I	R		D	E
	C	A	D	R	A	T	I	N		V	I	T
A	E	R	O	S	T	A	T		H	A	T	E

Au menu

Gâteau invisible aux pommes et à la cannelle

POUR 6 PERS.
20 MIN DE PRÉPARATION
40 MIN DE CUISSON

- 2 ŒUFS
- 1 CUIL. À SOUPE DE BEURRE FONDU
- 10 CL DE LAIT
- 70 G DE FÉCULE DE MAÏS
- 1 SACHET DE LEVURE CHIMIQUE
- 1 CUIL. À CAFÉ DE CANNELLE
- 50 G DE SUCRE ROUX
- 6 POMMES
- 1 PINCÉE DE SEL

Cassez les œufs et battez-les avec le sucre jusqu'à ce que le mélange mousse. Versez le beurre et le lait et mélangez bien.

Mélangez la fécule, la levure, la cannelle, le sucre et le sel. Incorporez ces ingrédients secs à la pâte et remuez jusqu'à ce que la pâte soit lisse et homogène.

Préchauffez le four à 210 °C (th. 7). Pelez les pommes, ôtez le trognon et coupez-les en très fines tranches ou en tout petits dés et ajoutez-les dans la pâte au fur et à mesure en mélangeant entre chaque ajout.

Versez la pâte dans le moule tapissé de papier sulfurisé et enfournez pour 40 minutes de cuisson.

Conseil : le gâteau invisible s'appelle ainsi, car il est si riche en fruit que la pâte semble presque invisible. Préparez-le avec les associations fruits-épices de votre choix.

RUGBY

Dans les compétitions internationales de rugby à XV, les équipes de Grande-Bretagne savent généralement se distinguer. En effet, elles ont une longue histoire dans ce sport, qui s'appuie sur une histoire riche. Prenez par exemple l'emblème de l'équipe d'Écosse, le chardon. Ce symbole vient d'une légende qui date du XIe siècle : les Vikings voulant attaquer par surprise une ville écossaise, ils se déchaussèrent avant de passer à l'assaut. Malheureusement pour eux, les abords de la ville étaient couverts de chardons et les cris des Vikings aux pieds meurtris donnèrent l'alerte à la garde écossaise qui put alors repousser l'attaque. Il fut ensuite décidé que le chardon, en remerciement de ce service rendu, serait nommé fleur officielle du pays. Voilà une histoire qui ne manque pas de piquant !

Lundi 23 septembre

St Constant On fête aussi les Line, Constance

Le soleil se lève à **7h37** et se couche à **19h47**

AUTOMNE

« Le patrimoine a son année. La femme a sa journée. Le silence a sa minute. »
Philippe Geluck

EMOJI

Y a-t-il besoin d'un emoji « fusil » dans la liste des emoji offerts aux utilisateurs ? C'est le vrai débat qui s'est tenu un peu partout en 2016, dans un contexte particulier de multiplication des tueries de masse aux États-Unis. Les mauvaises langues diront qu'il vaut mieux s'intéresser à la disponibilité des vrais fusils qu'à celle des faux, ces derniers étant largement moins mortels, mais nous ne prendrons pas parti !

Problèmes du certificat d'études

Un piéton, parti à 8 heures, a parcouru 16 km. La première moitié du trajet est parcourue à 6 km/h, la seconde moitié à 5 km/h. À quelle heure notre piéton est-il arrivé à destination ?

Réponse : 10h56

SUDOKU

facile

	5					1		
				2				
8			1			7		3
9				8		3		
		1	7				6	4
				4		8		
				1	7	5		9
	1						7	6
5		6	4					

Solution page 290

Protocole

L'ordre de préséance ne détermine pas seulement l'ordre dans lequel des personnages officiels passent une porte ou entrent dans une pièce, il peut parfois agir à bien plus grande échelle. En 1894, à la suite du couronnement du tsar Nicolas II, les envoyés étrangers s'apprêtaient à rentrer dans leurs pays, pour la plupart dans des trains officiels. Le chef du protocole russe avait fixé les horaires de départ : les Français devaient partir à 13 heures, et les Prussiens à 13 h 30. Problème : le rang du plus haut gradé français était inférieur à celui de son homologue prussien. On dut donc intervertir les trains pour ne vexer personne. Seul problème : les gares d'étape n'avaient pas été prévenues de ce changement et jouèrent le mauvais hymne au passage de chacun des deux trains !

îles paradisiaques

île de Santorin, le charme méditerranéen

Baignée dans les eaux de la mer Égée, l'île grecque de Santorin exhale un charme antique qui séduit au premier regard. L'île – qui est en réalité un archipel composé d'une grande île et de quatre autres plus petites – jouit d'une histoire ancestrale, que l'on découvre entre les pierres des différents sites archéologiques, notamment celui d'Akrotiri. Son existence évoque également celle de la mythique cité engloutie de l'Atlantide, qui aurait disparu lors de l'éruption qui donna naissance à Santorin, il y a plus de 10 000 ans. Aujourd'hui, l'île est connue pour ses villages blancs à coupoles bleues, dans lesquels on déambule à l'abri du soleil. Les marcheurs iront aussi arpenter ses sentiers escarpés, qui descendent vers des plages de sable noir. Quant aux amateurs de bonne chère, ils s'attableront dans l'une des nombreuses tavernes surplombant la mer, pour goûter aux saveurs de la cuisine grecque, classée patrimoine culturel immatériel par l'UNESCO.

« Donnez-moi un musée et je le remplirai. »
Picasso

Un vrai feuilleton

Incarnant l'inspecteur Derrick à l'écran pendant plus de vingt-huit ans, l'acteur Horst Tappert a connu un succès international et a regroupé des centaines de millions de téléspectateurs. Pourtant, il fut prouvé en 2013 que Tappert avait fait partie de la Waffen-SS durant la Seconde Guerre mondiale, alors qu'il se disait ambulancier. En réponse à ces découvertes, la rediffusion de la série fut stoppée en Allemagne, en France et dans d'autres pays.

VISIONNAIRES

Aujourd'hui, la plupart des hôpitaux sont équipés en scanners et autres IRM (Imagerie à résonance magnétique), et rares sont les gens qui n'ont pas eu à passer dans l'une de ces machines pour des raisons diverses. Les premiers IRM ont vu le jour à la fin des années 1980, et leur technologie ne cesse de s'affiner depuis. Pourtant, en 1969 déjà, dans son livre *La Variété d'Andromède*, l'écrivain et scénariste américain Michael Crichton décrivait avec une précision incroyable le fonctionnement d'appareils qui ne seraient mis au point que quelques décennies plus tard. On peut dire que ses écrits ont trouvé une belle résonance dans la réalité !

Vermot'roscope

BALANCE (24 septembre -23 octobre)

Caractère

Pondéré, calme, émotif, sensible, esthète, artiste, séducteur, charmant, sentimental, doux, diplomate, curieux, communicatif, sociable, compréhensif, de bonne écoute, juste, droit, adaptable, sincère, honnête, aspirant à l'équilibre, mélancolique, influençable.

Les influx planétaires intéressants

Jupiter, la bienveillante, vous ouvre des portes et vous permettra d'exprimer pleinement votre personnalité. Saturne et Pluton, quant à elles, viendront tester votre résistance et votre optimisme. Un vrai travail vous sera donc demandé au quotidien.

Vie sociale et activités

Excellente année pour l'amitié et les échanges. Votre vie relationnelle aura le vent en poupe et vous serez très sollicité (invitations, sorties…). Un bon remède contre l'ennui et la morosité. Vous nouerez de nouvelles amitiés et vous vous épanouirez au contact des autres. Pour certains, cette nouvelle année incitera à multiplier les activités et les loisirs. Il n'est pas impossible que certains d'entre vous envisagent de se cultiver en reprenant des études, en faisant des stages ou en assistant à des conférences.

Amour

Vous saurez donner à votre vie de couple une dimension plus sociale. Ainsi, en 2019, vous penserez évasion, sorties, dîners ou même vacances entre amis. Pour mieux comprendre votre moitié, vous privilégierez le dialogue et l'écoute, ce qui créera un vrai climat d'harmonie. Célibataire, si l'amour n'est pas au rendez-vous, cela ne vous empêchera pas de sortir et de bouger. Ainsi, vous donnerez la priorité à vos amis ou aux nouvelles relations. Tous les prétextes pour vous changer les idées et découvrir de nouvelles sensibilités seront bons à prendre.

Famille

L'ambiance sera très certainement tendue ou difficile, et ce, que vous soyez dans l'échange ou pas. Attendez-vous à de nombreuses incompréhensions, des silences voire à une rupture familiale.

Budget

Vous devrez faire un peu plus attention, car vous ne serez pas à l'abri de quelques surprises. Gérez vos finances avec assiduité et limitez les dépenses, cela vous évitera de vous retrouver le bec dans l'eau.

Bien-être

Vous bénéficierez d'une belle énergie qui vous boostera une grande partie de l'année. Le bémol : une certaine difficulté à recharger vos batteries. Vous devrez donc avoir une meilleure qualité de vie pour éviter les grosses fatigues.

Conseils pour bien vivre 2019

Sachez rester optimiste. Restez dans l'ouverture. Soyez curieux de tout et de rien. Émerveillez-vous des choses qui vous entourent.

Mercredi 25 septembre

Saint Hermann On fête aussi les Solenne, Cléophas, Firmin

Le soleil se lève à **7 h 40** et se couche à **19 h 43**

« À la Saint-Firmin, l'hiver est en chemin. »

Perles de sportifs

Amoureux du ballon

Qui l'a dit ? Louis Nicollin, regretté président de Montpellier :

« Mes joueurs, je les paie plus cher que mes maîtresses. Et mes maîtresses au moins, elles me régalent ! »

Vermot Régions

MEUSE / LES LOUPS DE TILLY

Dans le journal L'Écho de la Meuse *daté du 30 janvier 1841, on peut lire : « Ces jours derniers, le sieur Hugon, de Récourt, retournant chez lui, dans une heure assez avancée de la nuit, a eu en rencontre, entre Tilly et Récourt, sept loups qui l'ont suivi pas à pas pendant assez longtemps. Le sieur Hugon avoue qu'il était loin d'être en sûreté avec de semblables compagnons de voyage. Quelques moments auparavant, plusieurs moutons, appartenant à M. Mangin, de Tilly, et qui s'étaient égarés dans le finage, ont été dévorés par ces animaux qu'on avait vus rôder autour du village pendant la nuit. »*

L'Info

Pas si bêêête !

Décidément, le monde animal ne cesse de nous réserver des surprises. Après l'âne consacré-aide éducateur par un petit village alsacien (cf. L'Info du 21 septembre), le mouton, lui, doit désormais être considéré comme un intellectuel. Ou presque. Selon une étude récente du département de physiologie et de neurosciences de l'université de Cambridge, les ovins seraient capables de reconnaître Barack Obama et l'actrice Emma Watson sur une photo. Si on savait déjà que le ruminant pouvait distinguer son berger d'un étranger, l'étude montre qu'il peut aussi apprendre à identifier une personne à partir d'un cliché en deux dimensions. Cette capacité nécessite pourtant un processus cérébral complexe. Les chercheurs ont entraîné huit moutons à reconnaître les visages de célébrités en leur présentant des photos sur ordinateur plusieurs fois de suite. Les images de l'ancien président américain et celles de l'actrice rendue célèbre pour son rôle dans Harry Potter *ont été choisies, car elles sont très nombreuses sur Internet. Surtout, les chercheurs étaient certains que leurs moutons n'avaient jamais eu l'occasion de les rencontrer, ce qui aurait pu fausser leurs travaux. À chaque fois qu'ils arrivaient à distinguer la photo de la personne célèbre de celle d'un objet ou d'une autre personne, les ovins avaient droit à une récompense. Pour les photos de face, ils ont réussi le test huit fois sur dix. Pour les photos où le visage était tourné dans une autre direction, leur performance était tombée à 66 %, un pourcentage proche de celui d'un humain moyen. Précision : nos génies bêlants sont des brebis. Eh oui…*

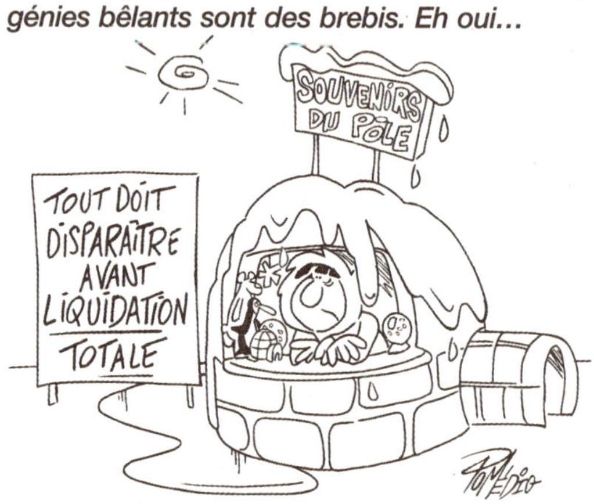

SLOGANS

Un bon slogan de rue est celui qui réussit le tour de force d'être à la fois court et clair. Ce sont d'ailleurs généralement ceux qui y parviennent le mieux qui font le plus de chemin. Pas étonnant donc de voir le succès de la formule « Not in my name » *(« pas en mon nom »), née en 2014 sur Internet de la plume de musulmans anglais voulant condamner l'islamisme et ses ravages, et affirmer que ceux qui tuent ne le font ni pour Dieu ni pour les fidèles…*

« Bel automne vient plus souvent que beau printemps. »

INVENTIONS INSOLITES

Les bouchons couverts

L'idée est géniale et on se demande pourquoi elle n'est pas plus répandue… Din-ink a inventé des embouts de couverts (couteau, fourchette et cuillère) qui viennent se fixer sur n'importe quel stylo à bille de calibre normal. Écoresponsables puisque consommant moins de plastique, ces couverts jetables semblent parfaitement adaptés aux réunions de travail entre deux prises de notes !

LA JUPE, UN SIGNE RELIGIEUX À L'ÉCOLE ?

SURNOMS

PHILIPPE LE HARDI

Le roi Philippe III de France n'était pas appelé à régner, car il était le cadet de la famille. Il dut quand même monter sur le trône après la mort de son père et de son frère aîné. Sans force de caractère, timide et plutôt soumis, il ne doit son surnom qu'à sa vaillance au combat. Un siècle plus tard, Philippe II, duc de Bourgogne, porta le même surnom de « Philippe le Hardi ».

TOXIQUE OU NON ?

Ancolie

Est-elle triste, est-elle gaie, l'ancolie (*Aquilegia vulgaris*) ? Avec sa corolle élégante mais qui baisse la tête, comme si elle était en proie au spleen, elle a été, pour les romantiques, un symbole de… mélancolie et d'amour malheureux. « La fleur qui plaisait tant à mon cœur désolé », disait Gérard de Nerval dans *El Desdichado*. Elle a également été associée à la Sainte Vierge, peut-être à cause de la posture de Marie au pied de la croix, et on l'appelle aussi « gant de Notre-Dame ». Mais, curieusement, cette jolie vivace a eu par ailleurs une réputation d'aphrodisiaque. Il suffisait, disait-on, d'en mâcher les graines pour voir décupler ses capacités, et c'est de cette vertu supposée que lui vient le nom de « bonne femme », expression qui désignait une courtisane. Toutefois, on peut douter de l'efficacité, d'autant que ces graines sont assez violemment toxiques. Par ailleurs, l'ancolie figure dans plusieurs tableaux de Léonard de Vinci, où elle symboliserait le grand œuvre, puisque le peintre était probablement initié à l'alchimie.

PLAN DU GOUVERNEMENT POUR SOUTENIR LES BANLIEUES

Régiments

Pendant la Seconde Guerre mondiale, le 588e NBAP, régiment russe de bombardiers, était particulièrement craint et respecté, et avait surtout une particularité étonnante : il n'était composé que de femmes. Et pas n'importe lesquelles, attention ! Celles qu'on surnommait les « sorcières nocturnes » ne manquaient en effet ni de courage ni de détermination : volant sur des avions obsolètes, elles n'emportaient pas de parachute pour ne pas alourdir la charge, et portaient souvent les bombes sur leurs genoux. Leur technique favorite était de couper le moteur pour planer vers leur objectif, et d'espérer qu'il redémarre par la suite. Sinon tant pis, elles faisaient en sorte de faire exploser leur avion sur la cible. Et on voudrait nous faire croire que le courage est l'apanage des hommes ?

Vendredi 27 septembre

Saint Vincent de Paul On fête aussi les Vincente, Hiltrude

Le soleil se lève à 7 h 43 et se couche à 19 h 38

« Forte chaleur en septembre, à la pluie d'octobre, il faut s'attendre. »

C'est pas la crise pour tout le monde !

Hollywood, sexiste ? Il faut le croire, quand on constate que dans le top 10 des acteurs les mieux payés du monde ne figure pas une seule femme ! En effet, à côté de son homologue masculin, Mark Wahlberg et ses 68 millions annuels en 2017, la première du classement des actrices les mieux payées au monde, Emma Stone, fait pâle figure avec ses 26 petits millions, soit presque 3 fois moins ! Bravo le féminisme…

Stars en famille

Même si son nom ne vous est pas familier, vous connaissez le visage de Miguel Ferrer, acteur dans de nombreuses séries américaines comme *Magnum*, *Deux flics à Miami*, *Twin Peaks* ou encore *NCIS: Los Angeles*. Fils de la chanteuse américaine Rosemary Clooney, qui était la tante de George Clooney, Miguel Ferrer était donc le cousin germain du docteur Doug Ross de la série *Urgences*.

Ha ! Ha ! Ha !

Deux messieurs se rencontrent. L'un dit à l'autre :

« Tu n'as pas l'air dans ton assiette, mon vieux.
– Si tu savais le coup que m'a fait ma secrétaire.
– La jolie blonde ?
– Elle-même. Elle m'a invité à boire un verre chez elle en l'honneur de mon anniversaire.
– Et tu te plains ?
– Attends un peu. Je dois dire que j'ai bu un excellent cocktail avec des amuse-gueule délicieux. Après quoi elle m'a dit : "Maintenant je vais vous faire une surprise. Je passe dans ma chambre et, dans deux minutes, vous entrez… Pas avant, surtout…"
– Hé, hé, j'aurais bien voulu être à ta place…
– Pas moi. Parce que lorsque je suis entré dans ma chambre, j'ai trouvé tout mon personnel qui chantait : "Happy Birthday to you…"
– Et alors, il fallait prendre ça avec le sourire…
– Facile à dire… Moi, j'étais déjà déshabillé… »

CONCOURS LÉPINE

Si le concours Lépine attire autant de visiteurs (plusieurs centaines de milliers chaque année), c'est bien sûr par curiosité pour les inventions utiles qui seront les objets du quotidien de demain, mais aussi grâce aux inventions farfelues qui assurent au visiteur curieux un amusement certain. Par exemple, dans les années 1960, un inventeur audacieux présentait au public médusé sa dernière trouvaille géniale : la fourchette électrique à tourner les spaghettis, qui, comme son nom l'indique, vise à faciliter la vie des mangeurs de pâtes. Si sa fourchette ne remporta aucun prix, son stand, lui, rencontra un succès retentissant : les gens se pressaient pour se faire arroser de pâtes par cette fourchette au moteur trop rapide. La preuve que le succès, parfois, se cache dans l'échec et que le public aime bien se faire prendre pour une nouille…

Le soleil se lève à 7h45 et se couche à 19h36

Samedi 28 septembre

Saint Venceslas On fête aussi les Exupère, Eustochium, Konan

« Septembre en sa tournure, de mars fait la figure. »

RétroVermot

Le ministre des Finances
Dit qu'on est dans l'abondance
Et que son plan de relance
Permettra de faire bombance.

Moralité :
Et pourtant il n'a pas une bouille à baisse!

Charade répétitive

Mon premier est un bras de mer qui sépare la Grande-Bretagne de l'Europe continentale.

Il y a trois ou cinq **de mon deuxième** dans une partie de tennis.

On enfile le bras dans **mon troisième**.

Mon quatrième est un département français jouxté par mon premier.

Mon cinquième est au nombre de neuf dans une partie de baseball.

On jette **mon sixième** après la cognée.

Mon septième est une région d'Espagne au sud de Madrid.

On tient **mon huitième** quand on balaye.

Mon neuvième est au nombre de deux dans une partie de cricket.

Mon dixième permet de saisir le gigot.

Mon tout est un jour de repos.

DIMANCHE - (DIX MANCHES)

Molière en vadrouille

Le français est-il en crise à Montréal? Il faut le croire en voyant les statistiques publiées récemment sur l'usage de la langue de Molière dans la capitale québécoise. En effet, dans les vingt dernières années, le taux de population ayant le français comme langue maternelle est passé de 52 à 47 %, alors qu'il est en hausse partout ailleurs dans le pays. Pourtant, le taux de personnes comprenant le français a dans le même temps bondi de 81 à 95 %! C'est à en perdre son latin!

Les « pourquoi ? » de l'histoire

Pourquoi les lits étaient-ils plus courts autrefois ?

Certes, nos ancêtres étaient plus petits que nous, mais ce n'est pas la seule raison qui explique que les lits étaient moins longs hier qu'aujourd'hui. Autrefois, seuls les morts étaient montrés et représentés allongés totalement à plat. Par superstition, les hommes et les femmes d'alors préféraient dormir dans une position semi-assise et n'avaient donc pas besoin de grands lits.

RUGBY

Lorsqu'on est une équipe amenée à célébrer de nombreuses victoires en brandissant son emblème, mieux vaut que ce dernier soit le plus « classe » possible. Peut-être les Gallois ont-ils oublié ce petit détail lorsqu'ils ont choisi celui de leur équipe nationale de rugby à XV qui est aussi un symbole national du pays : le poireau. En effet, vous avez déjà sûrement entendu parler du « XV du poireau ». La légende veut que ce symbole ait été choisi à la suite de la bataille d'Azincourt, en 1415, lorsque, pour se distinguer de l'ennemi et éviter les flèches de leurs alliés, les soldats gallois ont attaché les poireaux qui se trouvaient sous leurs pieds (la bataille avait lieu dans un champ de poireaux) à leurs casques. Le légume est ensuite devenu symbole national. L'histoire reste à confirmer avec des preuves historiques, mais elle a le mérite d'être originale!

Dimanche 29 septembre

Saint Michel On fête aussi les Michèle, Michaëla

Le soleil se lève à 7h46 et se couche à 19h34

« Quand les hirondelles voient la Saint-Michel, l'hiver ne vient qu'à Noël. »

EXPRESSIONS IMAGÉES

Mettre sa main au feu

Au Moyen Âge, l'épreuve du feu consistait à demander aux accusés de tenir dans leur main une barre de fer rougie. S'ils étaient accusés injustement, leur guérison survenait dans les trois jours grâce à une intervention divine. C'est dans le prolongement de cette croyance qu'aujourd'hui, nous sommes prêts à mettre notre main au feu pour prouver notre sincérité et notre certitude.

Solution sudoku [p. 284]

6	5	4	3	7	8	1	9	2
1	3	7	5	2	9	6	4	8
8	9	2	1	6	4	7	5	3
9	4	5	2	8	6	3	1	7
2	8	1	7	3	5	9	6	4
7	6	3	9	4	1	8	2	5
4	2	8	6	1	7	5	3	9
3	1	9	8	5	2	4	7	6
5	7	6	4	9	3	2	8	1

Chiffres étonnants de la science

On manque pas d'air !

Nous inspirons et expirons en moyenne 18 fois par minute, soit 25920 fois par jour ! La quantité d'air inspirée est de 6 litres par minute au repos, mais elle peut atteindre 200 litres lors d'un effort ! Avec nos 300 millions d'alvéoles pulmonaires, nous inspirons en moyenne chaque jour 12000 litres d'air, soit plus de 4 millions de litres par an. Ce qui rend nos poumons si efficaces, c'est leur surface d'échange entre le sang et l'air, d'environ 100 m² et avec 2,4 km de capillaires. Quant à nos globules rouges, ils sont capables d'emporter chacun 1 milliard de molécules d'oxygène. De vraies bêtes !

Le Chiffre

1,5 million

C'est, en dollars, le montant présumé des dégâts causés par l'Américaine Lindy Lou Layman lors de son premier rendez-vous amoureux chez un avocat, à Houston, au Texas. Alors que le début de soirée avait bien commencé pour les deux (futurs) tourtereaux, les choses ont dégénéré quand l'homme a proposé à la jeune femme, dans un état d'ébriété de plus en plus avancé, de lui commander un taxi. Mais celle-ci a catégoriquement refusé et, furieuse, elle a projeté du vin sur plusieurs tableaux, avant de les déchirer, puis de fracasser deux petites sculptures abstraites. Sauf que l'une des œuvres endommagées était signée Andy Warhol, maître américain du pop art, et qu'à elle seule, elle est estimée à plusieurs centaines de milliers de dollars. Arrêtée quelques instants après son saccage, la jeune femme de 29 ans a été inculpée d'acte délictueux. Le niveau des charges retenues contre cette furie étant en grande partie déterminé par la valeur des objets détériorés, sa crise pourrait en théorie lui coûter la prison à vie. Une perspective qui doit faire frémir celle qui, jusqu'ici, officiait comme chroniqueuse judiciaire…

« La Saint-Jérôme venue, sors ta charrue. »

Maladies imaginaires

Lors des tests précédant la mise sur le marché d'un médicament, on a recours à de « faux malades » pour tester les principes actifs et faire des essais d'interaction entre médicaments. Mais la sélection de ces faux malades est complexe, et les volontaires manquent. Ce qui peut aboutir à des situations saugrenues, comme la présence dans les tests sur l'interaction entre le viagra féminin et l'alcool de 23 hommes pour seulement 2 femmes ! Faux malades et fausses femmes ? Ça fait beaucoup... ✚

QUIZ CHANTEURS

Comment s'appelait le groupe qui a interprété *Sugar Baby Love* en 1974 ?

Les Rubettes.

Vermot Régions

PAS-DE-CALAIS / LE COMIQUE TROUPIER

La ville d'Arras a été mise à l'honneur par le comique troupier, ce mouvement de variété popularisé pendant la Première Guerre mondiale. Le fantaisiste Bach (non, pas Jean-sébastien !) crée en 1914 Avec Bidasse, *célébrissime chanson qui sera reprise par Ouvrard et dont le refrain reste encore dans toutes les têtes un siècle plus tard :*
Avec l'ami Bidasse
On ne se quitte jamais,
Attendu qu'on est
Tous deux natifs d'Arras-se,
Chef-lieu du Pas de Calais.

Ces objets presque disparus

La VHS est complètement HS

Apparu au tout début des années 1970 dans les foyers les plus aisés, le magnétoscope s'est peu à peu démocratisé et a connu son heure de gloire dans les années 1980 et 1990. C'est en juillet 2016 qu'a été fabriqué le dernier exemplaire, sur une chaîne de montage du japonais Funai. Parmi les différents systèmes ayant existé sur le marché, le plus populaire fut le VHS. Ces grosses cassettes à bande faisaient la fierté de ceux qui en possédaient des dizaines dans leur vidéothèque personnelle, et la jalousie de ceux qui leur rendaient visite... Si les modèles les plus modernes disposaient d'une télécommande, les magnétoscopes ont fini par être distancés par les lecteurs de DVD – à leur tour en sursis face au tout numérique – en raison de leur médiocre qualité d'image et, peut-être plus encore, à cause de l'indispensable, mais ô combien chronophage, rembobinage !

Métiers de bouche

La course aux étoiles

Le critique culinaire est un journaliste spécialisé dans la cuisine et la restauration, considéré comme un expert en gastronomie, capable d'évaluer les restaurants tant sur le service que sur la qualité des plats servis, mais aussi apte à publier son verdict dans un magazine spécialisé, un journal ou encore pour des émissions à la télévision ou à la radio. À sa façon, lui aussi exerce le métier de goûteur !

Si le classement du *Gault & Millau* ou les étoiles du *Michelin* font frissonner tous les chefs français depuis des décennies, les critiques gastronomiques sont de plus en plus nombreux et certains particuliers arrondissent même leur fin de mois ou mangent à l'œil en jouant les clients mystère pour évaluer les restaurants. Précisons que les « étoiles » ne sont pas attribuées en fonction de l'avis d'un seul critique, mais après que plusieurs auront été vérifier et corroborer la première évaluation.

Mardi 1er octobre

Sainte Thérèse de l'Enfant Jésus On fête aussi les Arielle

Le soleil se lève à **7 h 49** et se couche à **19 h 30**

*« Octobre en bruine,
hiver en ruine. »*

PAS RAGOÛTANT

ON LUI FAIT PLUS QUE LA PEAU, AU CROCO !

L'un des reptiles les plus dangereux, le crocodile, est aussi l'un des mets les plus fameux. Très proche de la chair de poisson par sa consistance, son goût ressemble à celui du poulet. La viande du crocodile se déguste en Asie (notamment en Thaïlande, le premier producteur mondial) et en Afrique. Et son cousin alligator commence aussi à faire le bonheur papillaire des habitants de Floride…

M. et Mme Isson ont la joie de vous annoncer la naissance de leur fils

PAUL

Ça bulle

Au début de sa carrière de cowboy de BD, Lucky Luke était fumeur : il roulait ses cigarettes, parfois aidé par le coup de langue final de son acolyte Jolly Jumper, et gardait son mégot aux lèvres des pages durant. C'est en 1984 que Morris décida de remplacer cette cigarette par un brin d'herbe afin de ne pas inciter ses jeunes lecteurs à fumer. L'initiative fut même récompensée par l'OMS, qui remercia le dessinateur pour cette idée pas fumeuse pour un sou !

Octobre

Certaines dates de l'exploration spatiale sont plus fortement ancrées que les autres dans la mémoire collective. Parmi elles, celle du 4 octobre 1957 tient une place toute particulière. En pleine guerre froide, les Soviétiques dament le pion aux Américains en remportant la première manche de la course à l'espace. Ils lancent avec succès le premier satellite artificiel : Spoutnik 1. Ils gagneront également la deuxième manche, en envoyant le premier homme dans l'espace, Youri Gagarine, en 1961, mais ils perdront la belle, puisque les marcheurs lunaires sont tous de nationalité américaine.

C'est le succès retentissant du Spoutnik d'octobre 1957 (dont le charmant nom signifie « compagnon de route » en russe) qui pousse les Américains à mettre les bouchées doubles et qui aboutit, le 1er octobre 1958, à la création de l'agence spatiale américaine civile, la National Aeronautic and Space Administration, plus connue sous son acronyme Nasa.

Le 22 octobre 1975, malgré les succès américains, c'est encore un engin soviétique qui fait parler de lui : la sonde Venera 9 nous transmet les premières photographies de la surface d'une autre planète du système solaire : Vénus.

Dans notre galerie de portraits des douze hommes qui ont marché sur la Lune, Charles Duke (né en 1935), de son petit nom « Charlie », est le dixième de la liste. Il foule allègrement le sol lunaire lors de sa participation à la mission Apollo 16, qui se déroule du 16 au 27 avril 1972. Il est alors âgé de 36 ans, ce qui en fait le plus jeune des douze marcheurs lunaires. Charles Duke laisse sur le sol gris et poussiéreux de notre satellite le souvenir le plus personnel qui soit : un portrait de famille le représentant aux côtés de sa femme et de ses deux enfants. ■

Ha ! Ha ! Ha !

Un type élève des pigeons voyageurs. Un gars lui demande : « Et celui-là ?
– C'est un pigeon que j'ai croisé avec un pivert.
– Et ça donne quoi ?
– Il apporte tous les jours les messages, mais, en plus, il frappe à la porte. »

Le soleil se lève à
7 h 50
et se couche à
19 h 28

Mercredi **2 octobre**

Saint Léger On fête aussi les Bérégise, Ruth

« Ne sème point au jour de Saint-Léger, sinon tu auras du blé léger. »

[Excuse my French]

« Caddie » : ce mot fait tellement partie de notre quotidien qu'on ne prend guère le temps de s'y intéresser. Pourtant, en y regardant de plus près, on découvre des choses intéressantes. Déjà, le mot est propre à notre langue, les anglophones faisant leurs courses avec un *trolley* ou un *cart*. Ensuite, si les golfeurs ont depuis bien longtemps des « caddies » qui les aident à porter leurs sacs, notre « Caddie » à nous est en fait un nom propre, celui de la marque ayant créé le chariot à courses métallique. Les allées du supermarché vont prendre un nouveau relief !

Noms de villages

Affaire de fertilité ou au contraire de fermeté autoritaire? Ce n'est pas les habitants du hameau de La Trique, dans les Deux-Sèvres, qui lèveront le voile sur l'origine de ce nom mystérieux. À quand une usine de production de Viagra dans le coin?

OH LE GROS GÂCHIS !

Train à gros gaspi

Au milieu des années 1990, quand il a fallu choisir un site pour l'une des gares de la future ligne de TGV reliant Paris à Strasbourg, les autorités avaient le choix entre Vandières (Meurthe-et-Moselle), qui bénéficiait d'une interconnexion avec la ligne de TER Metz-Nancy, et une implantation en rase campagne. Dans son rapport annuel de 2013, la Cour des comptes explique que, pour ne pas froisser les élus locaux et sortir des querelles de clocher entre Nancy et Metz, c'est la seconde option qui a été retenue. La plus chère et la moins logique, donc. Résultat : une gare a été construite à Louvigny (Moselle), à 7 km de l'aéroport Metz-Nancy-Lorraine. La station TGV n'est connectée à aucune ligne de train régionale et il faut prendre un bus pour rejoindre les grandes villes voisines. Un système de navette qui fait perdre beaucoup de temps aux voyageurs et coûte plusieurs centaines de milliers d'euros chaque année aux collectivités locales. Tant que les élus sont contents…

RUGBY

Les joueurs de rugby français sont bien évidemment connus pour leurs performances sportives accomplies sous le maillot bleu de la sélection nationale. Mais ils sont aussi réputés pour d'autres choses qui n'ont rien à voir avec le rugby, comme le calendrier annuel dit des « Dieux du stade ». Depuis 2000 en effet, la tradition veut que les internationaux français, les joueurs du Stade français et quelques autres joueurs du Top 14 posent nus ou presque dans un calendrier sexy à destination de ces dames plus qu'à celle des amateurs d'ovalie. Il faut croire que le rugbyman vend bien, puisque ce n'est pas moins de 1,6 million de calendriers qui s'est écoulé depuis la création du concept. Est-ce l'interdiction d'enlever son maillot sur le terrain qui a créé la frustration chez les joueurs ? Mystère…

Jeudi **3 octobre**

Saint Gérard On fête aussi les Ewald, Bianca, Blanca, Candide

Le soleil se lève à **7 h 52** *et se couche à* **19 h 26**

« En octobre,
le tonnerre fait les
vendanges prospères. »

Un vrai feuilleton

Pour John Forsythe, acteur américain qui tint le rôle de Charlie dans la série *Charlie et ses drôles de dames*, la vie est un long fleuve tranquille. Car, quand ses collègues s'épuisent à faire l'acteur, lui se contente d'enregistrer sa voix, puisque son personnage n'apparaît presque jamais à l'écran ! On ne le verra que dans un seul épisode, de dos, de loin, et on apercevra parfois un bras ou une main censés lui appartenir. Pas trop dur ?

HAUT... EN COULEUR...

Qu'exprime-t-on lorsqu'on dit que quelqu'un « blanchit sous le harnais » ? Cette vieille expression militaire maintenant élargie au champ civil signifie qu'on reste longtemps au même poste, en référence aux soldats dont les cheveux blanchissaient alors qu'ils portaient toujours le même harnais identifiant leur affectation.

L'Info

La vengeance des phocidés

*À quelques kilomètres de la plage de Malibu et de ses vagues meurtrières, qui ont notamment donné du boulot aux sauveteurs d'*Alerte à Malibu*, la Children's Pool Beach de La Jolla est un havre pour les familles. En effet, si « la Piscine des enfants » s'appelle ainsi, c'est pour une bonne raison : en 1931, un philanthrope a fait bâtir une immense digue en forme de demi-lune afin de protéger la baignade des plus petits. Mais cet aménagement, qui a rendu l'eau plus tranquille et la plage encore plus accessible, a fini par attirer des squatters : une immense colonie de phoques ! Installés depuis le début des années 1990, les mammifères n'ont cessé depuis de se multiplier et de s'étaler. Au début, tout allait bien : le phoque n'est en général pas agressif et il passe sa journée étendu sur le sable (comme les humains, donc). Sauf que l'animal défèque dans l'eau (à la différence des humains, on l'espère) et que des dizaines de phoques, ça fait donc beaucoup de caca ! La plage est devenue impraticable et l'eau impropre à la baignade. Les riverains, qui ont acheté des villas à plusieurs millions de dollars, l'ont surtout fait pour profiter de la mer. Ces dernières années, un collectif d'habitants a donc déclaré une guerre judiciaire afin d'obtenir l'expulsion des phoques. Jusqu'ici, le conseil municipal comme les divers tribunaux saisis les ont systématiquement déboutés. La dernière décision en date précise même que c'est un délit de perturber la sérénité des phoques. La bête a eu la peau de l'homme.*

Charade à tiroirs

Mon premier est charitable.
Mon deuxième est aux commandes.
Mon troisième fait venir.
Mon quatrième est obstructif.
Mon tout est un acteur français.

ALAIN DELON. Mon premier est A, car A aide (Aède). Mon deuxième est Lain, car Lain gère (Lingère). Mon troisième est De, car De mande (Demande). Mon quatrième est Lon, car Lon barre (Lombard).

Vendredi 4 octobre

Saint François d'Assise On fête aussi les Francis, Oriane, Auriane

« *Sème au jour de Saint-François, tu auras du grain de bon poids.* »

Protocole

Si un chef du protocole expérimenté trouvera toujours une solution pour adapter l'ordre de préséance et le plan de table à des personnes supplémentaires, c'est une tout autre paire de manches quand il manque des invités, car la place vide est la hantise du protocole. Ainsi, en 1988, alors que Jacques Chaban-Delmas recevait le président égyptien Moubarak, les services protocolaires eurent l'horreur de découvrir quinze absents à une grande table. Pour ne pas exposer leur invité à une telle désertion, on trouva une solution peu orthodoxe : les chauffeurs officiels français furent réquisitionnés pour combler les trous. Une seule consigne fut donnée : interdiction de parler au président égyptien !

Quelle est la différence entre la lessive et la SNCF ?
Réponse : dans la lessive, il y a des agents actifs.

RétroVermot

Le maître d'école :
« Figure-toi qu'avec un petit copain, on vous donne 24 prunes, 25 pommes, 2 melons, 40 pêches et 50 mandarines, qu'est-ce que vous aurez chacun ? »
Toto :
« Mal au bide ! »

CONCOURS LÉPINE

Les gadgets plus ou moins utiles du concours Lépine, s'ils ont quelque chose d'amusant, peuvent aussi interroger sur l'utilité de produire toujours plus d'objets inutiles. C'est cette question que l'écrivain britannique John Naish cherche à poser au public en organisant depuis 2009 le LandFill Prize (qui se traduit littéralement par « Prix de la décharge »), lequel récompense les inventions les plus inutiles. Parmi les lauréats, on trouve la fourchette à tourner les pâtes, le cône de signalisation motorisé, la brosse à dents à rayons ultraviolets, le sécheur de soutien-gorge, ou bien encore le club de golf avec réservoir à urine pour les envies pressantes. Le problème avec l'inutilité, c'est qu'il y a toujours quelqu'un pour lui trouver un intérêt…

REMARQUABLES
ARBORETUM DE BALAINE

Née en 1775, Aglaé Adanson est l'auteur de *La Maison de campagne*, traité de jardinage et d'économie domestique, dont le frontispice montre le gracieux visage, entouré de bouclettes « à la grecque », à la mode au temps de l'Empire. Et Aglaé, dont le père, Michel, est un botaniste de premier plan, va se consacrer, au début du XIXe siècle, à sa propre « maison » de campagne, en l'occurrence un beau château, à Villeneuve-sur-Allier, autour duquel elle crée des jardins, des vergers et un parc, devenu aujourd'hui l'arboretum de Balaine. La balaine, c'est tout simplement le genêt à balai, *Cytisus scoparius*, un arbuste de sols pauvres et ingrats, comme le sont ceux de la région. Mais Madame Adanson sait enrichir et exploiter les siens au mieux, et réunit de très nombreuses essences, dont un cyprès chauve de Louisiane (*Taxodium distichum*), au bord de l'eau, entouré de ses pneumatophores. Elle plante elle-même un tupélo (*Nyssa sylvatica*), ou gommier noir, un petit arbre américain, qu'il faut voir en automne pour ses extraordinaires teintes rouge vif.

Samedi 5 octobre

Sainte Fleur On fête aussi les Azalée, Cerise, Clémentine, Placide

Le soleil se lève à **7 h 55** *et se couche à* **19 h 22**

« Dès qu'on cesse de s'agiter, les gens concluent qu'on est déprimé. »
Jean-Paul Fugère (écrivain québécois)

Il y a 30 ans, le 5 octobre 1989, le prix Nobel de la paix était attribué au dalaï-lama Tenzin Gyatso, chef spirituel du Tibet et symbole de la résistance de son pays contre la Chine.

Les « pourquoi ? » de l'histoire

Pourquoi ne s'est-il rien passé entre le 5 et le 14 octobre 1582 ?

Il ne s'est rien passé en France du 5 au 14 octobre 1582, car ces 10 jours n'ont pas existé ! À cette époque, nos ancêtres sont passés du calendrier julien au calendrier grégorien, suivant la bulle du pape Grégoire XIII. En « sautant » directement du jeudi 4 octobre au vendredi 15 octobre 1582, le retard accumulé au fil des siècles par le calendrier julien a ainsi été résorbé.

Métiers de bouche

Les cuisiniers des grands hommes

Si derrière chaque grand personnage historique se cache une femme, on trouve aussi un cuisinier ! Car les hommes de pouvoir aiment généralement la bonne chère. On peut citer François Vatel, célèbre pour s'être suicidé lors d'un banquet donné au château de Chantilly en l'honneur de Louis XV, sous prétexte que la pêche du jour avait du retard. Antonin Carême, cuisinier de Talleyrand, transforma le congrès de Vienne en victoire française, alors que le pays sortait considérablement affaibli des guerres napoléoniennes. Plus récemment, les anecdotes contées par Joël Normand, qui fit carrière aux cuisines de l'Élysée et côtoya 5 présidents (de l'arrivée du général de Gaulle à la présidence de Jacques Chirac), nous permettent de mieux cerner la personnalité de ces grands hommes… François Mitterrand avait, en outre, engagé une cuisinière périgourdine, Danièle Mazet-Delpeuch, chargée de lui rappeler « la cuisine de sa grand-mère ». Leur histoire donna naissance au film *Les Saveurs du palais*.

Vermot Régions

HAUTE-LOIRE / L'ABBAYE DE LA CHAISE-DIEU

Fondée en 1043, l'abbaye de La Chaise-Dieu fut fermée sept siècles plus tard, au moment de la Révolution, et l'église abbatiale devint église paroissiale à la Restauration. Classés monuments historiques en 1847 à la suite de la visite de Prosper Mérimée, inspecteur général des monuments historiques, le bâtiment et son mobilier (dont de nombreuses tapisseries) devinrent propriété de la commune, et des travaux de sauvegarde furent entrepris, sans pour autant en faire un lieu culturel majeur. Il fallut attendre 1966 pour assister à la seconde naissance de l'abbaye grâce au premier concert donné par le pianiste György Cziffra. Sans le savoir, il posa alors la première pierre du festival de La Chaise-Dieu. Son succès et sa notoriété allaient faire du site un haut lieu de la musique en Europe, qu'il est toujours aujourd'hui.

Fête des Grands-Pères – On fête aussi les Bruno, Arthaud, Brunehaut

« Quand on sème à la Saint-Bruno, la rouille s'y mettra bientôt. »

Molière en vadrouille

À Abidjan, capitale de la Côte d'Ivoire, se parle depuis les années 1970 le « nouchi », un argot mêlant français et langues locales. L'une des expressions du nouchi, « c'est dans ma bouche que tu veux manger le piment », sert à désigner le fait que quelqu'un cherche à nous faire dire du mal d'une autre personne. Imagé, et piquant à souhait !

EMOJI

En regardant de loin, on pourrait croire aisément que les emoji sont une forme moderne et digitale du très antique hiéroglyphe. Pourtant, ce n'est pas tout à fait le cas. En effet, les emoji sont des pictogrammes, alors que les hiéroglyphes sont regroupés en 3 catégories : les idéogrammes (signes-mots), les phonogrammes (signes phonétiques) et les déterminatifs (qui sont muets, mais indiquent le champ lexical). De plus, la plupart des emoji sont représentés… de face !

AFFLUENTS DE LA RIVE DROITE DE LA SEINE

O	A	E	O	V	U	B	N	Q	V	V	A	D	E
L	V	U	H	R	O	O	L	D	A	L	F	D	L
P	E	G	B	T	V	U	P	L	M	A	U	B	E
Y	S	A	Q	E	R	I	L	O	U	R	C	E	Z
E	I	M	R	E	T	E	N	Z	T	C	B	C	A
R	O	B	E	C	E	T	B	R	I	E	A	N	R
R	J	O	Y	J	E	Y	E	E	L	E	R	E	D
E	E	N	A	L	L	G	F	L	R	O	S	X	E
S	F	V	H	L	E	X	O	N	E	T	E	U	P
U	O	U	I	T	E	R	H	Q	O	T	S	A	T
T	E	A	N	N	E	P	R	K	S	S	A	U	E
T	C	I	R	V	S	R	C	T	B	V	S	H	A
K	A	A	A	A	C	O	M	M	E	R	C	E	C
S	M	F	E	B	R	A	N	D	E	L	L	E	R

Solution page 303

Cherchez les affluents de la rive droite de la Seine cachés dans la grille. Vous les trouverez horizontalement, verticalement ou diagonalement.

ALMONT
ANDELLE
ARCE
AUBE
AUBETTE
AUSTREBERTHE
AUXENCE
BARSE
BRÉVON
CAILLY
CHÂTELET
COMMERCE
EPTE
FAVEROLLE
GAMBON
LÉZARDE
MARNE
NOXE
OISE
ORVIN
OURCE
RESSON
REVINSON
ROBEC
SAINTE-GERTRUDE
TELHUET
VALLÉE JAVOT
VOULZIE
YERRES

Chiffres étonnants de la science

Ça bave pour nous

La salive qui humidifie en permanence notre bouche est aussi responsable de la première étape de la digestion, tandis que nous mâchons nos aliments. Savez-vous quelle quantité de salive nous produisons quotidiennement ? Un litre et demi ! Miam miam ! Et comment fonctionne le goût ? À la naissance, la langue est tapissée de 10 000 papilles qui, bien qu'elles se renouvellent, ne seront plus que 5000 à 8000 chez l'adulte. De petites excroissances à leur base, appelées « bourgeons du goût », nous permettent de reconnaître les saveurs fondamentales : salé, sucré, acide, amer… Et notre odorat fait le reste : c'est lui qui donne au goût toute sa subtilité. On le constate lorsqu'on est enrhumé.

Lundi 7 octobre

Saint Serge On fête aussi les Gustave, Bacchus, Ke

Le soleil se lève à **7 h 58** *et se couche à* **19 h 17**

« Une rose d'automne est plus qu'une autre exquise. »
Théodore Agrippa d'Aubigné

YÉ-YÉ

Dans les années 1960, Claude François a effectué de nombreux allers-retours aux États-Unis, où il a puisé son inspiration, et parfois même un peu plus. La liste des chansons qu'il a reprises en les traduisant est longue comme le bras. Parmi les traductions les plus hasardeuses, on trouve *American Pie* de Don McLean, qui devient *Feu de paille*, *From Me to You* des Beatles, qui se change en *Des bises de moi pour toi*, et surtout le *Massachusetts* des Bee Gees, qui devient *La plus belle chose du monde*. Pas sûr que les artistes aient apprécié…

Rébus

cuisine

N J
A
O
B M

Roulade de jambon

L'Info

CAFÉ FRAPPÉ

Après les cœurs, les tulipes, les dragons, les cygnes, les cartes de géographie, les stars et même certaines parties de l'anatomie, certains adeptes du Latte art – ou l'art de dessiner dans son café au lait – élèvent encore le niveau avec le « Selfieccino ». En clair, il s'agit de réaliser votre portrait sur votre cappuccino ! La « discipline » vient d'être lancée par le Tea Terrace, *un salon de thé londonien. Comment ça marche ? Avant d'arriver au* Tea Terrace, *vous téléchargez votre selfie sur son site en indiquant si vous préférez avoir votre visage sur un café au lait ou un chocolat chaud. Une fois sur place, les* baristas *vous préparent votre boisson chaude avec votre minois dessiné dans la mousse. Une prouesse qui demande une bonne dose d'adresse et… une bonne imprimante 3D pour transformer la photo en gabarit ! Prix à payer pour un café qui affiche votre bobine : 7,50 euros ! Un peu cher, mais c'est de l'art ! Très éphémère certes, mais, quand on s'aime, on ne compte pas…*

GRANDES TOURS DU MONDE

LA TOUR OSTANKINO

Inaugurée en 1967 à l'occasion des 50 ans de la révolution d'Octobre, cette structure autoportante en béton précontraint est devenue l'un des monuments les plus emblématiques de Moscou. Du haut de ses 540 m, cette tour de télécommunication et d'observation, qui doit son nom à celui du quartier dans lequel elle a été construite, domine en effet la capitale de la Russie. Elle est surtout la première structure du monde à avoir dépassé la hauteur symbolique de 500 m ! Lors de son inauguration, en pleine guerre froide, elle décrocha même le titre de plus haut monument du monde, détrônant un gratte-ciel… américain, l'Empire State Building (381 m) !

Le soleil se lève à
7 h 59
et se couche à
19 h 15

Mardi **8 octobre**

Sainte Pélagie
On fête aussi les Thaïs, Morgan

« *Gelée d'octobre rend le vigneron sobre.* »

Perles de sportifs

Éclair au café

Qui l'a dit ? Laurent Blanc, à la presse :
« Ça vous donne du pain à moudre ! »

dans l'hémicycle

Les débats à l'Assemblée nationale ne s'appuient pas toujours sur des textes administratifs et légaux réservés aux connaisseurs du droit, mais parfois sur des ouvrages dont on imaginerait qu'ils n'ont pas leur place dans cette assemblée laïque. Ainsi, Christine Boutin exhorta-t-elle ses condisciples à la lecture de la Bible, lors du houleux débat sur le Pacs. Plus récemment, un député socialiste a encouragé à suivre la parole papale, tandis qu'une députée de la France insoumise, elle, cita la Bible pour y dénoncer la violence de certains mots qu'on reproche aux livres d'autres religions. Utilisées à bon ou à mauvais escient, les références religieuses arrivent finalement à trouver leur place dans l'enceinte républicaine.

REMAKES REMAKES REMAKES REMAKES

THE THING

D'abord jugé comme l'un des grands « nanars » de l'année 1982, *The Thing*, de John Carpenter, atteindra le statut de film culte quelques années plus tard et inspirera de nombreux cinéastes. Il faut dire que le film oscille en permanence entre suspense glaçant – un huis clos dans une station de recherche en Antarctique – et gore grotesque. Lorsque La Chose s'empare des corps à grand renfort de giclées gluantes, MacReady (Kurt Russell) et ses collègues n'en finissent plus d'être horrifiés. Le film reprend la trame de *La Chose d'un autre monde* (1951) de Christian Nyby et Howard Hawks, aujourd'hui classé au National Film Registry américain. Bien que célébrée pour son « importance esthétique », cette première version est tombée dans l'oubli après le passage de Carpenter, qui assurera même avoir réalisé un film plus fidèle au livre originel, un classique de la science-fiction, *La Bête d'un autre monde*, de John W. Campbell.

Régiments

Le 369e régiment d'infanterie de l'armée américaine, rebaptisé 15e régiment de la Garde nationale de New York en 1918, est une unité militaire hors du commun. « Confié » à l'armée française en 1917 par un état-major américain doutant de ses capacités, le régiment se distingua pourtant par son courage. Les Allemands, qui les craignaient tout particulièrement, les surnommèrent « Harlem Hellfighters », les « combattants de l'enfer de Harlem ». Dans les rangs français, en plus de leur ardeur au combat, on appréciait les reprises jazzy de la *Marseillaise* que certains des Harlem Hellfighters regroupés en orchestre proposaient lors des défilés. Pourtant, les combattants survivants de l'unité ne furent pas autorisés par le gouvernement français à défiler à Paris avec le reste des forces françaises à la fin de la guerre.

Mercredi 9 octobre

Saint Denis On fête aussi les Sybille, Gunther, Sara

Le soleil se lève à **8 h 01** et se couche à **19 h 13**

« S'il fait beau à la Saint-Denis, l'hiver sera bientôt fini. »

SLOGANS

Si le monde entier se souvient du 9 novembre 1989, jour de la chute du mur de Berlin, peu de gens savent qu'en réalité, rien n'aurait été possible sans une grande manifestation populaire qui eut lieu en RDA un mois jour pour jour avant cela. Aux cris de « Nous sommes le peuple », les habitants de Berlin-Est se sont réunis en masse le 9 octobre pour manifester, chose impensable quelque temps auparavant. Ceux qui étaient présents affirment aujourd'hui que c'est cette manifestation et ce slogan qui précipitèrent la chute du Mur et la réunification de l'Allemagne.

INVENTIONS INSOLITES

Le permis pour chien

Après avoir été obligatoire pendant près de dix ans, le permis imposé à tout propriétaire de chien en Suisse pourrait totalement disparaître. Pour l'obtenir, un stage était nécessaire avec un éducateur canin pour comprendre le langage du chien et apprendre les exercices d'obéissance de base. L'objectif était de réduire les accidents et les agressions, mais le bilan est plutôt mitigé.

PÔLE EMPLOI : 4000 POSTES MENACÉS À CAUSE DE LA BAISSE DU CHÔMAGE

MAÎTRES DU POLAR

Jo Nesbo

Journaliste économique, puis leader de Di Derre, l'un des plus célèbres groupes de pop en Norvège pendant les années 1990, Jo Nesbo est aujourd'hui l'un des meilleurs auteurs de romans policiers nordiques. Nesbo a été propulsé dans la cour des grands en 1997 grâce à *L'Homme chauve-souris*, premier opus de la série des « Harry Hole », son inspecteur en poste à Oslo. Si l'ambiance créée par Nesbo et son enquêteur rappellent un peu celle d'un Connelly et son détective Harry Bosch, le Norvégien porte un regard plus acerbe encore sur le monde que l'Américain. Joe Nesbro n'épargne ni le modèle social-démocrate norvégien ni les autres cultures. Car son flic, spécialiste des *serial killers*, à la fois cynique et alcoolique, mais également intègre, acharné et intuitif, est régulièrement expédié à l'étranger par ses supérieurs excédés par ses méthodes : l'Australie dans *L'Homme chauve-souris* (1997), la Thaïlande dans *Les Cafards* (1998), le Congo dans *Le Léopard* (2009). Dans *La Soif*, sa dernière enquête, publiée en 2017, Harry Holl est confronté à un impossible dilemme : tirer un trait définitif sur son passé de flic ou arrêter enfin le seul criminel qui lui a échappé dans sa carrière. À moins que…

Vermot Régions

SARTHE / LA VELUE

C'est dans les eaux de la rivière Huisne que se cache la Velue. Si vous la voyez, fuyez ! Si sa tête de dragon émerge de l'eau, c'est sans doute pour vous brûler dans les flammes qui sortiront de sa bouche. Et si vous n'êtes pas carbonisé, elle pourra projeter sur vous une des piques empoisonnées qui recouvrent son corps ou bien vous broyer en un instant entre les puissantes griffes de ses pattes. Enfin, si vous êtes vous-même dans l'eau et qu'elle vous attrape, les ventouses qui garnissent le bout de ses doigts vous entraîneront au fond de la rivière sans que vous puissiez vous échapper…

Le soleil se lève à
8 h 02
et se couche à
19 h 11

Jeudi **10 octobre**

Saint Ghislain On fête aussi les Virgile, Loth, Clair

« Temps pluvieux à la Sainte-Ghislaine, la fin du mois s'annonce vilaine. »

C'est pas la crise pour tout le monde !

Si le top 10 des acteurs les mieux payés du monde a longtemps été intégralement trusté par des acteurs américains (ou en tout cas occidentaux), une nouvelle génération d'acteurs indiens commence désormais à y figurer. Aux 8e, 9e et 10e places, on trouve notamment Shah Rukh Khan, Salman Khan et Akshay Kumar, avec respectivement 38, 37 et 35,5 millions d'euros perçus annuellement en 2017. Faites place à Bollywood !

« ENTRAÎNEMENT AU SPRINT ? — NON... GASTRO ! »

Les comportements extraordinaires des animaux

Une méduse médusante

Minuscule et translucide, cette méduse fait couler beaucoup d'encre, et on le comprend. En effet, elle peut, en quelque sorte, remonter le temps, en rajeunissant ! *Turritopsis*, de son petit nom, serait donc virtuellement immortelle. En effet, après être devenue indépendante et mature pour la reproduction, elle peut régresser dans son état antérieur, immobile (polype) et vivant en colonie, avant de redevenir méduse. Ce stratagème lui réussit si bien qu'elle prolifère, ce qui inquiète un peu les biologistes. Quoi qu'il en soit, c'est un modèle passionnant dont on aimerait connaître le secret de jouvence ! En attendant, si on essayait des crèmes rajeunissantes à la gelée de méduse ?

LES TGV VONT DE PLUS EN PLUS VITE

SURNOMS

LA PUCELLE D'ORLÉANS

Le terme « Pucelle » a été employé dès 1456 pour qualifier Jeanne d'Arc par son compagnon d'armes Aubert d'Ourches, lors de son procès en réhabilitation. Il ne fait pas allusion à sa virginité, mais plus largement à sa pureté, voire à sa sainteté. C'est après sa mort que lui fut attribué le surnom complet de « Pucelle d'Orléans », en référence à la ville qu'elle libéra des Anglais.

L'Info

ENFIN À ÉGALITÉ !

L'Allemagne vient de faire un grand pas en matière de parité hommes-femmes. Depuis janvier 2018, en vertu d'une nouvelle loi destinée à « favoriser la transparence en matière de rémunération », une salariée peut demander à son employeur combien gagnent ses collègues masculins. Dans les entreprises de plus de 200 salariés, une femme peut se faire communiquer le montant du salaire d'au moins six hommes occupant une fonction équivalente à la sienne. En outre, elle peut connaître le salaire médian de l'entreprise, afin d'évaluer sa situation. Enfin, dans les entreprises de plus de 5000 salariés, la nouvelle loi rend obligatoire la publication d'un rapport annuel sur l'écart salarial et l'égalité des genres. En Allemagne, la différence de salaire entre les hommes et les femmes était de 21 % en 2015, contre 16,5 % en moyenne dans l'Union européenne et… 25 % en France. De son côté, l'Islande est allée encore plus loin que l'Allemagne en votant il y a quelques mois une loi qui rend obligatoire la parité salariale d'ici 2022 dans les entreprises d'au moins 25 salariés, les contrevenants s'exposant à de très lourdes amendes.

Vendredi **11 octobre**

Saint Emmanuelle On fête aussi les Agilbert, Firmiane, Firminie

Le soleil se lève à **8 h 04** *et se couche à* **19 h 09**

« L'argent est un bon serviteur, mais c'est un mauvais maître. »

LA SIESTE TOUJOURS TABOU AU BUREAU…

Noms de villages

En Moselle se trouve une commune pour le moins paradoxale construite dans les années 1920 par les maîtres de forges d'une cité ouvrière. Venant de forgerons, on pourrait s'attendre à un nom flamboyant sentant l'acier en fusion, et pourtant… c'est bien Cité de Froidcul qui fut choisi pour nommer cette nouvelle commune. Un conseil : si vous mettez une main aux fesses de l'un de ses habitants, prenez des gants !

PROVERBES PATOIS

Proverbe réunionnais

Même traduites de la langue créole en français, certaines expressions restent absconses pour la plupart d'entre nous. Ainsi, si on vous interpelle avec : « *Kan i koz ek boukané, sosis res pandiyé* », vous devrez traduire par « Quand on s'adresse au boucané, la saucisse reste sur le crochet », pour finalement comprendre que, « Quand on parle à l'un, ce n'est pas à l'autre de répondre » !

Au menu

Risotto chorizo et petits pois

Une recette de risotto pour un repas complet et délicieux.

POUR 4 PERS.
20 MIN DE PRÉPARATION
25 MIN DE CUISSON

- 1 OIGNON
- 1 NOIX DE BEURRE
- 400 G DE RIZ À RISOTTO (ARBORIO)
- 10 CL DE VIN BLANC
- 1 L DE BOUILLON DE LÉGUMES
- 200 G DE TOMATES CONCASSÉES
- 100 G DE CHORIZO FORT
- 200 G DE PETITS POIS
- PARMESAN
- SEL ET POIVRE DU MOULIN

Pelez l'oignon et émincez-le. Dans une casserole, faites fondre le beurre et revenir l'oignon jusqu'à ce qu'il soit transparent. Ajoutez le riz et mélangez pour qu'il devienne translucide, puis déglacez au vin blanc.

Quand le vin s'est évaporé, ajoutez une première louche de bouillon de légumes et mélangez. Quand le bouillon s'est partiellement évaporé, ajoutez les tomates. Ôtez la peau du chorizo et coupez-le en dés. Ajoutez-les au risotto en cours de cuisson avec les petits pois.

Poursuivez la cuisson en mouillant le riz au fur et à mesure de l'évaporation du bouillon, sans cesser de remuer. Le risotto est crémeux, mais les grains de riz doivent rester fermes (comptez une vingtaine de minutes de cuisson). Salez et poivrez.

En fin de cuisson, parsemez de parmesan, mélangez bien et servez chaud, sans attendre.

RUGBY

Les coupes du monde de tous les sports sont une occasion unique pour les athlètes qui pratiquent le sport en question de se retrouver et de se confronter au plus haut niveau. C'est d'ailleurs souvent pendant ce genre de compétition hors norme que s'écrit l'histoire d'un sport et que s'enregistrent les records les plus fous. Car les performances ont d'autant plus de poids que l'adversaire contre qui on l'accomplit est fort. Pour toutes ces raisons, l'amateur ne peut que s'incliner devant cet incroyable record du nombre de points marqués par un seul joueur en une coupe du monde détenu par le Néo-Zélandais Grant Fox : 126 points à lui tout seul lors de la Coupe du monde de 1987. Pour un demi d'ouverture, on peut dire qu'il n'a pas de mal à la trouver (l'ouverture !).

Samedi **12 octobre**

Saint Wilfried On fête aussi les Edwin, Edwina, Eddy

« *Tisane d'octobre tous les maux chasse.* »

EXPRESSIONS IMAGÉES

Mettre les pieds dans le plat

C'est à la faible épaisseur du plat que nous devons cette expression. En effet, elle fait allusion à celui qui patauge dans une flaque d'eau peu profonde en prenant le risque de faire remonter à la surface la vase qui stagnait au fond. Par franchise ou par maladresse, celui qui met les pieds dans le plat exhume ainsi des questions qu'on voulait oublier, au risque de commettre un impair.

Maladies imaginaires

« Détox », c'est le nouveau mot à la mode, et les marques se disputent le juteux marché de l'élimination de toxines supposément accumulées dans l'organisme. Or, médicalement, cela n'a en réalité aucun sens : le corps est parfaitement capable d'évacuer les toxines qu'il produit et ingère, sauf s'il est victime d'un dysfonctionnement, qui deviendrait très rapidement très grave. Comme quoi on peut tout à fait être un faux malade, mais un vrai pigeon !

Solution mots mêlés [p. 297]

O	A	E	O	V	U	B	N	Q	V	V	A	D	E
L	V	U	H	R	O	O	L	D	A	L	F	D	L
P	E	G	B	T	V	U	P	L	M	A	U	B	E
Y	S	A	Q	E	R	I	L	O	U	R	C	E	Z
E	I	M	R	E	T	E	N	Z	T	C	B	C	A
R	O	B	E	C	E	T	B	R	I	E	A	N	R
R	J	O	Y	J	E	Y	E	E	L	E	R	E	D
E	E	N	A	L	L	G	F	L	R	O	S	X	E
S	F	V	H	L	E	X	O	N	E	T	E	U	P
U	O	U	I	T	E	R	H	Q	O	T	S	A	T
T	E	A	N	N	E	P	R	K	S	S	A	U	E
T	C	I	R	V	S	R	C	T	B	V	S	H	A
K	A	A	A	A	C	O	M	M	E	R	C	E	C
S	M	F	E	B	R	A	N	D	E	L	L	E	R

VISIONNAIRES

Dans le chef-d'œuvre dystopique d'Aldous Huxley, *Le Meilleur des mondes*, l'humanité a été ravagée par la bêtise des hommes au cours de la guerre de neuf ans, mais l'industrie lourde et les révolutions scientifiques ont permis au monde de se reconstruire. La procréation naturelle n'existe plus : toute naissance est un clonage pratiqué en laboratoire et chaque personne se voit attribuer une classe déterminée qu'il ne pourra pas quitter de toute sa vie. Pas surprenant, donc, que l'auteur ait pensé à fournir à ses personnages des médicaments qui ressemblent à s'y méprendre à nos antidépresseurs modernes. Pourtant, le livre fut écrit en 1932, et les premiers antidépresseurs n'ont été mis sur le marché qu'une vingtaine d'années plus tard…

TOXIQUE OU NON ?

Prunellier – sirop de prunelles

L'heure de gloire du prunellier (*Prunus spinosa*), c'est le tout début du printemps ! Sur la côte bretonne, dans le Velay ou les Vosges, il couvre la campagne d'une neige d'avril parfumée, alors que tout est encore gris et terne. Cette élégante floraison, sur cet arbuste terriblement épineux qui forme des fourrés impénétrables, est suivie en été de jolis fruits. Ce sont les prunelles, bleutées et pruinées. Elles paraissent délicieuses et vous avez envie d'y croquer. Mais abstenez-vous, car elles sont très amères. Toutefois, après les premières gelées, on peut les cueillir pour préparer un excellent sirop. Ramassez et lavez 1,5 kg de prunelles. Mettez-les dans une marmite et versez dessus de l'eau bouillante. Laissez reposer 24 heures. Filtrez, en conservant les fruits. Faites bouillir le jus, puis reversez-le sur les prunelles. Couvrez et attendez 24 heures. Répétez l'opération trois fois. Ensuite, filtrez le jus, ajoutez 500 g de sucre par litre, faites bouillir et laissez frémir quelques minutes. Mettez en bouteille et fermez bien.

Dimanche **13 octobre**

Saint Géraud On fête aussi les Fauste, Guérande

Le soleil se lève à **8 h 07** *et se couche à* **19 h 05**

« Octobre est bon s'il est de saison. »

QUIZ CHANTEURS

Avec qui la chanteuse Cher formait-elle un duo avant sa carrière solo ?

Sonny

Vermot Régions

NIÈVRE / LES QUEULES DU MONT BEUVRAY

Le promeneur qui s'aventure dans la forêt du mont Beuvray y croise forcément des « queules », ces troncs d'arbres emmêlés et curieusement torsadés. Leur histoire remonte à l'époque où ces terres étaient cultivées. Les paysans d'alors tressaient les arbrisseaux qui formaient les haies pour assurer une clôture à leurs champs. Peu à peu, la culture des terres a été abandonnée et les arbres livrés à eux-mêmes. Les petites branches tressées du XIXe siècle sont devenues aujourd'hui des troncs impressionnants qui conservent la forme de ces traditions locales.

Kézako

La 4DX

Voir des films en deux dimensions, c'est dépassé. Même la 3D est sur le point de devenir obsolète. Son concurrent ? La technologie 4DX, venue tout droit de Corée du Sud. Le principe est simple autant que fou : mobiliser plus que la seule vue lors du visionnage d'un film. Dans la salle sont installés des sièges spéciaux montés sur vérins, ainsi que des souffleries dissimulées un peu partout, permettant de reproduire les odeurs correspondant aux images ou de simuler le contact avec des éléments du film. La place de ce cinéma d'un nouveau genre est bien évidemment plus chère qu'une place classique (environ 6 euros de plus), mais les sensations sont totalement inédites.

Ha ! Ha ! Ha !

Un homme rentre du travail un soir, épuisé et déprimé. C'est alors qu'il entend une voix qui lui dit : « Démissionne, vends ta voiture, vide ton compte en banque, et va à Monte-Carlo pour jouer le 9. » L'homme pense avoir été en proie à une hallucination auditive, mais le lendemain dans la soirée, la même voix lui répète : « Démissionne, vends ta voiture, vide ton compte en banque, et va à Monte-Carlo pour jouer le 9. » Cette fois, il est certain que la voix n'est pas le fruit de son imagination, mais il refuse de prendre au sérieux ce qu'elle dit. Pourtant, chaque soir, en rentrant du travail, l'homme entend cette voix qui lui répète : « Démissionne, vends ta voiture, vide ton compte en banque, et va à Monte-Carlo pour jouer le 9. » Au bout de quelques semaines, il finit par craquer. Il quitte son travail, vend tous ses biens, prend son argent et se rend à Monaco. Aussitôt arrivé, il se précipite au casino pour aller jouer à la roulette. À ce moment, la voix resurgit et dit à l'homme : « Mise tout sur le 9… » Il s'exécute fébrilement. La roulette tourne et la boule ralentit pour finalement s'immobiliser sur le 17. Et la voix dit : « Pourtant, je le sentais bien ! »

Le soleil se lève à 8 h 08 et se couche à 19 h 03

Lundi 14 octobre

Saint Juste On fête aussi les Céleste, Gwenda, Calixte

ALMANACH VERMOT 2019

MOTS FLÉCHÉS

Plus loin / Se donne en spectacle		Commerce / Porte-bouteilles		Pièce mécanique / Diminue		Nuance très faible		Parfumer / Reste de feu		Est à la tâche / Scène de départ		Épreuve d'endurance
						Garde-feu / Cuite						
Ravages / Grosse bouteille							Titre / Posé					
								Puni / Fils arabe				
Invite au silence		Gousse / Point de repère								Khépri / Réviser		
					Taureau sauvage / Forme d'avoir				L'été quand il est chaud / Discernement			
Ruinée	Supprimé		Jour détesté par Garfield	Indentation / Maintenue							Myriapode	Façon d'être
							Rapace	Lame d'acier / Expiré				
Rumeur / Femme de ménage						Déclina / Chien de berger						
					Ver luisant / Filtre							
Baiser		Ouvres / Utiliser de façon inapproprié										
				Livre anglaise / Mort			Fait sensation / La moisson s'y déroule				Caustique	Purée
Ne laissa rien	Superposable		Apprête / Cent					Transport en commun / Anglaise sous pression				
									Aime les enfants	Indique la proximité / Grand bœuf sauvage		
Sur pied / Sensuels						Compliments / Matière de poupée						
							Pêcheur / Tel Adam					
Net / Point de départ				Porte une charge				Donner des coups de fer				
				Cataloguée								

Solution page 311

« En octobre, quand le mûrier se déshabille, il faut que l'homme vite s'habille. »

RÉTROVERMOT

« Bonjour, chère petite Madame, comment va votre fils ?
– Il marche depuis six mois !
– Ben, il doit être loin ! »

RECORDS DE PRÉSIDENT

Si l'Élysée est bien, techniquement, un « palais », certains de ses locataires, grisés par la vie rue Saint-Honoré, se sont crus dans un palace 5 étoiles plutôt que dans la maison de la République. Nicolas Sarkozy, par exemple, a explosé le record des frais de bouche annuels en 2012 avec un mirifique 12 000 euros par jour, dimanche compris, uniquement pour la restauration et les boissons. À sa décharge, son prédécesseur était lui aussi amateur de bons gueuletons et de bons vins, mais à l'époque, les frais engagés par l'Élysée n'étaient pas communiqués aussi précisément. Pas vu, pas pris !

CONCOURS LÉPINE

En Bourgogne, manger des escargots n'est pas seulement une tradition, c'est presque un art. Mais pour l'inventeur français Olivier Romanzini, la chose va peut-être un peu trop loin... En effet, il faut vraiment être fondu d'escargots pour trouver une utilité à son Escarg-Hot, une invention composée d'une plaque vitrocéramique, de coquilles en terre cuite, de pinces à doigts en silicone et de dosettes à beurre aillé. Présenté en 2012 au concours Lépine, l'Escarg-Hot n'a hélas pas été récompensé. On ne comprend vraiment pas pourquoi : surtout que le pauvre inventeur en a bavé pour arriver jusque-là !

L'Info

PLUS VIEUX DE 100 000 ANS !

L'incroyable découverte a été annoncée par la revue Nature. *Si elle se confirme, un vide crucial dans l'histoire de l'évolution sera comblé. Des fouilles réalisées sur le site archéologique de Jebel Irhoud, au Maroc, vieillissent considérablement l'apparition des premiers hommes modernes. Les fossiles retrouvés montrent que des humains présentant de nombreuses similitudes avec* Homo sapiens *vivaient en Afrique du Nord il y a 315 000 ans. C'est 100 000 années avant toutes les traces retrouvées en Afrique de l'Est, pourtant considérée depuis des décennies comme le « berceau de l'humanité ». Toutefois, si le visage de ces nouveaux ancêtres « ressemble à celui d'une personne que vous pourriez aisément croiser dans le métro ou dans la rue », selon Jean-Jacques Hublin, le paléoanthropologue qui a dirigé les nouvelles recherches, ces hominidés possèdent un crâne moins arrondi et moins allongé que le nôtre, ce qui induit une possible différence entre nos cerveaux et les leurs. Pour le spécialiste, cette découverte démontre néanmoins que les ancêtres de l'homme moderne pourraient s'être dispersés très tôt dans toute l'Afrique et qu'au moins deux espèces d'hominidés différentes l'ont occupée en même temps. Alors, faut-il considérer les hommes de Jebel Irhoud comme les premiers* Homo sapiens *? Pas pour tous les paléoanthropologues, qui soulignent que des restes datant d'au moins 260 000 ans ont également été trouvés en Afrique du Sud.*

Mercredi 16 octobre

Sainte Edwige On fête aussi les Gall, Gaudry, Junien

« Coupe ton chou à la Saint-Gall, en hiver c'est un régal. »

EMOJI

Vous êtes utilisateur d'emoji ? Si oui, savez-vous que, même en effaçant toutes les lettres de vos messages pour n'y laisser que les emoji, on pourrait sans problème deviner votre nationalité ? Des chercheurs ont démontré en 2016 que, selon la nationalité, les utilisateurs ne portaient pas leur préférence sur les mêmes emoji. En France, romantisme oblige, le « cœur » est quatre fois plus utilisé qu'ailleurs, alors que les Hawaïens sont les plus gros utilisateurs du « coucher de soleil » et du « palmier ».

Deux Français se promènent dans Athènes. L'un d'eux se rend compte tout à coup que l'autre a son pantalon troué. Alors, il lui fait : « T'as un accroc, Paul ! »

PAS RAGOÛTANT

ÇA POURRAIT VOUS RESTER EN TRAVERS DE LA GORGE !

En Corée du Sud, il existe un plat qui pourrait avoir du mal à passer : on déguste le poulpe encore vivant, pour être sûr de sa fraîcheur. Assaisonné de graines et d'huile de sésame, le poulpe est délicieux, mais gare à ses ventouses qui se fixent dans la gorge !

Ces objets presque disparus

« Tout sur tout… et un peu plus que tout »

« Attends, je regarde dans le *Quid* ! » s'exclamait-on il y a quelques années lorsque, au cours d'un repas animé, une question se posait. Aujourd'hui, on aurait plutôt tendance à dire : « Attends, je regarde sur Wikipédia ! » Le *Quid*, c'était cette encyclopédie en un seul volume, écrite en tout petit sur du papier bible, qui, de 1963 à 2007, sortait chaque année dans une édition actualisée. Mais le *Quid* n'a pas résisté à la révolution Internet. Outre son coût de fabrication et son encombrement, il a pâti de sa mise à jour annuelle, car, dans le virtuel, tout se joue en temps réel. Ainsi, l'édition 2002 a été mise sous presse le 12 septembre 2001, moins d'un jour après l'un des événements les plus marquants du siècle. Le *Quid* ne pouvait alors qu'évoquer dans un encadré « Dernière heure » un bilan encore provisoire et très approximatif des attentats de la veille aux États-Unis.

FAUT-IL ENCADRER LES CHIENS DANGEREUX ?

LES DOUZE TRAVAUX D'HERCULE

Les bœufs de Géryon

De plus en plus exaspéré, Eurysthée ne sait plus quoi inventer pour défier Hercule. Pour sa dixième épreuve, il lui demande d'affronter la créature la plus forte du monde : Géryon. Ce géant à trois troncs (ce qui fait tout de même trois têtes et six bras) garde des troupeaux de bœufs avec l'aide de deux bêtes aussi monstrueuses que lui : un chien à deux têtes et un dragon à sept têtes. Hercule réussit à tuer le géant et ses animaux de compagnie. Il ramène ensuite les bœufs à Eurysthée au moyen d'une barque géante donnée par Hélios, le dieu du Soleil. Ce dernier avait en effet apprécié l'audace du héros : celui-ci n'avait pas hésité à décocher une flèche à Hélios pour lui signifier qu'il manquait d'ombre ! On raconte aussi qu'au cours de cette mission, Hercule a ouvert le détroit de Gibraltar rien qu'en tapant des poings sur le sol. Trop fort !

Jeudi 17 octobre

Saint Baudouin On fête aussi les Austrude, Osée

Le soleil se lève à **8 h 13** *et se couche à* **18 h 57**

« Octobre glacé fait vermine trépasser. »

Vermot Régions

EURE-ET-LOIR / LA BÊTE DE VÉRIGNY

« L'an 1692, le 17 octobre, est décédée Barbe Simon, fille de Jacques Simon et de défunte Jacqueline Legendre, âgée de 17 ans ou environ, après avoir été dévorée par la bête qui rôde et court par le pays, et a été inhumée dans le cimetière de cette paroisse » [registre paroissial de Vérigny].

PATATE DOUCE...

Ça bulle

Le village des Schtroumpfs est bien peuplé. Pourtant, tous les personnages ou presque sont des mâles. Mais alors comment les Schtroumpfs voient-ils le jour ? C'est schtroumpfement simple : une cigogne les apporte les soirs de pleine lune bleue, comme cela nous est révélé dans l'album *Le Bébé Schtroumpf*. La seule exception à cette règle est la schtroumpfette, qui a été artificiellement créée par le méchant Gargamel. Heureusement qu'il est là : sans elle, les autres schtroumpfs auraient certainement eu le blues...

Fantaisies sexuelles

Une histoire d'amis et de fesses

Également surnommé « *sex buddy* », « *fuck friend* », « copain de baise » selon les niveaux de langage, le *sex friend* est rien moins qu'un partenaire sexuel régulier, mais sans relation affective poussée. Dans les faits, cette pratique existe depuis bien longtemps, mais elle a été popularisée depuis le début des années 2000, notamment par le biais de la série télévisée *Sex and the City*. Le *sex friend,* c'est avant tout un copain, un ami, qui ne doit pas être confondu avec l'*escort boy*, car il n'est pas rétribué financièrement pour service sexuel rendu. Chacun doit donc y trouver son compte dans une relation qui n'est censée impliquer rien d'autre qu'un plaisir sexuel partagé. Le plus dur est probablement de pérenniser ce type de contrat tacite, les sentiments ou la mise en couple de l'un des deux partenaires entraînant nécessairement sa remise en question.

REMARQUABLES

ARBORETUM DE CHÈVRELOUP

Catastrophe à Chèvreloup ! En 1999, la tempête abat le sophora de Bernard de Jussieu, un arbre puissant qui paraissait pourtant inexpugnable. Il avait été planté par ce botaniste du jardin du roi sous Louis XV, en 1747, alors que les premiers spécimens de l'espèce venaient d'être importés de Chine. Toutefois, on a pieusement mis en culture un morceau du tronc avec des racines et, au bout de deux ans... miracle à Chèvreloup ! Une jeune pousse est apparue. Le jeune arbre a été replanté – il s'agit du même individu, puisqu'issu d'une bouture – et il est aujourd'hui florissant, bien qu'encore jeune, et fait l'objet, on peut le penser, de soins attentifs. Ce n'est que l'une des merveilles que l'on peut voir à l'arboretum de Chèvreloup, à la fois paisible et magique, sis à Rocquencourt, à deux pas de Versailles. La variété végétale y est exceptionnelle, et la faune très riche. On s'y promène librement de hêtre en houx, de platane en pommier, de pin en peuplier, d'aulne en orme, de saule en sureau et de chêne en charme et en châtaignier...

Le soleil se lève à **8 h 14** et se couche à **18 h 55**

Vendredi **18 octobre**

Saint Luc On fête aussi les Lucas, Aimable, Gwen, Mabelle

« À la Saint-Luc, sème dru ou ne sème plus. »

Les « pourquoi ? » de l'histoire

Pourquoi Le Faouëdic est-il devenu Lorient ?

Lorsqu'il installa un chantier naval de la Compagnie des Indes orientales françaises au lieu-dit « Le Faouëdic », Jean-Baptiste Colbert ne savait pas qu'il allait donner naissance à une nouvelle ville. Un des premiers bateaux construits s'appelait le *Soleil d'Orient* et les nombreux visiteurs qui suivirent sa construction allaient « voir l'Orient ». En 1666, la ville de Lorient était née.

[Excuse my French]

Si vous étiez du genre fêtard dans les années 1960, nous parions que vous vous rendiez régulièrement dans les « dancings » de votre région ! Allez, avouez… Saviez-vous à l'époque (et encore maintenant) que « dancing » était un faux anglicisme ? Eh oui, le terme correct en anglais est *dancehall* ou *dancing house.* Mais les Français ont laissé tomber le *house* à l'importation. Exception culturelle, sans doute. Et si, pour ne pas faire d'erreurs, on allait plutôt au disco ?

Métiers de bouche

Scientifique culinaire ou cuisinier moléculaire

La cuisine moléculaire est l'art où la science et la cuisine se rejoignent pour le bonheur des papilles ! Quand des chimistes s'intéressent à la cuisine, cela donne des surprises comme les billes de framboise ou les glaces à l'azote… La gastronomie moléculaire a été inventée en 1988 par deux scientifiques, Nicholas Kurti, physicien d'Oxford, et Hervé This, physico-chimiste français. La cuisine moléculaire permet, grâce à la physique et à la chimie, d'adopter de nouvelles techniques, méthodes et ingrédients en cuisine pour parvenir à créer des plats surprenants. La sphérification permet ainsi de fabriquer une bouchée qui, en se rompant en bouche, produit une explosion de saveur. La gélification transforme un ingrédient liquide en gelée, pour une texture surprenante. L'émulsification, quant à elle, va unir deux ingrédients qu'on n'aurait jamais pensé associer. Le « chef moléculaire » le plus célèbre est espagnol : Ferran Adrià exerce son art dans son restaurant barcelonais, *El Bulli.*

L'Info

Moi très profond

Si certains paléontologues ont encore des doutes sur la découverte d'un nouvel ancêtre commun et/ou concomitant à Homo sapiens *(voir L'Info du 15 octobre), plus personne ne doit en avoir sur l'animal à l'origine de tous ceux vivant sur la planète : c'est l'éponge de mer ! Après plusieurs décennies de controverses, la génétique et les statistiques ont tranché. Nous descendons tous de cet organisme mou, apparu il y a 600 millions d'années environ, et qui fut longtemps classé parmi les végétaux par les scientifiques. Un animal dont la principale fonction est, faut-il le rappeler, le nettoyage des océans ou de la vaisselle. Énorme déconvenue pour les zoobiologistes qui défendaient depuis des années le cténophore dans la course à l'origine des espèces. D'autant que cet organisme translucide qui affectionne les eaux profondes présente indéniablement au moins deux sérieux points communs avec l'homme : carnivore, le cténophore est aussi un redoutable prédateur. Une éponge, franchement…*

Samedi 19 octobre

Saint René On fête aussi les Laure, Laura, Cléopâtre, Yaël

Le soleil se lève à **8 h 16** *et se couche à* **18 h 54**

« Octobre en brumes,
mois à rhumes. »

GÉNÉRATION Z

Parfois, le « verlan » est simple à comprendre, car il suffit pour retrouver le mot d'origine d'inverser les syllabes : ainsi, « cimer » signifie « merci ». Mais dans certains cas, c'est plus difficile. « Dar », par exemple, cache bien son jeu. Quasi-verlan de *hard* (« dur » en anglais), il peut être utilisé pour dire que quelque chose est super (« c'est trop dar ! ») ou… le contraire. Simple, non ?

Charade répétitive

Mon premier est la partie du corps entre le bas-ventre et la cuisse.

Mon deuxième est le département français auquel le code 02 est attribué.

Mon troisième est un sentiment de profonde antipathie.

Mon quatrième est un morceau de peau de mouton qui joint l'éclisse à la têtière dans un soufflet d'orgue.

Mon cinquième est la quatorzième lettre de l'alphabet.

Mon sixième est une baguette où s'enfilent les harengs à fumer.

Mon septième est une rivière française affluent de l'Oise.

Mon huitième est une rivière de Belgique et de France, affluent de l'Escaut.

Mon tout est, par extension, une semaine.

HUITAINE (AINE – AISNE – HAINE – AINE – N – AINE – AISNE - HAINE)

Santé naturelle

Promenons-nous dans les bois…

La sylvothérapie est devenue très tendance grâce à un biologiste japonais, le professeur Qing Li. Pour en profiter, il faut avoir une forêt à proximité, car la sylvothérapie se pratique en sous-bois. Comment les arbres agissent-ils sur nous ? Ils génèrent des huiles essentielles dont certaines molécules volatiles, appelées phytoncides, ont un rôle antibiotique. L'atmosphère du sous-bois nous recharge en ions négatifs qui, contrairement à leur nom, sont bénéfiques (augmentation des échanges entre les cellules, oxygénation…). Utilisation : se promener ou s'asseoir en forêt, s'allonger dans les feuilles mortes, faire des câlins aux plus beaux arbres…

robotisation…

De mauvais goût

Les défis des réseaux sociaux

Internet ouvre chaque jour des millions de nouvelles fenêtres sur le kitsch, le bizarre, le vulgaire… Ce monde enchanté du mauvais goût s'échange à vitesse virale grâce à nos indispensables réseaux sociaux. Avec ses deux milliards d'utilisateurs, Facebook a ainsi permis, sans le vouloir, le développement d'un phénomène particulier : le défi stupide, dangereux, filmé et partagé. C'est un peu comme un pari d'alcoolique dont on a honte le lendemain, mais à une échelle planétaire et avec lequel on est fier de faire le buzz. La tendance a commencé en 2011 avec Neknomition, un défi consistant à se filmer en train d'avaler des boissons alcoolisées avant de demander à ses « amis » d'en faire autant. Bilan : au moins 7 morts. Ont suivi depuis : « À l'eau ou au resto », où l'on se jette dans une rivière avant de nommer trois « amis » qui doivent en faire autant ou offrir un resto (ou finissent noyés comme deux participants), le « *Fire Challenge* », où il s'agit de s'enflammer la main, le « *Hot Water Challenge* », où l'on doit s'asperger d'eau brûlante, le « *Bleach Challenge* », où il faut avaler de l'eau de Javel, le « *Train surfing* », qui consiste à s'agripper à l'extérieur d'un train après son démarrage, ou encore le « *marave Challenge* », qui consiste à aller, en bande, frapper des gens. Un défi du même acabit apparaît presque tous les mois, se répand comme une traînée de poudre, engendre des drames, parfois des décès, puis s'évapore pour céder la place à un nouveau challenge. Encore pire. Ou de plus mauvais goût.

« À l'automne, les arbres font des strip-teases pour faire pousser les champignons. »
Patrick Sébastien

RétroVermot

Un chat dort en ronronnant devant une cuisinière brûlante.
« Au secours, dit la petite Sophie, 3 ans. Maman, enlève le chat d'ici, il va déborder !
– Pourquoi ?
– Tu entends, il commence à bouillir. »

« Tu sais bien Chérie, que je suis allergique au poils d'animaux. »

Solution mots fléchés [p. 305]

	A		N		R		P		A		O	
N	U	M	E	R	O		P	O	N	T	E	T
	D	E	G	A	T	S		S	I	E	U	R
J	E	R	O	B	O	A	M		S	E	V	I
	L		C	A	R	O	U	B	E		R	A
T	A	C	E	T		U	R	E		B	E	L
		A			A	L	I	N	E	A		
F	A	I	L	L	I	E			S	C	I	E
	B	R	U	I	T		D	E	C	H	U	T
B	O	N	N	E		L	U	C	I	O	L	E
	L		D	E	C	A	C	H	E	T	E	S
M	I	M	I		L	B		U	N	E		
		E		P	A	R	E		T	R	A	M
D	E	S	H	E	R	I	T	A			C	I
	G	U	E	R	I		E	L	O	G	E	S
L	A	S	C	I	F	S		E	G	A	R	E
	L	E	T		I	O	N		R	U	E	R
Z	E	R	O		E	N	U	M	E	R	E	E

ILS ONT ÉTÉ LEUR PROPRE COBAYE

Le vainqueur de l'ulcère à l'estomac

Barry Marshall et son confrère Robin Warren ont reçu en 2005 le prix Nobel de médecine pour avoir découvert que la majorité des ulcères de l'estomac n'étaient pas dus au stress ni à une alimentation déséquilibrée, mais… à une bactérie. Il s'agit en l'occurrence d'*Helicobacter pylori*. Leur théorie mit du temps à s'imposer, car on ne pensait pas que des micro-organismes puissent être si actifs dans un milieu aussi acide. Afin de prouver la justesse de sa thèse, Barry Marshall a tout simplement avalé le contenu d'une éprouvette dans laquelle des colonies d'*Helicobacter pylori* s'ébattaient joyeusement. En quelques jours, il développa… un ulcère à l'estomac, qui fut rapidement soigné au moyen d'antibiotiques, de même que ceux des millions d'autres personnes dans le monde qui ont bénéficié des applications de cette découverte.

Les comportements extraordinaires des animaux

Faut pas me mettre en boule !

Lorsqu'ils se sentent en danger, certains animaux adoptent un comportement original : ils se roulent en boule. C'est le cas d'un crustacé, le cloporte, mais aussi, plus étonnant, de mammifères. Vous ne voyez pas bien comment leur pelage peut les protéger, même en boule, à moins qu'ils aient des piquants comme le hérisson ? Qu'à cela ne tienne, ceux dont nous parlons ici ne se protègent pas sous leurs poils, ni des piquants, mais des écailles ! Qui sont ces surprenants transformistes ? Les tatous et les pangolins. Hélas, cela n'empêche pas les pangolins de vivre sous la menace d'une extinction totale, à cause du braconnage. Le mieux, pour eux, serait de disposer d'une cape d'invisibilité…

Lundi 21 octobre

Sainte Céline On fête aussi les Ursula, Celina, Viateur, Walfroy

Le soleil se lève à **8 h 19** et se couche à **18 h 50**

« À la Sainte-Ursule, le froid recule. »

Rébus

ville française

LAPIN
FOURCHETTE
VOITURE
BANANE
CHÊNE

Meaux (Mots)

Régiments

Aussi étonnant que cela puisse paraître, il existait au sein des forces armées du IIIe Reich un régiment, le 950e régiment d'infanterie, composé uniquement de soldats indiens. Ces soldats, faits prisonniers de guerre par les Allemands, se portèrent volontaires pour combattre à leurs côtés face aux Britanniques. À l'origine de cette étrange volonté, la famine causée en Inde par le rapatriement d'une grande partie des ressources alimentaires vers l'Europe par les Anglais en soutien de l'effort de guerre, qui causa plusieurs millions de morts. L'animosité de certains Indiens envers les colons anglais fut ainsi renforcée, et ceux-ci virent Hitler comme une opportunité de se débarrasser des Anglais. L'ennemi de mon ennemi est mon ami, dit-on.

Ha ! Ha ! Ha !

« Allo, Giovanni Pizza ?
– Non Monsieur, c'est Google Pizza.
– Ah ! Je me suis trompé de numéro ?
– Non Monsieur, Google a racheté la pizzeria.
– OK, prenez donc ma commande.
– Bien, Monsieur, vous prenez comme d'habitude ?
– Comme d'habitude ? Mais vous me connaissez ?
– Compte tenu de votre numéro de téléphone qui s'affiche ici, vous avez commandé ces douze dernières fois une pizza 3 fromages avec supplément chorizo. Puis-je vous suggérer de prendre cette fois la pizza avec fenouil, tomate et une salade ? Car votre cholestérol n'est pas brillant…
– Comment vous le savez ?
– Par vos emails et historique Chrome, nous avons vos résultats de tests sanguins de ces sept dernières années.
– OK… mais je prends des médicaments pour mon cholestérol.
– Vous ne prenez pas votre traitement suffisamment régulièrement : l'achat de la dernière boîte de 30 comprimés date d'il y a 4 mois à la pharmacie Robert.
– J'en ai acheté d'autres depuis, dans une autre pharmacie.
– Cela n'est pas indiqué sur votre relevé de carte bancaire.
– J'ai payé en espèces !
– Mais cela n'est pas indiqué sur votre relevé de compte bancaire ; aucun retrait en espèces.
– J'ai d'autres sources de revenus ailleurs !
– Cela ne figure pas sur votre dernière déclaration d'impôts, ou alors c'est que vous avez des revenus illégaux, non déclarés ?
– Bon, vous me livrez ma pizza ou bien je vais ailleurs ?
– Certainement, Monsieur, toujours à votre service, nos remarques sont uniquement destinées à vous être agréable. Pour quelle heure doit-on la livrer ?
– Mon épouse rentre vers 19 heures. 20 heures serait idéal.
– Puis je me permettre une suggestion, avec votre accord bien sûr ?
– Je vous écoute.
– Votre épouse ne pourra sans doute pas être à 19 heures chez vous. Il est 18 heures et elle vient d'effectuer l'achat d'une Rolex dans une bijouterie à la Baule, il y a six minutes.
– Comment êtes-vous au courant ?
– Elle a effectué le paiement par carte sur son compte bancaire personnel numéroté en Suisse. Elle a d'ailleurs réglé sa note d'hôtel 5 étoiles en chambre double pour trois jours, ainsi que des repas dans des restaurants étoilés pendant la même durée.
– Puis-je connaître la somme débitée ?
– Non, Monsieur, nous respectons avant tout la vie privée des gens ; nous n'avons pas le droit de dévoiler ce genre de renseignements.
– ÇA SUFFIT ! J'en ai ras-le-bol de Google, Facebook, Twitter… Je me barre sur une île déserte SANS internet, SANS téléphone et SURTOUT personne pour m'espionner !!!
– Je comprends, Monsieur… mais vous devrez faire refaire votre passeport, car la date d'expiration est dépassée depuis 5 ans et 4 jours. »

Mardi 22 octobre

Sainte Élodie On fête aussi les Salomé, Alodie, Zulma

« Nous savons qu'à la Sainte-Salomé, le cerf a fini de bramer. »

HAUT… EN COULEUR…

« Agiter le chiffon rouge », c'est aborder en société un sujet à forte probabilité de polémique, comme la politique, la religion ou bien la géopolitique. Cela fait référence au chiffon rouge que le torero agite devant le taureau afin de l'exciter et de capter son attention. Au prochain repas de famille, évitez la polémique en disant qu'il n'y a pas de taureau à table, ça devrait passer !

INVENTIONS INSOLITES

La cravate flasque

Les alcooliques en ont rêvé, MercMonkey l'a créée : la cravate flasque. Bien sûr, par « flasque » il faut entendre ce petit récipient plat contenant un alcool fort (souvent du whisky). Fini les risques de pénurie : grâce à votre cravate, vous pouvez maintenant transporter une dose d'alcool à consommer dans la journée, mais évidemment toujours avec modération, comme il se doit !

SUDOKU

moyen

		8				7		3
		1	3					
	4						8	
4					7	3		
		3	8					
			6		1		9	
				9				
	3	9					1	8
1		7					4	2

Solution page 321

Le Chiffre

520 000 euros

Ou plus exactement 22,33 millions de dollars taïwanais ! C'est la somme qu'un dentiste devra verser à sa mère en remboursement des sommes qu'elle a dépensées pour l'élever, selon une décision de la Cour suprême de Taïwan. La plus haute juridiction de l'île a en effet considéré que cet homme de 41 ans devait respecter un contrat signé avec sa mère vingt ans plus tôt. De crainte que personne ne s'occupe d'elle lors de ses vieux jours, la plaignante avait établi avec ses deux garçons qu'elle élevait seule un contrat stipulant qu'ils devraient lui verser 60 % du bénéfice net de la clinique dentaire familiale, après son départ à la retraite. Les deux garnements refusant d'honorer leur dette, la mère avait porté plainte contre eux en 2009. Depuis, l'aîné a cédé et versé cinq millions de dollars taïwanais. Mais le cadet renâclait, expliquant qu'à ses yeux, ce contrat était une honte, l'éducation d'un enfant par ses parents ne pouvant être assimilée à un placement financier dont les géniteurs exigeraient le remboursement une fois leur progéniture devenue adulte. Un argument réfuté par la plus haute juridiction taïwanaise, qui a considéré que le contrat était bien valide, car les garçons étaient majeurs au moment de le signer. La Cour suprême a même estimé qu'étant devenu dentiste grâce à sa mère, le fils récalcitrant avait largement les moyens de régler sa dette éducative…

RÉFORME DE LA FONCTION PUBLIQUE

Vermot Régions

VAL-DE-MARNE / LE KREMLIN-BICÊTRE

C'est en fragmentant la commune de Gentilly que celle du Kremlin-Bicêtre fut créée en 1896. La deuxième partie de son nom remonte au Moyen Âge, lorsque le terrain appartenait à l'évêque de Winchester, Jean de Pontoise, représentant du roi d'Angleterre à la cour de France. De Winchester on passa à Vincestre, puis à Bicêtre. La première partie du nom, quant à elle, provient d'un cabaret qui se nommait Au sergent du Kremlin. Comme l'établissement était très connu localement, son nom désigna dans un premier temps le quartier où il était installé, puis fut accolé à Bicêtre pour former la dénomination complète de la nouvelle commune.

Mercredi **23 octobre**

Saint Jean de Capistran On fête aussi les Domice

Le soleil se lève à **8 h 22** et se couche à **18 h 46**

« Octobre est un mois particulièrement dangereux pour spéculer en bourse. Mais il y en a d'autres : juillet, janvier, septembre, avril, novembre, mai, mars, juin, décembre, août et février. »
Mark Twain

L'ARBITRAGE VIDÉO

Un octogénaire dit à son médecin :
« Vous savez, Docteur, je n'ai plus la vigueur de mes 20 ans… Au premier ça va, au deuxième, il faut que je reprenne mon souffle. Et au troisième, j'ai un mal fou à y arriver.
– Hé bien, arrêtez-vous au deuxième !
– Oui, mais elle habite au troisième… »

Il y a 50 ans, le 23 octobre 1969, le prix Nobel de littérature était décerné à l'écrivain irlandais Samuel Beckett. Peu enthousiaste, ce dernier laissa son éditeur Jérôme Lindon aller chercher le prix à sa place.

VISIONNAIRES

L'écrivain britannique H. G. Wells était obsédé dans ses œuvres par les évolutions technologiques qui permettraient à l'être humain de maîtriser la puissance et l'énergie. Cette fascination se voit particulièrement dans le livre *La Destruction libératrice*, publié en 1914, et dans lequel il décrit des armes qui ressemblent à nos armes nucléaires. Le plus troublant est que, si Wells avait bien sûr des lectures scientifiques, il devint par la suite lui-même une lecture pour les scientifiques qui l'inspiraient. Le physicien Leo Szilard, qui joua un rôle central dans le développement des technologies nucléaires, avoua avoir lu *La Destruction libératrice* en 1932, alors qu'il travaillait sur un programme nucléaire. Ou quand fiction et réalité se tirent la bourre (atomique)….

VIVE LA POSTE !

Aujourd'hui, lorsque vous envoyez une lettre par la poste, elle passera au travers de grandes machines de tri qui ont pour but de lire l'adresse et répartir les courriers en fonction de leur destination. Si, par malheur, l'adresse était illisible ou incorrecte, il reviendrait alors à un déchiffreur de la lire et éventuellement de la corriger. Au XIXe siècle, l'écrivain et académicien Maxime Du Camp a testé la patience de ces déchiffreurs pour voir jusqu'où ils iraient pour remplir leur mission. Pour mener l'expérience, l'écrivain envoyait des lettres à des adresses incomplètes, mal orthographiées ou rédigées en arabe ou en cyrillique. Toutes arrivèrent finalement, avec des retards plus ou moins longs, grâce au déploiement de mille efforts de déchiffrage. L'expérience fut, selon son instigateur ravi, « à la plus grande gloire de la poste ». Il y a de ces timbrés…

Le soleil se lève à **8 h 24** et se couche à **18 h 44**

Jeudi **24 octobre**

Saint Florentin On fête aussi les Magloire, Gloria, Florestan

« Pluie de la Saint-Florentin, dure jusqu'au lendemain. »

Il y a 90 ans, le 24 octobre 1929, avait lieu le krach boursier qui allait plonger l'Amérique, puis le reste du monde, dans la plus grave crise économique du XXe siècle.

Noms de villages

Notre belle langue française est parfois musicale et légère, mais elle sait aussi créer des mots qui râpent la bouche. Pas de chance pour les habitants de Glaire, dans les Ardennes, c'est l'un de ces mots qui sert de nom à leur village… En tout cas, les élections à Glaire se jouent parfois dans un mouchoir de poche.

SLOGANS

« Touche pas à mon pote ! » est l'un des slogans les plus connus de la lutte contre le racisme. Il est né de la plume du journaliste Didier François en 1985, lors de la préparation d'une manifestation organisée par l'association SOS Racisme. Créée l'année précédente dans un contexte social difficile par des proches du Parti socialiste, l'association a joué un rôle central dans la mise en lumière des différentes luttes antiracistes et antisémites et a toujours gardé son slogan emblématique.

Vermot'roscope

SCORPION (24 octobre-22 novembre)

Caractère

Combatif, volontaire, mystérieux, intuitif, réceptif, intelligent, observateur, curieux, profond, adaptable, passionné, impliqué, émotif, hypersensible, piquant, ironique, possessif, endurant, angoissé, nerveux, colérique, jaloux, autoritaire, autodestructeur.

Les influx planétaires intéressants

Saturne et Pluton vous permettront de consolider des liens et d'affiner des connaissances. Uranus, elle, vous aidera à bousculer les habitudes de votre vie amoureuse. Fini l'ennui ! Bonjour la fantaisie !

Vie sociale et activités

En 2019, vous aurez l'occasion de peaufiner des amitiés ou de faire de nouvelles rencontres. Vous serez très sollicité et vous devrez répondre à de nombreuses invitations. C'est une période intense qui vous permettra d'aller vers les autres et de partager de merveilleux moments. Pour ce qui est du quotidien, la routine sera palliée par les loisirs, les activités diverses et variées. Chacune de vos minutes, ou presque, sera remplie et bien occupée.

Amour

Là non plus, pas de place pour la morosité et les habitudes ! En couple, votre moitié initiera les projets et vous obligera à bousculer votre quotidien. Pas question de rester enfermé dans de vieux schémas. 2019 est l'occasion ou jamais de relancer votre relation, de lui donner une nouvelle direction, de rompre avec un rythme qui ne vous correspond plus. Misez sur la fantaisie !
Célibataire, les astres vous amènent doucement vers un carrefour de votre vie. C'est donc la bonne année pour tourner une page et entamer un autre chapitre. Soyez ouvert aux rencontres, acceptez les sorties, et l'amour vous fera un clin d'œil.

Famille

Belle année qui vous verra trouver l'harmonie auprès de ceux et de celles que vous aimez. Le partage, les échanges et la bonne humeur rythmeront votre quotidien.

Budget

Très belle période pour améliorer votre train de vie et booster vos finances. Certains verront leurs revenus augmenter. Un investissement n'est d'ailleurs pas impossible dans le courant de l'année.

Bien-être

Même si vous êtes sujet à la nervosité, vous pourrez compter sur une plus grande résistance physique et sur une grande faculté d'adaptation. D'autres devront tout simplement éviter de faire des excès. Alors menez une vie saine !

Conseils pour bien vivre 2019

Optez pour la fantaisie. Faites-vous plaisir régulièrement. Cultivez l'optimisme et la bienveillance. Évitez d'être trop critique ou trop sévère vis-à-vis des autres. Soyez acteur de votre vie.

Saint Enguerran On fête aussi les Crépin, Daria

Le soleil se lève à **8 h 25** et se couche à **18 h 42**

« À la Saint-Crépin, les mouches voient leur fin. »

L'Info

Plus de fumée au Saint-Siège !

Le pape François a décidé d'interdire les ventes de cigarettes dans le magasin détaxé où les employés du Vatican peuvent faire leurs courses. « La raison est très simple, a expliqué le pontife, le Saint-Siège ne peut pas contribuer à une activité qui affecte clairement la santé des gens. Aucun profit ne peut être légitime s'il met des vies en danger. » Si le pape François, qui a subi l'ablation d'un poumon à l'âge de 20 ans, ne fume pas, il faut se souvenir que les États pontificaux ont été parmi les premiers à importer la plante de tabac et à organiser son commerce. Des gravures des XVIe et XVIIe siècles montrent même des papes en train de fumer. Malgré la loi vaticanaise de 2002 interdisant de fumer dans les lieux publics, le duty free d'État continuait d'écouler chaque mois des milliers de cartouches de cigarettes à prix réduit. Réservé à quelque 6 000 privilégiés, employés et retraités du Vatican, mais aussi aux membres des ambassades auprès du Saint-Siège, le grand magasin de luxe continuera à vendre sacs, montres, parfums et autres vêtements de marque à des prix totalement détaxés. Les voies du Seigneur sont parfois rentables…

VOITURES AUTONOMES : PROBLÈMES D'ADAPTATION

C'est pas la crise pour tout le monde !

Pour devenir riche très tôt, il existe plusieurs solutions, dont la plus simple reste encore de naître dans la « bonne » famille. Sinon, il faut faire preuve de créativité. C'est ce qu'a compris Nick d'Aloisio, un adolescent australien qui a vendu à 17 ans une application de sa création au géant Yahoo. Le montant de la transaction est secret, mais on estime que Nick a touché au moins 50 millions d'euros. Ça en fait de l'argent de poche !

Molière en vadrouille

Les Québécois sont tiraillés entre leur héritage francophone et la culture américaine qui les entoure. Cette tension se voit parfois dans les plus petits détails. Par exemple, si vous commandez une « limonade » à Montréal, on vous donnera une citronnade, car le mot « limonade » est utilisé dans son sens américain, *lemonade*, de *lemon*, le citron. Bon, donnez-moi un jus d'orange, plutôt !

Vermot Régions

MORBIHAN / LES NOMS DE PONTIVY

En 1802, Napoléon Ier voulut que la ville de Pontivy soit, « dans la paix, le centre d'un grand commerce, et dans la guerre, un centre militaire important ». Deux ans plus tard, elle est rebaptisée Napoléonville et, une décennie après, sous la première Restauration, demande à devenir Bourbonville : les temps avaient changé, il ne faisait plus bon se référer à l'ancien empereur. Mais elle n'aura pas le temps de porter ce nom puisqu'elle redevient Pontivy à l'arrivée au pouvoir de Louis XVIII. Puis, suivant l'air du temps, Pontivy reprend la dénomination de Napoléonville lorsque l'empereur Napoléon III monte sur le trône. Fin de l'aventure en 1870, où tout rentre dans l'ordre et où Pontivy redevient définitivement… Pontivy !

Le soleil se lève à **8 h 27** et se couche à **18 h 41**

Samedi **26 octobre**

Saint Dimitri On fête aussi les Rustique, Démétrius

« Je préférerais m'asseoir sur un potiron et le posséder bien à moi que d'être à plusieurs sur un coussin de velours. »
Henry David Thoreau

Stars en famille

Née en 1978, la comédienne Jeanne Herry a déjà une douzaine de films ou de téléfilms à son actif et a réalisé quatre films ou séries depuis 2009. Une infatigable travailleuse qui a sans doute hérité de la ténacité de ses deux parents : Julien Clerc et Miou-Miou. Herry est le nom de naissance de sa maman, et on souhaite à Jeanne une aussi belle carrière que celle de Sylvette, dite Miou-Miou !

Maladies imaginaires

Le cinéma a le chic pour créer des maladies imaginaires, mais parfaitement angoissantes. Dans le film *Faces*, sorti en 2012, le personnage principal incarné par Milla Jovovich est atteint d'un mal étrange : lorsqu'elle se réveille d'une tentative de meurtre, elle ne perçoit plus les visages de gens qu'elle rencontre, seulement un ovale flou et identique pour tous. « Bonjour Chérie ! Heu, pardon, Monsieur Martin ! »

RUGBY

Pour un international de rugby, la préparation est un élément primordial pour arriver serein et suffisamment entraîné à la compétition. Mais pour les effectifs du XV de France et d'ailleurs, les stages de préparation sont aussi un bon prétexte pour s'amuser et tisser des liens. On a par exemple appris au cours d'une conférence de presse de Thierry Dussautoir, capitaine de l'équipe de France en 2015, que des membres du XV français s'étaient échappés du centre de préparation de Mont-Louis pour pratiquer une séance d'escalade nocturne… Fort heureusement, les grands gamins ne se sont pas blessés, mais ont pris un sacré savon de la part de leur staff à leur retour !

EXPRESSIONS IMAGÉES

Monter sur ses grands chevaux

Longtemps, le cheval a été utilisé par les hommes pour batailler. Pour faire la guerre, il fallait certes aller au combat, mais aussi jouer sur l'aspect psychologique de l'affrontement en prenant d'emblée de haut son opposant. Rien de tel que de choisir de grands chevaux pour voir loin et impressionner son adversaire…

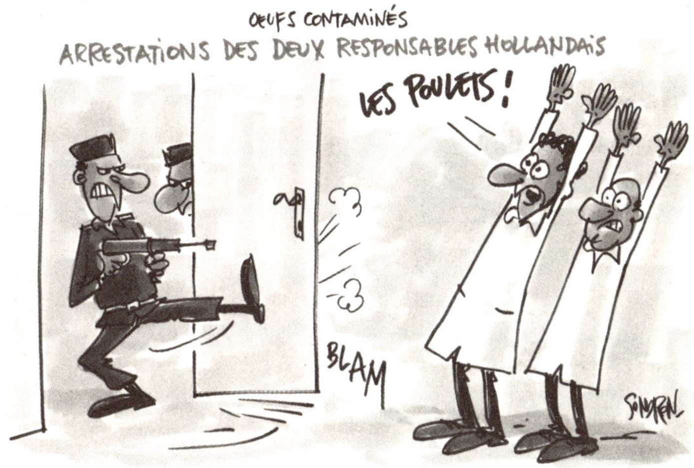

GRANDES TOURS DU MONDE

LA TOUR CN DE TORONTO

Du haut de ses 553 m, cette tour de télécommunications et d'observation domine depuis 1976 la plus grande ville du Canada. Elle se compose d'une colonne hexagonale continue qui s'affine progressivement jusqu'à l'observatoire le plus élevé, le Skypod, situé à 446,50 m du sol. La colonne est soutenue depuis le sol par trois piliers incurvés qui se rejoignent pour supporter le Mainpod, une sphère géante en béton située entre 334 et 351 m de hauteur. Au centre se trouve la cage d'escalier permettant d'accéder au Skypod. Cet escalier métallique revêt un caractère exceptionnel : c'est le plus haut à avoir été construit d'un seul tenant !

Dimanche 27 octobre

Sainte Émeline On fête aussi les Odran, Antoinette, Évariste

Le soleil se lève à **7 h 28** *et se couche à* **17 h 39**

« À la Sainte-Antoinette, la neige s'apprête. »

SURNOMS
LE ROCHER

« Le Rocher » est le surnom à la fois sobre et fort qui désigne la partie la plus ancienne de l'actuelle Principauté de Monaco. Un « rocher » déjà cité avant Jésus-Christ par le poète Virgile dans *L'Énéide*, et gouverné par la famille Grimaldi depuis 1297 ! Ce promontoire de pierre qui avance dans la mer et forme un port naturel ne pouvait pas trouver meilleure dénomination.

OUVERTURE DES COMMERCES LE DIMANCHE

Un vrai feuilleton

Être fan d'une série peut causer d'amères déceptions. C'est le cas par exemple pour les amateurs francophones du feuilleton américain *Santa Barbara*, qui ne pourront jamais voir 987 épisodes non doublés faute de budget, et donc jamais diffusés en français. Le suspense est insoutenable…

Problèmes du certificat d'études

Pour mesurer la quantité d'eau tombée pendant une journée de pluie, j'ai placé horizontalement dans mon jardin une cuvette cylindrique dont le poids à vide est de 1 050 g et dont le diamètre est de 40 cm. Après la pluie, la cuvette pèse 2 240 g. Calculer :

1) La surface de l'ouverture de la cuvette.
2) La hauteur d'eau tombée à 1 mm près.
3) La quantité d'eau (exprimée en mètres cubes, puis en litres) tombée sur mon jardin qui a la forme d'un rectangle de 39 m de long sur 26 m de large.
4) S'il n'avait pas plu, j'aurais dû arroser mon jardin avec l'eau de la ville, en ouvrant un robinet qui débite 1 800 litres par heure. Combien de temps aurait duré ce travail ?

Réponses : 1) 1 256 cm² 2) 9 mm 3) 9 m³, soit 9000 l
4) 5 h 03 min

Au menu

Roulés au saumon, lit de pousses d'épinards et velouté de poivrons

POUR 4 PERS.
30 MIN DE PRÉPARATION
45 MIN DE CUISSON POUR LES POIVRONS

POUR LE VELOUTÉ DE POIVRONS
5 POIVRONS ROUGES
7 G DE BEURRE
2 GOUSSES D'AIL
1 PETITE BOÎTE DE FROMAGE À TARTINER
1 CUIL À SOUPE D'HUILE D'OLIVE
SEL, POIVRE DU MOULIN

POUR LES ROULÉS
4 FEUILLES POUR WRAPS (GALETTES DE BLÉ FINES)
4 CUIL. À SOUPE DE CRÈME FRAÎCHE
2 CITRONS
4 CUIL. À CAFÉ D'ANETH CISELÉ
4 TRANCHES DE SAUMON FUMÉ

POUR LES POUSSES D'ÉPINARDS
200 G DE POUSSES D'ÉPINARDS
1 TRAIT D'HUILE D'OLIVE
1 FILET DE VINAIGRE BALSAMIQUE
SEL, POIVRE DU MOULIN

Préparez d'abord le velouté : coupez les poivrons en deux, ôtez les pépins et émincez la chair. Pelez et émincez l'ail. Faites revenir le beurre et l'huile dans une poêle, puis ajoutez les poivrons, l'ail, du sel, du poivre et laissez fondre à feu doux pendant 45 minutes. Versez un verre d'eau et ajoutez le fromage. Passez le tout au mixeur et filtrez au travers d'un tamis si vous souhaitez une texture parfaite. Servez dans des bols et laissez refroidir le temps de préparer la suite.

Enduisez chaque fine galette de blé d'une cuillerée de crème fraîche, pressez un demi-citron dessus, ajoutez 1 cuillerée d'aneth et déposez une tranche de saumon. Recommencez trois fois. Roulez les 4 wraps.

Sur 4 assiettes de service, installez un lit de pousses d'épinards, assaisonnez d'huile, de vinaigre balsamique, de sel et de poivre du moulin. Déposez les wraps et servez avec le velouté.

Lundi 28 octobre

Saint Simon et Saint Jude On fête aussi les Simone, Faron

« Quand Simon et Jude sont arrivés, souvent ils portent la neige à leurs souliers. »

QUIZ CHANTEURS

Quelle chanteuse américaine fut oscarisée pour sa chanson *Evergreen* tirée de la comédie musicale *Une étoile est née* ?

Barbra Streisand

Les « pourquoi ? » de l'histoire

Pourquoi dit-on « en voiture Simone » ?

La Simone de l'expression «en voiture Simone» a bel et bien existé! Simone des Forest, née en 1910 dans une famille aisée, fut une des premières femmes à passer son permis de conduire et se lança dans la course automobile, où elle remporta de nombreux prix. Elle fut ensuite l'une des premières femmes à tenir une auto-école dès 1950, et mourut en 2004 à l'âge de 94 ans.

J'ai lu des choses sur les dangers de l'alcool… Ça fout la trouille ! Depuis, j'ai arrêté de lire.

Ça, c'est fait… divers

Tués dans les brancards

Les médias italiens l'ont surnommé « l'ambulancier de la mort ». Âgé de 42 ans au moment de son arrestation à Catane, en Sicile, Davide Garofalo est soupçonné d'avoir éliminé plusieurs personnes pour favoriser l'activité d'entreprises de pompes funèbres liées à Cosa Nostra, la mafia sicilienne. Rétribué 300 euros par « client », l'ambulancier s'attaquait à des personnes âgées, souvent en stade terminal, en leur injectant de l'air dans les veines pendant leur transfert entre l'hôpital et leur domicile. Au lieu de finir leur vie chez eux, comme ils le souhaitaient, les malades succombaient par embolie pendant le trajet. L'individu avertissait ensuite des entreprises de pompes funèbres mafieuses qui profitaient de la détresse des familles endeuillées pour leur proposer des services funéraires. Toutes les victimes résidaient à Biancavilla, près de Palerme, dans le sud de la grande île italienne. C'est en constatant que plusieurs dizaines de décès de ce genre avaient lieu chaque année dans cette ville de 24 000 habitants que les enquêteurs ont lancé l'opération « Ambulance de la mort ». L'enquête n'en est encore qu'à ses débuts, mais la police soupçonne plus de cinquante morts suspectes depuis 2012. Douze cas sont d'ores et déjà considérés comme « significatifs ». Et il est fort probable que Davide Garofalo ne soit pas le seul ambulancier meurtrier…

COMMENT GAGNER

Chiffres étonnants de la science

100 millions de bâtonnets dans chaque œil

Au moindre rayon de lumière qui pénètre l'œil, des myriades de cellules réceptrices de la rétine se mettent en action ! Ce sont les cônes et les bâtonnets. Ces derniers sont les plus nombreux (plus de 100 millions). Ils donnent une vision en nuances de gris, mais sont activés par de faibles luminosités. Les cônes, eux, sont activés par la pleine lumière et permettent de percevoir les couleurs. Il y en a environ 7 millions par œil et on les répartit en 3 types en fonction de leur sensibilité (en gros, les verts, les rouges et les bleus). Tout cela n'est pas simple et, pour interpréter ce que l'on voit, notre cerveau utilise plus de 30 % de ses capacités !

Mardi 29 octobre

Saint Narcisse On fête aussi les Emelinde

Le soleil se lève à **7 h 32** *et se couche à* **17 h 35**

« Quand octobre prend sa fin, dans la cave est le vin. »

Vermot Régions

ORNE / LA PRISON DE TINCHEBRAY

Construite entre 1611 et 1625, la prison royale de Tinchebray est aujourd'hui un musée qui vaut le détour. Les architectes de l'époque y avaient un auditoire qui permettait aux juges d'entendre les prévenus sans avoir à les faire sortir du bâtiment. Cet auditoire ainsi que le tribunal se visitent aujourd'hui dans la prison transformée en musée. Les cellules sont aussi très intéressantes, conservées dans leur état d'origine avec de nombreux graffitis que certains prisonniers auraient réalisés… avec leurs dents !

« Et toi, ta journée… ça s'est passé comment ? »

Perles de sportifs

Une paire de bons patriotes

Qui l'a dit ? Just Fontaine, meilleur buteur de l'histoire de la Coupe du monde sur une édition :

« Comme nous ne connaissions pas bien les paroles de la *Marseillaise*, on a chanté *Les Couilles de mon grand-père* ! »

TOXIQUE OU NON ?

Frêne – frênette

C'est lui, Yggdrasil, le frêne primordial, qui soutient le monde – du moins dans la mythologie scandinave. Mais ce géant des forêts (*Fraxinus excelsior*), au feuillage léger et composé de milliers de folioles, est aussi un arbre providence. Ses fruits, des samares à une seule aile, sont confits au vinaigre, en pickles, par les Anglais. Quant aux feuilles, on en fait la frênette, une sorte de cidre léger et rafraîchissant, délicieux au fort de l'été. Il faut du sucre (environ 2 kg pour 100 g de feuilles séchées), un peu de chicorée, une pincée de levure de bière et une autre d'acide tartrique. Après infusion des feuilles dans l'eau bouillante, on ajoute les autres ingrédients et on mélange le tout dans un tonneau ou un seau, en complétant avec de l'eau chaude. Il faut ensuite brasser quotidiennement pendant une dizaine de jours, puis embouteiller et boucher, comme pour le cidre. La frênette peut être bue – bien fraîche – au bout de trois semaines de cave, et elle se conserve pendant quelques mois.

Protocole

Il est déjà assez compliqué pour les services protocolaires de penser à tout et tout le monde lorsque les listes d'invités ne changent pas, mais quand elles restent inconnues jusqu'au dernier moment, cela peut poser d'énormes problèmes, et plus encore quand l'inconnue n'est autre que la compagne d'un président. À la veille d'une visite de François Hollande aux États-Unis, les services en charge du protocole de la Maison-Blanche étaient paniqués : que faire, sur le plan de table, de Valérie Trierweiler, compagne non mariée du président (et donc n'ayant pas le statut de première dame) ? Où la placer ? Bref, comment traiter cette situation de concubinage peu habituelle ? François Hollande se chargea de répondre en annonçant sa rupture juste avant son départ, compliquant encore la tâche du protocole en imposant un président célibataire !

Mercredi 30 octobre

Saint Bienvenue On fête aussi les Maéva

*« Quand on a faim,
une citrouille vaut
mieux qu'un carrosse. »
Thérèse Amiel*

Santé naturelle

Le couteau suisse des huiles essentielles

L'arbre à thé, ou tea tree, est un arbuste du nord de l'Australie. On tire de ses feuilles une huile essentielle au si large potentiel antiseptique et antibactérien qu'il est impératif de la mettre dans sa trousse de secours ! Elle stimule aussi les défenses immunitaires : infections, piqûres d'insectes, mycoses… rien ne lui résiste. Elle possède également des propriétés anti-inflammatoires et soigne les gingivites.

Utilisation : en usage externe. Quelques gouttes dans une huile ou dans de l'eau pour les bains de bouche.

Solution sudoku [p. 313]

5	9	8	2	1	4	7	6	3
6	7	1	3	5	8	4	2	9
3	4	2	7	6	9	1	8	5
4	8	6	9	2	7	3	5	1
9	1	3	8	4	5	2	7	6
7	2	5	6	3	1	8	9	4
8	5	4	1	9	2	6	3	7
2	3	9	4	7	6	5	1	8
1	6	7	5	8	3	9	4	2

RétroVermot

**« Élève Tartemolle, que firent les Hébreux au sortir de la mer Rouge ?
– Ils se séchèrent. »**

MAÎTRES DU POLAR

Thomas Harris

Cette fois, le « héros » n'est pas un policier, mais le plus célèbre des *serial killers* de fiction. Son nom : Hannibal Lecter, psychiatre psychopathe créé par l'Américain Thomas Harris. Apparu sous la plume de l'ancien journaliste fait-diversier dans *Dragon Rouge* en 1981, « Hannibal le Cannibale » devient le personnage central dans *Le Silence des agneaux*. Le thriller, terrifiant, rencontre un succès planétaire et son adaptation cinématographique, en 1991, avec Anthony Hopkins et Jodie Foster, entre dans la légende hollywoodienne avec cinq oscars. Écrivain rare dans les médias – il n'a plus donné d'interview depuis 1976 –, Thomas Harris livre chacun de ses nouveaux romans avec une extrême parcimonie. *Hannibal*, le troisième volet de la série, est sorti en 1999 et *Hannibal Lecter : les Origines du mal*, qui revient sur la jeunesse du *serial killer*, en 2006. Depuis plus aucune nouvelle du psychopathe. Ni de l'agent Clarice Starling. Deux absences peu rassurantes pour la suite…

SECRETS D'ÉTAT

Les affaires d'État sensibles, même si elles paraissent évidentes et parsemées de preuves, peuvent garder leurs secrets de nombreuses années durant. L'affaire Boulin est de celles-ci. Pour rappel, Robert Boulin était ministre du Travail sous Giscard quand il fut retrouvé mort dans une mare peu profonde de la forêt de Rambouillet, au matin du 30 octobre 1979. Une autopsie est réalisée, et le verdict tombe assez rapidement : Robert Boulin a pris du valium et s'est mis à l'eau pour se suicider. Circulez, y a rien à voir ! Pourtant, une seconde autopsie réalisée à la demande de la famille montrera des traces de ligature aux poignets, des fractures au visage et surtout, pas la moindre trace de boue sur les chaussures du ministre n'a été relevée. Autre élément étrange : Boulin était sur le point, selon lui, de révéler des magouilles internes au RPR, le parti alors aux affaires. Quarante ans après sa mort, les mystères de cette affaire d'État restent encore à percer…

Le soleil se lève à **7 h 35** et se couche à **17 h 32**

« Il faut estimer ce que l'homme fait, non ce qu'il peut faire. »

L'Info

Un dîner très déshabillé...

Bienvenue à O'Naturel, *le premier restaurant naturiste de Paris. Installé dans une rue tranquille du 12e arrondissement, à quelques pas d'une crèche, l'établissement a ouvert ses portes à l'automne 2017. Inspirés par le succès d'une expérience similaire lancée à Londres en 2015 et celui de l'espace nudiste installé l'été dans le bois de Vincennes depuis 2017, des jumeaux, Mike et Stéphane Saada, ont décidé de tenter l'aventure. Dissimulé derrière un grand rideau blanc qui masque la vitrine, leur restaurant d'une vingtaine de tables vous propose une cuisine « bistronomique » (entre 39 et 49 € le menu) et des plats vegan. Vous devez naturellement être nu comme un ver avant de vous installer devant votre assiette. Les seules étoffes autorisées dans la pièce sont les nappes, les serviettes et les vêtements des frères qui s'occupent du service et qui, selon la loi, doivent obligatoirement être habillés. Il faut donc déposer ses vêtements – et son portable – au vestiaire et ne porter que les chaussons fournis par le restaurant, sauf pour celles qui préfèrent garder leurs talons. Petit détail pour vous ouvrir l'appétit : les chaises sont recouvertes d'une housse noire « à usage unique ». Avec deux millions de naturistes en France, c'est une très sage précaution...*

Pas ragoûtant

À votre santé !

Si vous rigolez encore en pensant à l'alcool dégusté par les tontons flingueurs une fois que les jeunes ont descendu le tout-venant, ou bien à la liqueur servie dans le film *Les Bronzés font du ski*, ces breuvages exotiques sont pour vous : vin de souris en Chine, vodka au scorpion en Angleterre, vin de mouette au pôle Nord ou bien encore vin au serpent au Viêt Nam !

Rugby

Selon l'ancien international écossais Finlay Calder, « battre les Français est un grand plaisir, mais battre les Anglais est un devoir national »... Cette rivalité sportive plonge ses profondes racines dans l'histoire qui lie et oppose en même temps les deux pays depuis si longtemps. Pour illustrer cela, regardez bien le prochain match entre l'Écosse et l'Angleterre : lors de l'hymne écossais, à l'évocation du roi Édouard, le public écossais (et certains joueurs) crient « *bastard* », dont la traduction est plutôt évidente... Enfin, mieux vaut que cette rivalité historique s'exprime sur le terrain que sur un champ de bataille !

Inventions insolites

La limonade à l'or

Elixia est une société du Jura qui fabrique de la limonade. Elle a été sollicitée par un importateur de boissons situé à Dubaï pour inventer un produit original et festif. C'est ainsi qu'est née la limonade à l'or, une boisson sans alcool dans laquelle flottent de minuscules fragments de feuilles d'or. Les paillettes sont tellement fines qu'on ne les sent ni sur la langue ni au goût.

> *« La Toussaint est le jour où les morts de demain vont rendre visite à ceux d'hier. »*

Pétanque au paradis...

SURNOMS
LE ROI-SOLEIL

Louis XIV est un des rares individus à avoir lui-même choisi son surnom. Il avait pris le soleil comme symbole, non seulement pour illustrer son rayonnement sur son peuple et sur la France, mais aussi pour montrer comment la cour devait tourner autour de lui. En faisant construire le château de Versailles, il orienta ses appartements en fonction de la trajectoire du soleil.

Ça bulle

Si vous connaissez le personnage Blueberry de la bande dessinée du même nom, vous aurez sans aucun doute remarqué une ressemblance avec un acteur connu. Vous ne voyez pas ? Il s'agit de Jean-Paul Belmondo, l'acteur ayant servi de base pour le visage du héros. Si vous n'avez pas trouvé, pas de honte, il faut dire que Gir, le dessinateur, y a ajouté des traits piqués à d'autres personnes existantes, comme Charles Bronson ou Clint Eastwood. Belle brochette !

Novembre

Si aucune femme n'a encore foulé le sol lunaire, savez-vous en revanche que le premier animal envoyé dans l'espace était une femelle ? Le 3 novembre 1957, à peine un mois après le lancement de Spoutnik 1, le satellite russe Spoutnik 2 est lancé à son tour. À son bord se trouve le premier être vivant mis officiellement en orbite autour de la Terre : une petite chienne de 3 ans, dénommée Laïka. Pourquoi une chienne et pas un chien ? Pour une raison très… terre à terre : contrairement aux mâles, les chiennes ne lèvent pas la patte quand elles urinent, ce qui fait qu'elles ont besoin de moins de place. Un argument massue en matière d'astronautique, où chaque centimètre carré et chaque gramme de matériel valent leur pesant d'or. Malheureusement, l'histoire de Laïka finit tragiquement : son retour sur Terre n'avait pas été envisagé en raison des délais trop courts imposés, et sa nourriture avait été empoisonnée de telle sorte qu'elle soit euthanasiée au bout de sept jours. Mais la pauvre bête mourut au bout de quelques heures à cause du stress et de la chaleur.
Novembre est également marqué par deux dates importantes dans le volet français de la conquête spatiale. Le 26 novembre 1965 est lancé le premier satellite français, judicieusement baptisé « Astérix ». Et c'est le 17 novembre 2016 qu'une autre fierté nationale, le spationaute Thomas Pesquet, a entamé sa mission de 196 jours à bord de la Station spatiale internationale, l'ISS, dont le premier module avait été mis en orbite dix-huit ans plus tôt, le 20 novembre 1998.
Quant à Gene Cernan (1934-2017), il est le onzième homme à avoir marché sur la Lune, mais aussi le dernier être humain, avec son coéquipier Harrison Schmitt, à avoir foulé le sol lunaire au cours du XXe siècle. Cernan est le commandant de l'ultime mission Apollo, qui porte le numéro 17.

GRANDES TOURS DU MONDE
LA TOUR DE CANTON

En 2010, la ville chinoise de Canton inaugurait sa nouvelle tour de communication, haute de 612 m, conçue à l'occasion des XVIe Jeux asiatiques. Outre son gigantisme, cette tour impressionne par son esthétisme : sa structure en résille évoque une élégante silhouette féminine. Elle dispose de deux observatoires panoramiques : l'un situé à 449 m au-dessus du sol, l'autre à 488 m. Ce dernier rafle à l'époque le titre de plus haut et plus large observatoire extérieur du monde, auparavant détenu par celui de la Burj Khalifa, à Dubaï, situé à 452 m, et repris en 2014 par un nouvel observatoire installé sur cette même tour dubaïote, à 555 m du sol.

Samedi 2 novembre

Défunts – On fête aussi les Malachie, Marcien

Le soleil se lève à **7 h 38** *et se couche à* **17 h 29**

« Vent de Toussaint,
terreur de marin. »

Noms de villages

Devinette : où habitent les 43 Glandinois ? Réponse : dans l'un des villages au nom grivois les plus renommés de France malgré ses 43 habitants : Gland. Non, nous ne ferons pas de blague sur ce nom, car nous ne voudrions pas que les Glandinois, à force… soient à bout !

Remarquables
Arboretum de Pézanin

Qu'il est romantique, le château d'Audour ! Lamartine ne s'y est pas trompé. Il en parle comme d'un « caravansérail d'Orient, s'élevant seul au sommet d'une colline de sable… un château de Marie Stuart dans un paysage écossais ». Car il se trouve dans la petite Suisse du Mâconnais, un coin sauvage du Charolais, au milieu des collines et des forêts, dans le village de Dompierre-les-Ormes. Et à deux pas de là, l'arboretum de Pézanin ne le cède en rien au château pour le romantisme, avec son lac, moins grand que celui du Bourget qui inspira le même Lamartine, mais vaste tout de même, où se reflètent des arbres vénérables. Il a été créé en 1903 par le grainetier Philippe de Vilmorin, et il a été enrichi tout au long du xxe siècle. Il compte des centaines d'espèces de toutes les régions du globe, notamment d'Amérique du Nord, comme un chêne hybride de Bartram, ou chêne hétérophylle, un hybride naturel qui porte des feuilles de formes variables. Un lieu enchanteur, tout près de Mâcon et à deux pas de l'abbaye de Cluny.

Rugby

On connaîtra aujourd'hui le vainqueur de cette édition de la Coupe du monde de rugby. Parmi les anciens vainqueurs, les Springboks, privés de tournoi en 1987 et 1991 à cause de l'apartheid qui régissait l'Afrique du Sud – à cette époque, l'équipe était constituée uniquement de joueurs blancs. Lors de la Coupe du monde de 1995, Nelson Mandela fit une apparition au stade vêtu de leur maillot, et l'équipe sud-africaine remporta le trophée. Avec ce geste, une nouvelle ère s'ouvrait, et désormais le maillot jaune et vert est synonyme d'intégration. À tel point que, pour 2019, 50 % des joueurs de la sélection sud-africaine devaient être de couleur.

Protocole

Là où certaines règles protocolaires sont obscures et complexes même pour le plus averti des diplomates habitué des salons et des ors de la République, certaines autres sont plutôt simples et connues de tous. L'une d'elles, en particulier aux États-Unis, dicte aux hommes américains de se découvrir et mettre la main sur leur cœur lorsque retentit l'hymne national de leur pays. Rien de bien compliqué, n'est-ce pas ? Et pourtant, le plus puissant des Américains, le président Donald Trump, a toujours du mal à retenir cette règle. La preuve en est cette vidéo qui a fait le tour du monde, dans laquelle on voit un Trump impassible alors que résonnent les premières notes de l'hymne national américain. C'est sa femme, Melania Trump, qui dut péniblement (et peu discrètement) lui pousser la main pour lui rappeler le protocole et le rappeler à l'ordre.

*« Tonnerre en novembre
fait prospérer le blé
et remplit le grenier. »*

Vermot Régions

AVEYRON / INONDATION À ESPALION

Le registre paroissial d'Espalion nous rappelle que le 3 novembre 1705, « il arriva sur les quatre heures du soir une inondation de la rivière du Lot que la violence des eaux faisait frayeur ». Le curé partit expressément en procession « pour tâcher par prières d'apaiser la colère de Dieu », mais, malgré cela, l'eau continua à monter. Il faut dire que c'était la troisième inondation de l'année après celle du 19 août qui avait jeté tous les poissons sur le rivage, et celle du 18 octobre qui emporta « quantité prodigieuse d'arbres ».

RétroVermot

« Moi, je fais mon travail le plus dur avant de prendre mon petit déjeuner.
– En quoi cela consiste ?
– À me lever. »

RECORDS DE PRÉSIDENT

Ah, l'amour, qui fait tourner les têtes (pas seulement celles des acoupas) et s'ouvrir les portefeuilles… Les présidents français ne sont pas en reste sur le sujet, et n'hésitent pas à engager des dépenses colossales pour leurs compagnes. Jacques Chirac, par exemple, est le recordman des dépenses florales, avec près de 500 000 euros par an juste pour ce poste de dépense. Pour Julie Gayet, compagne du président Hollande en sa fin de mandat, le record concerne les dépenses de sécurité, évaluées par la Cour des comptes à environ 400 000 euros par an pour huit agents à temps plein. Le romantisme à la française version Élysée : touchant, mais un peu chérot !

L'Info

Poisson bruyant

Il se prénomme Cynoscion othonopterus *ou, plus communément, « acoupa du Golfe ». C'est une espèce endémique du golfe de Californie. Sa particularité : être le poisson le plus bruyant du monde. Pendant la saison des amours, un seul mâle est capable de faire presque autant de bruit qu'une baleine, et le regroupement de millions de poissons en période de frai produit le même vacarme qu'une foule criant dans un stade ! Ces observations étonnantes ont été réalisées par des chercheurs de l'université de Californie à San Diego, qui ont profité de la migration printanière des millions d'acoupas du golfe vers le delta de la rivière Colorado pour les écouter. Leurs études acoustiques ont montré qu'au milieu du gigantesque banc, le niveau sonore était 21 fois plus élevé que celui de l'environnement ambiant. Un regroupement d'acoupas du Golfe produit entre 179 et 202 décibels en tout durant deux heures. Or, une exposition située entre 173 et 219 dB sur plusieurs heures peut causer des pertes auditives temporaires, voire permanentes, chez les mammifères marins. S'il peut indisposer dauphins et baleines, ce brouhaha aquatique est en revanche une aubaine pour les pêcheurs, qui peuvent facilement repérer les bancs d'acoupas du Golfe. À l'oreille ! Un seul bateau de pêche, équipé d'un filet, peut en capturer deux tonnes en quelques minutes. Un amour bruyant et… aveugle !*

Lundi **4 novembre**

Saint Charles On fête aussi les Charlène, Éméric, Jessica, Flour

Le soleil se lève à **7 h 41** *et se couche à* **17 h 26**

« À la Saint-Charles, la gelée parle. »

HAUT EN COULEUR

Un « jaune », c'est un ouvrier qui ne fait pas la grève alors que ses camarades se mobilisent. Cette expression viendrait de la Loire, où les teintureries étaient nombreuses au XIXe siècle, et les conflits sociaux aussi. En période de grève, on pouvait reconnaître les ouvriers qui avaient travaillé, car leurs vêtements étaient pleins de poussière de soufre jaune, utilisé pour fixer les pigments. L'odeur d'œuf pourri du soufre était aussi un bon indice ! Être un jaune, ça pue !

Un vrai feuilleton

Malgré son titre, les connaisseurs savent bien que *Chapeau melon et bottes de cuir* ne parle pas de mode. En effet, son titre original, *The Invaders*, est bien plus parlant quant à la thématique de l'histoire… Cependant, la mode n'est pas tout à fait absente de la série, puisque c'est le couturier français Pierre Cardin qui a dessiné les costumes des personnages principaux. Cocorico !

Au menu

Parmentier de canard

Pour 4 à 6 pers.
20 min de préparation
55 min de cuisson

1 belle boîte de confit de canard (4 cuisses)
1 gousse d'ail
100 g de gruyère râpé
Sel, poivre

Pour la purée de pommes de terre
1 kg de pommes de terre bintje
20 cl de lait
30 g de beurre
1 pincée de noix muscade râpée
1 cuil. à café de sel fin
Poivre

Pelez les pommes de terre, mettez-les dans une casserole et couvrez-les d'eau. Portez à ébullition, salez et laissez cuire 25 minutes environ, jusqu'à ce que les pommes de terre soient tendres (un couteau s'y enfonce facilement).

Pendant ce temps, dégraissez le confit au mieux et réservez la chair de canard effilochée.

Passez les pommes de terre au presse-purée ou écrasez-les à la fourchette. Ajoutez le lait et les noix de beurre en petits cubes (plus le beurre incorporé est froid, plus la purée sera lisse, fine et onctueuse). Ajoutez la muscade, du sel et du poivre.

Préchauffez le four à 180 °C (th. 6). Pelez la gousse d'ail et frottez un grand plat à four. Disposez les morceaux de canard en couche épaisse au fond du plat, puis ajoutez la purée dessus. Saupoudrez de fromage avant d'enfourner pour 30 min de cuisson.

Conseil : ne le dites pas à vos convives mais, si vous êtes très pressé, il suffit de préparer de la purée en flocons ou de décongeler une purée nature surgelée et de suivre le reste de la recette.

CONCOURS LÉPINE

L'histoire prend parfois un tournant inattendu, et ceux qui sont la risée du public aujourd'hui sont peut-être les héros de demain. C'est le cas par exemple de Bernard Rosset, un cycliste et inventeur qui mit au point un système de plateaux pour pédaliers de vélo dont l'originalité est… qu'ils ne sont pas ronds mais ovales ! Lorsqu'il présente son invention en 2012, les médias non spécialisés s'en moquent, arguant que quelque chose chez lui ne doit pas tourner rond ! Pourtant, l'invention a su faire mouche chez les industriels du secteur, et on voit aujourd'hui les plateaux ovales de Rosset sur les vélos des coureurs professionnels les plus réputés, et leurs atouts vantés par les plus grandes marques. Nul doute que, pour Bernard, ça « ovalait le coup » !

Le soleil se lève à **7 h 43** et se couche à **17 h 24**

Mardi **5 novembre**

Sainte Sylvie On fête aussi les Silvina, Zacharie, Géric

« Au lieu de se plaindre de l'obscurité, mieux vaut allumer la lumière. »
Confucius

EMOJI

Avez-vous déjà remarqué une certaine inégalité dans la répartition des emoji proposés sur les claviers dédiés ? Non ? Pourtant, cette inégalité est flagrante : plus de 70 % des emoji représentent une émotion positive, 15 % seulement expriment au contraire les nuances des émotions négatives et le reste est considéré comme neutre. Pour utiliser les emoji, mieux vaut être heureux que dépressif...

Charade répétitive

Mon premier est une tête d'ail.
Mon deuxième est une tête d'ail.
Mon troisième est une tête d'ail.
Mon quatrième est une tête d'ail.
Mon cinquième est une tête d'ail.
Mon sixième est une tête d'ail.
Mon tout est un instrument coupant.

CISEAUX (SIX AULX)

Ha ! Ha ! Ha !

À la sortie d'un bar, trois hommes complètement ivres pénètrent dans un taxi qui stationne là. Le chauffeur de taxi, comprenant immédiatement que ses clients sont saouls, démarre le moteur, le laisse ronfler trente secondes avant de l'éteindre et dit aux trois hommes :
« Voilà Messieurs ! Nous sommes arrivés. »
Le premier client ne se rend compte de rien, règle la course, le remercie et sort. Le deuxième pareil : il remercie le chauffeur, lui souhaite « bon courage » et sort. Mais le troisième sort du taxi, sans dire merci et en collant une bonne tape sur l'épaule du chauffeur. Convaincu que son arnaque a été découverte, ce dernier lui lance d'un air inquiet :
« Quoi ? Qu'est-ce que qu'il y a ? Un problème ? »
Alors, le troisième larron le sermonne :
« Surveillez votre vitesse la prochaine fois ! Vous avez failli nous tuer ! »

LES DOUZE TRAVAUX D'HERCULE

Les pommes d'or du jardin des Hespérides

Pour son avant-dernier travail, Hercule est sommé par Eurysthée d'aller cueillir des pommes. Simplissime, pensez-vous ! Mais dans la mythologie gréco-romaine, rien n'est jamais simple : il s'agit de pommes d'or (c'est déjà peu banal) et personne ne sait où se trouve le verger. Belle épreuve ! Au cours de son périple, Hercule affronte le dieu Nérée. Ce dernier, charmé par son courage, lui donne des indices, de même que le titan Prométhée, auquel Hercule porte secours. Le jardin est enfin localisé, sur le mont du géant Atlas. Les Hespérides, filles d'Atlas, sont censées garder le pommier, mais la déesse Héra a chargé un dragon nommé Ladon de le faire de façon plus sérieuse. Et quel dragon ! Il a au moins cent têtes. Hercule réussit à convaincre Atlas d'aller cueillir les pommes à sa place, avant de les lui subtiliser !

Mercredi 6 novembre

Sainte Léonard On fête aussi les Bertille

Le soleil se lève à **7 h 44** et se couche à **17 h 23**

« Gardez-vous de l'homme qui ne connaît qu'un livre. »

Molière en vadrouille

Pour désigner l'ensemble de la culture en langue française à l'étranger, on utilise le mot « francophonie », soit avec une minuscule pour désigner l'ensemble des personnes parlant français dans le monde, soit avec une majuscule pour faire référence au dispositif institutionnel. Mais d'où vient-il ? Il fut créé en 1880 par un géographe français du nom d'Onésime Reclus. Depuis, le nombre de francophones est estimé à environ 274 millions de personnes, dont une très grande majorité hors de nos frontières.

Ils ont dit

Catherine Frot

« La vie, soit on la rêve, soit on l'accomplit. »

Perles de sportifs

Bilingue

Qui l'a dit ? Francesco Totti : « Si *carpe diem* est ma devise ? Pardon, mais je ne parle pas anglais ! »

LES SAUCES FRANÇAISES

I	B	E	F	G	R	I	B	I	C	H	E	A	M
I	E	M	E	R	P	U	S	W	O	G	N	R	A
X	A	X	E	S	M	A	O	L	M	M	N	E	D
W	R	C	L	N	I	N	L	R	A	E	E	M	E
B	N	I	L	O	I	A	M	Q	T	N	I	O	R
E	A	T	Y	T	N	L	N	T	K	A	S	U	E
C	I	T	W	D	A	M	E	N	E	C	E	L	I
H	S	Z	A	W	O	R	O	S	O	S	L	A	C
A	E	I	R	R	G	Q	T	U	S	Y	R	D	N
M	S	C	N	I	D	O	C	A	T	U	A	E	A
E	W	A	A	A	M	E	H	O	R	A	O	M	N
L	Y	N	U	A	Q	C	T	Y	E	E	R	M	I
K	I	E	T	O	G	I	V	A	R	U	S	D	F
V	C	E	L	A	C	N	E	V	O	R	P	O	E

Solution page 335

Cherchez les sauces françaises cachées dans la grille. Vous les trouverez horizontalement, verticalement ou diagonalement.

AÏOLI	GRIBICHE	PROVENÇALE
ARLÉSIENNE	HOLLANDAISE	RAVIGOTE
BÂTARDE	MADÈRE	RÉMOULADE
BÉARNAISE	MAYONNAISE	SUPRÊME
BÉCHAMEL	MORNAY	TARTARE
CHASSEUR	MOUSSELINE	TOMATE
FINANCIÈRE	MOUTARDE	VINAIGRETTE

VISIONNAIRES

Dans le film de 1990 *Total Recall*, on peut voir une scène devenue culte, dans laquelle le héros incarné par Arnold Schwarzenegger, en danger, saute dans un taxi pour échapper à ses poursuivants. Il y fait la rencontre de Johnny, le chauffeur qui n'est en fait qu'un robot. Simple hasard ou est-ce que le réalisateur Paul Verhoeven avait anticipé la mise au point de voitures autonomes ? Ce qui est sûr, c'est que, dans le film, Johnny, le fameux taxi, n'est pas encore tout à fait au point : alors que Schwarzy est particulièrement pressé de fuir, le robot ne cesse de lui demander une adresse précise pour pouvoir démarrer. Prévoir la technologie et ses failles avec vingt ans d'avance, une double prouesse à saluer !

Jeudi 7 novembre

Sainte Carine On fête aussi les Ernest, Engelbert, Amaranthe

*« À la Saint-Ernest,
fais tomber les pommes
qu'il te reste. »*

Vermot Régions

VENDÉE / LE VENDÉE GLOBE

C'est en 1989 qu'eut lieu la première édition du Vendée Globe, cette course en solitaire, sans escale ni assistance, qui a pour départ et arrivée la commune des Sables-d'Olonne. Après deux décennies, certains chiffres restent emblématiques de la difficulté de cette course : les skippers ne dorment pas plus de 5 heures par jour ; ils embarquent 100 kg de nourriture pour trois mois ; 50 % seulement de ceux qui l'ont tentée ont réussi à terminer la course.

INVENTIONS INSOLITES

Le harnais sentimental

Alliant le transport de votre enfant dans la poussette et la vitesse de la trottinette sur les trottoirs, cette invention pourrait révolutionner la circulation dans les villes. Le soir, après le travail, on pourrait bientôt croiser des parents rentrant chez eux, les mains sur le guidon de la poussette-trottinette, un pied sur sa plateforme et l'autre propulsant le convoi à la vitesse du vent.

Les comportements extraordinaires des animaux

Papillonner sur 4 000 kilomètres

On connaît le périple du saumon, qui retourne frayer sur son lieu de naissance. Mais, chez les papillons aussi, il y a de grands migrateurs. Le monarque, grandiose papillon orange et noir (jusqu'à 12 cm pour les mâles), qui se nourrit exclusivement du nectar de certaines plantes, les asclépiades, migre deux fois par an. À l'automne, il quitte l'Amérique du Nord pour passer l'hiver au Mexique et parcourt le chemin inverse au printemps. Quatre mille kilomètres pour rejoindre les montagnes mexicaines, où des millions de spécimens hiberneront, agglutinés sur les branches des pins. Fait étonnant, si une seule génération parcourt le trajet du nord vers le sud, elles sont plusieurs à se succéder pour le retour !

LES REBONDS DANS LA CROISSANCE ÉCONOMIQUE

Le Chiffre

250

C'est le nombre de fois qu'il faut multiplier la taille de Paris pour s'imaginer la surface totale occupée par Neom, la mégaville futuriste 100 % écolo en projet sur les bords de la mer Rouge. L'initiative, un brin mégalomaniaque, a été lancée par Mohammed ben Salmane, prince héritier d'Arabie Saoudite. Sa réalisation coûtera la modique somme de 500 milliards de dollars. Cette mégalopole, qui connectera l'Égypte à la Jordanie, ne fonctionnera qu'aux énergies renouvelables, et les énergies fossiles y seront strictement interdites. Son développement sera articulé autour de neuf secteurs : l'énergie, l'eau, la mobilité, les biotechnologies, l'alimentation, les technologies digitales, les médias, le divertissement et les nouveaux processus manufacturiers. L'Internet sans fil à haut débit, considéré comme de « l'air numérique », y sera gratuit, de même que l'éducation en ligne. Enfin, administrée par une « e-gouvernance », la ville offrira un environnement ultra-sécurisé. En résumé, selon ses promoteurs, « Neom aspire à être la ville la plus sûre, la plus efficace, la plus orientée vers le futur et simplement le meilleur endroit au monde pour vivre et travailler ». Inauguration des premiers quartiers de ce « monde parfait » d'ici 2025.

Vendredi 8 novembre

Saint Geoffroy On fête aussi les Scott, Willard

Le soleil se lève à **7 h 47** et se couche à **17 h 20**

« Le vent de novembre arrache la dernière feuille. »

RUGBY

Une Coupe du monde de rugby, c'est des belles victoires, mais aussi de cinglantes défaites. Parmi les plus marquantes de l'histoire de la compétition, on trouve notamment celle du Japon face à la sélection néo-zélandaise, qui remporta un match de la Coupe du monde de 1995 par un incroyable 145 à 17 ! Ou encore cette victoire de l'Angleterre face aux Pays-Bas en match éliminatoire de l'édition 1999 de la compétition dont le score final est de 110 à 0… La même année, c'est l'Italie qui prit également une déculottée en s'inclinant face à l'Afrique du Sud par 101 à 0. Le rugby, un sport qui fait mal au corps, et parfois à l'honneur !

Il y a 80 ans, le 8 novembre 1939, une tentative d'attentat visant Adolf Hitler échoua à quelques minutes près. Celui qui aurait pu changer le cours de l'histoire, Georg Elsear, fut déporté à Dachau et exécuté en 1945.

Santé naturelle

L'antiallergique préféré des oiseaux

Autrefois remède réputé, le plantain, plante vivace commune des talus et des chemins, mérite d'être redécouvert. Les oiseaux ne s'y trompent pas : ils raffolent de ses graines. Les conquistadors en ont emporté jusqu'en Amérique du Sud dans leurs souliers ! Le plantain renferme, entre autres principes actifs, des antihistaminiques efficaces dans le traitement de certaines allergies. On le recommande contre certaines affections respiratoires (bronchite chronique, rhinites, grippe…).
Utilisation : en infusion, teinture ou gélules. En cas de piqûre, ses feuilles froissées sont antihémorragiques et antibactériennes.

De mauvais goût

La glu rose

Vous connaissez « le minerai de viande », ce mélange d'os, de nerfs, de viscères et de cartilage hachés utilisé par les industriels de l'agroalimentaire pour remplacer la vraie viande dans les raviolis, la moussaka ou le hachis parmentier. Et parfois, comme on l'a vu en Europe en 2012 avec l'affaire des lasagnes surgelées « pur bœuf » à la viande de cheval, certains n'hésitent pas à assembler plusieurs minerais dans un seul plat ! Eh bien, il existe encore pire : le *pink slime* ou « glu rose ». Cette mixture, qui ressemble un peu à de la guimauve (rose donc), est obtenue avec des carcasses de poulet, de porc ou de bœuf passées à la centrifugeuse afin d'en récupérer le moindre morceau. Il y a vingt ans, on osait à peine utiliser ces déchets pour fabriquer du pâté pour chien. Ils contiennent tellement d'agents pathogènes qu'ils doivent être traités à l'ammoniac pour élaborer le *pink slime*. Taquins, ses fabricants commercialisent la « glu rose » sous le nom de « *lean finely textured beef* », autrement dit « bœuf maigre à texture fine ». Tout de suite plus appétissant ! Et autant ne pas être dégoûté lorsqu'on apprend que, selon ABC News, environ 70 % des produits de bœuf haché vendus sur le marché nord-américain contenaient du *pink slime*. Un pourcentage tellement élevé que les autorités sanitaires ont demandé que les cantines scolaires s'abstiennent d'en servir et que McDonald's a renoncé à l'employer dans la confection de ses hamburgers. Si même le pape de la malbouffe considère ce succédané de très mauvais goût…

Samedi 9 novembre

Saint Théodore On fête aussi les Mathurin

« La guerre, c'est comme la chasse, sauf que les lapins tirent. »
Charles de Gaulle

Il y a 30 ans, le 9 novembre 1989, les caméras du monde entier filmaient la chute du mur de Berlin, l'un des événements annonciateurs de la fin de la guerre froide.

Quel est le comble de l'adresse pour un aliéniste ?
Soigner du papier timbré.

PROVERBES PATOIS

Proverbe saintongeais

La Saintonge est une ancienne province française qui s'étalait sur cinq départements, dont notamment la Charente et la Charente-Maritime. La sagesse populaire locale dit : « *A se beugner le calâ cont' les murs, o ne vint que des bosses* », dicton qui invite chacun à ne jamais persister dans des voies sans issue, car, « quand on se cogne la tête contre les murs, il ne vient que des bosses ».

Chiffres étonnants de la science

Les poubelles tueuses de l'espace

Depuis le Spoutnik en 1957, des milliers d'engins ont été envoyés dans l'espace. Beaucoup s'y sont délités, formant un champ de débris constitué, au bas mot, de 5 000 fragments de plus de 1 m, 30 000 entre 10 cm et 1 m, 75 000 entre 1 et 10 cm, et 150 millions de moins de 1 cm. Tournant à 28 000 km/h, le moindre clou pourrait faire de gros dégâts s'il venait à percuter la station spatiale internationale, comme l'a si bien évoqué le film *Gravity* (2013). Pour nettoyer tout cela, différentes solutions sont envisagées, du filet de pêche géant au satellite biodégradable, en passant par le camion-poubelle spatial… Reste à les concrétiser !

MAÎTRES DU POLAR

James Ellroy

Impossible de passer à côté de James Ellroy, de son œuvre et de sa vie longtemps chaotique. Traumatisé par l'assassinat non élucidé de sa mère alors qu'il était âgé de dix ans, Ellroy a pataugé dans la petite délinquance. En 1978, à trente ans, après des années de drogues et d'alcool, il se lance dans l'écriture. Et illumine bientôt le roman noir ! Dès *Brown's Requiem*, sa première œuvre, tous les ingrédients qui caractérisent le style Ellroy sont présents : un univers glauque, la mafia californienne, des personnages désespérés, des flics plus ou moins véreux… À partir de 1984, la série des « Lloyd Hopkins » (*Lune sanglante*, *À cause de la nuit* et *La Colline aux suicidés*) consacre James Ellroy comme le nouveau maître du genre. Suivra son « Quatuor de Los Angeles », avec notamment *Le Dahlia noir*, *Le Grand Nulle part*, *L.A. Confidential* et *White Jazz*. Des romans magistraux qui ne ressemblent à rien de connu, et composent une plongée ébouriffante dans la « Cité des Anges » des années 1950. Après une trilogie mêlant polar et histoire politique des États-Unis pendant les années Kennedy (*American Tabloid*, *American Death Trip* et *Underworld USA*), le maître Ellroy a entamé avec *Perfidia*, publié en 2015, une nouvelle tétralogie, une descente infernale dans un L.A. criminel et une Amérique corrompue au cours de la Seconde Guerre mondiale.

Dimanche **10 novembre**

Saint Léon On fête aussi les Léonie, Léo, Eurydice, Noé

Le soleil se lève à **7 h 51** *et se couche à* **17 h 17**

« Que pouvez-vous faire pour promouvoir la paix dans le monde ? Rentrer chez vous et aimer votre famille. »
Mère Teresa

Les « Pourquoi ? » de l'histoire

Pourquoi certains révolutionnaires se nommaient-ils les « Montagnards » ?

Pendant la Révolution française, on trouvait à l'Assemblée nationale un groupe appelé « La Montagne ». Ses membres, les « Montagnards », représentaient le courant politique le plus à gauche de l'époque. Georges Danton, Jean-Paul Marat et Maximilien Robespierre en faisaient partie. Leur nom viendrait de leur localisation dans l'hémicycle, sur les bancs de gauche les plus élevés.

C'est pas la crise pour tout le monde !

Faut-il travailler longtemps pour être milliardaire ? Non, pas forcément ! Evan Spiegel, 29 ans cette année, cofondateur et PDG de l'application à succès Snapchat, s'est retrouvé milliardaire à 24 ans seulement. Grâce à son inventivité, l'ancien étudiant de l'université de Stanford avait déjà réussi à accumuler plus d'1,5 milliard de dollars à son jeune âge et à récupérer le titre de plus jeune milliardaire du monde.

Métiers de bouche

Chef à domicile : quand le chef investit votre cuisine !

Depuis quelques années, un métier de bouche s'est considérablement développé et démocratisé : le chef cuisinier à domicile ! Recevoir sa famille, ses amis ou ses relations professionnelles est incontournable. Or, nombreux sont ceux qui ne peuvent pas cuisiner, faute d'expérience ou de temps. On peut aujourd'hui faire appel, sans se ruiner, à un chef à domicile. Ce dernier propose des prestations sur mesure pour des particuliers. À la différence du traiteur qui vous livre des plats déjà élaborés, le chef investit votre cuisine et s'occupe de tout : il élabore le menu, achète les ingrédients, travaille les produits et soigne la présentation des assiettes et de la table, selon les désirs et la personnalité du client. On peut même apprendre à cuisiner avec certains chefs qui dispensent leurs conseils et astuces en direct de notre cuisine !

L'Info

Avoir le jeu dans le nez

Des chercheurs finlandais ont lancé début 2018 une étude pour mesurer l'efficacité d'un spray nasal contre la dépendance aux jeux de hasard. Leur spray contient de la naloxone, un antidote aux overdoses d'opiacés, qui bloque leurs effets sur l'organisme. Comme dans le cas des troubles liés à l'usage de drogues, l'addiction au jeu semble dépendre de neurotransmetteurs spécifiques produits par l'activation des récepteurs aux opioïdes : la sérotonine liée aux impulsions, la dopamine au système de récompenses, la norépinéphrine à l'excitation et l'endorphine, qui est liée aux motivations et aux envies. Les bloqueurs des récepteurs opioïdes pourraient donc également réduire le besoin compulsif d'un joueur. Ce besoin étant immédiat, il faut un médicament à effet rapide. Or, le spray à la naloxone agit en quelques minutes. Pendant trois mois, une centaine de volontaires, tous déclarant une dépendance au jeu, ont reçu un pulvérisateur nasal. La moitié des sprays contenaient un placebo. Selon le chercheur, l'étude est la première en son genre. Les résultats de l'étude devraient être maintenant connus.

*« À la Saint-Martin,
l'hiver est en chemin,
manchons aux bras
et gants aux mains. »*

EXPRESSIONS IMAGÉES

Poser un lapin

Le « lapin » de l'expression est la peluche des manèges d'antan qu'il fallait attraper pour gagner un tour gratuit (elle deviendra plus tard la « queue du Mickey »). Saisir le lapin semblait facile, mais au moment de mettre la main dessus, il s'envolait souvent avec ses promesses. Depuis, posent des lapins ceux qui proposent des rendez-vous ou des engagements qu'ils ne tiennent pas.

SLOGANS

« Nous sommes les 99 % » est le slogan signature du mouvement Occupy Wall Street, né aux États-Unis en 2011. Cette formule fait référence aux inégalités économiques : 1 % de la population mondiale détiendrait autant de richesses que les 99 autres pour cent combinés. C'est donc parce qu'il montre à la fois l'importance de ces inégalités et la puissance potentielle du mouvement que ce slogan est devenu emblématique de la lutte contre la corruption et la répartition inégale des richesses.

TOXIQUE OU NON ?

Lierre

Quelles belles crises d'éternuement on attrape en arrachant du lierre (*Hedera helix*) ! Car cet arbuste grimpant persistant à la longévité exceptionnelle, qui, comme on le sait, « meurt où il s'attache », se venge d'être délogé en provoquant des irritations du nez et des yeux, des rougeurs de la peau et même des troubles respiratoires. Toutefois, ce sont surtout ses fruits, ces petites baies noires réunies en grappes à l'extrémité des tiges, qui sont dangereuses. Elles provoquent des vomissements et des diarrhées, voire, si l'on en a ingéré un certain nombre, des hallucinations et des convulsions – et pire encore ! Toutefois, on préférera songer au lierre toujours vert qui habille les vieilles tours d'un manteau vernissé où logent des nuées d'oiseaux et, selon Viollet-le-Duc, conserve les monuments historiques, comme à un symbole d'amitié et d'amour. Marceline Desbordes-Valmore l'exprime avec une belle force dans un poème dédié à sa fille : « Mon jeune lierre, Monte après moi ! »

Îles paradisiaques

Archipel des Perles, une terre méconnue

Lové dans le golfe de Panama, cet archipel de plus de deux cents îles tient son nom des nombreuses perles qui jonchaient ses fonds blancs à l'époque de la colonisation espagnole. La pêche miraculeuse est aujourd'hui révolue et les voyageurs profitent plutôt du calme reposant de ce petit paradis perdu. Peu de commerces, une vie bon marché, des activités en lien avec la somptueuse nature environnante, l'archipel des Perles attire les amateurs de quiétude et de simplicité. En été, les baleines à bosse migrent dans ses eaux chaudes et des sorties en mer sont organisées par les locaux pour les apercevoir. Caboter dans l'archipel permet de découvrir Saboga et ses sites archéologiques, Contadora et ses spots de plongée sous-marine, San José et sa forêt luxuriante creusée de grottes et de cascades, et Isla del Rey, la plus grande de toutes les îles, dont le mont Cerro Chiqueros offre un beau panorama sur tout l'archipel.

Mardi 12 novembre

Saint Christian On fête aussi les Astère, Josaphat, Cunibert

Le soleil se lève à **7 h 54** et se couche à **17 h 14**

*« À la saint-Christian
dans la cheminée
les tisons son ardants »*

Maladies imaginaires

Quel jour les arrêts maladie sont-ils le plus nombreux ? Vous l'avez deviné, c'est le lundi ! Une étude menée par une grande mutuelle française a démontré que non seulement leur nombre est en hausse depuis 7 ans mais qu'en plus, 28 % des arrêts de travail survenaient le lundi. Et dans le cas des arrêts de 24 heures et moins, c'est le vendredi qui est le plus répandu. Que voulez-vous, on peut être malade et bien organiser son temps !

Vermot Régions

MORBIHAN / AU CIMETIÈRE DE PLUNERET

Née à Saint-Pétersbourg en 1799 et morte à Paris en 1874, Sophie Rostopchine, alias la Comtesse de Ségur, est l'auteure des Malheurs de Sophie*. De son mari Eugène de Ségur, qui fut ambassadeur de France en Russie, elle eut plusieurs enfants, dont une fille prénommée Henriette, qui épousa Armand Fresneau, sénateur du Morbihan. Tous deux habitaient le château de Kermadio, situé sur la commune de Pluneret, et c'est ainsi que le corps de la célèbre femme de lettres repose dans le cimetière de cette commune.*

CONCOURS LÉPINE

Si l'enfer est pavé de bonnes intentions, les allées du concours Lépine sont quant à elles pavées d'inventions, mais elles ne sont pas toutes bonnes. Rétrospectivement, comment ne pas s'interroger sur la santé mentale de l'inventeur qui présenta, dans les années 1920, un modèle de vélo ailé, en étant persuadé que la force de son seul pédalage pourrait l'envoyer dans les airs. D'accord, l'époque était propice à l'innovation aéronautique, mais tout de même... L'interrogation se renforce d'autant quand on voit le gabarit du bonhomme qui insista pour faire le test lui-même : 1 m 85, près de 100 kg. Bref, le pilote d'essai idéal. Bien sûr, le vélo ne décolla pas d'un pouce, mais l'invention et l'inventeur se retrouvèrent au sol en moins de deux. Parfois, ça ne vole pas très haut dans le milieu de l'invention.

Ha ! Ha ! Ha !

Alors qu'une femme prépare tranquillement des œufs brouillés pour le petit déjeuner, son mari entre soudainement dans la cuisine et lui dit sur un ton paniqué :
« Attention. ATTENTION ! Mets un peu plus de beurre ! Oh non ! Ce n'est pas possible ! Tu les cuis trop vite ! Oh mon Dieu ! TROP VITE ! Tourne-les maintenant ! MAIS TOURNE-LES ! Du beurre ! Il faut plus de beurre ! Tu vas voir, ils vont coller ! Pourquoi tu n'as pas mis plus de beurre ? Pourquoi ? MAIS AJOUTE DU BEURRE ! Voilà. Doucement. Doucement. DOUCEMENT, JE VIENS DE DIRE ! Il faut toujours que tu n'en fasses qu'à ta tête ! Tu ne m'écoutes JAMAIS quand tu cuisines ! Jamais ! Tourne-les ! Dépêche-toi ! Mais tu es folle ? Tu vas t'arrêter là ? Et le sel ? N'oublie pas de les saler. Tu sais que tu oublies toujours de les saler. LE SEL. PENSER À UTILISER LE SEL ! LE SEL ! »
Stupéfaite par la diatribe de son mari, sa femme lui lance, un brin irritée :
« Ça va chez toi ? Qu'est-ce qui t'arrive ? Tu crois que je ne sais pas faire cuire des œufs ?
– Si ! Je voulais juste te montrer ce que ça fait quand je conduis... », lui répond tranquillement son mari.

« En novembre, s'il tonne, l'année sera bonne. »

Vermot Régions

RHÔNE / LA CÉLESTINE ET LES CÉLESTINS

Le théâtre des Célestins à Lyon est bâti sur l'emplacement de l'ancien couvent de l'ordre dont il porte le nom. Lors de sa rénovation en 2003, on creusa sous la scène pour créer une seconde salle de spectacle modulable de 135 places, la « Célestine ». Les travaux mirent au jour deux tombes de moines du XVe siècle. Baptisés Hippolyte et Anatole, ces squelettes sont aujourd'hui respectueusement conservés au théâtre, c'est-à-dire sur le lieu où ils avaient souhaité être inhumés.

Rébus

cuisine

BEURRE BEURRE

BEURRE BEURRE ↙

Petits-beurre

Solution mots mêlés [p. 328]

I	B	E	F	G	R	I	B	I	C	H	E	A	M
I	E	M	E	R	P	U	S	W	O	G	N	R	A
X	A	X	E	S	M	A	O	L	M	M	N	E	D
W	R	C	L	N	I	N	L	R	A	E	E	M	E
B	N	I	L	O	I	A	M	Q	T	N	I	O	R
E	A	T	Y	T	N	L	N	T	K	A	S	U	E
C	I	T	W	D	A	M	E	N	E	C	E	L	I
H	S	Z	A	W	O	R	O	S	O	S	L	A	C
A	E	I	R	R	G	Q	T	U	S	Y	R	D	N
M	S	C	N	I	D	O	C	A	T	U	A	E	A
E	W	A	A	A	M	E	H	O	R	A	O	M	N
L	Y	N	U	A	Q	C	T	Y	E	E	R	M	I
K	I	E	T	O	G	I	V	A	R	U	S	D	F
V	C	E	L	A	C	N	E	V	O	R	P	O	E

OH LE GROS GÂCHIS !

À la santé du tabac !

L'État finance les campagnes antitabac et… le train de vie des buralistes ! C'est le constat dressé par la Cour des comptes dans son rapport de 2017. Chaque année, 300 millions d'euros d'argent public sont (re)distribués aux vendeurs de cigarettes pour financer leurs retraites complémentaires, la sécurisation des locaux et les embauches en contrats aidés. Pourtant, d'après les Sages, « les revenus des débitants continuent d'augmenter et le nombre d'établissements en difficulté apparaît limité ». Mieux, le chiffre d'affaires moyen des buralistes a explosé : il est passé de 447 238 euros en 2002 à 723 778 euros en 2015, soit 60 % de hausse ! La ponction sur les deniers publics est d'autant plus toxique que les campagnes de sensibilisation antitabac ne sont pas toujours efficaces : un Français sur trois continue de fumer. Mais, il est vrai que l'État dépense en moyenne cent fois plus d'argent pour la prévention routière que contre le tabagisme, alors que ce dernier fait chaque année « vingt-trois fois plus de morts » que les accidents de la route.

Problèmes du certificat d'études

Trois hommes vont dans un hôtel. Le réceptionniste annonce que le prix de la chambre est de 30 €. Chaque homme donne donc 10 €.
Un peu plus tard, le réceptionniste réalise que la chambre est en fait à 25 € en raison d'une réduction qu'il a oublié d'appliquer.
Il appelle le groom et l'envoie avec les 5 € de remboursement chez les clients.
En route, le groom se demande comment il va partager les 5 € en 3. Au final, chaque client récupère 1 euro et le groom se voit attribuer 2 euros de pourboire. En résumé, chacun des trois clients a payé 9 € pour la chambre ; cela fait donc un total de 27 €.
Ajoutons à ces 27 € les 2 € gardés par le groom ; cela fait 29 €.
Où est l'euro manquant ?

Réponse : C'est un piège ! Il ne faut pas additionner les 2 euros de pourboire du groom à la somme totale, mais les soustraire : on obtient ainsi 25 euros pour le prix de la chambre !

Jeudi 14 novembre

Saint Sidoine On fête aussi les Balsamie, Devrig

Le soleil se lève à **7 h 57** *et se couche à* **17 h 12**

« Je ne sais pas comment sera la troisième guerre mondiale, mais je sais qu'il n'y aura plus beaucoup de monde pour voir la quatrième. »
Albert Einstein

Un vrai feuilleton

Les traductions de titres de série réservent parfois bien des surprises. Par exemple, *La quatrième dimension* qui est le titre français de ce feuilleton cultissime est la traduction du titre original *Twilight Zone* qui, en physique, désigne la « cinquième dimension ». En effet, la quatrième dimension ne désigne que le temps alors que la « *Twilight Zone* » (« zone crépusculaire ») recouvre un concept plus vaste que le temps lui-même. Vous n'y comprenez rien ? C'est normal !

QUIZ CHANTEURS

Qui était surnommée « la chanteuse à couettes » ?

Sheila

L'Info

Du corail contre « le crabe »

Après le spray nasal pour empêcher la dépendance au jeu (voir L'Info du 10 novembre), le corail pour lutter contre le cancer ? C'est en tout cas le pari de Coral Biome, une start-up marseillaise qui a réussi à lever plusieurs millions d'euros pour mettre au point un traitement médicamenteux contre des cancers incurables grâce à une molécule produite par une espèce de corail. Depuis plusieurs années, les scientifiques s'intéressent à la toxine sécrétée par l'animal pour se protéger des prédateurs et dont l'effet s'apparente au poison. On savait que c'était un anticancéreux qui s'attaquait aux cellules malades, mais elle était aussi toxique pour le reste de l'organisme. Après avoir expérimenté plusieurs espèces de coraux, la start-up marseillaise a mis au point un procédé lui permettant de prélever la molécule et de la diluer, afin qu'elle puisse être injectée en quantité infinitésimale. Testé sur des animaux atteints de cancers incurables, le traitement s'est avéré spectaculaire, avec une rémission complète pour 75 % des animaux ! Et introduite dans des prélèvements cancéreux humains, la toxine a totalement désintégré les tumeurs. Coral Biome doit désormais réussir toutes les phases précliniques avant d'envisager un test sur l'homme, dans le meilleur des cas en 2022. En France, chaque année, près de 150 000 personnes décèdent des suites d'un cancer. Malgré leurs millions d'années d'existence, les coraux représentent peut-être une thérapie d'avenir.

RUGBY

Lorsqu'on choisit un emblème pour une équipe nationale, mieux vaut ne pas se tromper, et encore faut-il que le choix de l'emblème soit compris et respecté par tous. Les Argentins, dont l'équipe nationale de rugby fut rebaptisée par erreur les « Pumas », en ont fait l'amère expérience en 1965. Alors qu'ils viennent de remporter un match contre l'Afrique du Sud, les Argentins, dont le surnom officiel est les « Jaguars », se voient renommer en « Pumas ». Pourquoi ? Parce que les journalistes sud-africains qui couvraient l'événement ne parvenaient pas à prononcer le mot « *yaguarete* », et qu'ils ont donc décidé de transformer l'animal en un autre, plus facile à prononcer… Du vrai journalisme !

Le soleil se lève à **7 h 58** *et se couche à* **17 h 10**

Vendredi **15 novembre**

Saint Albert On fête aussi les Adalbert, Léopold, Arthur, Victoire

MOTS FLÉCHÉS

Déchut / Arrête de fumer		Couvre-pied / Voisin du raton laveur		Fuite de gaz / Deux cent bani		S'avilit		Disparut		Grand poisson pélagique / Terre argileuse		Prise en mains
								Chef musulman / Relâché				
A la rame / Escaladé						Moyen d'exécution / Type d'œuf						
					Collent / Instantané							
Sucre / Marché				Bouille / Rongeur							Infrastructure de transport	
			Châtient bien / Compta							Botte / Revêtement		
Tarte		Passe outre / Entre largo et adagio							Genre de musique / A du flair			
								Moitié de sanglier / Combattre				
Délégua / Rame							Révèle / Capable					
						Amendai / Attendrit						Déplore
Train rapide	Jeu d'hombre / Rechigne				Atténuer / Endormir							
				Blanchâtre / Telle une mouche							Analyse	
Boîte à sel		Avoir des bouches à nourrir / Carte maîtresse								Poids léger / Bêtes de somme		
			Éclair / Astreint						Multitude / Piquant			
Abattu / Las								Peut être mini / Avant l'âge				
							Cèpe / Entame de salami					
Comme le ménisque / Brin de paille						Chic						
				Exécutée								

Solution page 344

Samedi 16 novembre

Sainte Marguerite On fête aussi les Gertrude

Le soleil se lève à **8 h 00** et se couche à **17 h 09**

« Les étourneaux sont maigres parce qu'ils vont en troupe. »

SURNOMS

LES SUFFRAGETTES

Le surnom de « suffragettes » apparaît pour la première fois en 1903 en Grande-Bretagne pour désigner les militantes qui défendaient le droit de vote des femmes. Quinze ans plus tard, après des combats difficiles et acharnés, elles obtenaient gain de cause. Rappelons qu'en France, il fallut attendre l'ordonnance de 1944 pour que les femmes aient le droit de vote.

Ça bulle

Quand on veut présenter Tintin sans le nommer, plusieurs options se présentent, mais la plus usitée est sans doute « le reporter à la houppe ». Et d'ailleurs, son nom flamand « Kuifje » est la traduction littérale de « houppette ». Pourtant, le héros a bien failli ne pas avoir cette emblématique houppe. En effet, au début du premier tome, *Tintin au pays des Soviets*, Tintin a les cheveux bien disciplinés. Ce n'est qu'à la 9e planche, où il démarre en trombe dans une décapotable, qu'il « acquiert » sa coiffure définitive.

Meilleures tables de France

Paul Bocuse à L'Auberge du Pont de Collonges

Depuis 1965, le restaurant du chef Paul Bocuse conserve ses trois étoiles Michelin avec panache. Chantre de la gastronomie française, le cuisinier, décédé en 2018, sublimait la tradition dans son *Auberge du Pont de Collonges*, située dans la région de Lyon. Derrière une façade baroque, une salle au décor théâtral accueille toujours les gourmets venus du monde entier. Des assiettes fumantes et colorées sortent de la cuisine du chef Gilles Reinhardt – auquel Paul Bocuse avait confié les commandes – et filent entre les tables nappées de blanc. Se dévoilent alors des mets fins réputés, tels que la dodine de canard à l'ancienne, les quenelles de brochet aux écrevisses et la fricassée de volaille de Bresse aux morilles. Le festival se poursuit au dessert, entre le baba au rhum et les œufs à la neige Grand-Mère Bocuse. Cette passion du terroir valut à Paul Bocuse deux autres récompenses : quatre toques *Gault & Millau* et une deuxième place au classement 2017 des cent meilleurs chefs du monde, selon le magazine culinaire *Le Chef*.

Régiments

Créé en 1962, le commando des Navy SEAL (*Sea, Air, Land*, « mer, terre et eau ») américains a depuis participé à tous les terrains d'opération majeurs et accompli de nombreuses missions prestigieuses. Si la plupart d'entre elles sont bien évidemment classées secret-défense, la teneur de certaines missions est connue du grand public. C'est le cas notamment de l'assaut mené en 2011 contre la maison d'Oussama Ben Laden au Pakistan, qui eut comme résultat la mort du chef terroriste. C'est le fameux « Groupe 6 » qui fut chargé de cette mission, laquelle dura moins de 40 minutes et reste à ce jour un exemple de mission efficace et précise. Une autre célèbre mission des Navy SEAL est celle qui inspira le film *La Chute du faucon noir*, lors de laquelle les commandos durent récupérer un pilote d'hélicoptère pris en otage à Mogadiscio en Somalie. Vous reprendrez bien un peu de bravoure ?

Le soleil se lève à
8 h 02
et se couche à
17 h 08

Dimanche 17 novembre

Sainte Élisabeth On fête aussi les Élise, Hilda, Aignan

« Les champignons poussent dans les endroits humides. C'est pourquoi ils ont la forme d'un parapluie. »
Alphonse Allais

Il y a 150 ans, le 17 novembre 1869, le canal de Suez, construit par le Français Ferdinand de Lesseps, était inauguré en grande pompe.

EMOJI

Les emoji peuvent-ils être utilisés à des fins de manipulation ? Dans certaines entreprises, on distribue aux nouveaux arrivants un document de bienvenue résumant toutes les informations utiles sur le fonctionnement de l'entreprise et bien d'autres choses. Mais un passage de ces documents a récemment fait scandale : dans la rubrique « vacances », après l'explication du fonctionnement des 5 semaines de congé légal, cette phrase, « Mais il est encore un peu tôt pour penser aux vacances, non ?», suivie d'un emoji souriant. Les services de RH avaient en fait prévu ce stratagème pour décourager subtilement les nouveaux employés de poser leurs vacances trop rapidement. Pas très « humain », tout ça !

Le Chiffre

157

C'est en centimètres – soit 1,57 m pour les nuls en math ! – la taille de la plus grande courgette récoltée en France à ce jour. Le légume, qui pesait 47,5 kg, a donc la taille et le poids d'une femme adulte de gabarit moyen. Les deux frères, domiciliés au Mayet-de-Montagne, dans les reliefs du sud de l'Allier, qui ont ramassé la cucurbitacée géante dans leur jardin, se déclarent incapables d'expliquer sa croissance exceptionnelle : « On a planté trois graines en juin et on a remarqué qu'une courgette prenait une taille importante. On l'a laissé se développer toute seule : après l'avoir recouverte de fumier de cheval au début, on l'a juste arrosée chaque soir. » Un entretien minimal, garanti sans pesticides, qui a manifestement porté ses fruits. Le précédent record était détenu par une cucurbitacée de 32 kg pour 95 cm, obtenue par un jardinier d'Ille-et-Vilaine en 2016.

ILS ONT ÉTÉ LEUR PROPRE COBAYE

L'inventeur halluciné du LSD

Le chimiste suisse Albert Hofmann (1906-2008) a découvert par hasard en 1943 ce qui allait devenir quelques années plus tard l'une des substances hallucinogènes symboliques des années hippies : le LSD ! Alors qu'il cherchait à synthétiser un stimulant circulatoire à partir d'ergot de seigle, pour le compte du laboratoire Sandoz et sous l'autorité d'Arthur Stoll (avec lequel il partagera le brevet de son invention), il mit au point une substance qu'il absorba accidentellement. S'ensuivirent plusieurs heures d'hallucinations vivement colorées (en bref, psychédéliques). Consciencieux, Hofmann décida de retenter l'expérience, cette fois-ci en consignant tous les effets ressentis. Le LSD sera dans un premier temps utilisé dans le cadre de traitements à destination de malades psychiatriques, avant d'être adopté comme drogue récréative, jusqu'à son interdiction à la fin des années 1960.

Lundi 18 novembre

Sainte Aude On fête aussi les Odon, Maudez, Patrocle

Le soleil se lève à **8 h 03** *et se couche à* **17 h 07**

« On appelle famille un groupe d'individus unis par le sang et brouillés par des questions d'argent. »
Édouard Rey

GÉNÉRATION Z

Si jamais vous entendez un jeune vous demander « des lovés », ne faites pas l'erreur de croire qu'il vous réclame de l'amour (*love* en anglais). Non, « lovés » est un mot d'argot qui désigne l'argent. Cela dit, maintenant que vous le savez, rien ne vous empêche de faire mine de ne pas comprendre et de répondre : « Oui bien sûr mon chéri, voici un gros poutou plein de *love*. » Économies garanties.

RétroVermot

Chez l'avocat :
« Mais, Madame, vous ne pouvez pas vous remarier… Sinon, votre mari l'a bien spécifié dans son testament, sa fortune reviendrait à son frère.
– Justement, c'est le frère que j'épouse… »

REMARQUABLES
ARBORETUM ROBERT RUFFIER-LANCHE

Sans trop vous fatiguer, faites le tour du système solaire comme si vous étiez la planète Mars ou Saturne. Car dans l'arboretum Robert Ruffier-Lanche, le sentier planétaire Manuel Forestini donne une représentation réduite, certes, mais tout de même assez vaste du système solaire, et permet de se rendre compte des distances cosmiques réelles. Chaque mètre du chantier correspond à 10 millions de kilomètres dans l'espace – une belle balade, au milieu d'une végétation riche et diversifiée ! Car cet arboretum, qui se trouve sur le campus de l'université de Grenoble à Saint-Martin-d'Hères, donne aussi un bel échantillon de la végétation de notre planète, avec des centaines d'espèces d'arbres et arbustes. Il n'est pas très grand ni très ancien, puisque Robert Ruffier-Lanche, son créateur, chef de culture du jardin alpin du Lautaret, a commencé à le planter au milieu des années 1960, à l'époque de la construction de l'université, mais il compte des arbres déjà majestueux, comme le charme, le févier d'Amérique et le beau ginkgo, ou arbre aux quarante écus.

Kézako

La voiture autonome

Et si, à partir de demain, personne n'avait plus besoin de prendre le volant ? Comment cela ? Tout simplement en confiant à la voiture le soin de se conduire elle-même ! Depuis quelques années, les voitures sans chauffeur sont au cœur des préoccupations des entreprises technologiques, qui ont déjà réalisé des tests concluants. Le principe est de doter la voiture d'une série de capteurs permettant de l'informer en temps réel de tout ce qui l'entoure et d'un algorithme lui donnant la capacité de prendre des décisions en fonction de ces informations. D'ores et déjà, des modèles de minibus sont testés dans les rues françaises, ce qui pose un vrai problème : qui les conducteurs pourront-ils insulter dans les embouteillages ?

Mardi **19 novembre**

Saint Tanguy On fête aussi les Eudeline, Eudes

« À la Saint-Tanguy, le temps est toujours gris. »

Perles de sportifs

De la distance

Qui l'a dit ? Franck Ribéry : « Je pense qu'on espère qu'on va gagner. » Rien n'est moins sûr !

Noms de villages

Dans la commune de Labastide-Murat, dans le Lot, se trouve un hameau au doux nom de Goudou. Un nom qui a pris un tournant imprévu depuis que ce mot désigne péjorativement les lesbiennes. Pas sûr que les fondateurs de l'église de Saint-Jean-Baptiste-de-Goudou, au xe siècle, aient prévu cette évolution...

SLOGANS

Dans l'Amérique de la ségrégation du début des années 1960, des mouvements pour l'égalité des droits des Noirs naissent un peu partout dans le pays. Parmi eux, le sulfureux Black Panthers, les « panthère noires », qui n'hésitaient pas à recourir à la lutte violente. L'un de leurs slogans est depuis passé à la postérité et a été repris dans nombre de luttes sociales et raciales : « Power to the people » *(« le pouvoir au peuple »). John Lennon et James Brown en ont même fait des chansons mondialement connues. Des rues à la scène, il n'y a parfois qu'un pas !*

Dans l'hémicycle

La gravité avec laquelle sont traités les sujets au sein de l'hémicycle n'est pas proportionnelle à la gravité du sujet lui-même, et dépend aussi et surtout de l'état nerveux des participants au débat. Ainsi en 2013, lors du débat sur le mariage homosexuel, sujet ô combien sérieux, la ministre Christiane Taubira fut prise d'un fou rire communicatif quand elle essaya de prononcer cette phrase : « Puisque Monsieur le Député, c'est par petits bouts que vous venez à moi... » Il faut croire que, même ministres ou députés, nos personnages officiels restent de grands enfants, tout autant capables de grandes choses que de perdre leurs moyens pour de « petits bouts ».

VIVE LA POSTE !

Attendre à la Poste, ce n'est jamais agréable, et on espère à chaque fois qu'avec un peu de chance, la queue ne sera pas trop longue. Mais pour le maire de Bavent, une petite commune du Calvados peuplée d'à peine 1 700 âmes, c'est un peu différent : le 17 décembre 2016, l'édile a appelé ses administrés à créer la plus longue file d'attente possible devant le bureau de Poste à l'heure de l'ouverture. Faire la queue volontairement ? Quelle idée saugrenue ! Il s'agit en fait d'un « coup » médiatique du maire pour attirer l'attention sur la nécessité de maintenir le bureau du village ouvert, alors que la Poste prévoyait de réduire les horaires d'ouverture. Faire la queue pour protester de l'allongement des queues, il fallait y penser !

Mercredi 20 novembre

Saint Edmond On fête aussi les Octave, Benward

Le soleil se lève à **8 h 06** et se couche à **17 h 05**

« Tant que la peine de mort existera, on aura froid en entrant dans une cour d'assises, et il y fera nuit. »
Victor Hugo

EXPRESSIONS IMAGÉES

Raconter des salades

Pour qu'une salade soit bonne, le gourmet ne peut pas se contenter des feuilles d'une batavia, d'une romaine, d'une frisée ou d'une scarole ! Il lui faut ajouter de nombreux ingrédients, épices et assaisonnements. Du coup, le goût primitif de la verdure est masqué par la sauce. On ne respecte pas l'original, on ment pour faire passer le plat, bref, on raconte des salades !

LA LANGUE DES SIGNES

PAS RAGOÛTANT

BIENVENUE EN MONGOLIE

Si les Asiatiques sont célèbres pour manger les mets les plus improbables, les Mongols ne sont pas en reste. La boisson nationale traditionnelle est le lait de jument fermenté : l'airag. La coutume exige qu'on accueille les invités venus d'ailleurs avec un bon bol de ce breuvage au goût prononcé. Vous voilà prévenus !

Fantaisies sexuelles

Y en a que ça n'excite pas…

Parmi les nouvelles tendances relatives à la sexualité qui s'épanouissent aujourd'hui, il en est une qui consiste justement à assumer le fait de ne pas avoir de relations sexuelles : l'asexualité. Mais attention, il ne s'agit pas ici de répondre à des injonctions d'ordre moral ou religieux, mais bel et bien d'un véritable choix de vie, en accord avec soi-même et ses propres désirs, ou plutôt son absence de désir. Ce mode de vie contraste évidemment avec les sociétés érotisées dans lesquelles nous vivons, et n'est pas toujours ouvertement assumé. Une fois de plus, c'est au Japon que ce phénomène semble particulièrement en vogue : cela concernerait 60 % des hommes célibataires de 20-30 ans et 71 % de ceux de 30-40 ans ! On les surnomme même les *soushoku danshi*, littéralement les « hommes herbivores », c'est-à-dire ceux qui ne sont pas attirés par les plaisirs de la chair…

Vermot Régions

SAÔNE-ET-LOIRE / LA BÊTE PHARAMINE

La bête pharamine était un oiseau aux ailes géantes et au bec monstrueux. Il volait, raconte-t-on, de la roche de Solutré à la butte de Vergisson. Le bruit de ses ailes était impressionnant et faisait peur aux hommes comme aux animaux. Un jour, les chasseurs furent réunis pour l'exterminer et parvinrent à blesser l'oiseau dans son vol. Attrapé quelques instants plus tard alors qu'il tombait au sol, il fut plumé et brûlé en place publique, le feu allumé directement dans son bec géant. L'histoire de la bête pharamine, dont on ne saura jamais s'il s'agit d'une légende ou de la réalité, inspira des poèmes, tel celui-ci :

Au ciel dès que cet oiseau point
D'où vient que le soleil s'éclipsa ?
Ce monstre ne serait-il point
La Bête de l'Apocalypse ?
Tremblez, fuyez, Vergissonnais !
Avec raisons, vous frissonnez :
Au ciel que l'éclair illumine,
Voici la bête pharamine.

Le soleil se lève à **8 h 08** et se couche à **17 h 04**

Jeudi 21 novembre

Présentation de Marie – On fête aussi les Gélase, Rufus

« Gelée de novembre, adieu l'herbe tendre. »

INVENTIONS INSOLITES

L'éponge micro

Ce n'est rien d'autre qu'une éponge, une vulgaire et classique éponge. À ceci près qu'elle est découpée en forme de micro. Vendue à prix d'or, elle permet aux ténors, sopranos et autres chanteurs et chanteuses de variétés de se croire sur scène alors qu'ils sont sous la douche. L'éponge micro ne nécessite aucune alimentation, ce qui est rassurant quand on est sous l'eau…

Fausse Charade

Mon premier s'enfile dans le chas.

Mon deuxième se lève tôt.

Mon troisième est un devin.

Mon quatrième est sur scène.

Mon tout est un château fort royal français.

CHÂTEAU DE VINCENNES (CHAS – TÔT – DEVIN – SCÈNE)

Chiffres étonnants de la science

Elles sont 3 millions à nous faire suer !

Notre corps possède 3 millions de glandes sudoripares. Il en existe deux sortes : les « inodores » (ou presque), localisées sur les paumes, la plante des pieds, le front et la poitrine… et les autres. Situées sous les aisselles ou au niveau des parties génitales, ces glandes du deuxième type produisent des substances grasses dont se nourrissent certaines bactéries. Ce sont elles les véritables responsables des vilaines odeurs. Suer n'a pourtant pas pour but de faire fuir nos congénères, mais de nous climatiser, par évaporation de la sueur. On en élimine entre 0,5 et 1 l par jour, et jusqu'à 3 l quand on fait du sport ou par forte chaleur. D'où l'importance de bien s'hydrater !

L'Info

Boeing préhistorique

Patagotitan mayorum *: c'est le nom de l'animal le plus gros à avoir jamais foulé le sol de la Terre. Ce « titan de Patagonie », récemment décrit par des paléontologues argentins dans la revue biologique de la Royal Society, pesait entre 50 et 70 tonnes, et mesurait environ 35 m de long. Soit environ la taille et le poids d'un Boeing 737, ou d'une dizaine d'éléphants d'Afrique. L'animal, dont le squelette a été découvert en 2013, vivait pendant le Crétacé, il y a un peu plus de 100 millions d'années. Il a été exhumé d'un gisement comportant plusieurs autres fossiles de sauropodes géants, ces dinosaures herbivores à long cou, dont les représentants les plus connus sont les brontosaures et les diplodocus. Parmi les nombreux ossements retrouvés sur le site, un fémur mesure plus de 2,40 m ! Il aura fallu quatre années de travail pour dresser un portrait-robot fidèle du mastodonte et donc lui donner un nom. Spécimen de dinosaure parmi les plus complets jamais décrits,* Patagotitan mayorum *est environ 10 % plus gros que le précédent recordman,* Argentinosaurus*, un autre titanosaure d'Argentine. Selon les spécialistes, s'il est toujours possible de découvrir les restes d'une bestiole terrestre encore plus imposante, avec le « titan de Patagonie », on approche quand même du maximum.*

Vendredi 22 novembre

Christ Roi – On fête aussi les Cécile, Shirley, Sheila, Philémon

Le soleil se lève à **8 h 09** *et se couche à* **17 h 03**

« Pour Sainte-Cécile, chaque haricot en fait mille. »

Rébus
ville française

N

A

B

U

A

Montauban

Solution mots fléchés [p. 337]

	R		V		P		D		P		T	
D	E	C	O	L	E	R	E		A	G	H	A
	T	O	L	E	T		G	A	R	R	O	T
G	R	A	V	I		M	E	T	T	E	N	T
	O	T	E		M	I	N	O	I	S		R
A	G	I		A	I	M	E	N	T		V	A
	R		I	G	N	O	R	E		P	O	P
T	A	L	M	O	U	S	E		L	A	I	E
	D	E	P	U	T	A		L	I	V	R	E
C	A	N	O	T	E		F	U	M	A	I	
		T	R	I		M	I	T	I	G	E	R
T	R	O	T		L	A	C	T	E	E		E
	E		A	B	E	C	H	E	R		D	G
A	N	A		L	U	E	U	R		M	E	R
	A	T	T	E	R	R	E		J	U	P	E
E	C	O	E	U	R	E		B	O	L	E	T
	L	U	N	E	E		S	E	L	E	C	T
F	E	T	U		R	E	A	L	I	S	E	E

OH LE GROS GÂCHIS !

Gabegie en orbite

Créée en 1988, sous l'égide du Centre national d'études spatiales (CNES), la société européenne Locstar avait pour objectif de développer un système de localisation par satellites de mobiles terrestres, aériens ou maritimes. En 1993, la Cour des comptes critique sévèrement l'échec de ce projet financé par 28 actionnaires français (Matra, Crédit Lyonnais, France Télécom) et européens, dont la Deutsche Bank. En cause, la faillite de Geostar, l'actionnaire américain de Locstar, le refus de plusieurs grandes banques européennes d'accorder un prêt de 2,5 milliards de francs et… la concurrence du système Euteltracs commercialisé par France Télécom, l'un des principaux investisseurs de Locstar ! Cette dernière sera finalement dissoute en juillet 1991. Montant des pertes cumulées : 1,43 milliard de francs.

SURNOMS
LES TRENTE GLORIEUSES

« Les Trente Glorieuses » est le surnom donné à la période qui va de 1945 à 1973. C'est longtemps après, en 1979, que la dénomination fut créée, faisant à la fois allusion à la période de forte croissance économique de l'après-guerre, pendant laquelle fut célébrée la gloire du progrès, et référence aux « Trois Glorieuses » qui désignent la révolution française de 1830.

Au menu
Gâteau au chocolat très fondant

POUR 4 A 6 PERS. 15 MIN DE PREPARATION
15 MIN DE CUISSON

200 G DE CHOCOLAT
100 G DE BEURRE
70 G DE MAÏZENA
150 G DE SUCRE
4 ŒUFS

Préchauffez le four à 180 °C (th. 6). Dans une casserole, au bain-marie, faites fondre le chocolat cassé en morceaux et le beurre coupé en dés.

Cassez les œufs et battez-les avec le sucre. Ajoutez la fécule de maïs et remuez bien.

Mélangez les deux préparations jusqu'à ce que la pâte soit homogène.

Tapissez le moule de votre choix de papier cuisson puis versez-y la pâte. Enfournez pour 15 min de cuisson.

Conseil : voilà une recette qui plaît à tous. Ce gâteau au chocolat est préparé avec de la fécule de maïs et cuit très vite, pour un résultat fondant exceptionnel. Vous pouvez le servir avec une crème anglaise : un dessert gourmand qui épate toujours !

« Quand l'hiver vient doucement, il est là à la Saint-Clément. »

Rugby

Si le coq qui se trouve sur les maillots du XV de France semble avoir toujours été là, ce n'est pas le cas ! Jusqu'en 1912, le premier maillot du XV de France était entièrement blanc, avec juste deux anneaux rouge et bleu faisant office de blason. Après la première victoire de l'équipe de France, contre l'Écosse, en 1911, Marcel Communeau, le capitaine d'alors, imposa que les joueurs portent le coq gaulois comme emblème de la France sur un écusson initialement blanc et rouge. Le maillot des Français devient ensuite bleu, et l'écusson se brode et se colore avant de prendre sa teinte dorée dans les années 1970. Il ne suffit pas de mouiller le maillot, encore faut-il le connaître !

[Excuse my French]

Le « dressing », à travers les représentations qu'il en est fait dans les films et séries américaines, est devenu un petit bout de rêve américain à portée de penderie. Que diraient ceux qui s'en sont fait construire un pour cette raison en apprenant qu'en réalité, le terme n'est pas correct en anglais ? En effet, « dressing » est l'action de s'habiller, et pour désigner la garde-robe sauce américaine, il faudrait dire *dressing house*. En effet, pourquoi se contenter d'une pièce quand on peut avoir une « maison » pour ses vêtements !

Vermot'roscope

SAGITTAIRE (23 novembre-22 décembre)

Caractère

Vif, entreprenant, enthousiaste, curieux, généreux, spontané, communicatif, disponible, pédagogue, avant-gardiste, ouvert sur le monde, bienveillant, optimiste, gai, bon vivant, gourmand, direct, franc, indépendant, aventureux, risque-tout, impulsif, pressé, hyperactif, enflammé, colérique.

Les influx planétaires intéressants

Jupiter, la douce et votre maîtresse, vous rend compagnie, boostant au passage vos qualités comme vos défauts. Surfez sur la vague positive de son flux pour exploiter au mieux vos capacités ainsi que votre potentiel. Saturne, la rigoureuse, vous incitera à être moins fougueux et à prendre votre temps.

Vie sociale et activités

Extraverti et communicatif, vous irez naturellement vers les autres et vous lierez instantanément connaissance. Ainsi, les échanges rythmeront votre année. Vos amis et vos relations seront une véritable bouffée d'oxygène pour vous et vous vous ressourcerez à leur contact. Côté occupations, vous multiplierez les activités. Pas question de céder à l'ennui ou à la morosité, il faudra que ça bouge. Pour certains, le quotidien sera à l'image d'un rodéo.

Amour

Quelle que soit votre situation, vous saurez impulser une belle énergie à votre vie sentimentale. En couple, vous mènerez la danse et vous n'hésiterez pas à imposer votre rythme à votre moitié qui suivra sans trop rechigner. Ainsi, vous devriez réussir à l'entraîner dans tous vos « délires ».

Célibataire, vous vous sentirez prêt à repartir à la conquête de votre destin et de votre vie amoureuse. Véritable conquérant, vous vous donnerez toutes les chances de faire une ou des rencontres. Au programme de 2019, des sorties et des invitations qui vous permettront de lier connaissance et de croiser le chemin de l'amour.

Famille

Ce ne sera pas une excellente année pour les relations familiales. Attendez-vous à de nombreuses incompréhensions, ainsi qu'à de multiples tensions.

Budget

Vous gérerez parfaitement bien vos finances. Vous ferez vos comptes religieusement de manière régulière et vous ciblerez mieux vos dépenses.

Bien-être

Malgré une très belle énergie et une belle résistance physique, vous n'échapperez pas à quelques maux chroniques ou en lien avec le stress.

Conseils pour bien vivre 2019

Soyez-vous. Exprimez vos idées et vos ressentis. Sachez toutefois rester maître de vous et de vos émotions. Ne faites aucun excès et n'abusez pas des bonnes choses. Dépensez-vous et pensez sport ou activités qui ressourcent. Cultivez l'optimisme.

Dimanche 24 novembre

Sainte Flora On fête aussi les Bieuzy, Flore, Florette, Floride

Le soleil se lève à **8 h 12** et se couche à **17 h 01**

« L'hôte et la pluie après trois jours s'ennuient. »

Molière en vadrouille

Si, lors de votre prochain séjour sur le continent africain (notamment en Afrique de l'Ouest), on vous propose une paire de « sans-confiance », ne vous demandez pas à quelle sauce vous allez être mangé. Il s'agit en fait du nom utilisé dans la région pour désigner des sandales.

Vermot Régions

CREUSE / LES BUIS ET LA CHAUX

Dans le département de la Creuse, plusieurs hameaux et communes sont nommés « Bussière », c'est-à-dire, étymologiquement, « le lieu planté de buis ». Or, le buis a besoin d'un terrain calcaire pour s'épanouir, ce qui est rarement le cas dans cette zone géographique. Selon certains historiens, cela pourrait signifier qu'ils poussent sur les ruines d'anciennes villas romaines construites avec de la chaux.

SUDOKU

difficile

8			3		1	9		
	1		5					4
		4		7	6			
1		6						7
					4			1
	4		7					9
			6	2			3	
	6	8		9				
					7			

Solution page 352

Santé naturelle

Un coupe-faim radical

Le konjac est une plante qui pousse dans les forêts d'Extrême-Orient. Il est utilisé comme légume. En Occident, on s'intéresse à sa racine, surnommée « langue du diable » à cause de sa couleur rouge et de sa forme. Elle possède du glucomannane, localement utilisé comme épaississant culinaire et qui a la propriété d'absorber jusqu'à 100 fois son volume d'eau ! Quand on en consomme, on a vite l'impression d'avoir l'estomac rempli. Le konjac est conseillé aux diabétiques, car il aide à réduire le taux de sucre sanguin.

Utilisation : en gélules, ou sous forme de *shirataki* (spaghettis) ou de cubes appelés *konnyaku.*

Le Chiffre

9 heures

C'est la durée pendant laquelle, en novembre 2017, un arc-en-ciel est apparu au-dessus des montagnes Yangmingshan, près de Taipei (Taïwan). Ce nouveau record, en cours d'homologation par le Guinness, pulvérise l'ancien record qui était détenu depuis 1994 par un arc-en-ciel visible pendant 6 heures dans le Yorkshire, en Angleterre. Pour être précis, le photométéore de Taipei a commencé à 6 h 57 le matin et disparu à 15 h 55 l'après-midi. Soit 8 heures et 58 minutes plus tard. À la demande des autorités universitaires, des milliers de photos ont été prises dans la région pour immortaliser le phénomène et faire valider le record. Si une telle durée est sans nul doute exceptionnelle, il n'est pas rare d'observer des arcs-en-ciel spectaculaires visibles plusieurs heures, près du Yangmingshan, pendant la mousson. Associées au relief très marqué de la région, ces conditions météorologiques particulières permettent aux gouttelettes formant les nuages d'être suffisamment grosses et de s'associer au rayonnement solaire pour maintenir un arc-en-ciel durable.

Lundi 25 novembre

Sainte Catherine On fête aussi les Cathy, Ketty, Mercure

« Sainte-Catherine, toute fille veut la fêter, mais aucune ne veut la coiffer. »

Stars en famille

Une génération sépare l'adolescente de *La Gifle*, interprétée par Isabelle Adjani en 1974, et celle du film *Cerise*, de Jérôme Enrico. La jeune actrice Zoé Vallat est en effet la fille d'Éric Adjani, le frère d'Isabelle. Elle était en première littéraire option théâtre dans le sud de la France quand elle a décroché ce premier rôle. Donnera-t-elle un jour la réplique à sa tante ?

Les « pourquoi ? » de l'histoire

Pourquoi sainte Catherine est-elle la patronne des célibataires ?

Catherine d'Alexandrie vécut au IVe siècle et suivit les enseignements des meilleurs maîtres. Elle devint si érudite qu'elle réussit à convertir au christianisme les plus retors des païens. L'empereur romain Maxence, ébloui par son intelligence hors pair, la demanda en mariage, mais elle refusa, se disant déjà mariée avec sa foi. Elle mourut en martyre sur ordre de son prétendant.

Protocole

Le protocole ne sert pas qu'à déterminer l'ordre de préséance ou les plans de table. Ses règles régissent aussi les interactions officielles entre diplomates et chefs d'État. Impossible, pour les hauts dignitaires, de se laisser aller à des discussions libres lors des grands sommets internationaux, au risque de créer un incident diplomatique. Mais ces règles ne sont pas acquises pour tout le monde. Ainsi, Don 'd Trump passa près de l'incident plus d'une fois rien qu avec ses premiers coups de fil officiels après son élection. D'une part, il qualifia le Premier ministre pakistanais de « mec super », alors que le personnage était en froid avec l'Inde, partenaire stratégique des États-Unis. Ensuite, il soutint que le président philippin Duterte tenait « la bonne méthode » en proposant de tuer les délinquants sans procès. Et enfin, il appela la présidente taïwanaise, provoquant la colère de la Chine. Tout ceci en à peine quinze jours. Pas mal, non ?

VISIONNAIRES

Parfois, quand on tombe sur un roman ou un film de science-fiction ancien qui annonce des évolutions technologiques ou sociales, on se dit que c'est un coup de chance de l'auteur mêlé à un peu de flair. Après tout, n'est-ce pas leur métier ? Dans d'autres cas, les annonces sont si incroyables que l'on vient à se demander comment un simple écrivain a pu former sa prévision… Arthur C. Clark est de ceux-là, tant son roman *2001, L'Odyssée de l'espace* est truffé de prédictions vérifiées par la suite. Parmi ces prédictions, l'une est particulièrement incroyable : avant même que l'hypothèse ne soit formulée, Clarke a affirmé dans le livre qu'un océan de glace se trouvait à la surface d'un satellite de Jupiter. La sonde spatiale *Galileo* confirmera la chose en 1989, mais on ignore toujours quel mystère se cache derrière un tel talent de visionnaire…

Mardi 26 novembre

Sainte Delphine On fête aussi les Conrad, Sirice

Le soleil se lève à **8 h 15** et se couche à **16 h 59**

« À la Sainte-Delphine, mets ta pèlerine. »

Charade

Mon premier était un joueur de flûte.

Mon deuxième est un adjectif possessif.

Mon troisième est un échassier.

Mon quatrième sert à mon troisième.

Mon tout est un géant de la littérature française.

PANTAGRUEL (PAN - TA - GRUE - AILE)

C'est pas la crise pour tout le monde !

Être un chien de star, ce n'est pas facile tous les jours, mais ça peut s'avérer payant. Prenons les chiens de la présentatrice américaine Oprah Winfrey. Certes, les pauvres ne voient pas souvent leur mère qui est débordée de travail. Mais ils peuvent compter sur sa générosité : dans son testament est prévu que les cinq toutous, Luke, Layla, Sunny, Lauren et Sadie touchent un héritage de 30 millions de dollars. Une vraie vie de chien !

Les comportements extraordinaires des animaux

Le mégapode des antipodes

Cela fait belle lurette que le léipoa ocellé a inventé la couveuse. Cet oiseau australien de la famille des mégapodes (ainsi nommés pour leurs grosses pattes) ressemble à une poule faisane. C'est le mâle qui veille à ce que la température et l'humidité restent constantes autour des œufs, pour les mener jusqu'à l'éclosion. Afin d'obtenir ce résultat, il creuse une large dépression d'environ 1 m de profondeur autour de laquelle il amasse un énorme monticule fait de sable, de débris de bois, de feuillage… Le dispositif peut atteindre 1,50 m de hauteur et 4 m de diamètre ! On a même observé de rares cas de léipoa bigame : le mâle, loin d'être fainéant, construit alors un second tertre !

DU METHANE COMME CARBURANT

TOXIQUE OU NON ?

Gaillet gratteron – « café »

Du café sans café ! Cette plante annuelle (*Galium aparine*) s'installe un peu partout, sans trop se gêner, au frais, sur les friches, sur les décombres et dans les jardins… Plutôt discret d'aspect, le gaillet gratteron, alias caille-lait – car il fait cailler le lait ! –, se rappelle à votre bon souvenir par ses fruits, hérissés de petits crochets, qui collent à la fourrure des chiens et des chats et à votre pull-over, et qui sont difficiles à extirper. On le reconnaît facilement à sa tige grêle et carrée et à ses feuilles, étroites et étagées par six à neuf, également munies de crochets qui permettent à la plante de prendre appui sur ses voisines pour s'élever. Pour préparer un « café » sain et léger, ramassez les fruits quand ils commencent à brunir, faites-les griller au four et passez-les au moulin à café. Ensuite, faites infuser le moût une dizaine de minutes dans l'eau frémissante. Il reste à filtrer et à déguster. C'est aussi une excellente boisson rafraîchissante pour la gourde du promeneur.

« À la Saint-Séverin,
chauffe tes reins. »

Vermot Régions

SEINE-MARITIME / CÉLÉBRITÉS ROUENNAISES

La ville de Rouen et ses environs concentrent un grand nombre de célébrités qui y sont nées ou y ont grandi. Ainsi le judoka David Douillet y est-il né, comme le footballeur David Trezeguet, ou encore l'acteur Philippe Torreton, le mannequin Estelle Lefébure, la journaliste Élise Lucet et, bien sûr, l'ancien président de la République François Hollande. La journaliste Audrey Pulvar y a étudié les sciences économiques et l'auteur-compositeur-interprète Vincent Delerm les lettres modernes. À proximité, le comédien Franck Dubosc est né à Petit-Quevilly, et l'animateur télé Vincent Lagaf' à Mont-Saint-Aignan.

QUIZ CHANTEURS

Quelle chanteuse britannique remporta le succès dans les années 1960 avec sa chanson *Downtown*?

Pétula Clark

Au menu

Gratin de poires

Pour 6 pers.
10 min de préparation
20 min de cuisson

- 1 boîte de poires au sirop
- 4 œufs
- 1 petit pot de crème fraîche
- 100 g de sucre

Préchauffez le four à 180 °C (th. 6). Coupez les poires en lamelles.

Dans un grand plat à gratin, étalez les poires coupées.

Battez les œufs entiers avec la crème et le sucre. Versez la préparation sur les poires.

Enfournez pour 20 minutes de cuisson.

Conseil : voilà une recette des plus simples et facile pour un dessert ou un goûter improvisé !

Ça, c'est fait... divers

Un trop mauvais présage...

En demandant pour la première fois à un médium de lire son avenir, Magalie, une habitante de Thionville, n'imaginait probablement pas connaître la pire angoisse de sa vie. Contactée via Facebook, une voyante installée à Castelsarrasin (Tarn-et-Garonne) lui propose une « consultation » téléphonique à trente euros. La trentenaire accepte, mais rapidement l'entretien vire au cauchemar : le médium lui annonce qu'elle va mourir d'une crise cardiaque six mois plus tard ! Ébranlée par cette prédiction, Magalie ne dit rien à sa fille ni à son mari, mais consulte un cardiologue. Après avoir réalisé une batterie d'examens, le spécialiste lui indique qu'il n'a rien trouvé d'anormal. Mais la Mosellane est toujours tourmentée par le funeste présage et elle recontacte la voyante. Cette dernière persiste, confirme sa vision en lui précisant même que les cardiologues ne sont pas toujours compétents. Paniquée, la jeune femme se rend chez plusieurs spécialistes qui ne trouvent rien. Elle tombe en dépression avant d'être hospitalisée pour des troubles digestifs d'origine psychosomatique ! La psychologue de l'établissement a fini par convaincre Magalie qu'elle n'était pas cardiaque, mais victime d'un charlatan. Afin d'en avoir le cœur net, Magalie a déposé une plainte contre sa tourmenteuse avant d'aller raconter toute l'histoire au Républicain lorrain. *Depuis, la madame Irma de Castelsarrazin a disparu des radars. Rappelons que, selon l'Institut des arts divinatoires, une association qui souhaite moraliser la profession : « Aucun médium ne doit annoncer la mort des gens. C'est contraire à la déontologie. » Parce qu'il existe une divination honnête ?*

« Les champignons ressemblent aux péchés. Pour les déguster, il faut prendre des risques. » Hervé Bazin

LA SÉCURITÉ DE NOS CENTRALES EN QUESTION

RétroVermot

Quel est le comble de la courtoisie ?
Refuser de battre les cartes parce qu'il y a des dames dans le jeu.

Maladies imaginaires

Qui n'a jamais appelé son patron, prétextant une maladie imaginaire, pour prolonger le week-end ou rester au chaud ? Dans ces cas-là, la discrétion est bien sûr de mise pour ne pas se faire prendre. Un salarié français n'a pas respecté cette règle, et a envoyé une carte postale à son employeur depuis son lieu de vacances alors qu'il était en arrêt maladie. Licencié, il traîne son patron en justice, et obtient gain de cause : l'entreprise est condamnée pour licenciement abusif et le cas fait jurisprudence. On espère qu'il a écrit une carte de remerciement ! ✚

GRANDES TOURS DU MONDE

« L'ARBRE DU CIEL » DE TOKYO

La capitale du Japon peut se targuer de posséder la plus haute structure autoportante (sans support ni soutien) du monde : 634 m. Encore plus remarquable, cette tour de télécommunications occupe au sol une surface triangulaire d'à peine 60 m de côté (contre 125 m pour la tour Eiffel, pourtant deux fois moins haute). Son observatoire, à 450 m du sol, offre une vue imprenable. Sa structure dispose d'un « amortisseur harmonique » qui, avec d'autres systèmes antisismiques, lui a permis de résister aux terribles secousses du 11 mars 2011, alors qu'elle était encore en chantier. Inaugurée en 2012, la tour Skytree a alors détrôné la tour de Tokyo, sorte de tour Eiffel rouge et blanche datant des années 1950 et haute de 333 m.

Covoiturage...

Ces objets presque disparus

Le caméscope au rancard !

Compagnon familial longtemps indispensable pour garder une trace des spectacles scolaires ou des vacances à la mer, le caméscope fait partie de ces objets qui ont quasiment disparu des foyers de France. Non pas parce que sa fonction n'est plus au goût du jour, bien au contraire à une époque où l'image prédomine, mais parce que, une fois de plus, cette fonction est intégrée à nos désormais omniprésents – voire omnipotents – smartphones. Il faut pourtant admettre que les « téléphones intelligents », qui finissent par nous servir à mille autres choses qu'à passer un coup de fil, ne sont pas les seuls responsables. Les caméras miniatures de type GoPro remplacent peu à peu les caméscopes qui résistaient tant bien que mal. Le tout avec une maniabilité et une qualité d'image de plus en plus élevées. Même notre œil va être un jour dépassé. Faudra-t-il le remplacer ?

« Quand les corbeaux volent haut, l'hiver nous tombe dessus. »

PAS RAGOÛTANT

UNE VIANDE QUI VOUS FERA BONDIR

Après la viande d'autruche, de bison, de biche, voilà une nouvelle alternative à la viande de bœuf : la viande de kangourou. Consommée depuis des siècles par les peuples aborigènes d'Australie, sa commercialisation n'est autorisée que depuis les années 1980. La viande de kangourou est essentiellement issue d'élevages australiens. Tendre, peu calorique, particulièrement maigre, cette viande rouge est riche en protéines et en fer.

Me Jacques Yttes
Avocat

Ha! Ha! Ha!

Un homme qui habite dans un superbe appartement au 100e étage d'un immeuble invite un collègue à venir prendre un verre chez lui après le travail. Manque de chance, lorsqu'ils arrivent, l'ascenseur est en panne et ils doivent prendre les escaliers. Pour passer le temps, les deux amis décident de se raconter les histoires les plus horribles. Alors qu'ils ne sont plus qu'à un étage du but, le propriétaire dit à l'autre :

« Cette histoire est réelle et c'est la plus horrible : j'ai oublié les clés de mon appartement dans la voiture ! »

Les deux hommes n'ont pas le choix : ils doivent tout redescendre. Alors qu'ils sont enfin arrivés dans le parking tout en continuant leur jeu des histoires horribles pour s'occuper, le propriétaire dit à l'autre :

« Cette histoire réelle est encore plus affreuse que l'autre : les clés sont dans ma poche… »

Dégoûtés, les deux hommes rebroussent chemin avant de reprendre l'ascension des escaliers. Enfin arrivés au centième étage, le propriétaire annonce :

« C'est la dernière histoire et c'est la pire : je me suis trompé de bâtiment. »

Métiers de bouche

Styliste culinaire : pour en faire tout un plat !

Le styliste culinaire intervient à chaque fois qu'un produit alimentaire ou un plat doit être mis en scène (filmé ou photographié). Le styliste culinaire a donc, en plus de son savoir gastronomique, une vocation marketing et communication dans des domaines aussi variées que la grande distribution (emballages), l'édition ou la presse (livres de recettes), la publicité (affiches et spots télévisés). Un styliste culinaire doit avoir des connaissances en cuisine, en stylisme et en photographie pour aboutir à un visuel appétissant. Pour rendre un produit beau, il faut parfois aussi le maquiller quitte à le dénaturer : par exemple, pour photographier une dinde qui semble sortir du four, on frotte la viande crue avec un mélange d'eau, de sauce au caramel et de produit vaisselle… Pour un joli cappuccino décoré d'une mousse onctueuse, on utilise de la sauce soja édulcorée et du savon moussant. À l'avenir, rassurez-vous si vos bons petits plats ne ressemblent pas aux photos des magazines !

HAUT EN COULEUR

« Bas-bleu » est une expression peu agréable qui sert à qualifier (plutôt péjorativement) une femme qui aurait – mon Dieu ! – des prétentions littéraires. Cette expression franchement misogyne vient de l'Angleterre du XIXe siècle, qui n'était pas tout à fait un paradis du féminisme et dans laquelle il était courant pour les lords de fréquenter les salons lettrés en bas bleus. Une femme « bas-bleu » est donc censée être une femme qui cherche à se déguiser en homme…

Samedi **30 novembre**

Saint André On fête aussi les Tugdual

Le soleil se lève à **8 h 20** *et se couche à* **16 h 57**

« Quand l'hiver n'est pas pressé, il arrive à la Saint-André. »

Perles de sportifs

Tact coulé

Qui l'a dit ? Philippe Lucas, inénarrable entraîneur de natation :
« Si vous mettez un boudin de 80 kg qui fait championne olympique du 100 m brasse, personne ne va mettre une bille dessus, à part la boucherie du coin. »

Vermot Régions

CORSE / LE COMPLIMENT DE VOLTAIRE

« L'arme principale des Corses était leur courage. Ce courage fut si grand que, dans un de ces combats, vers une rivière nommée Golo, ils se firent un rempart de leurs morts pour avoir le temps de recharger derrière eux avant de faire une retraite nécessaire ; leurs blessés se mêlèrent parmi les morts pour affermir le rempart. On trouve partout de la valeur, mais on ne voit de telles actions que chez les peuples libres. » Voltaire ; à propos de la bataille du Ponte-Novou.

Solution sudoku [p. 346]

8	2	7	3	4	1	9	5	6
6	1	3	5	8	9	2	7	4
5	9	4	2	7	6	1	8	3
1	8	6	9	5	2	3	4	7
7	3	9	8	6	4	5	2	1
2	4	5	7	1	3	8	6	9
9	7	1	6	2	8	4	3	5
3	6	8	4	9	5	7	1	2
4	5	2	1	3	7	6	9	8

Régiments

Dans les armées du monde entier, on trouve des animaux qui accomplissent diverses missions : chiens détecteurs d'explosifs, pigeons voyageurs, et bien d'autres. Mais le « régiment » de souris parachuté en décembre 2013 sur l'île de Guam, dans le Pacifique, par l'armée américaine est d'un autre genre. Sa mission était une mission suicide – quoique les pauvres bêtes fussent déjà mortes : après qu'on leur a inoculé du paracétamol, les souris furent larguées sur l'île, qui a le défaut d'être infestée de serpents bruns. Après avoir ingéré les souris, les serpents, très vulnérables au paracétamol, sont morts rapidement. Saluons ces soldats anonymes prêts à tous les sacrifices…

Ça, c'est fait... divers

La vengeance de la voiturette

Racontée par le Midi Libre, *c'est l'histoire de David contre Goliath ou, revisitée à la sauce nîmoise, celle de Richard contre les taxis, d'une voiturette de golf contre des grosses berlines. Et, comme dans le livre saint, le petit a vaincu le géant, mais devant les tribunaux, lui. En 2010, Richard, la cinquantaine, perd son emploi dans le jeu vidéo. Très vite, il s'aperçoit que son âge pose un problème et qu'il a intérêt à se reconvertir. Il achète alors un tricycle électrique et crée la société Cyclo-Hop. Outre des campagnes de street marketing, il propose des balades dans le centre-ville ou des petites livraisons aux commerçants. En 2016, son petit service de proximité rencontrant un succès local, Richard décide d'augmenter un peu sa capacité de transport – et de soulager ses chevilles – en s'équipant d'une voiturette de golf. C'est là que les choses se gâtent pour lui, qui n'hésite pas à se déguiser en père Noël ou en gladiateur pour transporter les touristes. Les taxis l'accusent de concurrence déloyale, d'exercice illégal de la profession et le traînent en justice. Mais le tribunal de Nîmes a finalement tranché : il a relaxé notre homme. Ni VTC ni taxi, Richard et sa voiturette de golf continuent ainsi à rouler. À 24 km/h maxi !*

« Une chose facile à avoir en décembre, c'est du sang-froid. »
Woody Allen

INVENTIONS INSOLITES

Les ciseaux à pizza

Avez-vous déjà essayé de couper une pizza avec ces « roulettes » qui passent pour miraculeuses? Deux fois sur trois, les parts ne sont pas coupées complètement et le service tourne au fiasco. L'invention des ciseaux à pizza révolutionne tout, puisque l'une de leurs branches supporte la part, tandis que l'autre vient la couper parfaitement pour la servir dans un dernier mouvement.

SURNOMS

VALENTIN LE DÉSOSSÉ

De son véritable nom Étienne Renaudin, « Valentin le désossé » fut le partenaire de « La Goulue » au Moulin Rouge de 1890 à 1895. Celui qui avait été marchand de vin, comme son père, avant de devenir danseur et contorsionniste, hérita de ce surnom en raison de son extrême souplesse. Les photos de l'époque le montrent notamment réalisant d'incroyables grands écarts.

Décembre

Le 14 décembre 1962, la sonde américaine Mariner 2 survole Vénus. C'est la première fois que l'on survole une autre planète. Vénus la mal nommée, devrait-on dire, car c'est un véritable enfer bien que son nom fasse rêver rêver: elle est la deuxième planète la plus proche du Soleil, et sa taille et sa masse sont voisines de celles de la Terre. Son atmosphère est tout à la fois écrasante de chaleur et de pression, et irrespirable! En outre, Vénus est particulièrement excentrique : elle est la seule planète du système solaire à mettre plus de temps à faire le tour du Soleil (224 jours) qu'un tour sur elle-même (243 jours!).

Le 15 décembre 1964 marque le lancement du premier satellite d'origine européenne : il est italien et se nomme San Marco 1. Le 4 décembre 1973, Jupiter est survolée pour la première fois, par la sonde Pioneer 10. Le 24 décembre 1979, alors que les enfants piaffent d'impatience avant le passage du père Noël, on fête le décollage de la première fusée Ariane. Le 10 décembre 2006, l'Américain Mark Polansky devient le 1 000e membre d'équipage d'une mission spatiale à prendre son envol, depuis Youri Gagarine en 1961…

Clôturons notre galerie de portrait des marcheurs lunaires avec Harrison Schmitt (né en 1935), qui participa à la mission Apollo 17 en décembre 1972. Géologue de formation, il est le premier (et donc le dernier!) astronaute scientifique de l'épopée Apollo. Au cours de son séjour, il parcourt 36 kilomètres et totalise 22 heures de promenade lunaire, avec Gene Cerdan. On est loin des 2h30 d'Armstrong et Aldrin!

Depuis l'épopée Apollo, l'exploration spatiale n'a jamais cessé. Bien que l'homme ne soit pas revenu sur la Lune, il vise de nouveaux objectifs, tels que la découverte de planètes sœurs de la Terre dans la galaxie. Pour y aller, ce sera une autre affaire…

Une blonde entre dans une librairie tenue par une autre blonde.
La cliente dit :
« Je voudrais un livre.
– Quel auteur ?
– Vingt centimètres.
– Vincent qui ? »

Chiffres étonnants de la science

Comment manger 30 moutons ?

Vous êtes-vous déjà demandé combien de bœufs ou de moutons on pouvait avaler dans sa vie? Des végétariens défenseurs de la cause animale et de l'environnement (car l'élevage pollue) donnent la possibilité d'estimer le nombre moyen d'animaux mangés au cours d'une vie, au moyen du Vegan Calculator. Une personne d'un pays développé ingurgite jusqu'à environ 7000 animaux dans son existence, sans compter les moules, les huîtres, les lapins, les escargots ou les grenouilles! Les chiffres moyens sont de 11 bœufs, vaches ou veaux, 27 cochons, 30 moutons, 80 dindes, 2400 poulets et 4500 poissons. Une personne végane peut se vanter d'épargner la vie de près de deux cents de ces animaux par an.

Lundi 2 décembre

Avent - Sainte Viviane On fête aussi les Bibiane

Le soleil se lève à 8 h 23 et se couche à 16 h 56

« Temps clair à la Sainte-Viviane, idem pendant quarante jours et une semaine. »

Maladies imaginaires

Qui n'a jamais eu, l'hiver approchant, une petite ou une grosse « crève » ? Rares sont ceux qui parviennent à y échapper. Et pourtant, la « crève » n'est pas une maladie, c'est une déformation courante qui fait référence à certains symptômes hivernaux (nez bouché, fièvre, courbatures, etc.). Lesquels symptômes peuvent en fait venir de la grippe, d'un gros rhume ou encore de l'une des deux cents formes de rhinopharyngites. D'où la nécessité d'aller un peu plus loin que « la crève », au risque de prendre un traitement inadapté, et donc inefficace. ✚

Il y a 60 ans, le 2 décembre 1959, le déferlement d'eau dû à la rupture du barrage de Malpasset, dans le Var, causait la mort de plus de 400 personnes.

Protocole

À notre époque, et hors régime alimentaire ou religieux spécifique, il y a fort à parier que tous les invités d'une réception officielle dégusteront le même menu, quelle que soit leur place à table. Pourtant, cela n'a pas toujours été le cas. À la cour de Louis XIV, les repas du roi étaient servis indifféremment dans ses appartements ou ceux de la reine. Mais, et c'est là que ça se complique, selon où étaient assis les convives, ils n'étaient pas servis de la même façon. En effet, les invités placés du côté de la reine mangeaient des plats préparés par les services de bouche de la reine et servis par ses officiers, alors que les invités placés du même côté de la table que le roi avaient droit, eux, à un menu concocté par les cuisines du roi et servi par ses officiers à lui. Et si le menu ne plaît pas, on peut changer de place ?

Trump et la COP 22

Ha! Ha! Ha!

Dans un saloon, un cow-boy termine sa boisson et se lève pour sortir. Mais, moins d'une minute plus tard, il revient dans le saloon et beugle, avec un air méchant dans les yeux :
« Je vais m'asseoir et reprendre un verre. Ensuite, je ressortirai, et si mon cheval n'est pas revenu à la place où je l'ai laissé, je vais être obligé de faire ce que j'ai été obligé de faire au Texas. Et je vous préviens, je n'ai VRAIMENT pas envie d'être obligé de faire ce que j'ai été obligé de faire au Texas ! »
Fidèle à ses mots, il se rassoit, recommande un verre, avale sa boisson, se lève et ressort du saloon. À l'extérieur, son cheval est bien évidemment attaché exactement là où il l'avait laissé. Alors que le cow-boy est sur le point d'enfourcher sa monture, un client du saloon s'approche et lui demande timidement :
« Monsieur, qu'avez-vous été obligé de faire au Texas ? »
Le cow-boy lui lance un regard sombre avant de lui répondre :
« J'ai été obligé de rentrer à pied… »

« Avents fleuris, abondance de fruits. »

Il y a 100 ans, le 3 décembre 1919, le peintre impressionniste Pierre-Auguste Renoir s'éteignait, à l'âge de 78 ans.

Charade alphabétique

Mon premier est le nom de deux îles en face de Saint-Malo, en Bretagne.

Mon deuxième exprime l'admiration.

Mon troisième est une chemise de pénitence.

Mon quatrième est la déesse de la Terre.

Mon cinquième est la forme d'un mot fléchi.

Mon sixième est la vitamine dont un sévère déficit peut provoquer une cécité.

Mon septième est une commune de la Charente.

Mon huitième est synonyme d'une ouïe en musicologie.

Mon tout est un fromage originaire des Vosges.

BARGKASS (BÉ, AH, HAIRE, GÉ, CAS, A, ESSE, ESSE)

Ça, c'est fait... divers

La méthode Simpson

Alors que, dans la plupart des pays développés, les forces de police utilisent des techniques scientifiques sophistiquées pour résoudre leurs enquêtes et interpeller les criminels, la South Yorkshire Police, au nord de l'Angleterre, a obtenu un résultat spectaculaire en copiant... les Simpson! Le dessin animé culte a en effet servi de modèle pour «l'opération Holly» organisée en décembre 2017. C'est plus précisément le début de l'épisode 9 de la saison 8, intitulé Les Ailes du délire, *qui a inspiré l'inspecteur Lee Berry. Cet épisode s'ouvre sur l'installation, par la police de Springfield, d'une banderole sur la devanture du commissariat : «Distribution de bateaux aujourd'hui!» – une idée absurde censée amadouer les truands locaux, qui a été adaptée par les policiers du Yorkshire. Ces derniers ont envoyé à plusieurs criminels présumés un faux bon cadeau pour un panier de Noël, accompagné du message suivant : «Herald Hamper, le nouveau spécialiste du panier de South Yorkshire, qui vous garantit la joie de Noël et des moments inoubliables pour chaque occasion!» Seule différence avec l'épisode des Simpson : au lieu de se rendre au commissariat pour récupérer leur cadeau – ce qui aurait été un peu gros –, les criminels concernés devaient communiquer leur adresse et leurs disponibilités pour se faire livrer. Résultat : en moins de 48 heures, vingt personnes sont tombées dans le piège, se faisant cueillir à domicile par de faux livreurs, mais vrais policiers. Devant le succès de «l'opération Holly», l'inspecteur Berry a annoncé qu'il allait développer «les approches alternatives». En s'inspirant des Teletubbies, de Goldorak ou de Titi et Grosminet?*

RECORDS FOUS DE SPORTIFS

Imaginez un peu aller à 130 km/h sur des skis. Les sensations doivent être impressionnantes, non? Et si jamais on essayait ça à l'envers? C'est ce qu'a fait le Suisse Elias Ambühl lorsqu'il a battu en 2017 le record de vitesse à l'envers sur des skis avec la vitesse vertigineuse de 131,23 km/h! Heureusement pour lui, la piste allait tout droit!

Mercredi 4 décembre

Sainte Barbara On fête aussi les Adnette, Cyran, Barbe

Le soleil se lève à **8 h 25** et se couche à **16 h 55**

« Décembre de froid trop chiche ne fait pas le paysan riche. »

Noms de villages

Nul ne sait si le nom de ce hameau vient d'une femme à l'intellect peu développé, mais ce qu'on sait, c'est qu'il coûte cher à la municipalité. En effet, les panneaux de La Conne, en Dordogne, sont régulièrement volés. Pour offrir, sûrement ?

EXPRESSIONS IMAGÉES

Se faire rouler dans la farine

Au théâtre, avant l'invention des projecteurs, la faible lumière des chandelles nécessitait que les visages soient fortement fardés de blanc lorsque les comédiens étaient sur scène. L'épaisseur de la poudre, semblable à de la farine, était telle qu'ils devenaient méconnaissables et pouvaient ainsi interpréter un rôle aux antipodes de leur véritable personnalité et duper le spectateur.

Ils ont dit

Daniel Pennac

« Parler de l'avenir, c'est mesurer l'infini avec un décimètre. »

SLOGANS

Le slogan « Ni dieu ni maître », nous l'avons tous aperçu au moins une fois au détour d'une rue, sur un drapeau de manifestation et même dans de nombreux bibelots inspirés de l'imagerie punk. Ce que l'on sait moins, c'est que c'est Auguste Blanqui qui est à l'origine de la formule, qui servit même de nom au journal anarchiste qu'il dirigea entre 1880 et 1885. Les mouvements libertaires de l'époque et d'ensuite s'emparèrent du slogan qui devint rapidement la devise des libertaires de tous bords, qui pouvaient, grâce à Blanqui, défier en une seule phrase à la fois l'ordre religieux et le capitalisme.

MAÎTRES DU POLAR

Maxime Chattam

Il est né en région parisienne et s'appelle en réalité Maxime Drouot. Mais Maxime Chattam est indéniablement l'un des plus américains des auteurs français de thrillers. Et pas uniquement parce qu'il a choisi les States comme cadre pour la plupart de ses romans. Chapitres courts, tension et rebondissements permanents, meurtres atroces, construction cinématographique, dimension psychologique… le quadragénaire connaît parfaitement ses classiques ! Et l'ancien libraire n'a pas hésité à suivre des cours de criminologie et à assister à des autopsies avant de s'attaquer à l'écriture de *L'Âme du mal*, son premier thriller sorti en 2002. Il met en scène le détective Joshua Brolin, plus jeune inspecteur de la division d'enquêtes criminelles de Portland (Oregon), un profiler hyperdoué, mais modeste. Anéanti par la mort de l'être aimé, le spécialiste des *serial killers* démissionne de la police. Ce qui ne l'empêche pas de reprendre du service, comme détective privé, dans *In Tenebris* (2003) et *Maléfices* (2004). Après avoir exploré la science-fiction avec la série « Autre-Monde », Maxime Chattam est revenu au thriller. Et cette fois, son flic est lieutenant à la section de recherches de Paris. Et c'est une femme : Ludivine Vancker. Dans *L'Appel du néant*, sa dernière enquête, tueur en série et terrorisme sont associés. Seul un auteur américain aurait osé…

Jeudi 5 décembre

Saint Gérald On fête aussi les Bassus, Crispine

« À la Saint-Gérald, neige de décembre, c'est pour le jardin cendres. »

Vermot Régions

LOIRET / LA FAÏENCE DE GIEN

L'histoire de la faïence à Gien commence en 1821, lorsque l'industriel anglais Thomas Edme Hulm achète l'ancien couvent des Minimes pour y installer une nouvelle manufacture de faïence, « façon anglaise ». La production est alors très variée, tant dans les motifs que dans les objets produits, mais la qualité est toujours au rendez-vous, de telle sorte que la renommée de Gien se répand dans toute l'Europe. On trouve de la vaisselle produite ici sur les tables de nombreux châteaux et celles des familles bourgeoises. Mais la faïence de Gien, c'est aussi le métro de Paris avec la fourniture des carreaux blancs rectangulaires aux bords biseautés qui couvrent l'ensemble des couloirs et des stations depuis le début du XXe siècle.

Perles de sportifs

Spiritualité variable

Qui l'a dit? David Beckham, à propos de sa fille Brooklyn: « Nous voulons baptiser Brooklyn, mais nous ne savons pas encore de quelle religion. »

REMARQUABLES

ARBORETUM DES BARRES

Vous avez dit bizarre? Ici, on dit *bizarretum*, puisque le latin est de règle en botanique. Mais on pourrait dire aussi « bizarroïde » ! En effet, cette partie de l'arboretum des Barres regroupe des végétaux curieux et pittoresques. Il y a l'épicéa inversé, qui a l'air d'être tombé sur la tête. En fait, c'est une forme de l'épicéa commun dont tous les rameaux retombent à la verticale. Il y a aussi la star du lieu, le thuya aux 80 troncs, et l'arbre cabane… Cet arboretum – « national » ! – se trouve dans le Loiret, dans la vieille région du Gâtinais, sur la petite commune de Nogent-sur-Vernisson. Il est vaste et ancien : les premières plantations d'arbres ont eu lieu en 1821, sous la houlette de l'horticulteur Philippe de Vilmorin, et elles se sont poursuivies jusqu'à aujourd'hui. C'est le rendez-vous des amoureux des chênes – on en compte 109 espèces –, mais aussi des érables, des pins et de bien d'autres essences. Les oiseaux apprécient cette diversité végétale et contribuent joyeusement à enchanter la promenade du visiteur.

L'ÉTAT PREND À SA CHARGE LA DETTE DE LA SNCF

OH LE GROS GÂCHIS !

Trop d'oseille pour la banane

« Mieux que bio » : c'était le slogan imaginé en 2017 par le groupement des producteurs de bananes de Guadeloupe et Martinique pour vanter leur production face à la concurrence, plus ou moins bio, d'Amérique centrale et du Sud. Une campagne un tantinet exagérée : moins de 1 % des terres sont consacrées à l'agriculture bio sur les deux îles. Surtout, selon le rapport 2011 de la Cour des comptes, « plus chère que le caviar » aurait été mieux adapté pour promouvoir la banane antillaise. Le montant des aides public s'élève à plus de 15 000 euros par hectare de plantations, alors que les autres produits locaux agricoles reçoivent en moyenne 500 euros par hectare cultivé! Trop chère, trop subventionnée, pas assez écolo, la banane antillaise sauvera-t-elle sa peau ?

Vendredi 6 décembre

Saint Nicolas On fête aussi les Nikolaï, Colas, Nicole

Le soleil se lève à **8 h 28** et se couche à **16 h 54**

« Saint-Nicolas fait les bons mariages, guérit de la fièvre et de la rage. »

Ça bulle

Le duo de policiers Dupond et Dupont est indissociable dans les aventures de Tintin, et presque indifférenciable. Presque, car un petit détail permet de les identifier : la forme de leur moustache ! DuponD a une moustache arrondie comme un « D », et DuponT une moustache aux bords droits comme un « T ». Regardez, vous verrez. Je dirais même plus, regardez, et vous verrez !

EMOJI

Les emoji seraient-ils sexistes ? Plus précisément, pour ne pas accuser ces pauvres emoji qui n'y peuvent rien : le sexisme sévirait-il jusque dans nos listes d'emoji ? Il faut le croire en constatant que, si de nombreux emoji féminins existent, il y a encore des manques : les emoji représentant détective, policier et infirmier sont des hommes, ainsi que la majorité des emoji « sport ». Modernes mais pas trop, les emoji !

Le Chiffre

600 millions

C'est le nombre de caméras à reconnaissance faciale qui vont être installées en Chine au cours des prochaines années, soit près d'une caméra pour deux personnes ! Le système, conçu par la chaîne gouvernementale chinoise CCTV, est capable d'identifier les personnes dans une voiture, les motards, les cyclistes, les gens dans le métro... Ce prototype de technologie peut également évaluer les degrés de similarité d'un individu dans la foule avec une cible recherchée. Sachant que tout Chinois âgé de 16 ans doit obligatoirement enregistrer une photo d'identité auprès des autorités et qu'à partir de 2020, le gouvernement souhaite instaurer un système de notation de ses citoyens pour récompenser « les bons comportements » et punir les mauvais, on voit mal comment un habitant de l'Empire du Milieu pourra échapper au contrôle généralisé. Le pays ne brille pourtant déjà pas spécialement dans le domaine des libertés publiques...

Métiers de bouche

Saint Nicolas, ami des pâtissiers et protecteur des bouchers

Tandis que le père Fouettard distribue des corrections, le bon saint Nicolas offre des friandises aux enfants sages. Voilà de quoi en faire l'ami des boulangers et des pâtissiers, notamment dans l'est de la France où la tradition perdure. Mais c'est surtout à la petite comptine, mise au jour par Gérard de Nerval en 1842, dans le recueil *Sylphide*, que l'on doit d'associer saint Nicolas à l'univers des bouchers. La légende raconte que trois petits enfants qui rentraient des champs se perdirent en chemin et demandèrent l'hospitalité à un boucher. Celui-ci les accueillit, mais, en cette période de disette, décida de les tuer et de les mettre au saloir. Le bon saint Nicolas rendit visite au boucher sept ans plus tard, lui demanda de lui servir la viande qu'il gardait au saloir et, après avoir incité le boucher à se confesser, ressuscita les trois petits. Aucun événement historique ne vient étayer cette histoire. Cela suffit néanmoins à faire de saint Nicolas l'un des patrons des bouchers, avec saint Barthélémy.

Le soleil se lève à **8 h 29** et se couche à **16 h 54**

Samedi 7 décembre

Saint Ambroise On fête aussi les Ambroisie, Azenor

« Quand la Saint-Ambroise voit neiger, de dix-huit jours de froid sommes menacés. »

[Excuse my French]

Lorsqu'on n'a pas le temps de faire sa lessive soi-même, il est bien pratique de déposer rapidement son linge au « pressing ». Il faut cependant que vous sachiez que, comme beaucoup de mots en -ing, « pressing » est un faux anglicisme. Car pour faire laver votre linge dans un pays anglophone, plutôt qu'un « pressing », il vous faudra demander un *drycleaner* (« nettoyeur à sec »). Quitte à déformer un langage, vous pourrez désormais le faire avec des chaussettes propres ! Elle est pas *beautiful*, la vie ?

Problèmes du certificat d'études

On sait que les olives fournissent environ 12 % de leur volume en huile, et qu'un olivier donne en moyenne 30 kg d'olives. Combien de litres d'huile fournira un terrain planté d'oliviers si ce terrain est un trapèze ayant 82 m de grande base, 45 m de petite base et 38 m de hauteur, sachant que chaque olivier a besoin d'une superficie d'environ 9 m² pour se développer ?

Réponse : 964,80 litres

LES BOUTEILLES DE CHAMPAGNE

D	Y	C	E	R	X	S	J	E	I	F	N	C	R
B	C	R	A	U	A	F	A	E	Z	D	Y	O	P
O	Q	E	T	K	I	Z	K	L	F	S	S	R	I
D	F	H	D	O	B	M	A	I	O	O	I	E	Y
U	O	O	O	E	U	A	L	N	N	M	S	B	J
Q	X	B	T	N	S	L	L	O	A	I	O	E	S
S	U	O	G	R	E	I	D	T	O	M	R	N	E
O	U	A	R	T	A	O	H	N	H	O	L	M	H
U	M	M	T	S	H	U	E	C	B	A	E	A	T
V	X	E	C	C	S	P	Q	O	L	I	Z	X	S
E	S	Z	U	A	M	J	A	V	T	E	T	A	B
R	L	B	L	A	M	M	U	I	D	E	M	R	R
A	A	E	H	P	S	O	U	V	E	R	A	I	N
N	M	C	L	A	C	H	O	P	I	N	E	G	W

Solution page 366

Cherchez les bouteilles de champagne cachées dans la grille. Vous les trouverez horizontalement, verticalement ou diagonalement.

BALTHAZAR
CHAMPENOISE
CHOPINE
FILLETTE
HUITIÈME
JÉROBOAM
MAGNUM
MATHUSALEM
MÉDIUM
MELCHISÉDEC
NABUCHODONOSOR
PRIMAT
QUART
RÉHOBOAM
SALMANAZAR
SALOMON
SOUVERAIN

PAS RAGOÛTANT

LE PLAT LE PLUS DANGEREUX DU MONDE

Appelé *fugu* au Japon, le poisson-globe est un plat réputé, mais qui peut s'avérer mortellement dangereux. Le poisson-globe possède une arme défensive majeure, la tétrodotoxine, dont une dose suffit à tuer trente personnes et contre laquelle il n'existe pas d'antidote. Quelques rares chefs nippons peuvent le préparer (la licence ne peut être obtenue qu'à l'issue d'une formation longue et coûteuse) pour le plus grand plaisir des Japonais fortunés. L'empereur, lui, n'a pas le droit d'en consommer, pour des raisons évidentes de sécurité.

Dimanche 8 décembre

Immaculée Conception – On fête aussi les Elfried, Eucher

Le soleil se lève à **8h30** et se couche à **16h54**

« Quand il tonne hors saison, pluie et neige sans raison. »

GRANDES TOURS DU MONDE

LE BURJ AL ARAB

Inauguré il y a tout juste vingt ans, en décembre 1999, ce gratte-ciel de 321 m de haut est devenu l'un des bâtiments phares de Dubaï, la capitale des Émirats arabes unis. Si son nom ne vous dit rien, vous avez en revanche sûrement en tête l'image de sa structure évoquant une voile de bateau gonflée par le vent. Construit sur une île artificielle, le Burj Al Arab est relié au continent par une passerelle. Il abrite un luxueux hôtel. À l'intérieur, l'atrium du hall d'entrée offre une vue vertigineuse : il pourrait contenir en entier le premier gratte-ciel de Dubaï, inauguré il y a quarante ans, le Dubai World Trade Center, haut de 180m.

De mauvais goût

Le pull de Noël

Les fashionistas et les influenceurs de la mode ne nous épargneront rien ! Après avoir persuadé des millions de femmes d'enfiler des tee-shirts à tête de loup, avoir tenté de faire gober aux hommes que la jupe c'était masculin ou avoir décrété « branché » l'assemblage sandalettes-chaussettes, les professionnels de la hype et de la sape veulent faire de nous les victimes consentantes de leurs dernières lubies : le pull de Noël. Oui, LE pull moche de Noël, l'*Ugly Christmas jumper*, comme disent les Anglais, le tricot en laine épaisse, aux couleurs criardes et à gros motifs enfantins (bonhomme de neige, sapin, flocon, renne — vous vous souvenez, n'est-ce pas, du magnifique pull de Mark Darcy dans *Bridget Jones* ?) est désormais fièrement (re)sorti des placards.

Pire : chaque année, en décembre, les stars se bousculent dans les médias avec leurs horribles pulls pour célébrer la Journée mondiale du pull moche. Depuis 2017, il existe même un championnat du monde de pull de Noël moche. Premier champion de l'histoire : un Français, un certain René. Par égard pour ses proches, ses voisins, sa ville, son département et sa région... nous tairons son nom...

Molière en vadrouille

TV5Monde n'est pas une chaîne de télévision comme les autres. Car en plus d'être une chaîne d'information internationale, elle est aussi un acteur central de la Francophonie, et elle est associée à l'OIF (Organisation internationale de la francophonie) afin de faire vivre et développer la culture en langue française. Son audience cumulée hebdomadaire, 55 millions de téléspectateurs, en fait le deuxième réseau international de télévision.

Rébus

cuisine

E
C
È
I
P

Pièce montée

*« De Sainte-Léocadie
à Sainte-Nicaise,
les gelées naissent. »*

Noms de villages

L'avantage des communes avec des noms amusants est qu'elles font souvent preuve d'humour sur le sujet. C'est ainsi qu'en dessous du panneau indiquant l'arrivée au village de La Prune, en Corrèze, est posé un autre panneau annonçant « Contrôles radar fréquents ». Qu'ils sont taquins…

L'Info

Toujours la même rengaine…

Vive le vent et Petit Papa Noël vous tapent sur les nerfs ? C'est plutôt normal si l'on en croit Victoria Williamson, chercheuse en psychologie de la musique à l'université de Goldsmiths, à Londres. D'après elle, les chansons de Noël peuvent entraîner une véritable fatigue nerveuse. Pourquoi ? Parce que nos réactions à ces morceaux évoluent suivant une courbe en U : dans un premier temps, entendre ces chansons nous met dans un état d'esprit joyeux, mais plus elles occupent notre espace sonore, plus elles peuvent devenir exaspérantes. Année après année, les chansons et les décorations de Noël arrivent de plus en plus tôt. Résultat : à partir de la mi-novembre, à cause de ce Christmas creep, comme disent les anglophones, certains arrivent déjà à saturation. C'est une réaction psychologique de rejet à « l'effet de simple exposition », un phénomène bien connu des professionnels de la publicité et du marketing : l'exposition répétée à une personne ou à quelque chose augmente la probabilité d'avoir un sentiment positif envers elle. Pour les chansons de Noël, la répétition finit par engendrer la saturation. Pas de panique pour ceux qui aiment encore entendre et fredonner Mon beau sapin, les chants de Noël ont encore de l'avenir, au moins dans les magasins. Et ce pour une raison simple : ces ritournelles régressives, le plus souvent associées à un souvenir et/ou à un environnement rassurant, inciteraient une majorité de clients à faire des achats supplémentaires !

PROVERBES PATOIS

Proverbe provençal

L'optimisme ensoleillé de la Provence se traduit dans un proverbe que l'on cite souvent lorsque l'année se termine : « *A l'an que ven ! Se sian pas mai, que siguen pas men.* » En souhaitant ainsi à son interlocuteur le revoir l'année prochaine, on espère en même temps que « si nous ne sommes pas plus (nombreux NDLR), ne soyons pas moins… », c'est-à-dire qu'aucun ne soit disparu.

Un vrai feuilleton

Il y a des personnages qui vous collent à la peau. Ce n'est pas Véronique Genest, qui incarnait Julie Lescaut à l'écran, qui vous dira le contraire ! 101 épisodes pour 12 saisons, des millions de téléspectateurs et trois « 7 d'or » de la meilleure actrice pour Genest. Côté financier, c'est aussi un bon pari, puisque l'actrice a avoué toucher environ 250 000 euros par épisode. La fidélité, ça paie !

Mardi **10 décembre**

Saint Romaric On fête aussi les Eulalie, Koulizh

Le soleil se lève à **8 h 32** *et se couche à* **16 h 53**

« À la Saint-Romaric,
bois le rhum
à la barrique. »

RétroVermot

« Vous voilà enfin ! Il vous en a fallu, du temps, pour aller mettre une lettre à la boîte !
– Ah ! Pardon, Monsieur le Directeur ! Pas une lettre ! Il y en avait deux. »

« Comment veux-tu que je m'habille ?
– Très vite ! »

Vermot Régions

BAS-RHIN / LE SCHWEFELSEE

Le Schwefelsee – comprenez le « lac de soufre » – se trouve à la source de la Souffel, sur la commune de Kuttolsheim. Il est alimenté par une source souterraine de température constante (12° C environ) qui sort au débit de 17 litres par seconde. La concentration en soufre de l'eau a été remarquée très tôt dans l'histoire, si bien qu'elle a été utilisée dans des thermes depuis l'époque romaine jusqu'aux environs de 1950. Les Romains ont été les premiers à canaliser l'eau du Schwefelsee pour l'amener jusqu'à Strasbourg.

TOXIQUE OU NON ?

Hellébore noir

La vraie folie, c'est d'avoir cru mordicus des siècles durant que l'hellébore noir (*Helleborus niger*), la belle rose de Noël qui fleurit sous le gel, guérissait de la folie. « Ma commère, il faut vous purger / Avec quatre grains d'ellébore », dit le lièvre de La Fontaine à la tortue, assez folle pour croire qu'elle va le battre à la course ! Et la croyance vient de loin… de l'Antiquité : la plante aurait guéri Héraclès, frappé de démence par Héra. À la vérité, si la sympathique tortue avait suivi l'ordonnance de son compère aux grandes oreilles, elle aurait ressenti des troubles graves qui lui auraient fait perdre la compétition. L'hellébore noir, dont les tiges et les feuilles peuvent causer des irritations de la peau, est toxique pour l'homme et provoque de graves troubles intestinaux. Sa racine est très vénéneuse et peut être mortelle pour le bétail. Mais curieusement, on la suspendait dans les porcheries et les poulaillers parce qu'elle avait la réputation – surfaite ? – d'éloigner les serpents et les salamandres.

VIVE LA POSTE !

Pour les enfants qui croient encore au père Noël, lui écrire une lettre qui compile tous leurs souhaits de cadeaux est un moment magique. Ils peuvent pour cela compter sur la complicité de la Poste, qui met tout en œuvre pour que les bambins soient heureux. C'est ainsi que, depuis 1962, à partir de début novembre, une équipe dédiée à la réception et au tri des lettres au père Noël est installée dans le centre de tri de Libourne, en Gironde. Pôle Nord, route des nuages, avenue des Rennes, grand nord, toutes les adresses fonctionnent à partir du moment où la lettre est adressée au père Noël. Il n'est même pas besoin de mettre un timbre sur l'enveloppe, la Poste assure gratuitement la distribution de ce courrier et la réponse qui est faite au million et demi d'enfants qui écrivent chaque année. Le père Noël serait-il un facteur comme les autres ?

Le soleil se lève à **8 h 33** et se couche à **16 h 53**

Mercredi **11 décembre**

Saint Daniel On fête aussi les Gentien, Sabin

« Tel temps à la Saint-Daniel, même temps à Noël. »

Il y a 300 ans, le 11 décembre 1719, était consignée la première observation scientifique d'une aurore boréale, dans l'est des États-Unis.

CONCOURS LÉPINE

L'invention est un virus qui s'attrape parfois très tôt, et qui ne vous quitte ensuite jamais ! Clément Auria, un jeune Français, prouve une nouvelle fois qu'il n'y a pas d'âge pour devenir inventeur. En effet, lorsqu'il présente en 2016 son robot viticole qui peut planter et arracher des plants de vigne sans effort de la part du vigneron, il n'a que 13 ans. Cela fait de lui le plus jeune participant, non seulement de la 115e édition du concours Lépine, mais aussi de l'histoire. Les organisateurs et les membres du jury ne s'y sont d'ailleurs pas trompés et ont récompensé Clément pour son astucieuse invention. Gageons que ce n'est pas la dernière fois qu'ils auront à le faire !

Ha ! Ha ! Ha !

Après avoir hésité un bon quart d'heure, une jeune femme se décide à prendre place dans le confessionnal.
Elle s'approche de la grille du parloir et commence :
« Pardonnez-moi, mon père, parce que j'ai péché.
– Allez-y, mon enfant, parlez, quel péché avez-vous commis ? lui répond doucement le prêtre.
– Mon père, j'ai commis le péché de vanité…, commence, hésitante, la jeune femme.
– Parlez sans crainte, mon enfant ! Je vous écoute, l'encourage le curé.
– Mon père, deux fois par jour, je me contemple devant le miroir en me disant que je suis belle, que je suis magnifique. Je sais que c'est un péché… »
À cet instant, le curé se penche, observe longuement la jeune fille à travers la grille du confessionnal avant de lui dire :
« Mon enfant, j'ai une bonne nouvelle pour vous : ce n'est pas un péché, c'est seulement une erreur. »

Au menu

Gâteau magique à la vanille

POUR 6 PERS.
20 MIN DE PRÉPARATION — 50 MIN DE CUISSON
3 H DE RÉFRIGÉRATION

- 130 G DE BEURRE
- 1 GOUSSE DE VANILLE
- 4 ŒUFS
- 1 PINCÉE DE SEL
- 130 G DE SUCRE
- 120 G DE FARINE
- 2 VERRES DE LAIT

Préchauffez le four à 150 °C (th. 5). Faites fondre le beurre. Ouvrez la gousse de vanille et grattez les graines sur le beurre à l'aide d'un couteau. Cassez les œufs et séparez les blancs des jaunes.

Battez les blancs en neige ferme avec le sel.

Dans un saladier, fouettez les jaunes avec le sucre. Versez dedans le beurre fondu à la vanille, la farine et le lait. Mélangez bien, au batteur si possible.

Incorporez les blancs très délicatement, en procédant en plusieurs fois.

Versez la pâte dans un moule tapissé de papier sulfurisé et enfournez pour 50 minutes.

Laissez refroidir, puis placez au frais pour 3 heures de repos.

Quand vous couperez le gâteau, la surprise apparaîtra !

Conseils : le gâteau magique s'appelle ainsi car il présente, après cuisson, deux textures différentes, l'une fondante et l'autre plus aérienne, le tout sous une belle couverture dorée. Préparez-le pour impressionner vos convives en fin de repas ou des enfants lors d'un goûter !

Jeudi 12 décembre

Saint Corentin On fête aussi les Coralie, Lupita

Le soleil se lève à **8h34** et se couche à **16h53**

« Celui qui est trop endormi doit prendre garde à la fourmi. »

INVENTIONS INSOLITES

L'antivol de sandwich

Si vous pensez qu'il faut être pervers pour voler un sandwich, vous n'imaginez pas à quel point il faut se projeter au-delà pour inventer l'antivol de sandwich ! PerpetualKid est allé très loin en imaginant un sac décoré de moisissures destiné à emballer votre sandwich. Ainsi, personne ne viendra vous le voler, pensant qu'il est périmé et donc devenu inconsommable…

Charade

Mon premier est une boisson d'outre-Manche.

Mon deuxième sert à préparer mon premier.

Mon troisième peut être coupé ou coupant.

Mon quatrième est un jeu de plateau d'Extrême-Orient.

Mon cinquième est un support de balle.

Mon sixième sert à appeler.

Mon tout est un poète, romancier et critique d'art français.

THÉOPHILE GAUTIER (THÉ - EAU - FIL - GO - TEE - HÉ)

EXPRESSIONS IMAGÉES

Se tenir à carreau

Certaines étymologies de cette expression voudraient la faire remonter à l'époque des arbalètes où le carreau était la flèche… Malheureusement, elle ne date que du début du XXe siècle ! En argot de l'époque, le « carreau », c'est le domicile, comme la « carrée » est la chambre. Celui qui reste chez lui ne risque pas de commettre de mauvais coup et se tient donc à carreau.

Ça, c'est fait… divers

Högel, « l'infirmier de la mort »

Il a déjà été condamné à la perpétuité en 2015 pour six meurtres mais, selon les derniers chefs d'accusation, Niels Högel serait également impliqué dans au moins 97 autres homicides commis entre 1997 et 2005. Certains enquêteurs estiment que le total pourrait même être deux fois plus important. La première affaire a éclaté en 2005, lorsque l'infirmier avait été surpris par une collègue en train de faire une piqûre non prescrite à un patient dans une clinique de Delmenhorst, ce qui avait rapidement déclenché une enquête suivie d'une première condamnation. Selon le jugement, l'infirmier injectait à ses victimes, généralement des personnes âgées, des surdoses médicamenteuses pour pouvoir démontrer ses compétences en matière de réanimation à ses collègues et chefs. Pendant son procès, Niels Högel s'est contenté d'expliquer qu'il avait agi par… « ennui ». De nouvelles investigations ont été relancées en 2014, car l'intéressé avait admis auprès d'un codétenu une cinquantaine de meurtres, des aveux qu'il a réitérés quelques mois plus tard à un psychiatre. Le cas Niels Högel suscite de nombreuses interrogations outre-Rhin. En effet, la plupart des décès ont eu lieu alors qu'il était de service. Pourtant, il a pu opérer pendant près de dix ans dans deux cliniques différentes, sans que cela attire l'attention ! Des « défaillances » qui ne sont pas une première en Allemagne : Mechthild Bach, une cancérologue de Langenhagen, en banlieue de Hanovre, a éliminé 76 patients entre 2001 et 2003 par injection de doses massives de morphine…

Vendredi 13 décembre

Sainte Lucie On fête aussi les Josse, Lucette, Ursicin, Mencia

*« À la Sainte-Luce,
les jours croissent du
saut d'une puce. »*

C'est pas la crise pour tout le monde !

Le nom de Gunther IV vous dit-il quelque chose ? Non, ce n'est pas le nom d'un noble allemand venant d'une illustre lignée, mais celui… d'un chien. Mais par n'importe lequel, puisqu'il s'agit plus exactement du chien le plus riche du monde ! Avec une fortune de 373 millions de dollars hérités de son propriétaire, époux de la comtesse allemande Karlotta Liebenstein, Gunther IV a pu entre autres s'offrir en guise de niche l'ancienne villa de Madonna à Miami. Sacrée niche tout de même !

Un futur marié demande au curé :
« Mon père, vous pensez qu'on peut faire l'amour avant le mariage ?
– Oui, mais à condition que ça ne retarde pas la cérémonie ! »

UN PEU D'HISTOIRE : COMMENT VIVAIT-ON AVANT LES TÉLÉPHONES PORTABLES ?

Perles de sportifs

Modernité roulante

Qui l'a dit ? Nicolas Fauvergue, attaquant français :
« Ça sert à rien de mettre la charrue avant les pneus. »
Non, ça ne sert à rien !

Vermot Régions

SOMME / SAMAROBRIVA

C'est dans un lieu qu'il nomme lui-même Samarobriva que Jules César passa plusieurs mois, de l'automne 54 av. J.-C. au printemps 53 av. J.-C. Il revenait d'une vaine tentative de conquête de l'actuelle Angleterre et convoqua ici les chefs de tribus gauloises en un grand conseil. C'est ce que raconte le récit La Guerre des Gaules, *en ces termes : « Quand il eut fait mettre les navires à sec et tenu à Samarobriva l'assemblée de la Gaule, comme la récolte de cette année avait été peu abondante à cause de la sécheresse, il fut obligé d'établir les quartiers d'hiver de l'armée autrement que les années précédentes, et de distribuer les légions dans diverses contrées. […] César renvoya Fabius dans ses quartiers avec sa légion, et résolut d'hiverner lui-même aux environs de Samarobriva avec trois légions dont il forma trois quartiers. Les grands mouvements qui avaient eu lieu dans la Gaule le déterminèrent à rester tout l'hiver près de l'armée. » Selon toute vraisemblance, c'est ainsi que naquit la future cité d'Amiens.*

Régiments

Composée des soldats ayant prouvé leur valeur sur le champ de bataille, la Garde impériale de Napoléon ne comptait en son sein que les plus fervents défenseurs de l'Empereur, dont la plupart avaient participé aux guerres de la Révolution. Cette Garde impériale était composée de la Jeune Garde, de la Moyenne Garde et de la Vieille Garde. Les membres de cette dernière étaient les plus expérimentés des soldats, et surtout les plus fidèles à Napoléon. La relation entre l'Empereur et cette unité d'élite était si étroite que les soldats de la Vieille Garde avaient le privilège unique dans l'armée de pouvoir se plaindre de leurs conditions de vie directement à Napoléon ! C'est d'ailleurs pour cela qu'on les a surnommés les « Grognards », car ils « grognaient » sur leur condition, comme cela leur était permis.

Sainte Odile On fête aussi les Nicaise, Folquin

Le soleil se lève à **8 h 36** *et se couche à* **16 h 53**

« Neige de décembre ne fond qu'en avril. »

HAUT EN COULEUR

« Être dans le rouge », signifie ne plus avoir d'argent, être à découvert ou endetté. Cette expression colorée vient du symbolisme de la couleur rouge et surtout des anciennes caisses enregistreuses qui, pour les identifier, imprimaient les nombres négatifs en rouge. D'une personne qui n'a pas ce problème et qui est plutôt aisée, on dira à l'inverse qu'elle est dans le vert. Être riche ne tient donc qu'à un changement de couleur !

RECORDS DE PRÉSIDENT

Le record du président français le mieux payé durant son exercice est détenu haut la main par Nicolas Sarkozy, président entre 2007 et 2012, qui n'a pas hésité à s'augmenter de 140 % dans les premiers jours suivant son arrivée à l'Élysée. Son salaire est ainsi passé à 19 331 euros mensuels. Pas mal, surtout quand on n'a aucun frais par ailleurs !

îles paradisiaques

Îles Palaos, la surprise micronésienne

Située à l'est des Philippines, dans la vaste région de Micronésie, la république des Palaos se démarque par sa politique touristique écologique engagée. En moins de dix ans, les Palaos se sont ouvertes au tourisme, tout en gardant le contrôle de leur superbe territoire. Les lagons turquoise – dont celui des îles Chelbacheb, déclaré patrimoine mondial de l'UNESCO – et les côtes bleutées sont protégés par la constitution du pays et leur découverte est régulée. Des réserves dédiées aux dauphins, aux baleines et aux dugongs entourent l'archipel, préservant la faune extraordinaire de la région. Les heureux plongeurs évoluent avec masque et tuba, avant de revenir sur terre pour se prélasser sous les cocotiers. Récemment, tout le territoire maritime de la République a été déclaré « premier sanctuaire mondial des requins », interdisant de fait la pêche de ces espèces en danger. Un exemple remarquable de tourisme vert.

Solution mots mêlés [p. 359]

D	Y	C	E	R	X	S	J	E	I	F	N	C	R
B	C	R	A	U	A	F	A	E	Z	D	Y	O	P
O	Q	E	T	K	I	Z	K	L	F	S	S	R	I
D	F	H	D	O	B	M	A	I	O	O	I	E	Y
U	O	O	O	E	U	A	L	N	N	M	S	B	J
Q	X	B	T	N	S	L	L	O	A	I	O	E	S
S	U	O	G	R	E	I	D	T	O	M	R	N	E
O	U	A	R	T	A	O	H	N	H	O	L	M	H
U	M	M	T	S	H	U	E	C	B	A	E	A	T
V	X	E	C	C	S	P	Q	O	L	I	Z	X	S
E	S	Z	U	A	M	J	A	V	T	E	T	A	B
R	L	B	L	A	M	M	U	I	D	E	M	R	R
A	A	E	H	P	S	O	U	V	E	R	A	I	N
N	M	C	L	A	C	H	O	P	I	N	E	G	W

VISIONNAIRES

En France, Jules Verne est vu comme un « poète de science-fiction », et on s'intéresse souvent plus aux problématiques humaines soulevées par le roman *Vingt mille lieues sous les mers* qu'aux prédictions technologiques qu'il contient. Pourtant, ce n'est pas tout à fait rendre justice à l'auteur. En effet, rien que la conception du sous-marin *Nautilus*, dirigé par Nemo et son équipage, mérite d'être soulignée, tant elle est proche de ce qui se fera des dizaines d'années après la parution du livre, en 1869. Et même si le système d'alimentation électrique du *Nautilus* n'est pas réaliste et qu'il y manque un système fiable d'aération, sa forme et sa conception sont en phase avec la réalité. Comme quoi on peut être sous l'eau et voir loin !

« À la Sainte-Ninon,
la rosée du matin fait
l'âne cochon. »

Santé naturelle

L'algue d'eau douce qui vous nettoie

Remontant à la nuit des temps, la chlorelle est une algue microscopique d'eau douce, très consommée en Asie. Après la Seconde Guerre mondiale, les Japonais l'ont déclarée « aliment d'intérêt national » en raison de sa richesse exceptionnelle en nutriments et protéines. Elle aide à éliminer de l'organisme les métaux lourds tout en renforçant ses défenses naturelles. Pour les grands mangeurs de poisson, qui risquent d'ingérer du mercure, il est utile d'en prendre pour détoxifier le corps et enrichir la flore intestinale.
Utilisation : gélules, comprimés ou poudre à mélanger à de la compote ou du yaourt.

VIVE LE GRAND ÂGE !

QUIZ CHANTEURS

Quelle chanteuse a interprété *La Javanaise* ou *Déshabillez-moi* ?

Juliette Gréco

LES DOUZE TRAVAUX D'HERCULE

Le chien Cerbère

Ramener vivant le chien Cerbère, gardien des Enfers, tel est le dernier des douze travaux d'Hercule. Le dernier, mais pas le moindre ! Notre héros, fatigué, mais pas près d'abandonner si proche du but, s'attaque à mains nues au terrible chien à trois têtes et à queue de dragon. Sans armes, Hercule n'est pourtant pas sans protection : il porte toujours sur lui la peau du lion de Némée (souvenez-vous, la première épreuve...). Il est sur le point d'étouffer le monstre lorsque le dieu des Enfers intervient pour sauver son chien. Pluton (ou Hadès, c'est selon) autorise néanmoins Hercule à présenter l'animal muselé à Eurysthée. Ce dernier constate la victoire définitive de son cousin, qui ramène Cerbère à sa niche infernale avant de profiter de sa liberté enfin retrouvée.

C'est la fin du repas de noces. Un camarade d'enfance se glisse près du marié et lui murmure :
« Mon vieux, on est assez amis pour que je te dise ça.
Je me demande ce que tu peux bien trouver à ta femme.
Elle est énorme, elle boite, elle louche lamentablement et elle n'a bientôt plus un cheveu sur la tête... »
Alors le jeune marié, triomphant :
« Tu peux parler plus fort, elle est sourde ! »

L'Info

Une nuit au sommet

Vous voulez passer des fêtes de fin d'année chères, mais givrées ? Offrez-vous une nuit sur les pistes dans une dameuse ! C'est le nouvel hébergement chic proposé depuis l'hiver 2018 à La Plagne, en Savoie. Plutôt que de laisser à l'abandon une chenillette remplacée par un modèle plus performant, la société qui gère le domaine skiable a eu l'idée de l'aménager en un refuge cosy. L'habitacle de l'engin a été entièrement reconfiguré pour accueillir un lit double, un lavabo, le home cinéma, le Wifi, une chaîne hi-fi, une machine à café, des lumières d'ambiance et du chauffage, bien sûr. Le soir de votre réservation, un chauffeur vous monte, à bord de la dameuse aménagée, depuis la station au sommet de l'Arpette, à 2400 m d'altitude. Sur place, une salle de bains avec balnéothérapie a été aménagée dans un petit chalet construit à cet effet. Le chauffeur redescend en motoneige et revient vous chercher le lendemain matin. Vous voilà seul(s) avec la nuit étoilée, puis avec le lever de soleil, sur les cimes enneigées. Si le ciel est dégagé. Prix de la nuitée, pour deux : 320 €. Mais la bouteille de champagne est offerte.

Lundi 16 décembre

Sainte Alice On fête aussi les Adélaïde, Aïda, Alizée

Le soleil se lève à **8 h 37** *et se couche à* **16 h 54**

MOTS FLÉCHÉS

Aménagerais / Pierres fines		Prend la tête / Signaler		Voit rouge / Tient les fils		Fit une scène		Courant électrique / Va ici et là		Angle		Femmes de chambre
						S'applique à la tâche / Jugea						
Font entendre leurs voix / Faux anis										Vaut ce / Harengère		
					Département / Paya				Un nuage / Salaire			
Causera / Démonstratif							Poème lyrique					
			Steppe en Afrique australe					Ciel / Ravi				
Pavé / Via							Ville de Toscane / De l'eau sur le feu					Transperçai
			Fertiles / C'est récent								A de bonnes adresses	
Crue		Gêné / Légère				Trou normand			Prend son service / Être plus loin			
				Roulement de tambour / Destructions de cellules				Estomac				
Expression d'indifférence	Baume / Empêche de sentir					Facilite les conversations / Entaille						
			Étalon anglais / Technétium					Lourd				
Précis / Homme mal rasé					De haute fréquence / Camp					Elizabeth II / On en fait des nattes		
								Une grecque / Berges				
Aire de vent / Produit			Essences aromatiques / Jeu d'hombre								Écrivain français	
				Détruisais / Avant la matière								Entreprise
À l'œil		Petits miroirs							Ville occitane			
								Engendra				

Solution page 375

« Décembre trop beau, été dans l'eau. »

EXPRESSIONS IMAGÉES

Taper sur le haricot

Drôle de dérive pour cette expression qui provient de l'ancien verbe « haricoter », signifiant « déranger » ou « importuner » en argot. Mélangée avec une autre expression populaire, « taper sur le système » ou « taper sur les nerfs », elle est devenue « taper sur le haricot » au début du XXe siècle, pour signifier que quelqu'un ou quelque chose nous ennuie au point de nous exaspérer.

Vermot Régions

DORDOGNE / LA MAISON-BLANCHE

Quelle surprise pour les touristes américains en goguette dans le Périgord que de visiter le château de Rastignac ! En effet, celui-ci ressemble à s'y méprendre à la Maison-Blanche de Washington. Certains voient dans l'amitié entre l'architecte Charles-Louis Clérisseau et Thomas Jefferson, alors ambassadeur des États-Unis à Paris, la raison de cette similitude. Pour d'autres, c'est le château périgourdin qui a été construit vers 1820 d'après les plans ayant servi à édifier la Maison-Blanche.

MAÎTRES DU POLAR

Andrea Camilleri

Né en 1925 et metteur en scène pendant plus de trente ans, le Sicilien Andrea Camilleri a entamé sa carrière d'auteur en 1982, à 57 ans. Depuis, il a écrit plus de cent livres, est entré dans la prestigieuse collection « Meridiani », la « Pléiade » italienne, et a donné naissance au célébrissime commissaire Salvo Montalbano, en poste à Vigàta, une commune fictive de Sicile. Apparu en 1994 dans *La Forme de l'eau*, le policier boulimique et colérique, qui parle un truculent mélange d'italien et de dialecte sicilien, a conquis en quelques enquêtes des millions de lecteurs bien au-delà des frontières italiennes. L'une des forces du commissaire Montalbano, outre son ironie bienveillante, réside dans sa capacité à évoluer dans un monde trouble, sans jamais se compromettre. *Chien de faïence, Le Voleur de goûter, La patience de l'araignée, La Lune de papier, Un été ardent, Meurtre aux poissons rouges, Une lame de lumière, Une voix dans l'ombre*… ses enquêtes sur la mafia, les trafics de drogue, la traite des êtres humains ou la corruption offrent à chaque fois un voyage dans l'Italie contemporaine, moins « carte postale » que celle dont chacun rêve, et une immersion rare dans la société sicilienne. Les polars de Camilleri sont comme les *arancini* pour Montalbano, des gourmandises dont il est bien difficile de se passer quand on y a goûté…

Les comportements extraordinaires des animaux

Des lézardes dégourdies

Un monde sans mâles, c'est possible ? La lézarde à queue de fouet (de l'espèce *Cnemidophorus*) a résolu la question à sa façon, et de façon radicale. Au cours de l'évolution, les mâles de cette espèce ont disparu ! Désormais, les femelles se reproduisent seules, par un phénomène biologique appelé « parthénogenèse ». Mais ces Amazones à écailles ont tout de même besoin d'ébats amoureux et d'une simulation d'accouplement pour ovuler normalement… À chaque problème sa solution : chacune à leur tour, les lézardes miment le comportement sexuel des mâles, pour que leurs copines aient leurs ovulations !

Mercredi 18 décembre

Saint Gatien On fête aussi les Gatienne

Le soleil se lève à **8h39** et se couche à **16h55**

« À la Saint-Gatien, ramasse ton bois et endors-toi. »

YÉ-YÉ

Parfois, entre une chanson originale et sa traduction en français, il peut y avoir quelques différences. D'autres fois, on se demande clairement comment on a pu en arriver là. C'est le cas de la chanson *Marie Douceur, Marie Colère* de Marie Laforêt, qui est une traduction / reprise de… *Paint it, Black* des Rolling Stones, mais sans une seule mention du mot « noir », pourtant omniprésent chez les Stones ! Le rapport entre l'original et cette version nous a échappé mais, si vous le trouvez, n'hésitez à pas à nous écrire !

Une jeune femme à son médecin :
« Au fait, Docteur, est-ce qu'il faut prendre une pilule à chaque fois ou bien le soir seulement ? »

PAS RAGOÛTANT

LE CAFÉ LE PLUS CHER DU MONDE

Et non, ce n'est pas un café colombien ou jamaïcain… Il s'agit du *kopi luwak*, un café récolté dans les excréments d'une civette asiatique, le luwak, qui consomme les graines du caféier : l'animal digère la pulpe et, après une transformation bénéfique aux arômes des grains, en émet les noyaux.

CONCOURS LÉPINE

Chaque édition de la Foire de Paris est une occasion rêvée de découvrir les inventions présentées au concours Lépine. En parcourant ses allées, les visiteurs peuvent faire de nombreuses découvertes, mais s'exposent également à quelques fous rires devant les inventions les plus farfelues. Lors des dernières éditions, on compte notamment la valise-trottinette pour ne plus marcher dans les aéroports, le double bec verseur pour bouteille, le baby-foot en 3D, le positionneur de balle de golf, la balançoire électrique, et d'autres merveilles encore. Les mauvaises langues diront que c'est tout de même incroyable d'être arrivé à ce niveau de sophistication de l'esprit humain pour en faire cela, mais après tout, l'utilité est un concept relatif !

Le Chiffre

650

C'est le nombre de saint-nectaires qui ont été dérobés en janvier 2018 dans la cave d'un producteur affineur, à Murol, dans le Puy-de-Dôme. Les voleurs sont repartis avec près d'une tonne de fromages, qui ont tous été sélectionnés pour pouvoir être revendus directement sur les marchés. En effet, seuls les saint-nectaires les plus affinés ont été subtilisés. Alors qu'elle réside à proximité de sa cave, Caroline Borrel, la productrice, n'a rien entendu, pas plus que les trois autres affineurs installés dans la rue. Depuis quelques années, le vol de saint-nectaire est devenu un véritable fléau dans la région. Dans la seule commune de Murol, sur sept producteurs, quatre ont déjà subi des vols. Il faut dire que les petites meules grises sont faciles à écouler et particulièrement rentables : à 28 ou 30 euros le kilo sur les marchés parisiens, cela fait le saint-nectaire à plus de 40 euros. Rappelons que le « fromage préféré de Louis XIV », selon la légende, est aujourd'hui la première AOC fermière de France, tant en volume (6500 tonnes par an) qu'en nombre de producteurs fermiers (240).

« Qui n'a pas de mémoire doit avoir des jambes. »

Noms de villages

Si, sur la route, vous croisez des vacanciers, que vous leur demandez leur destination finale et qu'ils vous répondent Le Cercueil, n'ayez pas peur. Ils ne parlent pas de tendances suicidaires, mais d'un petit village de l'Orne au nom décidément très joyeux. Nul doute qu'à leur retour de vacances, ils auront des têtes de déterrés !

SURNOMS

LE VERT GALANT

Le « Vert galant » est une expression de la langue française avant même d'être le surnom du roi Henri IV. Elle qualifie un homme qui aime séduire les femmes et reste plein d'ardeur malgré son âge. Bien que marié à Marie de Médicis, le roi de France et de Navarre eut 73 maîtresses officielles recensées, qui lui donnèrent 22 enfants, légitimes ou non, qui vécurent tous à la Cour.

ILS ONT ÉTÉ LEUR PROPRE COBAYE

L'homme qui mourut dans son lit, tué par son lit

L'Américain Thomas Midgley a breveté dans les années 1920 deux produits qui ont fait sa fortune et connu un succès mondial, avant d'être interdits au début des années 2000 en raison de leur nocivité : un additif au plomb pour l'essence et un gaz utilisé dans les aérosols et les systèmes de réfrigération (le fameux fréon). Souffrant de poliomyélite et de symptômes probablement consécutifs à l'absorption des substances toxiques qu'il avait synthétisées et dont il voulait prouver l'innocuité, Thomas Midgley s'était fabriqué un lit sophistiqué, équipé de harnais et de poulies pour faciliter son quotidien et lui garantir une certaine autonomie malgré sa maladie (pour imaginer ce lit, pensez à celui de Philippe Noiret dans le film d'Yves Robert, *Alexandre le bienheureux*). Mais, le 2 novembre 1944, Midgley fut retrouvé sans vie dans son lit, emberlificoté dans sa propre invention, probablement étouffé à la suite d'une mauvaise manipulation.

REMARQUABLES

ARBORETUM DE NEUVIC D'USSEL

C'est joli, Neuvic ! C'est en Corrèze, près d'Ussel. Des vieilles rues, une vieille église, de vieux châteaux, une région de grandes collines et de belles vallées... Et un arboretum dont l'origine remonte au début de XIXe siècle. Il est situé dans le bourg, mais il est assez vaste pour qu'on ait l'impression d'être en pleine nature, d'autant qu'il est bien vallonné. Avec ses courbes et ses formes irrégulières, ses vues ménagées sur l'ancienne demeure et ses allées en herbe, il a été conçu comme un jardin à l'anglaise, d'esprit romantique. Deux siècles après, il a gardé son charme, sa poésie et son pittoresque, avec son bassin, bizarrement dénommé « cache-beurre », et ses moutons qui font tinter leurs sonnailles. On y voit un formidable séquoia géant (*Sequoiadendron giganteum*), haut de 45 m et de plus de 10 m de circonférence. Et pour se mettre au vert, il y a le cyprès de Lawson à huit troncs : en se glissant sous son feuillage, on pénètre dans une chapelle végétale féerique, comme infusée par les rayons filtrés du soleil.

Vendredi 20 décembre

Saint Théophile On fête aussi les Zéphyrin, Isaac

Le soleil se lève à 8h40 et se couche à 16h55

« Au vingt de Noël, les jours rallongent d'un pas d'hirondelle. »

EMOJI

Démodée, l'expression « un homme ne pleure pas » ? Hélas, il faut croire que non, c'est ce que nous révèle une étude des emoji les plus utilisés par les hommes et par les femmes réalisée en 2017. Ce qui frappe, c'est notamment l'utilisation des emoji qui pleurent : ceux-ci sont utilisés à près de 70 % par les femmes et 30 % seulement par les hommes ! Le seul emoji parfaitement paritaire est le « petit diable violet », utilisé à égalité par hommes et femmes. On vous laisse tirer les conclusions…

Vermot Régions

TARN-ET-GARONNE / NAISSANCE TARDIVE D'UN DÉPARTEMENT

C'est seulement en 1808 que fut créé le département du Tarn-et-Garonne, par un décret impérial, alors que tous les autres l'avaient été en 1790. Pour ce faire, on prit des territoires au Lot, à la Haute-Garonne, au Lot-et-Garonne, à l'Aveyron et au Gers.

LA LONGUE ROUTE VERS MARS

REMAKES REMAKES REMAKES REMAKES

RESERVOIR DOGS

Quentin Tarantino se vante régulièrement d'être un cinéphile érudit et il ne cache pas ses influences. Chacun de ses films est un hommage cinématographique en soi. Son premier long-métrage, *Reservoir Dogs*, s'appuie ouvertement sur le scénario d'un polar hongkongais réputé, *City on Fire* de Ringo Lam (1987). Celui-ci mettait en scène Chow Yun-fat dans le rôle du flic infiltré qui, après un braquage raté, se liait d'amitié avec le chef de gang (Danny Lee). En 1992, Tarantino rédige un scénario très similaire et l'adapte à sa sauce – quelques bonnes vannes et beaucoup de style. Alors qu'il vient tout juste de vendre un scénario à Hollywood – celui de *True Romance* (Tony Scott, 1993) – pour 50 000 dollars, il décide de réaliser son film en amateur mais, grâce à une connaissance, il parvient à convaincre Harvey Keitel d'incarner le premier rôle et de produire le film. S'ensuivra un succès populaire et d'estime qui fait entrer *Reservoir Dogs* au panthéon des films de gangsters.

Au menu

Foie gras maison

POUR 4 PERS.

15 MIN DE PRÉPARATION — 1 H DE MARINADE
1 H DE CUISSON — 24 H DE RÉFRIGÉRATION

- 1 FOIE GRAS DE CANARD FRAIS D'ENVIRON 600 G (DÉNERVÉ SI POSSIBLE)
- 2 CUIL. À CAFÉ DE SEL FIN
- ½ CUIL. À CAFÉ DE POIVRE DU MOULIN
- 1 POINTE DE NOIX MUSCADE
- 1 POINTE DE QUATRE-ÉPICES
- 1 CUIL. À CAFÉ DE SUCRE EN POUDRE
- 1 CUIL. À SOUPE D'ALCOOL : COGNAC, ARMAGNAC OU PORTO

Dénervez les lobes avec un petit couteau pointu. Procédez toujours délicatement afin de ne pas abîmer les foies.

Mélangez le sel, le poivre, les épices et le sucre. Saupoudrez la moitié de ce mélange sur les foies, puis retournez-les et saupoudrez l'autre face. Versez l'alcool et laissez le tout mariner 1 heure au frais.

Préchauffez le four à 120 °C (th. 4). Posez les lobes l'un au-dessus de l'autre, côté lisse dans le fond.Versez de l'eau dans la lèchefrite de votre four puis déposez la terrine dedans et enfournez pour 1 heure. Sortez la terrine, dégraissez, puis couvrez-la d'aluminium et déposez un poids dessus. Laissez reposer 24 heures au frais.

Conseil : plus vous laissez reposer, plus le foie gras sera savoureux. Vous pouvez idéalement le déguster après 3 jours de maturation.

« À la Saint-Séverin,
la neige est en chemin. »

[Excuse my French]

Quel est le point commun entre un lycée, une grande entreprise et une aire d'autoroute ? Tout simplement, si vous y mangez, vous devrez passer par un « self », soit un restaurant où l'on se sert tout seul avant d'aller s'asseoir. Le concept et le mot sont tous deux venus d'Amérique où, c'est bien connu, tout est mieux et mérite d'être importé. Pourtant, en chemin, le *self-service* a perdu un mot pour devenir « self », qui, en anglais, ne veut rien dire qui ait un rapport avec l'alimentation. Voilà qui est dur à avaler, même tout seul !

Rébus

ville française

~~PETIT DÉJEUNER~~
~~DÉJEUNER~~

Agen

Kézako

Les drones

Tout droit sortis d'un film de science-fiction, les drones sont désormais bien réels. Des modèles d'entrée de gamme jusqu'à ceux qui combinent le meilleur des technologies civiles et militaires, les drones sont partout. L'occasion de faire un petit point sur ces objets volants bien identifiés. En fait, le terme « drone » est générique et désigne un objet motorisé volant sans pilote. Cela peut aller du drone bombardier utilisé sur les terrains d'opération militaire délicats jusqu'au drone domestique muni d'une caméra et utilisé pour filmer ou prendre des photos en vue aérienne. Il existe même des courses de drones où des pilotes s'affrontent et mesurent leur habileté de pilotage sur des circuits sinueux et rapides. Des courses de robots ? Quelle « drone » d'idée !

LA POSTE : LE SECRÉTARIAT DU PÈRE NOËL A OUVERT SES PORTES

L'Info

Changement de rythme

L'extinction des dinosaures il y a 66 millions d'années a influencé le passage de nocturne à diurne chez les mammifères, selon une étude de l'University College London (UCL). Bien entendu, cette transition ne s'est pas réalisée en un jour. Elle a nécessité une étape intermédiaire d'activité mixte (de jour et de nuit) qui a duré plusieurs millions d'années. De même, ce changement n'a concerné qu'une minorité d'espèces, et la plupart des mammifères sont encore nocturnes aujourd'hui. Mais, parmi ceux qui ont évolué, figurent les primates et donc les premiers ancêtres de l'homme. Or, selon l'étude qui porte sur 2416 espèces, ce sont les seuls mammifères diurnes dont les yeux ont les mêmes caractéristiques que ceux d'animaux ayant toujours vécu le jour, comme les oiseaux diurnes ou les reptiles. Pour les auteurs de l'étude, si les primates semblent être ceux dont la vision s'est le mieux adaptée à la lumière du jour, c'est « peut-être dû au fait que leurs ancêtres ont été parmi les premiers mammifères à adopter un mode de vie diurne ».

Dimanche 22 décembre

Sainte Françoise-Xavière On fête aussi les Gratien, Deved

Le soleil se lève à 8h41 et se couche à 16h56

Hiver

« Ciel laiteux à Noël,
partout très long gel. »

Un vrai feuilleton

À la télévision, les séries se battent sans merci pour des parts d'audience, mais aussi pour récompenses et records. Il se mène par exemple une bataille autour du record de la série possédant la plus grande longévité, détenu par *Gunsmoke* avec 20 saisons. *New York, police judiciaire* est passé près de battre ce record, mais au grand dam de son créateur, la série fut arrêtée à la vingtième saison, à égalité avec *Gunsmoke*. Raté.

SECRETS D'ÉTAT

Parmi les actions menées par les deux camps au cours de la Guerre froide, toutes ne sont pas des plus glorieuses, et pour certaines, on tombe même dans la guéguerre de cour de récréation. Par exemple, cette stratégie secrète révélée par une note de la CIA, qui prévoyait de créer des filières d'importation de préservatifs américains de taille exagérée marqués « *regular* » (« taille moyenne ») afin de faire croire à la population russe que les Américains étaient particulièrement bien dotés par la nature. On a du mal à voir ce que ça aurait changé dans un contexte géopolitique si complexe, mais l'opération « kikalaplugrosse », heureusement jamais mise en application, a au moins de quoi faire rire ! Mais ce n'est pas forcément rassurant...

Vermot'roscope

CAPRICORNE (22 décembre-20 janvier)

Caractère

Réservé, timide, calme, méfiant, posé, maîtrisé, concentré, franc, respectueux, travailleur, observateur, solide, résistant, déterminé, ambitieux, sincère, fiable, hypersensible, critique, cérébral, intransigeant, matérialiste, buté, entier, solitaire.

Les influx planétaires intéressants

Grâce à Saturne dans votre signe et Uranus en Taureau, ce sera un peu votre année. Profitez-en pour consolider certains projets ou vous lancer dans une entreprise à plus ou moins longue échéance.

Vie sociale et activités

Ce sera une très belle année pour reconstruire ou consolider votre cercle relationnel. Rapprochez-vous de vos amis. Passez du temps avec eux et dites oui aux sorties ou aux invitations. Pour certains, 2019 sera l'occasion rêvée de revoir des amis de longue date et de reprendre contact avec des personnes perdues de vue. Côté activités, vous vaquerez tranquillement à vos occupations quotidiennes ou à vos loisirs habituels. Bien que vous soyez très attaché à vos habitudes, l'ennui ne fera pas partie de votre quotidien, car vous saurez occuper votre temps.

Amour

2019 devrait être une période clé pour votre vie amoureuse, et ce, quelle que soit votre situation. En couple, vous chercherez à donner une nouvelle impulsion à votre relation, à moins que vous ne désiriez vivre autrement. Ainsi, pour certains, cette année marque l'amorce d'un changement de situation (rupture, crise, mariage...). Soyez attentif aux signes de la vie, car tout peut arriver !
Célibataire, tournez la page. Faites table rase du passé et ouvrez-vous à la nouveauté. Profitez de 2019 pour vous laisser surprendre par la vie. Sortez, bougez et gardez un œil ouvert !

Famille

Ce sera l'année de l'apaisement. Ainsi, pour certains, vous retrouverez une certaine forme de complicité et vos échanges seront plus harmonieux et plus simples.

Budget

Même si vous savez parfaitement gérer vos finances, en 2019, vous n'échapperez pas à quelques imprévus qui pourraient venir grever votre compte en banque. Soyez prudent !

Bien-être

Très belle année qui vous trouvera en pleine forme. Pour certains, ce sera l'occasion ou jamais de se refaire une santé ou de régler certains problèmes chroniques. Solide comme un roc, vous saurez faire face à tout.

Conseil pour bien vivre 2019

Soyez enraciné. Pensez à vous retrouver. Faites le point sur vous, sur vos aspirations et votre vie. Évitez de tomber dans les habitudes. Faites preuve de créativité et ne soyez pas trop dans l'analyse ou la réflexion. Exprimez vos sentiments.

« S'il gèle à la Saint-David, l'hiver ne prend pas une ride. »

Perles de sportifs

Neurologie

Qui l'a dit? Pierre Desproges, qu'on fera sportif pour l'occasion:
«Les hémorragies cérébrales sont rares chez les joueurs de football. Les cerveaux aussi!»

Ça bulle

Entre la bande dessinée qui est majoritaire sur le vieux continent et les comics américains, les différences sont nombreuses et les rapports distants. Mais cela n'empêche pas certains éléments de la BD franco-belge de venir se glisser outre-Atlantique. C'est comme cela que Franck Miller, célèbre dessinateur de comics, a décidé de donner le nom du héros d'Hugo Pratt, Corto Maltese, à une île de l'univers de son héros, en hommage au dessinateur italien qu'il admirait tant. Hugo Pratt à Hollywood? Et pourquoi pas!

Solution mots fléchés [p. 368]

	A		E		E		J		J		T	
A	G	A	T	E	S		O	E	U	V	R	E
	E	L	E	C	T	E	U	R	S		I	L
A	N	E	T	H		V	A	R		P	E	U
	C	R	E	E	R	A		E	P	O	D	E
C	E	T		V	E	L	D		A	I	R	S
	R	E	V	E	T	U		P	I	S	E	
P	A	R		A	R	A	B	L	E	S		P
	I		N	U	I		E	U		A	C	E
O	S	E	E		B	A	N		C	R	A	N
		T	O	L	U		E	X	E	D	R	E
B	A	H		Y	A	R	D		L	E	N	T
	N	E	T	S		A	I	G	U		E	R
P	O	R	C	E	P	I	C		I	O	T	A
	S	E		S	A	N	T	A	L	S		I
E	M	E	T		R	U	I	N	A	I	S	
	I		R	E	T	R	O	S		E	U	S
R	E	T	I	N	I	E	N		C	R	E	A

OH LE GROS GÂCHIS!

Éthique en roc

L'Ordre national des chirurgiens-dentistes est chargé de veiller au respect des règles de déontologie professionnelle chez les praticiens. Sauf qu'on voit mal comment une structure qui semble avoir oublié toute éthique pourrait mener à bien sa noble mission! C'est l'avis de la Cour des comptes qui, dans son rapport de 2017, étrille l'organisme créé en 1945. Les Sages critiquent notamment le train de vie princier des membres du conseil national de l'Ordre : indemnités pour ces «bénévoles» parfois supérieures à 50000 euros annuels, appartements de fonction à Paris, gratifications en grands vins, vêtements de haute couture, montres serties de diamants, etc. Si les 43000 dentistes, obligés d'adhérer à leur ordre pour pouvoir exercer, cherchent une explication à l'augmentation régulière de leurs cotisations ces dernières années, la rue Cambon leur a indiqué où commencer à chercher…

TOURS DU MONDE

Dans cette scène célébrissime du film *Forrest Gump*, avec Tom Hanks, on voit le héros courir longuement, et les paysages qui changent autour de lui laissent supposer qu'il parcourt le tour du monde à pied. Fiction! répondrez-vous. Oui, mais pas seulement. Car la scène a sûrement inspiré l'histoire, bien réelle celle-là, de Serge Girard. Ce coureur spécialisé dans l'hyperendurance s'est en effet lancé en 2016 dans un pari totalement fou : le tour du monde en courant. À son programme, 26300km parcourus en 433 jours. Il faut dire que l'homme de 62 ans n'en était pas à son coup d'essai : il avait déjà tenté l'exploit l'année précédente, en combinant la course et le canot à rames. Ce second moyen de transport étant trop risqué, il avait dû arrêter le périple et l'a supprimé du second. Eh oui, même dans la folie, il faut être raisonnable!

Mardi 24 décembre

Sainte Adèle On fête aussi les Adélice, Adélie, Tarsille

Le soleil se lève à **8h42** et se couche à **16h57**

« Il y a quatre âges dans la vie de l'homme : celui où il croit au père Noël ; celui où il ne croit plus au père Noël ; celui où il est le père Noël ; celui où il ressemble au père Noël. »

Molière en vadrouille

Si vous entrez chez un ami québécois, il vous invitera à vous « tirer une bûche ». Ce n'est pas une séance de branconnage dans les bois, mais seulement une invitation à prendre une chaise. L'expression vient des trappeurs, qui étaient plus souvent assis sur des bûches que sur des chaises.

Protocole

Les usages et règles du protocole sont bien évidemment adaptés au monde moderne pour pouvoir couvrir toutes les situations. Mais certains cérémonials encore en place aujourd'hui ne sont plus tout jeunes. Par exemple, le rituel d'entrée du président de l'Assemblée nationale est toujours régi par les instructions écrites par Napoléon lui-même en 1800. Ce cérémonial prévoit qu'à chaque ouverture de séance publique, la Garde républicaine rende les honneurs au président de séance, consacrant ainsi de manière symbolique la subordination du militaire au civil. Puisque c'est symbolique…

RétroVermot

« Papa, je voudrais un tambour pour Noël…
– Non, tu ferais du bruit et je ne pourrais pas travailler.
– Je te le promets, Papa, je n'en jouerai que quand tu dormiras. »

Problèmes du certificat d'études

Un enfant se lève à 7 h 15. Il met environ 20 minutes pour faire sa toilette et quinze pour déjeuner. Il part ensuite pour l'école où il désire arriver 5 minutes avant la rentrée qui a lieu à 8 h 30. L'école est à 1,750 km de son domicile. À quelle vitesse moyenne doit-il marcher pour arriver à l'heure visée ?

1) en kilomètres par heure ?
2) en mètres par minute ?

Réponses : 1) 3 km/h / 2) 50 m/min

SUDOKU

très difficile

4	9		1		2	5		7
					9		1	
	1							2
				8		4		
	8				7			
	2	1	9			8	6	
		3		9				
8						7		
1	6		8	7		3		4

Solution page 382

Vermot Régions

ALPES DE HAUTE-PROVENCE / LA RUE DES MASQUES

La rue des Masques est un chemin escarpé, entre Guillestre et Mont-Dauphin, formé par l'érosion de la roche qui a créé un véritable canyon. Dès la nuit tombée, il faut éviter d'y passer, car c'est ici que s'amusent géants et nains qui pourraient bien attenter à votre sécurité. Pourtant, la nuit de Noël, la roche s'ouvre au premier coup de minuit et dévoile une grotte remplie d'or. Celui qui se trouve là peut prendre tout ce qu'il sera capable de porter. Mais attention : la roche se referme précisément au douzième coup et risque d'enfermer en son sein les plus gourmands…

« Quand Noël est étoilé, force paille, guère de blé. »

PAS RAGOÛTANT

LE JUS D'ŒIL DE MOUTON

Si les Français prennent une pastille effervescente au lendemain d'une soirée arrosée, comme remède à ce qu'on appelle élégamment la «gueule de bois», la tradition mongole propose comme remède miracle un verre de jus de tomate, de vinaigre et d'œil de mouton! C'est plein de vitamines et très bon pour la santé… Pas sûr qu'un tel remède fasse bon effet chez nous.

C'est pas la crise pour tout le monde!

Dans la liste des animaux les plus riches du monde, on trouve sans étonnement une grande majorité de chiens et de chats. Mais à la cinquième place du classement s'est glissé un invité plutôt surprenant : un gallinacé. Eh oui! Il vous faudra désormais avancer dans la vie en sachant qu'il existe, quelque part, une poule bien plus riche que vous! Gigoo, c'est son nom, est une poule britannique qui possède en son nom près de 14,7 millions de dollars! Peut-on dire qu'il s'agit d'une poule de luxe?

Cette devinette nous est proposée par Michel Bucher.
Pourquoi dans les ateliers de ferronnerie est cultivée dans des jardinières cette plante des lieux humides à tige velue ?
Réponse : Parce que c'est là qu'on soude (consoude).

Ça, c'est fait… divers

Poppe, « le diacre de la mort »

Nos voisins ont décidément un sérieux problème avec leurs infirmiers (voir le Fait divers du 12 décembre), et la Belgique est bouleversée par l'affaire du «diacre de la mort». Marié et père de trois enfants, Ivo Poppe a travaillé comme infirmier pendant trente ans dans un hôpital de la région de Courtrai, avant d'être consacré diacre en 1996. Il est alors devenu visiteur pastoral dans le même établissement jusqu'en 2011. C'est à la suite de confidences faites à son psychiatre que les enquêteurs ont commencé à s'intéresser à lui en 2014. Ivo Poppe a en effet expliqué à son médecin qu'il a activement euthanasié des dizaines de personnes. Finalement interpellé, l'ex-infirmier a commencé par faire des aveux partiels avant de se rétracter. Mais pour les enquêteurs, les faits sont là : il a assassiné au moins dix personnes par injection d'air dans les veines, dont sa propre mère et trois autres proches. Lui a prétendu avoir agi «par compassion, pour épargner des souffrances physiques et psychiques» à des personnes en fin de vie. D'ailleurs pour se souvenir d'elles, il avait un petit carnet recensant chaque décès. Une touchante attention qui a mis les enquêteurs sur la piste d'au moins cinquante cas suspects. Ivo Poppe, reconnu coupable de «seulement» cinq meurtres, a été condamné à 27 années de prison en février 2018.

Vermot Régions

ALPES-MARITIMES / ROCCA SPARVIERA

Le village de Rocca Sparviera n'est plus que ruines aujourd'hui. La légende raconte qu'autrefois vécut dans son château la reine Jeanne, petite fille de Robert d'Anjou. Alors qu'elle descendait à la messe de Noël au village voisin de Coaraze, des voix lui dirent : «La reine en rentrant de la messe trouvera table mise.» Effectivement, de retour de l'office, un souper de viande rôtie l'attendait : c'était ses propres enfants, que ses ennemis avaient tués. Emportée par la folie, la reine jeta une malédiction sur le village où «ne chantera plus ni coq ni poule, mais seulement les éperviers et autres oiseaux sauvages».

Jeudi 26 décembre

Saint Étienne On fête aussi les Estève, Esteban, Stève, Stéphanie

Le soleil se lève à **8h43** et se couche à **16h58**

« À la Saint-Étienne, chacun trouve la sienne. »

Charade répétitive

Le pain courant français est **mon premier**.

Le pain au levain est **mon deuxième**.

Le pain de tradition française est **mon troisième**.

Le pain complet est **mon quatrième**.

Le pain bis est **mon cinquième**.

Le pain de campagne est **mon sixième**.

Le pain viennois est **mon septième**.

Mon tout sert à saisir des objets de dimensions réduites.

PINCETTES (PAIN - SEPT)

GÉNÉRATION Z

Comment réagir si un jeune vous dit que quelque chose est « de la frappe » ? Eh bien, cette expression un peu étrange sert en fait à vanter avec enthousiasme les qualités de l'objet dont on parle. « Ton gâteau, c'est de la frappe » veut donc dire que le dessert est incroyablement bien réalisé. Ne vous laissez pas surprendre par la variante verlan, « c'est de la pe-fra », qui a la même signification.

TOXIQUE OU NON ?

Gui

Le druide blond en robe blanche, juché sur la grosse branche d'un vieux chêne, coupe le gui avec sa serpe d'or. L'image d'Épinal est bien connue… Mais pourquoi le gui ? Parce que, seule verdure sur l'arbre au solstice d'hiver, il représentait l'âme vivante de la forêt et symbolisait l'espoir du renouveau de la nature. Et qu'en faisait-il, ce druide ? Il le distribuait aux villageois qui s'accrochaient au cou ce rameau d'or – le gui jaunit en séchant ! – en guise de porte-bonheur… Cette plante étrange (*Viscum album*), ce parasite qui dérobe la sève brute de son hôte par ses suçoirs, est toxique dans toutes ses parties. Les jolies baies blanches, un peu diaphanes, qui ressemblent à des sucreries, sont particulièrement dangereuses pour les enfants : l'ingestion d'une dizaine d'entre elle peut être fatale. Toutefois, comme leur goût est amer, les intoxications graves sont heureusement rares. Mais si vous accrochez chez vous une touffe de gui au Nouvel An pour vous faire des bisous dessous, n'oubliez pas de surveiller les petits !

Chiffres étonnants de la science

Des milliards de kilomètres d'ADN

Chaque cellule de notre corps possède un noyau (sauf les globules rouges) contenant des chromosomes. Lors de la division d'une cellule, ils apparaissent sous la forme de bâtonnets. On les regroupe en 23 paires, dont l'un des éléments provient de la mère, l'autre du père. À la manière d'une pelote de laine, chaque chromosome est formé d'une longue molécule d'ADN, elle-même constituée de deux brins enroulés en spirale. Si vous pouviez dérouler les pelotes constituées de tous les chromosomes, vous obtiendriez 2 m d'ADN par cellule. Et si on mettait bout à bout les molécules d'ADN de chacune des 100 000 milliards de cellules de votre corps, on obtiendrait un filament de 200 milliards de kilomètres !

Vendredi 27 décembre

Saint Jean l'Évangéliste On fête aussi les Fabiola, Hans

« On ne doit pas chercher à guérir le corps sans chercher à guérir l'âme. »
Platon

RétroVermot

Il y a des gens qui disent que c'est très bon de manger des épinards, parce que ça contient du fer. Mais, puisque c'est le fer qui est bon pour la santé, on ferait mieux de manger la casserole!

Maladies imaginaires

6 % des Français sont « terrifiés » par le fromage ! C'est une étude du CNRS menée en 2016 qui l'affirme, et qui s'est penchée sur l'origine d'un dégoût aussi profond, qu'on ne trouve pas vis-à-vis d'autres produits de notre alimentation courante. Si les causes restent mystérieuses, l'étude a montré que ce dégoût est ancré dans les zones du cerveau dédiées au circuit de la récompense. Mais la vraie question demeure : ces gens-là peuvent-ils dire « *cheese* » lorsqu'ils sont pris en photo ?

Les comportements extraordinaires des animaux

Un serpent volant

Voler, c'est facile quand on a des ailes, comme les oiseaux, les insectes et les chauves-souris. Mais un serpent qui vole… ? La couleuvre volante *Chrysopelea* effectue pourtant des vols planés tout à fait convaincants. Ce serpent d'Asie du Sud-Est grimpe aux arbres, desquels il s'élance pour attraper une proie ou échapper à un prédateur. Pour cela, il aplatit ses côtes pour augmenter la portance et ressemble alors à un ruban qui ondule joliment. Ses vols planés ne durent que quelques secondes, mais ils peuvent atteindre une distance d'une centaine de mètres et sont parfaitement contrôlés.

Dans l'hémicycle

Ces dernières années, un vent de révolte souffle dans les allées du Palais Bourbon. Ce lieu de pouvoir où siège l'Assemblée nationale fut longtemps fréquenté presque exclusivement par des hommes. Fort heureusement, les femmes étant de plus en plus investies en politique, leur présence s'est accrue. Mais cela n'empêche pas certains comportements machistes de refaire surface. C'est ainsi qu'en 2013, un scandale éclata alors qu'un député UMP couvrait l'intervention d'une de ses collègues en caquetant, obligeant cette dernière à s'interrompre. Et en 2012, la ministre du Logement Cécile Duflot dut subir les sifflements et applaudissements des députés au prétexte qu'elle avait mis… une robe à fleurs. La classe !

Régiments

Les soldats ont pour habitude de se donner des surnoms, généralement d'une teneur plutôt virile et guerrière. Mais pour 120 000 conscrits de 1814, les choses se sont déroulées différemment : ces derniers sont en effet connus sous le surnom de « Marie-Louise ». Pour la virilité, on repassera… C'est Napoléon Ier qui ordonna que les jeunes recrues soient surnommées du prénom de l'impératrice-régente. Le terme fut repris cent ans après, lors de la Première Guerre mondiale, pour désigner les recrues de la classe 1915. Pour impressionner l'ennemi, envoyons donc Marie-Louise !

Saints Innocents On fête aussi les Gaspard, Antoine, Yolande

Le soleil se lève à **8h43** et se couche à **17h00**

« À la Saint-Antoine les jours croissent d'un pas de moine.. »

INVENTIONS INSOLITES

Le tableau de coin

« Une nouvelle façon de présenter ses photos », annonce Freshome, le site qui vend des tableaux de coin… Les cadres sont tout simplement pliés suivant un angle de 90 degrés et leur contenu apparaît à moitié sur un mur et à moitié sur un autre. Les modèles et tailles varient à l'infini, jusqu'à ce pêle-mêle pouvant accueillir jusqu'à 12 clichés et meubler complètement un angle de mur.

VISIONNAIRES

Si certains auteurs de science-fiction mettent un point d'honneur à construire des mondes totalement différents du nôtre à bien des égards, d'autres, en revanche, essaient d'en prévoir les évolutions au plus près. Parmi eux, on trouve l'écrivain américain Hugo Gernsback, né en 1884. Passionné de science, Gernsback a truffé ses livres de prévisions technologiques et scientifiques qui se sont ensuite réalisées. La longue liste de ses prédictions comprend notamment le radar, le transistor, la télévision, l'avènement du plastique, le fer antirouille, le juke-box, l'enregistreur à cassette, et même l'énergie solaire ! Mêlant fiction et science, l'auteur a déposé plus de 80 brevets tout au long de sa vie, et un cratère sur la Lune porte son nom. C'est ce qui s'appelle faire son trou !

SURNOMS

LA VIERGE ROUGE

Fille d'une domestique et d'un père inconnu, Louise Michel (1830-1905) devint une militante anarchiste et féministe, figure de la Commune de Paris. Selon les historiens, c'est le poète Verlaine ou le romancier Clovis Hugues qui la surnomma « la Vierge Rouge ». « Rouge » en raison de ses idées et combats politiques, « Vierge » car elle était très puritaine et n'eut pas d'enfant.

Métiers de bouche

La trêve des confiseurs

Comment comprendre cette expression de « trêve des confiseurs » alors qu'il s'agit de la période entre Noël et le Jour de l'An qui est la plus chargée pour la profession (avec celle de Pâques) : le Syndicat national du chocolat déclare que les Français consomment en moyenne 1,5 kg de chocolat et confiseries rien qu'au moment de Noël, soit presque 8,5 % du chiffre d'affaires annuel pour les chocolatiers-confiseurs. L'expression de « trêve des confiseurs » désigne le ralentissement de la vie politique et de l'activité économique et sportive en fin d'année. Historiquement, la formule date de décembre 1874, lorsque la France connut de violents débats au sein de l'Assemblée, entre monarchistes et républicains. Les parlementaires épuisés s'entendirent pour faire une pause dans leurs discussions, pour apaiser les esprits et relancer la consommation des Parisiens en encourageant les achats lors des fêtes. La « trêve des confiseurs » doit donc s'entendre comme « la trêve en faveur des confiseurs ».

« À la Sainte-Bénédicte, béni soit ce que ton cœur te dicte. »

Noms de villages

Si vous deviez vous battre avec quelqu'un, évitez dans le doute les habitants du village de La Force, dans l'Aude. Mais une question demeure : si je marche en rond autour du village, est-ce un tour de force ?

RÉCHAUFFEMENT...

HAUT… EN COULEUR…

Un bleu-bite, c'est une nouvelle recrue, une personne sans expérience à son poste – on dit aussi « un bleu ». Mais d'où diable vient cette expression ? Déjà, le « bite » qui s'y trouve n'est pas ce que vous pensez, mais fait référence à « bitau », qui, en argot du début du XXe siècle, signifiait « apprenti », « élève ». Quant au bleu, il fait référence à l'uniforme bleu des conscrits, au moment de la Première Guerre mondiale, qui, une fois leur recrutement effectué, étaient ainsi facilement identifiables – au bout de quelques jours dans les tranchées, les uniformes devenaient invariablement marron.

Le Chiffre

35 mètres

C'est la hauteur de la plus grande vague jamais surfée ! L'exploit a été réalisé par le Portugais Hugo Vau à Nazaré, dans son pays natal donc, en janvier 2018. Il a pulvérisé le précédent record de l'Hawaiien Garrett McNamara, qui avait dompté une « montagne d'eau » estimée à 23,7 mètres en 2011, à Nazaré déjà, un endroit où l'on trouve des vagues parmi les plus impressionnantes du monde. Trois ans plus tard, le Français Benjamin Sanchis, « rider » de grosses vagues, avait pris sur le même spot lusitanien la fameuse « vague des 100 pieds » (30 m), mais il avait échoué dans sa tentative après une chute à mi-pente. Il n'existe à ce jour aucune méthode scientifique totalement fiable pour mesurer la hauteur d'une vague, celle-ci se fait donc par une comparaison avec la taille du surfeur et une analyse des images filmées pendant les compétitions.

DES SUBSTANCES PRÉOCCUPANTES DANS DE NOMBREUX PRODUITS COSMÉTIQUES

Ces objets presque disparus

Et la lumière fut… moins gourmande !

Il ne faut pas être une lumière pour comprendre pourquoi les ampoules à incandescence sont interdites à la vente depuis 2008, après 130 ans de bons et loyaux services. Il suffit de comprendre que seuls 5 % de l'électricité utilisée pour les faire fonctionner servaient à éclairer, les 95 % restants étant destinés à chauffer leur filament ! Alors qu'aujourd'hui, les concepts de développement durable et de transition énergétique sont plus que jamais d'actualité, il était normal de mettre au rebut cet objet si pratique, mais si peu écologique. Depuis, ce sont donc les ampoules fluocompactes, LED ou encore halogènes haute efficacité qui ont pris le relais. Car bien évidemment, il n'était pas question de nous laisser dans l'obscurité ni de revenir à l'éclairage aux chandelles : un tel pied de nez au progrès est réservé aux soupers romantiques.

Lundi 30 décembre

Saint Roger On fête aussi les Anysia, Tirid

Le soleil se lève à 8 h 43 et se couche à 17 h 02

« Autant de jours d'hiver passés, autant d'ennemis renversés. »

Les « pourquoi ? » de l'histoire

Pourquoi la semaine commence-t-elle le lundi ?

Ce n'est pas une tradition universellement reconnue que de faire commencer la semaine le lundi. Seuls ceux qui considèrent qu'il faut démarrer la semaine par le premier jour de travail choisissent ce jour. Pour les chrétiens, et généralement autrefois, le premier jour de la semaine est le dimanche, celui dédié au Seigneur. Pour les juifs, c'est le samedi, jour du shabbat.

Stars en famille

César du meilleur acteur dans un second rôle pour le film *Chocolat*, James Thierrée est aussi connu par les amateurs de danse pour ses performances chorégraphiques. Il est également acrobate, musicien et metteur en scène… un véritable artiste touche-à-tout qui a de qui tenir, puisqu'il est le petit-fils du génialissime Charlie Chaplin. Près d'un siècle sépare les deux carrières.

Solution sudoku [p. 376]

4	9	8	1	6	2	5	3	7
5	3	2	7	4	9	6	1	8
6	1	7	5	3	8	9	4	2
9	5	6	2	8	3	4	7	1
3	8	4	6	1	7	2	5	9
7	2	1	9	5	4	8	6	3
2	7	3	4	9	6	1	8	5
8	4	5	3	2	1	7	9	6
1	6	9	8	7	5	3	2	4

SLOGANS

Parfois employée de manière assez anodine, l'expression connue « Du passé faisons table rase » a une origine qui est loin de l'être autant. Elle est en effet très marquée politiquement, et tirée de la fameuse Internationale. *Écrite par Eugène Pottier sur une musique de Pierre Degeyter en 1886, la chanson glorifiant la « lutte finale » des ouvriers est adoptée en 1899 comme hymne du mouvement prolétaire français, puis par l'ensemble des partis socialistes du monde à l'issue de la Deuxième Internationale ouvrière tenue à Stuttgart en 1907.*

Ha ! Ha ! Ha !

Monsieur le curé, qui se rend à l'église, aperçoit un camionneur dont le poids lourd est en panne au milieu de la rue et qui s'énerve en levant les bras au ciel :
« Nom de Dieu de nom de Dieu de nom de Dieu ! »
Le curé s'approche et, paternel, prend le bras du pauvre bougre.
« Mon ami, voyons, mon ami… Au lieu de jurer, implorez plutôt saint Christophe. Votre camion a toutes les chances de redémarrer !
– Qu'est-ce que vous me racontez là, Monsieur le Curé ! s'emporte l'autre. Saint Christophe ? Vous plaisantez, non ? C'est tout de même pas saint Christophe qui va réparer ma panne ! »
Le curé pince un peu le bras du camionneur. L'autre se laisse tenter :
« Après tout, qu'est-ce que je risque… »
Plaçant ses deux mains en porte-voix, il hurle :
« Saint Christophe, fais-moi ronfler cette saloperie de vieille carcasse… »
Cela étant dit, il monte dans le camion, démarre sans une hésitation et reste bouche bée. Alors le curé, qui, lui, est resté au bord du trottoir, de s'écrier :
« Nom de Dieu de nom de Dieu de nom de Dieu ! »

Mardi 31 décembre

Saint Sylvestre On fête aussi les Colombine, Yona, Colombe

« Chaque Saint-Sylvestre sonnée nous fait plus vieux d'une année. »

QUIZ CHANTEURS

Quelle chanteuse américaine célèbre et emblématique du Flower Power évoluait dans un groupe nommé « Big Brother and the Holding Company » avant sa carrière solo ?

Janis Joplin

Vermot Régions

SEINE-ET-MARNE / QUAND L'YONNE DEVIENT SEINE

C'est à Montereau-Fault-Yonne que fusionnent la Seine et l'Yonne. La seconde a ici un débit moyen de 93 m³/s contre seulement 80 m³/s pour la première. Or, d'après la règle géographique, au confluent de deux cours d'eau, c'est celui qui a le plus gros débit qui conserve son nom. C'est pourtant celui de Seine qui est resté pour désigner le fleuve, bénéficiant d'une exception qui préfère une rivière large mais peu profonde à une rivière étroite mais profonde et rapide. La majesté de la Seine, dont la largeur est bien supérieure à celle de l'Yonne, a donc prévalu sur l'impulsivité de cette dernière.

Santé naturelle

Cinq saveurs rééquilibrantes

La schisandra est une liane arbustive d'Extrême-Orient. Ses baies rouges en grappes sont appelées « fruits aux cinq saveurs » pour leur goût à la fois acide, sucré, amer, piquant et salé ! Séchées puis broyées, elles sont utilisées depuis des millénaires en Chine, pour leurs propriétés tonifiantes, qui renforcent l'énergie vitale (le « Qi »). La schisandra est une plante rééquilibrante, qui aide le corps à retrouver son état stable (homéostasie). Ses principes actifs opèrent en profondeur et améliorent le sommeil.
Utilisation : en gélules.

M. et Mme SAITOUT
Fleuristes
ont quatre enfants
Jessie, Rose, Émile, Violette

J'ai six roses et mille violettes, c'est tout.

Poème

Ce poème nous est proposé par Robert Berthomé, fidèle lecteur.

Inlassablement chaque matin je le lis
Car voyez-vous avec lui vraiment je ris
Ainsi, il me met de très bonne humeur
Et cela tient pendant plusieurs heures
Je le redis encore pour la énième fois
C'est une vraie jouvence à chaque fois
Bien entendu, vous l'avez ainsi reconnu
Cet *Almanach Vermot* du meilleur cru
Alors, je me dis qu'il faudrait l'inventer
Si celui-ci n'existait pas sur le marché !

GRANDES TOURS DU MONDE

LA TOUR TAIPEI 101

Le 31 décembre 2004, Taipei, la capitale de Taïwan, fait les choses en grand pour célébrer le réveillon du Nouvel An : elle inaugure le plus haut gratte-ciel du monde ! La tour Taipei 101, qui mesure 509 m, dont 60 m d'antenne, détiendra ce record jusqu'en 2007. Pourquoi « 101 » ? Il s'agit tout simplement du nombre d'étages que comporte le bâtiment, dont la silhouette évoque une immense pagode de verre et de métal. Sa structure est constituée de huit sections, un nombre qui symbolise l'abondance et la prospérité pour les Chinois. La tour dispose d'un « amortisseur harmonique » et repose sur des cylindres hydrauliques, de quoi résister aux tremblements de terre !

Hommage à Jacques Faure, dessinateur, rédacteur et directeur du Vermot pendant plus de 20 ans

Né en 1929, dessinateur de presse depuis 1947, Jacques Faure a discrètement marqué le monde du dessin humoristique français.

Après le certificat d'études en 1939, réfugié à Saint-Céré dans le Lot, il part en Auvergne pour garder les vaches, puis apprend la coiffure pour hommes avec son père. De retour à Paris en 1946, il fait différents petits boulots : coiffeur, employé de bureau, vendeur, camelot, suiveur de pièces en usine. Il vend son premier dessin dans la presse et se trouve engagé – par inadvertance pourrait-on dire – comme choriste basse dans une tournée théâtrale à la Réunion et à l'île Maurice en 1953. Là -bas, il crée une maison de publicité, puis refait une saison théâtrale comme humoriste.

Mais Paris lui manque, il rentre en France et mène une carrière de fantaisiste : Concert Mayol, Théâtre de Lausanne, Tournées Mazauric, Tournées de la Gaîté Lyrique, etc., pour finir directeur de la scène à La Nouvelle Ève, cabaret aussi réputé que le Moulin Rouge à l'époque.

Alors que la troupe doit partir pour Las Vegas, il penche définitivement pour le dessin de presse et commence vraiment une carrière qui se terminera en 2014. Au cours de ses tournées auprès des rédactions pour vendre ses dessins, il côtoie Cavanna, Sempé et Fred. Ensemble, ils montent même une équipe de foot des jeunes dessinateurs ! Au cours de ces années, Jacques collabore à toutes les publications qui faisaient du dessin humoristique leur quotidien : *Ici-Paris*, *France Dimanche*, *Franc-Rire*, *Blagues*, *La Presse*, *Le Hérisson*, *Marius*, *Radar*, *Le Pèlerin*, *La Dépêche*, *Le Midi Libre*, *Paris-Normandie*, *La vie catholique illustrée* et plus de trente autres publications françaises ou étrangères. Inexplicablement, et alors que l'offre lui a probablement été faite, il ne collabore pas au *Canard enchaîné*… Il dessine et rédige pour l'*Almanach Vermot* avant de diriger sa publication pendant près de vingt ans depuis son bureau de Saint-Géniès-Bellevue, près de Toulouse. Jacques Faure n'a jamais ménagé sa peine pour promouvoir le dessin humoristique et les dessinateurs. Il a lancé ou accompagné de nombreux jeunes dans cette voie.

Retraité, il a fait partie pendant quatre ans de l'Atelier de Peinture de Castelmaurou sous l'égide de Jacky, Jean-Luc, Carole et Pascale, ses professeurs, et toute la « troupe » bien sympathique.

Jacques Faure s'est éteint un matin de mars 2018, en quelques minutes, dans les bras de son épouse Suzie.

Dernière consolation, de ses deux fils, Jacques a eu quatre petits-enfants. Le dernier dessine du matin au soir... Un futur collaborateur au *Vermot* ?